21세기에 돌아보는
# 한국 연극운동사

21세기에 돌아보는
# 한국 연극운동사

초판 1쇄 인쇄 · 2022년 2월 15일
초판 1쇄 발행 · 2022년 2월 25일

지은이 · 유민영
펴낸이 · 한봉숙
펴낸곳 · 푸른사상사

주간 · 맹문재 | 편집 · 지순이 | 교정 · 김수란, 노현정 | 마케팅 · 한정규
등록 · 1999년 7월 8일 제2-2876호
주소 · 경기도 파주시 회동길 337-16(서패동 470-6)
대표전화 · 031) 955-9111~2 | 팩시밀리 · 031) 955-9114
이메일 · prun21c@hanmail.net
홈페이지 · http://www.prun21c.com

ISBN 979-11-308-1893-1    93680
값 55,000원

학술총서 57

*History of Korean Theater Movement*

21세기에 돌아보는
# 한국 연극운동사

유 민 영

　　　　　　　한평생 연극사를 공부하면서 그에 관한 학술 저서를 여러 권 펴냈지만 언제나 독자는 한정되어 있었다. 솔직히 딱딱한 문장에다가 각주가 주렁주렁 달린 책에 일반 대중이 관심을 가질 리 만무했다. 사실 연극사 연구도 궁극적으로는 극예술의 부흥에 보탬이 되어야 할진대 상아탑의 담을 넘어서지 못한다면 무슨 의미가 있겠는가라는 생각이 때때로 들곤 했다. 더구나 대중의 정서 함양과 삶의 환희를 안겨주어야 하는 극예술에 대한 연구가 상아탑 안에만 머물러서는 제 역할을 다할 수 없다는 생각으로 이 책을 썼다.

　따라서 나는 이 책을 집필하면서 우선적으로 대중이 쉽게 접근할 수 있는 방식을 취했는데, 그 첫째가 건조하고 딱딱한 문장을 대중이 이해하기 편하도록 쉽고 부드러운 이야기식으로 바꿨으며 두 번째로는 각주를 간소화하여 내주(內註)로 처리했다. 그리하여 내가 마치 조선시대의 전기수(傳奇叟)처럼 대학 연구실을 나와 장터나 길섶에 서서 지나가는 사람들에게 우리 연극이 얼마나 어려운 세상을 뚫고 여기까지 와 있는지를 조곤조곤 이야기하듯이 썼다. 이야기 구성도 이면사를 끌어올려 표면사와 교직(交織)하여 입체화함으로써 독자에게 생동하는 역사로 다가가도록 했다.

　그리고 연극사에 굳이 '운동'이란 용어를 붙인 배경에 대하여 설명해야겠다. 다 알다시피 우리나라 근대사는 임진란 때 이상으로 빈곤, 피압박, 동족상잔, 혁명 등 고난의 과정을 겪은 격동의 역사였다. 그런 질곡의 역사를 헤쳐 온 우리 연극은 자연스럽게 생존을 위한 거친 투쟁을 벌여야 했다. 이처럼 우리 연극은 인생의 아름다움과 슬픔을 노래하고 삶의 본질을 탐구하며 영혼의 구원을 찾을 여유 없이 오로지 거대한 불행과 마주하여 자기방어를 위한 저항의 고달픈 도정이었다. 바로 그 점에서 우리 연극사를 일반적인 예술사가 아닌 생존을 위한 저항운동사라고 본 것이다.

이러한 관점에서 20여 년 전, 거칠게나마 우리나라의 연극운동사를 정리한 바 있다. 그것을 2020년 말 일본의 전통 깊은 출판사 후쿄샤[風響社]에서 의외로 자청하여 번역 출판하기도 했다(여기서 의외라는 표현을 쓴 것은 1905년 을사늑약 이후 1945년 해방 때까지 40여 년 동안 그들이 우리 연극을 모질게 탄압해온 기록이 고스란히 담겨 있는 책을 당사국의 유명 출판사에서 관심을 가지고 번역해준 데 따른 것이다). 그 후 오늘에 이르기까지 한국의 연극계는 변화와 발전을 위한 몸부림을 계속했고, 21세기 들어서며 한국의 문화 환경은 놀라울 정도로 변화했다. 세기가 바뀐 지도 20년이 훌쩍 지나간 오늘날, 달라진 현대의 연극계를 조망하며 나는 한국 연극운동사를 다시 정리할 필요를 느꼈다.

이 책의 출판을 맡아준 푸른사상사 한봉숙 대표와 편집진에게 고마움을 전한다.

2022년 2월
柳敏榮

차례

# 제3부 민족의 자각과 민중극의 태동

# 제4부 엄혹한 시대, 혼돈의 연극계

# 제5부 한국전쟁 전후의 연극운동

# 제6부 연극의 재건과 대중화

# 제7부 급변하는 사회, 한국 연극의 비상

# 프롤로그

　한국 사회는 20세기에 들어서 아무도 예상하지 못할 만큼 혁명적으로 발전했다. 농경사회에서 벗어나 산업사회를 거쳐 다시 몇 단계나 진전된 정보사회로까지 진입한 것이 바로 우리의 20세기 근현대사였다. 물론 우리가 이와 같은 문명사회로 진입하기까지 형언할 수 없는 대가를 치른 것도 사실이다. 즉 외침과 국권 상실, 동족분열과 전쟁, 혁명 등으로 점철된 우리 격동의 현대사가 바로 그러한 대가를 치른 결과였다. 이러한 와중에서 대중의 주요 오락문화의 하나인 연극 또한 비슷한 궤적을 밟아왔다고 말할 수 있다. 그렇다면 20세기 들어서면서 우리 연극은 이 신세기에 어떻게 대처했을까?

　솔직히 말해서 아무런 준비도 없었다. 어떠한 대비책도 세운 바 없었고 뚜렷한 비전조차 가지지 못한 상태에서 왕명에 따라 부실한 극장 하나 덜렁 지어놓고 신세기를 맞이했다. 그렇기 때문에 적어도 1919년 3·1운동 이전까지는 연극이 대중을 주도한 것이 아니라 연극이 대중에 이끌려 다녔다. 단 한 명의 연출가도, 연극비평가도 없었던 시대에 연극은 때때로 대중으로부터 뭇매를 맞기가 일쑤였고, 그런 대중에 이끌려서 연극은 당황하거나 아니면 현실 안주로 만족해야 했다.

가령 신문명, 신문화의 물결 속에서도 개명한 리더 하나 없이 연극만은 전혀 방향감각을 못 찾고 우왕좌왕하거나 전 시대의 방식을 고수했고, 조금 눈뜬 몇 사람이 침략국인 일본의 저질 연극을 아무런 비판도 없이 그대로 모방, 답습한 것이 바로 20세기 초두 우리 연극의 자화상이었다. 이러한 20세기 초두의 연극 상황은 근대극의 진전이 순탄치 않음을 예시(預示)해주는 것이기도 했다. 실제로 우리 근대극은 정치 사회 상황 이상으로 우여곡절을 겪었고, 많은 장애를 뚫어야 하는 형극의 길을 걸어야 했다. 솔직히 20세기 초두의 우리 연극이 아무런 철학이나 비전 없이 우왕좌왕한 이유는 순전히 전통사회의 연극 인식과 홀대에 그 근본 원인이 있다고 보아야 할 것 같다. 즉 유학을 기본 이념으로 하는 조선 사회에서 연극은 문화의 한 형태로 대접받지 못했고 연극인은 천시의 대상이 아니었던가. 그런 상태에서 갑자기 20세기를 맞았기 때문에 연극인들이 주도적으로 새로운 길을 모색한다는 것은 전혀 기대할 수 없는 일이었다.

가령 20세기 초두 연극의 가장 큰 변화는 그나마 극장을 가진 것이었는데, 그것도 연극인에 의해서가 아니라 연극과 거리가 먼 고종황제 또는 사업가 등에 의해서였다. 최초의 관립극장이라는 협률사만 하더라도 정부고관인 장봉환, 이용익 등에 의해 주도되면서 고종황제에 의해 만들어졌고 광무대도 미국 전기회사(콜브란)에 의해 시작되었으며 단성사라든가 연흥사 등도 민간 사업가에 의해서 문을 열었던 것이다. 따라서 연극인들은 관리나 사업가들에 의해 이끌려서 자연스럽게 옥내 극장 안으로 끌려 들어간 꼴이었다.

이처럼 20세기 들어서 연극의 가장 큰 변화는 우리 연극이 야외에서 극장 안으로 그 발표장을 옮긴 것이다. 그러나 연극 형식이나 내용 면에서는 당장 변화가 있을 수 없었다. 왜냐하면 조선시대의 연극인들이 고대로 20세기로 넘어왔기 때문이다. 그러나 여러 가지 형태의 전통 공연예술이 극장 안으로 들어오면서 조금 변화가 오기 시작했다. 그래서 옥내 무대 형식에 맞는 장르는 번창하고 그렇지 못한 것은 쇠퇴할 수밖에 없었다. 즉 판소리나 재담, 무용 등은 옥내 무대에서 오히려 번창할 수 있었던 반면에 전형적인 야외형이라 할 가면극이나 꼭두각시극은 쇠퇴의 길을 걷게 되었다.

물론 이들의 쇠퇴가 순전히 옥내 무대에 적응 못 한 때문만은 아니고 형식이나 주제 내용 면에서도 신문화에 어긋났던 데 따른 것이었다. 그러나 분명한 것은 판소리나 재담, 무용 등은 같은 전통예술임에도 불구하고 끈질긴 생명력을 유지할 수 있도록 관중의 호응이 있었지 않은가. 이는 그만큼 옥내 무대가 전통예술 존속에 중요한 변수가 되었음을 보여주는 동시에 관객의 호응도 무시할 수 없음을 나타내주는 것이다.

사실 연극을 주도하는 이는 극작가, 배우, 연출가, 무대미술가 등이지만 그중에서도 연극을 직접 만드는 사람은 아무래도 연출가와 배우라 할 것이다. 물론 미국의 유진 오닐의 경우에서 볼 수 있는 것처럼 극작가도 새로운 연극사조를 만드는 주역이 될 수도 있다. 그러나 적어도 현대 세계 연극사에서 보면 대체로 연출가들이 연극 창조의 주역으로서 절대적 역할을 발휘하고 있다. 그런 측면에서 보았을 때, 1920년대까지 전문 연출가가 단 한 명도 없었던 우리 연극이 어떠했으리라는 것은 짐작하고도 남음이 있다.

상당수 사람들은 연출가가 없는데 연극이 가능하냐고 말한다. 그러나 우리 전통극에는 엄밀한 의미에서 분립된 전문 연출가가 없었다. 다만 단체의 리더가 연출 기능을 담당했을 뿐이다. 그래도 가능했던 것이 전문 극작가가 없어서 새 작품을 만들 일도 없었기 때문이다. 그만큼 전통사회에서는 전문 연출가가 나올 수가 없었던 것이다.

가령 원각사 시대에 시작된 창극이 1930년대 후반 동양극장 시대에 와서 그나마 근대극의 모습을 갖춘 것도 신극 연출가가 창극에 간여했기 때문에 가능했던 것이 아닌가. 그만큼 1920년대까지는 이렇다 할 전문 연출가 없이 연극이 주먹구구식으로 만들어지고 공연되어온 것이다.

그 결과 초기 근대연극의 두 주류라 할 전통예술은 그대로 무대에 올려지면서 관중과 만났고, 신파극은 극단 리더에 의해서 주먹구구식으로 만들어졌다. 그런 연극이 부실했음은 두말할 나위 없는 것이다.

이처럼 우리 근대극은 3·1운동 직후까지만 해도 아무런 대내외적인 준비 없이 타성적으로 밀려온 셈이다. 1920년 5월, 초기 신파극을 주도했던 윤백남(尹白南)이 『동아일보』에 기고한 「연극과 사회」란 글은 3·1운동 이전의 근대극의 부실했던 실정을 솔직하게 실토한 것이다. 그러니까 윤백남의 글은 그때까지만 해도 깨어 있는 전문적 연극 지도자의 부재 상태에서 공연 행위만 있어온 현실을 가식 없이 설명한 내용이었다는 이야기다. 그나마도 좀 자각한 것이라면 연극도 민족을 위해서 뭔가 기여해야 한다는 것이었는데, 그것은 자선 공연이 고작이었다. 그러니까 적어도 김우진(金祐鎭)이 출현하기 전까지는 뛰어난 극작가나 연출가들이 전무한 상태였기 때문에 연극이 예술로서 어떤 길을 걸어야 한다든가 대중정서에 어떤 영향을 미쳐야 한다든가 하는 숙고나 창조 행위가 없었던 것이다.

따라서 초창기의 우리 신극은 대중오락물로서의 기능 이상은 하지 못했고, 근대인의 의식 변화나 정신 진보에 아무런 기여를 못 했다고 해도 과언이 아니다. 어떻게 보면 연극이 대중을 진보시키기는커녕 오히려 퇴보시키는 역기능을 했다고 말할 수 있다. 가령 전통예술은 조선시대까지 해온 것 그대로거나 아니면 그 정통성마저 훼손한 내용 전달이었고, 수입 신파극은 일본의 전근대적 대중정서를 담은 내용이었다.

1930년대 이후 지식인 중심의 분격 신극운동의 명제가 전 시대 연극의 계승 아닌 극복에 두어졌었다는 사실이야말로 초창기 근대극의 부실함을 단적으로 나타내주는 것이라 하겠다. 초창기 연극이 그런 수준에 머물다 보니 근대극의 발전이 더딜 수밖에 없었고 타 분야, 즉 음악이라든가 무용, 오페라, 그리고 문학(희곡)의 발전까지 지연시켰다고 볼 수가 있다.

다행히 3·1운동 이후 자각한 청년 학생들이 종합예술로서의 연극의 중요성을 인식하고 민족운동의 일환으로서 격상시키고 또 연극을 사회운동의 중심 속으로 끌어들임으로써 김우진이라든가 박승희, 유치진 등과 같은 선구적 인물이 등장할 수 있게 되었다. 게다가 이들 선구 연극인 모두가 외국문학(영문학)을 공부했기 때문에 누구보다도 세계 인식을 빨리했고, 그 결과 우리나라 근대극이 아시아에서는 일본 다음으로 세계 연극과 보조를 맞추어 갈 수가 있었다. 이는 분명히 이 땅에 하늘이 내린 복이라고 말할 수 있다. 그러나 하늘이 내리는 복도 연극을 천시해온 전통사회의 그릇된 예술관을 극복하기에는 힘에 부쳤던 것 같다. 왜냐하면 아직까지도 유능한 인재들이 연극을 직업으로 택하는 데는 망설이고, 또 주저하는 경향도 없지 않기 때문이다.

연극의 궁극적 목표는 인간 탐구라거나 자기 구원이라고 하는 것은 전통 깊은 유럽이나 미국 등과 같은 넉넉한 나라에서나 가능한 것이다. 우리처럼 연극인들이 가난과 천대, 그리고 수시로 권력에 의해서 감시나 탄압을 받아온 처지에서는 생존을 위한 자기방어에 급급한 나머지 인간 탐구니 구원이니 하는 것은 사치처럼 들리는 것이 사실이다. 그렇던 근대극 100년이 훌쩍 지난 오늘날 한국 연극도 세계와 어깨를 나란히 하고 있다. 가난했던 우리 연극 장르 중 뮤지컬의 경우는 어느새 브로드웨이나 웨스트엔드와 동급의 작품을 동시에 올리고 있으며 문화산업으로서도 우뚝 서고, 넷플릭스에서도 우리 드라마(〈오징어게임〉)가 세계 정상급 위치에 있지 않은가.

그러나 전술한 바 있듯이 지난 시절의 우리 연극은 질곡의 역사를 기록해온 것이 사실이다. 따라서 그 고난의 연극 여정을 다음 장에서부터 한 번 들여다보기로 하자.

**제1부**

# 근대 초기의 전통 공연예술

# 제1장

**❙**

# 개화기의 극장문화와 공연예술

폴란드의 연출가 예지 그로토프스키(Jerzy Grotowski)는 연극을 일컬어 만남의 예술이라고 정의한 적이 있다. 극작가와 연출가의 만남, 연출가와 배우의 만남, 배우와 관중의 만남, 그 만남의 지점에 연극이 있다는 이야기다. 그것만으로는 부족하다. 연출가와 무대미술가, 음악가와의 만남도 있어야 하며, 궁극적으로는 연극하는 사람들과 극장 공간과의 만남도 있어야 비로소 연극이 성립된다.

한 편의 연극 작품이 탄생하는 데는 이처럼 수많은 만남이 뒷받침된다. 따라서 연극은 그것이 공연되는 과정에서 그 어느 예술 양식보다도 숱한 일화가 뒤따르게 마련이다. 그런데 연극인들이 남기는 일화들은 기쁘고 즐거운 것들보다도 실패하고 마음 졸이며 슬픈 것들이 많다. 왜냐하면 연극이 책상머리에서 이루어지는 개인예술이 아니고 현장에서 여럿이 어우러져서 이루어지는 협동의 산물이기 때문에 개성과 성분, 취향이 다른 사람들이 부딪칠 때 그렇게 즐거운 일만 일어나는 것은 아닌 것이다.

또한 오랜 제작 과정과 다수가 하나의 예술작품을 창조해 탄생시키느라 감정적으로, 또 경제적으로 말할 수 없는 곤경에 처하기 일쑤다. 특히 가난한 나라에서 연극 행위란 사막에서 오아시스를 찾는 만큼의 허기를 느껴야

되는 것이다. 그뿐만 아니라 연극은 행동의 예술인 데다가 대중을 앞에 놓고 배우의 직접적인 언어를 통해서 전달되는 형식의 예술이기 때문에 호소력이나 설득력 못지않게 선동적인 면도 지닌다. 바로 이러한 점 때문에 연극은 외세에 지배당하거나 권력에 짓밟히는 사회에서는 가장 쉬운 탄압 대상이기도 하다. 따라서 굴곡의 역사 과정을 밟아온 우리나라 연극의 궤적은 그 슬프고 괴로운 발자취를 너무나 리얼하고 생생하게 보여준다. 누가 일찍이 배우를 슬픈 피에로라 불렀던가. 그럼에도 불구하고 연극이 아니면 삶의 의미를 못 느낄 만큼 연극을 운명의 여신으로 껴안은 피에로들이 있었기에 연극은 있어왔고 지금도 세계 도처에서 그들이 분을 바르고 목청을 돋우고 있는 것이다.

도대체 연극이 무엇이길래 광대들을 끌어당기며 어떤 매력이 있기에 피에로들을 미치게 하는가. 결국 연극은 사람들이 만드는 것이기 때문에 연극을 만들어온 사람들의 형이상학적인 것은 물론 형이하학적인 것까지도 드러나게 마련이다. 그러니까 연극의 비밀뿐만 아니라 그것을 창조하는 연극인들의 비밀까지도 샅샅이 들추어야 하리라 본다. 그럴 때 비로소 진정한 근대극의 발자취가 투명하게 드러날 것이기 때문이다.

그런데 당장 문제되는 것이 근대극은 무엇이며 그 범주를 어디까지로 잡아야 하느냐는 점이다. 그동안 전문가들은 개화기 이후의 문예를 막연하게 혹은 근대문예 또는 현대문예 등으로 지칭해왔다. 연극의 경우도 일본식대로 신파극 또는 신극으로 불러왔다. 그러니까 고전극과 근대극의 확연한 경계선을 긋지 않고 개화기 이후의 연극을 신극 혹은 근대극으로 불러왔던 것이다.

따라서 근자 문예사학자들 사이에서는 근대의 구분에 대한 논의가 분분하다. 화폐경제의 발달로 개인의 자각이 조금씩 일기 시작하는 18세기 영·정조 시대부터 계산하는 문학사가가 있는가 하면 서구 근대문예의 척도에 맞춰 3·1운동 직후로부터 계산하는 평론가도 있다. 어차피 '근대'란 용어 자체가 서양으로부터 들어온 말이라면 그들의 가치기준을 도외시할

제1부  근대 초기의 전통 공연예술

수도 없을 것이다. 그런데 서양의 경우 근대극이라고 하면 대체로 1870년 대로부터 본다. 1870년대는 헨리크 입센이 산문 스타일의 희곡을 발표한 시기이다. 즉 낭만적인 작품을 써오던 입센이 1870년대에 접어들면서『사회의 지주』『인형의 집』『유령』『민중의 적』등 실사회 문제를 다룬 산문 형식의 희곡을 잇달아 발표하여 세계 연극사의 조류를 바꿔놓은 시기다. 이러한 서양적 각도에서 본다면 우리나라의 근대극은 분명 3·1운동 직후부터 라 해야 할 것이다. 왜냐하면 3·1운동 직후야말로 문예사적으로 중세문예가 공식적으로 청산되는 시기였기 때문이다. 그렇게 보면 또 옥내 극장이 처음 개설된 19세기 말에서부터 신파극이 일본으로부터 들어온 1910년대까지 20여 년이라는 기간의 처리가 문제된다. 적어도 이 시기는 조선시대에 없었던 극장이 생겨나고 신파극이라는 색다른 양식도 수입되는 등 변화의 시기인 것만은 확실하기 때문이다. 그뿐만 아니라 전래되어온 판소리가 창극을 잉태한 시기도 그 기간이었다.

그러므로 이 기간은 한국 연극사에서 근대극을 준비하는 과도기로 보는 것이 적합할 듯싶다.『대한매일신보』1906년 1월 10일 자에 "개화라 하야 남성들이 두발(頭髮)을 정리하고 향수를 도주(陶鑄)하며, 나사 양복에 고모 (高帽)를 대하고 모직 외투와 우직행전(羽織行纏)을 일신히 장식하며 안(眼) 에 금변파리경(金邊玻璃鏡)이오 구(口)에 금강석치자(金剛石齒者) 애급권연(埃及 卷煙)"이라는 기사가 실릴 정도로 사회활동의 외형 변화는 말 그대로 충격적이었다. 그만큼 사회 문화의 변화가 마치 '슈트름 운트 드랑' 정도였다고 말할 수가 있다. 그렇다고 무대예술의 콘텐츠 자체가 그런 사회의 외형적 변화를 좇은 것은 아니었다. 그러니까 무대예술은 거의 그대로이고 순전히 주변 환경의 변화만 눈에 띄게 달라졌을 뿐이라는 이야기이다.

따라서 그 첫 번째 변화가 다름 아닌 옥내 무대의 등장이었다. 여기서 옥내 무대의 등장을 공연예술 변화의 첫 번째 자리에 올려놓은 이유는 그것이 무대예술의 패러다임을 근본적으로 바꿔놓았기 때문이다. 가령 19세기 말까지만 하더라도 우리의 공연예술은 옥내 극장 없이 야외에서 연희되었다. 이는 아무래도 늦은 도시 발달과 관련이 있고, 서양보다 도시 발달이 늦었던 이유는 아무래도 농경사회가 오랫동안 지속되어왔으며 그에 따라 연희를 규격화된 제한 공간에서 연행한다는 생각을 거의 못 해온 것이 바로 우리 조상이었다. 그만큼 우리 선조들은 극장이라는 개념을 거의 염두에 두지 못했다는 이야기가 된다. 그러다가 19세기 후반 들어서 서양과의 교류가 조금씩 이루어지고 신사유람단처럼 서양 문물을 접하는 과정에서 옥내 극장이라는 것을 조금씩 느끼기 시작한 것이다. 가령 유길준(俞吉濬, 1856~1914)이 1895년에 펴낸 『서유견문(西遊見聞)』이 그 하나의 보여줌이었다.

그런데 문제는 서양 문물을 처음 접한 사람들이 문화예술인 아닌 정치적 인물들이었기 때문에 극장 발달을 촉진시키지는 못했다는 점이다. 그러나 이들의 견문이 자연스럽게 문화예술인들에게도 전파됨으로써 우리에게도 옥내형 극장이 필요하다는 인식이 퍼져나갔을 개연성이 있다. 가령 19세기 말에 엉성하지만 아현무동연희장이라든가 용산무동연희장과 같은 옥내형 무대가 등장했다가 사라졌던 것도 그러한 서양 견문의 여파가 아니고서는 불가능한 것이 아니었잖나 싶다.

그런데 흥미로운 사실은 옥내 극장이 서울이 아닌 개항시인 부산과 인천에서 처음 개설되었다는 점이다. 즉 부산 출신 상인 정치국(丁致國)이란 인물이 무역업을 하면서 생선을 보관하기 위해 만든 창고를 개조하여 1895년도에 협률사(協律社) 극장으로 열었고 그것이 나중에 인천의 공연예술 발전의 근거지가 되었다는 것이 그곳 출신 향토사학자 고일, 김양수 등의 글에 나타나 있다.

한편 서울이 상업도시로 급변하면서 시민들의 연희에 대한 욕구가 팽배해갔고, 그에 따라 옥내 극장이 서서히 생겨나기 시작했다고 보는 것이 타당하다는 주장이 있다. 1906년 5월 14일 자 『황성신문』에 보면 "근일 한성 내에 연희장이 처처유지(處處有之)하야 무항산(無恒産)한 남녀가 대대축축(隊

隊逐逐)"했다는 기사가 나올 정도로 극장이 급작스레 여기저기 생겨난 것이다. 실제로 수명이 짧았던 것으로 보이는 아현무동연희장과 용산무동연희장에 이어 동대문 옆에 광무대가 생겼고, 사동에 연흥사, 교동에 장안사, 종로3가에 단성사 등이 그 무렵에 생겨난 것으로 나타나 있다. 당초 전기회사의 차고로부터 출발한 광무대는 정확한 설립연대가 나와 있지 않다. 개화기에 서울 개혁의 일환으로 착수된 전차 선로 사업 과정에서 콜브란이라는 미국인 주도의 전차개설회사가 노동자들의 근로 의욕을 고취하기 위해서 차고에 간단한 무대를 설치, 뚝섬 놀량패와 소리패를 불러 공연시켰고 야밤에는 활동사진도 돌린 바 있었는데, 그것이 광무대의 효시였다. 거기서 활동사진을 돌렸다는 기사는 1903년 6월부터 나오는데, 그것을 한국 영화사의 출발로 삼는 이유도 바로 그런 연유에서다.

당초의 명칭은 전기회사 활동사진소였다가 1907년 6월부터 광무대(光武臺)라는 정식 명칭이 붙여지게 된다. 활동사진 기계와 필름은 영국, 미국, 프랑스 사람들이 갖고 들어왔는데 입장료 대신 그들 나라의 빈 담뱃갑을 받았던 점으로 미루어보아 담배 선전용으로 들여왔음을 알 수 있다. 그러나 당시 한국인들이 그것을 신기하게 여겼을 것임은 두말할 나위 없는 것이고, 따라서 구경꾼이 몰려들자 주최 측은 입장료를 돈으로 받기 시작했으며 약삭빠른 사람들 몇몇이 필름을 사다가 극장뿐만 아니라 개인 집에서까지 상영하는 경우도 있었다.

그리하여 안마당에서 활동사진을 구경하던 아이가 우물에 빠져 죽는 불상사까지 일어나게 되었다. 당시 『황성신문』에 "일작야에는 사동거(寺洞居) 전군수 이징익(李徵翼) 씨 가(家)에서 활동사진을 설치하고 제객의 완상을 공람케 하기로 관광인이 운둔우취하야 견마족답(見摩足踏)하난대 해가장(亥家長) 중에 일정이 유하더니 심가 근 10장이라 관광하던 일소아(一少兒)는 타정즉사(墮井卽死)하얏고 2개 묘소년은 정반에 입하얏다가 중인잡답중(衆人雜踏中) 소추되야 정중(井中)에 낙입하야…"라는 기사까지 보도되었다. 그만큼 활동사진은 생명을 걸고 볼 만큼 대중의 호기심을 끌었던 것이다.

이처럼 광무대는 주로 활동사진을 상영했었다. 그러나 1908년 9월에 전통예술을 누구보다도 좋아했던 민족주의자 박승필(朴承弼)이 광무대를 인수하면서 레퍼토리를 일신해갔다. 그러니까 활동사진과 함께 각종 민속무용, 판소리 등 전통예술을 레퍼토리로 삼았다. 특히 1910년 일제의 한국병탄 이후에는 더욱더 창극과 민속예술을 주로 공연했다. 영업적으로 출혈을 하면서도 박승필이 우리 고유의 전통예술을 고집한 것은 순전히 그의 애국사상 때문이었다.

광무대 외에 군소 극장으로는 연흥사가 있었다. 1907년 11월 송지만, 이동준 등이 사동에 있는 장윤식의 집을 개조하여 만든 연흥사는 판소리와 각종 무용을 주로 공연했다. 판소리를 분창한 창극을 제대로 하기 위해서 800여 환이라는 거금을 들여 삼남지방에서 명창 30여 명을 모집하는 등 야심을 보였지만 1년도 안 되어 경영난에 봉착했다. 그리하여 연흥사는 군수 출신의 이풍의(李豊儀)에게 넘어갔고, 이풍의는 프랑스 사람을 사장으로 앉히기까지 했다. 그러나 사장 월급도 제대로 못 주었던 까닭에 프랑스인 사장이 매표소를 부수는 등 난동까지 부렸다는 일화가 전해진다. 우리나라 연예사상 처음으로 외국인 출신의 극장 경영인을 기용했던 연흥사는 사장과 함께 사원들의 월급을 못 줘서 총무가 피신하는 등 심한 재정적 수난을 겪었다. 따라서 이 연흥사도 오래 지속 못 하고 문을 닫을 수밖에 없었다.

연흥사 전경

1908년 중부 교동에 개설된 장안사는 주로 자선 공연을 많이 한 극장이다. 당시 극장들이 고아원과 신설 학교 등을 위해 자선 공연을 많이 한 것도 하나의 특징이지만 관중들의 호응도 좋은 편이었다. 따라서 1908년을 전후해서는 각 극장마다 자선 공연 붐을 이루기도 했다. 당시 모든 극장 시설이 미비했던 것처럼 장안사도 내부 구조가 말이 아니어서 이탈리아 영사의 딸이 구경 왔다가 충계에서 떨어져 중상을 당하기도 했고, 공연 중 정전이 되어 표를 반환하는 소동도 예사로 일어났다. 『대한매일신보』 1908년 9월 12일 자에 "재작야에 장안사에서 연희하다가 전기 등이 절단하야 흑암동을 작한지라 완상객들이 표가를 환색"했다는 기사가 보인다. 결국 장안사는 1년도 유지하지 못 하고 문을 닫고 말았다.

장안사보다 조금 앞서서 이익우가 1907년에 단성사를 종로에 세웠다. 이 극장 역시 자선 공연을 주로 했는데 재정적인 어려움은 마찬가지였다. 그래서 청국인이 그들의 고전극인 경극 공연으로 기사회생을 꾀하기도 했다. 그래도 지탱이 어려워서 사장이었던 이익우는 전답만 날리고 운영권을 박승필에게 넘겼다. 물론 운영권만 넘어간 것이고 건물주는 일본인이었다. 일본인들은 한국 점령 전부터 극장을 잠식하기 시작한 것이다. 그리하여 단성사는 1910년대 후반부터는 영화 전용 극장으로 쓰이게 된다.

그렇게 볼 때 개화기의 대표적인 극장은 관립극장인 협률사(協律社)라 하였다. 왜냐하면 협률사는 다른 사설 극장과는 달리 어느 정도 황실의 지원을 받기 때문이다. 협률사는 1902년 여름 고종황제 등극 40주년 경축식을 전후해서 창설된 군악대 운영을 위해서 고종이 하사한 내탕금 4만 원(오늘날 50억 원 정도?)으로 기존 건물을 개수하여 만든 것이다. 협률사 설립을 건의했던 참령 장봉환(張鳳煥)이 책임자가 되었다. 궁중의 혼상제례와 종묘사직의 춘추향제 담당의 내무부소관 봉상시(奉常寺) 건물 일부를 터서 만든 협률사는 야주현(현재 새문안교회 언저리)에 있었고, 400석의 중형극장이었다.

협률사는 제1차로 각 지역의 창기(倡妓)를 모집하여 관기와 예기(藝妓)로 나누고 나중에 뽑는 기생을 예기(豫妓)라 칭하여 관기와 예기의 중간에 두었다.

협률사(후의 원각사) 전경

전국의 명기들로 전속 단체를 구성한 협률사는 2차로 고종의 칙명을 받은 김창환(金昌煥), 송만갑(宋萬甲)으로 하여금 전국의 명인 명창들을 모으도록 했다. 그리하여 김창환을 대표로 이동백, 송만갑, 강용환(姜龍煥), 염덕준, 허금파, 강소향 등 남녀 명창과 박유재, 문영수, 홍도, 보패 등 경서도 명창 등 170여 명의 대형단체를 구성한 것이다. 이들은 기량에 따라 정부로부터 급료를 받았는데, 1등 창부가 20원, 2등 창부가 14원, 3등 창부가 10원 순이었다. 협률사는 전염병(콜레라)과 흉년, 영친왕의 천연두 발병으로 해서 등극 40주년 기념식을 형식적으로 치른 대신에 일반적인 영업극장처럼 쓰여지게 되었다.

그 첫 일반 공개 공연이 12월 2일의 〈소춘대유희〉라는 것이었다. 협률사는 곧 전국 사찰을 근거지로 하여 활동하던 예인과 중광대들의 연예 활동을 장악하기에 이른다. 이는 개화기 예술 행위에 대한 첫 번째 통제라는 점에서 주목되는 것이다. 그러한 협률사도 연회장으로서는 시대에 민감한 편이었다. 왜냐하면 협률사가 활동사진까지 상영했기 때문이다. 프랑스와 미국의 활동사진이 중국 상하이를 거쳐 들어왔는데 그것을 상영했던 것이다. 그러나 수익은커녕 영화 상영 중 전기 과열로 일대 불상사만 일어나서 일시

협률사 전속단원(기생)

문을 닫는 사태만 빚었다. 협률사는 최초의 국립극장과 같은 것이었지만 예상과는 달리 적자만 보았기 때문에 문을 몇 번이나 닫았다가 열곤 했다.

따라서 주무가 장봉환으로부터 궁내부 참서관 김용제(金鎔濟) 등으로 넘겨졌다. 김용제는 극장 경영이 어렵게 되자 일본인 가토의 돈을 끌어들이기까지 했다. 그러자 언론의 공격이 빗발쳤고, 그것은 정부 공격으로까지 확대되었다.

협률사에 대한 첫 번째 공격은 1906년 3월 8일 자 『대한매일신보』 논설이었다. 그 논설의 요지는 첫째 관인이 내탕금(內帑金)으로 세운 협률사가 극장 수입으로 사복을 채운다는 것이고, 두 번째로는 창부, 기녀의 풍악으로 청소년들의 심지가 동요하고 가산을 탕진하면서까지 세월을 허송한다는 것이며, 세 번째로는 황실 극장이라면서 궁중 영업을 하는 것은 잘못이라는 것이었다. 이러한 비판은 연일 계속되었고 궁극적으로 협률사의 존재는 국민 윤리를 파괴하여 나라의 장래까지 위태롭게 한다는 논지로까지 비약해갔다. 즉, 정부가 민지(民智)를 계발하고 교육을 확장한다고 해놓고 어떻게 한 나라의 수도에 극장을 세워서 민지를 요탕하느냐는 것이었다. 정부에 대한 이러한 공격은 일반 대중에게로도 향해졌다. 실제로 당시 야학에 가던 학생들이 학교 대신에 협률사 구경을 더 많이 했던 것이다. 그러니 식자들로서는 나라의 운명까지 걱정하지 않을 수 없었을 것이다. 당시 신문들이 협률사 폐지를 주장하는 논설을 연일 싣자 협률사와 직접 관련이 있는 상부관청 봉상시의 부제조 이필화(李苾和)가 1906년 4월 17일, 고종황제에게 협률사의 폐지를 주장하는 상소문을 올리기에 이르렀다.

> 其1卽 協律社貽弊事也. 臣聞孔子於顏子以爲邦之道必曰放鄭聲令, 夫律社所者臣雖不知其主唱之爲何人, 然臣聞其通育設戲男女雜還鬪爭起易亂淫相屬此豈非鄭聲乎, 大抵習舞演劇之戲於外國亦皆有之, 不過是徘優丐賤之輩區區營生者, 而如今協律社之稱以宮內府所管發票營利者東西列邦所未聞見事也. 淫聲亂色耳目傷風敗俗年少之學問實業一不留心淫風從生實爲國家人民憂者此也伏乞. 陛河函令警廳不日嚴禁以絕亂陛申飭. 常樂之臣復講法樂千萬幸甚. 右臣所言諸條雖皆當今可行而語, 其最急且大者則果能上下一心務進敎育之實. 雖皆當可行, 而語其最急且大者, 則惟敎育一事, 而敎育之實, 而國家人民之知識一聞則如貪賂之俗淆雜之風亂淫之戲, 雖不禁而人自恥焉而不爲矣伏望.

이필화가 올린 상소문은 당시 사회문제가 되었던 세 가지를 거론하고 있다. 첫째는 장례원이 충효열위 정려에 있어 상납에 의하지 말고 공정히 해야 한다는 것, 두 번째로는 판임관, 병정, 순검, 이서 등 관리에게 봉급을 넉넉히 주어서 그들로 하여금 사심을 버리고 청렴하게 국가에 봉사하도록 해야 한다는 것, 끝으로 세 번째가 협률사의 폐해에 관한 것이었다. 이필화는 공자의 말을 인용하여 나라의 도를 이루려면 음란하고 야비한 속곡(俗曲)의 추방으로부터 해야 되는데, 협률사에서는 밤을 새워 남녀가 섞여 놀며 싸움이 자주 일어나고 난음상속(亂淫相屬)하기 때문에 나쁘다고 주장했다. 그는 계속해서 연극이란 외국에도 있지만 모두 천한 배우들이 먹고살기 위해서 하는 것인바, 정부에서 협률사를 두고 표까지 팔아 이득을 얻는 일은 고금 동서에 없다는 것이다. 특히 협률사는 음성난색(淫聲亂色)으로 풍속을 문란시킴은 물론, 청소년들로 하여금 학문과 일에 마음을 쏟지 못하게 함으로써 국가 인민을 위하여 우려하는 사람이 많으니 즉각 폐지해야 한다는 요지였다. 이상과 같은 상소문은 당시 식자층의 좁은 견해와 공리주의적인 연극관까지 짐작게 하는 것이다.

결국 이 상소문은 고종에 의해서 가납되어 협률사에 대한 의정부(議政府)의 조사가 시작되었다. 1906년 4월 20일경 의정부 회의를 거쳐 일단 폐지키로 했으나 고종의 '민속을 부식하라'는 특별명령 때문에 완전 폐문 아닌 영업극장으로서만 정지시켰다. 그리하여 민속춤으로서 고종 때 궁중무가 된 항장무 등 몇 가지를 계속 공연했던 것이다. 그러자 언론의 비판은 계속되었고, 결국 전면 폐지령이 내려졌는데 이번에는 돈을 일부 댄 일본인 가토(加藤)가 들고 일어났다. 가토는 변상을 받고 물러남으로써 협률사는 드디어 문을 닫고 말았다. 그리고 이듬해 초에 조남익, 김용제 등이 발기인이 되어 협률사는 관인구락부로 쓰이게 되었다. 고급관리들의 사교장이 된 것이다. 관인구락부원이 되려면 회비를 내야 했는데, 직급에 따라 10원, 5원, 2원, 50전을 냈다.

대표적인 극장이었던 협률사가 문을 닫은 데 불만이 컸던 시민들은 공연장으로 다시 쓰도록 압력을 가했다. 이러한 압력이 먹혔던지 그해 말 협률사는 자선 공연을 시작으로 재개관되었고, 공연장이 없었던 때라서 자연스럽게 관중이 많이 몰려들었다.

1908년 들어서는 시세에 따라 유행하던 활동사진도 자주 돌렸다. 그런데 1908년만 하더라도 국운이 뒤숭숭하던 시절이라서 사회단체들의 활동이 부쩍 늘어났고 협률사에서는 황태자의 근황을 촬영한 활동사진을 상영하여 애국시민의 환호를 받기도 했다. 그리고 주목되는 것은 영화사상 최초로 변사가 등장했다는 사실이다. 『황성신문』 1908년 6월 24일 자에 "작일 하오 1시에 내대(內大) 송병준(宋秉畯) 씨가 변사(辯士) 정운복(鄭雲復), 한석진(韓錫振), 김상연(金祥演) 3씨를 내부(內部)에 청요(請邀)하야 해활동사진(該活動寫眞)에 봉(封)하야 본연평(本演評)할 방침을 협의하였다더라"라는 기사가 실려 있다.

한편 당시 김시현(金時鉉)은 조선상업은행 취재역이라는 직함을 가진 굴지의 재산가로서 송병준의 자금책이기도 했다. 송병준은 한일합방 문제로 1909년 4월 일본에 건너가면서 원각사를 영구 보존하기 위해 김시현에게 900여 원까지 주면서 운영권을 맡긴 바도 있었다.

이처럼 개화기의 연극장은 협률사(後에 원각사)처럼 관 주도였거나 아니면 관직에 있던 사람들이 주로 운영한 것이 특징이다. 가령 이완용의 직계로서 내부대신이었던 송병준이 원각사를 좌지우지한 것이라든가 협률사 설립에 참령 장봉환이 절대적으로 기연한 것, 그리고 전직 군수였던 이풍의가 연흥사를 운영한 것 등은 그 좋은 예라 할 수 있다.

그러나 그 당시도 극장운영은 재정적으로 어려웠고, 또한 대부분 단명할 수밖에 없었다. 특히 1910년의 일제 침략이 그것을 더욱 재촉했다. 원각사가 민간인들에 의해 운영된 지 2년여 만에 문을 닫을 수밖에 없었던 것도 역시 급박하게 쇠해가던 국운 때문이었다고 볼 수가 있다.

그런데 연극장들 대부분은 수지타산이 맞지 않아 어려움을 겪었지만, 관객은 많았다. 때때로 극장이 한산했던 적도 없지는 않았지만 그것은 순전히 레퍼토리의 부실함 때문이었다. 웬만한 공연에도 관중은 밤마다 수백 명씩 몰려들었고, 따라서 시설 나쁜 극장 안에서 불상사도 자주 발생했다. 관람 중에 아이가 우물에 빠져 죽는다든가 시설 불비로 관객 중 다치는 경우도 적지 않았다. 한편『대한매일신보』1908년 6월 23일 자의 "한성 내 각 연희장에서 연희를 하오 12시가 과(過)하도록 하는 고로 관람객과 비인가(比隣家)의 안침(安寢) 방해함이 다(多)"해서 경찰이 12시 전까지만 공연하도록 했다는 기사라든가, 1909년 9월 24일『대한민보』에 실린 "어젯밤에는 각 연극장에 나팔소리가 안 들리니 웬일이야, 이 사람 못 들었나, 경시청에서 금지하였는데, 하시 원 섭섭한 일일세만은 오늘부텀은 잠 좀 자겠네"라는 단평에도 주목할 필요가 있다. 극장 주변에 사는 사람들이 밤잠을 제대로 못 잘 만큼 극장마다 공연과 관중으로 시끌벅적했던 것이다.

그런데 관객층은 대체로 고관 등 상류층과 서민층이 주류를 이루었는데, 소위 중류층이라는 식자층만은 연희를 멀리하면서 주로 비판 세력으로 존재했다. 가령 "단성사이니 협률사이니 설치한 후로 호화자 부귀객들이 매야(每夜) 해사(該社)에 추축(追逐)하여 탕패가산자(蕩敗家産者)가 근일 이래로 우심하다더라"(『대한매일신보』 1908.2.18)는 기사라든가 10월 18일 자에 "내부대신 송병준, 농상 공부대신 조중응 양씨와 각부 차관 일동과 통감부 고등관 수십 명이 재작일 하오 7시에 신문내 원각사에 전왕하여 제종 연회를 일체 관람한 후에 명월관에 회동하야 진심 환락하고 작일 오전 3시경에 제각자 산거하얏다더라"는 기사에서도 고관대작과 그 자제들이 극장의 단골손님이었음을 확인할 수 있다. 그뿐만 아니라 "총리대신 이하 각부 대신의 부인들이 연합하야 재작야 원각사에 전왕하야 제반 연회를 관람하얏다더라"(『황성신문』 1908.10.23)는 기사를 통해 알 수 있듯이 귀족의 부인들도 주된 연극 관객이었다. 고관대작들 중에서도 송병준이라든가 영선군 이준용(李埈鎔), 궁내부대신 민병석, 시종원경 윤덕영(尹德榮), 이지용, 조민희, 한창수, 전 보국(輔國) 민영휘 등이 고정적인 관객이었다.

이들은 단순한 연극 팬으로 끝난 것이 아니고 기생을 대동한다든가 아니면 출연 여배우들을 데리고 놀아나서 물의를 빚기도 했다. 가령 "이지용, 조민희, 신태휴 제씨가 제 작야에 기생을 대동하고 원각사에 내도하여 제반 유희를 관광하얏다더라"(『대한매일신보』 1908.9.16)는 기사를 비롯하여 "궁내부대신 민병석, 시종원경 윤덕영 양씨가 하허 부녀를 대동하고 재 작야의 신문내 원각사에 전완하야 연극을 완상하는데 윤씨가 하허 기녀와 친밀한 경황이 심히 추잡하므로 일반 관광 남녀가 막불타소 하얏다더라"(『대한매일신보』 1908.10.22)는 보도도 보인다.

이들 귀족이 여배우(대부분 기생)들과 놀아나는 동안 이들의 첩은 남자 배우들과 놀아나곤 했다. 즉 당시 신문에 "민병필 씨의 별실 비취와 윤갑병 씨의 별실이 연홍사 창부 등 4인과 윤회통간하였다는 설이 파전하므로 각 경찰서에서 해 창부의 성명을 비밀 탐지하는 중이라더라"(『대한매일신보』 1909.2.7)라는 기사도 나와 있어 흥미롭다.

오늘날에도 이따금 일부 연예인들과 유력자나 그 자제들과의 스캔들이 심심찮게 떠돌곤 하는 것으로 미루어 보아 스타 주변에는 언제나 불미스런 이성관계가 있는 것 같다. 상류층의 이러한 스캔들 때문에 식자층의 연희에 대한 비판은 더욱 심해질 수밖에 없었고, 이러한 비판은 일본제국주의자들의 우리 연극 탄압을 불러들이는 빌미를 제공해주기도 한 것은 역사의 아이러니라 아니할 수 없다.

그리고 개화기의 연극 관객층이 상류층과 하류층으로 구성된 것은 오늘날 세계 연극의 관객층이 중산층에 기반을 둔 것과 좋은 대조를 이룬다. 이러한 관객층 구성이 끝내 우리나라 연극 관객층을 제대로 형성 못 한 원인의 하나였던 것도 같다. 왜냐하면 인텔리층은 끝끝내 연극을 비판하고 경원하는 쪽에 서왔기 때문이다.

동양 또는 제3세계권의 연극 현상이 그러하듯 우리의 연극사도 전통극과 서양극 형식의 근대극(신극)으로 대별되는데, 그 뚜렷한 구분이 개화기에 이루어졌다. 즉 가면극, 민속인형극, 그림자극, 판소리, 소학지희(笑謔之戱) 등 다섯 가지 양식의 전통극이 줄기차게 전승되어 오다가 20세기 초에 접어들면서 외세의 영향으로 연극사의 흐름 자체에 내외적으로 큰 변동이 일어나게 된 것이다. 청나라나 일본 세력이 한반도를 잠식하기 전까지는 다섯 가지 연극 양식이 아무런 변화 없이 어디에서나 자유롭게 공연되었었다. 가령 최초의 관립극장 협률사가 전속단원을 판소리 명창과 노래하고 춤추는 기생, 무동 등으로 구성하여 〈소춘대유희〉라는 가무잡희로 개관 공연을 가졌고, 그 얼마 뒤의 레퍼토리를 보면 평양날탕패, 창부 땅재주, 승무, 검무, 가

인전목단, 검무, 선유락, 항장무, 포구락, 무고, 북춤, 사자무, 학무 등 주로 무용이 주가 되어 있다.

광무대 극장의 레퍼토리도 협률사와 비슷하여 관기들이 남무, 승무, 한량무, 검무, 이화무 등을 주로 공연했고, 연흥사도 무동, 예기창 평양패와 판소리 〈춘향가〉를 주로 공연했다. 연흥사는 여타 극장들과는 달리 판소리를 많이 공연했고, 그것을 분창하여 창극으로 만드는 시도도 했다. 단성사나 음악사 같은 극장들도 활동사진 외에는 전통무용과 판소리 〈춘향가〉〈심청가〉 등을 공연했다.

1908년 원각사라는 이름으로 다시 문을 연 협률사 무대 위에 올려진 것도 그러한 전통예능이었음은 두말할 나위 없는 것이다. 원각사는 개설되자마자 당대 제일의 명창과 가기(歌妓)들로 전속 단체를 조직하여 전래의 판소리 〈춘향가〉〈심청가〉〈흥부가〉〈수궁가〉〈화용도〉 등을 공연하면서 민속무용과 농악 등을 가미했다. 소년 시절에 원각사 공연을 구경했다는 현철(玄哲)은 당시 레퍼토리는 첫째 과정 관기춤, 둘째 과정 걸립(농악), 셋째 과정에 들어가서야 〈춘향가〉〈심청가〉 등 판소리를 공연했는데 3일씩 나누어서 공연했다면서 다음처럼 회고했다.

> 그때는 연극이 앞과정과 뒷과정이라 하여 판소리의 〈춘향전〉〈심청전〉〈흥보타령〉〈별주부타령〉 등을 이틀 혹은 사흘에 걸쳐서 상연하고 간혹 〈배비장타령〉이나 〈장화홍련전〉 같은 것을 상연하기도 했지마는 그중에서도 제일 많이 상연되는 것이 〈춘향가〉임에 틀림이 없었던 것이다. 그때나 지금이나 춘향전은 극적 구성이 아닌 한갓 옛날 소리 그대로 토막토막 따서 한 사람이 소리하던 것을 여러 사람이 각각 동작과 아니리라 하는 말과 소리를 섞어서 무대 위에서 움직임에 다름이 없었다.(이두현, 『한극신극사연구』에서 재인용)

현철의 회고에서 주목되는 것은 한 사람이 소리하던 것을 여러 사람이 나누어 했다는 대목이다. 이것은 곧 전래의 모노드라마 형식으로부터 벗어

기생들의 교습(1910년)

나 판소리를 분창했다는 이야기가 되는 것이다. 흔히들 판소리와 창극을 같은 음악극 양식으로 인식한다. 그러나 이는 분명히 다른 형식이다. 즉 판소리가 창부와 고수 등 2인이 엮어가는 1인극적 성격의 음악극이라고 한다면 창극은 판소리를 모태로 하면서도 창과 역을 나누고 무대장치도 자연주의 극장에 걸맞게 사실화시킨 것을 말한다.

따라서 판소리의 창부처럼 1인 10역 같은 다역이 아닌 1인 1역의 연극 양식이고, 서양의 오페레타와 비교될 수 있는 창극은 판소리의 변형으로서 판소리가 낳은 근대적 성격의 음악극이다. 그때 이미 창극에서는 인공수륙어족(人工水陸魚族)이 무대에 등장하기도 했다.

그런데 개화기의 판소리 명창들이 어떻게 창극이라는 것을 계발해낼 수 있었을까. 이는 순전히 청나라의 경극에서 힌트를 얻은 것이었다. 당시 원각사 극단의 대표였던 국창 이동백은 역시 명창 강용환과 함께 청국의 경극을 모방하여 창극을 발전시켰다고 증언한 바 있다(박황, 『창극사 연구』, 17쪽).

사실 대한제국이 1882년에 청나라와 '한청상민수륙무역장정'이라는 조약을 맺은 뒤에 서울, 부산, 원산 등에 청인이 들어와 살았고 청계천2가에는 청국인 상가가 형성되었다. 처음에는 곰놀이 등 잡희를 하는 패거리들이 들어오다가 1904년에 그들 전용 극장인 청룡관(清龍館)이 설립되면서부터는 경극단이 자주 들어와 공연했다. 청국 경극단들은 청룡관 말고도 장안사 등 우리나라 연극장에서도 대대적으로 경극을 공연했다. 당시 『대한매일신보』 1909.4.16일 자에도 보면 "청인 연극. 근일 청국 창부 80여 명이 거액의 자금을 판출해야 해 연극 제구를 준비하고 동구내 장안사에서 일간 개장한다더라"라고 보도되어 있다. 그러한 경극 공연은 비교적 자주 있었다. 경극은 그 다채로운 극적 구조와 창 스타일의 표현 형식이 우리 명창들에게 공감과 함께 창극 아이디어를 제공한 것이다.

실제로 판소리를 가지고 창극을 만드는 것은 결코 어려운 일이 아니었다. 왜냐하면 판소리 자체가 다역의 극적 구조를 지니고 있었기 때문이다. 따라서 창만 나누어 부르고 무대 뒤에 간단한 배경 그림만 걸어놓으면 그대로 창극이 되었다. 실제로 원각사나 연흥사 같은 극장에서 처음에는 남창, 여창으로만 나누고 간단한 백포장을 치고서 공연했었다. 〈춘향가〉를 그런식으로 창극화한 당시 명창들은 조금씩 발전시켜 얼마 뒤에는 토끼나 자라 같은 수륙어족의 분장까지 할 수 있었던 것이다.

이처럼 원각사 창부들이 개화기의 외세 물결에 따라 새로운 연극을 한다는 것이 겨우 판소리 분창의 창극 개발이었다. 솔직히 새로 극장을 개설하고도 민속무용이나 단조로운 판소리만을 공연할 수는 없는 처지였던 듯싶다. 그러한 전통예술을 가지고는 개화기의 대중을 휘어잡을 수는 없었기 때문이다. 그러나 창극이라는 조금 새로운 연극 양식을 개발한 뒤에는 레퍼토리 빈곤에 허덕이게 되었다. 그들은 전래의 판소리 다섯 마당인 〈춘향가〉 〈심청가〉 〈흥보가〉 〈수궁가〉 〈적벽가〉 등과 〈배비장전〉 〈장화홍련전〉 등 고전극만을 항상 똑같은 레퍼토리로 삼았기 때문이다. 김원극(金源極)이 『대한흥학보』에 쓴 글을 보더라도 "소위 단성사, 협률사, 음악사 허다 장소를 설정하고 창기 배우를 전후 옹집하며 기소연극의 자본물 즉 구일 〈춘향가〉

〈심청가〉로 형용설도하여 달야규송일 뿐"(『대한흥학보』 제1호)이라 했던 것이
다. 따라서 창부들은 새로운 창작 창극 공연을 계획하고 원각사 개설에 협
조한 신소설 작가 이인직(李人稙)에게 의뢰하여 「은세계」라는 작품을 무대
에 올리기도 했다. 두어 달가량 연습한 원각사 창부들은 신연극 〈은세계〉를
무대에 올린다는 광고를 대대적으로 내고서 1908년 11월 15일부터 며칠
동안 역사적인 공연을 가졌다.

강원도의 신임 탐관오리 정감사에게 억울하게 맞아 죽는 최병도 이야기
인 〈은세계〉의 공연 성과는 열띠었으나 뜻하지 않은 사건이 발생했다. 왜
냐하면 공연 도중 극장 안에서 일대 소란이 벌어졌기 때문이다. 즉 당시 서
울의 고급 유흥장이었던 혜천탕 주인 윤계환 등 7인이 공연 도중에 할 말이
있다면서 주연을 맡은 김창환에게 호통치기를 "탐관오리의 역사를 일 연극
의 재료로 연회하는 것이 불위 온당할뿐더러 그 탐관오리의 결과가 종당 하
처에 귀하겠느냐"(『황성신문』 1908.12.1)고 야단치는 소동이 벌어져 경찰이 그
들을 끌어내는 사태가 빚어졌던 것이다. 공연이 파장으로 끝났음은 두말할
나위 없다. 영업을 망친 원각사 사장은 그들에게 손해배상금을 청구하는 민
사재판까지 벌였다. 그 당시의 관객들은 언제나 즉각적인 반응을 보였고,
또 열띠었던 것이 특징이다. 공연이 비위에 안 맞을 때는 언제나 적극적으
로 항의를 했던 것이다.

1909년 7월 3일의 『대한매일신보』에는 "원각사에서 각 신문에 광고로 게
포(揭布)하되 구연극을 개량하고 충효의열 등 신연극을 설행한다 하므로 재
작야에 관광자가 다수 내집하얏더니 급기 임장에는 춘향가 일장 후에 즉시
폐사함에 내객 중 일인이 대성힐박왈(大聲詰駁曰) 광고에는 신연극을 설(設)
한다 하고 〈춘향가〉만 칭하니 시는 편재적으로 기인함이라 함에 일반 관광
자가 개전후 호응하야 원각사의 불신무미를 힐책하고 자금 이후는 원각사
의 재도(再到)치 않기로 발서하야 일장 풍도를 대기 하얏다더라"라는 기사
가 실려 있다. 신연극을 한다고 광고하여 관객을 불러놓고는 창극 〈춘향가〉

를 공연해서 관중을 고의적으로 기만했다는 항의였던 것이다.

사실 알고 보면 원각사 측에서 고의적으로 대중을 기만한 것은 결코 아니었다. 다만 원각사 창부들과 신연극이라는 개념상의 차이가 있었을 뿐이다. 즉 원각사 배우들은 판소리를 분창하고 확대 사실화한 창극을 신연극이라 생각하였는데, 일반 대중은 창의 형태가 아닌 근대적 성격의 연극을 머릿속에 그리고 있었던 것이다. 바로 여기서 두 가지 중요한 문제가 떠오르게 된다. 한 가지가 무대예술인들의 시대감각과 세계 인식의 고루성 및 협애함이라고 한다면 다른 한 가지는 소위 신극의 기점 문제라 하겠다.

서양의 문예사조의 흐름을 보면 예술가들이 뛰어난 감각으로 언제나 시대를 앞지르는 작품을 내놓곤 했다. 곧 예술 창조자들이 시대를 앞지르고 동시에 이끌어왔다는 뜻이다. 그러나 이 땅에서는 그런 경우가 별로 없었다. 적어도 개화기까지만 하더라도 그러한 예를 찾아보기 쉽지 않다. 예술가들이 시대감각에 앞서거나 이끌기는커녕 뒤따르기도 힘겨운 입장이었다. 특히 무대예술의 경우는 고루하기 이를 데가 없었다고 보아도 무방하다. 가령 헨리크 입센이 『인형의 집』을 써서 후대에 여권운동을 일으켰다든가. 프란츠 카프카가 『심판』 등의 소설로 나치를 예언한 것 등은 예술가들이 대중의 감각보다 얼마나 앞서갔는가를 단적으로 보여주는 예이다.

개화기의 대중은 이미 시대 변화를 느끼면서 읽고 있었다. 가령 도시의 인텔리들은 양복을 입고 넥타이를 매며 안경 낀 하이칼라 신사가 되어가고 있었다. 그런데도 무대예술인들은 그런 시대 변화를 제대로 읽지 못하고 새로운 것을 찾아낸다는 것이 겨우 중국 고전극의 모방이 아니었던가. 바로 이 지점에서 대중과 무대예술인들 간의 간극이 생겨난 것이고, 대중이 그런 갑갑증을 극장 측에 항의 형식으로 표출한 것이었다고 보면 정확하다.

그런데 흥미로운 사실은 대중의 이러한 불만과 요구를 무대예술인들이 거의 깨닫지도 못했고, 또 깨달으려고 하지도 않았다는 점이라 하겠다. 그러니까 전통예술을 평생 해온 무대예술인들은 시대가 변하든 아랑곳하지 않고 고집스럽게 자기들이 해온 것을 끈질길 정도로 고수해갔다. 또 그들로서는 그것밖에 더 할 수도 없었다. 서양은 말할 것도 없고 하다못해 이웃 일본까지도 가본 적이 없었고, 서양의 무대예술을 서책으로라도 접해본 경험이 없었기 때문에 자신들의 예술을 변경시킬 방도나 의지가 없었던 것이다.

다른 하나는 신극의 기점 문제이다. 그동안 문예사가들은 신연극이라는 말이 처음 쓰인 1908년 11월의 〈은세계〉(이인직 작) 공연을 그 출발로 잡았었다. 그래서 이인직은 신소설뿐만 아니라 신극의 선구자처럼 되어 있었다. 그러나 앞에서도 조금 암시한 바 있듯이 이인직은 원각사 개설 때부터 이완용과 송병준의 후광을 업고서 순전히 영리를 위해 알선역으로 참여했을 뿐 깊이 개입하지 않았다.

그는 원각사를 단순히 영리로만 이용하는 데 그치지 않고 다른 목적으로도 이용했는데 그것이 다름 아닌 친일 행각의 은폐용이었다. 즉 그는 유창한 일본어와 세련된 수완으로 이완용의 합방 밀탁을 받고 자주 일본을 왕래했는데 그때마다 신극 개량을 내걸곤 했다. 언론 비판의 예봉을 피하자는 속셈이었다. 그러나 소상히 알고 있었던 당시 신문들은 내부대신 송병준과 함께 그를 가리켜 쌍요(雙妖)라고 불렀고, 『대한매일신보』(1908.11.8)는 사설까지 동원하여 이인직의 비행을 매도했다. 그 사설의 끝부분에서 "연극 관찰차로 일본에 도왕(渡往)하얏다 하니 희(噫)라 그 마술(魔術)이 유장하야 익익히 그 기괴 황탄(荒誕) 음탕적(淫蕩的)의 연극으로 국민의 심지를 탕하면 그 해가 애소(豈小)할까. 오호라 씨여 작얼(作孼)이 이심커늘 우하양화강을 조하야 동포에게 유독코자 하는지. 서적을 저포하든지 연극을 설행하든지 사민의 이됨과 해됨은 불문하고 단지 지폐 백천 환만 자가수중에 입하면 차를 위하야 가(歌)하며 무(舞)하는 이인직 씨여 해외에 유람하야 문명 신공기를 흡수한 인의 심법이 내차(乃此)에 지(止)한가 희희(噫噫)라"라고 신랄하게 논박하고 있다.

연극을 빙자하여 엉뚱한 짓을 하고 다니는 이인직 비판은 신문 가십난에도 여러 번 등장했다. 선학들이 이인직을 지나치게 과대평가해놓았기 때문에 진짜 선구자들은 그늘에 가려져 있는 실정이다. 솔직히 그가 원각사 연극을 위해서 무엇을 할 만한 실력도 없었지만 연극에 기울일 시간적 여유도 없었다. 어용성이 강한 대한신문 사장이라는 직책 때문만이 아니라 이완용 총리의 합방 작업의 밀사를 맡았었기 때문에 1908년부터 1910년 초까지는 일본에 건너가 있는 날이 많았다.

그리고 작품 〈은세계〉만 하더라도 이인직의 순수창작이 아니었다. 그것은 판소리를 창극으로 변화시키는 데 크게 기여한 명창 강용환의 창작 〈최병두 타령〉을 조금 손질해서 자기 이름으로 발표한 것이었다. 당초 〈최병두 타령〉의 주인공 최병두는 강원도에 실재했던 인물이고 정감사도 마찬가지였다. 그 최병두 이야기의 실화를 바탕으로 강용환이 판소리 〈최병두 타령〉을 지었던 것이고, 그것이 이인직에 의해서 〈은세계〉가 된 것이다. 따라서 이인직은 최초의 표절 작가로 볼 수도 있는 것이다.

그렇게 볼 때「은세계」는 실화 소재의 창작 창극의 첫 번째 작품임이 분명하고 신극의 기점이 될 수 없음도 자명하다. 창극이 개화기에 발생한 데다가 무대 표현상 근대적 요소가 있다 치더라도 판소리의 변형 내지 그 연장 형태를 벗어나지 못했기 때문이다. 그리고 〈은세계〉가 실화를 거의 그대로 창극화했다는 것은 탐관오리인 주인공 정감사 후손들의 당시 태도에서도 드러났다. 즉 원각사 전속단장으로서 창극운동을 주도했던 국창 이동백(李東伯)이 명 고수 한성준과의 회고 대담에서 "정감사 후손들이 〈은세계〉 상연 중지 운동을 하고 야단이었다"(『춘추』 1941.3)고 했고, 그래도 공연을 계속하니까 그들이 "정감사집 후원에다가 단을 쌓아 물을 떠놓고 원각사 하루 빨리 망하게 해달라고 빌었다"(『조선일보』 1939.3.29)는 것이다.

이러한 정황으로 미루어 짐작할 수 있듯이 개화기만 하더라도 연극을 하는 사람이나 구경꾼 상당수는 연극 공연을 가공적인 예술이 아닌 현실의 일부로 받아들였다. 따라서 억울한 최병두 역을 맡은 명창 김창환이 무대에서 매 맞아 죽어 나올 때는 손님들 중에서 김창환의 목에 엽전을 걸어주는 등 반응이 열띠었고 인기가 역시 충천했던 것이다. 그만큼 연극은 리얼했고 비록 창극으로 했을망정 대중에게는 현실의 일부로까지 받아들여졌다고 볼 수 있다.

탐관오리들의 횡포를 묘사한 창작 창극이 히트하자 원각사 배우들은 새 작품을 만들어보려고 전국적으로 관리들의 횡포에 의해 서민이 당한 사건을 추적하기도 했다. 그리하여 안주에 살고 있는 이소사(李召使)의 억울한 사건을 창극으로 만들려고 이소사를 불러서 자세한 내막을 듣기도 했다. 이소사는 평안감사를 지낸 민영휘(閔永徽)에게 재산을 다 빼앗기고 소송까지 제기한 상태였다. 조선시대의 광대 소학지희를 연상시키는 이소사의 이야기 만들기가 실제로 성취된 것 같지는 않다.

이처럼 협률사로부터 원각사 극장에 이르는 20세기 초는 근대적 물결이 굽이치는 변화기로서 창극이라는 약간 새로운 연극 양식이 생겨나기 위한 진통기였다. 그러나 분명한 것은 연극을 하는 사람들이나 관객들이 현실에 밀착하려는 경향이 강했다는 점에서 근대극이 싹틀 수 있는 분위기가 서서히 마련되고 있기는 했다. 이러한 경향과는 달리 상류층, 소위 귀족층은 극장을 도락장으로 삼아 놀아났고 서민층도 비슷했다. 이는 아마도 어수선한 시국의 상황에서 불안한 자신을 오락으로 잊어버리려는 성향이 그렇게 나타난 듯도 싶다.

그러나 기개 있고 의식이 또렷했던 인텔리 중산층은 그러한 연예 분위기를 퇴폐 현상으로 재단하고 계속 우려와 매도로 일관했다. 그러니까 식자층은 나라가 누란의 위기에 처해 있는데 노래나 부르고 춤을 추면서 음담패설로 대중을 현혹하는 것은 망국의 징조라 보았던 것이다. 그러한 최초의 반응이 1906년 협률사 비판과 그 폐지 상소문으로 나타났다. 『대한매일신보』가 1906년 4월 7일 자 사설에서 "정부가 항상 민지를 계발하고 교육을 확장한다고 하면서 수도 서울 한가운데다가 백성들의 함정을 만들어놓고 백성의 재물이나 낭비시키며 백성의 의지를 흔들어놓으니 누가 정부의 좋은 말만 믿으리오"라고 했는데, 이는 당시 인텔리층의 사상과 시국관을 단적으로 표현한 것이라 하겠다.

즉 개화기의 인텔리겐치아들은 애국계몽운동에 몰두해 있었고, 그 지상 목표는 오직 국권 회복이었다. 국권 회복의 기본 전략은 안으로는 '조국의 정신을 기르고' 밖으로는 '문명된 학술을 받아들여' 교육과 산업 진흥에 의한 자강을 도모하는 것이었다. 바꾸어 말해서 국권 회복을 궁극적 목적으로 하는 자강의 두 기둥을 교육과 산업으로 보았다는 이야기다. 이처럼 신식 교육을 중시하던 이들의 눈에 퇴기의 딸 춘향이가 양반 자제와 놀아나고 심청이가 아비의 눈을 뜨게 하기 위해 바닷속으로 뛰어드는 이야기나 하고 있는 기생들의 민속예능이 상풍패속(傷風敗俗)의 저질 예능으로 보인 것은 당연하다. 당시 신문의 논설진은 장지연(張志淵)이라든가 박은식(朴殷植), 유근, 남궁훈, 양기탁, 신채호(申采浩), 장도빈 등과 같은 지사형 투사들이었다. 그렇기 때문에 모든 사회현상을 신식 교육과 산업 진흥이라는 공리적이면서 실용주의적인 각도에서 보았던 것이다. 이들은 그것만이 국권 회복의 궁극적 길이라 믿었기 때문이다.

예를 들어서 1908년 5월 5일 자 『황성신문』의 사설은 공리론으로 일관되는데, 그 끝부분에 "문명 각국의 연회장은 각기 세인의 선악을 권징하며 국민의 충의를 감발하기 위하여 가이풍영(歌以諷詠)하며 무이형용(舞以形容)하나니 연회장이 역일교육의미(亦一敎育意味)를 우(寓)하는 지(地)어늘 금 소위 협률사와 단성사와 연흥사는 적족히 인심을 탕일케 하고 풍속을 음미(淫靡)케 할지니 기위 손해가…… 격절한 언사로 일장 연설하였는데 만좌제씨가 막불탄하하였다."고 쓰여 있다.

당시 신문이 통탄해 마지않은 것은 창극과 민속무용, 민요 등의 내용이었는데, 그것은 대중 교화는커녕 대중의 심성만 해이케 한다는 주장이었다. 그들은 연극이 어디까지나 권선징악과 충성 의리를 통해서 대중 계도에 이

바지해야 한다는 것이었다. 그로부터 3개월 뒤에 『대한매일신보』는 다시 「극계개량론」이란 논설을 통해서 국민의 심리와 감정을 도야해야 한다고 주장했다. 그 논설의 요지는 계백 장군이라든가 성충(成忠), 박제상, 최영, 윤관, 정몽주 등 역사적인 인물들을 구체적으로 거론하면서 이들의 생애를 작품화하면 대중의 마음속에서 고상 순결한 심사가 자생할 것이라는 주장이었다. 특히 전통연희가 국민의 수치라고까지 하면서 국민의 심지를 일깨우는 새로운 창작극만을 주창했던 것이다.

그러나 불행하게도 그 당시는 이러한 민족주의자들의 갈망을 작품으로 구현해낼 단 한 명의 극작가도 없었다. 또 다른 측면에서 볼 때, 아무리 계몽시대라고는 해도 당시 인텔리겐치아들 모두가 전통예술의 가치에 대한 무지와 새것 콤플렉스 때문으로 해서 자국 예능을 무조건 부정만 했다는 실책도 없지 않다.

그러한 예는 1908년 11월 29일자 『황성신문』 논설이 잘 나타내주고 있다. 그 요지는 서양의 경우 연극으로 애국심을 고취하는데 우리는 창극과 가면극, 민속인형극 등 음탕한 내용으로 무뢰자제의 심지만을 방탕케 함으로써 장차 망국에까지 이를 것이니 배우들로 하여금 산업전선이나 무역업 등으로 전직할 것을 권하기도 했다. 이는 식자들이 국권 회복을 지상과제로 삼으면서도 성리학에 찌든 나머지 자국 예술을 저버리는 자가당착적 의식구조를 단적으로 나타내주는 것이라 하겠다.

이처럼 전통예술을 흥국(兒國)의 음희(淫戱)로까지 매도한 인텔리 계층으로 말미암아 전통예술의 발전적 계승이 차단되는 처지에 놓이게 되었다는 것은 역사의 아이러니라 아니할 수 없다. 예술에 대한 좁은 안목으로 인해서 이들은 가면극의 풍자와 해학정신이라든가 판소리의 깊은 맛과 멋, 그리고 민속인형극의 덧없는 인생 한탄 등의 순도 높은 예술세계를 놓쳤던 것이다. 그러니까 이들은 예술의 두 가지 기능 중에 오락적 기능은 완전히 배제한 채 교화적 기능만을 강조했다. 따라서 이들에게는 우리의 전통예술은 모두가 음사일 수밖에 없었고 극장은 음분야학(淫奔夜學)이 된 것이다.

그런데 인텔리층의 전통예술에 대한 계속된 비판이 급기야는 일본 경찰의 한국 연극 탄압의 빌미를 만들어주기도 했다. 즉 경시청이 위생경찰규칙이라는 것을 만들어 공연시간을 하오 12시까지로 제한하는 것을 시발로 탄압의 촉수를 뻗치기 시작했다. 이것이 1908년 6월의 일이었는데, 명목은 극장 주변의 안침 방해였다. 그것으로 만족할 수 없었던 경시청은 원각사 배우들에게 일본어를 익히도록 함과 동시에 점차 일본 연극을 모방토록 하기 위하여 일본 연극을 연습시키기도 했다. 그것이 1909년 5월부터였다.

그러나 그것은 경시청의 뜻대로 되지 않았다. 판소리와 무용을 일생 동안 해온 창부들이 전혀 이질적인 외국 연극에 매료될 리 만무했다. 그보다도 주체성이 강했던 원각사 창부들은 판소리와 민속무용, 그리고 창극만을 고집했다. 그러자 경시청은 한국 전통극 말살을 획책하기 시작했다.

그 두 번째 조치가 대본 검열이었다. 즉 1909년 7월부터 경시청은 "각 연극장의 연희 원로를 취조하여 인허한 후 시행케"(『대한민보』 1909.7.9) 했다. 명목은 연희 내용이 "음담패설에 불과하여 남녀의 불미한 행위가 층생"하기 때문이라는 것이다. 저들이 연극 탄압의 구실로 윤리성을 그 기준으로 삼은 것이었다. 그로부터 극장에는 경찰들이 수시로 출입했고 그것이 너무 지나쳐 출입 경찰에게는 경시청에서 입장권을 만들어주기도 했다. 공연 내용을 감시한답시고 관객 수만큼이나 경찰들이 드나들면서 영업을 방해했기 때문이다.

그 세 번째 조처는 관객 40명 이상일 때만 공연할 수 있도록 하는 극장 규칙의 강화였다. 그리하여 연흥사는 공연 도중 40명이 차지 않아 강제로 정지를 당하고 관객들에게 요금을 돌려주는 사태를 빚기도 했다(『대한민보』 1909.7.28).

네 번째로는 창극단 강제 해산과 극장의 폐관 조치였다. 『대한민보』 1909년 7월 28일 자의 "경시청에서 각 연극장 취체규칙(取締規則)을 제정하는데,

경성 내 1, 2처만 존재케 하고 나머지는 해산케 했다"는 기사가 바로 그것이다. 이는 창극이 뿌리를 못 내리고 지방으로 떠돌게 된 직접적 동기가 된 조처였다.

1909년 초에 접어들면서부터 경시청은 각 연극장 간부들을 불러서 연극을 못 하도록 겁박하기 시작했다. 한국 연희는 유탕하고 음질해서 안 된다는 것이었다. 1910년 1월 22일 자『황성신문』에는 "작일 중부서에서 연흥사 총무 위흥석 씨를 초치하여 해연극 중 유탕한 가곡과 음질한 행동은 일체 연주치 물하라고 엄유 방송하얏다더라"는 기사가 나와 있다. 이는 비단 연흥사 한 극장에만 국한된 것이 아니었다. 그해 5월 31일자『황성신문』에는 "경시청에서는 일작 각 연회장 총무 등을 초치하여 풍속에 방해되는 연예를 일체 정지하라고 설유하였다"는 기사가 있다. 그러니까 1910년대 접어들어 합방을 앞두고 경시청은 각 공연을 중지토록 한 것이다.

본격적인 연극 탄압이 전개되면서 극장에는 경시청과 일본헌병사령부 두 곳에서 감시관을 파견했다. 곧 임석경관과 헌병사령부의 고등탐정이었다. "근일 각 연극장 상등석에는 각 탐정자 등이 무료로 10명 이상씩 배입하여 무단히 시비를 거는 폐단이 있는 고로 그 극장 주인의 곤란이 막심하더라"(『대한민보』1910.8.11) 하는 기사는 바로 그러한 헌병 앞잡이의 작폐를 쓴 것이다.

그런데 일본 헌병사령부의 고등탐정들이 대부분 한국인이었다는 것도 아이러니가 아닐 수 없다. 경시청의 한국인 끄나풀과 일본헌병사령부 소속의 한국인 밀정 간의 싸움이 극장 안에서 심심찮게 일어나곤 했다. "장안사에서 경무총감부 통역순사 한상구 씨와 일본 헌병사령부 고등탐정 박병기 씨가 언어 간 불협함을 인하여 일장 충돌이 기했다"(『대한매일신보』1910.7.31)는 기사는 그러한 당시 상황을 나타내주는 것이다.

이처럼 일제의 연극 탄압은 합방 전부터 시작되었고, 그로 말미암아 가면극이라든가 창극, 민속무용 등 전통예술의 발전이 정체되고 말았다. 상당수

전통예술인들이 포장굿 형태의 유랑극단을 만들어 전국을 떠돌게 된 직접적 원인이 개화 지식인의 공리주의적 연극관과 일제 탄압 때문임은 두말할 나위 없다. 이러한 현상은 중국의 경극과 일본의 가부키, 노 등 전통극이 그들 나라에서 건전하게 전승된 것과 좋은 대조를 이룬다. 물론 전통 무대예술의 위축이 전적으로 개화 지식인들과 일제 탄압 때문만은 아니었고 신문화의 거센 물결과 여러 요인의 복합이기도 했다. 가령 대중의 시대감각의 변화 같은 것이다. 그러니까 적어도 신식 교육을 받은 젊은 층은 구태의연한 전통예술을 선호하지 않는 경향이 있는 것이다. 신식 교육을 받지 않았더라도 상당수 식자층은 새로운 것을 은연중에 바랐던 것이 사실이다.

또 한 가지, 공연 행태 때문에 급격히 쇠퇴해간 장르가 있었다. 즉 야외놀이성이 강한 탈춤이라든가 꼭두각시놀음, 굿놀이 등은 옥내 무대의 등장으로 쇠퇴해갔고 반면에 판소리, 창극, 화극(뒤에 재담극) 등은 민속무용과 함께 번창했다. 왜냐하면 탈춤은 원래 밤에 화톳불을 피워놓고 노는 것이어서 탈이 싱싱하게 살아 움직였지만, 옥내 무대로 들어오면서 위로부터 내리꽂는 조명으로 인하여 탈이 죽어버렸다. 꼭두각시놀음과 무당굿놀이도 비슷한 경우였다고 본다. 특히 무당굿놀이는 옥내 무대로 들어오면서 신비감이나 외경감이 감소된 것이 사실이다. 반면에 판소리나 창극, 재담 등은 옥내 무대로 들어오면서 관중에게 집중력을 불어넣을 수 있었고 퍼져나가는 소리를 차단하고 무대적 환상도 만들어낼 수가 있었다. 그렇기 때문에 판소리, 창극, 재담, 전통무용 등은 신문화의 바람 속에서도 변함없이 생명력을 유지할 수 있었다. 그리고 이들이 무대예술을 선호하는 관객층도 꾸준히 확보하고 있기도 했다.

그리고 또 하나 간과해서는 안 될 것은 개화기에 극장이 생겨남으로 말미암아 시민문화의 가능성이 제기된 점이라 하겠다. 즉 극장이 사교장이 된다든가 공공집회 장소가 되기도 했고 사랑방 문화의 바탕도 마련했다. 그러나 그에 못지않게 중요한 것은 극장이 공연예술 창조장과 함께 외래문화의 수용과 그 소개의 창구 노릇을 톡톡히 한 점이다.

　이는 사실 극장이 없으면 거의 불가능한 것이다. 우리가 어설픈 극장이라도 가졌기 때문에 선진국들과 비슷한 문화 패턴을 지니고 나아갈 수가 있었다. 산업사회로 나아갈수록 극장은 그만큼 중요한 것인데, 그 이유는 극장이 문화 창조장으로서뿐만아니라 사람 간의 연결고리를 만들어주는 공간이기 때문이다.

# 제2장

# 전통의 명맥을 잇기 위한 노력들

문예 연구자들이 우리 근대 문예사에 대해 사유하고 또 그것을 정리하기 시작한 것은 1930년대부터였다. 가령 김재철(金在喆)의 『조선연극사』의 '신극 편'을 시작으로 하여 임화(林和)의 '조선신문학사' 등이 그러한 예에 속할 것이다. 그러다가 해방 이후에 와서야 본격적인 근대문예사 연구는 이루어지게 된다. 그런데 최근까지 출판된 근대 문예사서들을 보면 공통적으로 1910년 일제의 한국병탄 이후의 우리 전통문예는 처음부터 연구 서술 대상에서 제외시키고 있다. 그러니까 모두가 일제의 한국병탄 이후의 문예는 서구 문예 이식 내지 수용사로 되어 있다는 이야기이다. 그 점은 연극사와 문학사 또는 음악사의 경우가 특히 심해서 병탄 이후로 전통예술이 완전히 단절된 것처럼 느껴지게끔 기술되어 있다.

그렇다면 수천수백 년 동안 면면이 이어져 내려온 전통예술이 일제의 침략과 함께 하루아침에 소멸했다는 이야기인가. 결론부터 이야기하자면 절대 그렇지가 않다. 예술이 정치권력의 지배를 어느 정도 받는 것은 사실이지만 그것이 문예를 완전히 소멸시킬 수는 없다. 우리의 전통예술만 하더라도 서구적인 문예에 밀려서 대중으로부터 소외당하기도 했지만, 그 생명력은 여전하여 신문화의 홍수 속에서도 생존의 길을 모색하고 있었다. 다만 문예사가들이 소위 '근대성'이라는 이데올로기에 홀려서 전통예술을 홀대, 제외시켰을 뿐이다.

사실 전통예술은 한 민족의 정체성을 간직한 문화양식이다. 그런 문화양식이 외침에 의해서 위축될 수는 있어도 결코 쉽게 말살되지는 않는다. 만약 전통예술이 근대문예사서에 기술되어 있는 대로 그렇게 하잘것없고 또 명맥이 끊어졌다면 오늘날처럼 전통예술이 찬란하게 부활, 만개할 수 있었겠는가. 바로 그 점에서 식민지 시대에 전통예술을 남이 아닌 우리 자신이 홀대하고 소외시키는 어리석음을 범한 것이다. 소위 인텔리 계층일수록 전통예술을 폄하, 홀대한 것이 특징인데, 그 이유는 이들이 지나치리만치 서구 추수적 가치관에만 경도되어 있었기 때문이다.

전술한 바도 있는 것처럼 20세기 초두에 개신유학파 지식인들이 전통예술을 폄하, 매도한 바 있는데, 이것이 일제가 우리 전통예술을 탄압하는 빌미가 되기도 했었다. 그러니까 일제는 한국인들의 민족적 정체성과 결집력을 파괴하기 위해서 전통예술과 그 공연장을 억제한 것이다. 그러한 일제의 음험한 마수는 병탄 이후 더욱 노골화되었는데, 특히 우리의 전통예술을 부도덕 행위로 규정한 것은 수치를 넘어 분노케도 했다. 저들이 우리의 전통예술을 어떻게 보고 있었는가는 총독부 어용매체인 『매일신보』 1911년 6월 25일 자의 다음과 같은 기사가 잘 보여주고 있다.

> 부정(不正) 연주회의 폐해……풍속의 괴패(壞敗), 질서의 문란, 행음(行淫)의 매개, 위생의 방해, 장원(場員)의 패만(悖慢), 관객의 분개-한성내 각 연극의 폐해 급 관계 대하여 간정정녕(丁寧)함이 비지일지어니와 연흥사에서 부랑무업(浮浪無業)하고 완패불량(頑悖不良)한 잡배류가 소위 시곡예기(詩谷藝妓)를 망라하야 연주회를 설행한다 칭하고 전후 비패(鄙悖)한 행동이 망유기극(罔有紀極)한다는 설이 엄명한 경찰에 입문되야 취체를 당하엿드니 …(중략)… 수일 전부터 장안사에서 예기(藝妓)연주회를 설행한다는대 한성 내 음부탕자배(淫婦蕩子輩)가 치를 일대 매음하는 호기회를 득한 줄로 인(認)하고……

이상은 일제의 한국병탄 직후 어용매체가 당시 우리의 극장 풍경을 묘사한 기사인바, 전통예술과 관객을 부도덕의 극치로 인식하고 있음을 단적으로 보여준다. 저들은 광무대, 단성사 등 전통예술 공연장을 아예 '탕자의 찬성소'로 규정하고 억제와 탄압의 대상으로 지목하고 있었던 것이다. 그렇지 않았다면 어떻게 한국 전통예술의 대표격이라 할 〈춘향전〉을 상풍패속(傷風敗俗)의 연극으로 규정하여 공연 금지시킬 수 있었겠는가(『매일신보』 1910.9.15).

이처럼 총독부는 무소불위의 권력으로 임석경관의 주관에 따라 공연 정지, 더 나아가 극장 개폐까지 좌우했다. 임석경관은 그것으로도 부족하여 극장 매표구 앞에 서서 관객들의 입장권 유무까지 감시 조사함으로써 한국인 관객의 극장 출입을 은근히 방해하기도 했다. 그러나 관중은 여전히 극장을 외면하지 않았다. 그러자 이번에는 명창 명기들을 개별적으로 호출하여 출연을 방해하는 등 온갖 탄압을 감행했다. 일제는 우리 예술인들을 탕부창녀로 취급하고 여러 측면에서 제약했기 때문에 연희자들은 때때로 극장을 피해서 일반 저택의 앞마당에서 공연을 했고, 그것 또한 단속의 대상이 되었음은 두말할 나위 없다.

저들은 여배우들을 창녀와 똑같이 취급하여 1911년 8월에는 정기검진을 받아야 하는 건강진단 규칙까지 제정할 정도였다. 일제가 우리의 전통예술과 공연장 그리고 관중까지 극심하게 탄압한 시기가 다름 아닌 일본 신파극이 이 땅에 발을 붙인 시기였다는 점에서 총독부의 고차적 음모가 개재된 것이라는 생각마저 든다.

그처럼 살벌한 시절에도 전통예술을 상설로 공연하는 광무대, 장안사, 단성사 등은 우리 관중들로 메워졌다. 그러니까 일제가 한민족의 정체성을 파괴하고 동시에 민중의 정서적 유대를 와해시키려던 탄압 행위도 큰 효과를 거두지는 못했다. 실제로 예술인들은 시대 변화에 거의 둔감한 것처럼 오로지 공연 활동에만 열중했고, 다른 생각은 거의 하지 않는 것처럼 보일 정도였다. 다만 일제 탄압의 예봉을 피해서 레퍼토리를 언어가 배제된 무용이라든가 기악 중심으로 구성한 듯싶다. 가령 당시 극장들 중에서 가장 먼저 전속예술단인 강선루 일행을 두었던 단성사의 레퍼토리를 보면 남무(男舞), 배무(配舞), 무고(舞鼓), 가인전목단(佳人剪牧丹), 앵접무(鶯蝶舞), 전기무(電氣舞), 팔일무(八佾舞), 승무, 검무, 그리고 평양 날탕패, 환등, 활동사진 등이었다.

실제로 일본 경찰은 언어극을 두려워해서 언제나 경계의 눈초리로 감시하는 한편, 되도록 그런 것을 제외하고 공연을 갖도록 종용도 했다. 가령 1912년 4월 29일 자 『매일신보』에 따르면 "중부 파조교 단성사에서 흥행하는 강선루 일행의 장처와 단처를 들어서 일차 경고한 결과로 박춘재, 정갑영 등의 풍속 괴란하는 재료는 일체 없애고 순전한 기악으로 흥행하는 중에 서민악락무, 향장무, 헌선도(獻仙桃)의 모든 가무와 줄풍류는 진실로 성대태평의 기상을 자랑할 뿐 아니라 그 청아한 가곡과 반선한 춤 장단은 가히 관람자의 심신을 화일케 하여 기타의 전기춤과 나비춤이며 기생 환등과 금강산 사진은 근일 연극장에서는 처음 보는 바인즉 근일 연극으로는 십분 완전하다"면서 당대의 재담꾼 박춘재와 정갑영 등의 공연을 배제했던 것이다. 그러니까 재담 중에 현실 풍자 등과 같은 껄끄러운 것이 내포될 수 있기 때문에 그들의 공연을 사전에 배제한 것이다.

이처럼 일본 경찰의 화극(話劇)에 대한 알레르기 반응으로 인해서 극장 측에서도 레퍼토리를 짤 때, 사전에 재담과 판소리, 창극 등은 되도록 배제한 바도 있다. 따라서 김창환, 송만갑 등 당대 명창들은 서울을 피해 지방으로 내려가서 활동하는 한편 자선사업 등으로 일제에 대하여 우회적으로 저항하기도 했다. 가령 김창환과 송만갑 등이 일제의 한국병탄 직후 고향으로 내려가서 김창환협률사와 송만갑협률사를 각각 조직하여 10여 년 동안 창극운동을 벌인 것이라든가 서울에서 활동하는 전통예술인들이 자주 각급 학교와 고아원, 양로원 등에 공연 수입금을 쾌척한 것이 그 단적인 예라 하겠다.

이러한 예술인들의 노력에도 불구하고 대중의 예술인에 대한 인식은 대단히 고루했다. 즉 일본 신파극을 하는 연기자는 배우라고 불렸지만 전통예술인들은 여전히 광대라고 불렸고, 조선시대와 마찬가지로 천시하는 것도 변함없었다. 광대들은 조그마한 거동까지도 매도당하기 일쑤였다. 그렇다고 전통예술을 싫어한 것은 결코 아니었다. 다만 신파극과 영화가 점점 인기를 얻으면서 전통예술이 조금은 위축된 것도 사실이었다. 그렇기 때문에 광무대와 장안사를 운영하던 박승필과 배응현(裵應鉉)은 자신들의 이름을 붙인 전속 단체를 만들어서 관중을 불러들였고, 그것도 모자라 낮에는 씨름대회, 밤에는 공연을 하는 유인작전까지 짜낸 바 있다. 특히 신파극이 인기를 모으면서 전통예술계 쪽에도 화극의 필요성을 절감하고 각지에 흩어졌던 명창들을 불러 모아 판소리와 창극을 다시 주요 레퍼토리로 삼기 시작했다.

한편, 개화기 지식인들의 공리적 연극관이 대중까지 전염(?)됨으로써 판소리를 즐기면서도 외설로 매도하는 이중성을 보여준 경우는 이채롭다고 아니할 수 없다. 즉 일부 관객이 〈춘향전〉이라든가 〈배비장전〉 등을 구경한 뒤에 내용이 외설적이라고 매도하는 글을 신문지상에 투고하는 예가 자주 있었던 것이다. 가령 1914년 10월 29일 자『매일신보』에 실린 글을 보면 "나는 매양 구연극을 가서 볼 적이면 저절로 분도 나고 통탄할 일이 한두 가지가 아니야요. 그저 나와서 소리한다는 것이 먹고 놀고 보자는 타령일 뿐이니 시대에 적당타 할는지 그것 좀 개량하면서 무슨 사업 좀 하자고 고치였으면 좋겠어요. 그저 노는 타령이니"라 비판하고 있다. 이는 개신유학파 지식인들의 공리적 연극관과 맞아떨어지는 것이라 볼 수 있다.

그럼에도 불구하고 판소리와 창극은 여전히 인기가 있었고 인기 명창은 극장 간의 치열한 스카우트 대상이 되기도 했다. 또한 관객의 요구가 어떻든 전통예술인들은 별다른 방책을 찾아내기가 힘들었다. 창극만 하더라도 오늘날과는 거리가 먼 독창, 대창(對唱), 그리고 초기 형태 창극 방식의 실험이었다. 물론 극장에서 판소리, 창극과 무용만 공연한 것은 아니었다. 가면극, 인형극, 재담, 굿놀이 등 전통예술은 동원할 수 있을 만큼 무대에 올렸다. 특히 일본 경찰의 감시와 탄압이 느슨해진 틈을 타서 다양한 레퍼토리를 선보인 것이다. 대중이 새것을 요구하면서는 동해안 별신굿의 〈훈장거리〉를 개작한 〈웃음거리〉라는 희극을 새로운 레퍼토리로 내놓기도 했다. 그렇지만 시간이 흐를수록 신파극과 영화의 인기가 상승해가면서 그들과 경쟁해야 하는 전통예술은 힘겹기만 했다.

따라서 전통예술 쪽에서는 대형화하는 것으로 그들과 경쟁할 수밖에 없었다. 유능한 경영자 박승필은 당시 단성사와 광무대 두 극장의 지배인이었는데 두 극장 배우들을 통합하여 대형화했고 부분적으로 신파극도 곁들이고 개량 전통극도 실험했다.

전통예술을 고수하던 박승필이 그처럼 대단한 변신을 하는 데는 "신연극도 신연극이려니와 조선의 구연극도 전에 하던 것을 하지 말고 자꾸 시세를 좇아 상당히 개량하야 구경꾼이 보기 좋게 하였으면 해롭지 않겠더그만 밤낮 〈춘향가〉 〈박타령〉뿐이람"(『매일신보』, 1914.10.25)이라는 대중의 강렬한 요구에 부응하기 위함이었다. 사실 영국으로부터 셰익스피어의 〈맥베스〉 영화까지 수입해오는 지경이었기 때문에 전통예술이 대중의 외면을 사는 것은 당연한 추세였다. 게다가 일제는 극장뿐만 아니라 배우들에게까지 세금을 부과하면서 압박해왔다. 그러니까 전통예술은 여론에 몰리고 영화와 신파극에 밀리면서 점차 설자리를 잃어갈 수밖에 없었던 것이다. 결국 전통예술인들은 자위수단으로서 결속을 다지기로 하고 중진급 이상 30여 명이 경성구파배우조합(1915.3)이라는 단체를 조직하고 나섰다.

이들은 〈춘향전〉을 새로운 창극으로 만들어 단성사에서 50일이라는 장기 공연도 가졌고 신구파극이라는 색다른 작품도 실험했다. 그때 제작했던 〈홍안박명〉이라는 레퍼토리는 근대적 가정비극 사이사이에 창을 곁들여서 하는 방식이었다. 이러한 실험이 주목을 끌자 1917년에는 잠시 신구극개량단이라는 매우 독특한 단체까지 등장했다. 물론 그러한 이질성 내포의 극단이 성공할 리 만무했다. 그래서 신구극개량단의 수명은 길지 못했다. 이는 곧 전통예술 공연 활동이 그만큼 어려웠다는 증좌이기도 하다.

그럼에도 불구하고 전통예술 공연을 고집스러울 정도로 견지했던 박승필은 그 존속을 위하여 여러 가지 방도를 강구하기도 했다. 그는 개화기의 대표적 흥행업자로서 극장 운영자였지만 그것을 치부의 수단으로서보다는 민족문화를 지키고 계승한다는 차원에서 접근했다는 점에서 평가를 받을 만한 인물이다. 이는 곧 그가 상당한 애국자였다는 이야기도 된다. 그러나 그의 탁월성은 극장 운영에 현대적 극장 경영 방식을 도입하고 실천한 점에 있다. 예를 들어 그는 이미 1910년대 중반에 아무도 시도하지 못했던 소위 찬성원회라는 것을 조직하여 광무대와 단성사 운영을 도모했던 것이다. 찬성원회라는 것은 다름 아닌 현대적 후원회를 의미하는 것으로서 이는 한국 연극사상 최초의 일이었다. 물론 서구에서는 19세기 후반 프랑스의 앙투안이 소극장운동을 벌이면서 처음으로 후원회를 조직한 바 있고 그것을 본딴 주변국들에서도 유사한 후원회를 조직, 활동한 바 있었다.

그런 측면에서 보았을 때, 서양 견문이 전혀 없었던 박승필이 개화기에 극장 후원회를 조직했다는 것은 대단히 선진적인 발상이었다고 아니할 수 없다. 그는 또 거기서 그친 것도 아니고 후원회원들을 위한 입식향음, 즉 리셉션도 베풀었다. 이 또한 놀랄 만한 일이었다고 아니할 수 없다. 더구나 그가 극장 운영을 하면서 신극 아닌 전통예술 공연만을 고집한 매우 보수적인 인물이었음에도 불구하고 극장 운영만은 매우 서양식이었다는 점에서 주목받기에 충분하다. 『매일신보』가 그에 대하여 진실로 처음 볼 수 있는 희한한 인물이라면서 "지금 경성 황금유원 안에서 조선 구파연극으로 열한 해 동안을 한결같이 경영하여오는 사람은 경향에 소문이 자자한 박승필 씨 그 사람 하나이리라. 오늘날 연극계에 헌신적, 다대한 공로를 끼친 사람은 박 씨 내어놓고는 다시 구할 수 없는 터이다."(『매일신보』 1919.9.26)라고 극찬한

광무대 경영 및 전통예술 보존자
박승필

바도 있다.

그러나 신문화의 바람 속에서 전통예술 공연장만을 고수하는 광무대의 경영은 어려울 수밖에 없었다. 극장 시설이 노후한 데다가 전통예술 공연만을 고집하는 것에 대해서 식자층으로부터 폐관하라는 비판까지 받은 것도 사실이다. 어느 관객이 복면관이라는 가명으로 『동아일보』에 기고한 글에서 광무대를 가리켜 "부랑남녀의 야합처요, 소위 여배우들의 사창(私唱) 예약장"(『동아일보』 1920.9.25.)이라고까지 혹평한 바도 있었다.

이런 비판에도 불구하고 박승필의 확고한 신념은 조금도 흔들리지 않았다. 그에 대한 답변으로 그는 "아, 누가 이것을 하여가지고 무슨 밑천이나 좀 잡으려고 하는 줄 아십니까. 이거는 꼭 여러분의 사랑방 삼아서 나도 과하게 밑지지는 않고 여러분께서도 심심하시면 찾아오시니깐 그대로 하여가는 것이올시다"라고 응수했다. 여기서 그가 당시 극장을 사랑방으로 생각했다는 것도 매우 선진적 사고를 잘 보여주는 것이다. 개화기에 이런 인물이 버티고 있었기에 우리의 전통 공연예술이 그 끈질긴 생명력을 유지할 수 있었던 것이다.

여하튼 신문화의 거센 바람 속에서 전통예술이 내외적으로 적잖은 고통을 당한 것이 사실이다. 박승필과 같은 고집불통도 극장을 유지하기 위해서는 여러 가지로 안간힘을 쓰면서 고생을 적잖이 했다. 자기 극장에 전혀 이질적인 신파극도 끌어들여보고 환등이라든가 심지어 영화까지 수용한 적도 있었다. 1919년 3·1운동 직후에는 여류 명창들끼리 여성국극 같은 것도 시도해본 일까지 있었다. 그렇게 해도 극장을 떠나는 대중을 잡지는 못

했다.

3·1운동을 분기점으로 해서 전통예술은 점차 기력을 잃어가기만 했다. 그러나 전통 공연예술이 소멸될 수가 없는 또 하나의 중요한 배경이 있었다. 그것이 다름 아닌 기생양성소 권번(券番)의 존재였다. 조선시대까지 기생조합으로 내려오던 것이 1914년 들어서 권번으로 그 명칭이 바뀌었는데, 이는 유럽의 컨서바토리와 비슷한, 즉 일종의 한국형 여성예술학교였다.

권번에서는 소리, 춤, 악기 다루기 등 각종 기예와 함께 시서화 및 예의범절까지 가르쳤다. 권번이 서울에만 4개가 있었고 전국의 웬만한 도시에는 다 있었다. 4개 권번에 소속되어 있는 기생이 444명이었으므로 하나의 권번에 100명 이상 있었다는 이야기다. 1920년대 초 한국인 기생은 도합 3,413명이었는데, 이 가운데서 예술 활동을 할 수 있는 예기는 1,300여 명이었다. 남자들까지 합치면 당시의 직업배우는 1,500명이 넘었다. 당시로서는 대단히 풍부한 인적자원이라 볼 수 있다. 기생들은 대체로 봄, 가을 두 번 발표회를 갖는 것이 원칙인데, 여기서 신인들은 데뷔하고 기성인들은 재충전으로 쌓은 기량을 발휘하였다. 바로 이런 행사로 인하여 전통예술은 여러 가지 악조건 속에서도 끈질긴 생명력을 이어갈 수 있었던 것이다.

이처럼 박승필과 같은 민족주의적 성향의 극장 운영자와 수십 개의 권번에서 배출되는 예술인들로 인해서 신문화의 거센 바람 속에서도 전통 공연예술이 존속될 수가 있었다. 3·1운동 이후 전통예술에 큰 변화가 있었던 것은 아니고 또 있을 수도 없었다. 다만 〈춘향전연의〉라든가 〈옥루몽연의〉 등 초보적인 창극이 주가 되고 무용의 경우, 정재라든가 서양 무용, 신파극 등이 한 무대에 올려졌다. 그런 와중에 전통예술인들이 〈장한몽〉과 같은 신파극까지를 무대에 올린 것은 흥미로운 사실이다. 왜냐하면 이들도 시대 추세를 좇아서 신파극술을 배워야 했기 때문이다.

그뿐만 아니라 전통예술인들은 적극적인 현실 참여도 했다. 즉 수해라든가 한발이 있을 때는 농민 구제 공연을 했고 수시로 고아원, 양로원, 각급

학교를 위한 자선 공연을 가진 것이다. 이들은 거기에 그치지 않고 진일보하여 당시 거국적으로 벌어졌던 물산 장려라든가 소비 절약, 토산 장려 등과 같은 민족운동에 앞장서기도 했다. 이들은 십요회(十曜會)라는 민족적인 기생단체를 조직해서 활동하는가 하면 시국 상황에 대한 선동적인 노래까지 새로 만들어 부르기도 했다.

이처럼 전통예술인들은 지식층 못잖게 애국심이 강했고, 공연 활동도 단순히 흥행만을 위한 것이 아니라 민족운동의 일환으로 생각하는 데까지 이르렀던 것이다. 따라서 민족 언론도 전통예술을 권장하고 나섰으며 대중과 연계시켜주는 기획을 수시로 갖기에 이르렀다. 비단 『조선일보』와 『동아일보』 양대 신문뿐만 아니라 『매일신보』까지 여기에 나섰으니 이채로웠다고 말할 수 있다. 전통예술인들이 민족운동에 발 벗고 나서자 일제의 감시와 탄압이 다시 강화되었다. 전통예술인들 특히 예기(藝妓)들에게는 위생검사라는 족쇄를 씌워놓은 것으로도 부족해서 공연 도중 가야금 연주까지 중단시키는 폭력도 서슴지 않았다.

1924년 6월 12일 자 『동아일보』에는 "전례대로 여러 가지를 해가다가 가야금 차례가 되어 기생이 쑥 나와 앉아서 가야금을 타기 시작하니 조선의 명물인 붉은 테 두른 친구가 나와 번쩍하고 들어가더니 가야금 타던 기생들이 슬금슬금 들어가고, 주인 편에서 가야금은 순서에 안 든 것을 하여서 경찰이 금지시켰다"는 기사가 실렸다. 이 가사에서 붉은 테 두른 친구란 다름 아닌 임석경관인데, 그가 극장 주인에게 압력을 가하여 공연을 중지시킨 것이다. 여기서 주목할 만한 사실은 그러한 경찰의 횡포에 관중이 좌시하지 않은 점이라 하겠다. 이어진 기사에는 가야금 연주가 중단되자 관중들이 "아— 가야금도 치안 방해라서 금지를 시키느냐? 관중을 무시하는 경찰의 횡포"라고 한창 소동을 벌인 뒤 "이따위 사소한 일에까지 경찰의 호기를 못 부리고는 직성이 못 풀리겠던가"라고 야단친 일이 보도되어 있다.

일본 경찰은 이처럼 전통예술 레퍼토리까지 일일이 감시했고 이재민 구제음악회도 금지시키는 것이 예사였다. 구제음악회 금지도 '수익금의 군 및 면 경유'라는 단서를 붙이는 우회 방법을 쓰는 교활함을 보여주기도 했다.

일경의 전통예술 탄압은 그 주체라 할 기생들에 대한 제재라는 수법을 애용한 것이 특징이라 하겠다. 물론 유녀들에 대한 위생검사는 선진국에서도 흔히 하는 것이지만 매춘과 거리가 먼 예기들에게까지 일괄적으로 강요했던 것은 탄압 그 자체였다. 이에 상당수 예기들이 일경에 반발하고 영업증을 반납하는 경우도 적지 않았다. 그런데 문제는 예기들의 부모에게도 문제가 있었다는 사실이다. 즉 예기들은 활동을 못 하는 한이 있더라도 하의(下衣)를 벗고 하는 위생검사를 하지 않으려 했으나 가난한 부모들은 검사를 받고라도 활동을 하라고 강요했던 것이다. 이러한 내외의 악조건 속에서도 예기들은 인간적 수모를 완강히 거부하곤 했다. 그 극적 반항이 다음 아닌 동맹파업이었다.

1925년 3월, 개성에 있는 야명권번과 개성권번 두 곳 60여 명의 기생들이 일주일에 한 번씩 의무적으로 받아야 하는 위생검사를 거부하고 영업증을 모두 경찰서에 반납하는 동맹파업을 단행했다. 사실 예기들의 동맹파업은 그 명목이 일주일에 한 번씩 받아야 하는 국부 검사에 대한 것이었지만, 그 이면을 살펴보면 일제의 한국 전통예술에 대한 교묘한 탄압과 예기들에 대한 모멸에 반항한 일종의 인권선언이었다.

이러한 예기들의 의기(義氣)와는 달리 그들의 부모는 호구지책 때문에 무조건 순응하기를 바랐고, 유교 인습에 젖어 있던 일부 사람들은 전통예술을 풍기문란이라고 일경에 중지해달라는 요청까지 한 바 있었다. 1925년 9월 18일 자 『동아일보』에 "평양부 신창리 명창익 씨 외 십여 인은 지난 십육일에 이민(里民)을 대표하야 평양경찰서장에게 진정을 하였다는 데 사실의 내용을 들어보건대 전기 신창리 공설시장 뒤 넓은 마당에서는 근일 조선 구극을 날마다 흥행하는바, 한 가지도 위할 만한 점은 없고 다만 음담패설로써 동리의 풍속을 문란케 할 뿐인데 상당한 장소도 아니고, 따라서 설비가 불충분하야 더욱 풍속을 문란케 함이 심하다는 이유로 그와 같이 경찰당국에 진정을 한 것이라더라"는 기사가 보인다. 물론 그동안 고루한 식자층에서 전통예술에 대한 비판을 투고 형식으로 신문에 이따금 보낸 경우는 있었지만 일경당국에 공연 중지 진정에까지는 이르지 않았다. 따라서 이상과 같은 독자투고는 극히 예외적인 것이었다고 볼 수 있다.

솔직히 전통예술의 본질에 대한 이해가 없으면, 서민 중심으로 발전되어온 예능이 저속하고 외설적으로 비칠 수도 있었다. 그러나 궁중예술 아닌 서민예술은 노골적이고 속되고 야한 것이 특징이다.

이러한 내외의 악조건 속에서도 전통예술인들은 굴하지 않고 꿋꿋하게 공연 활동을 지속해왔다. 그런데 시간이 흐를수록 전통예술에 대한 관중의 호응이 좋기만 할 수는 없었다. 일제의 탄압이라든가 일부 식자층의 폄하로 전통예술이 위축되는 중에 신문화의 강풍이 강해져만 갔기 때문이다. 따라서 전통예술인들은 몇 가지 자구책을 강구한 바 있는데, 그 첫째가 레퍼토리 쇄신 노력이었다면, 두 번째는 명창들의 경연이었고, 세 번째는 대명창들의 명창대회였다. 이러한 자구책이 감소되어가는 관중을 붙잡기 위한 고육지책이었음은 두말할 나위 없다.

실제로 1925년 봄부터 예기들의 공연 형태는 대표적 권번끼리의 대항 방식으로 진행되었다. 언론사(매일신보) 주최로 처음 시행된 서울의 4개 권번 대항 공연에서는 관중의 인기투표까지 실시하여 수상자들에게는 옷이나 화장품을 주기도 했다. 이러한 중앙의 권번 대항 공연 이상으로 인기를 모은 것은 역시 전국적인 정상급 명창들이 수시로 벌인 명창대회였다.

권번 대항 공연이나 전국적 명창대회에는 예상대로 관중이 몰려서, 이를 통해 전통예술이 기력을 되찾곤 했다. 정상급 명창들의 명창대회가 관중의 큰 호응을 얻자 방송이 관심을 갖기 시작했고, 결국 경성 방송국의 주요 프로그램이 되어 전국적 전파를 타기에 이르렀다. 그런데 그것이 단순한 방송 프로그램으로 그친 것도 아니고 경성방송국에서 아예 명창대회를 주최하기까지 했던 것이다. 이때 이동백, 신금홍, 강소춘, 이화중선, 김추월 등이 전파를 가장 많이 타는 명창들이었다. 전파는 이들의 명성을 더욱 더 드높였고 이들은 당시 보급이 시작된 유성기판의 주인공이 되어 전국 방방곡곡으로 퍼져나갔다.

전통예술이 방송을 타고, 또 유성기판에 녹음되어 전국적으로 퍼져나간 것은 대단히 중요한 의미를 지닌다. 시간이 흐를수록 서양 문예와 일본 대중예술에 밀려서 쇠퇴해만 가던 전통예술이 대중에게 폭넓게 파고들었기 때문이다.

그 밖에도 전통예술 쪽에서는 대중의 시선을 끌 만한 기획을 몇 가지 마련했는데, 그 한 가지가 다름 아닌 조선극신구절충(朝鮮劇新舊折衷) 공연이었다. 그때의 레퍼토리를 보면 승무, 단가, 독창, 경성좌창, 수심가, 가야금병창, 서도입창, 댄스, 줄타기, 철봉, 평양거리굿, 성조가, 남도입창, 희극, 소극, 활극. 형제가 3막, 농총처녀가 3막, 재봉춘가 2막 등이었는데, 이는 곧 전통예술과 서양 무용, 곡예 신파극 등을 한 무대에서 보여주는 것을 의미했다. 즉 3·1운동 이전의 신구극 절충으로부터 진일보하여 서양춤과 철봉 등과 같은 기계체조를 포함시킨 것에 지나지 않았다. 물론 바이올린과 같은 서양식 악기 연주라든가 코미디언(林鍾成)으로 하여금 채플린을 흉내내는 것도 포함되었었다. 지금의 시각으로 보면 전통예술이 살아남기 위해서 마구잡이로 무질서하게 서양적인 예술 양식까지 끌어들인 잡다함 그 자체였지만, 다른 측면에서 보면 전통예술이 살아남기 위한 몸부림이었다는 점에서 처절함마저 느끼게 한다.

# 제3장

## 부흥하는 전통 공연예술

　사실 전통 공연예술이 신문화의 물결, 그것도 일제의 핍박 속에서 생존한다는 것은 보통 어려운 일이 아니었다. 다행히 민족예술을 아끼는 민중이 있었기에 존속은 되었지만 전통예술 자체도 살아남기 위한 자구책을 적잖게 동원한 바 있다. 당시 유행한 신파극이라든가 서양 무용, 그리고 부분적으로 영화까지도 수용했고, 또 한편으로는 관중을 끌어들이려고 저속한 몸짓과 요설(饒舌), 그리고 천박한 웃음도 서슴지 않았다.

　그렇기 때문에 일부 식자층에서는 전통예술에 대해서 혐오감을 표시하기도 했다. 그러다가 1927년 10월 들어서 전통예술을 제자리로 돌려놓을 뿐만 아니라 진흥까지 시키자는 운동이 조금씩 고개를 들기 시작했다. 그 운동이 평양이라는 지방도시에서 싹텄다는 데 주목할 필요가 있다. 평양에서 몇몇 예기(藝妓)들이 주축이 되어 양악에 밀려 점점 쇠퇴해가는 전통예술을 부흥시키겠다는 명분으로 조선음악부흥기성회라는 것을 조직하고 나선 것이다. 이들은 실천 방식으로 젊은이 수십 명을 선발하여 전통예술을 연구시킴과 동시에 조선음악대회도 개최했다.

　평양에 이어 서울에서도 이듬해(1928.2)에 조선음악협회가 발족되었는데, 명분은 "남보다 오히려 우월한 예술적 가치를 가지고 있으면서도 유한계급의 사랑 구석으로, 요리집 주석(酒席)으로 쫓겨다니는 조선 고유의 음악에 대하여 다시 그것을 재흥시키는 동시에 대중과 밀접한 관계를 또는 대중으로 하여금 먼저 우리 고유한 음악을 깊이 이해하게 하려는 목적"(『매일신보』 1928.2.21)이었다. 이들은 공평동에 사무실까지 내고 제1회 조선음악연주대회를 개최하여 이동백 명창, 명인들과 경성여자미술학원, 조선음악반, 서양 부인, 중국인 합주대, 그리고 일본인 가수까지 출연시켜 공연을 했다. 이들 평양의 조선음악부흥기성회나 서울의 조선음악협회의 활동은 부진한 편이었지만 그런 전통예술 부흥 운동이 대중을 자극한 것만은 분명했다.

그런 연유로 인하여 1930년 9월 들어 본격적인 전통예술 부흥 기구라 할 조선음률협회가 탄생한다. 이 기구의 탄생 배경과 관련하여 당시 언론(『매일신보』)은 "아- 그까짓 것. 조선 음악-우리는 재미없어요- 식으로 일언으로 거절하여 조선 음악을 말라며 조선 음률을 아는 것을 일종의 치욕으로 아는 거와 같은 표정을 하는 사람들도 적지 않았다고 한다. 이와 같은 온갖 좋지 못한 경향은 조선의 유수한 국창 가수들을 여지없이 윤락의 구덩이로 몰아넣는 한 크나큰 원동력이 되어 있는 터이다. 이에 그보다도 더 큰 중대한 문제가 하나 있으니, 그것은 그들의 국창 가수의 몰락으로 말미암아 조선의 고유한 예술이요 또 자랑인 우리의 음률과 가사가 점차 그 존재가 엷어져서 자칫하면 그리 멀지 않아서 아주 인멸하여버릴 염려가 없지 않은 것인즉 그것이다. 조선의 가곡은 없어지는가? 그와 같은 조선 음악에 대하여서는 소위 존망위급지추라고 할 만한 이즈음 일찍이 조선 음악에 관심을 가진 우수한 선각자들이 조선음률협회라는 유력한 단체를 조직하여 급전 직하적으로 몰락하여가는 조선 음률을 지지하고 또 타락되어가는 그 내용을 청신하자는 조선 음악의 부활 및 그의 청신 운동으로서" 그러한 협회가 발족되었다고 쓴 바 있다.

국창 김창환을 회장으로 이동백, 송만갑, 김창룡, 정정열 등 5대 국창과 한성준, 유공열, 심상근, 강원삼, 조학진, 김세준, 이운석, 김초향, 박녹주,

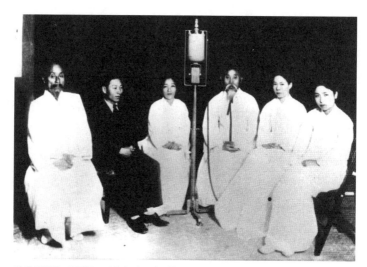

당대 명창들. 오른쪽으로부터 김소희, 박녹주, 정정열, 이화중선, 임방울, 한성준

이화중선 등 당대 일류명창이 망라된 일종의 압력단체 비슷한 것이 바로 조선음률협회였다. 이 협회의 발족 배경에서 알 수 있는 것처럼 조선음률협회의 존재는 전통예술을 폄훼하는 일부 식자층과 대중에 대해서 반기를 든 것인 동시에 위축, 타락한 예술가들에 대한 경고도 되는 것이다. 솔직히 전통예술가들이 이처럼 분노 자각하고 자시자존(自恃慈尊)의 깃발은 든 경우는 일찍이 없었다. 특히 협회가 선언문에서 "재인과 가객을 수백 년 동안 노예 취급한 것은 부당한 것"이라 외쳤던 점은 대단히 주목을 끌 만한 대목이다. 왜냐하면 그런 외침은 광대들이 수백 년 동안 천대받아온 것에 대한 일대 반역이고 동시에 인권선언이기 때문이다.

이 협회는 퇴폐, 유린된 민족 고유 예술의 갱생 부활을 구체적으로 실천하기 위하여 오염된 전통가곡을 수정 보완하고 신곡 발표를 많이 할 뿐만 아니라 공연에서의 가풍(歌風) 개선, 정화, 동서 음악의 비교 연구, 조선 음악에 관한 전문 잡지 발간 등을 주된 사업으로 내걸기도 했다. 그리고 두 달 뒤에 제1회 공연을 가졌는데, 그 목적은 선언문에서도 밝혔던 것처럼 "비속하여진 악도(樂道)를 음악 본래의 숭고한 지경에 환원시키며 정화하여 이로써 조선의 생명에 아름다운 거름을 하기 위하여서"였다.

이는 사실 그동안 전통예술인들이 그들을 외면해온 대중과 영합하기 위해 스스로 비속화시켰던 것을 바로잡는 청신 운동이었다. 회원 50여 명 중 대표적인 명창 20여 명이 출연한 공연 레퍼토리를 보면 정통 판소리, 단가, 가야금병창 등만을 선보인다. 조선음률협회가 일류 명창들을 내세워 제대로 된 공연을 갖자 경성방송국에서도 호응하여 하룻밤을 완전 중계 방송하는 특례까지 베풀고 나섰다.

쇠퇴의 길을 걷고 있던 전통예술에 새 기운을 불어넣는 조선음률협회의 청신 운동은 상당한 반향을 불러일으켜서 구극동우회를 비롯하여 조선악협회, 조선악정회(朝鮮樂政會) 등과 같은 단체가 갑자기 생겨났고 유명인들의 명창대회와 권번들의 명창대회도 전국적으로 확대 실시되기도 했다. 그 밖에도 중앙기독교청년회가 전통예술을 연구 보급하기 위하여 산하에 고악부(古樂府)를 두고 전통예술 공연을 갖는가 하면 경북 김천에서도 조선고악연구회가 생겨나서 공연 활동을 벌인 바 있었다.

전통예술, 그중에서도 음악과 무용은 아악과 속악으로 확연히 구분되어 내려왔던 바, 정악은 관주도의 교육기관에서 인재를 양성했지만 속악은 권번 등과 같은 민간기관에서 교육이 이루어졌다. 그런 측면에서 보았을 때, 모처럼 YMCA와 같은 민족적인 종교기관에서까지 전통예술을 연구 보급한다고 나선 것은 대단히 중요한 의미를 지닌다. 왜냐하면 우리 전통예술이 오랜만에 민족예술로서 예우를 받기 시작한 것이기 때문이다.

이처럼 1920년대 후반 들어서 전통예술인들의 자각과 함께 일부 식자층의 우리 고유예술에 대한 인식이 새로워지면서 그것을 뒷받침하고 확신시키려는 모임도 점차 증가해갔다. 1932년에 출범한 조선악정회와 조선악협회 같은 것이 그런 좋은 예라 볼 수 있다. 명창 김창환, 정정열, 한성준 등 전통예술계의 원로들의 발기로 출범한 조선악정회는 『음률』이라는 전문 잡지 발간을 목표로 한 점에서 알 수 있는 것처럼 조선 음률을 부활시키겠다는 것이 그 최종 목표였다. 조선악정회가 출범 초기 경북 영일에서 공연을 가진 바 있는데, 그 보도기사에 보면 "현하 각 지방에서 부르고 있는 조선 노래는 진정한 음악의 가치를 발표하는 것이 아니고 모두가 부르는 자들의 마음대로 고쳐 악(樂)에 대한 진가를 없애며 또한 한갓 유흥업에 돌리고 마는 폐단을 애석하게 여겨 예술미가 풍부한 조선 고래 음악을 그대로 널리 세상에 알려주며 또는 들려주고자 하는 취지에서 조선 지방을 순회한다"(『중앙일보』, 1932.1.31)고 나와 있다. 이러한 취지에서 알 수 있듯이 조선악정회는 곧 조선음률협회의 후신(?)으로서 우리 고유 예술을 널리 보급하는한편 그동안 대중연합으로 왜곡되고 훼손된 것을 바로잡자는 데 그 궁극적목적이 있었던 것이다.

한편 김영팔, 최동석 등 신문예인들이 주동이 되어 만든 조선악협회는 전통예술 쇠퇴 방지를 서양 예술과 함께 연구하는 방향으로 접근했다는 점에서 이채롭다. 이들은 학구적 근거에서 악단 통일을 꾀해보겠다는 것으로, 최초로 동서음악대회라는 것도 개최한 바 있었다. 그런데 여기서 주목해야할 바는 전통예술을 이끄는 주체가 권번과 박승필 주도의 극장 측으로부터전통예술진흥회 성격의 단체들과 언론사 등으로 바뀌었다는 점이라 하겠다. 따라서 공연 형태도 발표회의 성격을 벗어나 경연식이거나 명창대회 방식으로 바뀌었다.

이는 매우 중요한 의미를 지니는데, 그 이유는 전통예술의 가치에 대한대중의 자각과 그에 따른 문화사회 단체들의 조직적 부흥 운동이 진행됨을뜻하기 때문이다. 사실 개명된 문화사회 단체나 언론사들의 전통예술 진흥방식은 비교적 아카데믹하고 경쟁이나 명창대회 방식으로 이루어짐으로써극히 타성적인 과거의 방식보다는 대중을 자극 선동하는 데 크게 기여할 수있었다. 특히 각 권번의 경예회(競藝會)라든가 팔도명창대회, 또는 전조선경연대회 등으로 이름이 붙여져 대중의 호기심을 자극하는 데 안성맞춤이었다. 또 하나 우리의 시선을 끌 만한 것은 이들이 전통예술 분야에서 스타를 만들어내는 기획을 한 점이다. 즉 경창대회를 열어서 관중의 직접 투표로 우수자를 뽑고, 또 시상까지 함으로써 예술인들을 격려함과 동시에 자연스럽게 스타가 탄생하도록 한 점이다. 이는 대중을 전통예술에 즐겁게 접근시켜서 전통예술을 진흥시킨 묘수라 볼 수가 있다.

그리고 명창대회도 중앙에서만 개최하지 않고 각 주요 도시에서 동시다발적으로 열었으며, 박녹주, 김초향, 박월정 등 인기 여류 명창 세 명을 내세워 '민중구제 삼여류(三女流) 명창대회'도 따로 연 바 있다. 이 세 여류 명창대회가 주요 도시에서 순회 개최되어 관중들은 무아몽중 황홀경에 빠져들었다. 그때만 해도 이들 세 여류 명창은 국창급 남성 명창들을 압도할 만큼 인기가 높았다. 주최 측에서는 또 남도니 서도니 하는 식으로 특징 지역 출신들끼리만 발표대회를 열었는가 하면 춘계니 추계니 하면서 시즌이나 단오절과 같은 세시풍속과 연관시켜 명창대회를 열기도 했다.

전통예술이 이처럼 대중의 호응을 얻자 예술인들은 자연히 애국심에 불타게 되고 자선 공연도 단순히 국내에 머물지 않고 만주까지 확대시켰다. 이 재만동포 구제 공연은 상당 기간 계속되었다. 이처럼 전통예술인들의 민족애와 정체성에 대한 자부심은 신문화의 물결 속에서 더욱 강화되어갔다. 우리 민족이 위기 때마다 분연히 일어났던 것처럼 전통예술이 위기를 맞았을 때 유지들이 그 보호책을 찾아 나섰고, 또 전통예술인들은 스스로 자정 노력에 앞장서서 보조를 맞추어갔던 것이다.

그런데 전통예술의 지킴이 운동은 중앙에서보다도 지방에서 더욱더 힘차게 분기했다. 즉 지방도시에서부터 전통예술의 보존, 전승, 진흥을 위한 계(契) 형식의 조직이 나타난 것이다. 예를 들어 부산, 마산, 진주, 고성 등 경남 지방 전통예술인들끼리 모여 조직한 고유예술 연구 보급 단체인 산수계는 대단히 이채롭다고 아니할 수 없다. 그만큼 우리의 지방예술인들이 고유문화 지키기에 열심이었다는 것을 알 수 있다. 이러한 성심은 그대로 대중에게 전파될 수밖에 없었고 관객의 저변 확대에도 도움이 되었다. 더욱이 물밀 듯 밀려오는 서양 문물과 일본 대중문화의 홍수 속에서도 전통예술이 다시 생기를 찾을 수 있었던 것은 전통예술인들이 보존 전승 노력과 함께 스스로를 매질하는 자체 정화, 즉 청신 운동을 병행했기 때문이다.

전통예술인들이 절박한 상황에서 지혜를 발휘했고 또 그것을 깨어 있는 대중이 뒷받침해줌으로써 자정이 가능했던 것이다. 그렇다면 자정 운동이란 무엇이었느냐 하는 의문이 생기지 않을 수 없다. 그에 대하여는 『조선중앙일보』 1932년 12월 24일 자에 "현하 각 지방에서 부르고 있는 조선 노래에 있던 음악을 그대로 하는 것이 아니며 모두 자기 마음대로 고쳐 악(樂)에 대한 가치를 없애며 또한 유흥물에 몰리고 마는 것을 애석하게 여겨 금후로 조선에서 전부터 내려오는 음악을 그대로 세상에 알려주며 돌려주기 위한 것"이라 했다. 개화기에 들어서 전통예술이 생존을 위해 몸부림치면서 대중에게 영합하기 위한 저질화의 길을 걸어왔음은 잘 알려진 사실이다. 대중에게 아유(阿諛)하기 위하여 표현 내용을 극도로 저속화시켰다는 뜻이다. 자정 운동이라는 것도 결국 원형을 훼손하지 않고 있는 그대로 보여주는 것을 말함이다.

이 시기에 가장 적극적이었던 진흥단체는 구극동우회로서 대중으로 하여금 전통예술에 눈을 돌리도록 색다른 기획을 선보였던 바, 여류 화형(花形) 명창대회와 일류 여류 명창대회가 바로 그런 본보기였다. 그뿐만 아니라 이들은 과감한 신인 발굴, 육성, 등용에도 발 벗고 나섰다. 유명세만 있는 노쇠한 대가를 내세우기보다는 발랄한 새 스타를 만들어내는 운동을 벌인 것이다. 따라서 1930년대 중반 들어 전통예술 분야에서 신인들이 대거 등장하기에 이르렀다.

여기서 또 하나 주목되는 사항은 언론이 전통예술의 소중함을 인식하고 앞장서서 그것을 진흥시킨 점이다. 물론 근대 이후 언론이 문예 진흥을 위해 여러 방면으로 도와주었던 것이 사실이나 1930년대를 전후해서는 더욱 적극적으로 전통예술을 보호 육성에 나섰다고 말할 수 있다. 솔직히 1900년대, 즉 협률사로부터 3·1운동에 이르는 시기까지만 해도 전통예술은 언론의 매도 대상이었다. 그 이유는 전통예술이 시대정신을 대변해주지도 못하고 또 대중에게 아무런 비전도 제시하지 못한다는 것이었다. 이는 사실 지식층이 전통예술의 본질을 이해하지 못한 데서 비롯된 것이기도 했다.

그러나 3·1운동 이후 민족이 자각하면서 지식인들도 신문화 못잖게 전통문화의 중요성을 인식케 된 것이다. 일제의 한국병탄 직후만 하더라도 당시 언론(『매일신보』)은 일본에서 들어온 신파극에만 관심을 갖고 독자우대권 같은 것을 발행하기도 했었다. 그러다가 1920년대 이후 『조선일보』와 『동아일보』라는 양대 민족지가 생겨나면서 언론의 공연예술 시각에 일대 변화가 왔으며 신파극이 아닌 전통예술의 소중함을 인식하고 후원에 나선 것이다.

경성방송국이 명창대회를 중계하기 시작한 것은 차치하고라도 신문사들까지 다투어서 전통예술 후원에 적극 나섰다. 후원 방식은 대체로 특별공연의 후원과 우대권 발행 같은 것이었다. 『조선일보』와 『동아일보』 외에도 『매일신보』라든가 『조선중앙일보』 등 모든 신문이 다 참여한 것이 특징이다. 이들의 전통예술에 대한 전폭적 지지와 후원으로 공연이 활성화되었음은 물론이고 특히 전통예술인들의 자부심 진작이야말로 중요한 의미를 지닌다. 왜냐하면 전통예술인들이 수백 년 만에 '사람' 대우를 받은 것이고 전통예술이야말로 민족예술의 꽃이라는 것을 자각했기 때문이다.

언론사 후원에서 주목되는 점은 명창대회 사이사이에 대중가수까지 끼워 넣도록 한 것이었다. 이애리수라든가 강석연 등이 김초향, 박월정 등 명창들과 한 무대에서 노래를 불렀다. 물론 이러한 방식이 상업적 냄새가 나고 바람직하다고 보기는 어렵지만 멀어져만 가는 대중을 붙잡기 위한 고육지책이라고 본다면 전통예술 진흥에 어느 정도 보탬이 되지 않았을까도 싶다.

전통예술이 신문화의 물결 속을 헤쳐 오는 동안 때때로 변태적(?) 방법을 취할 수밖에 없을 만큼 불연속성의 궤적을 밟긴 했지만 그 끈질긴 생명력만은 싱싱하게 살아 숨 쉬었다. 1919년 3·1운동을 계기로 해서 전통예술은 서서히 그 진정한 생명력을 조금이나마 되찾을 수 있었는데, 그 배경은 아무래도 민족의 광범위한 자각에 따른 것이었다. 특히 대중의 소통 매체라 할 언론사들의 후원은 전통예술이 대중에 밀착하는 데 적잖은 기여를 했다. 그러나 무엇보다도 주목할 만한 점은 그 주체라 할 예술인들의 자각이었고 그것이 식자층과 연결됨으로써 오랜만에 전통예술이 본도를 찾을 수가 있었던 것이다. 그 결과 대중 또한 전통예술을 단순한 놀잇감으로 여겨오던 자세에서 벗어나 진정한 민족예술로 인식하기에 이르렀다고 말할 수 있다.

그렇다고 해도 단순한 춤이라든가 소리, 재담 등과 같은 형태로서는 전통예술이 대중을 사로잡기가 어려웠다. 따라서 1930년대 들어서는 전통예술의 여러 가지 장르를 통합한 형태라 할 창극이 근대적 레퍼토리로 각광받게 되었다. 그런데 창극은 예술인들의 결집이 전제되지 않으면 작품 제작이 거의 불가능하다. 그런 때 마침 호남의 지주 김종익이 명창 김초향을 통하여 전통예술 발전을 위한 가옥 한 채를 기증한다. 이로부터 당대의 명인 명창들인 이동백, 송만갑, 정정열, 김창룡 등과 명기 30여 명이 모여들게 되었다. 이들은 1934년 4월 24일에 조선성악원이라는 간판을 내걸고 본격 활동에 들어가서 다음 달 초에 특별성악대회를 열었고 단체 명칭도 조선성악연구회라 고쳤다. 조선성악연구회는 중앙과 남선 지방을 다니며 명창대회를 열면서 2년여 세월을 보내게 된다.

그러는 동안에 1935년 늦게 동양극장이 문을 열면서 신파극이 토착화되어 대중극으로서 급속히 자리를 잡아가게 된다. 이에 자극 받은 조선성악연구회 멤버들은 신파극에 맞설 만한 창극을 꿈꾸게 되었고, 때마침 동양극장의 전속 연출가 박진(朴珍) 등의 호의와 지원으로 근대적 성격의 무대극으로 진일보할 수 있게 되었다. 박진은 자전적인 책『세세연년』에서 "창에 있어서는 저들이 전문가요 국창 급의 사람도 수삼 인 있었지만 연기력이 없는 것이 애로가 아닐 수 없었다. 그렇다고 그냥 내버려둘 수도 없어서 당시에

　　　　　　　　제1부 근대 초기의 전통 공연예술

조선성악연구회 멤버들(1937)

그네들이 조직하여서 모이고 가르치고 있는 조선성악연구회라는 모임으로
하여금 창극단을 조직케 하고 먼저 〈춘향전〉을 연습시켰다. 이들에게 연기
지도할 때 땀을 뺀 것은 그때나 지금이나 다를 것이 없지만 이 창극이 일반
에게 환영을 받자 그 후 우후죽순같이 창극단이 생겨났다"(171쪽)고 회고한
바 있다. 박진의 연기 지도와 함께 무대 적응 지도가 명창들을 크게 변화시
켰음을 이동백의 증언에서 확인할 수 있는데, 가령 "요사이 연극이라는 것
은 어떻게 공이 드는지 격식을 몰라서 쩔쩔 매겠습니다. 그러나 지금은 한
번 두 번 해본 일이 아니고 여러 번 어떻게 연습을 해오니 그래도 원리를 알
게 됩니다"(『조선일보』 1937.3.5)라고 하여 연기 수업 받은 사실을 증언한 바
있다.

　이처럼 명창들이 연기 기본을 깨치면서 좋아진 창극이 관중의 인기 레퍼
토리로 정착해갔으며 레퍼토리의 폭도 넓어져갔다. 그러니까 〈춘향전〉이라

든가 〈심청전〉 등과 같은 판소리 다섯 마당을 넘어 〈배비장전〉이라든가 〈숙영낭자전〉 같은 유실되었던 판소리와 〈유충열전〉 〈편시춘〉과 같은 새로운 레퍼토리까지 작창을 해서 개발하기에 이른 것이다. 이러한 작업에 대해서 조선성악연구회 측에서는 "조선 전래의 국극을 현대화하는 동시 각 시대의 면목을 보전하려는 목적"(『매일신보』 1937.6.10)이라 했다.

솔직히 이러한 조선성악연구회의 방향 모색과 새로운 창극의 제작도 동양극장이 없었다면 거의 불가능했다. 왜냐하면 동양극장이 훌륭한 무대도 제공해주었을 뿐만 아니라 전속단원들이 연출, 연기는 물론이고 무대미술, 기획, 홍보 등 연극제작 기술 전반을 가르쳐주고 또 보조까지 해주었기 때문이다. 이처럼 창극은 신파극의 영향을 받기는 했지만, 그보다도 동양극장 연극술을 전수한 것이었다. 이를 좀 더 구체적으로 말하면 동양극장이 연극술과 흥행 기술이 부족한 창극을 뒷받침함으로써 창극이 무대예술로서의 기틀을 잡을 수가 있었고, 이것은 곧바로 관객 확대로까지 이어진 것이다.

창극이 대중의 인기를 모으자 지방으로부터 순회공연 요청이 쇄도했고, 조선성악연구회는 그럴 때마다 자주 전국 순업에 나서곤 했다. 그런데 흥미로운 사실은 창극이 남선 지방만 순업한 점이다. 그리고 또 하나 주목되는 점은 이들이 여성창 중심으로 명창대회를 병행했고, 권번 기생들을 중심으로 전통 무용과 서양 무용까지 선보였다는 사실이다. 그때의 기생들은 시대 변화를 좇아 서양 무용까지를 습득한 것이다. 그러나 조선성악연구회에서만은 서양 무용을 받아들이지 않았다. 이는 물론 조선성악연구회의 보수성을 잘 보여주는 점이기도 하다. 그러다가 1938년 들어서는 원로들을 후퇴시킨 장년층이 주도권을 잡고 단체를 이끌면서 기획, 홍보, 판매 등 경영적 측면을 보강하는 모습을 보여주기도 했다. 이와 같이 창극이 근대적 무대예술로서 내실만 다진 것이 아니고 기획 홍보와 마케팅까지 신경을 썼다는 것은 조선성악연구회가 단순히 명창들의 모임을 넘어서 직업 극단으로서도 면모를 갖추었음을 의미하는 것이다. 단체의 공연장도 동양극장뿐만 아니라 부민관, 제일극장 등으로까지 넓혔고 사실적이면서도 호화로운 무대장치와 의상도 갖췄음은 두말할 나위 없는 것이었다.

그뿐만 아니라 기본 악기만으로 반주를 해온 조선성악연구회가 1940년 들어서부터는 민속악기를 총동원하여 대규모 국악관현악단의 반주로 바꾸었다. 조선성악연구회가 본격적인 창극을 꾸미기 시작한 지 5년 만에 대중극으로서 손색이 없는 한국적 오페레타로서 자리 잡게 된 것이다.

그러나 조선성악연구회도 내부 균열이 생기기 시작했다. 이동백이 1939년 은퇴하면서 리더십의 공백이 온 조선성악연구회 창립 7년 만인 1941년에 일단 해체되고 여러 개의 창극단으로 쪼개져 나가게 된 것이다. 조선성악연구회 직속이었던 창극좌를 위시하여 화랑, 조선창극단, 조선이동창극단, 동일창극단, 반도창극단, 한양창극단, 조선가무단 등 7, 8개 정도로 분화되었다.

이들의 공연 레퍼토리를 보면 과거에 조선성악연구회가 무대에 올렸던 레퍼토리는 부족하여 〈봉덕사의 신종〉〈팔담춘몽〉〈장화홍련전〉〈항우와 우미인〉〈어촌야화〉〈농군〉〈김유신전〉 등 다양했으며 신작을 많이 무대에 올린 것이 특징이었다. 그러나 이 시기에 무엇보다도 주목되는 점은 국민극 시대에 맞는 창극 레퍼토리를 선택했고 심지어 일본어 창극까지 한 사실이라 하겠다. 국민극 시대의 선전 목적의 창극 레퍼토리만 하더라도 김용승이 각색한 〈총후국민〉을 비롯하여 〈귀환병의 가정〉〈남강의 풍운〉(이운방 작) 〈촌일번의 화가〉(이서구 작)〈결전일보〉(이서구 작) 등으로서 이들이야말로 전형적인 친일 목적 창작극이었다.

이 시기 창극의 문제점은 거기에 그치지 않고, 강요된 것이긴 했지만 창극을 일본어로 하는 경우까지 있었다는 사실이다. 즉 박황(朴晃)은 그의 『창극사 연구』에서 "창극을 일본말로 하지 않으면 공연을 허가할 수 없다"(138쪽)고까지 협박했다며 말을 듣지 않으면 막조차 올리지 못하게 했다고 증언한다. 이러한 일본말 목적극이 대중의 외면을 받았음은 두말할 나위 없다.

게다가 시대 분위기에 편승하여 창극의 주제를 대중의 좌절감을 대변해주는 센티멘털리즘으로 흐르게 한 것도 또 하나의 문제였다.

예를 들어서 박진이 연출한 창극 〈장화홍련전〉의 광고문을 보면 "선한 이나 악한 이나 〈장화홍련전〉을 보고 울지 않은 이 없었으나 옛부터 흘린 그들의 눈물은 하해에 넘칠 것이다. 이 한 편은 매디매디가 눈물이요 고비고비가 설움이다. 울어라 울 줄 아는 사람은 선한 자이다"(『매일신보』 1942.10.31)라고 하여 창극을 완전한 신파조로 몰아간다. 같은 해 가을 제일극장에서 공연한 〈춘향전〉 광고에서도 "고전 창극의 대도를 독보(獨步)하는 반도 유일의 조선창극단이 자랑하는 만고 불후의 정조 교육 편! 언제 보아도 새로운 맛을 보여주는 것은 당대 남녀 명령(名伶)의 애(哀)창, 절창일 것이외다. 부디 감상의 호기를 잃지 마소서"(『매일신보』 1943.11.8)라고 선전한 바 있다.

물론 〈장화홍련전〉이나 〈춘향전〉이 멜로물인 것만은 사실이지만 애창(哀唱)이니 울 만한 대비극이니 하는 식으로 눈물에 초점을 맞춘 것은 당시 대중극의 센티멘털리즘을 좇은 것으로밖에 볼 수 없다. 그러나 당시의 급박한 시대 상황에 비추어볼 때, 그 정도는 큰 문제가 아닐 수도 있다.

그런데 창극의 진정한 위기는 일제의 폭력적 탄압에 있었다. 즉 일제는 우선적으로 권번을 폐쇄하기 시작했다. 전통예술인의 산실을 원천봉쇄함으로써 아예 싹부터 잘라내겠다는 속셈에서였다. 당시 서울의 4개 권번을 일제가 대동권번 한 곳으로 통합시켰던 것은 그 단적인 예이다. 다음으로는 징용제도를 전통예술인들에게도 똑같이 적용하여 광산 또는 비행장 건설 현장으로 내몬 것이다. 배급제도까지 악용하여 전통예술인들에게는 쌀보리가 아닌 감자, 옥수수, 개떡, 무 등을 겨우 연명할 정도로 주었다.

이와 같은 어려운 상황에서 전통예술인들이 작품을 제작하고 무대에 올라 창을 부른다는 것은 대단히 어려운 일이었다. 그렇기 때문에 창극단들이 단명할 수밖에 없었고, 공연도 간헐적으로 이루어지곤 했다. 그에 따라 관객도 급감할 수밖에 없었다. 왜냐하면 시국도 흉흉할 뿐 아니라 생활 자체가 워낙 궁핍하여 대중이 극장을 찾을 만큼 정신적 여유가 없었기 때문이다.

그러나 그보다도 일제가 전통예술에 결정적 타격을 준 것은 창극 무대의 꽃이라 할 기생들을 모조리 정신대로 끌고 간 것이었다. 저들은 기생이라는 업종이 전시에 어울리지 않는다면서 접대부로 개명해서 부르게 했고 화려한 의상도 몸뻬라는 일본식 통바지로 바꿔 입게 했다. 그다음 단계가 바로 정신대로의 소집이었다. 서울의 대동권번 기생들 수백 명을 끌고 간 데 이어서 지방 권번으로 확대되어갔는데, 이러한 낌새를 눈치챈 기생들은 스스로 폐업하고 숨기도 했다. 그리하여 1944년을 전후해서 일단 권번은 없어진 셈이고 기맥(妓脈)도 끊어지는 위기에 봉착했다. 만약 일제의 패망이 없었다면 기맥이 끊어졌을 것임을 명약관화한 일이었다.

이렇게 무참하게 몰락해간 전통예술도 한때는 대중의 사랑을 듬뿍 받으면서 전국(주로 남한)을 신명 나게 주유했었다. 여기서부터 그 찬란했던 창극 시대의 애환을 더듬어보려 한다. 창극 시대의 주역은 뭐니 뭐니 해도 당대의 국창 이동백이 아니었던가. 당시 70가객이었던 이동백은 붉은 얼굴에 백발이 성성했고 단아하고 근엄한 풍모로 청중을 압도했다. 지상의 신선 같은 그의 풍모 이상으로 소리 또한 빼어났기 때문에 그의 소리를 듣는 청중은 그야말로 감격과 도취의 도를 넘어서 자아를 잃어버리는 황홀경에 빠지곤 했다. 남빛 도포에 붉은 띠를 두른 늠름한 풍채의 그가 무대에 등장하여 "백구야 날지 마라 너 잡을 내 아니다. 성상이 버리시니 너를 쫓아 예 왔느라…" 하는 단가 〈가월풍월〉을 부를 때마다 청중이 매료되었다는 것은 이동백의 소리와 연기가 입신의 경지에 이르렀음을 단적으로 보여주는 것이라 하겠다.

그가 1939년에 부민관에서 은퇴 공연을 가졌을 때는 전국이 흥분했고 열화 같은 각지의 요청으로 전국 주요 도시의 순회공연으로 연장되었으며, 심지어 하얼빈·지린·펑톈 등지까지 두 달 동안이나 지속되었다. 아마도 한 연주가의 은퇴 공연이 두 달 동안이나 전국으로 확산된 예는 세계 예술사에서도 찾아보기 힘들 것이다.

그런데 이동백이 창극 무대에는 단역으로 몇 번 나왔을 뿐 자주 나오지 않았다. 따라서 창극 무대에서는 소장 명창들이 스타로 부상했다. 30세 전후의 박녹주, 김옥련, 김소희 여창 삼총사와 오태석, 김연수 등이 인기가 좋았다. 이들 중에서도 비극의 주인공 김옥련이 단연 톱스타였다. 일찍이 계모 밑에서 자란 그녀가 창극 〈장화홍련전〉의 홍련 역만 맡으면 울지 않는 관객이 없었다. 자기의 불운했던 처지와 홍련의 처지가 비슷했기 때문에 그녀는 완벽한 정도의 비극을 연출해냈던 것이다. 그렇기 때문에 신파극의 톱스타 차홍녀의 슬픈 기생 역과 함께 김옥련의 홍련 역은 눈물주머니였다. 그들은 1930년대를 풍미한 비극의 두 히로인이었다. 명창이 이처럼 인기를 끌게 되니까 창극에도 일제 탄압의 손길이 뻗치기 시작한 것이었다.

앞서도 조금 언급했지만 신극이나 신파극의 대본 검열과 달리 창극은 트집 잡기가 쉽지 않았다. 따라서 일제는 첫 번째로 창극인들에 대한 공포 분위기 조성 방법을 썼다. 공연히 조선성악연구회 간부들을 경무국으로 호출하여 야단치든가 다음으로는 창극 단체의 수를 줄이거나 통합시키는 방식을 취했다. 그래도 말을 잘 듣지 않자 창극인들에 대한 자격 심사를 해서 기예증(技藝證)이라는 자격을 주었으며, 그것을 가진 자만 무대에 설 수 있도록 했다. 그러나 뭐니 뭐니 해도 가장 악랄한 방법은 창을 일본말로 부르라고 강요한 것과 작품 속의 낱말을 가지고 생트집 잡는 것이었다. 즉 저들은 일본말로는 리듬이 맞지 않을뿐더러 일본어도 모르기 때문에 일본말 창극을 할 수 없다는 창극인들에게 공연 허가를 해주지 않겠다고 겁박했다. 따라서 할 수 없이 일본말이 섞인 한국식 창극이 등장했고, 그 일본말 속에는 반드시 "대일본제국에서 나라를 위해 일하자"는 문장이 필수적으로 삽입되어야 했다.

그렇게 되니까 웃지 못할 풍경이 자주 연출되었는데, 가령 〈일목장군〉의 끝 장면에서 일목장군이 아리주 및 부하 장병들과 발해로 가서 새로운 국가를 건설하자고 부르는 가사를, '야마토(大和一日本)로 갑시다' 하고 일장기를 흔들며 일어로 창을 한 것이다. 〈어촌야화〉라는 창극에서도 대학생과 어부 딸이 연애 장면을 일본말로 부르니 웃음이 나지 않는 희극이 되었고, 슬프지 않은 비극이 되고 말았던 것이다(박황, 『창극사 연구』).

이처럼 저들이 하라는 대로 했음에도 불구하고 일본 경찰의 행패는 날이 갈수록 더해갔다. 가령 경남 합천에서도 창극단 화랑이 〈심청가〉를 공연하였는데. 한국인 순사가 호루라기를 불고 무대의 막을 내리도록 명령한 것이다. "심황후께옵서…"라는 구절이 문제가 된 것이었다. 순사가 왈, 일본에나 황후가 있지 조선에 무슨 황후가 있느냐는 생트집이었다. 황후가 작품 속의 허구라고 설명해도 순사는 막무가내였다. 경찰서에 끌려간 창극인들은 밖에서 밤을 지새며 나라 없는 설움을 맛보았고, 악에 받친 김소희 명창이 순사에게 "당신도 조선인인데, 우리 민족예술을 하는 마당에 황후라면 어떠냐?'고 울부짖었고, 그 말에 찔끔한 순사가 새벽녘에 풀어주지 않을 수 없었다.

더 웃지 못할 사건은 당대 명창 이동백의 단가 〈진국명산〉의 부산 공연에서 일어났다. "진국명산 만장봉이요"로 시작되는 가사 중에 "주상전하는 차산수같이 산봉수갈토록 성수무강하사"라는 구절이 있는바, 조선에 없는 '주상전하'가 문제된 것이다. 이동백이 워낙 국민적 사랑을 받던 인물이기 때문에 연행은 못 했지만 시비를 걸긴 했었다. 이동백은 의연하게 대답하기를 "진국명산은 예로부터 불러오는 단가이며, 스승에게 배운 그대로 젊어서부터 불러왔던 노래요. 나는 무식하여 모르니 가사의 뜻을 알고 싶거든 이 단가를 불러도 좋다고 허가해준 경무국에 가서 물어보오"(박황, 『창극사 연구』, 146~147쪽)라고 했다. 그로 인해 엉뚱하게 심부름을 맡았던 김주전이란 사람만 고생했고, 단가 〈진국명산〉은 해방 때까지 금지곡으로 남아 있었다.

이와 비슷한 예는 부지기수였다. 하다못해 창극 〈흥보가〉를 공연할 때 정광수가 〈제비노정기〉를 부르던 중 "삼동을 다 지내고 이월 초에 행방할 제보은표 박씨를 입에 물고 조선국으로 향하여 나올 적에 꼭 이렇게 나오던 것이었다" 하는 대목에서 또 '조선국으로 향하여'가 말썽이 났다. 그 일로 하여 정광수의 가족은 물론 친구들까지 사상 조사를 받는 등 곤욕을 치렀다.

그 시기에 있어서 일본말 섞인 판소리나 창극이 판을 치고 우리 고전작품 중에 나오는 조선 국명이나 황제 같은 용어까지 트집 잡혔다는 것은 일제의 한국문화 탄압의 악랄성을 단적으로 나타내주는 것이라 하겠다. 일제가 국악, 특히 창극을 그만큼 탄압했다는 것은 창극의 대중적 인기와도 깊은 관계가 없지 않다. 창극이 인기를 끌게 되자 젊은 여류 명창들이 자연스럽게 스타로 부상했고, 그에 따라 박녹주, 김옥련 등이 남성들의 연모 대상이 된 것이다.

그 대표적인 경우가 소설가 김유정(金裕貞)의 박녹주(朴綠珠)에 대한 끈질긴 애정 공세였다. 연희전문 문과 학생으로 23세의 더벅머리 총각이었던 김유정은 판소리를 좋아했고 웬만한 대목을 부를 만큼 판소리에 조예가 깊었다. 그래서 당시 조선극장의 팔도명창대회의 스타로 부상한 박녹주에 매료된 것이다. 평소 대단히 열정적이었던 김유정은 팔도명창대회의 감동이 채 가시지 않은 상태에서 박녹주에게 '나는 너를 연모한다'는 내용의 편지를 띄웠다. 그 편지는 일종의 김유정 이력서와 같은 내용이었다. 춘천에서 낳아 조실부모하고 경성에 올라와 연전(延專)에 다니며 누님 집에 머문다는 신상명세서였다. 물론 결론은 박녹주를 사랑한다는 것이었다.

편지를 받은 박녹주는 당시 경성에 같은 이름의 미인이 또 한 사람이 있었으므로 그녀에게 갈 것이 잘못 온 줄 알고 편지를 되돌려보냈다. 그랬더니 며칠 뒤 그녀의 사진 한 장까지 넣어서 편지를 또 보내왔다. 25세의 박녹주는 이미 기생의 신분으로 장안의 거물급들하고만 상대했기 때문에 자기 동생과 같은 나이의 김유정은 안중에도 없었다. 그런 애송이가 무례하게 날마다 원고지에 만단사연을 써서 한 뭉치씩 박녹주에게 보내는 것이 아닌가. 편지에는 절절한 연정이 담겨 있었지만 박녹주의 일거일동도 소상하게 적혀 있어서 그녀를 놀라게 했다. 가령 그녀가 목욕탕에서 나온 모습으로부터 방송 출연에 이르기까지 일거수일투족에 대한 소감까지 적어 보낸 것이다. 편지뿐만이 아니었고 명절 때는 발에 꼭 맞는 신발과 금반지 하나, 그리고 양단 저고릿감 한 단을 부쳐오기도 했다. 그런 얼마 뒤 첫 명절을 맞는 초하룻날에 그가 느닷없이 박녹주 집을 찾아온 것이다. 박녹주 앞에 무릎을 꿇고 앉은 김유정은 왜 왔느냐는 박녹주의 질책에 인사를 하러 왔다는 답만 했다. 냉담한 박녹주는 학생이 공부를 해야지 그런 짓이나 하고 다니면 쓰겠느냐고 훈계했다. 그러면서 장차 네가 훌륭한 사람이 되면 네 말을 들어줄 터이니 다음부터는 그런 짓 하지 말라고 달래기도 했다. 그랬더니 김유정은 "당신이 너무나 냉담해서 길에서 만나면 칼로 죽이려 했는데 못 만났다"고 대답하고는 잘 찍은 사진 한 장만 달라고 애원하는 것이 아닌가.

난감해진 그녀는 호통을 쳐서 그를 보내놓고 평소 친분이 있었던 종로경찰서 경부한테 그 문제를 상의했다. 그랬더니 그 경부는 그 녀석을 잡아다가 유치장에 처넣겠다고 했다. 차마 그렇게 할 수는 없어서 그녀는 그를 피하고 몸도 쉴 겸 남해인 작은 도시에 가서 한 달간 휴양을 했다. 그런데 김유정이 그곳을 어떻게 알았는지 며칠 뒤부터 또 편지가 날아들기 시작한 것이다. 그러니까 그는 정보원 이상으로 박녹주의 생활을 철저하게 뒤쫓고 있었다.

그런 얼마 뒤 그녀에게 종로 3가 중국요릿집에서 누가 찾는다는 전갈이왔다. 누군가 의아해하면서 가보니 김유정이 앉아 있었다. 놀란 그녀가 왜오라고 했느냐는 질문에 김유정은 보고 싶어서 불렀다고 천연스럽게 대답했다. 기가 찬 그녀가 '하하' 하고 웃으니까 김유정은 정색을 하며 "웃지 마세요"라는 것이었다. 그러면서 고량주와 포도주를 시켜 숨도 쉬지 않고 마셔댔다. 김유정은 그녀에게 포도주를 권하면서 비둘기표 담배와 해태표 담배를 두 갑을 시키더니 비둘기표 담배를 박녹주에게 주면서 결혼을 해달라고 간청했다. 그러면서 그는 자기의 형님과 누님에게 이미 허락을 받아놓았다고도 했다. 그녀는 동거하는 남자가 있어서 결혼할 수가 없다고 거절했으나 김유정은 막무가내였다. 실제로 그녀는 연상의 박 대감의 소실로 살고 있었다. 그 남자와 헤어지고 자기와 결혼을 해달라는 것이었다. 그녀의 단호한 거절에 상심한 김유정은 울다가 고량주를 큰 컵으로 들이키면서 술병으로 책상을 내리치기도 했다. 유리 파편에 손을 찢겨 피가 낭자했어도 그는 몰라라 술만 마시면서 계속 결혼을 요구했다. 크게 놀란 박녹주는 화장실에 간다는 핑계로 방을 나와 자신이 속해 있는 조선권번으로 전화를 해서 잠시 뒤에 자기를 찾는 전화를 해달라고 했다. 그녀의 요청대로 곧 전화가 걸려오자 김유정에게 조선권번에서 급한 일로 자기를 찾기 때문에 가야겠다고 했다. 그때 김유정은 "내 마음 같아서는 못 갈 것 같은데……"라고 말하면서 30분만 더 있어달라고 애원했다. 측은한 생각이 들었기 때문에 그녀는 반 시간가량 더 앉아 있다가 일어섰다. 그러자 김유정은 곱게 싼 상자 하나를 주었다. 그녀가 거절하자 강제로 팔에 끼워주었다. 집에 와서 열어보니 그녀가 평소 좋아해서 자주 사 먹는 맛있는 과자가 편지와 함께 잔뜩 들어 있었다. 이틀 뒤 또 한 장의 편지를 받았다. 그가 뒤를 쫓았고 권번 앞 운정(요릿집)에서 밤을 새우면서 그녀가 나오면 죽이려 했는데 나오지 않아 못 죽였다는 내용이었다.

박녹주가 그처럼 냉담한 반응을 보여도 김유정은 1년 이상 끈질기게 애정 공세를 보냈다. 박녹주한테서 김유정의 이야기를 들은 부호 모씨가 안타깝게 생각했던지 그녀에게 묘안을 냈다. 그 부호는 김유정이 장차 무엇이 될 줄 아느냐며 자기가 돈을 줄 터이니 그 젊은이(김유정)와 어디 멀리 가서 한 번 동침함으로써 소원을 풀어주는 것이 어떠냐는 것이었다. 이에 그녀는 김유정이 하룻밤의 동침으로 물러날 위인도 아닐뿐더러 한 청년의 순수성을 하룻밤의 육체로 보답한다는 것은 있을 수 없다고 거부했다. 의지가 곧고 강인하기로 이름난 그녀가 그런 제의를 받아들일 리 만무했다.

그녀의 소실 생활도 행복하지 않다. 어느 날 그녀가 남편과 심하게 다

제1부 근대 초기의 전통 공연예술

툰 위 극약을 먹고 자살을 기도한 적이 있었다. 며칠 뒤 죽지 않고 깨어나보니 자신이 병원 침대에 누워 있었고 머리맡에 김유정이 앉아 있는 것이 아닌가. 깜짝 놀란 그녀가 왜 왔느냐고 물었다. 김유정은 담담하게 "초상 치르러 왔습니다"라고 대답했다. 그때에 또 멀리 원산에서 헤어진 첫 남편마저 도착했다. 그 첫 남편은 그녀의 시체를 가지러 왔다는 것이었다. 참으로 묘한 남성들의 상봉이었다. 그녀는 음독으로 위장장애를 일으켜 한 달 정도 병원 치료를 받았고, 퇴원 후 기분도 전환할 겸해서 이사를 했다. 그런데 어떻게 알고 김유정이 또 이사한 집으로 찾아왔다. 그는 그녀가 잘 있는지 궁금해서 찾아왔다고 했다. 놀란 박녹주가 곧 영감이 들어올 시간이니 돌아가라고 하니까 김유정은 태연하게 아예 함께 살려고 왔으니 걱정할 필요 없다는 대답이었다. 그러면서 현재의 영감과 당장 헤어지라는 요구까지 했다.

박녹주는 김유정을 야시장으로 데리고 가서 술을 사 먹이면서 여러 가지로 달래보기도 했다. 그녀는 그에게 공부를 끝내고 장차 잘 되어서 찾아주면 결혼하겠다고 설득하면서 '학생이 기생과 함께 있는 것은 남들에게 좋게 비치지 않을 것'이므로 제발 공부 마칠 때까지 오지 말라고 애원하다시피 달랬다. 애절하게 설득하는 그녀 앞에서 내내 울고 앉았던 김유정이 그날 돌아가서는 이따금 편지만 보내올 뿐 다시는 박녹주를 찾지 않았다.

그 뒤로 그는 박녹주의 창을 모두 듣고 세세한 평을 연정 어린 내용과 함께 보내곤 했다. 그 후 그는 삶을 비관했고 술만 퍼마셨다. 박녹주는 박녹주대로 마음이 언짢아 출입을 삼갔고, 혹시 밤길에 김유정을 만나면 망신을 당할까 봐서 밤에는 마음대로 다니지를 못했다.

그처럼 열정적이었던 김유정은 너무 강한 경상도 여성을 만나서 1년 이상 짝사랑에 멍들었지만 소설가로 화려하게 데뷔하여 단번에 문명을 날렸다. 1935년에 『조선일보』 신춘문예에 단편 「소나기」로 당선되자마자 주옥같은 「산골 나그네」 「동백꽃」 등 토속적인 작품들로 대단한 반향을 불러일으킨 것이다. 특히 그의 요설체(饒說體) 문장은 판소리의 영향을 받은 것이었다. 단 몇 년의 활동으로 한국 소설사에 뚜렷한 자리를 남긴 김유정은 젊은 시절의 무절제한 생활과 고생으로 병을 얻어 만 29세로 요절함으로써 많은 아쉬움을 남겼다.

사실 창극인들 모두가 스타가 될 수는 없었다. 몇 명을 제외하고는 대부분 그 그늘에 가려서 호구가 어려울 정도로 비참한 생활을 했다. 그리고 스타들도 일제의 탄압이 극심해지면서 궁핍하긴 마찬가지였다. 그러나 공연을 그칠 수는 없었고, 전국을 순회하는 유랑창극단 신세를 면키가 어려웠다. 그들은 각지의 흥행사로부터 요청만 있으면 남쪽 끝 여수에서부터 북쪽 끝인 신의주까지도 멀다 않고 털털거리며 돌아다녔다. 명창 오태석의 말대로 사람들이 우리 민족예술을 좋아하고 사랑하는데 어디라고 안 갈 거냐는 자세였다. 갑자기 날씨가 추워져서 손님이 들지 않아 스타 김소희가 여관에 밥값으로 잡혀 있다가 대표였던 정인기가 서울에서 전보로 돈을 부쳐줘 풀려나는 사례도 있었다. 정인기는 도쿄 유학생 출신의 광산주로서 명창도 아니고 예술인도 아니었지만 자청해서 창극단 대표를 맡고 광산에서 번 돈을 극단의 적자 메꾸는 데 몽땅 쏟아부은 인물이다. 그로써 그는 간접적인 애국운동을 한 것이다.

유랑극단의 신세는 언제나 춥고 배고프고 서러운 것이었다. 돈이 없으니 완행열차만 타야 했고, 역에서 몇십 리씩 떨어져 있는 극장이나 소도시의 가설무대까지 걸어갈 수밖에 없었다. 한 도시 공연이 끝나고 이웃 마을로 갈 때에는 한두 시간 눈을 붙이고 새벽 서너 시에는 일어나 짐을 꾸려야만 했다. 도중에 슬그머니 사라지는 단원이 있는가 하면, 트럭 위에서 졸다가 떨어져 죽은 단원도 있었다. 그래서 노천명의 「남사당」이라는 시는 너무나 적절한 감흥을 일으킨다.

나는 얼굴에 분칠을 하고
삼단 같은 머리를 땋아 내린 사나이

제1부  근대 초기의 전통 공연예술

초립에 쾌자를 걸친 조라치들이
날라리를 부는 저녁이면
다홍치마를 두르고 나는 향단이가 된다

이리하야 장터 어느 넓은 마당을 빌어
람포불을 돋운 포장 속에선
내 남성이 신분 굴욕된다

산 넘어 지나온 저 동리엔
은반지를 사주고 싶은
고운 처녀도 있었건만

다음 날이면 떠남을 짓는
처녀야!
나는 집시의 피였다

내일은 또 어느 동리로 들어간다냐
우리들의 소도구를 실은
노새의 뒤를 따라
산딸기의 이슬을 털며
길을 오르는 새벽은

구경꾼을 모으는 날라리 소리처럼
슬픔과 기쁨이 섞여 핀다.

　　노천명의 시에서처럼 유랑극인들은 얼굴에 분칠을 하고 목이 터져라 민
족의 노래를 불렀다. 배곯은 속에서 나오는 한스러운 소리는 청중을 무아경
에 빠뜨렸고, 그들은 자정이 넘도록 자리를 뜰 줄 몰랐다. 새벽 1시까지의

공연 기록은 경남 함양의 가설무대 공연에서 실제로 있었던 일이다. 비가 부슬부슬 내리는 야밤, "연극이 끝났으니 독창 하나 불러주쇼!"로 시작된 소리판은 재청, 삼청, 사청, 오청으로 이어졌고, 자정이 금방 넘어간 것이다. 식민지 시대를 사는 대중이 그만큼 우리의 소리를 좋아했었다.

이러한 박수와는 달리 유랑창극단원들의 가난은 여전했다. 최고의 미성을 자랑하던 스타 김소희도 예외가 아니었다. 남편과 어린아이들을 거느렸던 그녀도 아침 먹으면 저녁 걱정을 했고 저녁 먹으면 아침쌀 걱정을 해야만 했다. 그녀 생애에 가장 화려한 공연이라 할 창극 〈향우와 우미인〉(부민관) 공연 때의 일이었다. 중국 영사관에서 의상을 빌린 데다 중국 여자가 직접 와서 머리까지 만져주었고 유계선 배우가 화장을 해주었기 때문에 그녀의 성장은 아름답기 그지없었다. 항우에게 작별을 고하고 보검을 받아 노래를 부르면서 우아한 춤을 추다가 극적으로 자결하는 장면은 환상 그 자체였다. 열광하는 청중의 박수 소리를 뒤로한 채 집에 돌아왔을 때, 썰렁한 냉골방에서는 아이들이 배고프다며 떨고 있었다. 삭정이 나무를 때서 겨우 밥을 지어 먹었으나 다음 날 아침거리가 없었다. 그런 김소희 명창의 참담한 실정을 안 이웃이 쌀 한 가마니를 주어 한 달간 허기를 면했다는 일화는 식민지 시대에 그렇게도 사랑받던 톱스타의 실제 생활상이었다. "가난한 땅의 대접 못 받는 예술인으로 태어나 서러움 많이 겪었다"고 혼잣말처럼 내뱉는 당대 최고 명창 김소희의 회고는 그래서 긴 여운을 남기는 것이리라.

# 제4장

**여성국극의 성공과 쇠락**

배곯으며 헤맸던 일제, 해방 소용돌이의 어리둥절함, 그리고 비극의 극한을 보여준 6 · 25전쟁의 황량한 벌판을 방황했던 오늘의 노년들은 누구나 마포의 도화극장이나 을지로의 국도극장, 광무극장 등을 잊지 못한다. 백제 사비성을 배경으로 환상적인 조명 속에 비련의 공주가 오직 사랑만을 위해서 목숨을 초개같이 던지면, 간장을 녹이는 아쟁의 애절한 선율이 젊은 관중을 눈물 속에 익사케 하곤 했던 여성국극이 언제나 공연되는 극장들이었기 때문이다.

그뿐이랴, 짙은 분장으로 모두 절세의 미남, 미녀인 왕자와 공주는 애끓는 창(唱)과 처절한 춤으로 관중을 무아지경에 빠뜨리곤 했다. 학교가 파하기 무섭게 10대 청소년들은 가방을 든 채 비련의 공주를 만나기 위해서 여성국극의 환상무대를 찾곤 했다. 비록 황당무계한 내용이긴 해도 젊은이들로 하여금 시험이니 배고픔이니 하는 현실의 오예(汚穢)를 말끔히 잊고 단 몇 시간이나마 꿈속을 헤매게 만든 여성국극은 전쟁을 겪은 상처받은 시민들에게는 유일한 위안물이었다. 비단 더벅머리 학생들만이 아니라, 전쟁에 지친 모든 한국 사람들에게 청량제와 같은 것이었다.

이렇듯 한 시대를 풍미했던 여성국극이 80대 사람들의 영원한 추억으로 남아 있는 이유는 어디에 있으며, 또 그처럼 찬란했던 여성국극이 퇴락한 까닭은 어디에 있을까. 그러니까 1950년 6·25전쟁 발발 이후 수복 후까지는 정통 연극이라 할 극단 신협의 존립까지 위협했으며 신흥 영화와도 맞대결을 벌일 정도였으므로 적어도 1950년대는 한국 연극사에서 여성국극 시대라 해도 과언이 아니었다.

여성국극이 생겨난 것은 해방 3년 뒤인 1948년이었다. 여성들만의 창극단이 생기기까지는 오랜 세월의 산고를 거쳤다. 남성 우위 사상이 지배해 온 우리 사회, 특히 여성이 박대받은 연극계에서 여성들만이 단체를 조직한다는 것은 여간 어려운 일이 아니었던 것이다. 판소리의 모태가 비록 남도무녀(南道巫女)였다고는 하지만 17세기 이래 명창의 맥은 도도하게 남성들이 이어왔다. 여류 명창이 등장한 것은 겨우 19세기 중엽으로서, 그것도 신재효(申在孝)의 연인 진채선(陳彩仙)으로부터였다. 그 후 기생들이 기생조합(뒤에 권번)에서, 또는 명창 밑에서 판소리를 배우면서 여류 명창이 하나둘 등장함으로써, 개화기에 원각사에서 판소리 분창의 창극도 가능했던 것이다.

그러나 새 시대에 맞춰 등장한 창극도 남성 위주였던 데다가 개화 물결에 따라 들어온 일본 신파극과 서양적 근대극에 밀려 지방 유랑의 포장굿 신세를 면치 못했다. 민족의 애환을 가장 절절하게 담고 있는 창극이 1930년대를 맞아 기사회생을 시작했는데, 그 결정적 집합체가 다름 아닌 조선성악연구회(1934)였다. 그것도 호남 갑부 우석 김종익의 거금 희사로 가능했는데, 그로부터 본격적인 창극단들이 파생되기 시작했다. 창극좌, 동일창극단, 화랑창극단, 조선창극단 따위가 모두 조선성악연구회를 모태로 출발한 것이었고 30년대와 40년대를 풍미할 수도 있었다.

그런데 그처럼 난립하던 창극단들도 1945년 민족해방과 함께 국악원이라는 단일체로 모였다. 이것은 조선성악연구회 이후 12년 만에 다시 결합한 것이었다.

그렇지만 그것도 잠시였고, 해방 직후의 혼란 속에서 핵분열하여 국극사

(國劇社), 김연수창극단, 조선창극단, 국극협회 등으로 분화되면서 여류 명창들도 딴 살림을 차리기에 이른다. 그것이 다름 아닌 여성국극의 모체 여성국악동호회였다. 그러니까 국악원에서 여성들만이 따로 떨어져 나와 별도의 조직체를 만든 것이 여성국악동호회이다. 가녀린 용모임에도 대가 세고 걸걸한 명창 박녹주를 이사장으로 해서 모인 여류 명창들은 김소희, 박귀희, 임춘앵, 정유색, 임유앵, 김경희 등 최고의 베테랑과 야심만만한 20대 신인들 30여 명이었다.

어렵게 발족된 여성국악동호회는 곧바로 창립 공연 준비에 들어갔다. 단체가 순수 여류 명창들로만 구성된 것이기 때문에 기획이라든가 섭외 등이 손방이어서 김소희, 박녹주와 전부터 인연이 있었던 신파극 작가 임서방(任曙昉)이 뒷바라지를 했다. 그리하여 1948년 10월에 여성국악동호회가 시공관에서 창립 공연으로 춘향전을 〈옥중화(獄中花)〉로 개제하여 무대에 올렸다. 당초 이 단체가 여성들만의 창극단이므로 자연히 여성이 남성 분장을 할 수밖에 없어서 이몽룡은 덩치 큰 임춘앵이 맡고, 춘향은 김소희, 방자에 김경희, 사또는 정유색이었다. 재정난, 미경험 등 여러 가지 어려움을 극복하고 4일 동안 무대에 올렸으나 이 공연은 대실패, 여성국악동호회는 빚더미에 앉게 되었다.

창립 공연에 실패했다고 해서 그대로 주저앉을 수만은 없었다. 이들은 다음 해(1949) 2월 구정을 기해서 두 번째 공연에 들어갔다. 두 번째 작품은 당대의 스타였던 김소희와 박귀희의 성격과 이미지를 염두에 두고 민담을 곁들여서 노련한 극작가 김아부(金亞夫)가 만들어낸 〈햇님달님〉이었다. 김소희는 성격이 매우 차고 이지적이며 고집스러웠기 때문에 달님이 되고 명랑하고 호쾌한 박귀희를 햇님으로 이미지화해서 〈햇님달님〉을 창작한 것이었다. 그런데 그것이 예상 외로 적중해서 공연 둘째 날부터 관중이 터지기 시작했다. 별스럽지도 않은 왕자와 공주의 대립과 사랑 이야기에 웅장 화려한 무대장치와 의상이 뒷받침해주었기 때문에 관중을 압도했던 것이다. 연일 입추의 여지가 없을 정도로 극장이 메워지면서 여성국극은 창단 반년 만에 확고하게 대중연극으로 뿌리를 내려가기 시작했다.

여성국악동호회의 〈햇님달님〉이 절찬을 받은 이유 중 하나는, 과거에는 여배우가 없어서 남자가 여자 역을 했지만 여성국악동호회가 출범하면서부터는 반대로 아름다운 여성이 남성으로 분장하고 등장했기 때문에 여자들을 매료시켰다는 점이다. 여성국극에 온 장안의 부녀층이 붕 뜬 이유도 바로 거기에 있었다. 여성국악동호회의 별스럽지도 않은 〈햇님달님〉이 창극 사상 전무후무할 정도로 크게 히트함에 따라 돈도 가마니로 쓸어 담을 정도가 되었다. 그래서 창립 공연 때 진 빚을 갚은 것은 물론이고 단원들에게 듬뿍듬뿍 개런티를 주고도 거금 200여만 환이 남아서 사무실을 위한 건물까지 170만 원에 살 수가 있었다.

서울에서 〈햇님달님〉이 공전의 히트를 치자 지방도시에서 흥행사들이 몰려들어 서로 초청해가려고 경쟁을 벌였다. 그리하여 대구와 부산으로 순회 공연에 나섰고 인기는 대구 부산에서 더했다. 부산에서는 마침 정통 창극을 자처하는 국극사(國劇社)가 대작 〈만리장성〉을 공연 중이었는데, 여성국악동호회가 내려가자마자 관객이 〈햇님달님〉으로 몰리는 바람에 파리를 날릴 정도로 초라한 신세가 되었다. 여성국악동호회의 충천하는 인기는 창극계의 기존 판도를 뿌리째 흔들어놓기 시작했다. 왜냐하면 대중은 남성 중심의 딱딱한 정통적 창극보다 여성들의 아름답고 아기자기하며 애연한 창극을 좋아했기 때문이다. 특히 여성국악동호회의 창극은 세련된 무용까지 곁들여져서 관중을 더욱 매료시켰다.

그러한 창극 형태가 바람직하지는 않지만 시대가 변하고 대중의 취향과 감각이 바뀌면서 여성국극은 새로운 예술 장르로 급속히 부상했다. 어떻게 보면 변질된 창극의 형태라 할 여성국극이 대중을 사로잡으면서 식민지 치하에서 이룩하지 못하고 해방을 맞아 겨우 제대로 된 창극 예술을 정립해보려던 남성 중심의 창극단들은 치명타를 당한 것이다.

기고만장해진 여성국악동호회는 대구·부산을 떠나 다시 전국 주요 도시를 순회했는데, 너무 인기가 좋기 때문에 연극사상 최초로 교만한 극장주들에게 배짱을 튕겨가면서 거드럭거릴 수가 있었다. 왜냐하면 극장 주인들이 여성국악동호회를 데려가려고 혈안이 되어 아첨할 정도였기 때문이다. 아마도 하나의 작품으로 단 1년여 만에 전국을 뒤흔들어놓고 뚜렷한 대중예술 장르로 자리를 굳힌 예는 세계 연극사에서도 그 유례를 찾아볼 수 없을 것이다.

갑자기 돈이 생기고 인기와 자만심에 도취되어 자체 분열이 일어났고, 대표였던 박녹주가 여성국악동호회를 떠나는 등 혼란에 빠지면서 단체는 2년도 지속 못 하고 흩어지는 지경에 이르렀다. 이때 여성국극의 인기를 아쉬워한 김주전(金主傳)이 나서 여성국악동호회햇님국극단이라는 긴 이름의 창극단으로 재조직했다. 특히 〈햇님달님〉이 인기를 끌었기 때문에 창극단 명칭에 햇님을 붙였던 것이다.

김주전이 여성국악동호회 법통을 그대로 계승하여 햇님국극단을 재조직했을 때는 이미 초기의 중추적 멤버들은 모두 이탈했다. 즉 햇님국극단의 면면을 보면 다음과 같다. 조농옥, 박보아, 조금앵, 박옥진, 고일연, 김임수, 노신성, 김정희, 이소자, 오수연, 변녹수, 백숙자, 이소은, 박송이, 이영자, 조순애, 조정례 등 20여 명으로서 여성국악동호회 창립 멤버 당시 뒷전에 머물렀던 신진들이 대거 전면에 등장하고 인기를 따라 들어온 신인들이 자리를 채웠다. 새로운 리더 김주전은 여성국극의 인기상표라 할 〈햇님달님〉의 후편을 갖고 전국을 순회했고 새 레퍼토리 〈황금돼지〉로 새 이미지를 구축하기도 했다.

여성국극이 인기를 끌자 신파극을 하던 조건(趙健) 등이 〈쌍동왕자〉 〈바보온달〉 등 새 작품을 써줌으로써 여성국극이 레퍼토리 빈곤을 면할 수가 있었다. 햇님국극단이 서울 공연을 마치고 부산에서 공연 중에 1950년 6·25 전쟁이 발발했다. 그런데 흥미로운 것은 여성국극은 전쟁의 피해를 전혀 입지 않고 더욱 번성해갔다는 사실이다. 여성들로만 구성되어 있으니 단원 중

여성국극 〈진진의 사랑〉 김경수와 김진진

에 군대에 갈 사람도 없었을뿐더러 피난민까지 몰려와서 더욱 호황을 누렸다. 남녀 혼성 창극단들은 정훈공작대를 조직한다고 야단이었지만 여성국극단은 아무런 변화가 없었다. 이들은 대구 공연 중에 인민군이 근처 팔공산까지 쳐들어왔어도 공연을 계속할 정도였다.

여성국극의 인기가 조금도 식지 않자 피난 중에서도 계속해서 여성국극단이 생겨나기 시작했다. 일종의 핵분열을 하기 시작한 것이다. 그리하여 당초 여성국악동호회를 창립했던 중요 명창들이 각각 창극단을 조직한 것이다. 즉 당대의 스타 임춘앵이 전남 광주에서 여성국악동지사를 조직하면서는 임유앵, 김경애, 김진진, 김경수 등 인척 관계를 중심으로 신진들을 과감히 발탁했다. 이들 가운데서 김진진과 김경수가 미모에 있어서나 창·무용·연기력 등 모두를 갖춘 신진 스타였다.

임춘앵의 여성국악동지사에 이어 이일심(李一沈)이 낭자국악단을 출범시켰고, 김원술(金垣述)이 여성국극협회를, 박모아가 삼성창극단을 조직하는 등 전쟁 중에도 단번에 대여섯 개의 여성국극단이 생겨났다. 여성국극의 인기 급상승으로 창극계에는 묘한 현상이 빚어졌다. 즉 남성 명창들이 주도하던 정통적 창극단들이 대표로 여성을 내세워 여성국극으로 위장하는 기현상도 있었다. 가령 우리 국악단을 이끌던 김연수(金演洙)가 강숙자(姜淑子)를 얼굴로 내세우고 뒤로 물러앉은 것이라든가, 국극사도 박녹주를 대표로 내세웠으며, 햇님창극단의 김주전도 30대의 젊은 김경애로 바톤을 넘겼으며, 여성국극협회의 김원술도 조금앵으로 명의 변경을 한 것이다. 이는 창극사상 유례없는 일로서 바야흐로 여성국극 시대의 막이 활짝 열렸음을 단적으로 보여주는 것이었다.

오랜 세월 동안 위세를 부리던 남성 명창들이 이제는 뒷전에서 장탄식만 하는 신세가 되었다. 실제로 대중도 여성국극에만 관심을 보이니 별도리가 없었다. 여성국극단들이 지방에 공연하러 간다고 하면 각 지역의 극장마다 모든 편의를 보아주었고 환대 또한 대단했다. 전쟁 중에 바야흐로 여성국극 시대가 화려하게 꽃피고 있었다. 그 당시 여성국극이 얼마나 인기 있었는가 는 때마침 큰 인기를 끌던 서양의 스펙터클 영화와 인기 대결해서도 압승한 경우에서도 짐작할 수 있다. 즉 부산에서 햇님국극단의 공연을 보려는 관객 의 긴 열이 같은 시간대의 서양 영화 〈흑기사〉의 입장 행렬의 배나 되었던 것이다. 아무리 스펙터클하고 신기한 외국 영화였지만 여성국극의 인기에 는 미치지 못했다.

그로부터 부산의 일류급 극장들은 햇님국극단의 전용 극장이나 마찬가지 가 되었다. 무엇이든 마음대로 공연할 수 있었다. 이처럼 여성국극이 인기 충천하자 평소 예술에 관심조차 없었고 또 창고만 한 극장조차 없는 전국 촌구석의 면장, 지서 주임들까지 여성국극단에 사람을 보내 자기 고장에 와 서 공연 좀 해달라는 간청도 잇달았다. 관중은 어디 가나 열광적이었고 오 늘날의 뮤지컬처럼 젊은 여성 팬들이 극성이었다. 여성국극을 관극하고 만 성장염을 고쳤다는 관객도 있다고 한다.

여성국극단들이 공연하는 레퍼토리는 거의 야사, 설화, 전설을 애정과 이 별 중심으로 재구성한 것들이었다. 레퍼토리를 제공하는 작가들은 거의가 지난 시절 신파극을 썼던 조건, 김아부, 이운방 등 2, 3류 급 대중 작가들이 었지만, 부산 피난 중에 유치진이 〈가야금의 유래〉를 한 번 쓴 적이 있으며 차범석도 〈꽃이 지기 전에〉라는 작품을 쓴 바 있다. 그리고 현진건의 소설 『무영탑』도 극화된 적이 있다.

여성국극의 레퍼토리가 얼마나 구태의연했던가는 당시 인기작의 이름만 열거해도 짐작할 수 있을 것이다. 당시 부녀층을 울리고 웃긴 인기 레퍼토

〈무영탑〉(1952년)

〈백호와 여장부〉

리는 〈공주궁의 비밀〉 〈바우와 진주목걸이〉 〈무영탑〉 〈백호와 여장부〉 〈낙
화유정〉 〈여의주〉 〈구슬과 공주〉 〈연정 칠백 리〉 〈목동과 공주〉 〈사랑탑〉
〈초야에 잃은 님〉 〈선화공주〉 등이었다. 제목만 훑어보아도 작품들이 모두
삼국시대와 고려, 조선시대의 설화와 야사를 소재로 했다는 것을 알 수가
있고, 그 가운데서도 사랑과 이별, 은혜와 복수, 권선징악이 기본 주제였음
을 확인할 수 있다. 작품 대부분이 권선징악과 인과응보의 이야기이고 언제
나 천편일률적인 해피엔딩이다. 혹시라도 주인공이 죽는다든가 비극적 파
국을 맞게 되면 극단 측은 관중의 빗발치는 항의로 곤욕을 치러야만 했다.
그래서 설화나 야사 자체의 결말이 불행한 것이라 하더라도 작가는 반드시
해피엔딩, 즉 주인공의 승리로 끝맺도록 만들어야 했다.

사실 여성국극은 일본의 다카라즈카(寶塚)보다도 특수한 연극 양식이다.
다카라즈카만 하더라도 비교적 근대적 성격의 연극 양식이지만 여성국극
은 고전적 판소리가 모태가 되고 민속무용 등이 가미된 일종의 전통극 양식
이기 때문이다. 어찌 보면 세계 연극사에서도 그 유례를 찾아볼 수 없는 특
수 장르인 것이다. 그럼에도 불구하고 현대에 와서 그처럼 흥행계뿐만 아니

라 공연예술계를 압도할 수 있었던 데에는 아무래도 몇 가지 이유가 있었기 때문으로 생각된다.

첫째로 대중의 전근대적 의식에 있었다. 부녀층과 여학생층이 관객의 주류를 이루었다는 점은 시사하는 바가 크다. 그러니까 합리적인 신식교육을 제대로 받지 않은 우리 대중이 우리 고유의 예술에 집착하면서 은연중에 비현실적이면서도 환상적인 세계에 빠지고 싶어진 것 같다. 특히 작품의 구조나 주인공들의 감상적인 인생 행로는 감정 훈련이 안 된 부녀층의 표피적 감각을 자극시켜주었다고 볼 수 있다. 더욱이 참담한 전쟁을 겪은 대중은 현실을 잠시나마 잊고 싶었기 때문에 여성국극을 좋아한 것이다.

사실 대중은 지적(知的) 모험을 꺼린다. 오히려 일상의 어려운 삶을 잊으려 한다. 다시 말하면 대중은 새롭고 낯선 문화현상에 의한 충격을 받기를 피하려 하고, 그보다는 익숙한 전통적인 놀이의 표현(행복하고 감상적인 놀이의 표현)에 의해 편안하면서도 쉽게 즐기고자 습성이 있다. 즉 대중은 달콤하면서도 감상적인 것을 좋아하며 이를 통해 현실 도피를 꾀하려 든다. 그런 측면에서 보았을 때 전쟁기에 있어 여성국극은 너무나 적합한 예술 양식이었다. 왜냐하면 여성국극에는 한(恨)이 서린 창의 애연한 가락과 멋스러운 춤이 있으며, 환상적이면서도 센티멘털한 사랑이 주제인 데다가 현란한 의상과 웅장한 무대장치가 볼거리로서 조화를 이뤄주었기 때문이다. 이러한 고전적이면서도 종합예술적이며 환상적인 여성국극은 전쟁과 가난에 시달린 대중의 시름을 충분히 달래주고도 남음이 있었다.

이처럼 여성국극이 인기 상승의 서양 영화까지 압도하면서 대중을 사로잡음으로써 정극은 그 기반마저 흔들릴 정도였다. 그런 상황에서 김진진, 김경수 등은 최고의 대중 스타로 떠올랐고, 남자 분장을 하는 김진진에게는 연모의 팬레터가 전국으로부터 날아들기도 했다. 따라서 극작가 박노홍은 『연합신문』에 김진진·김경수 콤비의 공연 사진을 모델로 한 〈무지개〉라는 연재소설까지 쓸 정도였다. 끝 모르는 이러한 여성국극의 인기로 인하여 여성국극단이 잇달아 창단되었다.

1950년대 후반만 하더라도 정상을 달리는 진경(眞敬)여성국극단을 필두로 해서 김재선의 아리랑여성국극단, 이정순의 동명여성국극단, 문미나의 송죽여성국극단, 박정화의 아랑여성국극단 등 십수 개의 유무명 여성 국극단이 전국을 헤집고 다녔다. 물론 이 가운데서 진경여성국극단, 햇님국극단, 삼성창극단, 여성국극협회 등 너댓 개 단체를 제외하고는 인재난과 기량 부족·레퍼토리 반복 등으로 인해서 형편없이 조악한 저질 국악 쇼를 하고 다니기도 했다. 그럴 수밖에 없었던 것이 인재는 부족한데 자꾸 핵분열하다 보니 조악한 작품이 양산되었던 것이다.

몇 개의 우수한 여성국극단은 중진 연극인 이원경, 이진순 등이 연출을 하고 장종선이 무대장치를 했기 때문에 매우 훌륭한 작품을 만들어냈다. 그러나 지나친 인기 편승에 따라 여성국극단들이 우후죽순처럼 솟아나며 자연히 작품은 저질화됐고, 그로 인하여 인기도 급속히 떨어지기 시작했다. 여성국극의 인기는 10여 년 만인 1959년부터 쇠락하기 시작했다. 대극장을 석권하고 있던 여성국극에 대중의 염증은 관객 감소, 대극장주들로부터의 냉대로 이어졌다.

따라서 여성국극단들은 중앙의 큰 극장에서 점차 변두리의 허술한 소극장으로 밀려났다. 그 찬란하던 여성국극이 조락의 길을 걷기 시작한 것이다. 여성국극의 급속한 조락 원인에 대해서 당시의 한 언론은 "마냥 상고시대의 가상적인 사회나 들추어내어 조잡한 낭만 세계를 얼버무리는 그 천편일률적인 레퍼토리에 그대로 공감과 흐뭇함을 느낄 만큼 팬들은 가만히 있지 않았다. 차츰차츰 높아가는 팬들의 감상안은 우리의 옛것이라는 번지레한 레텔이 붙은 이 조제품에 염증을 느끼기 시작했다. 그들이 중앙에서 발돋움을 잃고 변두리의 저개발지대로 영락하는 현상을 가져왔다."(『서울신문』 1959.6.11.)고 썼다. 이것은 매우 정곡을 찌른 지적이었다. 인기에 도취된 여성국극인들이 공부를 하지 않으니 예술사조와 역사의 변화에 무지했고, 시대 변화에 따른 대중 감각의 변화를 감지하지 못했던 것이다.

그 결과 10여 년 동안 여성국극은 자체 개발을 통한 발전은커녕 퇴보만 거듭했다. 좀 더 구체적으로 말하면 첫째로 레퍼토리를 개발하지 못했고, 둘째로 인재를 양성하지 못했으며, 셋째로 작품을 현대감각에 맞도록 발전시키지 못했던 것이다. 그렇게 볼 때, 유사한 일본의 다카라즈카가 아직까지도 인기를 유지하고 있는 것은 하나의 타산지석이 될 만하다. 예술 양식이 역사 속에서 생명을 유지하려면 변천하는 사회와 시대 감각에 앞서야 한다. 그렇지 못한 예술 양식은 역사의 물결 속에 침몰하고 만다. 한 시대를 풍미했던 낭만극 여성국극은 그 좋은 본보기가 될 만하다. 그러나 한 가지 분명한 것은 여성국극은 근대적인 우리의 문화재라는 사실이다.

여성국극은 1980년을 전후해서 김경수 등 옛 스타들에 의해서 부활되어 이따금 공연되고 있으며 여성국극협회도 생겨났다. 그러나 재정적인 어려움으로 존속이 또다시 위협받고 있다. 따라서 여성국극은 국가 차원에서 보호 육성되었으면 하는 생각이다.

# 제5장

## 창극, 한국을 대표하는 무대예술

1945년 8월 15일 민족해방은 죽어가던 만물을 소생시키듯이 전통예술, 특히 창극을 소생시키는 기폭제가 되었다. 해방 직후인 1945년 9월 들어서 전통예술인들은 다른 분야 예술인들과 마찬가지로 국악건설본부라는 것을 조직했는데, '국악(國樂)'이란 용어도 그때 처음 사용한 것이었다. 이 국악건설본부는 국악회로 개칭되었다가 그해 10월에 국악원이라는 명칭으로 또다시 바뀌었다. 이때 국악원을 이끈 주역을 보면 원장에 함화진, 부원장에 박헌봉이었고 그 아래로 유기룡, 성경린, 김천흥, 정남희, 최경식, 박동실, 조상선 등 원로와 중견 국악인들이 모두 모였다.

국악건설본부 부서도 사무국과 문화국으로 나누고 문화국 밑에 아악, 정악, 기악, 창악, 창극, 무용부를 두는 체제였다. 그뿐만 아니라 산하단체도 두었는데 국극사, 장악회(掌樂會), 국극협회 등 3개나 되었다. 당초 국악건설본부나 국악원은 정악과 민속악을 망라한 것이었는데, 점차 두 분야는 각자의 길을 걷게 된다. 그 두 장르는 성격상 식민지 시대에도 그랬었다(성경린, 『현대창극사』, 340쪽).

대강의 조직 정비를 끝낸 전통예술인들은 다음 해(1946) 정월에 국극사 창단 기념으로 〈대춘향전〉을 공연하며 식민지 말엽 거의 죽어갔던 창극의 깃

발을 다시 올리게 된다. 이때에는 창극인 대다수가 참여함으로써 전통예술인들의 단결력과 재건 의욕이 불타올랐다. 물론 창극 단체도 국극사와 국극협회로 양분되었기 때문에 창단 공연에 창극인 전원이 참여한 것은 아니었다. 그러나 그해 6월 국도극장에서 가진 창극 무대에는 두 단체가 합동으로 〈대심청전〉을 비롯하여 〈흥부전〉 〈장화홍련전〉 〈청산도 절로절로〉 등을 공연하며 창극 부흥의 가능성을 내외에 과시한 바 있다.

흥미로운 사실은 해방이 되어서도 창극 연출은 여전히 동양극장 시대처럼 박진과 같은 신극인이 담당했다는 점이다. 따라서 당시 창극이 독자성보다는 신파극과 정통 신극의 범주에서 못 벗어났음이 민영규(閔泳珪)의 관극평에 잘 나타나 있다. 민영규는 국도극장 공연의 〈춘향전〉에 대하여 "사옹(沙翁)의 고전극에서도 그러하듯 〈춘향전〉과 같이 조선의 고전작품 중 창을 주로 하는 창극에서 서투른 신극의 무대 관념을 고대로 인용하는 것은 일이 아니라는 것을 알아야 할 것이다. …(중략)… 졸악한 신극의 무대장치를 (그것이 소위 사실주의를 모방한 것이라면 더욱 그렇다) 창극의 연단에 올려서는 아니 됨과 마찬가지로 서투른 신극의 무대 연기를 역시 고대로 창극의 연단에 옮겨오는 것은 일이 아니기 때문이다. 박녹주, 정남희 급의 일류에 속하고 있는 인물들이 무대에 올라 옷자락을 부여잡고 이상한 성색(聲色)을 지어 무리한 표정으로서 신파 연기에 열중해 있는 것을 보고 그 무대면 마주칠 때 필자는 마치 보아서는 안 될 것을 본 것처럼 몇 번 고개를 돌이키지 않지 못할 무색함을 당한 적이 적지 않았다. 그뿐만 아니라 부당한 연기에 열중한 나머지 때때로 소리의 장단을 그르치는 것을 발견할 때가 많은데, 창우로서 소리에 장단을 뺀다는 것은 치명적인 것이다. 모름지기 당사자들은 창극과 신극과의 한계가 어데 있는가를 먼저 알고, 그리고 창극에 있어서의 과(연기)는 극도로 절약하고 유형화시켜서 형식미를 갖추는 데 노력해야 할 것이고 그것이 어디까지든지 창을 보조하는 수단에 그쳐야 한다는 것을 깊이 깨달아야 할 것"(唱劇의 獨自性)이라 충고한 바 있다. 그는 판소리 전문가나 연극평론가가 아님에도 불구하고 창극의 동양극장식 신극 오염을 정확하게 짚어냈다.

그렇다고 해도 창극 측에서는 어쩔 도리가 없었다. 창극 주도자들 중에는 연극 원리를 안다든가 창극의 무대극으로서 올바른 방향이 어떠해야 하는가에 대해서 고뇌하고 새로운 방향을 모색할 만한 인재가 없었다. 국악원과 그 산하단체라 할 창극 단체의 변동과 새로운 단체, 즉 국극협단, 조선창극단, 김연수창극단 등의 출현이 고작이었다. 그저 그런 상태로 나아갈 수밖에 없는 처지였다.

전술한 바대로 1948년에는 여류 국악인들만이 별도로 단체를 만들어 나갔다. 여성 국악인들 상당수가 창극단들로부터 이탈하여 그들만의 단체를 만들어서 창극을 하게 되면서 남녀 혼성 단체들은 급격히 그 활동이 둔화될 수밖에 없었다. 쓸 만한 여창들이 태부족이었기 때문이다. 그런 실정에서 창극단들도 이합집산을 거듭하면서 간간이 공연을 가졌으나 신극과 신파극에 밀려서 호구지책도 어려운 처지였다. 물론 이들의 공연 내용은 〈춘향가〉〈심청가〉 등 전래 판소리 다섯 마당과 동양극장 시대에 무대에 올렸던 고전소설 각색극이 전부였다. 그만큼 해방 직후의 창극 활동은 상당히 지지부진했었다.

마침 그런 때에 국립극장이 개관(1950.4)됨으로써 창극도 어떤 전기를 맞이할 계기가 만들어졌다. 그렇지만 어려운 경제 사정하에서 국립극장이 문을 열었기 때문에 전속극단을 하나 두었을 뿐 창극단까지는 둘 수 없었다. 다만 국립극장이 앞으로 창극단도 산하에 둔다는 계획만은 갖고 있었다.

국립극장은 창립 공연에 이어서 두 번째 개관 피로 공연으로 5월 12일부터 5일간 국극사의 〈만리장성〉(김일민 작, 박춘영 연출)을 무대에 올렸다. 이때 국립극장과 국극사 사이에 어떤 계약이 있었는지는 알 수가 없다. 그러나 창극단도 앞으로 국립극장 전속이 될 것임은 개관 공연 프로그램에 실린 유치진 극장장의 인사말에 분명히 나타나 있다. 유치진은 "국립극장은 대통령령에 의거하여 우수한 예술가를 등용하고 전속의 극단, 교향악단, 창극단, 가극단, 합창단, 무용단을 두어 사명 달성 첨병으로 세우고 아울러 소양 있는 시인을 길러 유구한 문화사 창조에 이바지함과 동시에 예술을 통한 교화로서 이 나라의 민중에게 마음의 양식을 공급하고 사회의 복지를 증진시키려는 것"(성경린, 『현대창극사』에서 재인용)이라 하여 전속 창극단의 계획을 분명히 밝힌 바 있다.

여하튼 지지부진하던 창극이 국립극장 무대를 만나 오랜만에 생기를 되찾은 것만은 분명했다. 그러나 해방 직후 창극의 심기일전의 공연이라 할 수 있는 〈만리장성〉 무대 직후 동족상잔이 발발함으로써 창극은 또다시 형극의 길을 걷게 되었다. 우선 국극사만 하더라도 국립극장에서 공연한 〈만리장성〉을 갖고 광주와 전주를 거쳐 대전에서 공연 중 전쟁으로 뿔뿔이 흩어졌고, 다른 창극단들도 명맥만 유지하다가 각자 흩어져 피난길에 오르는 처지였다.

따라서 적어도 전쟁이 한창이던 1950년대 초에는 창극의 명맥이 끊어질 위기에까지 이르렀다. 그러다가 1953년 들어서 겨우 해방 직후에 생겨난 국극사가 여류 명창 박녹주에 의해서 재탄생한다. 그렇지만 6 · 25전쟁 직후에는 여성국극이 너무나 대중적인 인기가 있었기 때문에 창극은 존립조차 힘겨웠다. 이처럼 정통 창극은 여성국극의 인기에 밀려 거의 10여 년 가까이 활동이 중지되다시피 했다.

결국 창극이 홀로 설 수 있었던 것은 여성국극의 급속한 쇠퇴와 함께 국립극장의 전속 단체로 태어나면서부터였다. 즉 5 · 16군사혁명 직후인 1962년 2월에 국립극장 직제가 바뀌면서 전속 단체의 하나로 창극단이 발족된 것이다. 명창 김연수를 단장으로 하여 김소희(부단장), 박귀희, 박초월, 강장원, 김준섭, 임유앵, 김경애, 김경희, 김득수, 장영찬, 강종철, 정권진, 남해성, 박봉선, 박초선, 김정희, 한승호, 한일섭, 안태식 등 21명으로 구성되었다. 국립극장 산하 국극단의 이름으로 출범한 이 창극단의 구성원을 보면 1930년대 조선성악연구회 이후의 중견과 소장 명창들이었고 특히 여성국극의 스타였던 김경애, 김경희, 임유앵 등이 포함된 것으로 미루어보아 여성국극의 몰락도 간접적으로 확인할 수 있다. 이 말은 여성국극의 쇠퇴가 국립국극단의 발족을 가능케 했다는 이야기도 되는 것이다.

국립국극단은 창단 기념으로 3월 말에 〈춘향전〉(박황 각색, 김연수 연출)을 공연했다. 초대 단장이면서 연출을 맡은 김연수는 창립 공연에 임하는 자세에 대하여 "썩은 가지는 도려내야 새 가지에 피는 꽃이 탐스럽고 열매가 큰 법인데 내가 〈춘향전〉의 연출을 맡는다는 것부터가 감당하기 어려운 일의 하나라 볼 수가 있다. 우선 후진이 올라올 자리를 차지하면서도 신통한 묘를 얻지 못하는 것이 큰 괴로움"(성경린, 『현대창극사』, 344쪽)이라 했다.

이 말은 과거부터 고루하게 창극을 해온 자기가 뭐 별스런 작품을 창조할수 있었겠는가라는 고백이기도 했다. 실제로 창립 공연에 대하여 국악계의 원로 성경린은 "3시간 반에 걸친 6막 10여 장의 각색은 먼저 지루한 구성이 아닌가 하는 느낌이었다. 김연수 단장의 말을 빌리면 창을 위주로 한 것을 특히 강조하고 있고, 그건 또 너무 당연한 이야긴데 〈춘향가〉 속의 주요한 창을 많이 거세한 책임을 누가 져야 할 것인가……. 한 말로 말하여 기대가 너무 컸던 탓이리라. 단원 전원의 열연에도 불구하고 전 날의 무대에서 별로 나아가지 못했다"(『서울신문』 1962.3.29)라고 혹평한 것이다.

그러니까 국립국극단의 창립 공연이 김연수의 고루한 연출 감각으로 인해서 해방 전후의 창극에서 단 한 걸음도 진전되지 못했음이 드러난 것이다. 그러나 도창(導唱)의 적절한 활용만은 호응을 얻었다. 실제로 과거부터 창극을 해온 사람들에 의해서는 새로워지기가 쉽지 않았다. 특히 명창인 김연수는 연출에 대해서는 문외한이기 때문에 극 구성보다는 소리에 치중할수밖에 없었다. 따라서 제2회 공연인 〈수궁가〉는 대창(對唱)과 3인창, 즉 입체창으로 엮음으로써 연극보다 소리에 치중해가려는 의지를 보여주었던 것이다. 그러니까 김연수는 명창답게 판소리의 정통적 계승을 실천하려 한 것이라고 할 수가 있다.

그렇지만 과거 동양극장의 전속 연출가로 활동했던 박진이 다음 해 창극 연출을 맡으면서부터는 조금씩 달라져간다. 그는 우선 레퍼토리를 판소리의 다섯 마당으로부터 벗어나 창작 쪽에서 찾는 작업부터 했다. 우선 〈배비장전〉을 시험적으로 무대에 올린 박진은 계속해서 〈백운랑(白雲郎)〉(서항석 작), 〈서라벌의 별〉(김동초 작) 등을 공연했다. 그는 〈배비장전〉 공연의 의의에 대하여 "이번에 이것을 국립극장에서 상연하는 것은 여러 가지 모로 보아 그 의의가 크다. 문화재를 보호하는 법률이 생기고 흙에 묻혀 있는 민속예술을 되찾는 운동이 벌어지고 있는 이때 바야흐로 우리 기억에서, 우리 주변에서 없어지려는 이 〈배비장전〉을 불쑥 상연한다는 것은 하나도 새로운 일이 아니면서 민속예술을 되찾는 운동에 기여하는 바 적지 않은 공"(성경린, 『현대창극사』)이라고 하여 복원에 포커스를 맞췄음을 알 수 있다. 그런데 과거 동양극장에서 신파 계통의 대중연극을 주도했던 박진이 명창 출신 김연수의 바톤을 이어받아서 창극을 연출함으로써 창극이 소리보다 극적인 재미를 더한 것은 사실이지만 현대 감각에 맞도록 쇄신된 것은 아니었다.

이처럼 개화기에 판소리로부터 파생된 창극은 1960년대 중반까지도 양식화는 말할 것도 없고 뚜렷한 연극 형태로서도 정립되지 못한 채 방황과 혼미만을 거듭하고 있었다. 김연수 창극이 박진의 창극으로 넘어가서도 이렇다 할 성과를 거두지 못하자 신극과 악극을 연출했던 니혼대학 예술과 출신 이진순이 창극 연출에 나섰다. 그런데 이진순이 연출한 〈흥보가〉는 재래의 창극 양식을 꽤나 탈피한 것이었고, 특히 동양화적인 무대미술이 신선감을 주었다(성경린). 이러한 범연극계의 창극에 대한 관심은 결국 1968년에 창극정립위원회라는 것을 탄생시키기에 이르렀다. 즉 이 위원회에는 극작가 서항석을 위원장으로 하여 강한영, 김동욱, 김소희, 김연수, 김천흥, 박진, 박헌봉, 성경린, 이진순, 이해랑, 이혜구 등 사계 전문가 12명이 참여했다.

창극 정립 운동에 앞장섰던 서항석은 그 배경에 대하여 "나는 국극 정립

국립창극단의
〈배비장전〉(1987)

의 필요를 절실히 느끼는 동시에 국극 정립은 연극인, 국악인의 사명이요, 국립극장의 당위의 과제라고 생각하였다. 뜻을 같이하는 연극계와 국악계의 인사를 망라한 국극정립위원회가 발족되었다. 이 위원회의 목표는 판소리에 부존된 독자의 형식을 찾아내어 그것을 체계 있게 정립하자는 데에 두었다"고 술회했다. 서항석이 창극 정립에 나선 것은 1957년 도쿄에서 열린 국제펜대회에 참석한 북구 작가 3명이 우리 창극을 보고 '양식화 안 된 근대극 같다'고 느낀 실망스런 소감 피력에서 비롯된 것이었다.

그렇게 해서 발족된 창극정립위원회는 수차례 토론을 거쳐서 세 가지 방안을 제시했다. 첫째 종래의 창극에서는 고수(鼓手)나 악사를 서구식 연극의 음향효과처럼 간주하여 이를 무대에 노출시키지는 않았지만, 위원회의 견해로는 고수나 악사는 판소리의 유기적 일부분이니, 무대의 한쪽에 자리를 마련하여 '추임새'를 제대로 할 수 있도록 하게 하는 것이 바람직하다는 것이었다. 둘째, 창극이 서구식으로만 갈 경우 극의 진행은 대화창으로만 이루어지기 때문에 판소리의 설명창이 무대에서 소실될 위기에 놓이게 되므로, 판소리 본연의 특징을 살리기 위하여 이를 도창(導唱)이라 이름하여 역시 무대의 한쪽에 그 자리를 마련해주자고 했다. 셋째 판소리극의 경우 연출은 도연(導演)이라 부르자고 했다. 이것을 판소리극이 그 본연의 양

제1부 근대 초기의 전통 공연예술

식을 정립할 때에 연출은 하나의 창조가 아니라 그 양식대로의 '연희를 지도'하는 데 그쳐야 그 양식이 무너지지 않고 전수·보존될 것이라고 생각했기 때문이다(서항석, 『나와 국립극장』 ⑦). 이러한 창극정립위원회의 결정은 창극 발전에 중요한 전기를 마련했다. 가령 악사의 노출이라든가 도창의 도입 등은 동양 전통극 및 서구의 서사극과 맥을 같이하는 것이기 때문이다.

그리고 서구식 연출을 도연이라고 규정한 것은 특히 주목을 끌 만했다. 왜냐하면 창극을 새로운 창조 작업 아닌 원형의 전수로서 이끌어가자고 했기 때문이다. 그렇다면 창극의 원형은 무엇인가? 그것은 두말할 것도 없이 판소리다. 따라서 창극정립위원회의 결정은 모순에 빠져 있음을 알 수 있다. 원형을 보존하자면서도 도창을 활용한 것이 그러한 예이다. 이처럼 1960년대 말까지만 해도 창극이 어떤 방향으로 가야 할 것인가가 뚜렷하게 잡혀 있지 않았었다. 다행히 창극정립위원회에서는 판소리의 이본(異本)들을 모아 하나의 정본으로 정리하는 일을 해주어서 흩어진 판소리 대본들을 수집, 정리할 수가 있었다.

창극정립위원회가 발족된 이후에는 주로 박진과 이진순이 번갈아 연출을 맡아 하면서 1970년대를 맞았다. 그리고 강한영과 같은 판소리 전문 학자가 창극 정립에 깊숙이 참여한 것도 주목할 만한 사실이었다. 원본 〈춘향가〉를 강한영이 창극정립위원회의 관점에 의거해서 새롭게 정리하여 무대에 올렸던 창극 〈춘향가〉는 하나의 본보기가 될 만하다. 강한영은 〈춘향가〉 정리에 대하여 "판소리 정립의 의의는 사설의 표준화, 작곡의 표준화, 너름새의 표현 설명 등에 있어야 할 것이다. 특히 문제가 되는 것은 표준화 작품에 있어서 인물의 성격, 모럴, 언어, 시대성 등의 설정을 어떻게 할 것이냐가 될 것이다. 이번에 내가 시도해본 〈정립춘향가〉는 그런 의미에서 하나의 시험적 기도라 할 것"이라면서 서항석(각색), 김연수(작곡), 박진(연출) 등과 합작해서 무대에 올렸음을 토로한 바 있다.

이러한 창극정립위원회의 후원에 따라 무대에 올려지는 창극에 대하여 언론계에서는 매우 부정적으로 평가했다. 즉 〈춘향가〉에 대하여 『동아일보』
는 다음과 같이 평가했다.

> 가령 요즘 공연되고 있는 국립극장의 〈춘향가〉를 보자. 관객은 본 기자까
> 지 합쳐 53명. 낮시간이라는 것과 폭우 때문이라고는 하지만 앉아 있는 관객
> 들도 자꾸만 젊은 신진 이도령의 연극스러운 주역 창을 들어주기보다는 김연
> 수, 박초월, 김소희 등의 도창을 듣기를 원한다. 전통예술의 현대화가 문제되
> 고 있다. 단일본으로서의 표준화와 5선보 대본으로서의 정착, 동서양 문화 장
> 르 속에 꿰어 맞추는 일이 곧 현대화의 내용이다. 연극물을 무대물로 바꿔야
> 한다는 현대화 작업의 큰 진통 중의 하나가 된다. 그런데 현대화를 해놓고 보
> 면 재래의 관객층도 젊은 관객층도 모두 잃고 마는 게 우리의 예술이기도 하
> 다. 이조 말에서 끊어진 전통을 60년 동안을 죽어라고 달린 오늘의 젊은이들
> 에게 갖다 잇기란 그 거리가 너무 멀었다. 변화에는 자생적인 변화와 그렇지
> 않은 변화가 있다. 구한말에서 잘린 전통문화가 외래문화에 송두리째 쓸려나
> 가지 않고 그대로 명맥을 유지했더라면 오늘날 어떤 형태로 변화해 있는가를
> 상상해보는 게 자생적 변화라면 오늘의 서양 예술의 장르 속에 전통예술의 요
> 소를 원용할 뿐인 우리의 현재화는 그렇지 않은 변화다. 전자야말로 전통예
> 술의 현대화라면 오늘의 현대화는 서양 예술의 한국화에 불과하다(『동아일보』
> 1970.9.30).

이상과 같은 비판은 창극을 정립한다면서 서구의 무대양식에 맞추려고만
하는 데 대한 반발이었다. 그렇다면 창극은 어떤 형태로 양식화 내지 정립
되어야 하느냐는 것이 문제로 남는다. 그러한 고충을 당시 창극 정립에 연
출가로서 앞장섰던 이진순은 나름대로의 소신을 밝혔다. 이진순의 소신을
자세히 검토해보면 첫째 창극 정립에 뚜렷한 방향을 못 세우고 있다는 것,
둘째 판소리의 풍부한 극적 요소를 어떻게 창극 양식으로 승화시킬 수 있는
가 하는 것, 셋째 어렵지만 창극은 어떤 양식으로든 정립되어야 하고 자기
가 그것을 해내겠다는 것이었다. 그리고 주목되는 점은 그가 경극, 가부키,

노 등 동양 전통극을 구체적으로 지목했다는 사실이다. 이는 곧 그가 창극 연출을 하면 이들 세 가지 연극 형태를 하나의 모델로 삼아보겠다는 내심을 은연중에 나타낸 것이라 유추해볼 수도 있다. 실제로 그는 뒷날 〈수궁가〉 공연 때 중국 경극에서 여러 가지 표현 양식을 차용한 바도 있다.

실제로 그는 앞에서 밝힌 대로 판소리의 극적 내재 원리를 십분 활용하는 연출을 했다. 가령 1971년 가을에 무대에 올린 〈춘향전〉(강한영 구성)의 경우 생략 없이 전후편으로 나누어 공연한 데다가 각각 9장씩 도합 18장으로 구성함으로써 서양식 무대 전환 방식을 과감히 탈피한 연출을 했다. 그러니까 그가 주장했던 대로 판소리가 갖는 음악적 요소와 극적 요소를 동시에 살리는 방향으로 나아간 것이다. 이러한 창극 정립 작업은 1973년 장충동 신축 국립극장의 넓은 무대로 옮겨와서는 더욱 박차가 가해졌다.

창극정립위원회에서는 그동안 5가(歌) 중 〈심청가〉 〈춘향가〉 〈흥보가〉 등을 새롭게 정리했다. 〈흥보가〉를 새롭게 다듬어 무대에 올리면서 연출을 맡은 이진순은 전통극의 한 형태인 탈춤에서 춤사위와 연극적 동작을 차용해서 판소리의 내재 원리와 접합시킨다는 것이다. 이러한 이진순의 창극 정립 방향은 1973년 가을 신축 국립극장 개관 기념 공연인 〈수궁가〉에서 구체화되었다. 2부 6장으로 구성된 〈수궁가〉는 그 스케일이라든가 호화로움 등에서 재래의 창극을 훨씬 능가한 것이었다. 더구나 국립무용단원들이 바닷속의 어류(魚類)와 산속의 동물들로 분장하고 등장한 데다가 현대화된 민속무용과 가면극의 춤사위까지 차용함으로써 색다른 창극을 보여준 바 있다. 창극 정립의 기수를 자처한 이진순도 "우선 동물들의 움직임을 춤으로 꾸미는 데 필요한 음악을 새로 작곡하였고, 안무도 탈춤과 한국춤과 민속에서 적절히 안배해보았다. 재래의 단조롭던 반주를 30인조의 우리 악기 편성으로 생음악을 사용키도 하였고, 의상도 대담하게 동물의 형태의 해학적인 창극에 알맞은 모습으로 제작하였다"고 설명했다.

이진순의 설명에서도 확인할 수 있는 바와 같이 신축 국립극장에서의 창극은 대형 무대에 맞도록 대형화, 호화화한 것이 특징이며 국악관현악단의 생음악 반주도 색다른 것이었다. 물론 이러한 대형화가 창극의 진정한 정립 방향이냐 하는 것은 이론의 여지가 있다. 그렇지만 재래의 소리 위주의 조용한 창극에 비하면 시청각적으로 대단한 변모라 아니할 수 없다. 이처럼 신축 국립극장에서의 창극은 새로운 스타일로 나아가기 시작했고 관중의 호응도 좋았다. 그러는 동안 단원들도 서서히 세대교체가 되었다. 우선 주역 급으로 조상현(趙相賢)을 필두로 해서 은희진, 강정숙, 김종엽, 한농선, 최영길, 김영자, 남해성, 신영희 등이 화려하게 등장하였다.

　국립창극단은 이들을 스타로 부각시키기 위한 실험 공연도 가졌다. 가령 1975년 가을에 국립극장 소극장에서 가졌던 〈흥보가〉야말로 그러한 예에 속한다고 하겠다. 그러니까 일제 시대부터 창극을 해온 우리나라 명창 제3대가 후퇴하고 제4대를 주축으로 제5대가 등장하기 시작한 것이다. 권삼득(權三得)과 같은 조선 후기의 명창이 제1대라고 한다면 이동백 세대가 제2대이고 김연수 세대가 제3대이며, 김소희, 박동진 세대를 제4대로 볼 수가 있을 것 같다. 따라서 조상현 세대는 제5대에 해당하는 것이다. 사실 명창은 하루아침에 길러지는 것이 아니기 때문에 국립창극단이 자체적으로 명창 양성 작업에 나서기도 했다. 단장 박동진도 그에 대하여 "금년부터 국립극장이 시도하는 단원 자질 향상책의 발판으로 국립창극단의 실험 공연 〈흥보가〉를 공연하면서 단장으로서 큰 기대와 함께 불안감을 숨길 수 없다. 판소리는 원래 그 수업이 고되고 장기간의 각고를 거쳐야 제 구실을 할 수 있는 창자가 태어나므로 지금까지 젊은 창극인의 무대가 없었는데 이제 과감히 젊은 창극인들만의 공연을 마련하였으니 기쁨과 기대가 크지 않을 수 없다"고 했다. 이때부터 창극도 젊어졌고 농익은 맛은 없었지만 박력은 넘쳤다. 물론 연기력도 과거 세대보다 여러 면에서 나았다.

　그런데 창자들만 젊어진 것이 아니었다. 창극을 만드는 연출가도 젊은 세대로 바뀌기 시작했다. 즉 1970년대 말엽부터 40대 중반의 신극 연출가 허규(許圭)가 이진순의 바톤을 이어받아 창극에 새로운 미학을 불어넣기 시작한 것이다. 허규는 우선 전통예술을 현대에 어떻게 계승할 것인가에 대한 견해를 다음과 같이 두 가지로 요약했다. 첫째, 현재 문화재로 지정된 것 중 연극성이 있는 각종 놀이와 무속 의식, 제의 등을 그 원형을 손상하지 않는 범위 내에서 다듬고 보완하여 그 특성과 기능을 살릴 수 있는 공연장에서 정기적으로 공연할 수 있도록 극장예술화하는 보수적 방안. 그리고 둘째로, 연극 유산의 고유성, 본질을 토대로 하여 재구성하거나 현대 감각으로 창작하는 창조적 수용 방안을 제시했다. 그러면서 그는 창극 정립 방향에 대하여 다음과 같이 설명했다.

> 전래되어오는 판소리 사설들을 다시 재구성하여 창극으로 극본화시키는 방안과, 한국 고전소설, 설화, 신화, 민화 등을 새롭게 창작하여 창극으로 극본화시키는 두 가지 방안이 고려될 수 있을 것이다. 두 방안 중 어떤 것을 택했다 하더라도 단순화된 이야기의 전개와 공연 현장성(추임새)을 전제로 한 극본 구성이 이루어져야 할 것이다. 또한 창가사의 밀도, 명료도도 고려되어야 하리라 본다. 창 음악에 있어서는 전래되는 판소리의 소리제를 활용, 전통적인 더늠, 권위 있는 분의 더늠을 삽입하는 것도 좋을 것이다. 또한 창과 기악의 합주에 있어 화음 문제가 고려되어야 할 것이고 반주음악 개발에 역점을 두어져야 되리라 생각한다. 바라기는 새롭게 창극을 위한 음악을 작곡하여 신작 창극에 창작곡 공연의 길이 모색되어야 한다. 창극을 연기 면에서 바라보면 남녀 연기자의 창을 음역과 음색, 음질과 성량이 다양한 까닭에 창극을 차원 높은 무대예술로 정립하는 데는 연기자들의 과학적인 교육 훈련이 필요하다. 전통과 개성을 바탕으로 한 높은 차원의 양식적 연기가 요청되는 것이다. 또한 발림, 너름새의 연구를 통해 한국인 특유의 몸짓을 개발하고 아니리, 창, 몸짓이 조화를 이루는 연기술을 창안해야 할 것이다. 연극의 이론을 바탕으로 실기를 연마하고 정확한 가사 전달, 춤의 훈련 등이 뒤따라야 되리라 본다(허규, 「창극 정립의 방향」, 『극장예술』, 1979.7)

이상과 같이 창극 정립의 대체적 방향을 밝힌 허규는 창극 연출에 임하는 구체적 방법으로서 첫째, 노래와 무용과 극이 잘 조화되는 무대. 둘째, 조명은 밝고 건강한 분위기를 주며, 셋째, 장치·분장·의상·소품 등은 설명적이 아니고 표정적으로 하고, 넷째, 의상은 가능한 한 화려하고 세련되어야 할 것이며, 다섯째, 일상성과 감상주의에서 탈피하여 높은 예술성을 지닐 수 있도록 연출돼야 한다고 했다. 그러면서 창극은 관중과 가까워야 창과 가사가 잘 전달되기 때문에 200석 안팎의 객석이 밀착된 전문 극장이 있어야 하며 그런 소극장에 장기 공연 체제를 갖추어야 창극 정립이 가능하다고 했다.

창극의 정립 방향에 대해서 허규는 매우 획기적이면서도 구체적으로 밝혔는데 그 내용을 자세히 분석해보면 경극이나 가부키와 같은 동양 연극과 서양 현대극의 연출 이론에 상당히 근거해 있음을 알 수가 있다. 가령 무대 미술의 표준화라든가 양식적 연기 필요성 등은 동양 고전극을 연상한 것이고 전래의 판소리와 고전소설, 설화의 희곡화와 일상성 및 감상성 탈피 강조는 독일 브레히트의 서사극을 염두에 두고 주장한 것으로 볼 수 있다.

이진순류의 고루한 창극으로부터 대담한 전환을 모색한 그는 첫 번째 무대로서 창극 〈심청가〉를 선보였다. 우선 〈심청가〉의 제작진을 보면 창 지도의 김소희를 제외하고는 과거의 창극과 무관한 사람들임을 확인할 수 있다. 우선 연출자 허규를 필두로 해서 안무에 한국무용가 최현(崔賢), 작곡에 경음악 및 뮤지컬 음악 작곡가 김희조가 참여한 점부터 완전히 새로운 것이었다. 그러나 허규는 첫 번째 창극에서 자신의 현대적 의도를 숨기고 본래의 소리를 살리는 방향으로 연출했다. 〈심청가〉를 전 2부 20장으로 구성한 점에서도 그것은 확인할 수 있다. 왜냐하면 수십 년 동안 창극을 해온 명창들의 보수적 자세를 단번에 뒤엎을 수는 없었기 때문이다. 그 결과로는 새로운 창극이 탄생될 수가 없었다. 그에 대해 허규도 "이번 공연에 극중의 창은 되도록 전통 판소리의 창법과 그 예술성을 살려보려 했으나 판소리와 창극의 근본적 기능의 차이 때문에 난관에 부딪히게 되었다"고 실토한 바 있다. 그러나 설명적 장치의 대폭 축소라든가 앞 무대의 활용, 관중과의 약속에 의한 극 진행, 조명의 변화 등은 새로운 것이었다.

따라서 그의 진짜 색깔은 1978년부터 시작된 유실한 판소리 열두 마당의 복원작업으로부터 서서히 나타나기 시작했다. 즉 〈강릉매화전〉 〈가루지기〉 등 잃어버린 작품의 복원과 창작창극으로부터 본격적으로 나타나기 시작한 것이다. 가령 〈가루지기〉 공연에 대해서 이보형(李輔亨)은 이렇게 평가했다.

> 어떻든 〈가루지기〉는 창극을 짜는 방식에서나 놀이를 연출하는 방식에서나 작가의 의식을 드러내는 것에서나 지금까지 나온 창극과는 색다른 것이었다. 〈가루지기〉는 뒷부분이 너무 연출자의 의식을 강조하여 짰다거나 어떤 배우의 소리는 사설도 들리지 않았고 부침새도 시원치 않았다거나 반주 음악도 수성 가락에서 벗어나지 못했다는 흠도 있지만 색다른 것을 시도함으로써 창극의 활력을 불어넣었다는 점에서 가치가 있다.(『뿌리 깊은 나무』 1979.11)

이보형은 〈가루지기〉를 매우 놀이스럽게 연출했다고 높이 평가했다. 한편 연출가의 무리한 의도가 판소리의 내재 원리를 많이 파괴한 결함도 지적했다. 허규 자신도 작업의 어려움을 알고 있었고, "매번 창극을 연출할 때마다 전통예술의 정립이 달걀로 바위를 때리는 무모한 작업이라고 속으로 생각한다"고 술회한 바 있다. 그렇기 때문에 허규도 "언젠가는 달걀이 바위를 파괴할 수 있는 그날을 기약하면서 오늘도 즐거운 고행을 계속한다"고도 했다. 다행히 1980년대 들어 정치가 바뀌면서 허규는 창극의 유일한 본거지라 할 국립극장의 극장장으로 앉게 됨으로써 창극 정립에 있어서 마음껏 자기 철학을 펼 수가 있게 되었다. 중견 연출가인 허규가 전문인으로서는 오래간만에 극장장에 취임하자 무대예술 여러 분야에서는 각종 주문과 기대 또한 컸다.

이러한 연극계의 주문에 보답이라도 하듯이 허규는 창극에 새 바람을 불어넣기 시작했다. 그가 처음 착수한 것은 변형된 창극의 원형 찾기 작업이었다. 이 말은 창극은 어차피 모태가 판소리인 만큼 판소리를 훼손하지 않는 범위 내에서 창극을 완성하는 일이다. 그러려면 우선 2시간이라는 서양 연극 공연 시간을 깨뜨려야 한다. 왜냐하면 판소리 완창에는 상당한 시간이 소요되기 때문이다. 그리하여 허규는 극장장을 맡은 후 첫 번째 창극 〈흥보가〉 연출에서 4시간 완창을 시도했다. 무대도 대극장으로부터 소극장으로 옮겨서 관중과 밀착시켰다. 허규는 〈흥보가〉 연출에 임하면서 "종래의 사실적인 공연 형식에서 벗어나 창극만이 지니고 있는 특유의 해학과 익살을 최대한으로 살렸다는 점에서 이번 무대는 종래의 무대와 차이가 있을 것"이라 했다.

〈흥보가〉에 이어서 그는 〈춘향전〉을 5시간용으로 만들었다. 이처럼 창극을 장시간용으로 만든 것에 대해 연출가 허규는 "지난날의 창극 공연이 여러 가지 제약으로 인해 생략 삭감되고 축소되어 많은 아쉬움을 자아낸 것이 사실이다. 민족예술의 발굴과 계승이 어느 때보다 더 절실해지고 있는 현실에서 창극 〈춘향전〉의 모든 것을 찾아내고 부활시켜 되도록 완판 춘향전을 꾸며보도록 최선을 다했다. 앞으로 더욱 보완한다면 민족의 예술성을 잘 보여줄 수 있는 훌륭한 예술이 될 것"(『조선일보』 1982.11.13)이라 주장했다.

〈흥보가〉에 이어 두 번째 완창이었던 〈춘향가〉 공연에서는 도중에 30분 가량의 농악까지 곁들여서 관중의 흥을 돋구었다. 따라서 보수적인 국악인들까지 호평하는 데 인색하지 않았다. 국악협회 이사장인 김원술(金垣述)만 하더라도 〈춘향전〉 공연에 대하여 "판소리의 진한 맛에 비해 창극이 항상 변두리에서 맴도는 감을 금할 수 없었다. 그러나 국립창극단의 이번 공연에는 판소리의 깊고 진한 예술성에다 극적 효과와 흥미까지 곁들여져 있어 앞으로 가꾸기에 따라서는 우리 민족의 대표적인 예술 형태가 될 수도 있다는 희망을 갖게 되었다"(『조선일보』 1982.11.13)고 높이 평가한 바 있다. 국립극장 측에서는 현대에 와서 처음으로 시도한 5시간 완판 창극이 지루하지 않도록 하기 위해 작품 가운데 농악을 삽입한 것 외에 극장 로비에서 막걸리와 시루떡 등 우리 고유음식을 실비로 판매하기도 했다. 이것도 창극 공연의 새로운 현상이었다.

이처럼 새로운 창극이 관중의 흥취를 돋구자 언론에서도 관심을 가지기 시작했고, KBS TV가 이례적으로 일요일에 5시간 생방송으로 공연 실황을 내보내기도 했다. 텔레비전의 실황 중계로 창극은 급속도로 대중 속으로 확산되어갔고, 그에 따라 관객 또한 증가되었다.

창극이 허규에 의해서 새롭게 조명되고 관중의 호기심을 유발하자 비평계에서도 주목하기 시작했고 주문 또한 많았다. 서연호(徐淵昊)는 그동안 국립창극단이 해온 창극 정립 작업을 긍정적으로 평가하면서 6가지 해결해야 할 과제를 제시했다. 첫째, 창극에 대한 그릇된 사회적 인식이 시급히 불식되어야 한다는 것. 둘째, 창극의 개념 확립이 이루어져야 한다는 것, 셋째, 지금까지 수차 반복 사용되어온 정립이라는 말이 지니는 의미의 폭과 그 한계성을 분명히 설정할 필요가 있다는 것. 넷째, 창극을 위한 인재 양성의 필요성이 있다는 것. 다섯째, 창극의 연극적 미학에 대한 현장적인 추구와 연구가 보다 본격화, 활성화되어야 한다는 것. 여섯째, 겹겹이 싸인 인맥, 지맥, 편견을 타파하고 진정한 예술 정신에 입각해서 대승적인 창조 작업이 진취적으로 이루어져야 할 것 등(『극장예술』 1982년 여름)이었다.

여하튼 고전 중의 고전이라 할 〈춘향전〉이 창극으로 일단 가능성을 보였고, 또 대중으로부터 잊혀져가는 창극을 되살리는 데 〈춘향전〉이 하나의 전기(轉機)를 마련해준 것은 작품 자체가 지니고 있는 높은 사회성과 예술성에 따른 것이라 보아야 할 것이다. 사실 〈춘향전〉은 스토리 자체가 이루어질 수 없는 사랑을 성공시키는 아름다운 연애 이야기일 뿐 아니라 한 시대의 여러 계층을 포용할 수 있는 보편성을 지니고 있다. 스토리만 재미있는 것이 아니고 인간성 옹호라든지 전체주의 사회로부터의 생존권 확보 같은 드높은 인간 정신이 깊이 배어 있는 것이 〈춘향전〉이다. 그뿐이 아니다. 농요라든가 양반 가사, 무속, 신성 사상 등 조선 시대의 다양한 문예와 사상, 민속, 무용, 잡기 등 생활 풍정이 풍부하게 담겨 있고 해학과 풍자, 위트가 넘치며 소리제(制)도 어느 한 편에 기울어짐이 없이 고르게 조화되어 있다. 〈춘향전〉이 예술작품으로 돋보이는 것도 그 때문이다.

이처럼 창극은 마치 빈에서 오페레타가 지나간 오스트리아-헝가리 제국의 좋았던 옛시절을 구가하듯이 우리의 과거 삶과 꿈과 풍정을 보여주었고, 바로 그 점에서 민족예술의 정화로 평가해도 무방하다. 그렇기 때문에 창극을 감상할 때는 스토리만 쫓아서도 안 되고 노래만 따라도 부족하며 창극을 형성하는 기본 요소라 할 소리, 사설, 발림, 구성 등 전체를 볼 줄 알아야 한다. 그런 가운데서도 역시 으뜸은 창이다. 배우들이 창을 못하면 그것은 일반 연극이지 창극일 수는 없다.

그런데 유감스럽게도 대부분의 출연자들은 창을 잘하면 연기력이 부족하고 반면에 연기력이 있는 배우들은 창을 제대로 못한다. 판소리의 경우, 연기는 창으로부터 나옴에도 불구하고 창을 배우는 과정에서 연기 수업을 과학적으로 받지 못했기 때문에 창극 배우들의 연기력이 부족한 것이다. 이러한 한국 창극의 취약성을 극복하는 길은 일본의 다카라즈카 학교와 같이 어린 시절부터 철저하게 교육을 시키는 길뿐이다.

이렇게 창극은 점차 대중의 호응을 받으면서 국립극장 무대에서 연간 몇 차례씩 꾸준히 공연되었다. 그리고 1985년부터는 지방 도시로까지 진출하여 현대극 못잖은 인기를 모으기도 했다. 창극은 특히 장년층 이상, 즉 노인들의 열렬한 환영을 받고 있는데, 88 서울올림픽 이후에 와서는 주체성이 강한 대학생들도 창극을 보기 시작했다. 특히 1988년 가을 서울국제올림픽 문화예술축전에서 창극은 서양인들의 호기심과 주목을 끌었다. 창극을 본 서양인들은 한결 같이 한국에 이처럼 독특한 연극술과 희극적 센스가 있었는지 미처 몰랐다고 감탄했다. 가령 세계적인 부조리극 연구가이자 비평가인 영국인 마틴 에슬린은 창극을 보고, "빈 지방의 오페레타와 흡사함을 느꼈다"고 실토했다. 우리나라의 무대예술 중에서 창극만이 유독 서양인들의 주목을 끈 것이다. 역시 우리 대중이 관심을 기울이고 또 창극인들이 정성을 쏟아 무대를 꾸미니까 외국인들도 자연 관심을 갖게 된 것이다.

또 창극 속에는 서양인들이 주목할 만한 우리 고유의 민속적 요소가 풍부하게 담겨 있다. 창극이 서울올림픽이 열리기 수년 전부터 대중으로 확산된 데는 전통 있는 민족지 『동아일보』가 창작 창극 진흥에 앞장선 것도 하나의 원인이 되었다고 볼 수 있다. 『동아일보』를 창간한 호남 출신의 민족지도자 김성수는 일제강점기부터 국학과 국악 진흥에 관심을 기울였고, 그 일환으로서 1986년부터 창작 창극 운동을 벌이기 시작했다. 1974년부터 국악 진흥을 위해 동아일보사가 주최하던 명인명창 공연이 1986년부터 창작 창극 운동으로 조금 변형된 것이다. 동아일보사는 그동안의 창극이 너무 대여섯 가지의 전통적인 레퍼토리에만 의존하다 보니 신선감이 부족하고 또 주제 상으로도 민족정신을 고취하기에는 미흡하다고 생각했기 때문에 우리 역사 속의 인물들을 창극화하는 길을 택하게 되었다. 그래서 채택된 것이 독립지사를 주인공으로 삼은 〈윤봉길 의사〉였고 다음으로 〈임꺽정〉이었다. 이러한 역사적 인물의 창극화는 많은 사람들에게 공감을 주었는데, "실제 인물을 다룬 작품이 늘고 있는 것은 그분들의 정신을 오늘에 되살리고 살아 있는 역사 공부를 하면서 국악에 대한 흥미를 돋울 수 있어서 좋다"(尹美容)고 평한 이가 있는가 하면, "아쉬운 점이 있지만 지난해 〈윤봉길 의사〉에 비해 훨씬 세련된 무대였다. 창작 창극의 새로운 가능성을 보여주었다"(이보형)는 등의 긍정적 평가를 한 전문가들이 적지 않았다. 연거푸 연출을 맡았던 손진책(孫振策)은 "이들 창작창극 개발이 우리 판소리의 생명력을 되살리는 작업이 될 것"이라면서 앞으로는 "명창 권삼득과 전봉준, 김구 등의 일생이 꾸며볼 만한 창극 소재"(『동아일보』 1987.10.15)라 했다.

동아일보사가 설립자 김성수의 유지를 받들어 시작한 민족음악 진흥 작업은 각계의 호응을 얻었고, 특히 창작 창극 운동은 매우 획기적인 것이었다. 동아일보사는 처음에는 특정 인물을 정해서 기성 극작가들에게 극본을 쓰도록 했고, 세 번째부터는 역사적 인물만 정해주고 극본을 공모했다. 바로 1988년 〈전봉준〉 공연 때부터였다. 동아일보사가 윤봉길 의사에 이어 임꺽정, 전봉준 등을 창작 창극의 모델로 삼은 것은 전통 있는 민족지로서의 개성을 잘 나타낸 것이기도 했다. 이러한 창작창극운동이 앞으로 전개될 우리 창극사에 하나의 중요한 모멘텀이 되지 않을까 싶다.

그런데 대중적 인기는 여전히 전래의 고전물임은 두말할 나위 없다. 서울 올림픽이 끝난 뒤에 공연해서 인기를 모은 첫 번째 창극만 하더라도 고전소설을 극화한 〈이춘풍(李椿風)〉(허규 연출)이었다. 80년대 이후 창극 정립에 남다른 열정을 쏟아온 중견 연출가 허규는 어떤 생각으로 〈이춘풍〉의 창조에 임했을까? 그는 창극 〈이춘풍〉에 대하여 다음과 같이 설명했다.

나는 이제 웃음을 잃어버린 이 시대 사람들에게 웃음을 선사하고자 한다. 이 극본이 판소리 열두 마당에는 들지 않았지만 우리의 해학 고전문학 중 빼어난 작품의 하나였던 「이춘풍전」은 이러한 나의 뜻을 시도해볼 만한 훌륭한 작품이라고 본다. 따라서 나는 이 작품을 창극으로 각색하여 그 안에 우리 고전예술의 특성들을 수렴, 망라, 원용, 종합하고자 하며 이와 함께 극적 상황의 현대 감각화, 표현의 현대화 등을 시도해보고자 한다. 구체적으로 말하면 오늘의 현상들인 황금만능주의, 쾌락 향락주의, 무법, 탈법, 한탕주의, 권력 만능주의 등의 시대적 부조리와 모순들을 이춘풍이라는 시대가 빚어놓은 해학적 비극의 주인공을 통해서 희화화하고 풍자해보고자 한다. 다가오는 화사한 춘풍의 건강한 웃음과 창극을 통한 민족 동질성 회복의 방안을 더불어 상상해본다(창극 〈이춘풍〉 팜플렛).

이상과 같은 연출 소감에는 허규의 두 가지 자세가 나타나 있다. 첫째. 그는 고전소설 「이춘풍전」을 소재로 창작함에 있어 고유 민속예능 중 극적인 요소들을 모두 작품 속에 수용했다. 둘째, 표현도 현대 감각에 맞도록 했지만 특히 현실적 부조리와 세속주의를 고발하는 데 이 작품의 주안점이 두어졌다. 그러니까 허규는 고전소설을 동시대적 작품으로 해석은 하되 전통예술의 극적, 예능적 요소들은 모두 종합해서 투영한다고 했다.

그런데 바로 이 지점에서 창극 정립의 근본적 문제점이 드러난다. 즉 창극 양식화의 뚜렷한 방법론이 없다는 점이다. 창극은 비록 개화기인 1900년대 초에 판소리에서 파생하여 일본으로부터 유입된 신파극과 서양으로부터 수입한 정통 신극과 함께 전승되어오는 동안 그들에게 영향도 받으면서 현재 형태에 이른 근대극의 일종이다. 그러니까 창이라든가 시대 배경, 작품 속의 생활 풍속 등만 지나간 시대의 것이고 나머지 동작이라든가 발성, 분장 등은 모두 현대의 것이라는 이야기가 된다. 바로 그 점 때문에 창극의 정립, 더 나아가 양식화하는 일은 매우 어려운 문제이고, 중국의 경극이나 일본의 가부키와 노 등이 하나의 타산지석이 되는 것이다.

한국에서 창극은 매우 중요한 공연예술 장르 중의 하나이다. 왜냐하면 한국이 해외에 내세울 수 있는 대표적 무대예술이 창극이기 때문이다. 네 가지 전통극 중 가면극은 너무 방만하기 때문에 극적 짜임새나 미학적 세련미가 부족하고, 민속인형극은 원시성과 민속적인 면은 강해도 사람이 등장하지 않기 때문에 조잡하며, 판소리는 고수의 반주에 따른 독연(獨演) 형태여서 외국인들에게는 단조롭고 지루하게 보일 가능성이 없지 않다. 창극이 부각되는 이유는 이처럼 다른 고전극이 연극적으로 여러 가지 결함과 한계성을 지닌 때문이다. 전통극과 근대극의 경계선에 놓이는 창극은 앞으로 여러 측면에서 재검토되고 또 무대예술로서 새롭게 창조되어야 한다. 그래야만 세계무대에 내놓을 수 있는 전통적이면서도 근대적인 매우 독특한 연극장르로서 호기심의 대상이 되리라 본다.

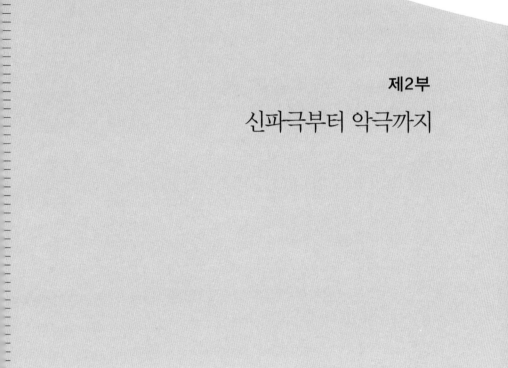

제2부

신파극부터 악극까지

# 제1장

|

# 신파극을 앞세운 일본 연극의 침투

19세기 말엽 청나라 세력이 뻗침에 따라 청나라 사람들이 서울 등 대도시에 많이 들어와 정착했듯이 20세기 초에 들어서는 일본인들이 속속 들어와 살기 시작했다. 1876년 병자수호조약을 계기로 우리나라와 근대적인 통상조약이 맺어지자 일본인들이 차츰차츰 들어오기 시작했고, 이는 일본 국력의 신장에 따른 대한(對韓) 이민정책의 진전과 더불어 더욱 적극적으로 전개되었다. 이민정책의 적극화는 1894년 청일전쟁에서의 승리가 계기가 되었다. 일본 영사관을 중심으로 한 관헌과 함께 상인들이 속속 들어와서 서울을 중심으로 정착하기 시작했고, 그에 따라 일본 예능인들도 함께 들어와 그들의 놀이판을 벌이는 경우가 많았다. 그것이 대체로 1902년도부터 시작된다.

당시 신문의 사회면을 보면 "근경 일본인 기명이 교동(校洞)에 내왕하더니 그 방공대(防空垈)에 가가(假家)를 외구(巍構)하고 연회장을 배설하야 왜창(倭倡)으로 난희(難戲)를 정(呈)…"(《황성신문》 1902.8.5)했다는 기사가 나오는데, 그 신기한 일본 연희를 보려고 서울 사람들이 꽤나 많이 모여들었던 것도 같다. 왜냐하면 구경하는 자리에서 우리나라 병사 한 명을 일본인 수 명이 무자비하게 폭행해서 한국 사람들이 달려들어 일인들을 난타했고, 분을 못 참은 일본인들이 한국인에게 육혈포를 쏜 불상사까지 있었기 때문이다. 이처럼 일본인의 행패는 을사보호조약 이전부터 시작되었던 것이다.

그런데 1900년 초에 서울에 들어온 일본 연희란 것은 가부키나 노와 같은 고전극이나 신파극이 아니고 거리를 떠도는 기기곡예(奇技曲藝)였다. 당시 신문 기사를 보면 "낙강 일인가에 일본으로서 희원(戲猿)과 희견(戲犬) 7쌍이 금번 신도하얏는데 원과 견의 투기가 극기…"(『황성신문』 1907.2.5)라고 한 것으로 보아 그때부터 일인 전용 극장이 세워졌던 것임이 분명하다. 재한 일본인들만의 연예단체인 악우회라는 것이 조직된 것도 이 시기였다.

악우회는 주로 한국 고위 관리들을 초청해서 일본 연희를 구경시키고 연희를 베푸는 일을 담당했다. 이완용 총리, 송병준 내부대신은 단골손님이었다. 1907년에 이미 본격적인 일인 전용 연극장이 세워졌음을 확인할 수 있는 것은 1908년 2월 16일에 또 한 번 발생한 극장 화재 사건이다. "명동에 설립한 일인 연극장에서 무근(無根)에 화(火)가 기하야 그 연극장과 부근 거류 일인 가옥 8호가 몰소"(『대한매일신보』, 1908.2.18)했다는 기사가 나와 있다. 실제로 이때쯤이면 일인 전용 극장이 설립되고도 남을 만했다. 왜냐하면 1908년이면 서울을 중심으로 일본인들이 자그마치 3만 7천 명이나 살고 있었기 때문이다. 당시 서울 인구 20만여 명과 비교할 때 3만 7천 명은 엄청난 것이다.

일본인들은 속속 극장을 세웠는데 1909년에는 충무로, 명동, 남대문 등에 본정좌, 가부키좌, 수좌, 경성좌, 용상좌, 어성좌 등 대여섯 개의 일인 전용 극장이 생겨났고, 인천에도 전용 극장 가부키좌를 세웠다. 단번에 설립된 일인 전용 극장들은 그 규모와 시설 면에서 한인 극장을 압도하는 것이었다. 특히 경성고등연예관은 그 뛰어난 근대적 운영으로 한인 극장을 석권했다.

일인 전용 극장이 상당수 세워지자 일본 도쿄, 오사카, 교토 등지에서 활약하는 신파극단들이 흥행을 위해 들어오기 시작했다. 마침 일본이 러시아와 청나라를 전쟁에서 완패시키고 기세를 올릴 때라서 일본 신파극단들이 그들 거류민들을 위로하고 또 전승을 축하하는 공연을 위해 서울로 떼지어 왔던 것이다. 이때 한국에 공연하러 온 신파극단들은 이토후미오이치자(伊東文夫座), 미나미이치자(南一座), 고토료스케이치자(後藤良介一座), 아니자와 이치자(愛澤一座) 등이었고, 1908년부터 서울과 인천의 일인 전용 극장에서 공연 활동을 벌였다. 이는 순전히 일본 연극인들이 한국에 이주해 사는 일 인들을 상대로 일본말로 공연한 것이었다. 따라서 레퍼토리도 〈피스톨 강도 청수정길(淸水定吉)〉를 위시하여, 〈불여귀〉〈곤지키야샤(金色夜叉)〉〈황국백국〉〈단장록〉 등 가정비극류와 〈발음기〉 등 희극이었다. 내한 공연한 신파 배우들 중에는 교토와 오사카에서 유명한 이토 후미오라든가 고토 료스케 등이 끼어 있었다.

그러면 신파극이 무엇이며 언제부터 생겨났을까. 신파(극)란 말은 일본서 처음 쓴 용어로 가부키에 대립되는 명칭으로 사용했던 것이다. 처음에는 장사지거(壯士之居) 서생지거(書生之居)라 불리다가 이름이 바뀌었다. 여기서 장사 또는 서생이란 말은 당시 야(野)에 있다가 이토 히로부미에 저항하기 위하여 정치(자유당)에 뛰어든 청년을 뜻한다. 즉 메이지 20년을 전후한 이토 내각은 극단적인 서구화 정책으로 사람들의 비판을 받았는데, 특히 반정부의 선봉장인 자유당 청년들이 맹공을 가했다. 그러자 이토는 1887년 12월 25일에 보안조례라는 것을 공표하여 언론 탄압으로 맞서게 되고 언론을 잃은 야당 청년들은 연극 형식을 빌려 그들의 불만을 직접 대중에게 호소했다. 연극의 내용이 모두 정치 문제니까 정치극이 될 수밖에 없었다.

이때 활용한 형식이 가부키 형식의 일부와 서양의 멜로드라마였다. 따라서 권선징악적이고 감상적이며 오버액트한 표현을 띠게 되었다. 이렇게 출발한 정치 성향의 신파극에 소박한 연극 개량의 의도가 가미됨으로써 점차 상업적인 연극으로 발전되어갔다.

당초 정치 성향의 신파극은 군사극으로 변했는데, 이는 청일전쟁(1894)이 일어남에 따라 일본인의 속성대로 일치단결하여 승전보를 국민에게 알리고 전쟁을 고무하는 드라마로 변했기 때문이다. 이러한 군사극은 전쟁이 끝나자 탐정극, 가정비극으로 바뀌어서 완전 상업극으로 자리를 잡아갔다. 그것이 대체로 1897년경부터였는데, 이때부터는 문단에 접근해서 인기 소설을 많이 극화했다. 서구 소설을 번안해서 무대에 올리는 등 신파극이 하나의 뚜렷한 연극으로 위치를 잡아갔고, 예풍(藝風)도 확립되었다. 뒷날 한국인들을 두고두고 울린 〈장한몽〉의 원작 〈곤지키야샤〉도 이 시기의 베스트 극본이었다.

드디어 한국에 상륙한 일본 신파극은 순전히 한국에 이주해 사는 일인들을 상대로 해서였다. 물론 일인 극장들이 일인들에게만 관람을 허용한 것은 아니었지만 일본말을 못 알아듣는 한국인들이 신파극을 보러 갈 일은 극히 드물었다.

그런데 흥미로운 사실은 당시 대한부인회만은 한두 번 일인 전용 극장 가부키좌를 빌려 마침 내한공연 중이던 이토후미오이치자의 신파극을 자선공연으로 관극했다는 점이다. 한편 일본인이 지었으면서도 한국인과 일인을 모두 대상으로 삼았던 황금정의 경성고등연예관만은 일본의 각종 예능과 신파극을 공연했고, 우리나라의 기생춤까지 곁들여서 이채를 띠었다. 그러니까 일인들은 예술을 빌려 음험하게 한일합방의 전초작업을 벌였던 것이다. 그렇게 볼 수 있는 것은 그 극장이 1910년 2월 13일에 개관되어서 8월 중순까지 한 달에 한두 번씩 대대적인 공연을 15회까지 가졌기 때문이다. 참고 삼아 경성고등연예관 제15회 공연 레퍼토리를 소개하면 다음과 같다.

제15회 본일부터 번조(番組)
두중(頭中)의 몽(夢)
도(塗)한 불(佛)

해수욕

무녀의 굴(窟) (着色)

주옥(酒屋)의 광고

동경신파극 목흑항담(目黑巷談) 상하

귀기(鬼欺) (재미잇는 시바이)

여흥 자공수용(子供手踊) (『대한매일신보』 1910.8.12)


이상과 같이 한국 전통극에 대한 전례 없는 탄압 속에서 일본 거류민촌에
는 그들의 전용 극장이 속속 생겨나서 일본 예능과 신파극이 활발하게 공연
되고 있었던 것이다.

흥미롭게도 한일합방 직전의 극장가는 세 분야로 나뉘어져 있었다. 한 가
지 분야는 일본 경찰의 탄압 가운데서의 원각사를 중심으로 한 창극 등 우
리 민속예능 공연, 또 한 분야는 순전히 일본 거류민들을 상대로 한 그들 전
용 극장의 신파극 공연, 그리고 경성고등연예관의 음험한 한국 침투형의 일
본 민속예능, 신파극 공연 등이 세 번째 분야였다. 그러는 동안에 1910년 8
월 29일 일본의 한국병탄이 단행되었다.

그런 와중에 한국인들 가운데 드물게나마 일본 극장에 눈을 돌리는 이들
이 있었고, 그 선두주자가 24세의 무식청년 임성구(林聖九, 1887~1921)였다.

서울의 한 초동 궁터에서 가난한 집 5남매 중 둘째로 태어난 임성구는 집
이 너무 어려웠기 때문에 서당에서 천자문 한 권 뗀 것이 전부였다. 그러나
남달리 감성이 예민하고 야망이 컸기 때문에 새로운 것과 변화하는 것에 관
심이 많았다. 가령 10대 소년으로 전차 개통식에 첫 시승하여 반나절이나
종로통엘 왔다갔다한 것이라든가 광무 4년 경인철도 개통식에 제일 먼저
뛰어 걸어가서 구경한 것 등이 그런 성격의 일면을 잘 보여주는 것이다.

깡마르고 신경질적으로 생긴 그는 약한 체질과는 달리 무엇이든지 한 번
결심하면 기어코 해내는 의지의 사나이였다. 그가 가난 때문에 공부를 못

최초의 신파극단인 혁신단을
창설한 임성구

했으면서도 가톨릭을 열심히 믿은 것이나 어려운 속에 가정을 이끌면서 여동생을 관립 한성여고보까지 졸업시킨 것도 그런 의지에 따른 것이었다. 그는 형 인구(仁九)와 함께 명동성당 뒷문 곁에서 조그만 과일가게를 열어서 가솔을 이끌어가고 있었다. 과일점이라야 처마 끝에 포장을 늘어뜨린 조그만 구멍가게에 불과했다. 그가 스무 살이 넘자마자 결혼까지 했기 때문에 대식구를 이끌어가는 책임은 무겁기만 했다.

그런데 칼날 같은 성격의 청년 임성구의 눈앞에서 전개되는 시국은 어지럽기만 했다. 합방 직전의 한국 병사와 일본 병사 간의 충돌이라든가 일인들의 안하무인격인 작태는 분통을 터지게 하는 사건이었다. 특히 한국인 앞잡이들을 내세워 북촌을 좀먹어 들어오는 일본 고리대급업자들의 횡포는 소상공인의 입장에서 문제가 아닐 수 없었다. 그처럼 나라가 기울어가는 속에서 집집마다 무당을 불러 굿이나 하고 앉아 있는 부녀자들의 모습은 그저 꼴불견으로 보였다.

따라서 그는 우매한 대중을 위해서 무엇인가를 해야 한다는 사명감에 불타기 시작했다. 그는 과일가게를 형에게 맡기고 평소에 좋아하는 연극 주변을 기웃거렸다. 그러다가 연극도 공부하고 생활비도 벌 겸 새로운 연극을 하는 일인 전용 극장인 경성좌에 취직을 하게 된다. 일본말도 모르고 공부도 제대로 못한 그로서는 겨우 신발지기로 취직할 수밖에 없었다.

당시 서울 특히 충무로 일대는 비가 오면 땅이 너무 질어서 진고개란 이름이 붙을 정도였다. 그런 곳에 있는 다다미방 스타일의 연극장 입구에는 신발표를 주고받는 신발지기가 필요했다. 임성구가 바로 그런 일을 한 것이다. (이서구(李瑞求)는 임성구가 수좌(壽座)에서 무대 일을 보았다고 주장했다.)

그곳에서 일하는 동안 명민한 두뇌의 소유자인 그는 일본말도 금방 터득했고, 대본 없이 하는 구치다테(口建)식의 일본 신파극을 많이 익힐 수가 있었다. 그러니까 그가 수십 편의 레퍼토리를 머릿속에 저장할 수 있었다는 이야기다. 그는 가까운 친구들이었던 한창렬, 안석현, 김순한, 임운서, 황치삼 등을 자기가 일하는 경성좌로 자주 데리고 다니면서 구경시켰다. 무언가 구상이 있었기 때문이다. 그것은 두말할 것도 없이 우리 연극을 혁신할 만한 극단을 하나 새로 만들려는 속셈이었다.

실제로 임성구도 그랬듯이, 남촌에 살고 있던 이들은 연극이 무엇인지 알지도 못할 뿐 아니라 관심도 없는 청소년들이었다. 그럴 수밖에 없는 것이 김순한은 금은방에서 일하는 금은세공사였고, 한창렬은 효경다리께서 대궐에 보내는 연(鳶)의 제작자였으며 나머지 세 친구는 놀고먹는 백수건달이었기 때문이다.

그런 그들이 임성구의 간청으로 수시로 모여 극단 조직을 토론했다. 그러나 백수건달들에게 지금이 있을 리 없었다. 그때 수단이 좋은 임운서가 자금책을 맡고 나섰다. 마포에서 생선 도매상을 하는 외척이 있었기 때문이다. 그렇지만 그는 외척에게 극단 조직 자금을 요청했다가 미친놈 취급을 받고 단번에 거절당하는 망신만 당했다. 그 외척은 안됐는지 남대문시장에서 싸전을 하고 있던 김치경을 대신 소개해준다. 김치경은 기생집도 드나들 줄 아는 풍류청년이었다.

임성구가 직접 나서서 담판을 지으려고 김치경을 기생집으로 불러냈다. 그런데 그 기생집도 별다른 곳으로 이름나 있었던 바 주인 향심은 일본 병사를 두들겨 팬 한국 병사를 숨겨놓았던 의기(義妓)였다. 그래서 평소 그집을 눈여겨보았던 임성구가 작전상 그곳으로 초청한 것이었다(안종화, 『신극사 이야기』, 30~80쪽 참조).

임성구는 아리따운 향심을 옆에 앉히고 김치경을 추켜세웠다. 술이 거나해진 뒤 임성구는 민중 계도의 필요성과 함께 연극사업의 구상을 넌지시 건넸다. 그러면서 극단 조직과 운동 전개의 청사진도 그럴듯하게 밝혔다. 옆에서 의기 향심이 맞장구치는 속에서 김치경은 창졸간에 자금 지원을 약속해버린다. 그는 당시로서는 거금인 100원 보조를 흔쾌히 약속했다.

그리하여 그들은 속전속결로 1911년 늦은 여름에 극단을 창립했다. 당시의 연극 상황을 일대 혁신시킨다는 뜻으로서 극단 이름도 혁신단(革新團)이라 붙였다. 임성구의 복안이 의외로 쉽게 실현된 것이었다. 한국 연극사상 최초의 신파극단이었던 혁신단의 창립 단원은 임성구를 대표로, 그의 형 임인구, 동생 임용구와 친구들인 한창렬, 황치삼, 김기호, 임운서, 김순한, 천한수, 양성현, 고병직, 맹종상, 장인환, 안석현, 김현(소랑), 김영근(도산) 등 20여 명 가까이 되었다. 극단 선언문을 발표한 것은 아니었지만 목표는 뚜렷했다. 즉 권선징악 · 풍속 개량 · 민지 개발 · 진충갈력(盡忠竭力) 등이었는데, 이는 임성구가 성장해가면서 개화의 격동기에 뼈에 사무치게 느낀 시대 요구를 수렴한 것이었다.

그들은 창립 공연 레퍼토리로서 일본 신파극단이 공연했던 〈사지집념〉을 〈불효천벌〉이라 제목을 바꾸어 무대에 올리기로 했다. 모친을 박대한 탕자가 뱀에 감기어 천벌을 받고 회개한다는 내용의 〈불효천벌〉을 창립 공연 레퍼토리로 선정한 것은 충효정신을 권장하기 위해서였다(안종화, 『신극사 이야기』, 89쪽 참조).

일본 침략에 저항심을 품고 한국 연극을 개혁하기 위해서 기치를 들고 나온 최조의 신극단 혁신단의 첫 번째 작품부터 일본 신파의 번안에 불과했던 것은 아이러니가 아닐 수 없다. 그나마 연습에 들어가기에 앞서 배역 선정부터 난제였다. 왜냐하면 여배우가 없었던 시절에 여자 역이 둘씩이나 필요했기 때문이다. 할 수 없이 일본 신파극에서 하던 것처럼 여형(女形, 온나가타)배우를 쓰기로 하고, 김순환에게 억센 시어머니 역을, 그리고 가장 나이 어린 안석현에게 며느리 역을 강제로 떠맡겼다. 마침 안석현은 상투를 틀고 있었기 때문에 그것을 풀어서 쪽지도록 했는데 가발이 없었던 시절이라 제격이었다. 게다가 안석현은 어린 티와 작은 몸맵시가 여성다웠고 약간 엷은 곰보는 분장으로 덮어졌기 때문에 제격이었다. 이렇게 해서 안석현과 김순한은 한국 연극사상 최초의 반강제 여형배우가 된 것이다.

김순한 집의 넓은 정원에서 연습이 시작했다. 연출을 몰랐던 임성구는 경성좌에 취직해 있을 때 사귀어둔 일인 배우 고마쓰(小松)를 초빙해서 블로킹(무대 위 동선)과 발성 등을 지도받았다. 늦가을부터 연습에 들어갔으나 날씨는 어지간히 쌀쌀했다. 그들은 서툴지만 열심히 연습했다. 이웃집 사람들이 신기해서 연습장에 모여들었고 너무 열심히 연습을 한 나머지 해프닝이 일어났다. 즉 한창렬이 맡은 주인공은 유명한 검객의 아들로서 술을 마시며 의리를 위해 아버지로부터 물려받은 장도(長刀)로 13명이나 죽이는 장면이 있었다. 칼에 찔려 넘어지는 배우들은 '악, 악' 비명을 질러댔다. 선혈이 튕기는 일대 활극이 연출되는 장면이었다. 이에 구경꾼은 그것이 진짜인 줄 알고 기성을 질렀고 부인들의 곡성까지 담을 넘었다. 구경꾼의 곡성에 진짜 놀란 것은 연습 중인 배우들이었다. 누군가 어느새 경찰서로 달려가서 신고했는지 조금 뒤에 순경이 들이닥쳤기 때문이었다(안종화, 「무대이면사 ⑦」, 『조선중앙일보』 1933.8.19).

첫 공연이 임박한 1911년 12월 초순, 잔뜩 찌푸린 초겨울의 날씨는 음산하기만 했다. 남대문 밖에 있는 일인 극장 어성좌에서 첫 막을 올리기 전날은 스산한 바람 속에 싸락눈까지 내렸다. 임성구 단장 집에서 간단한 주연으로 전야제까지 올린 단원들은 드디어 역사적인 막을 올리기에 이르렀다. 극단에 기획이 없었고 선전을 몰랐던 이들 풋내기 초년병들은 극장문 정면에 백지에 굵은 모필로 '혁신단 창립 흥행'이라 크게 써 붙였고, 문턱에 다가 그날 상연하는 예제를 다음과 같이 써 붙였다(안종화, 『신극사 이야기』 참조).

고(告)-혁신당 일행 내연 7막
근(近)-예제 '불효천벌' 밤-8시 개연

비좁은 극장 골목에 마치 남사당패처럼 '혁신단 일행'이란 깃발까지 세운 이들은 신파극과는 전혀 걸맞지 않는 구성진 날라리로 행인을 불렀다. 날라리로 인해서 협률사 창극인 줄 잘못 알고 찾아든 50여 명의 관객을 놓고 막은 올랐다. 10전씩 해서 겨우 5원이 총수입이었다. 하루 극장 임대료의 3분지 1을 겨우 벌었던 것이다. 그러나 더 큰 문제는 관객의 냉담한 반응이었다. 각자가 스스로 분 바르고 나간 분장에서부터 연기는 그야말로 가관이었다. 창극이나 겨우 구경하던 관객들이 알지도 못하는 신파극을 처음 대했기 때문에 하품들만 하고 있었다. 게다가 대사만 한국말이지 세팅은 완전히 일본식인 것도 관객들에게 거부감을 주었다.

그런 데다가 관객을 쫓는 결정적인 해프닝이 일어났다. 즉 연습 때의 구경꾼들과는 달리 실제 공연에서는 경찰이 등장하여 살인자를 포박하는 장면에서 그것이 사실인 줄 잘못 알고 관객들 가운데에는 혹시 자기네들에게까지 화가 미치지나 않을까 해서 우르르 도망치는 이들까지 있었다. 객석은 온통 수라장이 되었고, 중도에 막을 내릴 때는 겨우 6, 7명 정도의 관객만이 남아 있었다(안종화, 「무대이면사 ⑨」).

첫날은 일대 참패였다. 그러나 좌절하지 않고 3일 동안 텅 빈 객석을 향해 열연들을 했다.

혁신단 창립 공연을 보고 뒷날 유명한 여형배우가 된 고수철(高秀喆)과 갓정골의 부자 청년 박창한(朴昌漢)이 자청해서 가입해왔다. 비록 창립 공연은 형편없이 망가졌지만 단원을 크게 보강한 것은 소득이었다. 특히 박창한의 가입은 자금 조달에 허덕이는 혁신단에게는 사막의 오아시스였다.

혁신단에서는 새로 입단한 재력가 박창한을 예우하기 위해 극단 체제까지 새로 정비했는데, 임성구를 단장으로 하고 박창한은 주임 겸 사장이란 직함을 주어 대우했다. 배역에도 변화를 주었는데 곱상한 고수철이 여형배우로 나서면서 안석현은 하루아침에 악역으로 밀려났다. 그 직접적 동기는 안석현의 살짝 곰보 때문이었다.

단원을 보강한 혁신단은 박창한의 넉넉한 자금 지원으로 제2회 공연을 준비해갔다. 제2회는 심기일전의 재기 공연이었으므로 흥미진진한 탐정극을 공연하기로 하고, 연전에 일본 신파극단이 가부키좌에서 히트시킨 〈피스톨 강도 청수정길〉을 〈육혈포 강도〉라 번안해서 공연키로 결정했다. 이듬해(1912) 구정을 기해서 혁신단은 『매일신보』에도 대대적인 광고를 처음으로 냈다. 초호 활자를 섞은 신문광고 내용은 다음과 같다.

신파연극 원조(元祖)
혁신단 임성구 일행

구 정월 1월부터 중부 사동 연흥사(演興社)에서
대대적으로 개연
초일의 연제
〈육혈포 강도〉

개연 시간
매일 오후 6시 30분

명치 45년 2월 18일
임성구 일행 주임 겸 사장 박창한(이두현, 『한국신극사연구』, 48쪽.)

당시만 해도 연극평론가가 없었던 시절이라서 기자의 단평이 전부였는데, 〈육혈포 강도〉는 관객이 많이 들어온 만큼 호평을 받았다. 당시 『매일신보』 기자는 그에 대해 "근래에 연구를 개시한 신파극으로 가위 효시"라고 하면서 한창렬의 강도역을 높이 평가했다(『매일신보』, 1912.2.20).

그런데 흥미로웠던 사실은 단장 임성구가 신통치 않은 평을 받은 점이다. 이 제2회 공연으로 한국 사람들(서울에 한함)에게도 신파극이라는 것이 조금씩 인식되었고, 어려움 속에서도 출연 배우들에게 일당을 지급하기도 했다. 배우들은 그 연기력에 따라 4등급으로 나누어졌는데, 1급은 일당 8, 90전을 받았고 최하 4급은 15전을 받았다. 입장료가 10전, 20전, 30전 순이었으니까 15전의 가치를 짐작할 수 있을 것이다. 당시 배우의 회고담에 의하면 15전은 쌀 한 되 값이었다고 한다(『동아일보』, 1926.1.4).

제2회 공연으로 자신을 얻은 임성구의 혁신단은 한 달 뒤에 제3회 공연을 가졌다. 이번에는 애국심에 불타는 군사극을 택했다. 〈진중설(陣中雪)〉이라고 하는 군사극인데, 폭설이 내리는 싸움터에서 부모 처자의 애정을 떠나 악전고투로 적을 물리치고 조국을 위하여 충성을 바치는 내용(변기종, 「연극 50년을 말한다」, 『예술원보』 제8호)이었다. "위로 대황제 폐하를 받들고 아래로 이천만 동포와 삼천리 강산을 지키려는 국가의 간성으로……"(이서구 회고담)라는 명대사가 관객을 자극시킨 〈진중설〉은 단장인 임성구와 여형배우 고수철의 지나친 과장 연기로 식자층에게 혐오감을 주었다. 그러니까 신파극이라 해서 지나치게 지지궁상 울고 짜기만 해서 되겠느냐는 것이 식자들의 비판이었다. 당시 『매일신보』 기자가 쓴 단평은 다음과 같았다.

> 연흥사의 혁신단 신연극은 하기는 참말 잘하여 가히 모범할 만하다 하겠으나 배우 중의 임성구와 하이칼라 여자의 고수철이 우는 소리 좀 작작하였으면 좋겠더군. 진정 듣기 싫어, 울 때는 울고 웃을 때는 웃어야 한단 말이지, 육장 우는 소리만 하니 그것도 결점이오(『매일신보』 1912.3.27).

이상과 같은 일부의 비판에도 불구하고 혁신단 신파극의 공연 소문은 단 몇 개월 만에 장안에 전염병처럼 퍼져나갔고, 임성구, 고수철, 안광익, 한창렬 등 주연급 배우들은 일약 스타로 떠오르기 시작했다.

혁신단의 신파극이 대중에게 널리 인식되어가자 곳곳에 신파극단 조직의 움직임이 활발해졌다. 그런데 혁신단에 자극받아 극단을 조직하려고 한 사

람들이 임성구와는 달리 도쿄 유학까지 한 인텔리들이었다는 사실은 주목
할 만하다. 즉 도쿄고등상업 출신의 윤백남(尹百南)과 도쿄물리학교 출신의
이기세(李基世) 등이 바로 그들이었다.

제2장

**한국 신파극 초창기의 이모저모**

　임성구가 연극사상 처음으로 혁신단이라는 신파극단을 조직하고 나오자 여기저기 잇따라 극단들이 나타나기 시작했다. 도쿄물리학교를 나와 고향 (開城)에서 아마추어 연극을 몇 번 공연한 이기세(李基世)는 어느새 연극에 맛을 들여 신파극을 배우려고 교토로 건너갔다. 왜냐하면 교토에는 일본 신파극의 아홉 거두 중의 하나인 시즈마 고지로(靜間小次郎)가 있었기 때문 이다.

　시즈마 고지로 밑에서 주로 남의 극본 베끼는 일은 2년여간 했던 그는 신파극 자료를 트렁크에 가득 담아 가지고 개성으로 귀향했다. 귀향하자마자 지방에서는 최초인 극장 개성좌를 짓고 전속 형태의 유일단(唯一團)을 만들게 되었다. 그것이 1912년이었던바 신파극단으로서는 두 번째였으며 창립 멤버는 이기세와 역시 도쿄 유학생 출신의 김정호 등 인텔리 청년들이었다. 그런데 막상 공연 전날 모두 탈퇴해버림으로써 이기세만 덩그러니 극단에 남고 말았다. 그러니까 개성의 인텔리 청년들이 사회교육이라는 명분을 내걸고 극단 조직에 참여는 했으나 연극을 천시하는 주위 사람들의 눈총 때문에 결국 버티지 못하고 혼비백산한 것이었다. 그러나 이기세는 대중과의 약속도 약속이려니와 자기의 포부를 꺾을 수 없어서 서울에서 활동하고 있던

이기세　　　　　　변기종　　　　　　이은일　　　　　　윤백남

초창기 신파극 선구자들

안광익, 한철순, 김도산, 이용수, 나효진, 고수철 등 10여 명을 비싼 출연료로 불러들였다. 제대로 진용을 갖춘 이기세의 유일단은 1912년 11월에 일본 번안물인 〈처(妻)〉를 가지고 대망의 창립 공연을 가졌다.

　이기세는 극장 운영에서부터 레퍼토리 선정은 물론 연출·무대장치·분장·조명·홍보 그리고 선전 간판 그리기까지 도맡아 해야 했다. 게다가 매일 레퍼토리를 바꿔야 하는 공연이었으니 그 고통은 짐작하고도 남는다.

　그렇게 수개월 동안이나 해낸 그는 결국 더 버티지 못하고 본거지를 서울로 옮겼다. 그것이 1913년 8월이었다(이기세, 「신파극의 회고」, 『매일신보』, 1937.7.2.~3). 그러는 동안에 서울에서는 문수성(文秀星)이라는 또 하나의 신파극단이 탄생했다. 와세다대 정치과에서 도쿄상대로 옮겨 졸업하고 수형조합 부이사로 있다가 일본인 독무대에 환멸을 느끼고 사퇴한 윤백남(尹白南)이 『매일신보』 기자로 근무 중에 신파극단 문수성을 조직한 것이었다. 일찍이 연극에 뜻을 둔 바 없었던 그였지만 황성기독교청년회관에서 만난 현동철(玄東哲)의 끈질긴 권유로 해서 경성학당 동창인 소설가 조일재(趙一齋)와 함께 연극 운동에 나서게 된 것이다.

　당초 그는 혁신단의 저급한 신파극을 개선키 위해 임성구와 함께 연극을 하려 했으나 이미 스타가 되다시피 한 임성구가 받아주기는커녕 고자세로 배짱만을 튕겼기 때문에 따로 신파극단을 조직한 것이다. 문수성 역시 일본 신파극 번안물인 〈불여귀〉(조일재 역)로 창립 공연을 가진 것은 혁신단의 제2회 공연보다 한 달 반 뒤인 1912년 3월 말이었다. 윤백남은 물론이고 조일재, 이범구, 박상규, 조경웅, 안광익, 김상순 등 창립 멤버 전원이 출연한 창립 공연은 혁신단이나 유일단의 창립 공연보다 월등히 좋은 평을 받았다.

이와 때를 같이하여 단성사 주인의 후원을 받아서 조중장(趙重章)이 혁신선미단이라는 신파극단을 조직했다가 한 달여 만에 해산했고, 조중장은 다시 개성으로 가서 박희대 등과 함께 조선풍속개량 성미단(誠美團)이라는 극단을 한 달간 유지했다. 그해 11월에는 김정원(金正元)이 이화단이라는 신파극단을 한 달가량 유지했고, 혁신단의 자금책 박창한이 독자적으로 청년파일단을 조직하여 몇 달간 지방 공연을 다니기도 했다. 이때는 지방에서도 심심찮게 신파극단들이 생겨났는데, 개성의 유일단을 필두로 해서 평양의 기화단, 진남포의 기성청년단 등이 부침했었다.

그런데 지방 극단들은 그 지역을 벗어나지 못할 정도로 미미했고, 수명도 짧았다. 당시도 연극의 중심은 단연 수도 서울이었다. 물론 중앙의 신파극단들도 한두 개 빼고는 모두 단명한 것이 사실이었다. 혁신단이 등장한 이후 3, 4년 동안 서울에서만도 10여 개의 신파극단들이 부침했다. 그렇다고 연극인들이 많았던 것은 결코 아니었다. 통계를 내보면 50명 안팎이었는데 연극이 하나의 문화로서 정착되지 않았기 때문에 자금에 따라 이합집산을 거듭했다.

당시 연극인들은 자본주를 따라 모였는데 돈줄을 쥔 자본주는 연극을 잘 모른 채 의협심이나 흥행심에서 시작했다가 수지가 맞지 않으면 그 극단은 뿔뿔이 흩어지고, 연극인들은 다시 다른 자본주를 만나 극단을 만들곤 했었다. 연극인들의 이 같은 무이념의 이합집산은 한국 극단 운동사에서 고질적 폐습으로 내려와서 해방 직후에 극에 달했었다.

연극인들의 이합집산 속에서 뚜렷한 소신을 갖고 신파극을 이끈 인물은 역시 임성구를 위시한 윤백남, 이기세, 김소랑, 김도산 등 다섯 명이라 볼 수 있다. 이들은 초창기에 신파극단을 이끌었던 5대 인물로서 임성구와 김도산은 30대의 젊은 나이에 죽었고, 윤백남은 뒷날 만담가 겸 대중소설가로, 또 이기세는 레코드회사 운영으로 연극계를 떠났으며 김소랑만이 끝까지 신파극단을 이끌다가 은퇴, 낙향했다.

그 당시의 극장 풍속도는 너무나 우스운 것이었다. 소위 신식 연극이라는 신파극을 하면서도 극장 앞에서는 북과 징과 꽹과리, 피리 등 민속음악으로 호객 행위를 했고, 극장 문앞에는 극단 이름을 쓴 등(燈)이 세워져 있었다. 남자와 여자의 출입구가 다른 극장 문을 들어서면 역시 꽹과리 · 장구 · 피리 · 북 등으로 구성된 민속악대의 음악이 고막을 울렸다. 연극이라는 것도 대본 없이 했다. 이른바 '구치다테식(口建式)'이라는 것인바, 고정된 대본이 없이 연극의 줄거리와 배역의 성격만 알아가지고 배우 각자가 요령껏 상대역에 대응해가는 방식이었다. 그리고 동선도 일정한 연출자의 지시 없이 각자 요령껏 적당한 위치를 찾아 움직이는 것이었다.

그렇기 때문에 배우에게 가장 중요한 것 중의 하나는 순발력과 임기응변 능력이었다. 기부금 액수와 기부한 사람의 이름이 주렁주렁 달린 막이 오르면 일본식 집과 다다미방 등 일본 분위기 그대로였고, 배우만이 한국말을 하는 한국인이었다. 단장 외에는 대체로 평상복 차림으로 출연하는 것이 상례였다. 극단 재정이 어려웠던 당시로서 거의 매일 바꿔다시피 하는 배역의 옷을 일일이 맞춰 입힐 수가 없었다.

개막과 동시에 언제나 먼저 등장하는 이는 단장이었다. 단장은 개막 인사와 함께 앞으로 전개될 연극의 내용을 관객에게 설명해줄 뿐만 아니라 막이 바뀔 적마다 시작 전에 내용을 알리고 끝막에 나가서는 연극 종결을 알려줌과 동시에 다음 날의 연극 선전과 꼭 와서 관람해달라는 간청까지 했다. 이는 연극을 하는 것이 아니라 한마디로 연극을 가르치는 것이었다.

이처럼 초기 신파극단에서의 단장 역할은 대단했다. 따라서 혁신단의 경우 임성구는 단장인 터라 하다못해 인력거꾼으로 나와도 번쩍이는 비단옷을 입고 나왔다. 뿐만 아니라 언제나 관객에게 박수 받을 대사는 혼자 도맡아서 떠들었다. "강도로 나오면 의적이오. 군인으로 나오면 충신이오. 친구로 나오면 협기가 있어 구경꾼이 꼭 임성구만 찾게끔 되어 있었다."(이서구, 『한국연극운동의 태아기(胎兒期) 야사(野史)』 참조) 그처럼 단장은 좋은 역만 했고 지탄받는 악역은 부하들에게 시켰다.

김도산은 뒷날 신극좌라는 극단을 조직하기 전까지는 혁신단에서 악역만 했던 배우다. 이런 것을 이름하여 스타 시스템이라 했다. 그러니 단장은 당당한 스타로 부상될 수밖에 없었고 자연히 대중의 우상이 되어갔다. 당시는 신파 극본이 모두 일본 작품의 번안물이었으므로 무사들의 칼싸움이 많았다. 소위 다치마와리라는 격투 장면이다. 단도와 장검으로 펼치는 격투는 한국 관중에게 생소하고 신기한 것이지만 기합과 함께 벌이는 칼싸움은 관객을 격앙시키기도 했다. 이러한 장면이 씨름이나 멱살잡이 같은 민속 투기를 아는 인텔리층에게는 눈살 찌푸리는 장면이었다. 그래서 한국인의 실생활과 동떨어진 그와 같은 장면이 비판받은 것은 당연했다. 그렇지만 다치마와리는 단장을 더욱더 스타로 만들었다. 무지한 대중들에게 무사는 훌륭해 보이기만 했기 때문이다. 연극이 끝날 무렵이면 언제나 극장 앞에 몇 대의 기생 인력거가 서 있었는데, 이는 임성구 같은 당대의 스타를 기생들이 납치해가기 위해서였다. 임성구가 30대 초반의 젊은 나이에 결핵으로 죽은 것도 우연의 일이 아니었다.

그리고 여배우가 없었던 그 시대에 남자 배우가 여형배우 노릇을 한 것도 이색적 풍경이었다. 당초 신파극에서 여자 역을 남자배우가 맡았던 것은 일본에서 처음 신파극이 생길 때, 고전극 가부키의 여형배우 전통을 그대로 계승한 데서부터 비롯된 것이었다. 이러한 경우는 우리의 가면극의 전통과도 유사한 것이다. 그리고 개화기의 초창기 신파극에서 남자가 여형배우 노릇을 한 것은 그러한 전통 이상으로 실제 여배우 지망생이 단 한 명도 없었기 때문이다. 그러나 유일단을 이끌었던 이기세는 그에 대해서 "신파는 지금의 신극과 달라서 여배우가 있더라도 도저히 무대에 설 수 없었다. 즉 신파극은 독약을 먹은 장면이 있으면 먹은 뒤에 괴로워하는 상황을 충분히 표현해야 하고, 술을 먹으면 술 먹은 뒤의 취한 기분을 그대로 나타내야 하므로 여배우에게 초기의 신파극을 시킨다면 생리적으로 도저히 감당해낼 수가 없었을 것"(이기세, 앞의 글)이라고 했다. 신파 연기는 오버액션을 장기로 했기 때문에 초기 여배우들이 실제 있었다고 해도 연기력이 없어서 못 해냈을 것이라는 이야기다.

솔직히 이러한 이야기는 어느 정도 타당성 있는 주장으로 볼 수 있다. 필자가 연 전에 일본 문화계 시찰 중 도쿄 메이지자에서 신파극을 구경한 적이 있었다. 비참한 기생 며느리 역을 가부키 명배우가 열연하여 대단한 갈채를 받는 것을 목격했다. 연극이 끝난 뒤 필자를 안내한 일본의 노(能) 배우는 그 주연배우에게 대단한 성적(性的) 매력을 느꼈다면서 여자가 그 역을 했으면 그만한 성적 매력을 풍겼겠느냐고 말하는 것이었다. 공감이 가는 이야기였다.

초창기 여형배우로는 고수철과 안석현이 일세를 풍미했고, 이응수와 최여환이 연극과 영화에서 이름을 드날렸다. 이들은 목소리에서부터 날씬한 몸매에 이르기까지 여자를 빼닮았으며, 연기가 출중해서 대부분의 관객은 진짜 여자로 알았다.

고수철과 이응수는 그 냉랭한 여음(女音)과 가녀리고 유연한 몸매로 해서 폭발적 인기를 누렸고 그들을 차지하려는 장안 기생들의 치열한 암투 또한 볼 만한 것이었다. 그렇기 때문에 1919년 늦가을 부산 순회공연 중 갑자기 죽은 고수철로 해서 전국 기생들이 눈물깨나 흘렸던 것이다. 고수철의 심순애 역은 누구에게나 추억을 만들어줄 정도였는데, 그의 갑작스런 죽음으로 해서 고수철의 슬픈 심순애 상은 대중의 뇌리에서 좀처럼 사라질 줄을 몰랐다.

이러한 여형배우에 얽힌 일화 말고도 초창기 신파극장 안에서 일어난 해프닝은 수없이 많다. 모두가 서투른 데서 오거나 아니면 신파극이라 해서 너무 과장 연기를 하다가 빚어진 것이었다. 가령 혁신단이 단성사에서 〈오호천명(嗚呼天命)〉이라는 작품을 공연하던 때, 일어난 사건을 소개하면 다음과 같다.

아버지의 원수를 갚는 마지막 장면에는 칼싸움이 있었다. 원수를 갚으려는 아들 이석구는 장검을 빼어 들고 악한 한창렬과 결투를 벌이기 시작했다. 이 결투는 실감이 날 만큼 위험을 무릅쓴 리얼한 연기였다. 너무 연기에 열중한 나머지 이석구의 연기는 신들린 것 같았다. 이석구는 한창렬의 등에 일격을 가했다. 여기까지는 그대로 연기였다.

그러나 한창렬의 등을 잡고 고개를 뒤로 젖히는 동작을 취한 순간, 면상에 내려친 두 번째의 가격(加擊)은 연기가 아니라 실제였다. 한창렬은 '악' 소리와 함께 엎어졌고 군도에 맞은 입과 너덜거리는 입술에서 선혈이 솟구쳤다. 그럼에도 불구하고 한창렬은 나머지 5분여의 연기를 모두 마치고 퇴장한 뒤 졸도하고 말았다. 그러나 살인할 뻔한 이 무대 해프닝을 관객들은 까맣게 모르고 있었다. 순전히 실수로 해서 선배의 면상을 내려친 이석구는 동료들과 함께 어쩔 바를 모르고 한창렬을 잡고서 울고만 있었다. 잠시 후 정신을 차린 한창렬은 오히려 이석구를 위로하고 병원에 업혀 갔다. 그는 한 달 동안 치료받느라고 무대에 서지 못했고 퇴원 뒤에는 인중의 흉터로 해서 언청이 아닌 언청이로 살아가야 했다. 이석구가 연극계를 영원히 떠난 것은 바로 그 때문이었다(안종화, 『신극사 이야기』, 15~154쪽 참조).

그런데 무대 밖에서의 웃지 못할 해프닝도 적지 않았다. 유일단이 연흥사에서 공연할 때의 일이었다. 스즈키라는 종로경찰서장이 생전 처음 연극 구경을 온 적이 있었다. 그가 거들먹거리며 극장문 안에 들어섰을 때, 육군 대위의 정장을 한 배우 김순한이 무대로 들어가는 도중에 서로 마주친 것이다. 스즈키 서장은 김순한이 진짜 대위인 줄 알고 정중히 거수경례를 했다.

당황한 김순한도 얼떨결에 간단히 답례를 하고 유유히 무대로 사라졌다. 김순한은 그 스즈키 서장이 장난한 것으로 생각한 것이다. 그러나 문제는 간단치 않았다. 경찰서장이 분장한 가짜 대위 김순한을 무대 위에서 보게 된 것은 그 잠시 뒤였기 때문이다. 그가 멸시하는 한국인, 그것도 당시에 매우 천시되던 배우에게 부하가 보는 가운데 경례를 올린 것을 대단한 수치로 생각했고, 창피스러움 때문에 안절부절못했음은 두말할 나위 없다. 그는 연극을 보는 둥 마는 둥 하고 경찰서로 돌아왔다. 분이 풀리지 않은 그는 즉각 각 연극장으로 공문을 보내 무대 위에서 군복이나 순사의 복장을 일절 못하도록 지시했다. 당시 배우들은 대부분의 연극들에서 평상복을 입고 출연했고 특수한 경우에 의상을 맞춰 입었는데, 그것마저 사소한 사건으로 해서 금지시킨 것이다.

그러한 웃지 못할 일들은 너무나 많았다. 특히 지방 공연에서는 더욱 한심스러운 해프닝이 일어나곤 했다. 식민지 경찰서장이 연극예술을 이해 못하는 처지에서 하급관리들은 더 말할 나위가 없었다.

신파극단들이 지방 순회공연을 다니기 시작한 것은 1913년부터였다. 남사당패나 걸립패, 또는 포장굿 스타일의 창극단들이 지방 공연을 다닌 것은 매우 오래전부터였지만 신파극단들이 다닌 것은 이 땅에서 신파극이 처음 생긴 뒤부터였으므로 그만큼 늦을 수밖에 없었다.

유일단이 남부 지방 도시를 순회공연할 때의 일이었다. 단원들은 마산 공연을 마치고 통영 공연을 위해 마산 부두에서 배를 타게 되었다. 당시에도 역시 배우는 모던했던지라 이상야릇한 옷차림을 하고 10여 명의 단원이 배에 탄 것이 색다르게 보였던 것 같다. 이들 일당을 수상하게 본 수상서원이 불심검문을 해왔다. 커다란 봇짐에서는 피스톨이며 군복이며, 분장기구며 별의별 것이 다 나왔다. 그들은 꼼짝없이 강도단으로 몰리게 되었다.

그들이 수상서원에게 입이 마르도록 순회공연 중인 배우들이라고 설명했으나 신극을 모르는 서원이 이해할 리가 만무했다. 따라서 그들은 통영에 내리자마자 경찰서로 연행되었다. 문초를 받기 위해서였다. 바로 그때 김 모라는 한국인 경부가 웃으며 다가왔다. 그가 단장 이기세를 알아본 것이 다. 그런데 이기세가 유명해서 알아본 것은 아니었다. 도쿄 유학생 출신의 그 경부가 이기세를 도쿄에서 여러 번 만난 적이 있었기 때문이다. 이기세 는 그의 도쿄 유학 경력으로 인해서 곤욕을 면할 수가 있었던 것이다(이기세, 앞의 글 참조). 그만큼 1910년대만 하더라도 신극에 대한 이해가 전연 없었던 것이다.

당시만 해도 일본 신파극을 겉핥기식으로 조금씩 배우고 있었던 터라 연 극인들이나 대중이 똑같이 이해 부족이었다. 가령 레퍼토리만 하더라도 처 음에는 구치다테식이었으므로 충무로 일대의 일인 전용 극장에서 배운 것 그대로의 한국식 공연이었고, 조금 뒤의 대본을 갖춘 공연도 거의가 일본 작품 그대로였다. 특히 가정비극이 주류를 이루는 레퍼토리가 무대에 올려 지는 과정은 매우 흥미로웠다.

신파극 초기에 크게 인기를 끈 것은 모두가 오자키 고요(尾崎紅葉)라든가 도쿠토미 로카(德富蘆花) 같은 필본 대중소설가의 작품들이었고 일본에서 크게 히트한 것들이었다. 19세기 말엽부터 20세기 초에 걸쳐『국민신보』등 일본 신문에 연재되어 호평을 받으면 일본 신파극단들이 각색해서 무대에 올렸고, 그럴 적마다 공전의 히트를 했다. 그러면 우리나라 신파극단들이 그런 작품을 직접 번안하여 무대에 올리거나 아니면 소설가들이 번역, 연재 (『매일신보』)한 뒤에 각색하여 공연했던 것이다. 그러면 영락없이 흥행에 성 공하곤 했다. 그런 대표적인 작품이 바로〈장한몽(長恨夢)〉〈쌍옥루〉〈불여 귀〉〈단장록〉같은 작품들이었다.

그런데 더욱 흥미로운 점은 번안 과정에서 한국인의 감정에 맞게 대폭 변 질되는 사실이었다. 당시 일본 작품을 가장 많이 번안한 조일재는 자기의 소신과 입장을 세 가지로 요약했는데, 그 첫째가 사건에 나오는 배경 등을 순한국 냄새가 나게 한다는 것, 둘째 인물의 이름도 한국 사람 이름으로 개명했다는 것, 셋째 플롯이 크게 상하지 않는 범위 안에서 문체와 회화를 자유롭게 했다는 것이다(조일재,「장한몽, 쌍옥루 번안 회고」,『三千里』, 1934년 9월호).

그런데 조일재는 일본 작품을 번안하는 과정에서 크게 변개하였다. 그가 일본 작품을 어느 정도로 변개시켰느냐 하는 것은 그가 가장 힘들여 번안한 〈장한몽〉을 보아서도 알 수 있다. 주지하다시피 〈장한몽〉은 오자키 고요의 대중소설『곤지키야샤』를 조일재가 번안하여 소설(『매일신보』연재)로서뿐만 아니라 연극 영화로서 수십 년 동안 대중의 심금을 울리게 한 작품이다.

오늘날까지도 사람들의 입에 오르내리는 〈장한몽〉이 원작 〈곤지키야샤〉와 얼마나 달라졌는가에 대해서는 설명할 필요가 있을 것 같다. 우선 인물의 경우 원작보다 30여 명 이상이 줄어들었고, 주위 인물의 이름과 경력에도 차이가 난다. 남주인공 간이치가 이수일(李守一)로, 여주인공 오미야가 심순애(沈順愛)로, 영국 유학까지 갔다온 부호 다다쓰구가 도쿄 유학생 김중배로 바뀌어져 있다. 그리고 모든 이름이 다 바뀐 것은 말할 것도 없고 인물들의 직업도 대부분 다르게 나와 있다. 사회구조가 다르니까 한국 실정에 맞게 바꾼 것이었다. 또 하나의 흥미로운 사실은 〈곤지키야샤〉의 주요 인물이 영국이나 독일 유학을 한 데 비해서 김중배나 그의 친구(박용학)는 기껏 도쿄 유학을 한 점이다. 이는 개화기의 일본과 한국의 해외 진출 상황을 단적으로 보여준 예여서 흥미롭다. 물론 작품의 배경도 일본에서 한국 대동강변으로 바뀌었음은 두말할 나위 없다.

그러나 원작과 번안 작품과의 더욱 현격한 차이는 스토리와 주제에서 나타났다. 즉, 스토리상에서 크게 달라진 것은 남녀 주인공이 끝내 해후하지 못하는 원작과는 달리 두 주인공이 〈장한몽〉에서는 다시 만나서 결혼까지 한다는 점이다. 그러니까 〈곤지키야샤〉에서는 여주인공이 남편의 아이를 낳아 3개월 만에 폐렴으로 잃고 돈 때문에 간이치를 배신한 죄책감과 연정 때문에 끝내 고민하고 날로 쇠약하여 죽음만을 기다린다는 내용의 편지를 보냄으로써 간이치가 그 편지를 읽는 것으로 끝난다. 남주인공도 오미야의 비극이 자신에게도 일단 책임이 있다는 것을 깨닫지만 이야기는 영원히 재회하지 못하는 비련으로 끝난다.

반면 심순애는 김중배에게 시집간 뒤 5, 6년 동안이나 남편과 성관계를 갖지 않을 만큼 혼자서 이수일을 연모했고, 결국 너무 연정이 깊은 나머지 발작 증세까지 일으켜 정신병원에 입원까지 한다. 그녀의 정신병은 이수일의 병문안과 용서로 인해서 말끔히 낫고 건강한 몸으로 결혼식까지 올림으로써 행복한 결론을 짓게 되는 것이다. 따라서 김중배는 돈이 많다는 이유로 해서 매도의 대상이 되고 만다. 이는 배금사상을 비판한 것인데 일본과 한국의 강도(强度)가 달랐고, 한국이 훨씬 혹독했음을 이 작품을 통해서 확인할 수 있다.

그뿐만 아니라 주제에서도 큰 차이가 있다. 원작이 물욕과 성욕이 빚는 비극, 즉 자연주의풍으로 가져간 데 반해서 한국 번안물은 철저한 멜로드라마로 끌어간 점이다. 같은 연애물이면서도 그렇게 차이 나도록 해석했던 것이다. 잠시 황금에 눈이 어두웠던 여주인공을 보는 한·일 두 나라 작가의 시각은 양 민족성의 일면을 나타내는 것도 같다. 〈곤지키야샤〉에서 작가는 잔혹하리만큼 냉엄하게 여주인공을 바라본 데 반해서 〈장한몽〉에서는 기독교적 윤리관에 입각한 관용과 이해로서 바라보았음은 물론 그녀를 행복으로 끌어올리기까지 했던 것이다. 같은 죄과(罪過)에 대해서 철저하게 응징하는 성향(日本民族)과 무조건 이해 관용하는 성향(韓國民族)이 초기 신파극에 나타난 한·일 두 나라 민족성의 차이였다고 결론짓는다면 비약일까……

# 제3장

# 한국 관중이 일본 신파극을 수용하기까지

한국 신파극의 첫 장을 열었던 혁신단의 연극 목표가 권선징악·풍속개량·민지개발·진충갈력이었다는 것은 전술한 바 있다. 즉 변기종 같은 초창기 신파 배우의 주장에 의하면 초기 연극인들은 연극을 민족운동의 일환으로 삼았었다는 것이다. 그러한 주장은 변기종이 피력한 다음과 같은 글에서 확인할 수가 있다.

> 지금 이 나라의 형편이 안일하게 앉아 공부나 하고 있을 때가 아니다. 빼앗긴 나라를 되찾아야 한다. 그러려면 우매한 백성들을 먼저 깨우쳐야 한다. 그 깨우치는 가장 첩경이 곧 연극을 하는 길이다. 내가 연극에 발을 들여놓게 된 동기가 곧 그것이었으며 비단 나뿐 아니라 그 무렵의 연극인들은 대개가 나와 비슷한 생각으로서 그 길을 택한 것이었다. 그래 웬만한 고생은 아예 고생으로 생각지도 않고 오히려 그것을 애국운동이라 자부하여 그 고생살이를 자랑과 보람으로까지 여겼었다(「나의 交友半世紀」, 『신동아』 1971.5).

그런데 솔직히 변기종이 주장하는 것과 같은 애국연극운동론은 실제적인 신파극 내용과 별로 부합되지 않았다. 일본의 대중적인 가정비극이나 화류비련극이 주된 레퍼토리였는데 그런 것을 가지고 대중을 계몽했다는 것은 결국 자가당착적인 주장밖에 되지 않는 것이다. 바로 그 점에서 신파극은 주체적 개화사상과는 거리가 멀었고 대중에게 좋은 영향보다는 대중의 열려 있는 의식을 끊임없이 잠재우는 기능만을 했다고 볼 수가 있다.

1910년대만 하더라도 신파극이 대중에게 있어서 상당한 영향을 주었던 연예물로서 대중에게 해로운 역할을 했다고 볼 수가 있는데, 그 이유는 첫째, 대부분의 레퍼토리가 "헌신적 강제·의무에의 인종, 따라서 자유와 자아의 포기이며 인간의 상실이요, 인간과 인간성을 부정하는 일체의 것에 체념과 비애의 눈물을 흘리는" 내용의 일본 신파를 은연중 수용했다고 보기 때문이다.

두 번째로는 신파극이 그러한 일본 신파를 수용하면서 일본 생활양식을 이 땅에 적잖게 이식했고 그에 따라 우리의 미풍양속이 많이 훼손되었다고 볼 수가 있어서다. 사상적인 면에서 보더라도 신파극은 그 주제가 저속하며 기괴하고도 추악한 축첩이라든가 고부 간의 갈등, 또는 부모 형제 간의 재산 싸움, 양반 상민의 감정 대립 등이 살인과 은수(恩讐)로 뒤얽힌 가정비극이 대부분인 데서 그렇다는 것이다. 그리하여 신파극은 "감상의 눈물을 흘리게 하는 것일뿐더러 혹은 사대주의 혹은 비장 취미, 혹은 웃음보다도 눈물을 더 귀하게 여기는 사상 등을 반영하여 만남의 기쁨보다는 이별의 슬픔을, 삶보다는 죽음을, 사랑보다는 희생을, 저항보다는 인종을 집요하게 찬미"(이두현, 『한국신극사연구』)함으로써 대중으로 하여금 깊은 좌절감과 비감에 빠지도록 했던 것이다. 바로 그러한 주제로 해서 낙천적인 기질의 한국대중을 감상적이고 슬픔을 좋아하는 비극적 기질로 변화시키는 데 일조했다고까지 말할 수가 있다.

세 번째로는 〈우중행인(雨中行人)〉〈은세계〉 등과 같은 친일적인 작품까지 상연하여 민족 정기를 오도했고, 비예술적인 불건전한 신파극이 범람함으로써 건강한 민족 정서가 커나가는 데 장애가 되기도 했다. 따라서 신파극은 지식층으로부터는 간간이 경고를 받기도 했다. 사실 개화계몽이란 가난하고 무지몽매한 민중이 서구 근대정신을 받아들여 눈을 높이고 더 개선된 생활을 할 수 있도록 일깨우는 것이라 볼 수 있다. 그러나 일제가 강점한 직후 폭정으로 민족이 처참한 상황에 처해 있었음에도 신파극은 현실을 전혀 반영하지 못하고 눈물로 달래주는 역할밖에 못 했던 것이다.

그렇다면 신파극이 왜 그렇게 사회적 기능을 전혀 하지 못하고 통속 취미로만 흘렀을까. 그렇게 된 데는 몇 가지 이유가 있었다. 그 첫째가 신파 연극인들의 무지였다. 한두 사람을 제외하고는 근대적 교육을 못 받은 사람들이 뚜렷한 연극관도 갖지 못한 채 일본 신파에 매료됨으로써 그것을 통한 호구지책에만 급급했던 것이다. 둘째로 당시 사회는 유교에 바탕을 둔 공리주의적인 연극관이 지배하고 있었고 대중이 연극에 대한 인식이 부족했다는 사실에도 일단의 책임이 없지 않다. 세 번째로 궁핍한 시대에 있어서 하루 이틀 공연을 못 해도 수십 명이 굶어야 하는 판이기 때문에 자연 저급한 대중에게 영합하지 않을 수 없었다. 네 번째로는 시대를 간파할 만한 신파 작가가 나오지 않은 것도 하나의 이유가 될 것이다. 이 점은 사실상 대중의 민족의식이 박약했고, 그 당시 사회의식도 그만큼 성숙되지 못했음을 단적으로 보여주는 것이기도 하다.

그러나 임성구 같은 연극인은 자기 나름대로 연극을 통한 사회봉사를 해보려 노력한 선구자였다. 사실 그의 연극을 통한 사회봉사 방법은 매우 특이했다. 왜냐하면 작품에 사회의식을 투영해서 대중의식을 점진적으로 개선하다든가 하는 방식이 아니라, 작품 외적인 수단을 빌려 대중에 봉사하는 방법을 택했기 때문이다. 그것도 사회의 특수계층을 상대로 동정적 입장에서 봉사하려 했다는 데 특이성이 있다. 즉 그는 무의탁 고아라든가 극빈자, 걸인 등을 상대로 동정과 위로의 자선 공연을 자주 한 바 있다. 임성구는 서울과 인천·대구·전주·부산 등 주요 도시를 돌면서 자선 공연을 했는데 그냥 공연으로 끝난 것이 아니라 극장 문 앞에서 연극을 구경하러 들어오는 걸인들에게 목욕을 시키고 새 옷으로 갈아입히기까지 했다.

당시 『매일신보』에 나타난 기사에 보면 임성구 일행은 "새 감으로 바지 등 옷 30여 벌을 만들어 30여 명의 거지에게 입혔으므로 거지의 기꺼워함은 물론 여러 사람들이 많이 칭찬한다더라"(1914.2.4)고 보도가 나와 있다. 임성구 일행은 걸인들이 많이 모여드는 인천 부둣가 등에까지 찾아가서 거지 아이들에게 새 옷을 해 입히고 연극도 보여줌으로써 그들에게 삶의 의욕을 북돋아주곤 했다. 이러한 자선 공연 방식은 각 지역에 따라 조금씩 달랐는데, 가령 대구 지방에 가서는 각급 학생들에게 전원 무료 공연을 보여주는가 하면 무의탁 고아와 극빈자들에게 옷 한 벌씩과 점심 식사까지 제공하는 등 수년에 걸쳐 열정적인 자선 공연을 가진 바 있다.

1915년 5월 22일 자 『매일신보』에 보면 "혁신단 임성구 일행은 요사이 대구에 와서 각종의 재미있는 신파연극을 흥행하는 중 지난 20일과 21일 양일간을 각 학교 학생으로 한하여 값 없이 관람을 하게 하였고 …(중략)… 사월 팔일은 관불회(灌佛會)로 번다하므로 대구 달성공원에서 동리 무의탁한 고아와 기타 극빈자 외 개걸자 등 수십 명을 불러 모으고 새로 지은 옷 한 벌씩을 적절히 입힌 후 겸하여 점심밥까지 먹이었으므로 여러 사람이 임성구를 매우 칭송한다더라"고 보도되어 있다.

연극 형식이나 내용은 비록 저급하고 시대를 앞설 만한 것은 못 되었지만 임성구는 자기 생각이 미치는 한에서 또 힘이 닿는 데까지 소외받는 대중을 위해서 뭔가 해보려고 노력한 선구자였다. 어떻게 보면 유머러스하게 보이기도 하고 순진하다 못해 치기까지 있어 보이는 걸인 잔치 형식의 사회봉사가 초창기 신파 연극인들의 사회적 역할이었던 것이다.

그렇다면 신파극에 대한 초기 관객의 반응은 어떠했을까. 당초 일본 신파극을 배워서 처음 시작했을 때, 관객의 반응은 대체로 무지와 무감각 그대로였다. 연극 형식이나 주제, 생활풍속, 정서 등이 일본인의 생활방식을 기본 토대로 한 것이기 때문에 한국식으로 번안했다고 하더라도 우리 대중에게는 생경한 것이었다. 따라서 유교적 교양으로 다져진 식자층으로부터는 혹독한 비판을 받았고, 일반 대중에게는 기이하게 보였을 뿐이었다. 1912년 5월 28일 자『매일신보』의 기사에 보면 "근일에 소위 구연극이라 함은 물론이고 예서 제서 나오는 신연극으로 말하여도 치안상이라든지 풍기상이라든지 도저히 완전하다 하여야 할 가치가 없으므로 유지자의 개탄도 있고 본관의 비평도 종종 하거니와 운운"한 것으로 나타나 있는데, 이는 솔직히 공리적인 연극관으로 무장된 지식인의 태도였던 것이다.

그리고 일반 대중의 신파극에 대한 반응은 가정비극이었던 〈불여귀〉의 관객 태도에 어느 정도 나타나 있지 않나 싶다. 가령『매일신보』기사 (1912.3.31)에 보면 "관람자 중에 다수는 비참한 눈물을 흘린 터에 도리어 웃고 드디어 장내가 소요하게 되는데 이것은 배우가 잘못해서 그런 것이 아니라 관람자가 볼 줄을 모르는 까닭"이라 쓰여 있다. 또 하나 가장 실감 나는 것으로서 "연극을 보는 사람은 이왕의 폐풍를 고치지 못하고 연극장으로써 한 훤화장(喧譁場)을 지어 혹은 일어서고 혹은 앉으며, 혹은 다른 사람과 의론이 분분하고 혹은 고담준론으로 웃으며 이야기"(『매일신보』 1913.1.21)했다고 비난한 것도 있다.

그러니까 눈물 나는 가정비극류의 신파극이 성할 때인데도 극장 안이 숙연하기는커녕 떠들썩하고 웃음이 넘쳐났다는 것은 관객의 교양이나 관극 훈련도 문제겠지만, 그보다도 한국 대중이 일본적인 생활감정에 처음에는 별로 공감하지 않았음을 단적으로 보여주는 것이었다는 이야기다. 그러나 가장 실감 나는 관극 태도 비난은 일본의 인텔리 여성이 이상협의 〈눈물〉이라는 작품을 보고 느낀 다음과 같은 비판이라 하겠다. "구경하는 사람은 여전히 (특히 부인석) 더럽다고 짓거리며 그중 긴요한 모퉁이(장면)에서 웃음까지 일어납니다. 조선인은 고래로 연극을 웃음거리로 보아 연극장에는 웃으러 가는 것으로 작정되었는지 슬픈 것을 보아도 동정이 조금도 아니 일어나는 모양이올시다"(『매일신보, 1915.2.3)라고 하여 홍루적(紅淚的)인 가정비극에 대한 대중의 냉담성을 지적한 바 있다. 그런 연유로 해서 일부 연극인들은 신파희극을 만들기도 했던 것이 아닌가 싶다.

즉 몽다생(夢多生)이라는 필명으로 1915년 2월 3일 자 『매일신보』에 보낸 글을 보면 "단성사 이흥근(李興根) 일행이 광무대로 합동하여 흥행하는 중 그도 시세를 쫓아 그럼인지 여흥으로 신파연극을 희곡으로 만들어 마지막 판 돌아가는 관람자의 웃음을 취하는 것도 오직 한낱 변천하는 상태"라고 되어 있다. 이처럼 신파 초기에는 일본적인 감상주의가 낙천적인 한국 대중에게 먹히지 않았던 것이다. 호방하고 낙천적인 대륙 기질의 한국 대중에게 섬나라 기질의 일본적 비관주의가 제대로 받아들여지지 않았다는 이야기가 된다.

그러나 한국적 가정비극류 신소설의 전파와 신문의 선동, 일본 신파의 한국화 등으로 관객은 점차 눈물 짜는 가정비극물에 빠져들게 된다. 우리 대중이 눈물 짜는 비극을 보고 함께 눈물을 흘리며 또 눈물극을 좋아하게 되는 것은 일본 신파가 상륙하고서도 10여 년 가까이 흐른 뒤였다. 그것도 비교적 사회적으로 억압과 설움을 받아온 기생을 위시한 유녀층에서부터 발아되기 시작했다고 볼 수 있다.

그렇다면 한국인들이 신파비극을 좋아하게 된 까닭은 무엇일까. 그에 대해 이두현은 "일제에 의한 봉건체제의 연장과 망국의 이중의 여건으로 이루어진 것"이(『한국신극사연구』, 65쪽)라 했고, 이서구는 "과거 이조의 봉건적인 억압정치·전제정치로 억눌려온 서민의 통분을 눈물로 해소하려는 데서 연유한 것"(1969년 5월 6일, 필자와의 대화)이라 증언했다. 결국 일본 신파가 뿌리를 내리는 데는 암담한 시대 배경과 민족 심성의 그늘이며 응어리인 한(恨), 그리고 신파극의 속성인 센티멘털리즘이 접합됨으로써 가능했다고 보아진다.

일제의 식민지하에 억눌려 있던 대중은 그들의 좌절과 절망감을 무엇으로든지 분출해야 했다. 그 대표적인 분출장소가 극장이었다. 나라를 빼앗기고 절망감에 빠져 있을 때, 불쑥 나타난 것이 묘하게도 슬픈 신파 가정비극이었다. 감상적이고 슬프지만 행복하게 끝맺음하는 신파극은 좌절된 사람들에게는 구미에 맞는 예술 양식이었다. 이처럼 일본은 우리에게 병 주고 약 주는 식으로 접해왔다고 말할 수가 있다. 궁극적으로 봉건적인 의리와 인정, 그리고 눈물이 흔했던 초기 신파극이 슬픔과 좌절감이 심화되어가던 1910년대 한국 민중의 심혼 속에 깊숙이 자리 잡아간 것이다.

그러나 더 큰 문제는 신파극이 한국인들의 의식을 잠재운 정도가 아니고 정서를 변화시킨 점일 것 같다. 그러니까 신파극이 낙관주의를 비관주의로, 남성적인 기질을 여성적인 기질로 바꾸어놓은 것이 아닐까 싶다.

신파극은 당초 시작 때부터 일본의 삼류 신파를 어설프게 답습한 데서 오는 여러 가지 부작용과 함께 저질 오락물로서 문제가 많았다. 가령 대본 없이 하는 구치다테식이라든가 여형배우 활용, 일본 생활풍습의 수용 등이 바로 그러한 경우다. 이러한 신파극의 수준은 수년이 흘렀어도 별로 개선되지 않았다. 다만 구치다테식을 벗어나 대본을 가지고 서툰 연출에 따라서 연극을 한 것이 조금 개선된 정도이다. 그러자 남의 극단 레퍼토리를 훔치는 '갸쿠혼도리(각본 훔치기)'라는 것이 유행했다. 이것은 20세기 초 일본에서 유행했던 일종의 표절 방식인데, 이기세가 배워가지고 와서 퍼트린 것이었다.

1910년대만 하더라도 인쇄술이 별로 발달되어 있지 않고 또 자금도 넉넉지 못했으므로 극단이 갖고 있는 레퍼토리는 원본 하나가 고작이었다. 따라서 좋은 레퍼토리라는 소문이 나면 타 극단 사람이 관객으로 잠입하여 그 내용을 몽땅 암기해서 다른 지방에 가지고 가서 재빨리 공연을 했다. 일종의 해적판 같은 것이었다. 속기술이 없었던 시대라 여간한 암기력이 없이는 불가능했다. 그렇기 때문에 낯이 익은 타 극단 사람은 첫날 공연에 가지 않는 것이 관례가 되었고 얼굴이 잘 알려지지 않은 신인이라도 감시를 엄중히 받았다. 감시를 해본댔자 가만히 앉아서 암기하는 것이므로 극본 훔치기를 막을 길은 도저히 없었다. 거기서 생각해낸 것이 극장 문 앞에서 제지하는 것인데, 단순히 연극 구경 왔다는 타 극단 사람을 무작정 막는 것은 자연 시비를 불러일으키게 마련이었다. 그래서 극장 출입구에서 멱살잡이가 일어나는 일이 종종 있었는데, 그것은 각본 훔치기를 막으려는 데서 오는 싸움이었다.

레퍼토리를 도둑질하다시피 한 것은 신파 연극인들의 수준 문제로서 신파 작가가 한 사람도 없었던 그때로서는 어쩔 수 없는 것이었다. 일본 신파 극단들이 히트한 몇 개의 레퍼토리를 돌려쓰자니 자연히 남의 것을 몰래 베끼지 않을 수 없었다. 따라서 극단들의 질서도 말이 아니었다. 자금주(資金主)를 따라 이 배우가 저리 가고 저 배우가 이리 오고 그때마다 극단이 흩어졌다가 다시 결성되곤 했다. 이처럼 배우는 지조 없는 유랑민같이 되었다. 당시는 일종의 투기업자 같은 흥행사(프로듀서)가 많아서 작품 하나 제대로 맞아떨어져 다음 공연 비용이 나오면 극단이 지속되고 그렇지 못하면 사분오열되었다. 그래서 자본주가 생겨서 돈 빛만 보이면 배우들은 정미소에 모여드는 참새 떼처럼 모이곤 했다(박진, 『한국연극사』, 156~160쪽 참조).

그렇게 되니까 경력 있는 배우를 상대 극단에서 빼내는 일이 자주 생겨났다. 배우의 제1조건은 물론 유명세였지만, 그에 못잖은 것이 그가 레퍼토리를 몇 개나 암기하고 있느냐 하는 것이었다. 그것은 곧 그 배우가 많은 작품에 출연했다는 계산도 되기 때문이다. 연극이 직업화되는 것은 좋은 일이지만 토대도 마련 안 된 상태에서 상업주의가 먼저 연극계를 뒤덮음으로써 신파극의 상황은 말이 아니었다. 신파 초기의 3거두였던 임성구, 윤백남, 이기세 등이 점차 의욕을 잃어가자 그들 밑에서 악역이나 겨우 했던 김도산과 김소랑이 1910년대 후반부터 새로운 신파극계의 리더로 부상하게 된다.

그리하여 신파극단은 김도산이 이끄는 신극좌와 김소랑 일행의 취성좌로 갈렸고, 끝까지 신파에 미련을 못 버린 이기세의 예성좌로 삼분되었다. 비교적 단명했던 예성좌는 백조의 노래처럼 톨스토이 원작 『부활』을 여주인공 이름을 따서 〈카츄사〉로 바꾸어 공연했다. 그런데 이 〈카츄사〉는 일본 다이쇼 시대에 극단 예술좌가 공연하여 공전절후의 인기를 끌었던 작품이다. 이 작품이 그렇게 큰 인기를 끌 수 있었던 것은 뭐니 뭐니 해도 당대 최고의 여배우 마쓰이 스마코(松井須磨子)가 카츄사 역을 맡았던 데다가 그녀가 주제가까지 불렀기 때문이다. 그녀가 부른 주제가 〈카츄샤의 노래〉는 일본을 휩쓸었고, 그것을 직역해서 여형배우 고수철이 바이올린과 통소 반주에 맞춰 부름으로써 이 땅에서도 한때 크게 유행했었다. "카츄샤 애처롭다 이별하기 서러워/그나마 맑은 눈 풀리기 전에/신명께 축원을 (라라) 드리워 볼까"라는, 곡조도 가사도 일본 것과 똑같은 것이었다.

그래도 대중은 점차 일본투의 신파극에 식상해갔다. 그러자 연극인들은 고육지책으로서 연극과 영화를 적당히 결합한 연쇄극이라는 것을 창안해냈다. 김도산이 이끄는 신극좌가 최초로 연쇄극을 시작했는데, 그 첫 작품이 활극인 〈의리적 구토〉였던 바 이 작품은 한국 영화사의 첫 장을 연 것이기도 하다. 연극과 영화의 융합이라는 초기의 연쇄극은 형편없이 유치한 것이었다. 그러니까 무대에서 해내기 어려운 장면을 불을 끄고 영사막에 활동사진으로 비춘 다음 다시 무대연극으로 옮겨가는 식의 혼합연극인 연쇄극에 대해서 이두현은 '통조림된 연극'이라 부른 바 있다. 결국 관객이나 끌어보려 했던 연쇄극이라는 것도 신파극의 질만 낮추었을 뿐 단기로 끝났고 몇 극단이 몇 작품을 시도하는 것으로 사라졌다.

그러나 바로 이 연쇄극을 하면서 신파극단들이 처음으로 여배우를 얻게 되었다. 신극사상 최초의 여배우는 1917년 개량단의 연쇄극으로 데뷔한 김소진(金少珍)이었다. 기생 출신이었던 김소진은 창을 잘 불렀기 때문에 구극과 신파를 함께 하는 연극에서 돋보였으나 기생 출신답게 극단에서 교태를 부리다가 핀잔을 받고 영화계로 옮겨갔다. 최초의 여배우 김소진은 연극배우로서는 매우 단명했다. 김소진에 이어 등장한 여배우가 취성좌의 여걸 마호정(馬豪政)이었다. 개성 여자인 마호정은 구황실 나인(內人) 출신으로서 김소랑과 재혼한 사이였다. 이미 40대 초반의 완숙한 그녀는 대쪽같이 강직했지만 개방적인 성격에 예술을 몹시 사랑했다. 그렇기 때문에 꽤

신파극 사상 두 번째 여배우이며
극단 취성좌의 부대표이자
자금 담당이었던 마호정(1918)

많았던 사재를 몽땅 털어서 극단 취성
좌 운영자금으로 썼던 것이다. 무대에
서는 주로 상류가정 소실 역과 계모 역
같이 독부(毒婦) 역을 맡았다. 흥미로운
것은 그런 악녀임에도 신분 여하를 막
론하고 그녀는 언제나 호화로운 의상
을 걸치고 나섰다. 그래서 마호정은 옷
잘 입는 여성으로 이름이 났고 그에 따
라 취성좌도 의상 좋은 극장으로 평판
이 났던 것이다. 그러한 멋쟁이 마호정
에 얽힌 다음 같은 에피소드까지 있다.

취성좌가 어느 지방 순회공연 때 가
설무대를 짓고 공연을 하고 있었다. 마
지막 장면에서 악녀인 마호정이 피살되는 순간이 왔다. 마침 소낙비가 내려
서 천장 없는 가설무대 위에는 흙탕물이 많았다. 물이 있는데 배우들이 들
락거려서 흙탕물이 된 것이다. 그때 마호정이 칼에 맞고 죽어 넘어지는 장
면이 되었다. 그런데 칼에 찔려서 넘어져야 할 마호정이 콱 쓰러지지를 않
고 반쯤 넘어지는 자세로 서서 죽으면서 빨리 막을 내리라고 지시한 것이
다. 그녀는 화려한 옷에 흙물이 묻지 않도록 서서 죽은 것이었다. 이것을 가
리켜 마호정의 입사(立死)라고 했다(박진, 위의 책, 164~165쪽 참조). 이는 사실
초창기 신파극 시대에나 있을 수 있는 일화였다. 아직도 봉건적 인습이 강
하게 남아 있었던 1910년대에 궁중 나인 출신으로서 사재를 털어 극단을
운영하면서 연극인 김소랑을 헌신적으로 사랑했고, 또 여배우가 없었던 신
파극 초창기에 여배우로서 연기의 폭을 넓힌 선구적 여배우가 바로 마호정
이었다.

# 제4장
## 명멸하는 스타들

    1919년 3·1운동 이후 광범위한 민족 자각 기운과 함께 전근대적 껍데기가 하나하나 벗겨져 나가는 중에 공연예술로서는 신파극이 끼어 있었다. 한글이나 겨우 터득한 사람들이 그저 좋아서 했던 신파극은 도쿄 유학생 출신 젊은이들에 의해 여지없이 묵살당했고, 도시 대중으로부터도 외면당하기 시작했다. 따라서 서울을 중심으로 한 도시에서는 미숙한 학생극이나 아니면 아마추어 냄새가 나는 유학생 출신의 인텔리 연극이 판을 쳤다. 각종 순회극단이라든가 학생극들이 바로 그러한 소인극이었다. 그런 중에서 나은 것이 바로 학생극단으로부터 전문 극단으로 탈바꿈한 '토월회'였다.

    이들에게 자리를 빼앗긴 신파극단들은 간헐적으로 공연을 가져보았지만 대중의 박대가 이만저만이 아니었고, 결국 뿔뿔이 흩어져 나머지는 김소랑 부부가 끈질기게 이끌었던 취성좌에 모여 겨우 명맥을 이으면서 지방을 떠돌았다. 이들은 1920년대 초까지도 일본 신파의 때를 못 벗고 그들 삼류 극본들을 번역해서 공연했으며 주인공들은 수건으로 머리를 동이고 무사도의 칼싸움이나 했던 것이다. 그러다가 토월회의 영향을 받아 조금씩 나아져 갔고 연극 의식도 갖추기 시작했다. 가령 관의 후원을 받아 위생(衛生) 계몽극을 한다든가 서툰 대로 민족애를 발휘하는 작품을 공연한 것 등이 그런 경우였다.

이들은 비록 극장을 못 빌려 남사당패처럼 여관 앞마당에 가설무대를 세워놓고 공연을 했을망정 그들 나름으로 민족을 생각하기 시작했다는 것은 매우 중요한 의미를 지닌다. 가령 북간도의 민족학교(대성중학)를 위한 모금 공연이라든가 각 지역의 독서회 지원 공연, 청년회 돕기 공연, 소년수양단 지원 공연 등이 그런 예였다. 비록 삼류 신파 유랑극단이었지만 민족 정기만은 남 못잖으려 애쓴 것이다. 그들이 1926년 여름에는 동포를 위한 모금 공연을 위해서 북간도까지 갔었다. 거기에 가서는 노동원(勞動院)을 위해서도 공연했으며 반년여 동안을 순회하고 귀국한 바도 있다.

그런데 신파극단 취성좌가 목표 없이 일본 신파를 재탕만 하다가 민족의식을 갖춘 극단으로 급선회하게 된 데는 그럴 만한 사건이 있었다. 즉 취성좌는 전주 공연 중에 여권운동을 펴고 있는 청년층을 야유하는 대사를 했는데 공연 중에 전주 청년 회원들이 벌떼같이 일어나 사과를 요구함으로써 연극은 중도에 끝났고, 결국 주연배우 문수일(文秀一)이 관중에게 정중히 사과함으로써 수습된 사건이 있었던 것이다(『동아일보』 1926.11.2).

그때의 관객은 연극을 단순한 예술 행위로서보다는 하나의 현실로 생각했던 것 같다. 그로부터 취성좌는 지방을 돌아다니면서 각종 민족단체들과 야학당, 유치원, 고아원 등을 위한 지원 공연을 많이 했다. 그러한 방향 전환이 취성좌로 하여금 대중과 밀착되게 하는 계기가 되었던 것이다. 그러나 극본을 써주는 대중 작가가 나오지 않아서 취성좌는 레퍼토리 빈곤에 봉착했고, 결국 막간과 스타급의 빼어난 연기력으로 버텨나갈 수밖에 없었다.

막간이라는 것은 이름 그대로 신파극의 막과 막 사이를 일컫는 말이다. 당시의 무대 구조는 매우 구식이어서 장면이 바뀔 때마다 막을 내리고 2, 30분 동안 장치를 세워야 했다. 그 지루한 시간을 관객이 못 기다려주었기 때문에 스타급 배우들이 막 앞에 나와서 만담도 하고 노래도 불렀으며 춤도 추었다. 그러니까 극단 측으로서는 관객을 붙잡아두고, 또 더 끌어들이기 위한 고육지책으로서 그러한 비정상적 수단을 썼었다. 당대를 풍미했던 인기 대중가요도 모두 신파극의 막간에서 불려 유행케 된 것이다. 그 하나의 좋은 예가 아직까지 인기를 누리고 있는 대중가요 〈황성옛터〉이다.

막간이 연극 내용 못잖은 인기를 누리자 취성좌는 전속 밴드를 두었고, 그중에는 개성 출신의 스물두 살 청년 바이올리니스트 전수린이 끼어 있었다. 취성좌의 무대감독으로 희곡을 쓰고 있던 왕평(王平, 본명 이응호)과 친했던 전수린은 왕평이 지은 시「황성옛터」를 암송하고 있었다. 왜냐하면 "황성 옛터에 밤이 되니/월색만 고요해/폐허에 서린 회포를/말하여주노라…"로 이어지는 시가 식민지의 나라 잃음을 고려 패망과 관련시켜서 너무나 절실하게 심금을 울려주었기 때문이다.

그는 마침 취성좌의 개성 순회공연 중에 작사가 왕평과 함께 달빛이 휘황한 가을밤을 거니는데, 만월대야말로 패망과 실국(失國)으로 얼룩진 민족의 아픔을 호곡하라는 듯 쓸쓸하기만 했다. 그는 고려의 패망과 현실을 결부시켜 악상을 떠올리기 시작했다. 그는 그날 밤 개성의 한 여인숙에서 한잠도 자지 않고 악상을 오선지 위에 그려나갔다. 불후의 대중가요 〈황성옛터〉는 이처럼 한 앳된 청년에 의해 시골 여인숙 골방에서 탄생된 것이다.

1929년 가을, 서울로 돌아온 취성좌는 단성사에서의 신파극 공연 중 막간에 스무 살의 가녀린 인기 여배우 이애리수(李愛利秀)를 등장시켜 〈황성옛터〉를 시험 삼아 부르게 했다. 청중은 노래가 끝나기도 전에 열광했고 의자가 부서질 정도로 요동쳤다. 문자 그대로 폭발적인 것이었다. 흥분한 사람들 중엔 울부짖는 등 야단법석을 떠는 이도 있었다. 전문 가수도 아닌 애송이 여배우의 서툰 노래였음에도 그 우수 어린 회고조의 가사와 슬픈 리듬에서 망국과 독립의 비원(悲願)을 감각적으로 느낀 것 같았다. 그 입소문은 금방 시중으로 퍼졌고 단성사는 연일 초만원을 이루었다. 극단 취성좌는 신통찮은 연극이었음에도 불구하고 그 막간 노래 〈황성옛터〉 때문에 장기 공연으로 들어가 적잖은 재미를 보기도 했다.

트로트의 원조가 되는 대중가요 〈황성옛터〉가 1920년부터 민족 애창곡처럼 전국적으로 퍼져나가면서 자유와 독립을 갈망하는 정치가요 비슷하게 비쳐졌던 바, 조선총독부가 그 감을 놓칠 리 만무했다. 그 노래로 인해서 취성좌의 단성사 공연은 즉각 중지되었고, 〈황성옛터〉 역시 정신 오염이라는 명목을 붙여 금지곡으로 만들어버렸다. 〈황성옛터〉로 인한 총독부의 공연 중지는 취성좌가 급속히 몰락하는 계기가 되기도 했다. 그런데 흥미로운 사실은 금지곡이었음에도 불구하고 〈황성옛터〉가 요원의 불길처럼 전국으로 번져나가 국민 애창곡이 되었다는 점이라 하겠다. 그때부터 이애리수 노래의 레코드 붐이 일어났고, 심지어 "저 달이 가는 곳 내 마음 간 곳/달 보면 빈 뜰에 몸만 호올로…"로 시작되는 춘원 이광수 작사의 〈스러진 꿈〉이라는 유행가도 나올 정도였다.

그 시절에는 막간에서 인기가 있어야 배우로서도 인기가 있었고 우대를 받았다. '막간의 여왕'이란 명칭도 그때부터 생겨난 유행어이다. 그로부터 이애리수는 최고의 명성 있는 배우 겸 여가수가 되었고 도쿄에 건너가 여러 편의 노래를 취입하기도 했다. 두 달여 동안 취입하고 귀국하자 레코드 회사에서 '도쿄서 온 이애리수'라고 선전하는 웃지 못할 과장 광고도 나왔다. 취성좌의 레퍼토리인 톨스토이 원작 〈부활〉의 히로인 카츄사 역으로 조금 알려졌던 미모의 신진 이애리수는 단연 신데렐라가 되었고 뭇 남성들의 선망의 대상이 되기까지 했다.

결국 그녀는 돈의동의 장안 부호 아들 배동필(普專學生)과 열애에 빠지게 된다. 그러나 배동필 집에서 결혼을 반대하고 나섰다. 그에 충격을 받은 이애리수는 독약을 마시고 동맥까지 끊는 일을 저지른다. 다행히 사망 직전에 배동필에게 발견되어 대학병원으로 옮겨졌고, 남자 집에서 어쩔 수 없이 결혼을 승낙했으나 그 사실을 미처 몰랐던 배동필도 극약을 마시고 혼수상태에 빠짐으로써 같은 대학병원으로 실려가 두 사람이 아래위층에서 치료를 받는 상황이 되었다. 한국판 실화 〈로미오와 줄리엣〉 같은 비련의 로맨스가 될 뻔했다. 이애리수는 아래 병실에서 위층의 애인 병실로 "살아서 당신 아내 되어지이다"라고 애절한 연서를 적어 보내곤 했다. 다행히 둘 다 회복되어 행복한 결혼을 했고, 그 사건은 그녀가 영원히 무대를 떠나는 계기가 되었다.

이처럼 숱한 에피소드를 낳은 대중가요들이 모두 신파연극의 막간에서 나왔고, 막간도 점차 극으로 발전하여 소위 악극이라는 새로운 대중극 장르를 탄생시키기도 했다. 오늘날 북한에서 금과옥조로 삼고 있는 혁명가극이라는 것도 따지고 보면 그 뿌리는 1920년대 말엽의 신파 막간극에서 찾아야 하지 않을까 싶다.

막간극을 처음 시작한 취성좌는 1920년대에 신파극의 맥을 잇는 극단으로서, 그 단장은 김소랑이었고 궁중 나인 출신 부인 마호정이 재정 담당 부단장이었다. 막간극까지 창안했지만 김소랑 부부는 기진맥진했고 결국 1929년 겨울에 취성좌를 해산시켰다. 그들 단원을 그대로 인수해서 역시 기획 전담 단원이었던 지두한(池斗漢)이 바로 그달(1929년 12월)에 조선연극사(朝鮮研劇舍)라는 새로운 극단을 탄생시켰다. 호떡을 먹으며 단성사에서 발족된 조선연극사는 극단 명칭부터 특이했고 조직도 과거 신파극들과는 근본적으로 달랐다.

평소 순수 한국인이 지은 극장이 없는 것이 한이 된 지두한은 극단 이름부터 조선 연극을 연구하는 집(朝鮮研劇舍)이라고 하여 전용 극장 건립을 목표로 삼았으며 도제식 단장제를 싫어해서 동인제 시스템을 처음으로 도입했다. 지두한이 자금을 모두 대면서 전무로 앉은 것이 그 하나의 증좌이다. 일본 와세다대학에서 연출을 공부한 천한수(千漢洙)를 대표로 내세운 조선연극사는 슈니츨러 작 〈눈먼 동생〉, 강범득 각색 〈카푸에의 짜스〉, 그리고 대희극 〈5만 원의 재보〉 등을 갖고 음악·무용을 곁들인 창립 공연을 가졌다. 조선연극사에는 당대 최고의 배우들이 모였던 바 이경환, 강홍식, 성광현, 문수일, 이경설, 이애리수, 신은봉, 전옥 등 30명과 밴드부 20여 명이

조선연극사 단원들(우단) 리더 지두한

전속단원이었다.

　우선적으로 일본색을 탈피하기 위해 창작극에 중점을 두기로 한 조선연극사는 최초로 전속작가로서 왕평, 임서방(任曙昉) 등에게 후한 급료를 주어 작품을 의뢰했다. 조선연극사가 월급제에다가 배당제까지 가미한 것은 본격적인 직업극단으로 나간 것을 의미한다. 레퍼토리 색깔은 아무래도 시대 상황에 따라 비극이 주였다. 극단이 희극으로 밤새도록 웃겨도 다음 날은 관객이 뚝 떨어지기 때문에 비극을 선호할 수밖에 없었다. 비극 연출에 능한 천한수는 우수의 여배우 이경설을 내세워 관중을 사로잡았다. 청진 출신의 이경설은 창백한 얼굴과 가녀린 몸매로 이미지부터 비극성을 풍겼다. 그런 이경설이 무대에만 올라서면 주먹 같은 눈물을 펑펑 쏟기 때문에 울지 않는 관객이 없었다.

　〈어머니〉라는 작품을 공연할 때의 에피소드는 유명하다. 너무 가난해서 남의 집 쓰레기통의 독성이 강한 복을 주워다가 병든 남편을 먹이고, 그가 죽은 뒤 애통해하는 장면에서 이경설과 똑같이 소리를 내면서 흐느끼는 어느 중년 여자 관객이 있었다. 보다 못한 옆의 남자 관객이 "이건 연극이오. 왜 그렇게 울고불고해서 남의 연극 관람을 방해하는 거요?" 하니까 그 여자 관객 왈 "연극이 뭐요? 내가 그런데"라고 울음을 그치지 않았다는 일화도 있다. '눈물의 여왕'이란 말도 당초 이경설의 비극적 명연기에서 유래된 것이었다. 따라서 극단은 신문광고를 낼 때는 언제나 '눈물의 여왕이 나오니 필히 손수건을 갖고 오쇼!'라는 문구를 빠트리지 않았다고 한다.

이경설의 인기가 너무 좋았기 때문에 그녀의 대사 취입 레코드까지 나왔는데, 이 대사 레코드가 널리 팔려서 이경설의 연극을 못 본 사람도 그녀의 목소리는 다 알 정도였다. 그리고 극단은 이경설이 출연하는 극장에서는 그녀 사진을 10전씩에 팔아서 톡톡히 재미를 보기도 했다. 그 시절 스타들은 그만큼 절대적인 인기를 누렸던 것이다. 톨스토이의 〈부활〉에서 카츄사 역을 도맡아 했던 그녀는 결국 과로가 겹쳐 폐결핵으로 삼십도 못 된 젊은 나이에 죽고 말았다.

이경설의 상대 남자 역도 그녀 인기 못잖았다. 그녀의 상대역이었던 이경환은 최고의 남자 스타였다. 경성의 유복한 집안 출신인 이경환은 중키의 귀티 나는 배우였다. 부드럽고 풍부한 성량에 세련된 매너는 관객을 압도했다. 젊은 역으로부터 노역에 이르기까지 자유자재로 소화해낼 수 있는 그 천부적 연기력은 타인의 추종을 불허했다. 인기 스타에는 언제나 연인이 따르듯이 이경환은 주체할 수 없을 만큼 여성 팬의 공격을 받았다.

인사동 조선극장 공연 때의 일이었다. 매일 연극이 끝날 때쯤 해서 절세의 소복 여인이 멀리서 기다리곤 했다. 나중에 인력거꾼의 쪽지를 받고 그녀를 따라가본 결과 대단한 귀족의 후실이었다는 것이다. 며칠 밤을 그녀와 즐겁게 보내고 나오려는 순간 대감이 나타난 것이 아닌가. 급히 병풍 뒤에 숨었지만 너무 급한 나머지 봉당의 신발과 방 안의 양말 한 짝을 치울 수가 없었다. 병풍 뒤에 숨어 있다가 나오라는 대감의 호령에 무릎을 꿇어 백배 사죄했더니 그의 얼굴을 가만히 쳐다보고 있던 대감 왈, "여자가 따르게 생겼군!" 하더라는 것이다. 그러더니 술상을 차려놓고 술을 권하면서 남자가 있을 수 있는 일이니 용서를 하지만 이 집에 드나들었다는 소문을 퍼뜨리면 당장 목을 치겠다는 불호령을 받고 쫓겨나왔다는 일화는 유명하다. 이는 그의 인기를 측정할 수 있는 에피소드라 하겠다.

이경환은 기생 등 여성 팬의 끈덕진 공세로 건강을 지탱하기 어려웠고 결국 아편을 맞아야 했으며, 그것이 문제가 되어 연쇄극 〈청춘난영〉 촬영 중 체포돼 종로서에 구금되기도 했었다. 동양극장의 최고 스타 황철(黃澈)은 이경환이 공연 중에 체포됨에 따른 공백을 메우기 위한 대역으로 나갔다가 그 이상으로 대스타가 되었다. 이것도 이경환의 비중을 가늠할 수 있는 에피소드다. 그 후 이경환은 아편 중독을 벗어나려고 금화로 요양을 떠남과 동시에 무대로부터 영원히 사라져버렸다.

이처럼 1930년대 초까지만 해도 스타 시스템이었고, 실제로 천부적인 명배우가 몇 명 있었다. 그렇기 때문에 대단치 않은 내용의 희곡을 가지고도 탁월한 배우들이 나와서 관중을 압도할 수가 있었다. 또한 톱클래스 배우의 움직임에 따라 극단이 휘뚱거리기 일쑤였다. 왜냐하면 좋은 배우 한두 명의 움직임으로 극단이 쇠락할 수가 있기 때문이다. 실제로 조선연극사도 그런 경우를 당했음은 두말할 나위 없다. 즉 1930년대 초 불만을 가진 배우들이 이탈하여 다른 극단들을 조직했던 사례가 있었다. 즉 이경환, 신불출, 이애리수, 전경희, 문수일, 이종철 등이 탈퇴하여 각각 극단 연극시장과 신무대, 삼천가극단 등을 탄생시켰던 것이다. 한편 이경설처럼 요절한 경우도 있었다. 그러나 조선연극사는 무대미술가 원우전, 연출가 홍해성, 배우 이백수, 작가 박영호, 임선규 등을 새로 맞아들이고 여배우 부족은 어린 딸 3형제(池崔順 · 京順 · 季順)로 메꾸었다. 바로 여기서 자기 재산과 자식들까지 몽땅 연극에 바쳐버린 지두한의 인성과 집념을 알 수 있다.

19세기 말 함흥의 부잣집에서 태어난 그는 소학교 훈도를 하다가 블라디보스토크에 가서 독립운동을 했다. 일경에 체포된 그는 옥고를 치르고 나와

서 곧바로 연극운동에 뛰어들었
다. 예술에는 재능이 없었지만 연
극을 통해 민중을 깨우쳐 독립을
쟁취하겠다는 일념으로 지방연극
(예화극단(藝和劇團))을 하다가 취성
좌에 들어갔고, 곧바로 조선연극
사를 발족시켰다.

그의 원대한 꿈은 민족 계몽을
통한 자주독립이었지만 당장의
목표는 한국인에 의한 전용 극장
건립이었다. 연극의 철저한 직업
화도 그래서 시도한 것이었다. 그

조선연극사 지두한의 세 딸(최순, 경순, 계순)

런데 극단원 80여 명을 먹여살리면서 극장을 세운다는 것은 솔직히 불가능
한 일이었다. 당시 지두한의 역할은 명목상 극단 경영이었지만 실제로는 경
찰서를 제집 드나들 듯하는 배우, 작가, 연출가들을 경찰서로부터 빼내오는
일이 주무였다. 워낙 강직하고 의연하며 단호했기 때문에 경찰들도 지두한
의 이야기는 잘 들었다고 한다. 그러한 궂은일을 도맡아 하는 그가 어쩌다
노모와 처만이 살고 있는 고향에 가는 것은 극단 자금 염출을 위해 전답을
팔러 가는 것뿐이었다.

고향에 들른 남편 지두한에게 아내가 어느 날 불평을 했다. 연극을 위해
전답을 팔아 가는 것은 이해한다 치더라도 자식까지 모두 빼앗아가면 무슨
낙으로 사느냐는 것이었다. 지두한은 자식이야 낳으면 되지 않느냐고 퉁명
스럽게 대답했다. 그러나 남편 없이도 자식을 낳을 수 있느냐는 부인의 반
박에 지두한은 머쓱해지지 않을 수 없었다는 일화가 전한다. 그때부터 그
부인마저도 고향을 떠나 극단을 따라다니면서 세탁부 · 식모 노릇을 했고,
남매를 또 낳아 기를 수가 있었다.

그의 세 딸 중 장녀 지최순이 가장 연기력이 뛰어나서 죽은 이경설의 뒤를 이어 히로인이 되었다. 따라서 그녀가 이경설의 전매특허인 카튜샤 역을 해내야 했다. 술 근처에도 못 가본 열여덟 살의 그녀가 실제로 술에 취하는 10여 일 동안의 눈물겨운 연습 끝에 드디어 카튜샤로 변신할 수가 있었다. 그로부터 그녀가 일약 스타덤에도 오르게 되었다.

그러나 연기에 너무 전력투구한 나머지 단 몇 년 만에 그녀도 심장병과 폐결핵으로 몸져 눕게 된다. 다행히 전옥(全玉)이란 천성의 배우가 있었기 때문에 버틸 수는 있었지만 조선연극사도 쇠잔해지기 시작했다.

전속 연출가 홍해성도 지식인 단체인 극예술연구회로 옮겨갔고, 대신 배우 강홍식(姜弘植)이 연출을 도맡아 했다. 강홍식의 장기는 배우들을 남녀 안 가리고 두들겨 패는 스파르타 방식이었다. 그중에서 가장 많이 맞는 배우가 뒷날 그의 아내가 된 전옥이었다. 전옥도 이경설처럼 눈물이 많은 비극 배우여서 한 시대를 '눈물의 여왕'으로 풍미했던 스타였다. 그녀는 연극이 너무 좋아 극단을 따라다니다가 아버지에게 잡혀가 머리를 빡빡 깎이기 일쑤였지만, 굴하지 않고 머리가 조금 자라면 도망쳐 나오곤 했었다. 그녀가 아버지에게 끌려간 뒤, 선배 복혜숙이 찾아가서 "당신 딸을 그렇게 묶어두면 독약을 먹고 죽을 것"이라고 협박하여 다시 무대로 끌어냈던 일화도 있다.

그때만 해도 배우 생활이 고생스럽기만 했지만 연극이 아니면 살 수 없는 연극인들이 꽤 있었다. 여배우 전옥은 짙은 눈썹 아래 우수 어린, 매력적인 눈을 가지고 있었는데, 그 사색적이면서도 남국의 바다처럼 적요한 까만 눈 때문에 곤욕을 치른 일도 있었다. 업튼 싱클레어 원작 〈2층의 사나이〉 공연 때였다. 관객의 환호가 대단했으므로 주연배우들이 경찰서로 끌려가는 일이 빈번했었다. 어떤 때는 경찰이 대본을 아무리 검토해보아도 트집 잡을 것이 하나도 없자 담당 형사가 전옥을 한참 보고 있다가 "넌 눈이 나쁘다. 네 눈은 어딘가 관중한테 호소하는 바가 있다. 그러니 경찰서 신세 좀 져야겠다"는 것이 아닌가. 아마 세계 연극사상 여배우가 눈의 매력 때문에 유치장 신세를 진 경우는 한국의 여배우 전옥밖에는 없었으리라.

악극의 스타 여배우 전옥

이러한 전옥도 가정생활은 행복하지 못했다. 자기를 그처럼 사랑해서 강효실 등 3남 1녀를 두었음에도 불구하고 남편 강홍식은 〈처녀총각〉이라는 레코드 취입으로 10만 장을 팔아 큰돈을 번 뒤 일본 여자와 사랑에 빠져 가정을 떠났기 때문에 전옥만 버림받은 여자가 된 것이다. 그는 결국 축구선수 출신으로서 와세다대학 유학까지 한 인텔리 최일과 재혼해서 안정을 찾았다. 당대의 신데렐라였던 전옥도 세상 풍상을 신물 나게 겪었던 것이다.

사랑과 실연, 질병, 죽음 등에 얽힌 스타들의 들쭉날쭉 거취로 인하여 극단 조선연극사는 급속도로 하강해갔다. 배우난과 연습 부족 등으로 극단이 관객을 잃어갔기 때문이다. 극단의 주된 레퍼토리는 연극과 막간, 독창과 난센스(만담의 일종) 등으로 꾸며지는 것이어서 구경거리는 될 만했으나 배우들의 연습 부족으로 앙상블은 전혀 이루어지지 않았다. 쇠락해가는 조선연극사가 알찬 연극 내용보다는 다양한 볼거리로만 관객을 끌려고 했던 것이다.

그런데 외형적 볼거리 중 한 가지가 소위 '마치마와리(町廻)'라는 가두 선전 방식이었다. 마치마와리는 지방에 공연을 가면 낮에 화려한 의상에 분장까지 한 수십 명의 배우들이 하나씩 인력거를 타고 궁짝궁짝 불어대는 브라스밴드 뒤를 따라 거리를 누비는 선전 방식을 일컫는다. 인력거 앞에는 배우들 이름을 크게 써붙여서 누구나 쉽게 읽을 수 있도록 했다. 그러면 군중은 자기들이 좋아하는 배우가 왔는가 살펴보게 된다. 그들이 좋아하는 배우가 왔으면 그날 밤은 초만원을 이루고 그렇지 않으면 파리를 날리게 마련이다. 극단들이 너도나도 유명배우를 내세우려는 이유도 바로 거기에 있었다.

마치마와리를 가장 화려하게 발전시킨 극단이 바로 조선연극사였다. 조선연극사의 마치마와리는 지게꾼에게 북을 지워 배우가 두드리고 다니던 초기의 선전 방식에 비하면 대단한 발전이었다. 화려한 마치마와리는 우리가 다시 볼 수 없는 한 시대의 낭만적 정경이었지만 반면에 연극이 품위를 잃고 타락해가는 조종(弔鐘)의 상징이기도 했다. 지두한의 극단 조선연극사는 기사회생을 위해 몸부림쳤지만 7년여 동안 90여 명의 단원들을 먹여살리는 일은 버거웠다. 따라서 조선연극사의 한국인 전용 극장의 건립이라는 원대한 꿈은 한낱 신기루에 불과했던 것이다.

그런 때에 극단 조선연극사에 내외적으로 두 가지 사건이 생겼다. 즉 외적으로는 당대의 무용가 배구자(裵龜子) 부부에 의해 한국인 전용 극장 동양극장이 1935년에 건립된 것이고, 내적으로는 극단의 대들보였던 주연 여배우 지최순이 폐결핵으로 쓰러진 것이었다. 지최순의 아버지이며 극단 리더인 지두환은 1936년 말 단원들을 모아놓고 극적으로 해단(解團) 선언을 해버린다. 너무 일방적이고 급작스러워서 단원들이 통곡하면서 아우성쳤지만 지두한은 꿈적도 하지 않았다. 동양극장이 문을 열었으니 자신이 극단을 안 해도 배우들이 먹고살 수 있는 길이 생겼다는 것이 지두한의 해단 이유였다. 1920년대의 신파극단 취성좌의 바통을 이어받아 신파 대중극의 명맥을 이으면서 토착화에 기여한 조선연극사가 7년여 만에 그 바통을 동양극장에 넘겨주고는 한국 근대연극사 속으로 사라져버린 것이다.

그동안 극단을 꾸려가느라 가산을 탕진해버린 지두환은 아내와 늦게 얻은 아들만을 데리고 함흥으로 낙향했다. 연극을 위해 선산까지 팔아 없앴으므로 먹고살 길이 막막했던 그는 아내와 길거리에서 막국수 장사를 시작했다. 그러나 지방의 작은 도시에서의 막국수 장사로는 네 식구가 연명하기도 힘겨웠기 때문에 고향을 떠나 서울 서대문 근처 영천에서 장사판을 벌였다. 그 딱한 소식을 전해 들은 동양극장 주인 홍순언(洪淳彦)이 지두한을 찾아가 극장 고문으로 이름만 올리게 허락해주면 월급을 주겠다는 제의를 했다. 사실 지두한은 작가도 연출가도 아니었지만 그동안 연극계에 전 재산을 투척하면서까지 헌신적으로 봉사해온 공로로 인하여 연극계에서 존경받는 지도자였기에 고생하는 그를 예우해서 그런 제안을 한 것이었다. 그러나 지두한은 화까지 내면서 단호하게 거절하는 것이 아닌가. 그는 항상 짚고 다니는 단장으로 땅을 탁탁 치면서 "네가 극장장이면 극장장이지 내 일생까지 좌우하려 드느냐. 내가 그런 공짜 밥이나 얻어먹는 기생충인 줄 아느냐"고 되려 호통을 쳤다. 당황하여 머쓱해진 홍순언 사장은 죄송하다고 백배사죄하고 발길을 돌려야 했다.

세 딸 중 장녀 지최순은 무용가 백은선(白恩善)과 결혼한 뒤 무대를 떠나 방송계로 가서 성우와 진행자로 종사했고, 둘째 지경순과 셋째 지계순은 동양극장 등에서 계속 무대에 섰다. 지두한은 해방 직후 월남해서 서대문 밖에서 딸들이 보내주는 돈으로 근근이 살았다. 그러다가 아내도 죽고 그도 당뇨병으로 쓰러졌다. 딸들이 집을 저당 잡혀 적십자병원에 강제 입원시켰으나 자식한테 물려줄 초가 한 칸마저 치료비로 없앨 수는 없다면서 몰래 퇴원해버렸다. 평소 남의 신세를 절대 지지 않는 성격이어서 그는 자식들이 권하는 음료수마저 일절 먹지 않다가 그는 결국 72세로 굶어 죽다시피 했다.

기인답기까지 한 선구 연극인 지두한은 민족운동의 수단으로 연극을 했고 그로 인해서 가산 탕진은 물론 처자까지 연극에 바친 끝에 자신은 매우 가난하고 쓸쓸하게 말년을 보냈다. 지두한의 일생은 형극으로 점철된 한국 근대 연극운동사를 압축해서 보여주는 듯도 싶다.

# 제5장

# 신무용가 배구자의 연극 전용 극장 설립

　　서양은 이미 기원전부터 야외극장을 비롯한 소위 극장 무대가 생겨나 공연장이 발달했지만 우리나라는 그렇지 못했다. 왜냐하면 우리의 경우는 서양과 달리 희곡 중심이 아닌 제의성을 띤 야외놀이로서 연극이 형성되어왔기 때문이다. 따라서 극장이라고 이름 붙일 만한 공연장이 처음 생겨난 것은 겨우 19세기 말엽이었고, 1902년의 관립극장 협률사가 제대로 된 첫 번째 옥내 무대였다.

　　그런데 놀이문화를 천시한 사회 풍조로 인하여 극장이 제대로 발전을 못하는 처지에 일본마저 침략함으로써 극장 문화가 전혀 뿌리를 내릴 수가 없었다. 그러니까 일제의 한국병합 이후는 순전히 일본인들만이 극장을 세워서 운영했던 것이다. 그것도 무식한 대륙 낭인(浪人)들이 주로 극장을 치부의 수단으로 활용했기 때문에 예술의 발전과는 거리가 멀었고 오로지 경제 침탈의 한 부분이 되었을 뿐이었다.

　　일본인들은 서울 충무로부터 시작해서 전국 주요 도시에 극장을 세워 돈벌이 장소로만 활용했다. 유일한 한인극장 광무대(光武臺)와 단성사도 전당포 주인 다무라(田村)가 사들여 박승필에게 운영권을 맡긴 것이었다. 그래서 1930년대 중반까지만 해도 서울에는 한국인 극장은 없었고 지방에 보잘것

없는 극장이 몇 개 존속했는데, 함흥의 동명극장, 평양의 제일관, 대구의 만경관 등 정도였다.

예술에 무지한 대륙 낭인들이 순전히 돈벌이를 위해서 극장을 세워 운영하다 보니 시설은 엉망이었고 극장주들의 행패도 이만저만이 아니었다. 일본인들이 설계해서 지었기 때문에 무대 하나만 객석에 비해 넓었다. 그들의 전통극인 가부키(歌舞技), 노(能), 분라쿠(文樂) 등을 염두에 두었기 때문이다. 물론 그들은 돈벌이가 되는 활동사진을 주로 돌렸지만, 무대가 넓어서 연극을 하기는 괜찮았다. 4·6 배분제여서 수익금의 4할을 고스란히 챙길 정도였으니 그들의 착취가 어떠했던가를 짐작할 만했다.

그나마도 연극은 영화에 밀려 극장 빌리기가 보통 어려운 것이 아니었다. 극장 빌리기만 어려운 것이 아니었다. 극장을 빌려도 연극인들은 누구나 박대를 당했다. 극장 주인은 말할 것도 없고 하다못해 무대기술자들마저 행패가 보통이 아니었다. 극단 대표든 누구든 무대에만 들어서면 만사를 조심해야 했다. 장치가와 대소도구 담당자들이 만들어놓은 법조문에 조금만 어긋나면 열화같이 화를 내고 덤볐기 때문이다. 그들의 비위에 조금이라도 어긋날 경우 단장이 고개를 90도 숙이고 백배사죄를 하지 않는 한 무대는 움직이지 않았다. 연출가나 배우들이 그들을 일개 목수나 노무자로 잘못 취급해서 곤욕을 치른 경우가 한두 번이 아니었다.

한번은 단장이 주역을 맡은 어느 작품에서 마지막 장면이 죽음으로 끝나는 비극이었다. 주역인 단장이 서서히 죽어 넘겨졌는데도 막이 내리지 않고 그대로 밝게 비추고 있었다. 막이 내려지지 않는다고 죽어 쓰러진 사람이 다시 일어날 수도 없고 그렇다고 소리를 칠 수도 없고 해서 대단한 곤욕을 치렀다. 이는 막을 잡고 무대를 지키는 막잡이가 단장이 눈에 거슬리는 일이 있어서 골탕을 먹인 경우였다. 그 일이 있고부터 극장을 빌리면 단장은 우선 막잡이부터 찾아서 정중한 인사를 올렸고 또 섭섭잖은 인사치레를 해야 했다(이서구, 「劇場歲時記」, 『신동아』 39호). 이는 식민지 시대에 연극하기가 얼마나 어려웠던가를 단적으로 보여주는 사례다.

극장에서 풍기를 살린답시고 남녀의 객석만은 좌우로 나누었으나 난방이 안 되었기 때문에 혹한에는 여성 관객들 중에는 조그만 화로를 소지하고 들어오는 관객도 있었다. 물론 극장 구조가 모두 원시적인 것만은 아니어서 인사동에 있던 조선극장은 2층에 엘리베이터까지 있긴 했다. 그래서 5전씩 (승강기 사용료) 더 내고 승강기 타는 맛에 2층 표를 사는 관객이 많았고, 따라서 2층은 언제나 초만원을 이루었다.

무대도 회전이긴 했으나 뒤에서 두세 명이 손으로 밀어야 했으므로 그것도 쉬운 일이 아니었다. 그런 중에서도 조선극장만은 당시에 연극하기에 괜찮은 무대 시설을 갖추고 있었고, 극단들에게도 비교적 잘 빌려주는 극장이기도 했다. 그런데 그나마 불타버리고 말았다. 그런데 그 화재 원인이 너무나 어처구니가 없었다.

마라톤 선수 손기정이 베를린 올림픽에서 우승을 하여 전국을 떠들썩하게 만들었던 무렵이었으니까 1936년이었다. 조선극장에서 언제나처럼 낮부터 활극 영화를 상영하고 있었다. 한낮 상영이어서 관객은 많지 않았으나 그 가운데 시골서 갓 올라온 스물 안팎의 청년이 끼어 있었다. 영화를 처음 보았기 때문에 호기심도 대단했지만 특히 악한이 성냥 한 개비로 큰 집을 불사르는 장면은 충격적이었다. 그 청년은 영화를 보던 중 변소에 가서 도둑 담배를 피워 물고 담뱃불을 붙인 성냥개비의 타는 모습을 보면서 영화 장면을 생각했다. 그는 영화가 순전히 거짓말일 것이라 생각해서 반 이상 타고 있던 성냥개비를 변소의 창틀 사이에 집어넣고 들어왔다. 전혀 불가능할 것이란 생각에서 시험 삼아 해본 장난이었다. 그런데 바짝 마른 목조건물인 조선극장은 영화가 채 끝나기도 전에 불타오르기 시작한 것이다. 그 청년이 놀라 도망친 것은 두말할 나위 없다. 이튿날 새벽에 그 청년은 다 타고 재만 남았을 조선극장의 참담한 꼴을 보려고 주변을 배회하다가 수상히 여긴 경찰에 체포됨으로써 그 전말도 드러나게 된 것이다(박진 증언). 이처럼 어처구니없게도 한 시골 청년의 조그만 불장난으로 인하여 극단들이 자주 활용하던 조선극장이 사라져버린 것이다.

식민지 시대에 연극 하기에 가장 어려웠던 것 가운데 하나가 극장 사정이었는데, 그것은 순전히 일본인들이 돈벌이만을 위해 극장을 독점한 데에 가장 큰 원인이 있었다. 바른말 잘하기로 소문났던 희극배우 신불출(申不出)이 극단 신무대를 따라 대구로 명절 공연을 가서 "우리 민족은 극장조차 없다"라는 발언을 했다가 공연도 못 하고 쫓겨 왔던 일화는 너무나 유명하다.

따라서 한국인의 손에 의해서 전문 극장 하나 세워지기를 바란 것은 당연했고, 또 당시 모든 무대예술인들의 공통된 최대 염원이기도 했다. 그런 때에 동양극장을 세웠던 신데렐라 배구자가 등장하게 되는 것이다. 동양극장 이야기는 배구자로부터 풀어가야 하기 때문에 그녀의 기구하면서도 파란만장한 생애부터 설명이 되어야 할 것 같다.

배구자는 1907년에 구한말의 요화 배정자(裴貞子)의 질녀(오빠의 장녀)로 태어났다. 그녀가 이토 히로부미와 배정자 사이에서 태어났을 것이라는 풍설도 있으나 그것은 확인할 수 없다. 그녀의 막내 동생인 무용가 배한라도 「언니, 배구자」라는 글에서 아직 열 살도 되기 전의 언니를 고모(배정자)는 이토 히로부미와 상의하여 그와 친한 덴가스사(天勝師)에게 보냈다고 한다.

> 왜 굳이 덴가스에게 보내지 않으면 안되었을까. 그것은 언니가 이토 히로부미와 고모 정자 사이에서 태어난 자식(?)이었던 까닭에—아마 정치적으로 귀찮게 생각되었으므로—그때 마침 경성에 공연을 왔던 덴가스일좌에게, 이토의 의향으로, 말하자면 예인(藝人)으로서가 아니고 소중한 손님으로서 언니가 맡겨졌던 것으로 생각된다("춤』, 통권 제17호).

이처럼 배구자는 아주 어려서 일본의 유명한 덴가스 곡예단에 맡겨진다. 쇼코쿠사이 덴가스(松旭齋天勝) 일행은 일본에서 가장 유명한 곡예단으로서 무용·음악·곡예·연극 등을 하는 예술단체였다. 이토의 영향력도 있고 해서 배구자는 이 단체의 대를 이을 공주로서 귀여움을 받았고 덴가스의 남편 성을 받아 노로 가메코(野呂龜子)로 불리기까지 했다.

그런데 이토가 안중근 의사에 의해 죽은 후 그 세력 약화와 함께 배구자는 박대를 받았고, 단원들에게도 자주 꼬집혀서 온몸은 멍으로 가득할 정도였다. 그럼에도 불구하고 그녀는 빼어난 미모와 타고난 재능으로 무용에서부터 노래, 곡예 등 못하는 것이 없을 정도로 만능이었다. 단연 타 단원들과는 비교가 안 될 정도였다. 그녀는 10대부터 무대에 섰고 열여섯 살 때는 이미 작은 덴가스라는 별명을 들을 만큼 덴가스의 상대역으로 무대에 함께 섰다. 그리고 한국 공연도 자주 왔다. 한국 공연에서는 그녀를 처음 본 남성들이 열병을 앓을 정도였고 매일 염서(艶書)를 한 뭉치씩 보내는 청년도 있었다. 그러나 그녀가 나이를 먹으면서 민족감정이 솟구치기 시작한 데다가 수양부모 사이에서 갈등도 느끼기 시작했다. 즉 그녀는 노로(野呂)의 전처 소생과 사랑에 빠졌던 바, 그 눈치를 챈 노로와 덴가스가 제동을 건 때문이다. 그러니까 이들이 결혼하게 되면 막대한 유산이 배구자의 손으로 넘어갈 가능성이 큰 데다가 그녀가 결혼보다는 예업(藝業)을 잇기를 바랐기 때문이다(『매일신보』 1926.6.7).

그것을 눈치챈 그녀는 덴가스이치자로부터 도망칠 결심을 한다. 덴가스가 순순히 놓아줄 리가 만무했기 때문에 그녀는 1926년 6월 3일 평양 공연 중 미명에 덴가스이치자를 극적으로 탈출한다. 그녀는 양부모 앞으로 "노하실 줄 알면서도 이를 불구하고 쓰는 것을 용서하여주십시오. 한 번도 아니고 두 번째나 같은 짓을 하지 않으면 안 되는 소녀의 마음을 용서하여주시고 불쌍타 하여주셔요. 불행한 저를, 박행한 소녀를, 불효막심한 자식을 제발 잊어버려주십시오"(『매일신보』 1926.6.7)라는 글을 남기고 잠적한다.

그때 그녀를 숨겨준 사람은 후일 남편이 되는 호텔 지배인 홍순언(洪淳彦)이었다. 덴가스는 배구자의 탈주를 순전히 그녀 친부모와 배정자의 음모에

의한 것이라 규정하면서 연전에 일본
에서의 탈주 사건도 부모가 요구하는
돈 때문이었다고 주장했다(『매일신보』
1926.6.7).

　여하간 그녀는 은신 3일 만에 고모
배정자가 황주까지 마중 나오는 배려
속에서 기차로 서울에 왔다. 그녀는
집으로 곧장 가지 않고 잠시 조선호텔
에 여장을 풀었다. 그녀는 찾아간 기
자에게 "조명이 찬란한 무대 위에서
만인의 칭찬을 받는 것은 매우 기뻤습
니다. 그러나 환락의 세계는 또한 구
슬픈 일이 한두 가지가 아닙니다. 언
제든지 그 같은 세계 속에서 세상의

동양극장 설립자인 신무용가 배구자

공허한 사랑만 받는 것으로 즐거움을 삼고 있다가는 나의 최후도 어찌될지
모르고 더욱 기예를 끝까지 배우려면 한이 없는 것일 뿐 아니라 무엇보다
도 참된 사람으로서의 생활을 해보자는 것이 이번 그 일행을 떠난 동기입니
다."(『매일신보』 1926.6.7)라고 실토하여 주변의 억측을 일축한다. 환락과 갈채
의 생활을 청산하고 전원으로 돌아가 평범한 여자로 조용히 살겠다는 인간
독립을 선언한 것이었다.

　그녀는 며칠 뒤 성북동 배정자 집으로 돌아왔으며 지치고 외로운 처지였
는데도 불구하고 고모 배정자를 외면하고 돌아앉았고, 다시 고모 배정자에
게 "왜 그랬어?…… 왜 날 그랬어……"라면서 울부짖었으며, 배정자를 정면
으로 보지도 않았다고 한다(배한라의 글 참조). 바로 이런 점에서 그녀의 출생
배경과 탈출 동기 등이 더욱 수수께끼 속으로 빠져들게도 된다.

　그로부터 그녀는 2년여 동안 은둔 생활을 하면서 전혀 모습을 드러내지 않았다. 그렇지만 그녀는 공부를 더 하기 위해 미국으로 갈 결심을 하고 그동안 남몰래 연구한 것을 재기 무대에서 선보였다. 그것이 다름 아닌 1928년 4월 20일 밤의 배구자 고별 음악무도회(장곡천정 공회당)였다. 바이올리니스트 휴즈, 안병소(安炳玿) 등과 협연한 배구자는 무용을 실연했고, 알토로 독창도 불렀다.

그런데 그녀가 추었던 무용 예제를 보면 〈유모레스크〉〈집시댄스〉와 자작무용 〈아리랑〉 등이었던 바, 그의 평소 소신대로 서양 무용 소개와 한국 춤의 개량을 과감히 시도한 것이었다. 바로 그 점에서 그녀가 민요 〈아리랑〉을 현대무용화한 것이야말로 역사적인 일이었다. 그녀의 재기 무대는 대단한 절찬을 받았는데, 특히 우리나라 최초의 창작무용이라 할 〈아리랑〉에 대해서 당시 비평가는 "민요곡 〈아리랑〉을 자작한 것은 그 동기로부터 우리는 감사하고 싶다. 순진한 시골 처녀로 분장하여 〈아리랑〉의 기분을 무용으로 나타내었는데, 그 얼마는 확실히 성공하였다"(『매일신보』 1928.4.23)고 극찬했던 것이다.

그러나 미국 유학을 앞둔 그녀의 고별 무대는 예정대로 맞아 떨어지지는 않았다. 무엇보다도 여권 문제가 여의치 않았던 것이다. 따라서 그녀는 이듬해 평양에서 덴가스이치자로부터 탈출할 때 자기를 호텔방에 숨겨주었던 지배인 홍순언과 결혼하게 된다. 평북 의주 출신의 홍순언은 열차 식당 보이로부터 출발해서 평양 철도호텔 지배인이 된 근실한 청년이었다. 홍순언은 콧대 높은 당대의 슈퍼스타 배구자의 상대가 되지는 못했지만 기연(奇緣)에 대한 의리를 저버릴 수가 없어 결혼을 한 것이었다.

결혼을 한 직후 그녀는 서양 무용을 이 땅에 소개하는 동시에 전통 무용을 개량하기 위해 신당리문화촌(新塘里文化村)에다가 '배구자무용연구소'를 설립했다(1929.6). 남녀 12명으로 출발한 무용연구소는 기초교육부터 철저하게 시켜나감으로써 크게 인정을 받았고, 단번에 50여 명으로 확대할 수가 있었다. 15세로부터 20세까지의 처녀들이 선발 대상이었지만 바이올리니스트 안병소도 끼어 있었다.

배구자는 우선 1기생들을 데리고 1929년 9월 영락정 중앙관에서 제1회 무용 발표회를 가졌다. 우리나라 무대예술 사상 최초의 무용연구소 개설과 또 발표회이기도 했던 그 공연은 배구자 자신의 신무용과 연구생들의 합동 무용, 그리고 안병소의 바이올린 독주, 피아노 독주, 거기에 더하여 서양 영화까지 곁들임으로써 대성황을 이루었다.

연구소의 발표회에서도 그녀는 〈수(水)의 정(精)〉 등 독창적인 무용을 여러 편 선보였는데, 『상록수』의 소설가 심훈(沈薰)은 그에 대해서 몇 가지 중요한 지적을 했다. 즉 그들의 무용 공연이 첫째, 과거의 유흥 기분을 떠나서 진지하고 학구적이었다는 점. 둘째, 순수한 우리 춤을 개발 창작했다는 점. 셋째로 그녀의 춤이 민요적이고 서정시적이며 소야곡적인 예풍을 가졌다는 것이다(『조선일보』 1929.9.22).

심훈의 지적에서도 알 수 있듯이, 배구자는 우리 고유의 춤을 발표하고 재창조해서 새로운 무용으로 발전시키는 작업을 했다. 그녀의 한국춤에 대한 깊은 인식과 철학은 당시 『매일신보』 기자와의 인터뷰에서 설파한 다음과 같은 이야기 속에 잘 나타나 있다.

나는 처음에 생각하기를 조선이라는 곳에는 전혀 무용이라는 것이 없는 줄로만 알았어요. 그렇지만 실제로 발을 벗고 일을 하여보니까 무용이 없기는 고사하고 우리의 조상들은 벌써 어느 나라에도 지지 않을 만한 훌륭한 무용을 하고 있었던 것이 판명되었습니다. 그렇건만 우리의 무용은 왜 찬란하게 빛이 나지를 못합니까? 무엇 때문에 우리들은 우리의 훌륭한 춤을 가지고 있으면서도 밤낮 남의 나라의 춤만 숭상하여 그것을 배우지 못해 애를 씁니까? 그야말로 보배를 썩히는 격이에요. 그래서 나는 생각하였습니다.

세계적으로 유명한 메리 던칸이나 안나 파블로바 여사의 춤이 아무리 가치가 있고, 또 유명한 것이라 하더라도 결국 그것은 그들의 춤이요 결코 우리의 춤은 되지 못하니까 그것을 숭상할 필요도 없거니와 또 그것을 숭상한다 하더라도 우리의 짧은 다리와 삐뚤어진 관절을 가지고는 암만 해도 그들을 따라갈 수는 없는 일이니까, 쓸데없이 좋으나 그르나 남의 것만 맹목적으로 추종해 갈 것이 아니라 우리는 어디까지나 우리의 고유한 춤을 연구해서 조선에 확고한 무용도(舞踊道)를 수립하는 것이 우선 급선무가 아닐까? 라고요.

그래서 나는 금년부터는 특히 우리나라의 자랑인 조선 민요를 자꾸 무용화하여 무대에 올리는 동시에 우리 조상이 남겨둔 검무, 승무 같은 것을 이용하여 가무극 같은 데에도 손을 대어볼까 합니다. 그러나 어찌 될는지요. 황무지와 같은 곳에서 예술의 꽃동산을 꾸미어보겠다는 우리의 고충도 좀 살피어주셔요(1931.1.9).

이상의 이야기 중에는 그녀의 동서양과 한국춤에 대한 깊은 통찰, 개량 의지, 그리고 농도 짙은 애국심이 고대로 나타나 있어 주목된다. 아주 어려서부터 풍토와 예술이 다른 덴가스이치자에서 자라며 일본춤과 서양춤만 배웠던 그녀가 우리 고유의 춤에 눈을 돌렸던 것은 그녀의 투철한 민족의식을 잘 나타내준다는 이야기다. 그런데 그녀가 민족춤에 대해서 생각하게 된 계기는 열여섯 살 때 덴가스이치자를 따라 미국 만국박람회 공연 중 안나 파블로바를 만나고서부터였다(배한라 증언). 그때부터 그녀는 '내 나라로 가야지!' 하는 생각을 품기 시작했고, 그녀가 덴가스이치자를 떠난 이유 중에는 그런 민족의식도 숨겨져 있었다고 볼 수가 있다.

그녀의 큰 공로 가운데 하나는 또한 무용을 기방예능(妓房藝能)으로부터 예술무용으로 승격시킨 점이다. 그녀는 무용연구소를 열었을 때부터 자격 제한을 철저히 해서 좋은 집안 출신만을 모집했다. 그러니까 권번 같은 기생학교의 성격을 철저히 배격하고 순수 예술 무용을 시도한 것이었다. 이는 비슷한 시기에 일본인(이시이 바쿠[石井漠])의 제자로서 무용을 배웠던 최승희와 쌍벽을 이룬 것으로서 한국 근대무용사에서 이정표가 될 만한 전환점을 만든 것이라 볼 수 있다.

무용연구소의 첫 번째 발표회가 성공을 거두자 배구자는 자신감을 얻었고 지방 공연으로 인천을 한 차례 다녀온 직후 본격 예술단체로 가꿔가기 시작했다. 그녀가 구상한 것은 일본의 가무극단체인 다카라즈카(寶塚) 소녀 가극단이었다. 따라서 그녀는 곧 무용연구소를 가무극단 성격의 단체로 전환시켜 가지고 단성사에서 대대적인 공연을 가졌다.

그때의 레퍼토리를 보면 서양의 무용과 집시춤, 〈아리랑〉〈방아타령〉 등 우리 민요의 무용화 그리고 가극이 포함되어 있었다. 특히 가극을 했다는 것은 그녀가 단순히 무용만을 추구하지 않고 연극·음악 등 종합무대를 꾸몄음을 나타내주는 것이다. 그것은 그녀가 이 땅에서 일본의 다카라즈카를 시도해보려 했음을 증명하는 것이기도 하다. 그 시기는 마침 조선연극사 같은 신파극단들이 막간을 발전시킨 악극을 조금씩 했던 때였던 만큼 배구자의 가무극과 어느 정도 연계가 될 듯도 싶다.

물론 배구자가 시도한 가무극과 신파극단들의 막간극은 질적인 면에서나 내용 면에서 현격한 차이가 있었다. 그렇지만 배구자의 가무극은 신파극단들의 막간극에 절대적인 영향을 주었고 악극으로 발전해가는 데 모델이 되었던 것도 틀림없는 사실이다. 국내에서 인기를 얻은 배구자소녀가극단은 1930년 봄에 일본 순회공연길에 올랐다. 일본인과 똑같은 언어 구사와 빼어난 춤, 노래 솜씨로 일본에서도 호평을 받았는데, 특히 배구자가 관중을 열광시켰다. 여러 가지 레퍼토리 가운데서도 〈아리랑〉을 무용화한 것이 대호평이었던 바, 카페 같은 데서도 일인들이 아리랑을 즐겨 불렀던 것이다.

근 1년여 만에 귀국한 그녀는 연극 쪽으로 더욱 기울어져 〈복수의 칼〉(1막)이라든가 〈파계〉(2막) 같은 규모 큰 가무극을 만들어 단성사 등에서 공연을 가졌다. 그녀는 활극뿐만 아니라, 〈멍텅구리 미인 탐방〉 같은 코미디와 촌극 〈모던 장한몽〉, 그리고 소극도 공연했다.

그러나 그녀의 큰 놀이판은 역시 일본이었다. 덴가스이치자 때부터 그녀의 뛰어난 재능을 아는 일본 흥행업자들은 배구자소녀가극단과의 전속계약을 졸랐는데 히가쓰(日活)과 마쓰히자(松竹座)가 그 대표적인 회사였다.

그녀는 결국 마쓰히자와 계약을 맺고 일본 전역을 순회공연했다. 남편 홍순언은 예술과 흥행을 전혀 몰랐으나 배구자소녀가극단을 따라다니면서 예술과 흥행에 눈떴고 돈도 짭짤하게 모았다. 홍순언·배구자 부부가 귀국해서 1935년에 한국 역사상 최초의 본격적인 연극 전용 무대인 동양극장을 세울 수 있었던 것도 바로 그러한 배경 때문에 가능했다고 보아진다.

# 제6장

# 동양극장의 눈부셨던 전성기

소설책 하나 변변히 읽어본 적이 없고, 극장 문턱에도 가보지 못한 호텔 보이 출신 홍순언이 당대의 명화(名花) 배구자를 아내로 맞으면서 예술에 눈을 뜬 것이 우리 연극사에 끼친 영향은 매우 컸다. 왜냐하면 그가 본격적인 연극 전문 극장을 하나 세웠기 때문이다.

그는 배구자소녀가극단을 따라 일본을 순회하면서 흥행에 맛을 들이는 한편 전문 극장의 필요성도 절절히 느끼게 된다. 따라서 그는 1935년 일본서 귀국하자마자 극장 설립에 착수했다. 일본에서 번 돈과 의주(義州) 집을 팔고 평양에 마련해두었던 점포를 정리한 돈은 모두 4천 원이었다. 그것 가지고는 극장을 짓기에는 어림없었다. 그는 궁리 끝에 야쿠자 두목으로 경성극장과 경성촬영소를 운영하는 대흥행사 와케지마(分島)를 찾아갔다. 홍순언의 읍소에 감복한 대륙 낭인 와케지마는 흔쾌히 도와주기로 약속, 상업은행을 통해서 19만 5천 원을 대부해주었다. 서대문 고개 비탈길에 있는 대지 488평을 마련한 홍순언은 곧바로 극장 건설에 들어갔다. 전차가 영천까지 오가긴 했지만, 극장터 주변에는 집이 몇 채가 있을 뿐 배추밭이 널려 있었으며, 비만 오면 그야말로 진흙탕이었다.

홍순언은 사랑하는 아내 배구자의 전용 무대를 만든다는 꿈에 부풀어 공사장에 야전침대를 갖다 놓고 살다시피 하면서 감독을 했다. 그리하여 근 1년여 만에 아담한 연극 전문 극장 하나를 세울 수가 있었다. 극장을 지을 때부터 협력한 『승방비곡』의 작가 최독견(崔獨鵑)은 배구자 쪽으로 인척이 되어 홍순언과 쉽게 밀착되었다.

최독견은 연극에 대해서는 잘 몰랐지만 예술적 감각이 뛰어났기 때문에 홍순언에게 많은 조언을 했다. 이를테면 화장실을 만드는 것까지 간섭을 했다. 일본 극장을 본떠서 극장을 지었던 홍순언은 당초 객석을 하나라도 더 만들려는 욕심에 대변소를 하나만 두려고 했었다. 그러나 최독견은 반대했다. 1천여 명이 드나드는 극장에 대변소 하나 가지고 되겠느냐는 최독견의 충고에 홍순언은 극장에는 연극을 보러 오지 누가 대변 보러 오느냐고 반대하는 해프닝도 있었다. 그렇게 해서 완성된 극장은 건평 373평(2층), 객석 648석에 회전무대와 호리존트까지 갖추었지만, 결함도 적지 않았다. 객석만 늘리려는 욕심에 분장실이나 소도구실이 없어서 뒤에 있는 고가를 하나 매입해 사용했고 의자 폭도 너무 좁아서 덩치 큰 서양인은 엉덩이가 안 들어가 그냥 되돌아가는 일도 있었다.

그럼에도 불구하고 동양극장은 연극 공연장으로서 그때로서는 최고의 규모와 시설이었다. 은행 돈을 알선한 흥행사 와케지마가 많은 지분을 가졌지만 홍순언이 사장으로 앉고 최독견을 지배인으로 하여 운영진을 갖췄다. 1935년 11월의 역사적인 개관 공연은 배구자소녀가극단이 도맡았는데, 레퍼토리는 악극단답게 만극(漫劇) 〈멍텅구리 2세〉, 촌극 〈월급날〉, 무용극 〈급수차〉 등과 소년관현악의 연주 · 독창 · 합창과 〈아리랑〉 등 무용으로 화려하게 펼쳐졌다. 완전히 배구자 취향으로 엮어진 것이었다. 그러나 예상외로 관객이 많지 않았다. 그런 공연이 관객을 오랫동안 붙들 수는 없었던 것이다. 그러자 동양극장은 최독견을 내세워 즉각 극단 조직에 들어갔다.

우선적으로 토월회 출신 연출가 박진과 일본 쓰키지소극장의 유일한 한국인 배우였던 홍해성을 초청했다. 이들이 나서서 전속극단 제1호로 착수

동양극장
전경(1935.12)

한 것이 젊은 세대를 모아 만든 청춘좌인데, 그것은 정통 신극은 못할망정
신파라도 좀 청신하고 세련된 연극으로 해보려는 목적에서였다. 이에 박제
행, 서월영, 황철, 심영 등 중견과 김선초, 차홍녀, 지경순, 김선영 등 여배
우, 그리고 연구생 몇 명이 가담했다.

당시로는 매우 짭짤한 진용이었다. 전속극단을 조직하면서 배우 월급제
를 처음으로 실시해서 1급 60원, 2급 45원, 3급 30원이었다. 당시 순사 등
하급 공무원 월급이 25원 하던 때였으므로 가난한 배우들이 비로소 생활
안정을 얻게 된 것이다. 청춘좌는 창립 공연으로 최독견의 소설『승방비곡』
을 각색 공연했는데, 인기가 대단히 좋았다. 청춘좌가 인기를 끌면서 제2,
제3전속극단 조직에 들어가 역사극을 전문으로 하는 동극좌와 희극 전문의
희극좌도 탄생시켰다.

그런데 희극을 하면 관객들은 창자가 끊어질 정도로 웃고도 연극이 끝나
면 싱겁다고 다음부터 오지를 않았기 때문에 희극좌 존속이 어렵게 되었으
므로 희극좌를 동극좌에 합병시켜 다시 호화선(豪華船)을 출범시켰다. 단원
은 변기종, 하지만, 송해천, 박영신, 전경희, 석와불, 손일평, 김호원, 박옥
초 등 호화 캐스트였다. 그러니까 동양극장의 양대 전속극단에 쓸 만한 배

우들은 거의 모인 셈이었다. 따라서 동양극장은 단번에 인기 충천이었고 연중무휴 공연에 극본을 대기에 어려움을 겪었다.

그리하여 당시 최고의 대중 극작가들인 이서구, 이운방, 송영, 임선규, 김건, 김영수 등이 전속작가로 들어갔다. 장치도 원우전이 감당하며 모든 것을 갖췄다. 일약 상업극의 메카가 된 동양극장은 한 단체가 공연할 때 또 하나의 전속극단은 지방순회를 떠났고, 전국은 물론 만주까지 휩쓸었다. 중앙과 지방을 교대시키면서 전국을 석권한 것이다. 극장 수입이 있는 만큼 제작비도 최고로 투입해서 연극다운 연극을 만든다는 방침이었다. 전문 연극 공연장답게 개연은 언제나 저녁 7시로 못박았다. 각 극단 극장마다 무질서했던 개연 시간을 홍해성의 고집으로 바로잡은 것이었다. 그들이 제작비를 아끼지 않고 연극을 정성들여 만든 데서 생긴 에피소드도 적지 않다.

한번은 위조지폐 사건으로 동양극장이 경찰 조사를 받은 일까지 있었다. 소도구로 돈을 인쇄소에 맡겨 만들어 썼는데, 관객이 주워서 염춘교 옆 가게에서 담배와 물건을 사 갔다. 그런데 가게 주인이 다음 날 자세히 보니 조선은행이라는 글씨 대신 '동양극장'이라 찍혀 있던 것이다. 그만큼 돈 하나를 만들어도 현물과 똑같게 했던 것이다. 견우직녀 이야기를 소재로 한 작품에서는 금강산 구룡폭포의 물 쏟아지는 장면까지 재현했다. 여름이었으므로 관객들도 시원하게 해줄 겸 무대 바닥을 뚫고 소방호스로 천장에서 물을 쏟아지게 했던 것이다. 지하실에서는 서너 명의 연구생이 물 퍼내느라고 죽을 고생을 했지만 즐거운 작업이었다. 이 작품에서는 지경순(池京順)이 직녀 역할을 맡아 바위 틈에서 브래지어만 한 상체를 살짝 보여주고 들어가곤 했다. 시원한 소방호스의 폭포수 뒤에서 살짝 보여주는 지경순의 풍만한 육체는 관객을 뇌쇄(惱殺)시키고도 남을 만했다. 관객이 계속 몰려들었다. 오늘은 브래지어를 했지만 내일은 완전 나체를 보여줄지도 모른다는 막연한 기대감에서였다. 옛날이나 지금이나 대중은 역시 벗는 연극을 좋아하는 것 같다.

이러한 벗는 연극은 출연 배우도 흥분시키는 수가 있었다. 역시 요염한 지경순과 얽힌 에피소드로서 상대역을 연극으로서가 아닌 진짜로 녹였던 이야기가 있다. 월탄 박종화의 소설을 박진이 각색·연출한 〈황진이〉 공연에서 황진이에게 유혹당하는 지족선사 역의 황철이 첫 공연의 막이 내린 뒤에 사라져버린 일이 벌어진 것이다. 나중에 찾아보니 황철이 극장 뒤 담 밑에 벌렁 누워 꼼짝 못 하고 있었다. 쫓아가 어디가 아픈가 하고 물으니까 황철이 고백하길 옆에서 엷은 속옷만 입고 누워 있는 풍만한 황진이를 보니 밝은 조명에 아래 둔부까지 너무나 선명하게 드러나 견딜 수가 없더라는 것이었다. 꽤나 리얼하게 연기를 했던 모양이었다. 배우들은 연극 하는 동안만은 이성 간의 접촉이 아무렇지 않다고 하지만 때로는 흥분을 느끼기도 하는 것 같다. 따라서 〈황진이〉는 폭발적 인기를 누린 작품이 되었다.

동양극장의 어려움은 무엇보다 극본난이었다. 7명의 전속작가가 써댔지만 한 작품을 닷새 정도 하는 대본을 제때 공급한다는 것은 여간 어려운 일이 아니었다. 왜냐하면 적어도 한 달에 한 편씩은 써야 했기 때문이다. 더구나 검열 대본을 위해 일어로 번역해서 먼저 경기도 경찰부에 제출하고 연습 대본을 따로 만들어야 했으므로 극작가들의 고생이 이만저만이 아니었다. 배우들도 5일에 한 번씩 바뀐 대본을 다 외울 수가 없었다. 그래서 순발력이 뛰어나고 무대 뒤에 숨어서 읽어주는 프롬프터의 대사를 잽싸게 받아 넘기는 배우가 명배우였다. 명배우는 첫째 귀가 밝고 능청스러워야 했다는 이야기다. 한 작품을 닷새 정도 공연하다 보니 작가들의 소재도 고갈되는 것은 너무나 당연했다. 지경순의 리얼하면서도 에로틱한 연기가 뜨거운 여름을 더 뜨겁게 했던 〈황진이〉의 후속 작품은 이광수의 소설을 박진이 각색 연출한 〈단종애사〉였다. 조선 왕실의 이야기였기 때문에 검열에 통과될 것 같지 않아 일본인 검열관을 홍등가로 유인, 매수하다시피 하여 통과된 〈단종애사〉는 예측대로 대단한 인기를 끌었고, 전국에서 유림들까지 몰려들어 〈황진이〉 못잖은 대성황을 이루었다. 그러나 이왕직(일제강점기 조선 왕가와 관련한 사무 일체를 담당하던 기구)의 공연 중지 요청으로 8일 만에 막을 내리고 말았다(박진 증언).

단 몇 번 공연으로 동양극장은 제법 돈을 벌었고, 홍순언이 돈맛을 알기 시작해서 돈이 벌리는 작품만을 찾게 되었다. 그때 임선규(林仙圭)라는 작가 지망생이 진짜 신파 극본을 하나 써서 박진에게 보여주었다. 신파의 기본 요소가 다 들어 있는 기생 이야기였기 때문에 박진과 최독견은 쓰레기통에 처넣어버렸다. 그러자 임선규는 그것을 사장인 홍순언에게 보여서 공연 허락을 얻어내려 했다. 박진과 최독견 두 사람은 지나친 신파성 때문에 묵살했는데, 홍순언이 하자고 우겨서 마지못해 공연키로 했다. 홍순언은 제목을 무어라 붙이면 관객이 몰릴 것인가 하고 물었다. 못마땅했던 최독견은 치기 어린 농조로 〈사랑에 속고 돈에 울고〉가 어떠냐고 내뱉었다. 그 말을 듣자마자 홍순언은 무릎을 탁 치며 '됐다!'고 탄성을 울리는 것이 아닌가. 그날로 〈사랑에 속고 돈에 울고〉는 광고에 나갔다. 주지하다시피 이 작품의 주인공은 홍도(紅桃)라는 선한 기생이다. 그녀는 양가집 아들과 연애를 해서 양가의 반대를 무릅쓰고 결혼하여 시집살이로 간난신고를 겪는다. 그동안 남편은 도쿄 유학을 떠났고, 거기서 남편의 전 약혼자와의 삼각관계에서 홍도는 시어머니의 박해를 받는다. 너무 억울했던 홍도는 무심결에 살인을 하고 순사인 오빠의 손에 묶여 간다는 기구한 이야기다.

홍도 역은 비극의 여왕으로서 동양극장의 떠오르는 별이었던 차홍녀(車紅女)가 맡았다. 이 작품은 막이 오르기 전부터 홍순언 사장 일당에 의해서 명월관 등에 흘려졌기 때문에 막이 오르자마자 첫날부터 기생 관객으로 만원을 이루더니 기생과 연관되는 장안의 풍류객은 말할 것도 없고 시골서까지 구경꾼이 몰려들어 극장 유리창이 박살나고 서대문 밖 영천까지 오는 전차 길이 막혀 서대문 경찰서 순사들이 나와서 정리하느라 진땀을 뺐다. 장안에서는 삽시간에 '홍도'가 사람들의 입에 오르내렸고, 주연배우 홍녀와 홍도가 혼동되기도 했다.

이 작품이 공연되는 동안 요릿집마다 사람 없는 술상만이 방을 지켰다. 술상만 보아놓고 기생과 술꾼들이 동양극장에 갔기 때문이다. 극장에서 실컷 울고 와서 밤새껏 술을 퍼마신 것은 물론이다. 홍도의 오빠 역을 맡은 배우 황철은 인사차 찾아오는 기생들로 즐거운 비명을 울렸고, 남편 역의 심영(沈影)은 냉대를 받았다. 이때부터 이서구 작사의 "길가에 핀 꽃이라 꺾지를 마오/…(중략)…/홍도야 울지 마라 오빠가 있다"라는 대중가요가 전국적으로 널리 퍼져나가게 된 것이다.

동양극장의 연출가 박진과
여배우 차홍녀(1939)

이 작품에서 장안의 기생들을 온통 울리는 데 절대적으로 기여한 한 배우는 두말할 것도 없이 홍도 역의 차홍녀였다. 지방의 유랑극단을 따라다니다가 동양극장에 굴러들어온 차홍녀는 소학교를 겨우 마친 갓 스무 살의 촌녀였지만 수줍고 우수 어린 눈매에서 묘한 비극적 분위기를 풍겨주는 애송이 배우였다. 단역이나 하던 그녀는 갑자기 주역을 맡게 되자 겁이 나서 울기부터 했다. 그러나 천부적인 연극 센스를 지닌 그녀는 놀랄 만큼 변신해갔고 드디어 빼어난 홍도 역으로 일약 신데렐라가 된 것이다. 그녀는 어려서의 고생과 스타로서의 무리로 인해서 폐결핵을 앓고 있었지만 무슨 역이든 소화해냈고 또 최선을 다했다. 각혈을 하면서도 무대에 섰기 때문에 주위에서 걱정을 하면 '무대에서 죽을 각오가 되어 있다'고 당당히 대답할 정도였다. 그래서 무대 옆에 항상 의사가 주사기를 들고 대기하고 있었다.

그러나 인정 많은 그녀는 폐병이 아닌 천연두로 요절했다. 즉 극단의 북서지방 공연 중 강원도 철원역 광장에서 거적에 덮여서 죽어가는 걸인을 동정하여 돈을 쥐여주고 와서 병석에 눕게 된 것이다. 그 죽어가는 걸인이 천연두 환자였기 때문에 거기서 전염된 것이었다. 한 걸인에 대한 애절한 동정심 때문에 죽은 그녀에 대하여 연극인들뿐만 아니라 그녀를 기억하는 수많은 사람들이 울었고, 장례식 또한 연극사상 최고로 호화롭게 치러졌다. 스물네 살의 한 여배우의 죽음을 애도하는 행렬이 화장장 길을 하얗게 뒤덮었었다. 그때만 해도 대중은 배우를 그처럼 사랑했었다. 이는 곧 대중이 동양극장, 더 나아가 연극을 좋아했다는 이야기도 되는 것이다.

연극에 대한 대중의 이러한 열망에도 불구하고 홍순언은 예술보다 돈에 관심이 많았고, 격 높은 연극을 하겠다고 출범한 동양극장은 자꾸만 상업극장으로 변모해갔다. 그래서 명배우 중심의 스타 시스템으로 굳혀져간 것이었다.

기생연극으로 돈을 많이 번 홍순언이 또 하나의 전속극단인 호화선을 이끌고 지방 공연을 간 사이에 심통이 난 박진은 이운방을 시켜서 기생이 아편쟁이로 타락하는 작품을 하나 쓰도록 종용했다. 기생연극 붐에 찬물을 끼얹겠다는 소신에서였다. 그래서 탄생한 〈기생의 애인〉이라는 작품은 아주 처참한 기생연극이었다. 아니나 다를까 박진의 의도는 적중했다. 반응을 살피러 찾아간 명월관 기생들은 최독견, 박진, 이운방 등 세 사람의 제작자를 붙들고 '그 각본을 쓴 사람이 누구냐?'면서 밟아 죽이겠다고 아우성을 쳤던 것이다. 이 소동에 놀라 기겁을 한 작가 이운방이 구두까지 바꿔 신고 야반도주한 이야기는 당시 유명한 에피소드였다. 이처럼 동양극장이 비록 저급한 신파연극장으로 바뀌긴 했지만, 당시 사회의 거울로서의 역할도 충분히 해냈다고 말할 수가 있겠다.

실제로 당시 관중들은 무대 위에서 전개되는 연극을 현실로 받아들이고 싶어 했고, 또 실제로 그렇게 판단해서 여러 가지 해프닝을 일으키기도 했다. 기생연극은 그런 유형의 좋은 본보기였다. 연극인들의 시대 포착의 예민성은 손기정 선수의 극화에서도 여실히 나타났다. 즉 손기정이 베를린 올림픽에서 금메달을 따서『동아일보』의 일장기 말소 사건이 터지자 북선 공연을 따라간 홍순언이 동양극장으로 전보를 쳐서 무대화를 지시했던 것이다. 이운방이 작품을 급조해냈지만『동아일보』일장기 말소 사건을 아는 배우들은 손기정 역을 맡으려 하지 않았다. 억지로 삼류 배우를 등장시키긴 했지만 연극은 엉망이었고, '손기정의 가슴에 일장기가 없었다'는 밀정의 귀띔으로 관계자들만 경찰서에 끌려가서 곤욕을 치렀다.

이처럼 동양극장의 레퍼토리는 즉흥적 발상에서 급조된 시대극이나 애정물, 탐정 괴기극이 주종을 이루었다. 특히 예술에는 안목이 없고 흥행만 아는 홍순언이 극장 주인이었기 때문에 동양극장이 대중연극일망정 세련되고 격조 높은 작품을 할 수가 없었다. 그러던 차에 일본 순회공연 중이던 아내 배구자를 만나러 간 홍순언이 갑자기 죽으면서 동양극장에도 변화가 오기 시작했다. 홍순언이 죽자 지배인 체재로 돌아가 최독견이 꿈을 펼치기 시작했다. 동양극장이 출범한 지 2년 반 만인 1938년 5월부터였다.

최독견은 박진과 손잡고 합명회사로 경영 체제를 바꾸는 한편 흥행계 중흥을 꾀하기 시작했다. 이미 완전 상업극으로 빠져든 동양극장 연극을 근대적 연극으로 바꿀 수는 없었지만 그래도 멋스런 연극을 한다는 것이 새 방침이었다. 최독견과 박진은 눈물 짜내기 노력을 우선 지양하고 취성좌로부터 유행해온 막간 쇼를 없애는 한편 배우는 반드시 무대에서만 보아야 신비감이 있는 것이라 하여 마치마와리를 모조리 없앴다. 그러자 지방의 일본인 극장주들의 반대가 대단했다. 풍땅거리면서 배우들이 거리를 누비는 마치마와리가 있어야 흥행이 잘되는데, 그것을 없앤다고 하니 당연히 반발이 나올 수밖에 없었다.

그러나 최독견과 박진의 뚝심으로 연극의 근본적 타락을 막을 수가 있었다. 최독견 지배인은 극장주가 연극을 해서 돈을 버는 것에 반대했다. 그는 좋은 연극을 만들기 위해서 배우들의 품격을 높여 생활을 안정시켜주고 수입금은 제작에 모두 투입했다. 그는 단원들이 지방 순회공연을 떠날 때에도 직접 은행에 가서 듬뿍듬뿍 돈을 찾아 건네주었다. 공연 다니는 배우가 궁기를 떨면 대중이 연극을 보러 오겠느냐는 것이었다. 최독견은 극장에 돈을 잘 벌어주었던 전속작가 임선규(林仙圭)에게 집을 사라면서 거액 2천 원을 쥐어주기도 했다. 문예봉(文藝峰)과 동거했던 임선규는 그 돈으로 체부동에다 근사한 집을 한 채 샀는데, 겨우 1천 원밖에 들지 않았다.

최독견은 당시 스타였던 황철에게도 2천 원을 선뜻 건네주면서 '명배우는 돈도 좀 쓸 줄 알아야 한다'고 했다. 최독견 못지않게 통이 컸던 황철이 호기 있게 술부터 마시려고 친구를 찾아 시내를 헤맸지만 고향에서 막 올라오는 길주(吉州) 극장 주인을 겨우 만났을 뿐이었다. 황철은 싫다는 그를 억지로 데리고 유명한 요정 송죽원으로 갔다. 최고의 술상(10원짜리)을 차리게 하고 일류기생 둘을 불러 밤새껏 때려 마시고 아침에 계산해보니 술값은 겨우 40원밖에 나오지 않았다는 것이다. 그때 2천 원이란 돈이 얼마나 큰 액수였는지, 그리고 최독견이 얼마나 통이 컸는지 짐작할 수가 있다.

최독견은 다른 배우들에게도 수시로 양복을 맞춰 입혔다. 배우는 멋이 있어야 한다는 것이 그의 연극철학(?)이었다. 그러나 자기 자신은 오막살이 집한 채 없이 극장 사무실 한모퉁이에서 생활했다. 그는 배우들에게 항상 세비로 양복에 넥타이를 매도록 했다. 그는 배우들의 가족 문제, 특히 경제 문제에 발벗고 나서서 해결해주었다. 배우들이 그렇게 멋있고 동양극장의 성가가 높아지자 배우를 지망하는 청소년들 때문에 최독견과 박진 등은 골머리를 앓을 정도였다.

그렇게 해서 연구생이 된 젊은이들 중에는 뒷날 명배우가 된 사람이 적지 않았다. 아시아 최고의 성격 배우 김승호(金勝鎬, 본명 海壽)도 박진 사무실에서 보름 동안이나 버티고 연구생이 된 사람이다. 그때의 연구생은 잘해야 대사 한마디 없이 무대를 가로질러 걸어가는 행인 역을 맡을 수가 있었다. 그렇게 뱃심 좋고 능청스러웠던 김승호도 처음 행인 역을 맡아 무대를 건너가다가 너무 긴장을 해서 배경 속으로 기어들어 갔었다.

여자 연구생 중에도 10대의 진랑(陳娘), 한은진과 아홉 살의 조미령, 엄미화 등이 있었다. 이들은 비록 어린 연구 초년생으로서 대역이나 하는 것으로 출발했지만 나중에 동양극장을 일으키는 데 적잖은 기여를 했다. 당시 어렵게 발탁된 연구생들이었지만 고생과 박대는 말이 아니었다. 무대장치 심부름하면서 무대미술가한테 발길로 걷어차이는 것은 예사였고, 각종 잡일과 화장실용 물까지 떠다 바쳐야 되는 것이 연구생들의 일이었다. 요행히 부지런하고 야무져서 극본을 몽땅 외우고 있으면 출연배우가 사고가 났을 때 대역을 맡는 행운을 얻을 수가 있었다. 〈장한몽〉에서 김중배의 숙모역을 했던 남궁선이 제시간에 오지 않아 그 대사를 외워두었던 연구생 한은진이 행운을 얻을 수가 있었고, 다음 작품부터 배역표에 이름이 오르내리기 시작했던 것이다. 이것이 1990년대까지만 해도 브라운관에서 온화한 할머니 역으로 익숙했던 한은진의 데뷔 시절 뒷얘기이다.

당대 최고의 배우와 장래가 촉망되는 신인들이 모여 동양극장이 상업극의 전성기를 누릴 수 있었던 것은 너무나 당연하다. 최독견은 배우들에게 쏟는 만큼 작품 제작에도 돈을 아낌없이 썼다. 무대장치에서부터 의상, 대소도구, 조명에 이르기까지 아낌없이 제작비를 썼다. 그래서 연극은 좋아졌으나 경영상 결함이 드러날 수밖에 없었고 관객도 초기보다 줄어들었다. 연극의 품격이 올라가니까 눈물 짜기로 훈련된 저급 관객의 경원을 받은 듯싶었다. 특히 5~600여 명의 장안 기생들이 고정 관객을 형성하고 있었는데, 기생연극을 지양하다 보니 그들이 극장을 멀리하게 된 것이다. 도대체 기생들이 우리나라 유일의 전문 극장의 운명을 좌우했다는 것도 특이한 현상이었다고 아니할 수 없다.

결국 최독견은 큰손답게 극장 경영 1년 반 만에 19만 원이라는 거액의 부도를 내고 잠적해버린다. 그동안 동양극장이 너무 멋있고 흥행이 잘 되니까 자본가들이 자청해서 최독견에게 돈을 빌려준 것인데, 그가 지나치리만치

호탕하고 무계획적으로 돈을 쓰다가 쓰러진 것이었다. 최독견은 채권자들을 피해서 만주 안동으로 도망쳐버렸다.

채권자들은 곧 빚 청산위원회를 조직하고 최독견의 개인 재산을 추적했으나 오막살이 하나 없었다. 채권자들은 최독견이 순전히 연극을 위해서 돈을 쓴 것이라 이해하고 채권 포기 선언을 하면서 극장 부동산만을 차지했다. 그리하여 동양극장은 개관 4년 만인 1939년 8월 24일 자로 일단 문을 닫게 된다. 따라서 극장은 일인흥행사 겸 상인들인 이시가와(石川), 구로가와(黑川) 및 한성상업학교 교주였던 김주익(金周益)에게 팔렸고, 지배인도 김태윤이 맡았다. 그러자 동양극장을 주도했던 연극인들은 청춘좌를 떠나 새 극단 아랑을 출범시켰다. 그리하여 동양극장은 단기간의 전성기를 끝내고 후반기를 맞게 되는 것이다. 극장이 설립된 1935년부터 1939년까지 4년여의 기간 동안 연출부를 이끌었던 홍해성은 "동양극장의 연극전성시대 연극은 관중에게 예술적 향락과 인심의 개선과 지적 자극의 원천으로서 하나의 교화기관의 문화사업이었다. 그들의 극운동은 자연주의적 내지 사실주의적 연출 방향에서 출발하여 낭만주의의 준비 시대였다"고 자평했다.

동양극장은 이 땅에 전문 연극을 정착시킨다는 원대한 목표 아래 출범했지만 경영자의 예술적 무지와 방만한 운영 및 대중의 낮은 수준, 재정적 곤란으로 상업극을 일으키는 데 전반기를 보낸다. 그리고 신파극이 리얼리즘과 만나 독특한 한국적(?) 대중연극으로 착근된 것도 이때였다.

# 제7장

## 악극의 흥망성쇠

우리 전통극이 야외놀이적 성격을 띠다 보니 극장 무대가 제대로 발전하지 못했고, 그것은 근대극의 발전을 더디게 한 가장 큰 원인의 하나가 되었다. 무대 메커니즘의 낙후는 공연만 미숙하게 만든 것이 아니라 매우 특이한 연극 양식을 낳기도 했다. 즉 1920년대까지만 해도 회전무대는커녕 제대로 된 연극 무대조차 없어서 영화관의 비좁은 무대에서 연극을 하지 않을 수 없었다. 더구나 그때의 연극은 주로 신파극으로서 사실적 무대장치를 필요로 했고, 희곡 또한 그것을 강력히 요구했으므로 장면 전환은 두세 번 꼭 있어야 했고, 따라서 세트를 바꾸고 실내 정리를 하는 시간이 길어질 수밖에 없었다. 한 막이 끝나면 막을 내리고 보통 2, 30분가량 장치를 옮기고 새 장면을 만들곤 했다. 안락하지도 못한 의자에서 몇십 분 기다려야 되는 관객들은 지루하기가 이를 데 없었다.

따라서 지루한 관중을 붙잡아놓을 묘안이 필요했고 그래서 생겨난 것이 이른바 막간(幕間)이라는 것이었다. 그러니까 주연배우들과 가수를 등장시켜 노래나 춤, 재담 등의 촌극을 하도록 만든 것이다. 그것이 대체로 1920년대 말기로서 1928년을 전후해서였다. 초창기 막간을 구경한 바 있는 서항석은 그에 대하여 "1920년대 말기에 당시의 상업극단들이 그 부진한 흥행 성적을 만회하는 일안으로서 대중의 기호에 영합하여 이른바 '막간'이라는 것을 두기 시작했는데, 이 막간이라는 것은 한 프로의 정규의 연극 2본 내지 3본의 사이사이에 노래나 촌극이나 재담을 양념으로 넣는 것의 이름"이라고 회고한 바 있다. 그처럼 막간은 극장 시설이 나쁘고 무대 메커니즘이 미숙했던 시대의 산물이었다. 그런데 수준 낮은 작품에 등장하는 주인공보다는 인기배우가 막간에 나와서 장기를 발휘하여 촌극을 하는 것이 더욱 재미있는 요소로 떠오르기 시작했다.

막간을 처음 사용한 극단은 1920년대 신파극의 맥을 이었던 김소랑의 취성좌였는데, 이때의 막간이 후일 막간극이 되었고 곧 악극으로까지 발전 승화된다. 그럴 수밖에 없었던 것이 이 막간이 실제로 본 작품보다도 더욱 재미가 있었고, 당대의 스타 이경설의 노래는 인기 절정이었다. 이경설이 얼마나 인기를 끌었는가는 극장 안에서 소년들이 이경설의 스냅사진을 10전씩에 팔러 다녔던 사실에서도 알 수가 있다. 이처럼 초창기에는 아예 막간스케치라는 것을 두고 남녀 주인공과 화형(花形) 배우들로 하여금 재담과 촌극을 하도록 만들었다. 남자 배우로서는 희극을 잘한 전경희(全景希)의 군밤타령과 재담이 인기를 끌었다. 이처럼 막간이 관중의 흥미를 끌자 연극보다 막간을 중시하는 경향마저 있었다.

노래와 춤과 촌극이 한데 어우러진 이런 작품을 굳이 가극이라 부르지 않고 악극이라고 한 것은 서양의 오페라와 구별 짓기 위한 것이 아니었나 싶다. 악극이 등장한 또 하나의 배경은 레코드 회사와 무대의 교호(交互) 관계에서 비롯된 것이다. 즉 1930년대 레코드 회사들은 음반을 많이 팔기 위하여 이경설이나 이애리수와 같은 인기 연극배우를 가수로 발탁하여 레코드를 만들었다. 이는 순전히 그들이 노래를 잘해서가 아니라 무대 인기를 이용하려는 레코드 회사의 상술에 의한 것이었다.

그런데 문제는 무대를 거치지 않고 직접 가수로 등장한 레코드 가수의 음반 판매였다. 대중이 소리로 듣는 인기가수를 직접 눈으로 보고 몸으로 느끼려고 하는 것은 너무나 당연하다. 이에 음반사들은 레코드 가수들을 무대에 출연시키는 방법을 찾아냈고 그들이 할 수 있는 가장 적합한 무대 양식은 역시 악극이었다. 그래서 당시 대표적인 레코드 회사인 콜롬비아는 콜롬비아 악극단을 창단했고, 빅타는 빅타가극단을 만들었으며, O.K.는 O.K.악극단을 두게 된 것이다. 물론 악극단이 등장하는 데 외적인 영향이 없었던 것도 아니다. 유명한 무용가 배구자가 일찍이 악극단을 만들 수 있었던 것은 역시 일본에서 다카라즈카를 구경한 덕분이었다. 이상이 바로 1920년대 말에서부터 30년대 초기에 걸쳐 몇 개의 악극단들이 등장한 배경이다.

그렇다면 최초의 악극단은 언제 누가 만든 것이냐 하는 점이다. 우리나라 최초의 악극단은 삼천가극단(三川歌劇團)과 배구자소녀가극단인데, 이 두 악극단은 모두 1920년대 말에 일본에서 악극을 공부한 사람들의 조직이어서 이채롭다. 김소랑의 처로서 신파극단 취성좌를 이끌던 여걸 마호정의 인척인 권삼천이 일본에서 소녀가극을 한 경험을 살려서 자기 이름을 딴 삼천가극단을 발족시킨다(박노홍, 『한국악극사 ①』, 참조). 권삼천 역시 1920년대의 여걸로서 가극단을 조직하여, 당시 극단을 해산하고 놀고 있던 김소랑 부부를 끌어들여서 각각 주간과 감독을 맡기고 자기가 실질적인 단장을 맡았다. 50명의 단원을 둔 삼천가극단은 가극부(金生員), 각본부(申不出), 음악부(金興俊)로 나누고, 1930년대 초에는 본격적인 공연 활동을 벌였다. 1930년 여름에 조선극장에서 공연하여 인기를 끌었던 삼천가극단의 레퍼토리인 권삼천 작 희가극 〈햇소문〉, 권삼천 안무 〈난무곡〉(중국무용), 김조성 작 비가극 〈평화〉 등을 보면 당시 악극단의 성격을 대강 짐작할 수 있다. 한편 삼천가극단과 비슷한 시기에 일본에서 활동한 바 있는 배구자가 소녀들을 모아 배구자소녀가극단을 조직해가지고 1930년 가을에 귀국하여 서울의 여러 극장에서 공연 활동을 벌이기 시작했다.

그녀가 1931년 1월 귀국 직후 단성사에서 공연한 레퍼토리를 보면 대가

무극 〈복수의 칼〉(1막), 〈파계〉(2막), 〈멍텅구리 미인 탐방〉, 소극 〈매향과 같은 미인의 향기〉, 촌극 〈모던 장한몽〉이었는데, 삼천가극단과 성격이 조금 달랐다. 그런 중에도 미모와 기예가 뛰어난 배구자소녀가극단이 단연 인기가 있었다. 그럼에도 불구하고 악극은 아직 신파극의 인기를 능가하지는 못했었다. 1930년대 초에 악극이 번성하지 못한 이유도 거기에 있는 것이다. 그러나 배구자가 최초의 전용 무대인 동양극장을 건립하면서 개관 공연 작품에 배구자소녀가극단이 나섰고, 이때에 비로소 악극에 대한 인식이 조금씩 생기는 계기가 된 것이다.

더욱이 그해에는 일본의 도쿄소녀가극단까지 초청되어 동양극장에서 선을 보임으로써 여성들의 가극단 출범도 촉진케 되었다. 그 결과 1930년부터 화랑악극단을 필두로 해서 악극단들이 전국적으로 번지기 시작했다. 주지하다시피 화랑악극단은 단성사 전속으로 조직된 것인 바, 여성이 주류를 이루는 김희좌(金姬座)악극단, 도원경악극단(1938년 5월 창립) 등이 등장하여 1930년대 대중연극 무대를 화려하게 수놓았는데, 모두가 춤과 노래가 가능한 젊은 여성들로 구성된 것이 특징이다.

그러나 1940년대 들어서부터는 양상이 조금 달라진다. 우선 여성이 주도하고 있던 악극계에 남성들이 대거 파고들었다. 따라서 40년대에 접어들면서 조선악극단을 필두로 해서 반도악극좌, 포리도루악극단, 콜롬비아악극단, 황금좌악극단, 빅타가극단 등이 속속 생겨나서 여성들만의 악극단과 대결을 벌인 것이다. 이 시기의 또 하나의 특징이라면 단성사, 황금좌 같은 극장들이 직속으로 악극단을 둔 점이라 하겠다. 그리고 일반 극단들처럼 중앙에서만이 아닌 지방의 대도시에서도 악극단이 생겨났다. 악극단이 인기를 끌면서 정통 연극인과 당대의 인텔리들도 속속 참여하기 시작했다.

우선 극예술연구회의 리더였던 연극이론가 서항석이 라미라가극단에 극본을 제공하기 시작했고, 언론인 설의식이 가담한 데 이어 해방 이후에 정치가로서 이름을 떨친 서민호(徐珉濠)가 대표로 나서기도 했다. 빅타가극단은 미국에서 유학하고 돌아온 서민호가 상당 기간 운영했었다. 뒷날 정계에서 두각을 나타냈던 악극단원은 서민호뿐이 아니었다. 서민호와 같은 무렵에 미국에서 공부하고 돌아온 조정환(曹正煥, 해방 후 외무장관)과 이철원(李哲源, 해방 후 공보처장)도 악극단장과 악극단의 흥행 경리를 맡은 바 있었다. 식민지 시대에 생활을 위해서는 어쩔 수 없는 것이었다.

그러던 차 1942년부터는 대동아전쟁이 절정에 이르면서 모든 예술은 친일 어용화되었고 악극도 예외일 수가 없었다. 성보악극대 같은 단체는 아예 일본어로 공연을 했고, 신세기와 같은 소위 국민가극단이란 것도 생겨났다. 1942년 10월에 부민관에서 근대 아시아 악극의 원조라 할 일본 다카라즈카의 정통 악극 공연은 우리나라 악극에 상당한 변화를 가져오게 하였다. 우선 거의 모든 가극단들이 일본말로 공연을 가진 점에서 그렇고, 춤과 노래보다 연극성을 강조한 점에서 또한 그렇다. 그리고 만주, 베이징 등지까지 과감하게 순회공연을 다닌 것도 특징이라 볼 수가 있다. 가극단들이 멀리 베이징이나 만주 등지까지 50여 명의 단원을 이끌고 순회공연을 다닐 수 있었다는 것은 그만한 저력이 있었다는 이야기도 된다.

여기서 저력이라는 것은 예술성이 아닌 흥행성을 놓고 하는 이야기다. 여하튼 1942년부터는 악극의 전성기라 할 만큼 10여 개의 가극단들이 중앙의 대극장들은 물론 지방 도시들의 대극장까지 석권할 정도로 그 대중적 인기가 높았다. 당시 악극이 얼마나 번성했는가를 알아보기 위해서 1943년도 활동 상황을 통계를 통해서 본 결과 다음과 같았다.

우선 반도가극단, 조선가극단, 성보악극대, 라미라가극단 등 대표적인 단체들이 중앙의 부민관, 메이지좌, 동양극장, 약초극장, 대륙극장 등 큰 극장에서 연간 수십 회씩 공연하고 지방 순회까지 다녔으며, 기타 단체들인 제일악극대, 화(花)가극단, 동아여자가극단, 약초가극단 등 10여 개 이상이 주요 극장에서 활발한 공연을 가졌다. 악극이 대중적 인기를 모으게 되자 일반 극단들이 합동공연을 제의해왔고, 심지어 극예술연구회의 신극 정신을 계승했다는 유치진의 현대극장까지 성보악극대와 합동공연을 가질 정도였다. 가극단들의 레퍼토리도 초기와는 달리 1940년대에 와서는 〈춘향전〉 〈심청전〉 등 고전에서부터 낭영시(朗詠詩)에 이르기까지 다채로웠으며 창작 경음악무극이 주류를 이루었다.

악극이 전성기를 이룰 때 우리 고유의 창극도 번창했다. 이는 매우 주목되는 사실인 동시에 흥미를 끌 만한 일인데, 그만큼 한국인들은 가무를 좋아하고 고통스러울수록 가무를 더욱 즐겨 하는 데서 그런 결과가 빚어진 것이 아닌가 싶다. 암울한 시대에 악극이나 창극으로 고통을 잊고 자위를 한 것 같다.

이처럼 악극이 전성기를 이룰 때쯤 해서 민족 해방을 맞게 된다. 그렇다면 악극은 달라졌는가? 그렇지가 않다. 해방 직후의 악극 동향에 대해서 박노홍은 극히 회의적인 논평 가운데 "너 나 없이 포스터에 바라예티(버라이어티)라는 형식으로 해방이니 희망이니 하는 명목하에 부르는 노래란 십중팔구는 10년 전 설렁탕 배달꾼이 종로 뒷골목에서 하던 노래들"이었다고 했고, 김해송과 김상화는 악극을 하는 당사자들이었음에도 불구하고 해방 직후의 변화 없는 악극에 대하여 "신파조에다가 나팔 소리만 귀가 아프게 나게 되니 언제 가극다운 것을 보게 될까"라면서 "최근의 조선 악극은 다기다난(多崎多難)하게 유독 부패하고 있다. 사악한 유행성, 경향성, 투기성에 빠져서 악극 본질권 외로 일탈"되었는데, 그 원인은 "흥행인 측에서 보면 기획의 탈선적 무리, 배우들의 부정견, 감상자들의 무비판"이라면서 악극도 하나의 문화사업인 만큼 지나친 영리성을 배제해야 될 것이라고 비판했었다. 허집(許執) 같은 좌파 평론가는 연극사가 40년 전으로 역행했다면서 "애트락션 악극, 소극, 희가극과 과거의 감상적인 신파 등이 재생하여 형식만 틀렸을 뿐 내면으로는 8·15 전과 아무런 발전이 없는 것이 극장에 횡일(橫溢)하는데, 이러한 잡종극은 투기 경제적 성격을 띠며 현 정세로는 저속과 인습과 반동에서 벗어나지 못한다"고 맹공한 바 있다.

물론 악극단들도 해방을 맞아 나름대로 변화를 꾀해보려고 악극단 명칭을 바꾸는 등 몸부림을 쳐본 것도 사실이다. 가령 반도가극단이 고려가극단으로 개명하려고 레퍼토리도 〈춘희〉라든가 시대극적인 〈반역자〉 등을 무대에 올린 것은 분명한 변화였다. 그리고 악극단마다 버라이어티라는 것을 들고 나온 것도 변화임에는 틀림없다. 그렇지만 춤을 추고 노래를 불러야 될 악극 배우들이 대부분 악보조차 볼 줄 모를 만큼 무식한 것은 어쩔 도리가 없었다. 이처럼 무지한 악극인들이 예술보다 영리만을 생각했고, 그 결과 타락의 극을 달릴 수밖에 없었다.

  가령 극작가 김진수가 구체적으로 지적한 바처럼 "밤잠을 자지 않고 〈XX 없는 신랑〉 〈XX이 웁니다〉는 등의 신파만 만들어낸다. 그런 것만 하면 무당이 춤추듯 굿터의 굿 구경꾼같이 관중이 모여든다. 그래서 흥행주들은 '울리는 것이 아니면 탐정 활극이나 울리는 것을 하나 써주시오, 그런 것만 써주시면 각본료는 얼마든지 드리지요. 돈을 먼저 쓰셔도 좋습니다'라면서 그들은 돈 뭉텅이를 가지고 극작가를 타락케 하고 배우를 매수한다"고 매도했던 것이다. 오죽했으면 "퇴폐한 악극단이 하룻밤에 빚어내는 문화의 해독이 그야말로 전염병이상"(허집)이라 고발했겠는가.

  악극이 이와 같이 타락해가자 악극인들 중에서 의식이 있는 이들은 악극 재건을 위해 몸부림을 쳤는데, 그것이 다름 아닌 악극 제전 개최였다. 악극제에 앞서서 하나의 기구가 탄생되었는데, 그것이 바로 전국가극협회였다. "순수한 가극문화의 수립으로 영리 본위의 지양과 질적 향상을 도모하고자" 가극 예술가들이 총집결한 이 단체의 초대 회장은 김상진(金尙鎭)이었고 부회장은 최일, 김용환이었다. 이들이 주최한 악극 제전이 실패로 끝난 것은 두말할 나위 없는 것이다. 실력 없는 악극단들이 페스티벌을 개최한다고 갑자기 수준이 높아지는 것은 아니었다. 이와 같은 악극제에 대해서 극작가 김다인(金茶人)은 "악극제, 가극제, 여러 가지 방법으로 관중을 흡수하여 수많은 공연을 가졌으나 결과로 보아 공히 악극 전성시대가 되지 못하고 대중예술 수립의 역사적인 기록도 보지 못했다"면서, 특히 당시 대표적인 가극 작가들인 김해송, 김화랑, 이부풍, 박누월, 마명, 김건 등에게 분발을 촉구하기도 했다.

사실 악극의 타락은 무대예술계의 가장 큰 문제 중의 하나였다. 오죽했으면 조선극맹(朝鮮劇盟)이 발표한 결정서 6가지 항목 중에 "4. 저속한 가극의 옳은 지도를 위하여 노력할 것"이라는 가극 지도 지침을 삽입했겠는가. 그러나 악극의 질적 향상에 관한 내부적 노력도 없지는 않았다. 당시 뜻 있는 연극인들은 악극이 예술로서 입지하려면 "첫째, 순직한 양식의 확립, 둘째 내용의 정직화, 셋째 형식의 한계를 규정 짓고 나아가 예술이 될 수 있는 진실성을 연예인 자체가 탐구하고 관객도 오락의 고급화를 추구하여 전진해야 하고 유행가적 흥미와 통속적인 분위기의 쾌락을 청산"해나가야 한다고 했다. 이러한 지적은 매우 중요하면서도 구체적인 것이었다. 특히 음악, 무용, 극 구성 등 악극 3요소의 유기적 조화를 통한 양식화야말로 당시 악극이 해결해야 할 가장 큰 난제였다. 그리고 현실을 제대로 반영하지는 못할망정 인생의 진실마저 외면하는 황당무계한 내용이 대중에게 지속적으로 먹힐 리가 없었다. 그 점에서 악극인의 한 사람이었던 김한인의 다음과 같은 쇄신책은 당시로서는 주목할 만한 글이었다.

즉 그는 당시 악극 쇄신의 필요성에 대해서, "언어가 가져오는 문학적 요소와 음향이 가져오는 청각용 및 무용이 가져오는 시각 묘미, 그에 따르는 미술의 역할을 포함한 종합예술에 대하여 본질을 떠나 덮어놓고 관중의 희비를 짜내고자 하는 기만적 태도는 일반 대중으로 하여금 벌써 보이콧을 당하고 있지 않은가? 구라파 음악 대가 바그너가 주창한 악극의 본질이란 그 시대를 유도하는 극보다도 음악보다도 전부를 종합한 것으로 대중에 친한 동무가 될 수 있다. 인간 생활의 축소판인 무대예술이 형성되면서 청각의 합류로서 일반은 즐길 수 있으며 박수할 것"이라고 주장한 바 있다.

이처럼 악극이 내외로부터 비판과 매도와 질타를 당해도 생명은 끈질겼고 대중의 인기는 식을 줄을 몰랐다. 누군가 지적한 바 있는 것처럼 당시 대중의 지적 수준에도 문제가 많았던 것이다. 그럼에도 불구하고 악극은 언제나 대중연극의 한 장르로서 대접을 받았고, 시간이 가면서 지명도 높은 연극인들이 대거 참여하여 작품을 쓰는가 하면 연출을 맡기도 했다.

가령 박진, 이서구 같은 동양극장 시절의 중진 연극인들이 작품을 쓰고 연출을 맡아 하기도 했다. 악극이 해방 직후에 얼마나 인기 있었는가 하는 것은 6·25 전인 1948년 10월 여순반란사건 때 여수·순천 일대가 사지화(死地化)되어 피아가 엉켜서 살육전이 벌어지고 있는 곳에 악극을 유일하게 선무단(宣撫團)으로 파견한 점에서도 확인할 수가 있다. 즉 정부는 보병 제65사단의 요청으로 악극단을 전투지구의 선무공작대로 파견한 것이다. 임대순(任大淳) 국방부 정훈국장의 지휘를 받은 악극대는 악극작가 김석민을 대장으로 해서 30명의 대식구를 파견했다. 이들은 총성이 그치지 않는 전투 지구에 용감하게 들어가서 반공 계몽, 귀순 공작, 위안을 위한 공연을 매일 밤 가졌었다.

이들의 선무 공연은 상당한 성과를 거두었고, 그것을 높이 평가한 국방부는 보병 제2사단의 요청을 받아 중부전투지구 반도귀순촉진위원회 공작대로서 다시 안동을 중심으로 태백산 지구를 3개월여 동안 순회하면서 선무공연을 가진 바 있었다. 당시 공산당원들의 폭동은 여러 곳에 있었고, 따라서 악극은 각 지역 순회공연을 하느라 분주하기만 했다. 왜냐하면 빨치산 전투가 있는 데는 악극단이 가야 했기 때문이다. 그들은 드디어 4·3사태가 있었던 제주도까지 선무 순회공연을 가야 했다.

악극단의 공비 토벌 지역 선무 공연이 좋은 성과를 올리자 육군본부는 가수 박호(朴虎)로 하여금 군예대를 조직케 했고, 〈지리산의 봄소식〉(白道欽 작)이라는 반공극으로 전국 순회공연을 갖도록 했다. 좌우익이 피나는 전투를 벌이는 지역에 선무예술단으로 선정 파견된 것은 유일하게 악극뿐이었다. 악극이 이처럼 위기에 처한 국가에 공헌을 하자 당국에서는 1949년 8월에 정부 수립 경축 악극 경연대회까지 개최해주었다(金石民, 『악극사의 단면』 참조).

문화예술인들로부터 저질 상업극으로 매도당하던 악극이 이처럼 대우를 받자 김영수와 같은 극작가도 악극에 뛰어들었는가 하면 허남실, 이진순 같은 중견작가, 연출가들이 속속 가담함으로써 악극은 날로 질이 향상되어갔다. 악극 단체도 계속 생겨났다. 신세계, 신천지, 서울악극단, 남대문악극단, 삼천리악극단, 악극단 오향(五響), 백민악극단, 미미악극단, 양양(羊羊)악극단, 제7천국악극단 등이 속속 등장했고, 부산에서도 조선극장악극단이란 것이 생겨나서 〈울며 헤진 부산항〉(박두환 작)이라는 작품으로 바람을 일으키기도 했다.

그러나 1950년 6·25전쟁이 일어나면서 악극단들도 모두 남쪽 피난길에 올랐다. 미처 피난하지 못한 악극인 일부는 적진에서 화랑지하공작대라는 것을 만들어 용감하게 반공 지하투쟁을 벌이기도 했다. 그때 악극인 왕일문(王一文)은 붙잡혀서 어머니와 함께 총살을 당하였다. 부산에 모인 악극인들은 각군 정훈공작대에 입대하여 각급 부대에 연예대로서 국군을 따라 북한 땅 깊숙이 들어가서 북한 동포들에게 반공 위문 공연을 하고 애국가도 가르치는 등 눈부신 활약을 했다.

휴전과 함께 악극인들은 폐허가 된 서울에 다시 모였지만 이미 예술을 활동을 하기에는 너무나 황폐화되어 있었다. 그때 임화수(林和秀)가 갑자기 부상되면서 자금을 대어 한국연예주식회사라는 것을 만들었고, 거리에서 방황하고 있던 악극인들을 모두 불러모았다. 임화수는 악극 재건을 다짐하고 회사 산하에 음악무용연구소라는 신인양성소까지 개설하고 직속단체로 자유가극단과 코리아가극단을 두었다. 자유가극단은 이종철, 신카나리아, 황해, 양훈 들이 이끌었고, 코리아가극단은 양석천, 이예춘, 윤부길, 복원규, 장세정 등이 주도했다. 임화수는 두 가극단을 갖고 침체한 악극을 재건함으로써 악극계의 새로운 대부로 군림했지만 그것이 정치적인 야망과 관련되었기 때문에 두 악극단은 단명으로 끝나고 말았다. 즉 임화수는 악극인들로 신생활예몽연예대라는 것을 새로 편성하여 전국을 돌면서 국산품 애용과 신생활개선운동을 벌이게 한 것이다. 이처럼 악극은 언제나 정치변화에 따라 가장 민감하게 움직였고, 그래서 이용도 많이 당했다. 가령 일제 말엽에는 친일 국책극을 도맡아했고, 해방 직후에는 반공 최전선에서 선무공작대로 나섰으며 6·25전쟁 중에도 군부대의 연예대로 활약한 것이다. 이것이 자유당 때에는 다시 새생활계몽대 역할을 하는 등 국민생활에 적잖은 기여를 한 것이다.

그러는 동안에 악극은 예술과 멀어질 수밖에 없었고, 결국 1950년대 후반에 와서는 인기 영화에 의해서 극장으로부터 밀려났다. 극장으로부터 축출된 악극은 결국 운명의 무대예술 장르로서 급속히 소멸해간 것이다. 물론 악극의 맥은 그 뒤에 생겨난 예그린악극이라든가 시립가무단 등으로 이어졌고, 예총(藝總)의 한 분야인 한국연예인협회로서 그 정신을 계승하고 있지만, 악극이 과거와 같은 무대예술로서의 화려한 영광은 잃어버린 것이다. 역시 한 예술 장르가 시대변화에 발맞춰 새로운 모습으로 거듭 태어나지 못할 때, 그것은 생존이 어려운 것 같다. 따라서 한때 무대를 화려하게 장식했던 악극이 급변하는 시대 감각을 수용하지 못하고 동시에 정치권력에 이용만 당함으로써 극장 무대로부터 밀려나 쇠퇴했고, 그 빈자리에는 브로드웨이 류의 화려한 뮤지컬이 들어앉아 있는 게 현실이다.

그런데 연극 무대에서 완전히 사라진 것으로 취급되었던 악극이 극단 가교에 의해 1993년 가을 문예회관 무대에 〈번지 없는 주막〉(김상열 극본 연출)이 올려짐으로서 소멸된 지 30여 년 만에 또다시 각광 받기 시작한 것이다. 이는 순전히 중견 연출가 김상열의 연극 이념에 의해 재건된 것인데, 의외로 전 좌석 매진이라는 호응을 얻을 수가 있었다. 재건된 악극이 예상외로 대중적 호응이 좋다 보니 김상열이 이끌던 극단 신시에서도 3년 뒤 〈눈물 젖은 두만강〉을 공연케 되었고, 그 뒤로는 극단 가교와 신시가 앞서거니 뒤서거니 하면서 악극을 대형 무대에 올렸고, 유수한 방송국까지 공동 제작자로 나서서 악극 붐을 조성해기도 했었다. 따라서 한때는 악극이 브로드웨이 풍의 뮤지컬과 대등한 위치에서 대중극으로 자리 잡아가는 듯도 싶었으나 김상열이 타계하면서 그것도 한낱 신기루처럼 사라진 듯하다.

# 민족의 자각과 민중극의 태동

# 제1장

## 선구적 연극인과 학생들의 민족극운동

동학운동 이후 움트기 시작한 민중의 광범위한 지각은 1919년 3 · 1운동
으로 그 절정에 이르렀다. 따라서 민중의 근대의식은 문화예술 쪽에서 민감
하게 나타났고 언론과 문예의 신기운은 그 하나의 단적인 예라 하겠다. 잡
지『창조』를 중심으로 한 문학동인지가 서울 · 대구 · 평양을 중심으로 생겨
날 때『조선일보』『동아일보』양대 민족신문이 창간됨으로써 문예운동은 박
차를 가할 수가 있었다. 이렇게 각 분야에 나타난 신기운은 연극계에서도
예외가 아니어서 기성 연극인들은 반성과 함께 새 시대의 준비를 서둘렀고,
기성 연극의 낡음에 식상한 신진 연극 지망생들은 서양 근대극의 직수입을
서투르나마 시도하려는 움직임을 보인 것이 바로 1920년대 초의 연극계 상
황이었다. 그러니까 반성하면서 새 채비를 하는 구태와 아마추어적인 새싹
이 연극계를 서서히 양분하기 시작했다는 이야기다.

그런데 흥미로운 점은 초창기로부터 연극을 해온 사람들도 일본식 신파
극에 물든 연극인과 3 · 1운동 이후에 등장했으면서도 보수적인 현철(玄哲),
김정진(金井鎭)과 같은 기성 연극인으로 다시 나뉘었다는 사실이다.

신파에 물든 구태의연한 연극인들은 3 · 1운동 이후에도 여전히 과거 극
단들인 신극좌, 취성좌, 혁신단 등을 그대로 지속시켰고, 윤백남, 이기세 등

인텔리 신파 연극인들은 예술협회, 민중극단 등을 새로 만들어 개량 신파를 시도했다. 신파극도 낡은 것과 새것으로 나누어진 셈이다. 그리하여 같은 신파극이라도 감각이 낡은 극단들은 유랑극단화되어 지방으로 밀려났고, 개량 신파극단 두세 개만이 서울을 근거로 명맥을 유지할 수 있었다. 결국 김도산, 김소랑, 변기종, 마호정 등과 같이 무지한 신파인들이 윤백남이나 이기세 같은 유식한 신파 연극인들에게 밀려난 셈이 되었다. 물론 낡은 신파극단들도 지방만 떠돈 것은 아니었다. 서울과 지방을 번갈아 다녔지만 지방이 준본거지가 되었을 뿐이다.

그래도 돌아다니는 동안 널리 알려져서 여배우 지망생도 하나둘 굴러들어왔다. 예를 들어 1920년대 예원을 장식했던 이월화, 복혜숙, 이채전 등도 신파로부터 출발한 여배우들이었다. 이화학당을 나온 얌전한 규수 이채전은 1921년에 이기세가 조직한 예술협회에서 신데렐라가 되었는데, 극단이 단명하여 영화로 옮겼고, 그녀가 속했던 조선키네마 역시 망했으므로 무대를 떠날 수밖에 없었다. 매우 신심이 깊고 품격이 높았던 여배우를 수용할 무대와 스크린이 없었기 때문에 그녀는 동료 배우 박승호(朴承浩)와 결혼한 뒤 함께 배우 생활을 청산하고 박승호의 고향인 부산 교외에 묻혀 살았다.

역시 이화학당을 다니다가 일본 기예학교로 유학 간 목사 딸 복혜숙은 기예보다는 연극과 영화, 무용을 더 좋아했다. 그리하여 도쿄 사와모리 무용연구소에서 춤만 배우던 그녀가 아버지한테 잡혀온 것은 너무나 당연했다. 목사 아버지가 세운 강원도 금성학교에서 강제로 교원 노릇을 하던 그녀는 연극을 하고 싶어 견딜 수가 없었다. 결국 아버지의 저금통장을 훔쳐가지고 무작정 상경하여 찾아간 곳은 단성사였다. 그때 단성사에서는 김도산 일행의 신극좌가 공연을 하고 있었다. 당시 여배우 구하기가 하늘의 별 따기였으므로 이화학당 출신의 걸걸한 복혜숙은 더없이 좋은 재목이었다. 그럼에도 불구하고 김도산은 여형배우를 기용하면서도 복혜숙을 곧바로 출연시키지 않았다. 연극의 생리를 알고 분위기에 젖어야 한다는 것이었다. 복혜숙은 신극좌의 말단 예비 단원으로서 남자 배우들의 구질구질한 옷가지 세탁은 말할 것도 없고 뜨거운 여름에는 단장을 비롯한 배우들에게 부채질까지 해주어야 했다. 밥을 혼자 짓다시피 해도 배는 언제나 곯았고, 공연 때 배우들에게 주는 야식비도 복혜숙에게는 배당되지 않았기 때문이다. 그녀는 어느 여름 날 참외가 너무 먹고 싶어 김도산 단장에게 10전을 요구했다가 뺨만 얻어맞고 빨래를 이고 가면서 운 적도 있었다. 이런 고초를 1년여 겪은 후에 비로소 무대에 설 수가 있었는데, 그때는 이미 서울 무대에서는 신파가 빛을 잃어가던 때였다. 그녀는 유랑극단화된 신극좌를 따라 전국 방방곡곡을 떠돌아야 했다. 마차에 대소도구를 싣고 도청 소재지가 있는 산간까지 발이 부르트도록 걸어 다니는 신세였다. 그렇다고 흥행이 잘 되는 것도 아니어서 단원들은 여관 값을 제대로 지불할 수가 없었다. 그럴 때마다 복혜숙은 인질로 여관에 잡혀 있어야 했다. 여관으로서는 남자 배우가 도망을 잘 치니까 여배우를 잡아두었던 것이다. 그럴 때마다 결혼 밑천으로 갖고 있던 패물을 잡혔고, 많은 패물로도 그 숱한 전국의 여관비를 메울 수는 없었다.

극단이 뿔뿔이 흩어지는 것이 가장 큰 문제였다. 왜냐하면 인질을 찾으러 올 사람이 없어지기 때문이다. 실제로 극단이 흩어지는 것도 예사였다. 뿔뿔이 흩어져서 차비가 없는 배우들은 자기 집까지 수백 리씩 걸어가기도 했다. 집에 가는 동안 굶주린 나머지 도둑질도 했고, 따라서 신파 배우들의 도둑질 사건은 가끔 신문 사회면을 장식하기도 했다. 그만큼 유랑극단 배우들의 절도 행위는 사회문제로 확대되곤 했다. 조선조 후기의 떠돌이 예인(藝人)들과 다를 바가 없었다. 신파극밖에 모르는 배우들이라서 다른 일은 할 수가 없었다. 한마디로 이들은 신파극단 외의 어느 조직체에도 예속되지 못한 한계인들(marginalmen)이었다.

그러므로 배우들은 백성의 재물이나 탈취해가는 걸사(乞士)로 전락해갈 수밖에 없었다. 그 점에서 당시 유랑 신파배우들은 조선시대의 거사배(居士

輩)나 광대 패거리와 다름이 없었다. 신파극이 타락하고 또 생활비를 얻지 못하는 신파 배우들은 각지에 부랑자로 떠돌면서 사기 치는 연극도 예사로 했다. 그래서 부랑 신파 연극인의 행패는 신문 사회면의 고발기사 거리가 되기도 했다. 가령 1921년 4월 17일 자 『동아일보』 사회면의 '부랑자의 신파단'이라는 비판기사를 보면 다음과 같았다.

> 근래에 각처에 흩어져 있는 부랑자들이 호구할 도리가 없게 되어 소위 신파 연극단 같은 것을 조직하여 산간지방으로 다니면서 자기들은 모 지방 청년회 니 소년단이니 하면서 예술사상 보급의 목적이라는 아름다운 말로서 인민을 속이고 아무 기구도 없이 적수공원으로 자못 교묘한 수단과 감언이설로써 그 지방 청년회나 유력자들의 힘을 빌어 변변치 못한 연극으로 지방 사람의 기부 나 관람료 같은 다소간 얻은 수입을 모아 주색에 낭비하고 다닌다는데, 산간 지방의 청년회나 유력자들은 주의치 아니치 못할 일이더라.

위의 기사는 부랑자들이 호구지책으로 엉터리 신파극을 하고 다닌다는 것으로 보일 수도 있으나 실제로는 흩어져 떠돌아다니는 신파 연극인들의 형태를 지적한 것이다. 극단이 해산된 뒤 배우들 몇몇이 몰려다니면서 사기 연극 행각을 벌여 호구하는 모습을 지적한 것이다. 극단적인 예로 인질 노릇을 도맡아 한 여배우 복혜숙이 경남 마산에서 석 달 동안이나 잡혀 있는 기록을 남기기도 했다. 잡혀 있는 동안 그녀가 밤마다 나와서 별만 쳐다보니까 여관 주인이 미쳤다고 굿까지 하는 해프닝도 벌어졌다. 그런 수모에도 그녀는 끝까지 연극이 좋아서 따라다녔다.

그때는 주먹구구식 연습이었으므로 여배우 가리지 않고 얻어맞는 것이 예사였다. 복혜숙도 연습 도중 꺾쇠로 숱하게 얻어맞았고, 제대로 된 연기 수업을 결심하고 조선배우학교에 들어갔다가 결국은 영화계로 떠나고 만다. 1920년대 초의 신파연극계가 그 꼴이었던 것은 초창기에 아무런 준비 없이 일본 신파를 받아들인 데서부터 비롯된 것이다.

초창기 신파극 선구자의 한 사람이었던 윤백남이 3 · 1운동 직후에 쓴 글 가운데 「연극과 사회」(『동아일보』1920.5.4~16)라는 것이 있다. 그 글에서 윤백남은 당시 연극 부진의 이유로서 ① 무대 기교 있는 각본의 불저(拂底) ② 대도구의 불완전 ③ 배경화가의 전무 ④ 무대감독의 전무 ⑤ 극장이 없음에 따른 무대장치의 불완전 ⑥ 금주(今主)의 몰이해 ⑦ 창조력 있는 배우의 희소 ⑧ 흥행상의 악 · 인습 등 여덟 가지를 지적했다. 그중에서도 배우, 연출가, 작가, 무대미술가 등 전문 연극인 부재가 가장 심각한 것이었다.

바로 그러한 처지에서 연극사상 최초의 조선배우학교가 한 선구자에 의해서 조그맣게나마 세워지게 된다. 조선배우학교를 세운 현철(본명 현희운, 1891~1965)은 명문가 출신으로 일찍이 보성학교를 졸업하고 1913년에 일본 유학길에 올랐다. 메이지대학에서 법학을 공부하던 그는 연극의 매력을 느껴 시마무라 호게쓰(島村抱月)의 문하생으로 들어갔다. 즉 시마무라가 이끄는 극단 예술좌에 연구생으로 가입, 지방 공연을 쫓아다녔고 도쿄제국극장에서 〈살로메〉를 공연할 때는 단역으로 무대에 서기도 했다. 그로부터 〈바다의 부인〉(입센 작), 〈곰〉(체호프 작), 〈부활〉(톨스토이 작), 〈고향〉(주더만 작) 등에 계속 출연했는데, 이때 예명을 '철(哲)'로 정한 것이다. 그는 예술좌 부설 연극연구소 예술구락부에 속해서 단역배우 노릇을 하는 틈틈이 후지나미 후요에게 미용술과 화장품 제조기술도 배웠다.

그런데 현철의 야심은 조국에 돌아가 시마무라와 같은 신극 선구자가 되는 것이어서 실기보다는 이론 연구에 치중했다. 일본에서 상당한 경험을 쌓은 그는 중국 친구를 따라 1917년 상해로 건너가 중국 근대극의 선구자 구양여청(歐陽予淸)과 성기(星奇)연극학교를 2년여 운영

신극 선구자 현철

하다가 1919년 2월에 귀국했다. 무언가 조국을 위해서 문예 관계 일을 해야겠다는 사명감에 따른 것이었다. 그는 귀국하자마자 인재 양성에 손을 써서 종로중앙청년회관에 구자옥(具滋玉)과 함께 연예강습소를 개설했다. 신구극의 이론과 실기를 겸한 연예강습소는 3개월 코스로서 화, 목, 토 3일 강의에 5원의 실비만을 받고 학생들을 가르쳤다. 그는 대중의 연극 인식이 형편없음을 깨닫고 자기의 소신과 함께 연극의 필요성을 강조하는 장문의 논설을 귀국 제1성으로서 『매일신보』에 발표했다. 그가 귀국하고 얼마 안 된 1920년 6월 말이었다. 「연극과 오인(吾人)의 관계」라는 제하의 이 글은 연극의 필요성을 누누이 역설한 내용이었다.

그는 이 글에서 부모와 주변 사람들의 만류에도 불구하고 비장한 각오로 연극을 택했다는 전제하에 이 땅에서 연극이 왜 필요한가를 역설한다. "국민적 의력(意力)이 강한 나라는 연극이 발달되고 국민적 의력이 약한 나라는 연극이 발달하지 못했다"는 서양 철인의 말을 바탕으로 그리스극부터 중국(경극), 일본(가부키, 노) 연극을 설명하는 것으로 실마리를 풀어나갔다. 그가 특히 연극은 인생의 축사(縮寫)로서 오락적 기능과 풍교적(風敎的) 기능을 한다고 말한 것은 연극의 본질을 꿰뚫어 본 것이었다. 그는 입센의 〈인형의 집〉을 예로 들면서 연극의 현실 폭로와 함께 "권선징악을 목적으로 하기보다 고상하고 청아, 온아한 취미 양성을 목적"으로 해야 한다면서 연극이 '지육(智育)·덕육·정육 3방면의 효용'을 가진 사회경영의 큰 기관이 되기 때문에 자기도 연극을 택했다는 것으로 결론을 맺고 있다.

이광수가 1916년에 「문학이란 하(何)오」란 글에서 희곡의 간단한 개념과 중요성을 강조한 것이 고작이었는데, 현철이 그 3년 뒤에 처음으로 연극의 일반론을 광범위하게 개진한 것이다. 이처럼 현철은 겨우 스무 살을 전후해서 연극에 입지한 최초의 근대극 수용자였다.

그는 1920년 6월에 창간된 월간 종합지 『개벽(開闢)』의 학예부장으로 있으면서 비평·번역·창작 세 분야에 걸쳐 외국 문예이론 소개와 연극 진흥에 혼신의 열정을 쏟았다. 그러니까 그는 연극 인재 양성도 대중의 연극 이해 제고 운동과 병행한 것이다. 그가 투르게네프의 〈격야〉라든가 셰익스피어의 〈햄릿〉을 중역 연재한 것도 그 때문이었다. 그의 영향으로 평론가 박영희(朴英熙)도 차페크의 『인조인간』을 번역 소개하기도 했다. 투르게네프의 〈격야〉도 그렇지만 〈햄릿〉의 번역은 셰익스피어 작품을 이 땅에 최초로 소개했다는 역사적 평가를 받고 있다. 그가 『개벽』지에 전막을 19회에 걸쳐 연재한 다음 단행본으로 출간했는데, 이것도 셰익스피어 번역서로는 최초가 되는 셈이다. 그가 비록 쓰보우치 쇼요(坪內逍遙)의 일역본을 참고했다고는 하지만, 김억(金億)이 번역시집 『오뇌의 무도』를 펴낸 것 이상으로 문학적 의의가 있는 것이다.

그런데 그에게는 셰익스피어를 처음 소개했다는 것이 그렇게 중요한 것이 아니었다. 왜냐하면 그는 이미 서구 근대극을 상당히 익히고, 또 그것의 수용을 역설한 선구자였기 때문이다. 가령 월간 『신여성』(1924.9)에 쓴 「알아두어 필요한 연극 이야기」라는 글을 보면 입센으로부터 비에른손, 스트린드베리, 하웁트만, 마테를링크, 버나드 쇼, 싱 등 서구 근대극 작가들에 대해서 언급했고, 그 가운데 입센만은 비록 개략적이긴 하지만 제대로 소개했다. 그의 「희곡 개요」(1920)나 「현당극담」(1921), 「종교와 연극」(1922) 등도 서양 연극론의 소개지만 그중에서도 「독일의 예술운동과 표현주의」(1921)는 제1차 세계대전을 전후해서 일어났던 표현주의 이론을 처음으로 소개했다는 점에서 높이 평가될 만하다. 물론 그것이 일본을 통한 간접적인 것이었다고 하더라도 새로운 문예사조를 놓치지 않고 즉각 소개했다는 것은 그의 선구 의식을 잘 나타내주는 것이었다.

그런데 그는 외국 이론을 소개하는 전신자(轉信者)로 만족하지 않았다. 그는 「예술협회 제1회 시연을 보고」 등 연극평을 처음으로 썼고, 한국 연극이 나아갈 방향을 제시한 글들을 연속적으로 발표했다. 「조선의 극계 경성의 극계」 「극계에 대한 소망」 등이 바로 그러한 글들이었다. 그 가운데서도

「문화사업의 급선무로 민중극을 제창하노라」는 그의 연극 철학을 실천적으로 집약한 독창적인 논문이었다. 그의 연극 스승이었던 시마무라 호게쓰의 "영락고조(榮落枯調)한 조선 민족의 내부 생활에 기름을 쳐주는 책임이 있는 것을 잊어서는 안 된다"는 격려에서 비롯된 현철의 민중극의 개념은 첫째 민중을 제재로 한 극, 둘째 민중의 공유물이 되는 극, 셋째 민중 교화의 극으로 정의된다. 바꾸어 말하면 민중극이란 입센이나 하웁트만, 고리키 등이 노동자, 농민 등과 같이 밑바닥 사람들의 생활을 제재로 묘사한 것처럼 민중적 삶을 바탕으로 하면서 민중을 위한 교화 기능의 연극이어야 한다는 것이었다.

그는 자기 논문에서 20세기야말로 민중의 시대이기 때문에 정치·경제·종교 등 모든 것이 민중을 떠나서는 무의미하고, 따라서 연극도 민중이 느끼는 갈등과 고민을 사실대로 보여주거나 아니면 최소한 그들의 생존 양상과 관련을 가져야 한다는 지론을 폈던 것이다. 이 장문의 글은 서구 리얼리즘이 바탕이 되면서 동시에 3·1운동 직후의 식민지 상황과 연결된 것이기도 했다. 마침 로맹 롤랑의 '민중예술론'이 일본에 소개된 직후였으므로 그 영향도 무시할 수 없다. 그러니까 로맹 롤랑으로부터 시마무라 호게쓰, 그리고 현철로 이어진 민중 연극은 곧 서구(프랑스)·일본·한국의 문화적 삼각관계를 잘 보여주는 것이기도 했다.

이상과 같은 현철의 민중연극론은 적어도 당시 지식인들에게 크게 공감을 불러일으켜서 이돈화(李敦化) 같은 연극 문외한까지 연극진흥론에 가세했다. 천교도 간부였던 이돈화는 '생활조건을 본위로 한 조선의 개조사업'이란 글을 통해서 "민중의 감화를 감정상으로 가장 쉽게 인도하는 것이 바로 연극이므로 유치한 민중을 교화시키기 위해서 연극 진흥이 우선적으로 이루어져야 한다."(『개벽』 1921.10)고 갈파했던 것이다.

그러나 현철의 진정한 선각적 공로는 그 나름의 연극 철학의 실천화였다. 그가 극작가로서의 재능은 부족했으므로 민중극 진흥을 위한 근본 대책으로 인재 양성 쪽으로 방향을 돌린 것이었다. 그가 일본에서 공부할 때 극단 예술좌 부설 연극연구소 생활을 체험했고, 상해에서 성기연극학교도 운영 해보았기 때문에 예술학원 경영은 어려운 것이 아니었다. 게다가 상해에서 귀국한 직후 잠시나마 연예강습소도 해본 터라서 1920년 2월 서대문 밖 합 중기독교회당(合衆基督敎會堂)을 빌려 예술학원을 차렸다. 연극반과 무용반 을 나누어 모집한 예술학원에 후일 연극 영화에 적잖이 기여한 이경손(李慶 孫)을 비롯하여 김정원, 유수준, 김두현 등이 연극 지망생으로 들어왔고, 무 용반에는 한성은행 여행원인 강영숙을 비롯해서 이혜숙, 김상옥 등 여자 5 명이 지망했다.

현철은 친구 구자옥과 함께 개론부터 시작하여 세계 연극사는 물론이 고 연출, 연기술, 분장법까지 열심히 가르쳤다. 사재를 털어가면서 〈청혼〉 〈곰〉 등 안톤 체호프의 희곡을 워크숍 대본으로 하여 혼신의 정력을 쏟았 다. 그런데 채 1년도 안 되어서 분란이 일어났다. 워크숍 공연을 며칠 앞두 고 배역 관계로 현철과 학생들 간에 싸움이 터진 것이었다. 너도나도 자기 의 소양이나 실력과는 관계없이 주역만을 맡겠다고 나선 것이다. 깐깐한 성 격의 현철이 그런 학생들의 작태를 보고 참고 있을 리 만무했다. 그는 당장 예술학원 빗장을 걸어 잠근 것이다. 따라서 예술학원도 연예강습소처럼 단 명할 수밖에 없었다.

그렇다고 현철이 연극운동을 포기할 사람이 아니었다. 그는 잡지 일과 신 문 일(『조선일보』)에 전념하는 틈틈이 장기 구상을 해나갔다. 우선 장래의 구 상을 장문의 글로 정리하기 시작했다. 그것이 1922년부터 쓰기 시작하여 4 년여 만에 완성한 미발간 원고 「문화기관과 연극사업」이란 논문이다. 제1장 동국문화협회, 제2장 조선배우학교, 제3장 극계현문의 사업, 제4장 위안기 관(慰安機關)과 소녀의 가극, 제5장 민중교화와 활동사진 등 전 5장으로 구 성되어 있다. 이 논문은 단순한 탁상공론이 아닌 실천 강령의 이론화로서 매우 구체적인 것이 특징이다. 가령 제1장의 동국문화협회란 항목만 보더

현철과 배우학교 학생들(1926)

라도 제1절 '문화의 의의와 협의의 유래'로부터 시작하여 제10절 '협회와 사업의 현실의 입장'에 이르기까지 협회 사업 계획이 매우 상술하게 기술되어 있다.

다섯 장 모두가 자기의 사업 구상인 바, 그것을 하나하나 모두 실행에 옮긴 데에 현철의 위대함이 있었다. 즉 그는 1923년 10월에 사단법인 형태의 동국문화협회를 설립하고, 그 이듬해에 같은 문화사업의 일환으로 조선배우학교를 개설한 것이다. 두 가지 사업을 벌인 이유에 대해서 그는 "현재의 우리 조선 사람의 형편으로서는 문화사업에 제일 급한 것이 의지력을 기르는 것과 인간을 알리게 하는 것인 바, 그러기 위해서는 무엇보다도 필요한 것이 연극사업"이라고 했다. 두 사업 중에서도 연극과 영화, 그리고 가극을 해낼 수 있는 수준 높은 배우 양성에 초점을 맞춰서 조선배우학교 운영에 힘을 쏟아나간다는 것이다.

그리하여 1925년 1월 동료 영화감독 이구영(李龜永)과 함께 동대문 밖 창신동에서 조선배우학교의 문을 열었다. 기초이론을 배우는 보통과와 연기 등 실기 중심의 고등과로 나눈 조선배우학교는 사실 그가 잠깐잠깐 시도했던 연예강습소와 예술학원의 연장인 동시에 연극에 대한 꿈을 집대성한 것이었다. 20명씩 40여 명의 제1기생 중에는 훗날 연극영화계에서 크게 활약한 이금룡(李錦龍)을 비롯하여 왕평, 김아부, 양백명 등과 여자로서는 북혜숙, 김수련 등이 끼어 있었다. 1년을 수련 기간으로 한 이 학교의 보통과는 예술개론을 비롯해서 세계 연극사 등 연극 영화의 기초이론과 연극 영화 실

　　　　　　　　　제3부 민족의 자각과 민중극의 태동

습을 주로 했고, 고등과는 연극·영화 미학으로부터 출발하여 배우술과 연극 영화 비평 그리고 무용, 분장술까지 매우 광범위하고 깊이 있게 다루었다. 보통과와 고등과를 합쳐서 40여 개 과목을 현철이 도맡다시피 했고 이구영이 이론 분야를 조금 도와주었던 것이다.

실기에서 발성 연습은 오스카 와일드의 〈살로메〉를 대본으로 삼았고, 낭독은 현철이 번역한 〈격야〉를 갖고 했다. 실기는 매우 철저히 했는데, 세례자 요한이 우물 속에서 소리 지르는 발성 연습을 위해서는 학생들로 하여금 온종일 마루에 꿇어앉도록 하기도 했다. 정신집중의 엄한 훈련이 있었던 것이다. 그는 또 가능성 있는 제자들로 소위 극계현문이란 것도 조직했다. 그리하여 대장인 자기의 예명을 현철로 하고 이금룡이 예철(藝哲), 손기찬은 이철(梨哲), 왕평은 세철(世哲), 김부아는 시철(詩哲)이 되었다.

이와 같이 그는 한국 연극을 짊어지고 나갈 첨병으로서 행동대까지 조직해놓고 있었다. "극계현문을 위해서 전 생애를 희생한다"를 제1조로 한 현문십계(玄門十誡)까지 만들어 문하생들의 정신교육을 강화하여 이탈을 방지하기까지 했다. 그럼에도 불구하고 〈인형의 집〉 시연 한 번 하고는 겨우 1년 만에 한국 최초의 본격적인 배우학교가 막을 내리고 말았다.

즉 제1회 졸업 작품으로 〈인정은 초로 같다〉를 공연키로 했는데, 연습이 부족하다고 현철이 개막을 반대했다. 하루빨리 무대에 서고 싶은 학생들은 현철의 외고집을 꺾지 못하자 동맹휴학을 단행했다. 대쪽같은 현철은 결코 학생들에게 굴복치 않고 즉각 폐교시키고 말았다. 선구자 현철의 원대한 포부가 철부지 학생들의 공명성과 조급성, 그리고 허영심에 의해 하루아침에 공중분해가 되어버린 것이다.

조선배우학교의 문을 닫은 후 현철은 해방 직후에 서울역 앞에서 잠시 배우학교를 열어서 대배우 장민호(張民虎)도 배출했으나 곧 문 닫고 다시는 인재 양성에 손대지 않았다. 그러나 연극에 대한 집념만은 여전하여 박승희 등과 함께 5년 계획 사업으로 연극 진흥을 꾀해보다가 좌절했고 국극(國劇)

진흥도 시도했지만 모두가 뜻 같지 않았다. 그는 매우 외롭게 만년을 보내다가 쓸쓸히 한 많은 세상과 영별했다. 현철의 연극 생애는 그대로 초창기 한국 근대극의 가시밭길 그 자체였다.

개화기에 있어서 우리나라의 교육열은 대단했다. 그것은 민족자강과 산업진흥이라는 개화사상에 부응한 것이었다. 따라서 야학이 상당 부분을 차지하는 각종 학교들이 전국에 세워졌다. 그러나 1910년 일제의 한국병탄을 계기로 고등교육은 억제당했다. 왜냐하면 일제의 초대 총독 데라우치 마사타케(寺內正毅)가 부임하자마자 "한국인은 아직 고상한 학문을 배울 단계에 이르지 못하였으므로 비근한 실업상의 지식을 가르쳐야 한다"고 천명했기 때문이다. 이는 곧 한국인의 지식수준이 높아지면 일제의 침략을 비판하고 독립을 주장하게 될 것이므로 원천봉쇄를 하겠다는 음흉한 의도에 따른 것이었다.

그렇지만 그러한 의도는 1919년 3·1운동을 계기로 일단 타파될 수밖에 없었는데, 그것은 우리 민족의 완강한 저항 때문이었다. 즉 3·1운동의 좌절로 우리 민족은 배워야 산다는 것을 스스로 각성하여 열화 같은 교육열이 일어났고, 그 연장선상에서 고등교육기관이 희소하고 차별 대우가 심한 한국보다 일본이나 미국의 교육 환경이 나았기 때문에 바다를 건너가는 해외 유학생이 기하급수로 늘어났다. 그리하여 1920년대 초만 하더라도 천수백 명이 일본과 미국으로 유학을 떠났던 것이다. 그런 상황에서 조국을 떠난 학생들이기 때문에 그들의 향학열은 단순히 개인의 영달이나 출세에만 목적이 있었던 게 아니고 오로지 개화와 조국의 독립이라는 숙명적 명제에 두어지게 되었다.

때마침 선진국으로부터 민족주의·사회주의·무정부주의·공산주의 등이 유입된 시기였으므로 민족의식이 역사적으로 구조화되어갔고 사회운동의 정신 배경이 탄탄해져갔다. 이 시기에 민족운동을 주도한 세력은 두말할 것도 없이 언론계를 중심으로 한 지식층의 각종 사회종교 단체와 학생 단체였다. 이들 중에서도 특히 학생 단체가 더욱 격렬했는데, 이는 그들의 순수성에도 원인이 있지만 유학 중의 고생스러운 체험이 그들을 더욱 그렇게 만들었던 것이다.

일제의 경제적 수탈로 인한 민족의 궁핍화는 학자금난, 생활고로 직결되었고 "만리 해외에서는 몸을 바쳐 혹 눈 오는 아침에 우유도 배달하며 바람 불고 비 오는 저녁 인력거도 끌어 학(學)에 힘쓰는 우리의 형제 고학생"이라는 당시 『동아일보』 사설(1921.7.2)에서 느낄 수 있는 것처럼 그들은 민족의 역경을 절감하는 인텔리였다. 학업의 곤란은 그들로 하여금 항일 의식을 더욱 심화시켰고, 역경 극복의 수단으로서 고학생회를 조직했으며 노동자 단체와 연합전선을 펴기도 했다. 1920년대 초에는 학생들의 민족운동이 눈부셨기 때문에 일제가 가장 두려워하는 항일 세력이 바로 학생들이었다.

그 당시 표면적으로 나타난 학생 단체들의 민족운동 방식은 강연회와 연예 활동이었다. 법학이라든가 정치·경제 등을 공부하는 사회과학 계통의 학생들은 강연회를 주로 다녔고, 인문학과 예술 분야를 공부하는 학생들은 예술 활동으로 한몫했다. 그것이 이른바 방학을 이용한 순회강연회와 순회극단 운동이라는 것이었다. 우리나라에서 최초로 탄생된 학생극 서클은 1920년 봄 동경에서 조직된 극예술협회였다. 이처럼 학생극 단체들이 도쿄를 근거지로 발생하기 시작한 것이다. 이때의 핵심 멤버가 김우진(金祐鎭)을 비롯해서 홍해성, 조명희, 유춘섭, 고한승 등 20여 명이었는데, 이들은 매주 토요일 모여서 체호프, 하웁트만 등 근대 작가들의 희곡 독회를 가졌다.

그런데 1년 뒤에 이들에게 도쿄의 한국 노동자와 학생 단체인 동우회로부터 회관 건립 기금 모금을 위한 하계 순회극단을 조직해달라는 요청이 왔다. 이들은 순회공연을 통하여 자기들의 정통적 근대극을 보여주면서 노동자와 고학생 구제라는 두 가지 목적을 동시에 달성키로 하고, 즉각 동우회 순회극단을 조직했다.

도쿄 유학생 30여 명으로 구성된 동우회순회극단은 1921년 7월 6일 관부

연락선 편으로 부산에 도착했다. "오인(吾人)이 지방 인사에게 희망하는 바는 금차의 순회공연을 기획하며 고학생의 부르짖음과 노동자의 부르짖음을 들으며 현대사조에 여하한 조류가 노동자로 인하여 흘러가는지를 깨달아 진정한 사람다운 생활에 대한 우리의 각오를 일층 깊이 하며 사회의 문화를 일층 향상하며 심각히 하는 동시에 따뜻한 형제의 정으로써 멀리 있던 형제들이 서로 만나는 한 아름다운 정으로써 악수하여가지고, 향상의 일로를 향하여 한 가지로 나아가기를 희망하노니 이 어찌 아름다운 일이 아니며 또한 유익 많은 일이 아닐까"라는 환영 사설까지 실은 『동아일보』를 비롯하여 천교도·불교·대종교·조선노동공제회 등 각종 사회 단체들의 적극적 후원을 받으면서 동우회순회극단이 부산에 첫 기착한 것이다.

이들은 부산을 시발점으로 해서 김해·마산·통영·진주·밀양·경주·대구 등 영남의 길과, 목포·광주·전주·군산·강령·공주 등으로 연결되는 호남의 길을 순차적으로 밟으면서 중앙을 향해 북상했고, 다시 서울을 거쳐 개성·철원·해주·평양·신천·청주·원산·영흥·함흥 등까지를 밟으면서 공연을 이어갔다. 이들의 레퍼토리는 예술을 통한 민족운동답게 경연, 음악 연주, 연극 공연 등 세 부분으로 짜여졌다. 강연은 대중계몽을 통한 민족의식을 고취하는 데 목표를 두었고, 음악 연주는 절망적인 대중을 위로하는 데 두었으며, 연극 공연은 민족을 각성시키는 데 맞춰져 있었다. 음악은 홍난파의 바이올린 독주와 소프라노 윤심덕(尹心悳)의 독창으로 엮어졌고, 연극 작품은 조명희 작 〈김영일의 사(死)〉, 홍난파 작 〈최후의 악수〉, 던세이니 경의 〈찬란한 문〉(김우진 역) 등 세 편이었다. 그리고 공연비 일체는 연출과 무대감독을 도맡아 했던 와세다대학생 김우진이 부담했다. 이들 동우회순회극단은 가는 곳마다 폭발적인 갈채를 받으면서 동포에게 커다란 감동을 안겨주곤 했다. 당시 마산에서 공연된 〈김영일의 사〉에 관한 『동아일보』 기사를 보면 다음과 같다.

　　　　　　　　　　제3부　민족의 자각과 민중극의 태동

극이 진행함에 따라 군중은 "잘한다, 참 잘한다, 과연 잘한다" 하면서 그 손바닥에 못이 박이도록 뚜드린다. 그럴 뿐만 아니라 관객을 서로 바라다보면서 연해 연방 이것이야말로 참 연극이로구나 하는 말도 들리었다. 그중 김영일의 친구 박대연으로 분장한 허하지(許河之) 씨의 무대상의 그 일거일동은 더욱 정교하였다. 부자 학생 전석원과 격투가 일어나는 데에 이르러서는 "그놈 석원을 죽여라!" 하는 부르짖음이 떠나가도록 사방에 들렸다. 그리고 제삼막 김영일이 죽는 곳에 가서는 탄식하는 사람, 우는 사람, 극장은 일종의 초상집을 이룬 듯하였다("동아일보』1921.7.2).

순회극단의 공연은 비록 대학 초급학년생들의 아마추어 연극이었지만 관객들의 호응은 끓어오르는 용광로 같았다. 따라서 공연 때마다 환호와 갈채와 눈물로 수라장을 이룬 것이다. 마산 공연에서만 그런 것이 아니었다. 그들이 관부연락선을 타고 부산에 내린 날부터 여름비가 쉬지 않고 쏟아졌지만 몰려오는 관객은 극장문을 부술 정도였다.

이렇게 동우회순회극단 공연이 환호를 받은 〈김영일의 사〉만 하더라도 도쿄에서 고학하는 한국 학생의 참담한 삶을 그린 것이었다. 당시만 하더라도 도쿄 고학생의 궁핍한 삶과 죽음은 식민지 현실과 직결된 것이었으므로 주인공 김영일의 고통은 그대로 한국인의 고통이었다. 당시 신문도 이 작품에 대하여 "도쿄에 가서 공부하는 고학생의 생활을 공개하여 크게 환영을 받고 빈부 학생들은 현금 사회를 통하여 공명되는 기분이므로 그 순간은 배우나 관객이나 같은 기분에 부지중에 손에서 올려 나오는 박수 소리는 갈채를 의미하는 것보다 큰 사상이 일치되는 것을 의미했다"("동아일보』1921.7.30) 고 썼다.

다음 작품 홍난파의 〈최후의 악수〉도 여성의 인간 선언이었기 때문에 여학생들로부터 갈채를 받았고, 김우진이 번역한 던세이니 경의 〈찬란한 문〉 괴로운 현실에 너무 집착 말라는 내용이었기 때문에 현실의 아픔으로부터 초월하려는 성인층의 깊은 공감을 샀다.

그러나 연기는 보잘것없었다. 그럴 수밖에 없는 것이 작가 조명희, 바이올리니스트 홍난파, 그리고 김영일 역을 맡은 유춘섭 등 주연급은 물론이고 홍난파의 상대역으로 신여성을 맡은 여형배우 마해송 등 모두가 무대라고는 처음 밟아보는 풋내기들이었기 때문이다.

그런 중에서도 후일 아동문학가가 된 마해송의 여자 역만은 대단한 인기를 끌었다. 그의 곱상한 용모와 고운 음성, 그리고 분장이 관중의 호감을 샀던 것이다. 따라서 연기자로서는 마해송이 가장 많은 박수를 받았다. "부산서부터 제일막을 공개하여 이르는 곳마다 끓는 듯한 대환영을 받았고, … (중략)… 관중은 종래에 연극장에 발을 들여놓지 아니하던 지식계급의 인사들이 많이 모인 것은 실은 동우회연극단이 가진 특색이었다"("동아일보』 1921.7.30)는 당시 신문 보도로 알 수 있듯이 이들이 지식층으로 하여금 연극에 관심을 갖게 했을 뿐만 아니라 연극의 위력도 실감케 했던 것이다.

당시 지식인들이 동우회순회연극에 관심을 가진 것은 아무래도 시대상황에 의한 것이었지만 『동아일보』나 『조선일보』 같은 민족지의 고무도 직접적인 작용을 했다. 당시 지식인들은 비록 미숙한 아마추어 연극이었지만 순수 학생들의 연극에서 민족의 공감대를 이룬 것이었다. 그리고 연극 자체도 떠돌이 신파극과는 달리 "행동이 일치하고 각본을 규칙적으로 전하는 것이 큰 성공"이었다는 평대로 현실에 밀착된 것이었다.

젊은 층과 지식층의 열광적 반응으로 해서 경찰의 감시도 매우 심했다. 경찰의 탄압은 지방으로 갈수록 더욱 심했고, 결국 평양 공연에서 불상사가 일어나고 말았다. 즉 평양에서 〈김영일의 사〉를 공연하는 도중 주인공 박대연으로 분(扮)한 허일(許一)의 대사 가운데 '십 년 전에는 자유가 있었는지 모르거니와 지금은 자유가 없다'라는 구절이 문제가 된 것이다. 공연 도중 임석경관이 호루라기를 불며 앞으로 뛰어가면서 그 구절이 특히 문제라고 했다. 그러자 관객들이 맞들고 일어난 것이다. 즉 환호와 우레 같은 박수로서 출연자를 옹호했고 격려를 보냈다. 극장은 단번에 아수라장이 되었다. 결국

3·1운동 이후 학생·청년 소인극운동의 첫 테이프를 끊은 동우회순회극단(1921.8, 파고다 공원에서)

공연은 중지당하고 말았다. 동우회순회연극단의 간부들이 경찰서로 끌려 갔음은 물론이다.

우리 연극인들이 1910년대의 신파극 시대에 당해보지 못했던 일제의 대본 검열과 함께 임석경관의 직접적 공연 중지를 이때 처음 목전에서 당해본 경우였다. 일제의 한국병탄 전에 만들어진 그들의 공연법이 지식인들이 연극운동에 뛰어들면서 그 위력을 발휘하기 시작한 것이다. 순회연극을 하던 젊은 학생들도 식민지 현실을 몸으로 느낀 순간이었다. 학생들은 경찰서에 불려가서 얻어맞고 자술서를 쓴 다음에야 풀려날 수 있었다. 다음 공연부터 는 그 대사를 빼기로 일경과 확약했다. 그다음 공연부터 〈김영일의 사〉에서 그 구절은 영구히 빠지고 말았다. 1923년에 동양서원에서 출판한 희곡집 『김영일의 사』에도 그 구절이 빠져 있었다.

동우회순회연극 단원들은 씁쓸한 경험을 맛본 뒤에도 공연 일정을 변경 하지 않았다. 다만 출연자들로 하여금 너무 흥분되게 대사를 읊조리지 말도록 주의를 주고 차분히 공연을 했다.

이들은 달포 만에 서울로 입성해서 촉촉히 여름비가 내리는 8월 중순에 마무리 공연을 가졌다. 도쿄 유학생들의 순회공연의 바람이 강하게 불고 지나가자 경성 고학생들도 가만히 앉아 있을 수가 없었다. 800여 명의 회원을 가진 경성 고학생 갈돕회도 같은 해 여름방학을 이용하여 7월 말부터 8월까지 한 달 동안 전국을 누볐다. 이들은 남선을 도는 제1대와 중부권을 도는 제2대, 그리고 북선 지방을 도는 제3대로 나누어서 저 멀리 북간도까지 순회공연을 할 만큼 열성적이었다. 이들의 레퍼토리도 동우회와 마찬가지로 강연 · 음악 연주 · 연극 공연으로 구성되었는데 음악은 평양에서 명성을 날리고 있던 계정식(桂貞植)의 바이올린과 박성식의 독창으로 짜여졌다. 갈돕회순회극단의 연극은 윤백남의 〈운명〉과 작가 미상의 〈유언〉 〈빈곤자의 무리〉 등이었다. 여기서 흥미로운 것은 갈돕회에서 고학생들의 어려운 생활을 묘사한 〈빈곤자의 무리〉라는 작품을 공연한 사실이다. 그러니까 동우회순회연극단이 공연한 〈김영일의 사〉가 동경 유학생들의 참담한 삶을 묘사한 작품이라면 경성에 본부를 둔 갈돕회순회극단이 공연한 〈빈곤자의 무리〉는 서울 고학생들의 처절한 삶을 그린 것이었다.

당시 젊은 대학생들의 순회극단이 공연한 작품이 지닌 공통점 가운데 하나는 바로 고학생들의 궁핍한 삶과 죽음을 묘사한 것이었다. 특히 가난한 고학생의 죽음으로까지 몰아가는 것도 공통적 경향이었다. 그만큼 대학생들의 눈에 비친 식민지 현실은 절박했고 죽음과 같은 처절한 실정 그 자체였다.

한편 송경학우회를 이끈 주역도 극예술협회 회원인 고한승, 김영팔, 진장섭 등이었다. 이들이 주역을 맡아 출연했음은 물론이다. 그런데 흥미로운 것은 동우회순회극단에서 여형배우로 인기를 한 몸에 모았던 서울의 마해송이 다시 여자 역으로 그 단체에서 찬조 출연한 사실이었다. 개성좌에서 주로 공연한 송경학우회에는 진장섭과 함께 두 사람의 여형배우가 있었다.

노동자와 고학생을 위한 모금 성격의 대학생 순회극단 운동은 계속 이어져서 1922년에도 도쿄고학생회가 형설회(螢雪會) 순회극단을 조직했다.

형설회가 극예술협회에 순회극단 조직을 의뢰해왔는데, 이 단체에서 동우회순회극단에 참여하지 않았던 조춘광, 고한승, 최승일, 김영팔, 최문우 등 10여 명이 참여했다. 고학생회, 즉 기숙사 건립에 진 빚을 갚는다는 명목으로 발족된 형설회순회극단은 한국으로 출발하기 앞서 도쿄 스루카다이(駿河臺) 불교회관에서 시연회부터 가졌다. 조춘광의 〈개성의 눈뜬 뒤〉(2막)와 재일 한국인 기생들의 가무까지 곁들인 시연회는 한국 관객은 물론 일본인들로부터도 뜨거운 갈채를 받았다. 시연회를 끝낸 형설회순회극단 일행 16명은 도쿄를 출발하면서 "우리는 숙소가 무(無)하여 방황하는 고학생 동지를 위해서 본회의 기숙사를 증축하기로 계획하는 중이니 사랑하시는 우리 형제자매여 많은 동정과 찬조를 바란다"는 선언문도 발표했다.

『동아일보』의 후원을 받았던 동우회와는 달리 형설회순회극단은『조선일보』의 전폭적인 후원을 받았는데,『조선일보』는 형설회가 관부연락선 편으로 부산에 도착하는 날에 맞춰「형설회 순회극단에 대하여 분투에 동정하라」는 제목으로 장문의 사설을 실어주기도 했다. "이역의 비풍참우(悲風慘雨)는 군등(君等)의 환경이오 고전악투는 군등의 사업이 아니겠는가"로 시작된 그 사설은 형설회순회극단의 활동을 사회적 쾌거와 서광으로 높이 평가하면서 대중의 호응을 촉구했다. 그러면서 그 사설은 "보라 셰익스피어 극이 저 영국의 찬란한 문명에 위대한 공헌을 여하지 않았는가. 침체한 조선의 문화가 또한 금에 도처에 연출되는 무대로 말미암아 부활의 도정이 전개될 것을 신하는 동시에 더욱이 제군의 사회봉사를 위하는 성의에 감심(感心)치 아니치 못하겠도다"(『조선일보』 1923.7.5)라는 글로 끝냈다. 그 결과 실제 형설회순회극단에 대한 민족의 호응은 열광적인 것이었다.

이들의 레퍼토리도 동우회 등과 마찬가지로 강연 · 음악 연주 · 연극 공연 등으로 짜여졌다. 음악 연주는 강을렬(姜乙烈)의 바이올린 독주와 한병일(韓

棟一)의 만돌린 독주로 구성되었다. 그런데 형설회의 인기 품목은 단연 연극 공연이었다. 세 가지 작품 중에서도 조춘광의 〈개성의 눈뜬 뒤〉와 고한승의 〈장구한 밤〉이 인기를 끌었다.

시인 이해월과 사랑하는 사이인 송명희가 돈과 지위만 아는 어머니의 강권으로 딸이 처음엔 반대하였다가 결국 애정 없는 결혼을 해서 불행해진다는 〈개성의 눈뜬 뒤〉는 전통적인 구식 결혼제도와 자유연애를 부르짖는 신식 결혼제도와의 차이에서 오는 갈등, 즉 인습적인 유교 모럴과 근대 모럴이 맞부딪쳐서 근대 모럴이 패배하는 내용이어서 젊은 층 관객의 관심을 끌었다.

그러나 이 작품도 고한승 작 〈장구한 밤〉의 인기를 따르지는 못했다. 입센과 하웁트만의 영향을 받고 쓴 〈장구한 밤〉은 "오늘날까지 발표된 우리 조선 사람의 창작 각본 중 가장 위대한 작품으로 생각하고, 귀두수면(歸頭獸面)의 무시(無時)로 출몰하는 황량한 조선극계를 위하여 특히 고한승 씨에게 흔하(欣賀)의 일언을 정(呈)코자 한다"(『매일신보』 1923.7.26)는 찬사를 받았다. 형설회순회극단의 출현이야말로 조선극계에 신기원을 이룬 것이라는 등 극찬이 쏟아져 나오자 상대적으로 평가절하되고 지탄의 대상까지 된 기성 신파연극들이 형설회의 단성사 공연 때는 테러를 가하려는 모의까지 한 일이 있었다. 이들이 전국을 순회공연하는 동안 동우회 이상으로 대환영을 받았음은 두말할 나위 없다.

이들이 비록 일시적인 아마추어 학생극 단체였지만 현실을 리얼하게 묘사한 극본과 사실적인 무대장치·의상 그리고 서투르지만 진지한 연기 등이 인텔리층에게 깊은 인상을 남긴 것이다. 실제로 그 당시 이들만큼 사명감에 불탄 젊은이들도 별로 많지 않았다. 어떻게 보면 이들의 연극은 신파극만 있었던 시대에 하나의 이단과 같은 존재로서 서툰 혁명적 연극운동이었다고 해도 과언이 아니다. 바로 그 점에서 1920년대 초의 동우회, 갈돕회, 형설회 등 순회연극은 한국 연극사에서 소극장운동의 가녀린 싹이라 볼 수가 있는 것이다.

이들이 비록 소극장을 갖고서 지속적인 연극운동을 벌인 것은 아니었지만 그들이 추구한 반상업주의와 리얼리즘 정신은 그대로 19세기 후반 프랑스의 앙드레 앙투안의 테아트르 리브르 소극장운동과 맥이 닿는 것이었다. 일본의 경우 소극장운동의 시발이 1923년 쓰키지(築地)소극장부터라 볼 때, 동양에서 우리나라가 근대성 소극장운동이 비교적 일찍 일어난 것으로 볼 수가 있다. 다만 그러한 소극장운동을 전문인이 아닌 학생들이 극장 공간 없이 단기적이며 간헐적으로 했다는 것이 다를 뿐이다. 그리고 학생들이 순회극운동을 벌인 주목적이 항일민족운동에 두어졌기 때문에 연극 실험으로서는 미진할 수밖에 없었다. 사실 그들이 내건 모금운동이라는 것이 민족운동의 간접 표현이었던 것이다. 이는 연극운동을 벌인 학생들이나 그들을 지켜본 당시 민중의 생각이 똑같았다.

최현(崔鉉)이 갈돕회에 대하여 "제군의 극단은 마치 국가를 보전하기 위하여 희생하는 사단이나 여단의 군대와 같으니 그 군병이 전선에 출진하여 시산혈강(屍山血江)의 장절참담한 비극을 연출할지라도 만일 승전의 개가를 환창(歡唱)치 못할 것이면 사이불귀(死而不歸)하는 것이 당연한 것이니 어찌 진강낙일(盡江落日)에 패배의 수치를 부(負)하는 것으로써 국가와 민족에 대한 자기의 중대한 사명을 진(盡)할 수 있으리요. 한갓 동류무여(東流無餘)에 귀(歸)할 따름이로다. 그러므로 제군의 책임도 순국하는 군병들에게 가비(可比)할 것이니 어찌 심흉이 조금인들 해이하야 일종의 희락으로 간과할 수 있으리오?"(『동아일보』1931.8.1)라고 한 것에서도 그 점은 확인된다.

당시 문화운동으로서 학생순회극단의 애국운동은 그들의 일괄된 배일사상과 순수성에서도 찾을 수 있다. 그것은 그들이 벌인 강연이나 작품들에서도 나타나지만 모금 행위에서도 드러난다. 그러니까 고학생과 노동자들의 모임으로서 기금 모금을 위해 순회연예 활동을 벌이는 절박한 상황에서도 그들은 친일파의 도움만은 절대로 받지 않았다는 사실이 주목된다. 즉 당시 일제로부터 후작위를 받은 친일파 박영효(朴泳孝)가 그들을 동정하여 거금을 회사하려 했으나 그들은 단호히 거절했다. 그 점에 대하여 『매일신보』는 "박영효후(朴泳孝候)가 회장이 되어 고학생들을 구제하려 하였으나 그 고학생 중에는 전부가 고학생이 아니요, 그중 소분자는 시골 있는 것보다 경성에 올라와서 뛰어다니며 위험사상에 전염되어 아무것도 모르고 현상 타파에 열중하는 자가 있으므로 전기 계획에 대하여 우리는 자산가나 귀족계급의 구제는 받지 아니한다고 일반 고학계를 선동하여 반대의 기치를 들었다"(1923.6.7.)라고 썼던 것이다.

이상과 같이 당시 학생들은 매우 순수한 입장에서 연극운동을 했고 그것은 오로지 역사의 부름에 호응한 행동이었다. 그들의 지상목표는 자주독립이었고, 민족주의와 이상주의 가치 아래 개화계몽과 문화선양을 향해 매진하는 것이었다. 1920년대 초 도쿄와 서울에서 동시에 일어난 대학생들의 순회극운동은 민중의 호응을 뜨겁게 받음으로써 그들과 유사한 젊은이들의 아마추어극운동이 전국적으로 요원의 불길처럼 번져 나갔다.

가령 중앙만 하더라도 천도교청년연극회 등 각 종교단체가 연극단을 조직했고, 조선여자교육협회 등 사회교육단체들이 연극단을 발족시켰으며, 각 전문대학 연극부가 생겨났음은 두말할 것도 없다. 이는 지방에서도 마찬가지였다. 교남학우회연극단 등 전국적으로 수십 개가 한꺼번에 생겨났다. 그러니까 바야흐로 아마추어연극의 전성기를 누리는 듯했다. 이들 중에서도 학생들의 연합체가 특히 활발한 공연 활동을 벌였다.

이처럼 3·1운동은 외형적으로 일단 좌절되었지만 민족정신은 더더욱 살아 불타올랐고, 그러한 민족의 의력(意力)이 젊은이들의 아마추어 연극운동으로 표출되었던 것이다. 이는 어느 나라에서도 찾아볼 수 없는 독특한 청소년 아마추어 연극운동시대가 찬란하게 펼쳐진 것이었다.

제2장

▌

# 낭만을 꿈꿨던 토월회의 좌절

　중등교육을 받은 사람 치고 토월회(土月會)라는 이름을 들어보지 못한 이
는 아마도 없을 것이다. 그만큼 토월회는 우리나라 근대사에서 매우 중요한
이름으로 기록되어 있다. 일찍이 우리나라 연극사를 처음 정리한 김재철(金
在喆)도 자기 책에서 토월회야말로 "종래의 '우물쭈물극'을 일소하고 극다운
극을 한 극단으로서 반도 극계의 일대 이채(異彩)였고 광명이었다"(『조선연극
사』, 176~177쪽)고까지 극찬해놓았다.

　토월회가 그처럼 대단한 연극단체였느냐 하는 것은 앞으로 써가겠지만,
그 출발 자체는 앞서 이야기했던 동우회나 형설회보다도 못한 도쿄 유학생
(그것도 대학 1학년 전후)들의 술 마시는 서클이었다. 즉 1904년에 조선에 건너
와 군산에 터를 잡고 물주를 모아 김제평야에서 불이(不二)농장 등을 경영
하여 제일의 갑부가 된 일본인 구마모토 리헤이(熊本利平, 게이오대학 이재과
출신)가 속죄의 수단으로 도쿄 간다쿠 니시키마치 3정목 18번지에 조선 고
학생 기숙을 위한 집을 한 채 마련하여 빌려주고 있었는데, 토월회 창립 멤
버들은 바로 그 집 하숙생들이었다.

　메이지대학 영문과 1학년생이었던 박승희(朴勝喜)를 비롯해서 김팔봉(릿
쿄대학 영문과), 김복진(우에노대학 미술조형과), 이서구(니혼대학 예술과), 박승목

(경성의전, 도안미술), 김을한(세이소쿠 영어학과), 이제창(우에노대학 미술서양화) 등 7명이 1922년 10월에 문예 서클을 조직한다.

전공은 모두 달랐지만 의기투합하였기 때문에 하나의 서클을 조직해본 것이다. 처음에는 아무런 명칭도 붙이지 않은 채 매주 토요일마다 모여 앉아서 시도 낭독하고 그림도 감상하며 토론을 벌이곤 했다. 일종의 독서 서클 윤독회였다. 그러다 고등상업에 다니는 연학년과 이수창이 가담하여 회원은 9명으로 늘었고 도쿄에 머물고 있던 여류시인 김명순(金明淳)과 그의 연인 임노월도 객원으로 참가했다. 그렇게 되자 회의 명칭이 필요했다. 각자 그럴듯한 명칭을 제시했지만 김팔봉이 내놓은 토월회가 정식으로 채택되었다. 현실에 발을 디디고 서되(土), 이상은 명월같이(月) 높아야 한다는 풀이가 좋았기 때문이다(김팔봉,「片片夜話」,『동아일보』1974.5.30).

회의 명칭이 확정된 뒤에는 토월회의 모임도 제법 진지해졌고 회원들의 열성 또한 대단했다. 김팔봉의 단편소설, 박승희의 단막 희곡, 김명순의 시, 김복진의 자화상 조각, 박승목의 승무 도안 등이 도마 위에 올라 신랄한 비판을 받곤 했다. 이러한 토월회의 작품 평가회가 거듭되는 동안 여름을 맞았고 방학 동안의 귀국 활동을 생각지 않을 수 없었다.

그들은 동우회의 눈부신 활동을 기억하고 있었던 터라서 연극 쪽으로 쉽게 기울어졌는데, 특히 대중 속에 파고들어서 대중을 깨우치는 데는 연극이 가장 효과적이라는 박승희의 열변이 다른 회원들의 공감을 샀다. 그러나 연극을 한다는 것도 쉬운 일은 아니었다. 왜냐하면 회원 중에 연극을 좋아하는 박승희는 있었어도 연극을 하는 사람은 단 하나도 없었기 때문이다. 그뿐만 아니라 제작비도 문제였다. 다행히 그런 학생들의 고민을 전해 들은 하숙집 주인이며 양봉공장을 하는 구마모토가 600원을 꿔주는 덕분에 연극에 착수할 수가 있었다.

레퍼토리 선정에 들어간 그들은 박승희 · 김팔봉 · 연학년 세 사람이 출연할 수 있는 단막극 한 편과 회원 전원이 할 수 있는 단막극 하나를 첫 번째

순서에 넣기로 대강의 의견을 좁혔다. 그리하
여 전원 출연의 〈기갈〉(유진 피롯 작), 연학년 주
연의 〈곰〉(체호프 작), 박승희가 주연할 〈그 남자
가 그 여자의 남편에게 어떻게 거짓말했나〉(버
나드 쇼 작), 김팔봉 주연의 〈길식〉(박승희 작) 등
단막극 4편이 결정되었다. 무대장치는 우선 김
복진이 우에노 미술학교 학생들의 도움을 받
아 대충 만들기로 했으나 여배우가 최대 문제
였다. 도쿄에 있는 몇몇 여학생들에 청을 넣었
다가 무안만 당한 박승희는 서울에서 여배우

토월회 리더 박승희

를 찾기 위해 먼저 귀국했다.

　당시『동아일보』기자로 있던 발 넓은 이서구를 앞세우고 박승희는 기생
집을 샅샅이 뒤지기 시작했다. 호기심을 가진 기생도 더러 있었으나 '광대
노릇을 하면 노름빚도 못 받게 된다'는 부모들의 반대로 뜻을 이루지 못했
다. 할 수 없이 박승희는 격을 더 낮춰서 묵정동 일대의 유곽(遊廓)을 누비기
시작했다. 부끄러워서 얼굴도 제대로 못 들고 다녔지만, 창녀가 여장(女裝)
남배우보다는 나을 것이란 생각에서 창녀 중에서 찾아보기로 한 것이다. 그
러나 모두 거절당했는데, 어느 창녀는 '광대 하라는 것은 사람을 무시한 처
사'라면서 느닷없이 따귀를 올려붙이는 등 망신만 당하고 나온 일화만 남겼
다. 창녀한테 귀뺨만 얻어맞고 돌아선 박승희는 신파극계에 혹시 여배우가
없나 찾아보았다. 그리하여 운 좋게 신파계의 민중극단에서 몇 번 무대에
선 19살의 이월화(李月華)를 얻게 되었고, 아울러 나이 어린 이정수, 이혜경
등 4명을 확보할 수가 있었다.

　진명여학교를 거쳐 이화학당에 다니던 어느 날 우연히 친구에게 이끌려
신파극을 보고 연극에 매료된 이월화는 밥은 굶을 수는 있어도 연극과 인연
을 끊을 수는 없는 연극 마니아였다. 그녀는 천부적인 배우 기질을 타고난

토월회 여배우 이월화

여성이었다. 고관의 첩의 딸이었던 그녀는 부친이 죽고 생모마저 개가한 뒤 역시 고관의 첩의 딸이었던 양모 아래에서 자랐는데, 그녀마저 강제 출가해서 아이를 낳아 죽이고 뛰쳐나와 이화학당을 다닌 여장부였다. 키가 늘씬하고 얼굴도 통통할 뿐 아니라 서글서글한 큰 눈에서는 광채가 빛나는 모던 걸이었다. 토월회는 그녀를 버나드 쇼의 작품 주연으로 정하고 맹연습에 들어갔다. 무대장치도 화가 이승만(李承萬)과 원우전이 합세해서 도왔다.

그들은 이서구의 하숙집이었던 낙원동 한흥여관을 연습 장소로 정하고 맹연습을 했다. 그리하여 1923년 7월 4일부터 조선극장에서 역사적인 창립 공연의 막을 올렸다. 유학생들의 연극이라 하여 관중이 많이 몰릴수록 귀공자 단원들은 겁을 먹었고, 무대에 서면 다리가 사시나무 떨리듯 했다. 관중의 눈초리에 질려서 막 앞에 모기장을 치고 공연할 수밖에 없었다. 모기장을 치면 배우들에게는 객석이 보이지 않기 때문이었다. 관중들의 눈망울이 보여서 배우들이 자꾸 떨고 대사를 잊어버렸기 때문에 객석과의 기술적인 차단으로서 모기장을 고안해낸 것이었다. 그렇게 했어도 결국 사고가 터지고 말았다.

네 작품 중 끝 작품인 〈그 남자가 그 여자의 남편에게 어떻게 거짓말했나〉에서 주연 박승희와 이월화가 대사를 잊어버린 데다가 뒤에서 대사를 불러주는 프롬프터 박영희의 목소리마저 못 듣게 되자 이월화는 신파극의 구치다테식으로 아무 말이나 마구 지껄여댔고, 그에 화가 난 박승희가 퇴장한 것이다. 관객들은 다 끝난 줄 알고 박수를 쳤지만 양심적인 박승희가 무대 앞에 나아가 실수를 정중히 사과했을 때에야 관중은 비로소 야유를 보냈고 표도 다시 물려주었다. 이상과 같이 서툰 공연이었으나 "무대장치와 등장인물들의 조화가 매우 교묘했다"(『동아일보』 1923.7.8)는 호평도 없지는 않았다. 2,400원의 빚만 짊어지고 참패한 토월회는 명예회복과 빚 청산을 위해서도 다음 공연에 나서지 않을 수 없었다.

그러나 박승희와 함께 실질적으로 토월회를 창립했던 김팔봉이 탈퇴를 선언해버린다. 당초부터 문학을 꿈꾸었던 그로서는 연극이 체질에 맞지 않았을뿐더러 한번만 공연하고 해산키로 한 약속을 지키자는 것이었다. 연학년, 이수창 등이 김팔봉에게 동조해서 토월회를 떠났다. 이미 연극에 미치다시피 한 박승희는 이백수, 최성해 등 몇 사람을 끌어들여 토월회를 자기 중심 체제로 점차 바꾸어갔다.

제2회 공연 준비에 들어간 토월회는 흥행성을 생각해서 톨스토이 작 〈부활〉(4막)과 마이아 펠스타 작 〈알트 하이델베르크〉(5막) 등을 레퍼토리로 정했다. 멋있게 공연하기 위해 무대장치에 특히 신경을 썼는데, 김복진과 이승만이 1주일 동안이나 밤을 새워서 〈알트 하이델베르크〉의 궁정 벽화를 완성했다. 가난한 미술학도 이승만은 밑창이 뚫어진 구두를 신고 작업을 하다가 발에 못이 찔려서 피가 쏟아지는 부상을 당하기까지 했다. 그런 정열에 의해서 그려진 그림이었기 때문에 무대장치만은 일본의 쓰키지소극장보다도 앞섰다는 중론이 있었다. 제2회 토월회 공연을 평하여 "은그릇에 설렁탕 담은 것 같다"는 이야기가 나온 것도 무대장치나 의상 등의 호화로운 것에 비하여 연기가 뒤떨어진다는 뜻에서였던 것이다(이두현, 『한국신극사연구』, 128쪽). 공연 총제작비 500원 중에서 이승만의 장치 그림 값으로만 300원이 지급된 것으로 미루어보아도 장치에 얼마나 공을 들였나 알 수 있다.

문학동인지 『백조(白潮)』 후원으로 이루어진 제2회 공연에서 카츄사 역에 이월화, 네플류도프 공작 역에 안석영(安夕影)이 열연을 했는데 음치인 이월화 대신에 무용가 조택원(趙澤元)이 막 뒤에서 주제가 〈카츄사 애처롭다, 이별하기 서러워〉를 불러 관객을 울렸다.

〈알트 하이델베르크〉 공연에서는 박승희가 카를 하인리히 공작 역을 맡

토월회 공연 후 알트 하이델베르크(1923)

고 주막 처녀를 이월화가 맡아 호평을 받았는데, 한여름 밤의 꿈처럼 덧없는 첫사랑이 영원한 이별로 끝맺을 때, 감미로운 청춘 회상곡에 객석은 웃음과 눈물로 환희에 휩쓸려 어찌할 줄 몰랐다(위의 책, 129쪽). 그들은 성공에 도취한 나머지 공연 마지막 날 신문기자 등 찾아온 팬들과 함께 청요리집에서 진탕 마신 뒤 '토월회 만세!'를 불렀다가 그 소리에 놀란 경찰들에 끌려가 종로서에서 밤새껏 곤욕을 치르기도 했다.

토월회가 성공적인 제2회 공연을 마친 후에 극단 내부에서는 진통이 일어나기 시작했다. 매일같이 극단 사무실로 걸려오는 기생들의 남자 단원 데이트 신청 전화 벨소리 앞에서 단원들은 연극을 계속할 것이냐 그만둘 것이냐로 논쟁을 벌였던 것이다. 결국 연극을 계속 고집하는 박승희의 집념을 못 꺾은 창립 멤버들은 "박승희여! 토월회를 맡아보게. 그대는 원래 연극인이 아닌가"라는 한마디를 남긴 채 도쿄로 또는 직장으로 뿔뿔이 떠나버렸다. 박승희는 새 단원들을 끌어들여 토월회를 전문 극단으로 완전히 바꾸었다. 극단 체제도 동인제에서 회장제(박승희)로 바꾸고 문예부(홍사용)·미술부(원우전)·경리부(정원택)·출연부(이백수)로 나누어 직업극단의 면모를 갖추었다. 소규모 악단과 무용부도 두었다. 그런데 이번에는 제2회 공연으로 연극 영화계의 최고 스타가 된 이월화가 박승희를 짝사랑하다가 이루어지지 않자 토월회를 떠나버다.

일찍이 소실의 몸에서 태어나 버림받고 초혼에서도 실패한 이 천부적인 비련 배우 이월화는 귀공자 타입의 박승희에게 매료되어 있었다. 그러나 초대 주미공사와 총리대신까지 지낸 박정양(朴定陽)의 아들 박승희에게는 이미 우에노 음악학교 학생이며 명문가의 딸이었던 장세숙(張世淑)이라는 약혼녀가 있었다. 장세숙을 이길 수 없다는 것을 안 멋쟁이 이월화는 어느 날 장세숙을 찾아가 "당신은 운수가 좋아. 좋은 부모 만나 행복하니 부럽소. 나는 당신의 행복을 위해 이제 단념하겠소"라고 선언하고는 그 길로 박승희 곁을 떠났던 것이다. 그로부터 이월화는 술을 퍼마시기 시작했고 남성 편력을 하면서 방탕한 생활을 했다. 잠시 부호의 소실로도 있었고, 재판소에 다니는 총각을 뒷바라지하느라 강릉에서 기생 노릇까지 할 정도로 헌신적인 사랑도 했다. 그러나 그 청년이 다른 여자와 결혼함으로써 또 한 번의 참담한 비련을 맛본 이월화는 상해로 방랑길에 올랐다. 거기서 댄서로 있다가 연하의 중국 청년 이춘래(李春來)를 만나 결혼하게 된다. 그런데 이춘래는 중국인 남자와 일본 여자와의 사이에서 태어났기 때문에 이월화는 일본인 시어머니를 모셔야 했고 그로 인해 심적 갈등을 겪지 않으면 안 되었다. 그녀는 남편 가족을 이끌고 귀국, 수원에서 포목상을 해서 생계를 꾸려간 적도 있다 (『동아일보』 1933.7.19).

그러나 이런 무미건조한 생활이 열정과 숙명의 여인 이월화를 만족시킬 수는 없었다. 일상의 권태에 몸부림치던 그녀는 가솔을 이끌고 일본으로 건너가 모지(門司)에서 새 생활을 꾸몄다. 시간이 갈수록 일본인 시어머니와의 갈등은 심화되었고 결국 시어머니와 말다툼을 한 뒤 심장마비로 사망한다. 그녀 나이 겨우 스물아홉 살 때였다. 남편에 의해서 사인이 심장마비로 발표되었지만 자살할 가능성이 많은 그녀는 기구한 편력의 삶처럼 죽어서

토월회 여배우 석금성

도 이국땅 공동묘지에 쓸쓸히 묻혀 있다(안병섭,「李月華」,『여성동아』1974년 5월호 참조.).

한국 최초의 스타 이월화가 토월회를 떠나자 박승희는 새로운 여배우를 물색했고, 마침 조선배우학교를 다닌 복혜숙을 전속으로 임대했다. 박승희는 반은 기업, 반은 예술이라는 목표 아래 순전히 자신의 주머니를 털어서 단원들에게 처음으로 월급도 지불했다. 3급으로 나누었는데 1급은 월 70원(당시 쌀 한 가마니 8원)을 주었다. 여배우만 월급을 준 것은 여배우의 희소가치도 있었지만, 대체로 기생 출신이었으므로 당초 극단으로 데려올 때 기생 수입은 보장한다는 약속을 했기 때문이다. 당대의 스타 석금성(石金星)만 하더라도 기방에 있었는데 우연히 토월회 구경 왔다가 그녀의 뒤를 밟은 이서구에게 끌려서 여배우가 된 경우였다. 연구생 제도라는 것도 토월회가 처음 시도했는데, 시인 홍노작 지도로 서일성, 박제행, 서월영, 양백명 등이 배우로 선정되었다. 토월회는 광무대를 전속으로 쓰면서 판소리, 무용 등을 많이 활용한 가무극 스타일을 자주 했다. 따라서 거기서 불린 노래가 유행한 것도 예사였다. 〈시들은 방초〉라는 대중가요는 토월회에서 처음 불려져서 지금까지 유행할 정도이다. 그만큼 토월회 배우들은 대중의 스타로서 대중의 트렌드까지 좌우한 것은 두말할 나위 없다. 가령 복혜숙이나 석금성 같은 주연급 배우가 지나가면 사람들이 몰려와서 '저기 토월회 지나간다'고 수군거렸고 이들의 헤어스타일이나 옷은 그대로 여성들의 유행이 되었으며, 어떤 여성은 양장점에 가서 '석금성이 해 입는 것으로 해달라'는 주문까지 했다. 불후의 유행가수 이난영(李蘭影)도 토월회가 목포에서 공연할 때 배우가 되고 싶어 드나들다가 소질이 없어서 가수가 된 경우였다.

1주일에 한 번씩 레퍼토리를 바꾸어야 했기 때문에 박승희 혼자 창작·

번안·각색을 도맡았고, 지금도 모두 그가 개인 재산을 털어서 대었음은 물론이다. 토월회의 레퍼토리는 대체로 인정극 2막·비극 2막·희극 2막 등으로 구성되었는데 주연 배우들은 6막을 하고 난 그 이튿날이면 너무 과로하여 목에서 피를 토하기도 했다.

인기 절정의 토월회 배우들은 여자는 양장, 남자는 루바시카 차림에 베레모를 쓰고 붉은 허리끈을 매곤 했다. 이 당대의 멋쟁이들은 카페에 몰려 '인생은 초로 같다. 여인들이여! 사랑을 하라'는 등 낭만을 구가했다.

그처럼 밝은 면이 있었는가 하면 안으로는 점차 곪아들어만 갔다. 즉 스타급의 인생 도취와는 달리 신인배우들은 무보수로 혹사만 당했다. 따라서 광무대 전속 2개월 만에(1924년 5월) 차윤호(車潤鎬) 등 신인들이 9개항의 요구조건을 내걸고 출연 거부와 함께 극단 사무실에서 농성에 들어가는 사건이 일어난 것이다. 소장배우들의 요구조건은 토월회뿐만 아니라 1920년대 한국 연극이 안고 있는 문제점들로서 극단의 민주적이면서도 합리적인 운영에서부터 수익의 균등 배분, 배우들의 후생복지, 그리고 건강한 신극에로의 복귀 요구 등에서 그러했다. 이는 토월회가 유학생들의 아마추어 극단으로 출발한 지 꼭 2년 만에 부딪친 시련이었다.

특히 이 내분이 주목을 끈 것은 토월회가 당초의 목표대로 순수한 신극을 하지 않고 오직 영리만을 추구하는 데 대한 자체 내의 반란이었던 데다가 영리 단체가 빠지기 쉬운 1인 독주에 대한 제동의 뜻이 깔려 있었기 때문이다. 9개 요구조건 가운데에서도 제3항인 '현대사회와 사회상에 입각한 민주화를 각본화할 것'이라는 요구가 눈에 띄는데, 이는 시대의 아픔을 제대로 반영한 창작 리얼리즘극을 배우들이 강력히 요구했음을 보여준다.

신인배우들이었지만 그만큼 의식이 상당히 깨어 있었고 동시에 진취적이었다. 그러나 매우 적절한 시기에 터져 나온 젊은 배우들의 합리적인 요구도 간부진에 의해 묵살됨으로써 토월회는 계속 안일과 타성의 길만을 걸어갔다. 따라서 박승희, 이서구 등 간부들의 무마, 설득, 협박에 의해서 신인들은 굴복당하고 모두 토월회를 떠나는 것으로 수습이 되었다.

가까스로 고비를 넘긴 토월회는 창립 2주년 기념공연으로 〈여직공 정옥〉 〈농속에 든 새〉 등을 공연했다. 〈여직공 정옥〉에서 석금성이 너무 연기를 실감 나게 해서 흥분한 관객이 먹던 사과를 무대로 던졌는데, 그것이 임신한 석금성의 배를 정통으로 맞혔다. 그래서 주연배우 석금성은 졸도했고, 막은 내려질 수밖에 없었다. 화급히 병원에 입원한 석금성 역을 전옥(全玉)이 맡았는데, 그는 단원들 시중이나 들면서 따라다니던 소녀였다. 다음 달에는 〈일요일〉이라는 작품을 공연했는데, 또 불상사가 터졌다. 작품 중 "구주대전이 군국주의를 타파한 지가 오래되었다"라는 대사가 검열을 거쳐 삭제되었는데, 석금성 대역인 전옥이 공연 중 흥분한 나머지 그대로 내뱉었기 때문이다. 공연 중 임석경관의 호루라기로 막은 강제로 내려졌고 전옥은 경찰서로 끌려가서 밤새껏 시달림을 받았다는 일화가 남아 있다.

토월회에는 고등학생과 전문학교생들의 자원 출연도 많았고 불상사도 많았다. 시인 홍노작을 좋아해서 토월회 단역으로 나왔던 박제행의 여동생이 '그것도 연기라고 하느냐'는 홍노작의 핀잔에 충격을 받고 자살해버린 일도 벌어졌다. 토월회가 인기를 끌면서 관객도 꽤 늘었지만 경영 부실로 언제나 적자였다. 그런 때에 〈춘향전〉을 공연하여 공전의 히트를 했고, 그 공연이 복혜숙을 이월화 이후의 대스타로 만들어주기도 했다.

이 소문이 전국으로 퍼져나가 각지로부터 초청이 쇄도했다. 토월회는 대구를 시발점으로 남부 중소도시를 순회공연했다. 그러나 인기에 편승하다 보니 작품은 점차 통속으로 흘렀다. 이에 불만을 가진 전무 김을한을 위시하여 이백수, 박제행 등 주연급 배우들이 공연 중에 갑자기 극단을 탈퇴해버렸다. 리더 박승희가 영리만을 추구하고 독주를 했다는 것이 이유였다. 사건이 1926년 2월 중순 공연을 수 시간 앞두고 갑자기 일어났기 때문에 그날 공연은 자동 취소되었으며 예매표를 모두 물어주는 해프닝도 벌어졌다.

이러한 토월회의 세 번째 분열은 극단의 공신력을 떨어뜨림과 동시에 재기불능 상태로 몰아갔다. 결국 토월회는 제56회 공연을 끝으로 일단 휴면에 들어간다. 광무대와의 전속 계약을 채 1년도 못 채우고 파탄이 난 것이었다. 복혜숙, 최성해 두 주연배우는 연극을 떠나 기방(조선권번)으로 사라졌다. 구한말 총리대신을 역임한 박정양 대감의 셋째 아들 박승희는 토월회를 3년 동안 이끌면서 유산으로 받은 충청도의 300석지기 땅만 날리고 허탈에 빠지고 말았다. 이처럼 문화사업에는 반드시 희생자가 있기 마련이고, 그들이 밑거름이 되어 문화는 자라나게 되는 것인지도 모른다.

그로부터 3년이 지난 뒤 연극에 미련을 못 버린 박승희는 연출가 박진(朴珍)을 맞아 토월회를 재건한다. 재기 공연만은 창작극으로 해야 한다고 주장한 박진은 박승희를 맥주 한 박스와 함께 그의 집 방에다 밀어 넣고 밖으로 문을 잠가버렸다. 그래서 빈 맥주 깡통 한 박스와 함께 그 며칠 뒤 나온 대본이 〈아리랑 고개〉였다. 이번에는 스타급 여배우가 필요했다. 기방으로 떠난 복혜숙을 다시 끌어내기 위해 박진은 경운동 요정으로 갔고, 연극을 못 잊은 복혜숙이 따라왔음은 물론이었다. 그런데 공연 중 객석에서 웬 감때 사나운 노파가 뛰어나오면서 "이년 혜숙아 나오너라!" 하고 외쳤다. 요정 주인이 복혜숙을 잡으러 온 것이었다. 능란한 복혜숙은 얼른 비상금을 꺼내 그 노파의 입을 틀어막아 보낸 뒤 공연을 계속했다. 그런 소란 속에서도 최승희의 무용과 함께 공연된 〈아리랑 고개〉는 대히트였다. 땅과 곡식을 모두 일제에 빼앗기고 괴나리봇짐을 진 채 북간도로 떠나는 내용의 〈아리랑 고개〉는 그 시대 실상을 적나라하게 표출한 감상적 멜로드라마였기 때문에 배우 관객은 물론 임석경관까지 엉엉 우는 바람에 극장은 삽시간에 눈물바다가 되곤 했다.

아리랑 아리랑 아라리오 아리랑 고개로 넘어간다. 아리랑 고개는 웬 고개이기에 구비야 구비야 서름이려냐. 아리랑 고개는 어디에 있기에 볼 수도 잡을 수도 없느냐. 그렇다 아리랑 고개는 삼천리 구비 구비 눈물의 고개는 아리랑 고개 2천만 가슴마다 사무친 고개다.

이상과 같이 시작되는 연구생 심영(沈影)의 서시는 처음부터 관중을 흥분시켰고, 매일 폭발적인 열광 속에 막이 내리곤 했다. 이 소식은 금방 장안에 퍼졌고 인사동 입구에서부터 공연장인 조선극장까지 몰려든 정·사복 경찰들과 표를 사려고 아우성치는 군중으로 발을 디딜 틈도 없었다. 점차 관객의 열기는 더해갔고, 광주학생사건이 일어난 다음 날(1929년 11월 4일)은 정·사복 경찰이 장내는 물론 극장 주변까지 에워쌌다. 만약의 사태에 대비한 것이다.

그런데 결국 사건이 터지고 말았다. 1929년 11월 초였다. 즉 석금성은 너무나 흥분한 나머지 그녀가 맡은 역(봉이)이 부르는 마지막 노래를 채 마치지 못하고 격한 나머지 그대로 무대 위에서 졸도하고 말았다. 졸도한 데에는 어린 자식을 졸지에 잃은 그녀의 남모르는 슬픔도 겹친 것이었다. 관객들의 눈물과 환호 속에 한 청년이 무대 위로 뛰어올랐고, '광주의 사실을 보아라!'고 외치면서 하얀 전단지를 눈처럼 날렸다. 극장 안은 경찰들의 호각 소리와 함께 순식간에 아수라장이 되었고, 전단지를 뿌리고 즉각 체포된 그 청년은 신간회 간부 김무삼(金武森)이었다(박진, 『한국연극사—제1기』, 215~277쪽).

그 사건으로 토월회가 공연 정지 당한 것은 물론이고 연극 검열도 한층 강화되었으며, 민요 〈아리랑〉도 금지곡이 되었다. 그럼에도 불구하고 토월회는 〈아리랑 고개〉 공연으로 용기를 얻어서 주연진도 전옥과 강홍식(이들은 후일 부부가 됨) 등 새 얼굴로 바꾸었으며 레퍼토리도 경희극(輕喜劇) 쪽으로 돌렸다. 그런 데에는 토월회 자체의 역량에도 문제가 있었지만 시대상황을 제대로 반영할 수 없도록 하는 통제 때문이었다. 따라서 토월회는 더욱 타락해갔고, 신파극계의 풍조에 따라 막간극까지 도모했다. 그때 재담꾼 임생원(林生員)과 가수 신카나리아가 막간을 주로 맡았다. 그것으로도 부족해서 악극도 했고 아예 유랑극단으로 변신했다.

그런 토월회가 마지막 회생책으로 지방 흥행길에 오른다. 가는 곳마다 과거의 토월회를 아는 지방 청년들이 후원회를 만들어 돕는 등 도움을 주었지만 자체 역량을 키우지 못한 토월회는 보답을 하지 못했다. 흥행이 제대로 되지 않자 악사들이 공연 도중 달아나는 바람에 양재기를 두드려 장단을 맞추는 곤욕마저 치러야 했다. 낭만극을 추구하던 토월회가 본래의 모습을 찾기에는 너무 타락, 쇠잔했던 것이다. 뚜렷한 예술이념이나 기술도 없이 멋으로만 연극을 해온 토월회가 시대 변화에 부응할 만한 역량을 축적하지 못한 것이다. 게다가 일제의 검열 강화마저 겹쳐서 토월회는 재기불능 상태에 빠지고 말았다. 창립된 지 9년 만이었다.

"전국 각지에서 열광적 환영을 받으며 푸른 명맥을 이어왔으나 오래 지속되기에는 피차가 지쳐서 1931년 어느 계절인가 박승희 집, 그때 그 방─〈아리랑 고개〉를 꾸며대던 그 방에서 박승희와 나는 토월회가 좀먹고 썩기 전에 그 간판을 고이 싸서 시렁에 얹을 것을 결의하고 약주 몇 되와 더불어 통곡했었다"는 박진의 회고(『世世年年』, 81~82쪽)는 찬란했던 선구극단 토월회의 종언을 감상적으로 전해주는 것이지만 그것은 한 알의 밀알로서 1930년대 본격 신극운동의 싹이 되어주었던 것이다. 그러니까 토월회는 비록 몰락했으나 멋스러운 낭만적 분위기와 함께 본격 신극의 싹을 틔워주었고 1930년대 이후 근대극의 개화를 마련해준 것만은 확실하다는 이야기다.

사실 토월회는 박승희가 그랬던 것처럼 탁월한 예술이념이나 자질도 없이 오로지 열정만 갖고 자신들을 불태운 선구적 극단이었다. 그러나 이들이 조국과 극예술에 대한 피 끓는 사랑이 없었던들 자신은 물론 가정까지도 몽땅 바치지는 않았을 것이다. 박승희가 만년에 토월회를 회고하면서 "정신과 육체를 줄기차게 짜내었으나 나의 일생 사업인 연극은 아무 성공이 없이 흐지부지 흘러가고 말았다. 전국을 거의 두 번이나 돌고 방방곡곡에 연극의 싹을 던졌으니 이 싹이 터서 자라기만 바란다."(「토월회 이야기」, 『사상계』, 통권 123호)라고 애통해한 것도 토월회가 한 알의 썩은 밀알밖에 되지 못했음을 아쉬워한 것이었다. 고생이라고는 전혀 모르고 자란 총리대신의 셋째 아들 박승희는 육체와 정신, 재산, 가정까지 연극에 몽땅 바치고 만년에 남은 것은 가난과 고독뿐이었다.

사랑하는 아내마저 자신을 떠난 뒤 그는 서울과 의정부 선영 근처를 오가며 홀로 만년을 보내다가 1964년 7월 15일 마포의 어느 단칸방에서 이승을 하직했다. 그가 작고하기 며칠 전 도쿄에 머물고 있던 동료 김을한에게 보낸 편지에서 "나는 마포 일간 모옥에 방 한 칸을 얻었지요. 찾는 이도 없고 갈 곳도 없는 사람이외다. 웬일인지 참말 쓸쓸하외다. 푸른 하늘이 내 집이고 반짝이는 별이 내 벗으로 쓸쓸한 밤을 보내지요. 아무도 없는 빈 뜰에는 참새 두어 마리가 와서 지저귑니다"라고 썼다.

# 제3장

## 김우진의 절망과 연극계의 비극

길지 않은 우리 근대 예술사를 더듬어볼 때 유성처럼 꼬리를 드리우고 순간적으로 사라져간 작가들이 몇 명 있다. 가령 문단의 이상(李箱)이라든지 영화계의 나운규 같은 경우가 그런 예에 속할 것이다. 연극사에도 일찍이 이들 못잖은 천재가 있었는데, 그가 바로 김우진(金祐鎭, 1897~1926)이다.

그런데 사람들은 나운규와 이상은 기억해도 김우진은 잘 알지 못한다. 김우진을 상기시키려면 그를 현해탄으로 끌고 들어간 선구적 성악가 윤심덕(尹心悳)을 먼저 떠올려야 되는데, 이는 윤심덕이라는 특수한 삶의 여자와 정사(情死)라는 기구한 죽음 방식이 그들을 따라다니기 때문이다. 즉 청년문사 김우진의 생존 방식과 가정 배경이 그를 윤심덕의 행적과 명성 뒤에 가려지게 만든 것이다. 통상적으로 남녀가 정사했을 때, 남자 쪽보다 여자 쪽에 관심을 보이게 마련이고, 특히 여자가 명사일 경우 남자는 그녀의 그늘에 묻히게 마련이다. 김우진의 죽음이 바로 그러한 경우였다.

중앙 문단 아닌 지방(목포)에 묻혀 3, 4년의 짧은 문예 활동을 했던 김우진은 정사를 부끄럽게 여긴 대단한 가문의 은폐 작업(?)에 의해 대중으로부터 쉽게 잊혀졌고, 따라서 그의 천재적인 진가도 유고(遺稿)와 함께 땅속 깊숙이 묻혀 있었다. 그러나 세월이 가면서 그의 유고가 하나둘씩 햇빛을 보게

됨으로써 비로소 근대 연극사에서 커다란 자리를 차지하게 된 것이다. 그렇다면 김우진은 어떤 사람이었고, 어떻게 죽었으며, 그가 남긴 연극사에서의 공로가 무엇인가를 탐색할 필요가 있을 것 같다.

김우진은 동학운동의 소용돌이가 한반도를 뒤흔들고 그 좌절의 여진(餘震)이 전국을 뒤덮고 있던 1897년 9월에 전라도 장성 관아에서 군수 김성규의 장남으로 태어났다. 서출로서 강원도 관찰사까지 지낸 부친 김성규는 명석하고 강인하며 야심에 찬 인물이었다. 일곱 살에 생모를 잃고 5취3남(五取三男)의 복잡한 가정에서 김우진은 고독한 소년 시대를 보낸다. 그를 유달리 사랑한 부친은 진보적인 면도 없지는 않으나 매우 엄격한 유가적 법도대로 김우진을 교육시켰다. 목포공립심상고등학교를 졸업한 김우진은 대지주의 장남은 상속자로서 농림을 공부해야 한다는 부친의 엄명에 따라 1915년 일본 구마모토 농림학교로 유학 가게 되었다.

벌써 보통학교 때 빅토르 위고라든가 셰익스피어, 단눈치오 등의 작품에 심취했던 소년 김우진이 농림학에 흥미가 끌릴 리 만무했지만 사대부 대지주의 장남으로서 엄친의 명령을 거역할 수는 없었다. 그렇지만 작가에의 꿈을 버리지 않은 그는 농업을 공부하는 틈틈이 시와 소설, 희곡 등을 읽고 습작도 게을리하지 않았다. 아버지 이상으로 명석했던 그는 열일곱 살에 단편소설 「공상문학(空想文學)」을 썼고 시도 여러 편 습작했다. 유학 이듬해 부친의 명령에 따라 유가 집안의 정숙한 규수와 조혼까지 해야 했다. "첫날밤/이 같은 등불/아무리 있을지나/이내 마음의 눈/밤같이 어둡다"로 끝맺는 그의 자작시에서도 알 수 있듯이 조혼은 그에게 무거운 부담만 안겨주었다.

구마모토 농림학교를 우수한 성적으로 졸업한 그는 문학도에의 꿈을 꺾을 수 없어 엄친의 뜻을 거역하고 와세다대학 영문과로 진학했다. 오사나이가오루(小山內薰) 교수 밑에서 셰익스피어를 연구하고 장차 시와 희곡을 쓰기 위해서였다. 근대 철학, 특히 니체라든가 마르크스, 베르그송에 심취한 그는 구미의 시와 소설, 희곡을 두루 섭렵했다. 니체에게서 근대 정신과 절대에의 반항심을 익혔고 사회주의·표현주의·쇼주의(Shavianiam) 등의 영향에 따라 무신론적이고 사회개혁 사상 쪽으로 흘렀다. 일찍이 소년기에 국권 상실의 비운을 겪고 보수적 가정에서 와해되어가는 봉건 체제를 경험한 그의 마음속에서는 인습과 새로운 근대의식이 심한 충돌을 일으키기 시작했다.

이처럼 시대, 가정적 고뇌와 정신적 편력으로 심신이 피로해 있을 때, 그는 이국의 동갑내기 처녀 고토 후미코(後藤文子)와 사랑에 빠지게 된다. 다독으로 눈이 항상 피로해서 안과 병원을 다니다 만난 간호사였다. 그러나 이들의 이국적 사랑도 후미코의 급작스런 죽음으로 곧 끝나고 말았다. 그 후미코의 뒤를 이은 것이 윤심덕이었다.

그가 우에노(上野) 음악학교 성악과 학생 윤심덕을 만난 것은 1921년 여름 동우회순회극단에서였다. 물론 40여 일간의 순회극단에서 사랑이 이루어졌던 것은 아니고, 순회극단은 다만 두 사람의 운명적 만남의 계기가 된 것뿐이다. 그 후 도쿄의 학사(學舍)로 돌아간 다음부터 서서히 사랑이 싹터 갔다. 그러는 동안 윤심덕은 학교를 졸업(1923)하고 귀국하여 악단의 신데렐라로서 명성을 한꺼번에 지니게 되었고, 1년 뒤 와세다대를 졸업하고 귀국한 김우진은 목포 집에 묻혀서 엄친의 감시(?) 속에 재산 관리와 창작에 전념하고 있었다. 시를 쓰는 연극운동가가 되고 싶었던 그에게 재산 관리는 무의미한 것이었고, 따라서 낮에는 재산 관리 회사 일을 보고 밤새껏 서재에 묻혀 시·평론·희곡을 썼다. 감옥과 같은 목포의 무의미한 생활 속에서의 유일한 희망은 이따금 엄친의 눈을 피해 찾아오는 윤심덕이었음은 두말할 나위 없었다.

그는 99간의 대저택의 복잡한 가족 구조와 유가적이면서 엄격하기만 한 부친과의 사이에서 심한 고민을 했고, 게다가 윤심덕의 끈질긴 애정 공세까지 겹쳐 신경쇠약증에 걸리게 된다. 불면증으로 코피를 쏟으면서 술로 마음을 진정시켰던 그는 결국 1926년 초여름 집을 뛰쳐나오고 말았다. 그로서

김우진

는 독일이나 영국에 유학 가서 공부도 제대로 하고 새로운 인생의 전기를 꾀해보기 위해서였다. 윤심덕이 그러한 김우진을 가만히 놓아둘 리가 만무했다. 왜냐하면 윤심덕도 그녀대로 인생사에 실패하고 마리아 칼라스 같은 대형 오페라 가수의 꿈이 좌절된 처지여서 김우진과의 사랑에 최후의 삶을 걸었기 때문이다.

김우진은 곧바로 도쿄에 건너가 쓰키지 소극장 배우로 있던 막역한 친구 홍해성의 자취방에서 함께 기거하고 있었다. 그런 때에 윤심덕이 일본 오사카로 레코드 취입을 겸해서 달려온 것이다. 윤심덕은 며칠간 묵으면서 〈사의 찬미〉 등 26여 곡을 취입하고 김우진을 오사카로 불러서 귀국선(창경환)을 타게 된다.

그들이 탄 관부연락선이 시모노세키를 떠난 지 한 시간도 안 되어 항구의 불빛은 이들 시야에서 벗어났다. 뱃머리를 치는 파도 소리와 물소리가 뒤섞여 이상한 화음을 빚어내는 밤바다를 뚫고 관부연락선은 질주하고 있었다. 선실에 쭈그리고 앉아 있던 윤심덕은 아무 말 없이 김우진을 끌고 갑판으로 나갔다. 한여름의 밤하늘은 까맣게 보였고 별빛만이 찬란하게 빛나고 있었다. 그들은 도쿄 유학 이후 이 현해탄을 수없이 오갔지만, 그날처럼 유난스럽게 잔잔한 바다는 처음 느껴 보는 듯했다. 선객들이 깊은 잠에 곯아떨어진 자정이 지났는데도 그들은 까만 밤바다만 응시하고 있었다.

"우린 이제 30년이나 살았는데 살 만큼 산 것 아녜요? 예술도 인생도 버려도 관계치 않을 거예요"

김우진은 깊은 생각에 잠겨 담배만 피우면서 침묵을 계속했다.

"왜 말이 없나요. 오사카에서부터 내내 말을 하지 않았잖아요. 처자 생각이 나나 보죠?"

"무슨 할 말이 있겠어, 볼장 다 본 사람들
이……."

"이 땅에 예술을 세워보려고 갖은 고생
을 다 하면서 몸부림쳐보았지만 암담하기
만 해요. 할 일도 없고 쓸모도 없는 사람들
이 더 살아서 무엇해요. 당신이나 나나 너
무 일찍 태어난 거예요. 차라리 서양에서
나 태어났거나……."

윤심덕

그러면서 그녀는 "광막한 황야에 달리는
인생아/너의 가는 곳 그 어디냐/쓸쓸한 세
상 험악한 고해에/너는 무엇을 찾으려 가느냐……"라는 마지막 취입곡 〈사
의 찬미〉를 울면서 조그맣게 불렀다.

김우진도 들릴락 말락하게 "우리 모두 일어나 헤어지세/그 여인 모르나
니/큰 바람인 양 우리 모두 바다로 가세/휘날리는 모래와 거품 이는 바다
로/우리 여기 있어 무엇하리/인간만사 그러하듯 백사가 허사인데/이 세상
눈물인 양 매워라/어이 세상일 이러한지 가르친들 무엇하리/그 여인 알고
저 하지 않거늘……"이라고 스윈번의 「이별」이라는 시를 중얼거렸다. 그러
면서 목포의 어린 시절부터 겪었던 외롭고 슬픈 기억들을 되살렸다.

일곱 살 때 어머니를 여읜 것으로부터 도쿄 유학, 조혼, 사랑하는 어린 남
매, 아버지와의 불화 등등. 여러 가지 복잡한 상념 중에서도 그를 가장 고통
스럽게 하는 것은 아내에 대한 미안함과 닻이 다가오는 막내아들 방한에 대
한 보고픔이었다. 마치 저기서 아장아장 걸어오는 듯한 환각 같은 것이 눈
앞에서 어른거리는 것이었다. 그러나 모든 생각들은 운명의 여인 윤심덕에
게 귀결되어갔다. 옆에 서 있는 그녀는 떨고 있었다.

오사카에서부터 거의 음식을 먹지 않은 데다가 뱃멀미, 밤바다의 바람이

그녀를 떨게 했다. 아니 그보다도 벼랑 앞에 선 그녀로서의 회한과 비감 때문이기도 했다. 남자 이상으로 꿋꿋하던 석죽화 윤심덕도 하나의 가녀린 여자에 불과했다. 김우진은 오열하는 그녀를 선실로 끌고 들어갔다. 선객들은 서로 어우러져 잠에 빠져 있었다. 그들은 누가 먼저 제안한 것도 아닌데 최후의 정리를 하기 시작했다.

먼저 김우진이 유학 시절부터 애완해오던 워터맨 만년필로 목포의 이복동생(익진)에게 "이 여자의 사랑 앞에는 만사가 사라졌다. 자녀의 교육은 네가 책임져달라"는 내용의 유서를 썼다. 곧 이어서 그는 선장에게 "우리가 죽은 뒤에 우리 행구는 모두 없애주시오"라는 내용의 유서를 썼다. 죽음의 막다른 골목에서 김우진 역시 냉철했고 윤심덕은 처절하게 흔들렸다. 산다는 것이 얼마나 덧없는 것인가를 그들은 다시 한번 생각했다. 울기만 하던 윤심덕은 모든 것을 체념한 듯 처연한 표정으로 김우진에게 미안하다는 말을 했다. 그러면서 나직이 말을 이어갔다.

"산다는 것이 뭘까요, 연기지요?"

"그래, 한 줌의 흙이고 지나가는 바람이지."

"그래, 맞아요. 산다는 것은 참으로 덧없어요. 구질구질하고……."

김우진은 독백하듯이 말을 이어갔다.

"만물은 얼마나 빨리 사라져버리는가. 쾌락을 미끼 삼아 사람을 유혹하고 고통으로써 사람을 공포에 떨게 하며 또 물거품 같은 명성으로 세상을 떠들썩하게 만드는 사람은 대체 무어란 말인가."

"그래요, 운명은 예측하기 어렵고 명성이란 확실히 신기루 같은 거지요. 인생은 꿈과 연기에 지나지 않아요. 산다는 것은 나그네의 일시적 여로이며 후세의 명성도 영원한 시간 속에서 소멸하고 마는 것이지요."

두 사람은 대회를 하면서 시계를 보았다. 새벽 4시가 가까워왔다. 체념의 빛으로 오히려 밝아진 윤심덕이 김우진의 손을 끌고 밖으로 나왔다. 8월 밤이었지만 바닷바람은 선선했다. 새하얀 그믐달이 창백하게 서편에 걸려 있었다.

두 사람은 누가 시켜서도 아니었지만 신을 벗고 행구를 나란히 놓은 채 돌아섰다. "아, 우리 인생은 한바탕 덧없는 꿈이었도다!"라고 윤심덕이 외치면서 둘이 꽉 껴안고 시커먼 파도 위로 몸을 날렸다. 박행(薄幸)한 두 천재의 밤으로의 긴 여로(旅路)가 끝나는 순간이었다(이상은 두 선구자의 극적인 정사 장면을 상상적으로 재구성해본 것이다).

김우진의 비극적 파국으로 인해서 크게 충격을 받은 사람들은 유족들이었지만 일본 쓰키지소극장 배우로 눈부신 활동을 하고 있던 친구 홍해성도 가족들 못지 않았다. 왜냐하면 두 사람은 일본 신극을 일으켰던 오사나이 가오루(小山內薰)와 히지카타다 요시(土方與志)처럼 콤비가 되어 서울에 소극장을 세워서 본격 근대극을 일으키기로 약속한 터였기 때문이다. 그러한 이들의 부푼 꿈이 무산됨으로써 한국 근대극의 싹이 꺾였고, 근대극 발전이 수십 년 정체되기도 했다.

그렇다면 김우진이 남긴 것은 무엇이며 그의 연극사에서의 위치는 어떤 것인가? 김우진은 극작가인 동시에 평론가였고 시인이었다. 그가 와세다대를 졸업(1924)하고 현해탄에서 자살할 때까지 2년여 동안 목포 집에서 재산 관리하느라고 활발한 대외 활동은 하지 못했지만 상당량의 작품을 토해냈다. 그는 철학 에세이로부터 시작하여 번역·시·평론·희곡 등 다양한 글을 남겼고 시·평론·희곡이 대종을 이루고 있으며, 그중에서도 연극에 관한 것이 주가 된다. 물론 시만도 48편이나 되므로 상당량이지만 20여 편의 평론과 5편의 희곡에 비하면 조금은 뒤진다. 그런데 그의 특징은 예술가를 넘어서 탁월한 지식인 내지 선구적 사상가였다는 데 있다.

대부분의 평론들이 연극이론을 기조로 한 것이지만 그의 지적 편력 과정에서 보여준 것을 보면 사상가적 면모도 여실히 드러난다. 그의 지적 편력은 아리스토텔레스의 형식 논리에서부터 괴테의 시대정신, 니체의 근대정신, 버나드 쇼의 생명의식, 칼 마르크스의 자본론, 베르그송의 생명력, 스트린드베리의 신청권(新靑券)에 이르고 있다. 이런 사상 편력에 집약되어 나타나는 것은 전통 인습의 속박으로부터 벗어난 진정한 인간성의 회복과 자유의지 획득이었다. 그리하여 문학과 예술을 통해서 사회개혁을 꾀해보겠다는 것이었다. 가령 니체의 근대정신이라든가 버나드 쇼의 개혁 의지, 사회주의의 혁명성, 표현주의의 존재에의 통증 등이 모두 그의 사회 변혁에 대한 방법과 갈망에 집약되어 있다. 연극에 관한 평론들도 모두 이러한 생각의 기조 밑에서 씌어진 것임은 두말할 나위 없다. 가령 「소위 근대극에 대하여」로부터 시작해서 「자유극장 이야기」 「구미 현대극작가론」 「인간과 초인간—그 철학의 비평적 고찰」 「우리 신극운동의 첫 길」 등이 그러한 글들이다.

그는 영어에 능통해서 구미 연극에 매우 정통했고, 따라서 유럽의 근대극 운동은 말할 것도 없고 밀른(영국), 차페크(체코), 피란델로(이탈리아), 오닐(미국) 등을 처음으로 본격 소개한 장본인이기도 하다. 그가 이들 작품을 매우 예리하게 분석해놓았기 때문에 오늘날 읽어도 신선감을 줄 정도다. 그는 서구의 소극장운동을 타산지석으로 해서 한국신극 운동방향을 제시했는데, 그 첫째가 서구 근대극을 번역 공연해야 하고, 둘째는 무대예술가를 양성해야 하며, 셋째는 소극장식과 회원제라는 탁월한 발상을 내놓았다.

그리고 표현주의의 한국적 가능성을 전제로 한 그의 창작관 내지 연극관은 「창작을 권합네다」라는 글에 집약되어 있다. 첫째 우리 민중은 정치·경제·민족적인 계급에 얽매여 있으며, 동시에 정신적으로도 지식계급이 엄존하므로 그러한 제 계급의 질곡에서 벗어나려는 자각과 고민이 작품 테마가 되어야 한다는 것. 둘째 윤리적 가치 전환, 바꾸어 말하면 우리 주위를 에워싸고 있는 봉건적 유교 인습의 구각을 깨고 생활을 변혁시키는 것을 테마로 삼아야 한다는 것. 셋째 연애, 결혼, 모성, 여성의 경제적·사회적 문제가 테마가 되어야 한다는 것. 넷째 인생철학, 생명, 죽음, 신, 이상 등의 보편적인 것이 테마가 되어야 한다는 것이었다.

이처럼 김우진에게는 마르크스의 사회주의적인 면도 없지는 않았으나 프롤레타리아 작가와는 거리가 멀었고, 오히려 버나드 쇼의 사회개혁적인 예술관과 표현주의의 폭로적인 인간 해방 논리에 근거하고 있었다. 그가 이광수 · 김동인 등 소위 민족문학파 작가들에 대해 비판한 글을 보면 버나드 쇼가 셰익스피어를 2류 작가로 몰아붙인 것과 유사하다. 그만큼 김우진은 쇼주의자였고 표현주의 신봉자였다. 이러한 경향은 그가 쓴 3편의 문학평론에도 잘 나타나 있다.

우선 1925년 초에 김팔봉, 박종화, 박영희, 김동인, 이광수, 염상섭, 나도향, 김석송 등이 잡지 『개벽』을 통해 전개한 계급문학 시비론을 신랄하게 비판한 「아관 계급문학과 비평가」라는 글을 보아도 알 수 있다. 김우진은 당시 대표적인 문사들이라 할 민족문학파 8명이 쓴 글을 한마디로 천박한 식견에 의한 형식 논리라 비판하고 발전사관에 입각해서 계급문학 이론을 전개했다. 그는 결론 부분에서 진정한 평론가란 "민중의 대변자요, 프롬프터가 되어야 하는데, 결국 그것은 사회와 민중의 생의 힘 문제에 달려 있다"면서 "비평가의 시대적 사명은 문예의 감상에 머무를 것이 아니라 일대의 민중의식 투쟁의 지도자가 되고 선봉장이 되어야 한다"고 갈파했다.

이와 같은 주장은 오늘날의 민중문학론자들과도 상통되는 바가 있다. 이러한 그의 문학관은 춘원을 사이비 작가로 몰아붙인 「이광수류의 문학을 매장하라」는 논문에서도 극명하게 나타난다. 이것은 그가 춘원이 프로문학을 비판한 「중용과 철저」라는 글에 대한 반론으로 쓴 것인 바, 이광수는 시대 인식이 부족하고 역사의식도 없으며 인생에 대한 통찰도 부족한 미적지근한 온정주의자, 무저항주의자라고 폄훼했다. 그는 동시에 김동인도 비슷한 유형이라고 비판했다. 그러나 그의 선구적 면모를 잘 나타내주는 글은 「조선 말 없는 조선 문단에 고함」일 듯싶다. 왜냐하면 이 글은 매우 선각자적 입장에서 한국문화의 발전책을 광범위하게 피력한 것이기 때문이다. 즉 그는 이 글에서 문전(文典) 제정이라든가 고유어 보존, 외국문학 소개, 신문 · 잡지의 민중화 등을 제창했다.

그의 희곡작품도 평론 못잖게 선구적이었다. 이 땅에 리얼리즘론도 제대로 소개되지 않았을 때 벌써 표현주의 예술론을 전개했듯이, 희곡 수준도 대단히 앞서 있었다. 그러니까 일본의 저질 신파극을 답습하는 1920년대 중반에 이미 그는 자연주의 희곡과 표현주의 희곡을 실험했던 것이다. 그가 자살한 지 10여 년 뒤에 겨우 리얼리즘 희곡이 자리를 잡은 것으로 미루어 보아도 그가 얼마나 앞서 갔던가를 알 수 있다.

그는 습작으로 쓴 단막극 〈정오〉를 비롯해서 〈두데기 시인의 환멸〉〈이영녀〉〈난파〉〈산돼지〉 등 5편을 남겼는데, 대부분이 자전적인 것이 특징이다. 즉 일본에 대한 불만을 쓴 〈정오〉라든가 아내와 연인(윤심덕) 사이에 끼어 고민하는 내용의 〈두데기 시인의 환멸〉에는 스트린드베리식의 여성 모멸관도 나타난다. 그리고 〈이영녀〉와 같은 자연주의 작품은 자기 집 근처 유달산 아래의 창녀들의 처참한 생활을 묘사한 것이다. 이러한 작품을 쓴 그는 죽기 직전에 유진 오닐이 자기 가족의 아픔을 〈밤으로의 긴 여로〉 속에 담았듯이 표현주의극 〈난파〉와 〈산돼지〉 속에 가정적 고통을 담았던 것이다.

그는 외국어에 능통했기 때문에 일본 문단에 구애받지 않고 직접적으로 서구 문학과 사상을 호흡한 작가였다. 1920년 초까지만 해도 이 땅에 외국의 유명 출판사(영국 맥밀런사)에서 원서가 직접 배달되는 곳은 목포의 김우진 집 하나뿐이었다. 그는 맥밀런사와 계약을 맺고 출판되는 책을 즉각 받아 읽었던 것이다. 이와 같이 앞선 지식인이었으므로 완고한 가정 분위기에 적응할 수 없었고, 따라서 항상 내면적 갈등을 겪지 않으면 안 되었다. 그것은 곧 전근대적인 봉건 유습과 급진적인 서구 근대 사상과의 괴리, 상극에서 오는 갈등이었다. 더욱이 그는 전형적인 사대부집 장남으로서 유교 모럴로 철저하게 무장된 부친, 더 나아가 가족들과 언제나 대립해야 했고, 정신질환을 일으킬 만큼 무거운 가정 분위기 속에서 좌절만 거듭했다. 한 젊은 시인이 고집불통의 완고한 부친, 그리고 가문의 벽에 부딪혀 파멸하는 이야기가 희곡 〈난파〉의 내용이다. 즉 전통적 유교 모럴을 상징적으로 대표하는 아버지와 서양을 심호흡한 아들(시인)과의 충돌과 화합할 수 없는 상극이 묘사되는데, 이는 김우진 자신이 아버지와의 사상적 괴리에서 타협의 실마리를 못 찾고 끝내는 출분(出奮), 자살에 이르는 그의 인생역정이 드라마로 표출된 것이다. 그만큼 그는 진보적인 지식인으로서 자신의 암울한 삶을 작품으로 표출하려 노력한 작가였다.

〈난파〉가 아버지와의 대립을 묘사한 작품이라면, 마지막 작품인 〈산돼지〉는 어머니(계모)와의 대립을 그린 작품이었다. 그의 절친한 친구였던 조명희(趙明熙)의 낭만시 「봄 잔디밭 위에」로부터 영감을 얻어서 착수했다는 〈산돼지〉는 동학운동을 최초로 문학작품의 소재로 끌어들였다는 점에서도 기록될 만하다. 자영회사 상무인 주인공(청년)은 공금 유출 혐의로 불신임당한 처지인 바, 설상가상으로 애인마저 정부(情夫)와 도망가 버리고 마음을 의지하고 있던 이복 누이동생과의 관계도 계모로 인해서 차단된다. 따라서 삶의 돌파구를 못 찾고 방황하던 주인공은 결국 쓰러지고 만다. 나중에 도망갔던 애인이 돌아오지만 이미 지쳐버린 주인공을 다시 일으킬 수는 없었다. 끝끝내 주인공은 절망의 늪에서 헤어나지 못하고 파멸하고 만다. 이처럼 〈산돼지〉는 식민지 상황에 봉건적 인습마저 겹쳐서 좌절하고 마는 개화기 지식인의 비극적 운명을 묘파한 작품이다. 그렇기 때문에 김우진 자신도 이 작품을 가리켜서 "식민지 시대를 사는 젊은이들의 생(生)의 행진곡"이라고 자평한 바 있다.

김우진은 이 작품에서도 〈난파〉에서처럼 몽환극(夢幻劇) 수법을 씀으로써 그가 스트린드베리를 철저하게 사숙했음을 보여주는 한편, 표현주의 실천자임을 다시 한번 확실하게 해주고 있다. 필자가 어느 연극인보다도 김우진을 높이 평가하는 것은 시대를 앞질러 간 그의 비범성 때문이다.

아직 리얼리즘도 제대로 발을 못 붙인 당시에 표현주의까지 실험했다는 것은 적어도 그가 반세기는 앞서감을 보여주는 것이다. 따라서 그는 당시

세계의 첨단을 걷던 극작가들인 하젠클레버, 피란델로, 유진 오닐 등에 비해 그 시대감각에 있어서 결코 뒤지지 않았다. 현대극의 공통적 테마가 현실과 환각의 갈등이라 볼 때, 이는 김우진의 작품세계에서도 그대로 드러나고 있다. 그러나 아일랜드의 문예부흥운동 방법론을 받아들여 한국 신극을 진행시켜보려 했던 그는 결국 시대의 벽에 부딪혀 난파당하고 말았다. 그것도 비슷한 처지의 여자와 함께……

# 제4장
## 프롤레타리아 연극의 탄생

근대 연극운동사에서 비교적 중요한 자리를 차지하는 프롤레타리아 연극은 그 싹이 연극단체보다는 송영, 김영팔 등과 같은 경향파 작가들에게서 조금씩 돋아나기 시작했다. 이들은 "무산계급 해방문화의 연구 및 운동을 목적"으로 1922년에 탄생된 소위 염군사(焰群社) 회원으로서 자기 문예철학을 펴는 데서부터 그 맹아를 찾을 수 있다. 그러나 그들은 몇 편의 희곡 창작을 통해서 자기들의 사회주의 사상을 펼쳤을 뿐 공연 활동에까지는 이르지 못했다. 오히려 실제적인 프롤레타리아 연극운동은 다른 사람들이 조금씩 시도했다.

연극운동 형태로서 그 첫 조직은 이 땅 아닌 일본에서 1925년 10월에 시작되었다. 일본 도쿄에서 사회운동을 벌이고 있던 김남두, 최병한, 선열, 조시원, 임호, 김석호 등이 조선프로극협회를 조직한 것이 그 효시이다. 물론 이 첫 번째 프롤레타리아 극단은 조직 자체로 끝났을 뿐 별다른 활동을 보이지 못했다. 그렇게 볼 때 이 땅에서 첫 번째 프롤레타리아 극단의 탄생은 1927년 정월에 출범한 불개미극단이라 하겠다. 카프의 주도자들(김팔봉, 박영희, 김복진, 조명희, 안석주, 김동환 등)이 조직한 이 극단은 "극을 통하여 민중의 감정과 기능을 유도 계발하여 장래할 문화 형태의 창조를 목적"으로 한다고 분명하게 선언하고 나섰다. 그러나 이 단체도 무대 활동은 별로 해보지 못하고 해산했다.

조직원들 중에 연극을 아는 사람이 별로 없었기 때문이다. 결국 프롤레타리아 연극의 첫 무대는 세 번째 프로극단이라 할 연학년(延學年) 주도의 종합예술협회(1927년 7월 조직)가 소련 작가 안드레에프의 〈뺨 맞는 그 자식〉을 천도교 강당에서 공연한 것이라 하겠다. 그러나 그나마도 일본 경찰의 제지로 3일 만에 강제 해산당하고 말았다(이두현, 『한국신극사연구』, 159~160쪽). 그런데 종합예술협회를 최초의 본격 프롤레타리아 극단으로 볼 수 있는 것은 이 단체가 선언문 가운데 "우리는 예술의 사회적 역할—교화 임무를 수행하기 위해 결성되었음"을 분명히 밝힌 데 따른 것이다. 이 무렵 극작가 김영팔의 경우는 자기의 단막극 무대에 레닌과 트로츠키 사진을 걸어놓아야 한다는 설명을 붙일 만큼 열성적인 좌파 연극인이었다.

그러나 대부분 시대 분위기에 편승한 것이었고, 사상적 무장은 약했다. 그렇기 때문에 활동도 부진할 수밖에 없었다. 이러한 프롤레타리아 연극운동은 1930년대 들어서야 조직적으로 전개될 수가 있었다. 1930년대 프롤레타리아 연극의 기폭제를 만들어준 것이 다름 아닌 문학단체 카프(KAFP)였다. 카프는 조직될 때부터 연극부를 둔 바 있고, 1930년대에 들어서는 연극부 산하에 이동식 소형극장, 메가폰, 신건설 등 극단을 두기도 했다. 그뿐만 아니라 이론 정립과 대중 설득을 위하여 잡지도 만들어냈다. 1930년대 들어서 특히 프롤레타리아 연극론이 위세를 떨쳤는데, 신고송, 박영호, 안함광, 임화, 마수길 등이 소련의 프롤레타리아 연극론을 소개형식으로 써나갔다.

가령 극좌파에 속하는 신고송은 '연극운동의 출발'이란 글에서 "현 단계의 프롤레타리아 연극은 연극운동 가운데 노동자 농민을 동원시켜 그 의지를 반영시키며 연극으로 하여금 노동자 농민을 선전하여 계급적으로 유용화함으로써 사회주의 연극의 임무를 수행하는 것이다. 노동자 농민 동원 수와 관객을 어떻게 조직화하였나가 프롤레타리아 연극의 성과 불성과의 바로메터가 되는 것이다. 조선의 프로연극운동은 출발기에 있다"(「演劇運動의 出發」, 『조선일보』1931.8.2)고 썼으며, 박영호는 "연극운동의 당면적 임무는 근로대중의 생활적 전투성의 임무가 되어야 한다. 세계적 프롤레타리아극장인 독일 파스카터극장의 설립자 파스카터의 말과 같은 기성된 프롤레타리아 작품을 심각한 조선의 현실적 정세 위에 새로운 조화를 갖도록 개작해도 좋을 것이다. 모든 문제의 중심적 요소는 박력화해 가는 빈농·빈노(貧勞)의 역사적, 결정적 생활감정의 조직화이며 사회화에 있다"(「프로연극의 대중화 문제」, 『批判』1932.9.)고 쓴 바 있다.

그리고 프롤레타리아 연극의 주제에 대해서는 안함광이 "프롤레타리아 연극의 내용 제재는 철두철미 프롤레타리아 계급의 계급적 투쟁—정치적 경제적 제목과 결부되어 있지 않아서는 아니 될 것이니 그 연극이 제아무리 노동자적이라 할지라도 그 중심적 사상이 기회주의자, 합법주의자, 사회민주주의자 등의 반동적 개량주의 사상인 한에 있어서는—그리고 그 사상적 감정이 제아무리 격앙된 혁명적 색채를 띠었다손 치더라도 그 투쟁이 소부르주아적이고 부동하는 가두 프롤레타리아적인 한에 있어서는 도저히 프롤레타리아 연극이라고 명명할 수는 없는 것이다. 이러한 의미에 있어서 과거 아닌 현재에도 흔히 대할 수 있는 소위 '노동자 세상극(世相劇)' 등의 막연한 부류의 것"(『비판』1932.8)이라 규정했다.

그러니까 철저히 계급의식을 담아야 프롤레타리아 연극이라고 규정한 이론가들은 그것이 대중적 착근을 위해서 공장지대와 농촌으로 들어가야 한다고 주장했다. 김승일(金承一)의 주장에 따르면 프롤레타리아 연극은 "공장과 농촌에 뿌리를 박아야 한다. 노동자 농민과 튼튼한 연계를 가짐으로써만 극복될 수 있다. …(중략)… 공장과 농촌에서 우리 연극 후배군이 다수히 출연하여야 할 것이다. 그렇기 때문에 우리가 공장과 농촌에 우리 연극의 저수지로서의 연극 서클을 많이 조직하여야 하며 이를 그렇게 지도하여야 한

조선연극공장의
〈800호 갑판상〉
(박영호 작)

다"(『중앙일보』 1932.7.21.)는 것이다. 이처럼 1930년대에 접어들어서 프롤레
타리아 연극이론가들은 우리의 연극은 공장과 농촌에서 투쟁에 궐기한 혁
명적 노동자 농민들의 예리한 무기가 되어야 한다고 부르짖었던 것이다.

이러한 행동강령에 따라 프로연극인들은 속속 극단을 조직해서 농촌과
공장 주변을 순회하면서 공연 활동을 벌여나갔다. 즉 카프 산하의 3개 극단
외에 대구에서 가두극장이 등장하였고, 개성에서는 대중극장이, 해주에서
는 연극공장, 함흥에서는 동북극장, 평양에서는 마치극장 등이 속속 조직되
었으며, 서울에서도 청복극장과 우리들극장 등이 출범했다. 그러니까 1930
년부터 2, 3년 동안에 10여 개의 프롤레타리아 극단들이 등장한 것이다.

이들 중 대표적인 극단으로 볼 수 있는 이동식 소형극장의 멤버를 보면
젊은 동반자 작가들인 유진오, 이효석, 김유영 및 강천회, 추적양, 하북양
등이었다. 창립 취지를 보면 "전프롤레타리아트를 위한 연극을 일반대중에
게 보여주기 위하여 새로운 연극인이 결합하여 이동식 소형극장을 조직하
였는데, 주로 공장, 농촌에 있는 노동자, 농민을 상대하여 이동식으로 공연
할 예정이며, 각 부문 학교, 조합 등에로 들어가서 서클을 조직하여 비상한
활동을 하기 위해서"였다. 그러니까 매우 철저한 행동적 극단을 만들었던

것이다.

이보다 몇 달 앞서 조직된 청복극장 멤버는 임화, 안막, 김남천, 김태진 등이었다. 중앙에서는 일본 경찰의 감시도 심할뿐더러 노동자 농민과의 밀착이 어려우므로 이들은 주로 지방 순회공연을 가졌다. 레퍼토리도 일반 극단들과 확연히 달랐는데, 가령 업턴 싱클레어의 〈2층의 사나이〉라든가 오토 밀러의 〈하차(荷車)〉, 록 멜던 작 〈산〉 등을 보더라도 경향성이 강했음을 알 수 있다. 창작극의 경우를 보더라도 유진오의 〈박첨지〉라든가 송영의 〈호신술〉 등에서 알 수 있는 것처럼 못 가진 자들의 분노와 저항을 주제로 한 것이 주종을 이루었다.

프롤레타리아 극단들의 이론 및 공연 활동이 활발해지자 일본 경찰의 감시도 심해질 수밖에 없었다. 일본 경찰은 프롤레타리아 문예인들이 모임만 가지면 색안경을 끼고 감시했다. 따라서 중앙에서의 공연 활동이 부진할 수밖에 없었다. 물론 프롤레타리아 연극인들이 의식만 앞설 뿐 연극 실제에 어두웠던 것도 공연 활동 부진의 한 원인이 되었다. 그래서 그들도 이합집산을 거듭했다. 그 와중에 가장 강력한 프롤레타리아 극단이라 할 신건설이 1932년 8월에 서울에서 창립되었다. 극작가 송영, 신고송, 권환 등이 주동이 된 신건설은 세 가지 목표를 내세웠는데, 첫째 연극운동의 확대 강화와 공연의 쟁취, 둘째 연극인들의 사상 예술적 훈련, 셋째 새로운 연구생들의 양성 등이었다. 즉 이 단체는 적당한 프롤레타리아 연극 건설을 목표로 하여 이제까지 좌익 극단들의 불성실을 배제하고 활발한 연극 활동을 내세웠던 것이다(『매일신보』1932.8.7).

그리고 이들은 지방에서 결성된 좌익 극단들과 연결을 갖고 지도도 게을리하지 않았다. 국내의 이러한 활동은 일본의 좌익 연극인들을 자극해서 기존의 극단 활동을 촉진시키기도 했다. 일본에서 한국 프롤레타리아 연극 활동을 보면 1929년 노동자 연극 단체로 출발한 첫 번째 단체가 곧 조선어극단으로 개칭되었는데, 주역은 안영일, 이서향, 이화삼 등이었다.

신찬은 「재일본조선노동자연극운동」이라는 글에서 "조선노동자들 연극의 발생은 1929년대의 도쿄의 무산자극장에서 시발되었다"면서 단 한 번 활동을 벌였다고 하였다. 그러나 일본에서 본격적인 프롤레타리아 연극운동이 일어난 것은 1931년 5월 조선어극단으로부터라고 본다. 물론 이와는 별도로 도쿄에서 일본 프롤레타리아 예술가동맹에 가입한 한국인 몇 명이 프롤레타리아 연예단이라는 것을 만들어 몇 번 활동을 벌인 적은 있었다. 또한 노동자 10여 명이 도쿄조선어극단으로 개칭되어 1931년 12월 쓰키지 소극장에서 오토 뮐러의 〈하차〉 1막을 공연했었다. 이때 1막만을 공연한 것은 전문 연극인이 거의 없어서 작품을 소화할 능력이 없었던 데다가 재정의 어려움도 뒤따랐기 때문이다. 그렇지만 도쿄에서 일하는 한국 노동자 관객이 많이 관람해서 대성황을 이루었다.

그리하여 도쿄조선어극단은 그해 겨울에 일본 프롤레타리아 예술가동맹에 정식으로 가입할 수가 있었다. 그 외에는 아이치현(愛知縣)의 프로예맹 지부에도 한국인 가입자 10여 명이 있었는데, 이들도 근신극단이라는 것을 만들어 빈약하나마 활동을 벌였다. 그러나 이들 역시 국내에서보다도 더욱 악조건이었기 때문에 공연 활동은 지지부진할 수밖에 없었다. 그러던 차에 일본 경찰의 탄압 손길이 국내 좌익 연극인들에게 가해지기 시작했다. 극단 신건설에 참여한 바 있는 이상춘, 강윤희, 김태진, 나준영, 이필용, 김완규, 추완호 등 7명이 기관지 『연극운동』 발간 사건으로 체포된 것이다.

이들이 검거된 이유는 두말할 것도 없이 적화(赤化) 기도와 도쿄의 좌익 극단들과의 연계 및 각 학교에 공산주의 사상을 퍼뜨린 혐의였다. 7명 중 4명은 불기소 처분을 받았으나 잡지 『연극운동』을 발간한 이상춘, 강윤희, 김태진은 경성지방법원에 기소 송치되었다. 그런 가운데 창극을 공연하려다가 허가를 받지 못하는 어려움을 겪기도 했다. 결국 레마르크의 소설을 원작으로 한 〈서부전선 이상없다〉라는 번역극으로 그해 11월에 창립 공연을 가질 수가 있었다.

일본에서 활동하고 있던 도쿄조선어극단 개칭의 3·1극장도 쓰키지소극장을 빌려 유치진의 〈빈민가〉 등을 공연하는 등 활동을 그치지 않았다. 그러면서 새로운 방향설정을 해나갔다. 가령 3·1극장이 극단 명칭을 고려극단으로 개칭하면서 "진보적 발전적 민족연극예술의 창조 수입"을 내세운 것도 그런 적극적 변화의 일환이었던 것이다. 이 시기 주역도 한홍규, 김파우, 유철, 이화삼, 최병한 등으로 바꾸었는데, 이는 안영일, 이서향 등이 귀국한 데 따른 것이다.

이런 때에 국내에서는 대대적 프롤레타리아 문예인 검거 사건이 터졌다. 일본 경찰이 좌익 연극운동을 주시하던 중 전북 금산에서 학생 1명이 검거되면서 그에게서 프롤레타리아 연극운동에 대한 내막을 알게 된 것이다. 전북 경찰부가 단행한 프롤레타리아 문예인들에 대한 검거 선풍은 서울을 중심으로 좌익 극단이 활동 중이던 평양, 신의주, 장연, 대구, 함흥 등 8도의 주요 도시로 확대되었다. 검거된 문예인들은 이기영, 한설야, 송영, 임용식, 홍구, 최옥희, 김유영, 나웅, 이갑기, 조용범, 이상춘, 장병창, 박영희, 백철, 최정희 등 80여 명이나 되었고, 이들은 전라북도 내 이리, 임실, 정읍, 김제, 전주 등 경찰서로 속속 유치되어 취조를 받았다. 일본 경찰은 이들을 체포하게 된 동기에 대해서, "이들은 1931년 8월경에 경성부 와룡동 시대공론사에서 화합하여 프롤레타리아 연극을 통하여 마르크스주의 선전을 행하여 사유재산제도를 부인하고 공산주의 사회의 실현을 목적으로 하는 이동식 소형극장인 결사를 조직하고 동시에 부서를 책임 연출부(김유영), 각본부(최정희), 미술장치부(추완호), 연출부(석일랑), 선전부(이영) 등으로 정한 후 여러 차례 회합하여 결사의 활동 방침을 협의하던 중 피고 김유영, 최정희는 의견의 상위로 탈퇴하고 그 외 3명은 계속하여 1931년 11월부터 1932년 5월까지 사이에 원산, 함흥, 경성 방면에서 극히 좌익적으로 회의를 열고 결사의 명칭을 메가폰으로 개입하고 더욱 활동을 하여 내려온 것"(『매일신보』 1935.10.28)이 유죄라 했다.

이것은 순전히 한국 젊은이들의 프롤레타리아 연극운동을 탄압하기 위해서 계획적으로 검거 선풍을 일으킨 것인 바, 80여 명 중 60여 명은 취조 중 무혐의로 석방되고 문학평론가 박영희 등 22명만 기소되었다. 무혐의 판정을 받은 60여 명도 2, 3개월 또는 3, 4개월씩이나 경찰서에서 고생했음은 두말할 나위 없다. 그런데 여기서 주목되는 것은 당시 프롤레타리아 연극이 전국적으로 연계되어 있었다는 점이며, 일본 경찰이 그들의 조직적 활동을 매우 두렵게 생각한 사실이라 하겠다. 한편 일본에서 활동 중이던 재일 한국 프롤레타리아 극단인 고려극단도 비슷한 시기에 일본 경찰에 의해서 강제 해산당했다.

이로써 1935년을 전후하여 국내와 일본에서 활동 중이던 프롤레타리아 극단들이 모조리 해산을 당했다. 다만 국내에서는 1936년 봄에 박춘명, 김일영, 박학, 이화삼 등에 의하여 조선연극협회라는 연화(軟化)된 좌익 극단이 조직되어 가을에 창립 공연으로 몰리에르의 희곡 〈수전노〉를 무대에 올린 바 있었다. 그런데 이들은 일본 경찰의 극심한 탄압을 잘 알고 있었기 때문에 프롤레타리아 이념을 표면에 내세우지 않았고, 레퍼토리도 정통 고전을 택할 수밖에 없었다. 그것은 하나의 위장일 수도 있었다. 그러나 그나마도 단 두 번 공연으로 해산되었고 프롤레타리아 연극인들은 생업을 위하여 뿔뿔이 각 상업극단으로 흩어졌던 것이다. 1937년도에 가서 신건설 사건으로 투옥되었던 프롤레타리아 연극인들이 석방되었으나 누구도 선뜻 극단을 조직하고 나오는 사람은 없었다.

다만 기존 상업성이 강했다고 볼 수 있는 중앙 무대라든가 낭만좌 같은 데 가입해서 단체를 변혁시키는 일에 몰두했을 뿐이다. 가령 중앙무대에서 주도적 역할을 한 프롤레타리아 연극인들인 송영, 박영호, 김일영, 심영 등은 극단의 캐치프레이즈로서 "예술은 곧 생활이다"라는 것을 내걸었다. 그들은 5가지 항목의 극단선언문에서 "예술적 작품이라고 반드시 대중과 떨어지는 고답이 아니다"(『매일신보』 1937.6.6)라고 분명히 밝혀놓고 있다. 그리

고 대표도 중진 프롤레타리아 연극인이라 볼 수 있는 연학년으로 바꾸기도
했다. 이 시기부터 프롤레타리아 연극인들은 강화되는 일본 군국주의 탄압
을 피해 동양극장을 중심으로 하나같이 상업극에 몰두케 된다. 극작가 송영
을 위시하여 박영호, 박노아 등과 연출가 안영일, 나웅 등이 모두 그러했다.
이것을 하나의 변신으로 보아야 할 것인가, 아니면 위장으로 보아야 할 것
인가. 여하튼 민족해방 때까지 10여 년 동안은 프롤레타리아 연극 잠복기
라 하겠다.

한편 일본에서 활동하다가 일본 경찰의 압력으로 해산당한 프롤레타리아
연극인들은 곧바로 재기하여 조선예술좌(1935년 11월 25일)를 출범시켰다.
조선예술좌는 고려극단 멤버들이 주축이 되었다. 제1회 공연으로 대표적인
프롤레타리아 소설가 이기영의 「서화(鼠火)」를 각색한 장막극과 한태천(韓泰
泉)의 〈토성낭〉(1막)을 무대에 올려 한국 노동자들의 갈채를 받았다. 그런데
카프가 일본 경찰에 의해 강제 해산당한 후에 조선예술좌가 국내에서 조직
되었다는 점에서 프롤레타리아 문예인들의 집념을 알 수가 있다고 하겠다.
조선예술좌는 악조건 속에서도 도쿄 거주 한국 노동자들을 상대로 하여 꾸
준한 활동을 벌였지만 일본 경찰의 탄압과 극단 구성원들의 역량 부족, 그
리고 재정적 압박 등으로 흐지부지되고 말았다.

그런데 당시의 재외 한국 동포로서 일본에서만 연극 활동이 있었던 것은
아니다. 만주, 소련 거주의 한국 동포들도 연극 활동을 벌였다. 만주, 소련
지방에서도 특히 우리 동포가 많이 살고 있던 블라디보스토크가 가장 활발
하게 연극 활동을 벌였던 도시다. 그러니까 이미 3 · 1운동을 전후해서 극
단들이 생겨나서 1922년부터는 고국 방문 공연까지 가졌었다. 1922년 4월
해삼위 연예단의 서울 공연이 바로 그런 예이다. 이러한 재소(在蘇)동포의
활발한 연극 활동은 결국 블라디보스토크에 국립조선인극장까지 건립될
수 있게 만들었다.

블라디보스토크 조선인들의 국립극장은 1932년 9월에 관립극장 성격으

로 세워진 것이다. 이 시기는 소련에서 이미 사회주의가 무르익어갈 때이므로 재소동포들도 그러한 사상의 범주에서 벗어날 수가 없었다. 따라서 설립 취지는 조선 동포 연극인들이 설명한 대로 "원동 변강에 거주하는 2백천의 조선인 노력자들의 문화적 요구를 수응할 사명"을 띤 것으로서 "예술, 창작 방면의 인재" 양성에 대한 원천이고 낡은 봉건적 조선 연극에 대립시키는 유일한 조선인 혁명 극장—시월 "혁명의 산실"로서 세워졌다는 것이다. 이 조선인 극장은 관립이었기 때문에 연해주 및 블라디보스토크시 당위원회의 지도하에 있었다.

그렇지만 조선극장이 당의 관장하에 있어도 방향 모색에서부터 레퍼토리 선정 등은 모두 조선 연극인들 손에 달려 있었다. 따라서 조선극장은 "조선의 특수한 민족적 형식"을 찾아내는 것을 창작 사업의 목표로 삼고 우리 고전에서 그 모형을 찾기로 했다. 다시 말하면 "민족적 노래, 음악, 무도, 고전 작품들을 역사적 발전에 기초하여 연구하는 것"을 목표로 삼았다는 이야기다. 그 사업의 첫 번째 구현으로서 조선극장은 〈춘향전〉을 공연한다. 이들은 또한 배우들의 기량 향상을 위하여 교육 기능을 강화해서, 예술 전반에 대한 강의와 훈련을 게을리하지 않았다. 450여 석의 중형극장인 조선극장은 미래 사업으로서 "큰 극장 건축 및 배우들의 주택을 건축할 것과 민족적 음악기구, 문예서적, 민족적 의복들을 갖추어놓을 과업을 세우고 꾸준히 투쟁하고 조선의 극예술을 소비에트 동맹의 중앙도시 노력자들에게도 보이며 선진 극장들의 사업 경험을 연구할 목적으로 중앙도시들로의 순회를 조직할 과업을 세우기까지" 했다.

그러나 역시 정치 상황과 소련 공산당의 지도하에 있었기 때문에 레퍼토리가 우리 고전을 제외하고는 사회주의 건설과 조선의 혁명운동을 고취하는 내용으로 짜여질 수밖에 없었다. 따라서 태장춘, 김해운, 연성룡, 채재도 등 조선인 극작가들은 사회주의 혁명을 주제로 한 작품을 주로 썼다. 가령 그들이 공연한 번역극 〈류보위 야로와야〉의 내용만 보더라도 "대 10월의

구소련
조선국립극장의
〈춘향전〉 공연

전취를 옹호하기 위한 농민전쟁에서의 볼셰비키들의 미증유의 영웅성, 용
감성, 결단성, 강인성을 보임과 동시에 혁명 원수들의 비열성, 와해성, 패배
의 길을 보여준 것"이라고 했다. 당초 〈춘향전〉 〈심청전〉 등 우리 고전을 각
색 공연한 조선극장은 창작극도 적잖이 무대에 올렸다.

그런데 주목할 만한 사실은 고전을 사회주의적 각도에서 재해석한 점
이라 하겠다. 가령 〈심청전〉 각색을 한 채재도는 "〈심청전〉의 사상은 무엇
을 의미하는가? 심청이 죽었음에도 불구하고 다시 살아나 황후가 되어 저
의 부친을 만나게 된 것을 보아 이 작품은 '하늘이 무너져도 효자효녀는 나
갈 구멍이 있다' '열녀 충신은 부귀, 빈천을 가림 없이 국가에 큰 인물이 될
수 있다'는 봉건제도 상층계급들이 유교적 교육을 거치어 민중의 정신을 마
취시키던 썩은 도덕을 간교하게도 예술화시킨 작품"이라고 비판하면서 〈심
청전〉 각색에 있어서 "심청에게 살겠다는 욕망이 대단하였음에도 불구하고
그는 썩은 도덕에 마취되어 그 멍에를 벗을 수 없다는 것을 보여줌으로써
봉건제도의 모순과 불교의 음흉한 사실을 발로시키기도 했다"고 술회한다.

그러니까 우리의 고전을 마르크시즘에 입각하여 재해석한 것이다.

조선극장이 공연한 레퍼토리를 보면 〈춘향전〉 〈심청전〉 외에 〈올림삐아다〉(연성룡 작), 〈신철산〉(태장춘 작), 〈동북선〉(김해운 작), 〈생은 부른다〉 〈우승기〉(태장춘 작) 등 창작극이 있었다. 조선극장은 주변 도시에 순회공연도 다녔다. 당의 지시에 따라 주변 도시인 따푸인, 가이다마크, 스레트나야, 빠울노프스크, 뿌짜진나어장 등을 정기적으로 순회공연한 것이다. 그러나 1937년 초가을 스탈린의 조선족 강제이주 정책에 따른 한인 사회의 붕괴로 인해서 조선극장도 수난을 겪지 않을 수 없었다. 즉 강제이주 때 조선극장 전속단원들은 무대장치와 의상, 대소도구를 갖고 카자흐스탄의 작은 도시 크즐오르다로 이주했다가 다시 알마타로 옮겨서 그 명맥을 지금까지 잇고 있다. 조선극장은 전속으로 극단 30명, 가무단 30명을 두고 있으며 여전히 우리고전인 〈춘향전〉 〈심청전〉 〈양반전〉 등을 주요 레퍼토리로 삼고 있다. 가상하게도 한민족의 뿌리를 통하여 민족혼을 지키고 있다고 하겠다.

제4부

# 엄혹한 시대, 혼돈의 연극계

제1장
▮
# 연극운동의 이정표를 세운 극예술연구회

개화기 이후의 한국 연극은 매우 복잡한 갈래가 뒤섞여 흘러온 것이 특징
이다. 구미와 같이 하나의 큰 흐름으로 연극이 발전되어온 것이 아니라 우
리 고유의 전통극(창극)과 일본의 신파극, 그리고 서양의 것을 답습한 본격
신극 등이 복선(複線)으로 흐른 것이다. 이러한 세 갈래 연극 형식이 개화기
이후 그런대로 자리를 잡기 시작한 시기가 곧 1930년대였다.

그런데 이들 세 가지 연극 양식 중에서도 가장 번창했던 것이 신파극이
었던 바, 이는 순전히 연극 전문의 동양극장(1935)이 설립된 때문이었다. 동
양극장이 설립되기 전까지만 해도 신파극은 유랑극단을 면치 못했고 일본
인 주인의 영화관에서 착취만을 당하는 신세였다. 그래서 신파극단들은 막
간이니 뭐니 해서 주연 여배우에게 유행가를 부르게 하거나 만담을 시켜서
관중을 붙잡는 저질 공연을 할 수밖에 없었다. 자기들의 실력이나 재정적
뒷받침으로는 도저히 제대로 된 연극을 할 수가 없었기 때문이다. 그만큼
1930년대 초까지만 해도 신파극은 특별한 희곡도 연출도 연기도 없는 상태
였다. 이러한 저질 연극이 도쿄에서 문예를 공부한 인텔리 청년들에게 아주
우습게 비친 것은 너무나 당연했다.

바로 그런 때에 일본 근대극의 본산지 쓰키지소극장에서 8년여 동안 한

국인으로서는 유일하게 배우 생활을 하다가 돌아온 홍해성이 생활의 정처를 찾지 못하고 있었다. 가솔을 이끌고 귀국한 홍해성은 거처와 끼니를 걱정할 정도로 생활고를 겪고 있었다. 보다 못한 연극계 중진 윤백남은 당장 그의 생활비 조달을 위해서 그가 일본서 가져온 공연예술 자료를 정리시켜 동아일보사의 후원으로 신문사 옥상에서 연극영화 전람회를 열게 했다. 그때가 바로 1931년 6월 18일부터 25일까지였다. 그때 주동이 된 윤백남, 유치진, 서항석, 이헌구 등은 전람회를 가지려면 무슨 주최 단체가 있어야 되지 않느냐 해서 이름 붙인 유령단체가 극영동호회라는 것이었다.

4천여 점의 민속극 관련 자료와 구미 · 일본 연극 및 영화 자료는 연극 영화인들뿐만 아니라 지식인들에게 흥미와 감명을 주는 한편 연극에 대한 인식도 높여주었다. 이것을 계기로 해서 정인섭(鄭寅燮)이 지도교수였던 연희전문학교 학생회는 극예술 강연회를 대대적으로 열기도 했다. 그만큼 지식인들 중에서는 본격 근대극운동이 일어나야 한다는 역사적 인식을 하기 시작한 것이다. 이러한 지식인들의 역사 인식은 해외문학파 문인들의 르네상스 철학과 쉽게 접목될 수가 있었다. 이는 곧 1920년대 후반에 도쿄에서 외국문학을 공부하고 있던 청년들 중 아일랜드의 문예부흥 운동에 자극받고 외국 문예를 통한 한국 문예의 발전을 꾀한 해외문학파가 앞장서서 연극단체를 꾸미는 주체가 되었다는 이야기다.

그런데 더 큰 틀에서 보면 러시아에서 일어난 브나로드운동이 이 땅에까지 스며들어『동아일보』를 중심으로 민족계몽운동의 필요성에 대하여 활발한 논의가 있었고, 그에 응답이라도 하는 듯이 이광수의 농촌계몽소설『흙』(1932)과 심훈의『상록수』(1935) 등이 모습을 드러냈지만 문맹률 80%의 대중에게 대단한 영향을 줄 수는 없었다. 그만큼 당시에는 대중에게 읽히기보다는 직접 보여주는 연극운동이 절실했던 것이 시대 분위기였다.

그러나 상황에서 극영동호회 멤버들과 해외문학파 회원들이 그해 8월 7일 전동식당에서 발족시킨 것이 그 유명한 극예술연구회(劇藝術硏究會, 약칭

1932년 극예술연구회
회원들
(앞줄 왼쪽 이헌구,
뒤줄 오른쪽 유치진)

극연)였다. 이들이 기존 극단 명칭과 달리 이처럼 긴 이름을 붙인 데는 이유가 있었다. 극을 단순한 대중 오락물로 보지 않는다는 뜻에서 극예술이라 했고, 진지하게 학문적 자세로 한다는 의미에서 연구회라고 했다. 동인 중 한 명인 정인섭은 그것을 요약하여 '학술적 토대 위에서 세계의 극예술을 연구하여 한국 연극의 신 발족에 이바지하고자 하는 뜻'으로 친구들이 모인 것이라 정의한 바 있다.

창립 멤버 12명은 우연하게도 각성받이였던 바 연극계 중견으로서 윤백남(도쿄상대)과 홍해성(주오대 법과)이 참여했고 김진섭(호세이대 독문과 졸), 유치진(릿쿄대 영문과 졸), 이헌구(와세다대 불문과 졸), 서항석(도쿄대 독문과 졸), 이하윤(호세이대 영문과 졸), 장기제(호세이대 영문과 졸), 정인섭(와세다대 영문과 졸), 조희순(도쿄대 독문과 졸), 최정우(도쿄대 영문과 졸), 함대훈(도쿄외대 노어과 졸) 등 12명이었다. 대학별로 보면 도쿄제국대학 출신이 3명, 호세이대 출신이 3명이고 와세다대 2명, 주오대, 릿쿄대, 도쿄외대, 도쿄상대가 각각 1명씩이었다. 전공별로 보면 영문학이 5명으로 가장 많고, 독문학 3명, 불문학, 노문학, 법학, 상학 전공이 각 1명씩이었다. 연극사상 이처럼 화려한 학벌의 소유자들이 극단을 조직한 것은 전무후무한 일이다.

일제시대에 도쿄제국대학은 수재 중의 수재들만 들어갈 수 있는 최고 명문으로서 1920년대만 하더라도 한국인 학생은 열 손가락 안에 들었다. 그런데 도쿄제국대학에서 문학을 공부한 3명이 몽땅 극단 조직에 참가한 것이다. 이들이 한국의 르네상스를 꿈꾸며 극단 조직에 앞장섰다는 것은 그들이 수준 높은 인문학을 제대로 공부했음을 단적으로 보여주는 것이다. 그만큼 당시 학생들이 불운한 시대를 살아감에 있어서 지식인이 무엇을 해야 하는가를 고뇌하고 또 행동으로 옮길 줄도 알았던 것이다. 이들의 투철한 역사의식과 문화 인식은 첫 작품에 모두 배우로 출연했던 점에서도 확인할 수가 있다.

이들의 성향은 세 그룹으로 분류할 수가 있다. 즉 윤백남과 홍해성은 기성 연극인들로서 나이도 가장 많았고, 서항석과 유치진은 장차 연극 전문가를 계획하고 있었으며 나머지 8명은 순수 해외문학파였다. 물론 서항석·유치진도 해외문학파인 것은 같다. 이처럼 1920년대 문학계의 세 흐름, 즉 민족문학파, 프롤레타리아파, 그리고 해외문학파들 중 세계 인식을 하고 있던 해외문학파가 신극운동의 선봉장으로 나선 것이기도 했다.

연극(또는 희곡) 아닌 문학을 주로 공부한 언론인·시인·평론가·교수들이기도 했던 이들이 극예술연구회라는 연극단체를 출범시키게 된 근본적 동기는 전래 우리 고유연극이 사회적 기능을 제대로 못했다는 인식을 토대로 하고 있다. 그 점은 주역의 한 사람이었던 유치진이 극연 창립 배경에 대해 "연극의 전통이 단절된 이 땅에 건전한 연극의 씨앗을 뿌려, 연극 그 자체의 예술적 형태를 탐구하여 우리 민족으로 하여금 올바른 연극문화를 가지게 하자는 것이다"라고 회고한 점에서도 알 수 있다. 이들은 적어도 탈춤이라든가 창극 같은 재래의 연극 양식과 특히 배우들의 저질 신파극을 가지고는 대중을 지적으로 자각 내지 진보시킬 수가 없다고 본 것이다. 따라서 극연 창립 취지는 어디까지나 "극에 대한 일반의 이해를 넓히고 기성 극단의 사도(邪道)에 흐름을 구제하는 동시에 나아가서는 진정한 의미의 '우리 신극'을 수립하려는 데"(선언문 발췌) 있었던 것이다.

이들은 최고의 지식인들답게 극단 산하에 연극부와 사업부를 두고 광범 위한 연극운동을 펴나가기 시작했다. 이상의 두 부서 중 연극부는 국내외의 연극을 연구하고 희곡의 창작 번역을 전담하는 것이고 사업부에서는 관중 (특히 학생층)의 교도, 배우의 양성과 기성극계의 정화에 주력하는 한편 신극 수립에 필요한 일체사업을 기획 추진하기로 되어 있었다. 이것은 하나의 연 극단체로서는 그 기구와 계획이 너무나 엄청난 것이었다.

그러나 이들은 당대 최고의 두뇌 집단답게 하나하나 실천에 옮겨갔다. 단 체를 조직하자마자 여름방학을 이용하여 제1회 하계 극예술연구회를 개최 하여 연극의 기초가 되는 희곡론, 동서연극사, 배우 · 연출 · 연기론, 분장, 표정, 발성법 등을 12명의 창립 멤버들이 가르쳤는데, 22명의 연구생들 중 에서 윤태림(전 경남대 총장), 이해남(전 한양대 총장), 조용만(전 고려대 교수) 등 뒷날 학계의 거물이 된 대학 재학생이 주류를 이루었다. 이는 당시 학생들 이 연극에 얼마나 열의를 갖고 있었는가를 단적으로 나타내주는 것이라 볼 수 있다.

창립멤버 12명 중 실제적으로 무대 경험이 있는 이는 홍해성과 윤백남뿐 이었으므로 당장 공연을 하기가 어려웠다. 따라서 가을에 20여 명의 연구 생을 뽑아서 공연에 나설 수 있는 극예술연구회 직속 단체로 실험무대(實驗 舞臺)라는 것을 조직했다. 창립 멤버들은 연구생들을 훈련시키는 한편 공연 에 앞서 봄 조성을 계산하고 대중으로 하여금 연극에 대한 인식 제고를 위 해 천도교회관에서 '제1회 극예술연구회 강연회'를 대대적으로 개최했다. 남녀 청중 1천여 명이 운집한 가운데 조희순, 이헌구, 함대훈, 정인섭 등이 나서서 세계 연극의 동향과 한국 연극의 현황을 열띠게 설명했다. 이들은 한국 연극의 장래에 있어서 학생극이 절대적 기여를 할 것이란 생각 밑에서 연희전문 · 보성전문 · 이화여전 · 세브란스의전 등의 학생극운동을 음양으

로 자원하면서 신파극을 맹렬히 공격하는 평론을 각 잡지 신문에 게재해 나
갔다.

이러한 극예술연구회 젊은 멤버들의 좌충우돌하는 의욕과 패기에 기성극
계는 아연 긴장하는 한편 반발도 적지 않았다. 특히 당대 입심 좋기로 이름
난 배우 겸 만담가였던 신불출은 극연 비판의 선봉장이었다.

극연이 그동안의 대중 오락적인 상업극과는 달리 예술성을 최상으로 삼
고 연구적 자세로 임했다는 점에서 19세기 후반 프랑스로부터 시작된 본격
근대극(리얼리즘극)의 정신을 그대로 계승했음을 알 수 있다. 그러니까 비록
자체적으로 소극장 건물을 갖지는 못했지만 이 땅에서 실험적 소극장운동
을 일으킨 이들은 연희전문 창립자 원한경(元漢慶)의 전폭적 후원으로 어성
정에 있는 그의 별장을 극단 사무실로 쓸 수가 있었다. 그런데 막상 공연을
가지려고 해도 여배우가 없었다. 그래서 이듬해 봄에 여자 단기 극예술강좌
를 실시하여 7명의 여배우 후보자를 확보할 수 있었다. 이때 들어온 배우로
세브란스병원 교환원이었던 김영옥(金暎玉), 경성보육학교 출신의 보모로
있던 김복진(金福鎭) 등이 뛰어났다. 거기다가 눈물의 여왕 전옥(全玉)까지
확보한 극연은 창립 공연 준비에 나섰다. 레퍼토리 선정에 들어간 극연 멤
버들은 고심 끝에 근대극과 국민극 정신을 공존시키는 데는 러시아 극작가
고골리가 쓴 〈검찰관〉(5막)이 가장 적당하다는 데 의견의 일치를 보았다. 당
시는 일제 경찰의 검열이 철저했기 때문에 그것을 통과하는 어려움이 레퍼
토리 선정의 전제조건이 되었었다. 다행히 〈검찰관〉은 희극이기 때문에 부
패 관리를 일제에 빗대서 신랄히 비판하면서도 웃음으로 끝낼 수가 있었다.
검열에 쉽게 통과되는 호조건 외에 등장인물이 많아서 극연의 수십 명 회원
도 함께 출연할 수가 있어 더욱 좋았다.

홍해성 연출로 수개월의 연습 끝에 1932년 5월 초 조선극장에서 역사적
인 창립 공연의 막을 올렸다. 일반의 연극에 대한 천민의식을 불식시키기
위해 당대 최고의 인텔리들인 12명의 창립 멤버들이 대부분 단역으로 무

극예술연구회 창립 공연인 〈검찰관〉의 출연자들(1932)

대에 나선 것도 특징이다. 근래에 볼 수 없었던 극단의 경이라고까지 찬사
를 받은 첫 번 공연이 막을 내리자 춘원 이광수가 무대 위로 뛰어 올라와서,
"나 토월회 이래 10년 만에 연극다운 연극을 처음 보았다"고 감격했고, 조
선연극사라는 신파극단을 이끌고 있던 상업연극계의 대부 지두한은 "이제
우리 딴따라패가 굶어 죽을 때가 왔다"고 아연해하기도 했다. 그만큼 극연
의 창립 공연은 미숙하지만 연극을 제대로 했다는 점에서 연극계뿐만 아니
라 문화계에 커다란 파문을 던졌던 것이다.

극연이 일약 연극문화계의 주목의 대상이 되자 입회 희망자들이 몰려들
었고, 특히 이화여전 출신들인 모윤숙(毛允淑), 김수임(金壽任), 노천명(盧天
命) 등의 가입은 여배우 빈곤을 일거에 해결할 수 있게 만들어주었다. 그런
데 나중에 당대의 여성 시인으로 이름을 날리게 되는 이들의 극연 가입은
단순히 여배우 문제를 해결하는 것을 넘어 기생 출신 중심의 낡은 기성 연
극을 배격한다는 의미까지 있었다.

그런데 호사다마라고 창립 멤버들은 자기가 근무하는 직장으로부터 여러
가지 곤욕을 치르기도 했다. 그럴 수밖에 없었던 것이 창립멤버 12명 중에
서 현직 교수가 3명(장인섭·이헌구·이하윤 등)이나 끼어 있었고, 신문사 간부

(서항석·이헌구·이하윤) 등 모두가 최고의 직장인들이었기 때문이다. 즉 조희순은 학장으로부터 교수가 배우로 나가면서 연극광고 포스터나 붙이러 다니고 또 극장 문앞에서 기도까지 보는 것은 품위 손상이라고 호된 질책을 받는 동시에 경고 처분을 위협받았다. 그러자 조희순은 "이 일은 사상적으로 순수한 문화운동인데 내가 교수를 그만두고라도 계속하겠다"고 버텼으므로 학장이 물러설 수밖에 없었다.

민족지 동아일보사의 중견간부로 있던 서항석은 사장(송진우)로부터 "얼굴에다가 분칠을 하고 무대에 서는 게 그렇게 좋거든 학예부장 자리하고 양자택일하라" 하는 엄명을 받았다. 그러자 서항석은 즉각 사표를 써가지고 사장한테 갔다. 서항석이 그처럼 강하게 나오자 이번에는 사장이 당황했고, 그런 일이 없었던 것으로 유야무야되었던 것이다.

극연의 모든 뒷바라지는 사실 서항석이 도맡아 했다. 연극의 문제란 역시 재정이 가장 큰 애로사항이었던 바 지주 출신의 서항석은 동아일보 학예부장 월급은 두말할 것도 없고, 집에서도 이 핑계 저 핑계로 많은 돈을 갖다 썼다. 그래서 집에서 따돌림을 받았음은 물론이다. 서항석이 한 번은 아버지께 집을 한 채 사달라고 조른 일이 있었다. 그러자 그의 아버지는 "집 사주면 집 팔아서 연극하려고?" 하면서 단번에 거절했다는 것이다. 그가 자식들이 장성할 때까지 집을 못 가졌던 것도 순전히 연극을 했기 때문이다. 서항석이나 조희순 말고도 자기 직장에서나 집에서 그와 유사한 곤욕을 치른 회원이 더 있었다. 그럼에도 불구하고 그들은 인문학과 예술을 공부한 지식인들로서 식민지 상황에서 무엇을 할 것인가를 깊이 생각했고, 연극운동을 통해서 무언가 해보아야겠다는 역사인식이 투철했던 것이다.

그들은 아일랜드 작가들이 연극운동을 통해서 민족을 자각시킨 일을 타산지석으로 삼아 이 땅에서 문예부흥 운동을 꾀해본 것인 바, 연극으로 민족을 교화시킨다는 기본정신 아래 행동했다. 그들이 구미 근대극 작품을 택해서 공연하는 것도 서구 연극의 본질을 배우기 위한 것이었다.

그래서 두 번째 공연 레퍼토리도 어빙의 〈관대한 애인〉(1막), 그레고리 부인의 〈옥문〉(1막), 괴링의 〈해전〉(1막) 등 단막극 3편을 회원들이 직접 번역해서 역시 홍해성 연출로 무대에 올렸다. 제2회 레퍼토리 중에는 연극사상 최초로 표현주의 작품까지 끼어 있어서 일반 대중에게는 '코끼리를 구경하는 장님 격'이라는 비아냥거림도 받았으며, 회원들이 너무 열심히 하다 보니 성대가 상해서 목소리가 들리지 않는 경우도 있었다. 연습 과로로 인한 해프닝이었던 바, 이것도 회원들이 의욕이 얼마나 강했고, 또 열성이었나를 단적으로 보여준 것이다.

따라서 극연의 인기는 점차 올랐고 회원도 수십 명에 달했다. 이듬해부터 열성 회원으로 들어온 청년들은 시인 박용철을 위시해서 김광섭, 이무영 등 문인도 적잖았다. 게다가 찬조회원까지 생겨서 이숙종(李淑鍾), 이선근, 고재욱, 송석하, 이희승, 김동인, 황신덕, 이인기, 김두헌, 현제명, 변영로, 정지용, 김상용, 이마동, 김동성, 윤제술, 이상범 등 문화계의 유명인사들이 거의 참여했다. 하나의 극단을 위한 이러한 뒷받침은 회원들의 사기를 충천케 했으나 공연마다 상당수의 관객에도 불구하고 적자는 면치 못했다. 그런데 후원회 멤버들의 면면을 보면 당대 문화 예술계, 언론계, 여성계, 의료계 등을 대변하는 명사들이 다 가담했던 바, 극연은 그야말로 지성의 집합체임을 명료하게 보여주는 것이었다.

한편 미숙하지만 인텔리 배우들이 만들어내는 연극은 난삽하고 딱딱했던 것도 사실이었다. 이헌구, 유치진, 김진섭, 서항석, 정인섭, 윤백남, 이하윤, 조용만, 박용철, 모윤숙, 노천명 등의 배우들은 연극 무대에서 다시 만날 수 없는 인텔리들이었다. 이들 중에서도 특히 여류시인으로 날리던 모윤숙과 노천명, 김수임의 인기가 대단해서 몰려드는 팬들을 뿌리치느라 진땀을 빼는 것이 예사였다. 모윤숙은 유명한 철학자로서 후일 초대 문교부장관을 지낸 안호상(安浩相)과 갓 결혼한 신혼이었음에도 열성적으로 연극에 출연하다가 어느 겨울밤에는 성북동 집으로 가는 도중 길바닥에서 졸도한 일도 있었다. 다행히 부군 안호상이 독일 유학을 다녀온 인텔리였기 때문에 잘 이해해주었고 또 공연 때에 와서 연극을 구경하기도 했다. 이러한 내외의 후원이 없었다면 극연은 오래 지속될 수가 없었을 것이다.

특히 극연 공연에는 지식층, 그중에서도 젊은 학생들이 주류를 이루었기 때문에 인기 여배우에 대한 호기심이 더했다. 그리고 우리나라 연극 관객에 학생층이 중심을 이루기 시작한 것도 이때부터였다. 바로 그 점에서 극연은 기생을 주류로 한 신파극의 대중 관객층과 뚜렷한 경계선을 그었던 것이다. 오늘날 이러한 학생층 관객은 그대로 지속되고 있지만 신파극이 없어진 지금 대중 관객층은 영화와 안방극장(TV)에 쏠려 있다.

서양의 근대적 번역극으로 1년여 훈련을 쌓은 극연은 당초의 목적대로 창작극 공연에 착수하기 시작했다. 회원인 유치진으로 하여금 우리 실정을 작품으로 쓰도록 종용했고, 그래서 나온 첫 작품이 〈토막(土幕)〉(2막)이었다. 일제의 수탈 착취로 인해서 농민이 참담하게 몰락해가는 과정을 리얼하게 묘사한 〈토막〉 공연은 대성황을 이루었고 배우와 관객들이 모두 울부짖었다. 당시 우리의 실상을 너무 사실적으로 묘사했기 때문이다. 이때도 춘원 이광수가 무대 뒤로 와서 작가 유치진을 끌어안고 감격했음은 두말할 나위 없다. 창작극에 자신을 얻은 극연은 계속해서 유치진이 쓴 농촌극 〈버드나무 선 동리의 풍경〉(1막)과 〈소〉(3막) 등을 공연했고, 번역극도 곁들였다. 자신을 얻은 극연은 극단사상 최초로 연극잡지 『극예술(劇藝術)』(부정기 간행물)을 창간하는 한편 방송 드라마도 개척했다. 즉 1933년 겨울에 경성방송국(JODK)에 셰익스피어의 〈베니스의 상인〉을 방송드라마로 내보내 호평을 받았고, 이듬해 봄에 잡지 『극예술』을 출간한 것이다.

창작극에 적잖이 관심을 기울였던 극연은 〈토막〉 공연 때부터 출연자뿐만 아니라 회원 전원이 마포의 빈촌을 실제로 탐사하는 등 자못 진지했다. 이러한 극연의 열성을 매번 대중이 호응해준 것만은 아니었다. 왜냐하면 4개월을 연습한 창작을 여름 장마철에 촛불을 켜놓고 공연할 때는 단 7명만이 관람한 적도 있었기 때문이다. 그러나 이러한 관중의 호응과는 별도로 극연에 대한 언론의 관심은 대단했다.

그럴 수밖에 없었던 것이 창립 멤버 중 핵심이라 할 서항석은 양대 민족지의 하나의 동아일보에 있었고, 이헌구는 조선일보에 재직하고 있었기 때문이다. 그래서 당시 신문에는 극연 관계 기사뿐 아니라 일반 연극 기사도 적잖이 실렸고, 〈소〉니 〈개골산〉(유치진 작)이니 〈춘향전〉이니 하는 장막 창작희곡까지 연재물로 실은 것도 그때였다. 오죽했으면 동아일보의 송진우 사장이 "뭘 그런 작품까지 길게 자꾸 싣느냐"고 서항석 학예부장을 책망하자, 서항석은 "아, 그래 신문이 이런 것 싣지 않으면 어떻게 하느냐"고 되받았다는 일화가 있을 정도이다.

그렇다고 이들이 번역극을 소홀히 했다는 이야기는 아니다. 이들의 번역극에 대한 계속적 관심은 플라틴느 다방에서 셰익스피어전(展)을 연 데서도 확인할 수 있다. 다만 상하이 사변 이후 강화된 검열 때문에 하고 싶은 번역극을 제대로 할 수가 없었던 것이다. 가령 창립회원들이 좋아했던 아일랜드 작품을 제대로 못 한 것만 보아도 알 수 있다. 〈주노와 공작〉 같은 오케이시 작품이 모조리 검열에 통과되지 않아 공연을 못 했다. 아일랜드의 문예부흥 운동 정신에 절대적인 영향을 받고도 아일랜드 작품을 거의 하지 못한 이유도 거기에 있었다.

극연의 여러 가지 난관 중에 재정 문제와 검열 문제가 가장 고질적인 것이었다. 검열이 얼마나 어려웠느냐는 〈소〉 공연에서 잘 나타난다. 검열을 받아 공연한 뒤 작가 유치진이 구속된 점에서 알 수 있다. 이 작품이 인기가 좋아서 리바이벌 공연을 하려하자 경기도 경찰국 오가타(緒方) 검열관이 거부했다. 그는 예술에는 문외한이지만 극본 검열을 오랫동안 하다 보니 제법 작품을 볼 줄 알았다. 그는 검열을 받으러 간 서항석에게 "작품은 정말 좋다. 그런데 내가 검열관의 입장으로서는 이 작품을 내놓을 수는 없다"고 말했다. 서항석이 끈질기게 달라붙으니, 작품은 아까우니 두 가지를 고치면

통과시켜주겠다고 하였다. 첫째, 지주와 소작인 대립에서 지주는 일본의 동양척식주식회사를 상징하는 것이니 중간계급으로 바꾸고, 둘째로 '소'라는 제목도 『동아일보』에 연재되어 모두 알고 있으니 다른 것으로 바꾸라는 것이었다. 그런데 이번에는 유치진이 작가의 양심을 내세워 거부했다. 그러나 연출을 맡았던 서항석은 유치진과 오랜 설전 끝에 "무조건 내게 맡기라" 하여 자기가 직접 작품을 손질하고 제목도 〈풍년기〉로 고쳐서 무대에 올린 일까지 있었다.

일본 경찰의 검열이 얼마나 심했는가는 고전 중의 고전으로 꼽히는 〈춘향전〉(유치진 극본)이 다 문제되었던 점에서도 확인할 수가 있다. 즉 13회 공연으로 무대에 올려진 〈춘향전〉 때문에 각색자인 유치진이 종로서에 끌려간 것이다. 경찰이 유치진을 좌익으로 몰아 혼내주기 위한 트집이었지만 유치진으로서는 망연자실할 수밖에 없었다. 미결수 감방에서 며칠 밤을 지낸 유치진은 심문 경찰관에게 대들었다. 그는 경찰에게 '도대체 사회주의를 창시한 칼 마르크스는 19세기 사람인데, 18세기에 나온 〈춘향전〉에 계급성이 있다면 사회주의가 한국 땅에서 시작되었단 말이냐'고 따졌던 것이다. 그러자 심문 경찰관이 한참 생각하다가 유치진에게 따귀 한 대를 올려붙이고는 '나가라!'라고 한 웃지 못할 일화도 있었다.

검열 때문에 연습 도중에 레퍼토리를 바꾼 예도 몇 번 있었다. 이를테면 존 골드워디의 〈은연상(銀煙箱)〉은 문제가 안 될 것으로 생각하여 한참 연습 중에 검열에 걸림으로써 급작스레 입센의 〈인형의 집〉으로 바꾼 경우도 있었다. 제8회 공연으로 무대에 올렸던 〈주노와 공작〉(오케이시 작)과 〈토성낭〉(한태천 작)도 검열 과정에서 다른 작품으로 바뀐 경우이다. 이런 공포 분위기 속에서 창작극의 기수였던 유치진도 경찰에 몇 번 구속되고부터는 현실 폭로의 예봉이 꺾였고, 결국 〈마의태자〉와 같은 역사의 숲으로 자신의 몸을 숨기고 말았다.

그렇다고 연극이 시대의 고경(苦境)에 부딪쳐서 사회적 기능을 완전히 저버린 것은 아니었다. 다만 정면 비판에서 우회 전법으로 돌린 것뿐이었다. 가령 극연이 현실을 우회적을 풍자한 〈마의태자〉 같은 작품을 공연한 것이라든가, 삼남수해(三南水害) 구제(救濟)를 위한 '연극 · 무용 · 음악의 밤'을 성대하게 치른 것 등은 그 단적인 예라 볼 수 있다. 그러니까 혹독한 일제의 탄압 속에서도 젊은 인텔리 연극인들은 조금도 굴함이 없이 저항했고, 저항의 방법을 예술운동으로 매우 교묘하게 구사했던 것이다. 바로 이러한 탄압과 저항의 악순환 때문에 한국 연극은 아름다움과 인생의 깊이를 잃고 의식만 앞서는 거친 무대 역사를 낳게 된 것이다.

식민지 치하에서 지식인들의 행동은 여러 측면에서 제약을 받았다. 저들은 말 한마디, 글 한 줄도 놓치지 않았다. 하물며 극단과 같은 조직적인 단체행동은 더 말할 것도 없었다.

그런데 1930년대 초까지만 해도 상업성을 추구하는 신파극의 내용이 별 것이 아니어서 일본 경찰도 신경을 별로 안 썼지만, 1931년 극예술연구회가 하는 예술행사는 무조건 색안경을 끼고 보았다. 심지어 극연이 다방에서 셰익스피어전(展)을 하겠다는 것도 금지시킬 정도였다. 즉 1933년에 제5회 〈베니스의 상인〉 공연을 앞두고 장곡천정(長谷川町, 지금의 소공동) 플라틴느 다방에서 셰익스피어전을 개최하게 되었는데, 일본 경찰이 주최 측을 극예술연구회 대신 다방으로 바꾸어버리기도 했다.

일본 경찰과 달리 당시 한국에 머물고 있던 서양인들은 적극적으로 돕고 나섰다. 가령 원한경 박사가 자기 별저를 극예술연구회 회관으로 사용토록 한 것이라든가, 극예술연구회 사무실로 쓰게끔 태화여자관을 내준 빌링슬리 양도 그러한 예였다. 이러한 외국인의 편의 제공에도 불구하고 극예술연구회는 대내외적으로 계속 어려움에 부딪쳤다. 재정적인 것은 말할 것도 없고 시간이 가면서 내부 갈등도 조금씩 머리를 들기 시작했다. 물론 그런 내부 갈등도 주로 재정 문제로부터 비롯한 것이었다.

극연의 정신적 리더였으며 동시에 최초의 전문 연출가였던 홍해성이 급작스럽게 흥행극단인 조선연극사(朝鮮硏劇舍)로 옮긴 점도 순전히 경제 문제 때문이었다. 일본 쓰키지소극장에서 배우로 활동하다 귀국한 홍해성은 한국 근대 연극사의 중요한 분기점이 된 극예술연구회를 이끌었지만 생활고는 해결되지 않았다. 그래서 그는 1934년 말까지 극예술연구회 제7회 공연까지 연출을 하고는 당시 대표적 흥행극단인 조선연극사 연출부로 옮겨 간 것이다. 조선연극사는 홍해성한테 충분한 급료를 주면서 무대 총지휘권까지 맡겼다. 그리고 박영호(朴英鎬)의 〈개화전야〉를 홍해성의 연출로 막을 올리면서 여봐란 듯이 '홍해성 입사(入舍) 기념공연'이라고 대대적 선전까지 했다. 이는 그동안 흥행극단이 극예술연구회한테 일방적으로 당해온 것에 대한 보복적 성격을 띤 것이기도 했다.

극예술연구회가 극복의 대상으로 삼던 흥행극단으로 주역의 한 사람이 옮겨간 것도 문제였지만 그 문제를 악용하는 흥행극단 자체도 문제였다. 따라서 인텔리 단체 극예술연구회 측과 신파 흥행극단들과는 감정적으로 첨예하게 대립하기 시작했다. 문필에 강한 극예술연구회 회원들은 흥행극을 발아래로 깔아뭉개면서 자기들이 하는 신극과 다음과 같은 천양지차가 있다고 규정했다. 즉 "신극은 예술 본위 인생 본위의 연극이요, 흥행극은 이득 본위 인기 본위의 극이다. 전자는 경제적으로 결손을 본다 할지라도 연극으로서 성공하였으면 우선 만족하지만 후자는 연극으로 우수하였다 할지라도 흥행으로서 성공했어야 비로소 만족한다. 신극은 관중에 대하여 지도적 계몽적이지만 흥행극은 영합적 아첨적이다. 전자는 관중의 범례에 대하여 친절한 의사가 되려 하지만 후자는 관중의 구미에 대하며 유순한 요리인이 되려 함에 그친다. 신극은 관중을 고원한 이상에 유도하여 더욱 향상시키는 역할을 하거니와 흥행극은 관중의 저속한 취미를 자극하여 더욱 타락시킬 위험을 포장하고 있다"(서항석)고 공개적으로 무시해버렸던 것이다.

이러한 공개적인 글에 자극을 받은 흥행극 측 사람들은 여러모로 반격을 하고 나섰다. 입심 좋고 글줄깨나 썼던 만담가 신불출은 극예술연구회에 대해서 "무대 실제에 일어서 초보적 사상도 없는 사람들이 팜프레트 권이나 읽으면 곧 연극 세계에 입법자가 되고 재판관이 되는 당돌 무쌍한 틈입자의 현상을 보게 되는 불쾌가 있다. 비평적 제요소를 상실한 비평은 한갓 공상유회로 불건실한 행동의 발작 이외의 아무것도 아니니 이러한 근신성 없는 철면피들이야말로 귀족 지주적 심리를 대표하는 새로운 관념종파의 도련님들이 아니면 묵어빠진 이상주의의 머슴아해들일 수밖에 없다"고 맹공하고 나왔다. 그러면서 "조직적인 극작법, 조선적인 연출법(억양법, 표정법)과 조선적인 장치법 등을 창안하란 말이다. 세인이 연극 속으로 들어가라, 그래서 연극 속에서 살란 말이다"라고까지 충고하고 나왔다.

소위 정통적인 신극을 추구하는 인텔리 집단 극예술연구회 측과 신파 흥행단들 간의 감정적 대립이 이처럼 표면화된 것은 곧 순수연극과 흥행극단 양쪽의 약점이 실상대로 드러난 것이기도 했다. 그러니까 양측이 모두 일리 있는 비판을 가한 것이었다. 글을 가지고도 분을 못 삭인 그들은 길에서 마주치면 서로 '공회당 배우', '극장 배우'라고 경멸조로 눈을 흘겼는데, 극연회원들을 가리켜 '껄렁한 공회당 배우'라고 명명한 것은 역시 입이 걸었던 복혜숙이었다. 그것을 되받아 흥행극단 배우들을 '극장 배우'라고 이름 지은 이는 서항석이었다. 그리고 흥행극단의 심영(沈影) 같은 배우는 어디 조용한 뒷골목에서 서항석을 만나기만 하면 비수로 찔러버리겠다고까지 공언하고 다닐 정도로 감정이 나빴다,

이러한 감정적 대립이 결국 폭발하고 말았다. 그 시대에는 신인 가수가 데뷔하면 연예계 인사와 신문사 문화부 기자들 앞에서 선을 보이는 관례가 있었다. 마침 〈목포의 눈물〉의 가수 이난영을 발굴한 OK레코드의 이철(李哲)이 그녀를 선보이기 위해 일류요정에서 주연을 베풀었다. 그 자리에 극예술연구회 간부들인 서항석, 함대훈(조선일보), 이하윤(조선중앙일보) 등이 흥행계의 간부들과 함께 초청되었었다. 이난영의 애련한 노래와 함께 주연이 무르익어가면서 신불출의 만담 일석도 빼놓을 수 없었다. 입심 좋은 신불

출은 허리가 끊어지게 좌중을 웃긴 후 갑자기 극예술연구회 매도로 방향을 바꾸었다. 얼마 전 서항석이 쓴 「신극과 흥행극」이라는 글에 대한 반박이었다. 듣다 못한 서항석은 요리접시를 들어 산불출을 내리치면서 교자상을 뒤엎었다. 함대훈과 이하윤도 따라 일어나 신불출의 멱살을 잡음으로써 주연은 단번에 아수라장이 되었다. 결국 신불출을 쫓아버린 뒤에 주연은 계속되었다.

이와 같이 인텔리 연극인들과 신파 연극인들의 대립은 극심했다. 그런데 인텔리 집단인 극예술연구회를 미워한 것은 흥행 연극인들만이 아니었다. 좌익 연극인들도 극예술연구회 회원들을 프티부르주아라 하여 매우 비판적이었다. 민병휘(閔丙徽) 같은 이는 극예술연구회의 근대극운동에 대하여 그들은 "소인극 태도에 지나지 않는다고 생각하며 대학 졸업논문의 각색화로밖에 더 보아줄 수 없다. 그곳에는 운동 여부에 말까지 붙일 필요가 없다. 극예술연구회 회원은 연극인들이 아니고 모두 다 신문기자 아니면 교수, 그렇지 않으면 가정주부, 사무원 등인 바, 그 사람들이 연극운동을 한다는 것부터 연극운동의 근본에 어그러지는 것"이라면서, "극예술연구회는 어디까지나 조선의 감정에 맞지 않는 외국극만을 절대 상연하여 고답적 입장에서 대중과 멀리하고 있다"고 비판했다.

이러한 비판은 유치진의 비직업적인 연극운동론에 대한 정면 반박이었다. 유치진은 기회가 있을 때마다 "우리는 연극을 직업으로 삼지 말자. 예술이라는 것이 생활의 도구, 즉 그것으로 밥을 먹기 위해서 하면 타락한 흥행극밖에 못 하지 않는가?" 하고 외쳤던 것이다.

이들의 이러한 순수성 때문에 학생들과 소수 지식인들에게는 절대적인 신뢰를 받았지만, 기성극계로부터는 대학노트나 베껴 먹는 책상물림들이라고 비난을 받았다. 학생들로부터는 절대적인 인기여서 연전(延專) · 보전(普專) · 이전(梨專) 등의 연극반과는 밀접한 관련을 맺고 있었다. 즉 그들이 공연을 가지면 연출을 도와주고 신문에 칭찬이 담긴 격려의 평을 실어주기도 했다. 연희전문 연극부 지도교수로 있던 정인섭이 입센의 〈바다에서 온 부인〉을 지도해서 학교 교정에서 야외극 무대를 꾸미며 공연했을 때는 일반 시민까지 합쳐서 수천 명이 구경했는데, 학교 당국이 너무 좋아서 노천극장을 만들겠다고까지 했다. 오늘의 연세대 노천극장은 그래서 탄생된 것이었다.

그러나 이러한 극예술연구회의 순수한 열정도 오래갈 수는 없었고, 점차 전문 극단으로 기울어져갈 수밖에 없었다. 마침 홍해성이 흥행극단으로 간 뒤에 유치진이 일본까지 가서 연출 수업을 받고 온 터이기도 했고, 제2기에서는 첫째 창작극 중심으로 하고, 둘째 연극 전문 극단으로 전진하며, 셋째 경쾌한 것도 상연한다는 세 가지 활동 지침을 내보이기도 했다.

연출도 극작가인 유치진과 함께 서항석 등이 번갈아 하기 시작했다. 그리하여 공연장도 경성공회당만이 아닌 부민관의 큰 무대로 옮겼음은 물론이다. 제2기 선언과 함께 막을 올린 〈춘향전〉은 부민관의 1,800석이 관객으로 가득 차는 연극사상 초유의 기록적 대성황을 이루었다. 언제나 적자만 보던 극예술연구회가 처음으로 흑자를 본 공연이기도 했다. 창립 회원들 중 상당수가 떠났어도 나머지 회원들은 사기가 충천했다. 연극단체로서 최초로 발간하던 잡지 『극예술』의 결손도 흑자 공연으로 메울 수가 있었다.

그러나 뜻밖의 일이 생겼다. 배우 11명이 지도부에 반기를 들고 극예술연구회를 집단 탈퇴한 것이다. 그들은 지도부가 지나치게 결백성을 지키려는 것에 대해 반발한 것인 바, 마침 전문극으로 가려던 찰나에 그와 같은 불상사가 일어났기에 극예술연구회는 한 발 한 발 전문 극단에로 방향을 움직여 갔다.

극예술연구회를 전문 극단으로 전환시키려는 노력은 주로 서항석이 도맡아 했다. 그럴 수밖에 없었던 것은 서항석은 동아일보사에서 받는 월급은 물론이고 집에서까지 돈을 가져다가 극단을 꾸려가고 있었기 때문이다. 따라서 레퍼토리 선정도 흥행 쪽으로 점차 기울어져갔다. 그 하나의 예가 제16회 공연의 톨스토이 원작 〈부활〉이었다. 유치진은 서항석 등의 강요에 못

이겨 편극까지는 해주었으나 연출은 거부했다. 자기의 양심으로서는 도저히 연출까지는 못 하겠다는 것이었다.

서항석이 어쩔 수 없이 데뷔를 겸해서 연출을 맡았다. '카츄사의 새로운 해석'이라는 카무플라주 선전까지는 좋았으나 토월회가 1920년대에 했던 대로 제1막 카츄사와 네플류도프 백작이 만나는 장면에서는 15년 전에 유행했던 "카츄사 애처롭다 이별하기 서러워"의 진부한 멜로디가 울려 퍼졌고, 마지막 장면도 그 노래의 합창으로 장식했던 것이다. 아니나 다를까 극예술연구회에 대한 흥행계의 비판은 마치 소낙비 쏟아지듯 했다. 레퍼토리 선정도 문제지만 극예술연구회가 1개월 1회라는 무리한 공연 목표를 세웠기 때문에 졸속으로 흐름으로써 연출이 통일되지 않았음은 물론이고 연습 부족과 "신파 극단을 모방한 배우들의 연기는 눈 뜨고 못 봐줄 지경"이라는 혹평이었다.

특히 배우들의 대사 가운데 '10원 한 장이면 OK'이니 '네, 나지미상' 같은 언사는 관객의 실소를 자아냈고, '배가 맞아가지고'니 '단물만 빨아 먹고' 같은 저속하고 에로틱한 대사는 관중이 얼굴을 붉힐 지경이었다. 그러면서 그 비평가는 극예술연구회에 대해서 "반드시 1개월 1회의 공연이 아니라도 좋다. 조제남조(粗製濫造)의 극을 보여주는 것을 혐오하는 연극적 교육을 관중에게 길러주는 중대한 역할을 한 것은 극예술연구회 자신임을 잊지 말아야 할 것이다. 우리는 초기의 정열과 진지한 연구적 태도를 언제까지 버리지 말기를 바랄 뿐이다"(『매일신보』 1937.4.14)라고 훈계까지 했던 것이다. 이처럼 극연은 순수와 영리의 갈림길에서 갈등과 고뇌가 클 수밖에 없었다.

전술한 대로 극연이 전문 극단으로 기울어지면서 초기의 창립멤버들 중 문학파들은 하나둘씩 극예술연구회와 발을 끊기 시작했다. 최정우, 이하윤, 정인섭, 조희순, 이헌구, 김진섭 등 학자나 문인들이 하나둘 떨어져 나갔다. 그렇다고 해서 극연이 공연마다 흑자를 본 것도 아니었다. 극연은 창립 정신을 어디에다 내던져버리고 그 모양이냐는 욕은 욕대로 먹으면서도 여전히 재정난에서 못 벗어났다. 점차 전문 극단으로 변신하면서 공연으로 생활을 하려 했으나, 식구가 늘어갔기 때문에 극단 운영은 여간 어려운 것이 아니었다. 재정 책임자였던 서항석은 자기 처지에 대해 "그러나 여기 극예술연구회로서 중대한 난관이 있다. 언제까지나 우리는 결손에 허덕여야 할 것인가? 지금부터 우리는 차차 생활의 위협을 받기 시작한다. 좀 더 예술 방면에 정진하려 하면서도 뜻대로 되지 않아 고민하고 있다. 누가 우리들의 고충을 알아주는 이는 없는가"(『극예술』 제5호)라고 한탄까지 했다.

연극을 위하여 동아일보의 학예부장 자리까지 내던지고 나온 서항석은 팔을 걷어붙이고 본격적으로 나섰다. 극연이 기왕 돈을 좀 벌려면 연극만으로는 부족하다고 생각한 나머지 극단에 영화부를 두고 영화와 연극을 병행키로 하는 모험까지 했다. 1937년 10월 들어서 극예술연구회는 서항석의 친구 김인수(金寅洙)의 출자금 1만 8천 원으로 삼성영화사(三星暎畵社)라는 것을 따로 차려 본격적으로 영화 제작에 들어간 것이다. 동아일보 현상 영화소설에 당선된 최금동(崔琴桐)의 『애련송(愛戀頌)』을 인기 소설가 이효석이 다시 시나리오로 각색 손질한 것을 첫 대본으로 삼았다. 청년감독 김유영(金幽影)이 메가폰을 잡은 이 작품에서는 당대 최고의 인기스타 문예봉이 타이틀 롤을 맡았으며, 그 상대역은 김치근이 맡았다. 그리고 극예술연구회 전원이 조연과 단역으로 나섰다. 시나리오로부터 감독, 주 · 조연 등에서 베스트를 다한 것이었다. 베스트를 다한 것은 작품이나 제작진에게만이 아니었다. 서울 근교에서부터 시작하여 평양 · 몽금포 · 내외금강산 일대 등에 이르기까지 여주인공 안남숙의 비련의 애정 편력을 몽땅 현지 로케로 촬영한 것이었다. 따라서 제작 기간만도 10개월이나 걸렸고 제작비도 영화 사상 최고의 액수인 2만 5천 원이나 들였다. 김인수의 출자금 1만 8천 원을 몽땅 털어 붓고도 빚을 7천 원이나 지게 된 것이다. 사실 극연 사람들 중 누구도 영화에 대한 경험이 없었던 데다가 의욕과 기분만 앞섰기 때문에 초호화판으로 제작한 것이었다. 그러나 명동 메이지좌(明治座)에서 개봉된 영화는 완전 참패였다. 제작비는커녕 제작팀이 그동안 먹어치운 밥값도 제대로 못 건진 완전 참패였다.

영화 제작을 계기로 해서 본격 전문 극단으로 가려던 극예술연구회는 한층 더 큰 시련에 부닥치게 되었다. 당초부터 영화 제작은 극단의 순수한 창립정신을 근본적으로 위배하는 것이라 하여 반대했던 회원들이 많았기 때문에 영화 제작 실패는 또 한 차례 극단의 내부 진통을 가져올 수밖에 없었다. 따라서 영화제작 실패를 계기로 심기일전한 극예술연구회는 정신을 가다듬고 창립 정신을 되찾기로 한다. 그리하여 극예술연구회가 실시한 희곡상 모집에 당선된 김진수(金鎭壽)의 〈길〉 등 창작극과 번역극을 균형을 맞춰 공연하기에 이르렀다. 그러자 극예술연구회에 대한 일제의 감시와 탄압의 눈초리가 더욱 매서워졌고 간부진의 경찰 호출도 늘어갔다.

극예술연구회가 취택한 미국 현대 극작가 맥스웰 앤더슨의 〈목격자〉는 사회의 불의와 타락에 저항하다 죽은 유대 청년들의 실화를 극화한 작품이다. 특히 기관총에 맞아 죽은 정의로운 아들을 앞에 뉘어놓고 늙은 아버지가 "내 아들 미오야! 거기 누운 채 들어라. 무슨 일에도 굴하지 않고 일어서서 끝까지 싸워서 당당히 패한다는 것, 그것이야말로 대지에 태어난 인간의 영광이란 말이다"라는 독백은 부민관을 가득 메운 식민지 치하의 조선 관객들에게 깊은 감동을 안겨주었다. 따라서 막이 내린 뒤에도 관객들은 일어날 줄 모르고 깊은 생각에 잠겨 있었다. 관객들은 극단 측에서 마이크로 몇 번 반복하여 귀가를 종용한 다음에서야 겨우 어슬렁어슬렁 일어섰던 것이다. 그러니 이 연극이 경찰에서 문제될 것은 당연한 것이었다. 아니나 다를까 이튿날 연출자인 유치진이 치안을 문란하게 하였다는 죄목으로 경찰서로부터 호출을 받게 된다.

이처럼 인텔리 연극인들을 조이던 경찰은 결국 조선의 완전 황신민국화 운동의 일환으로 문화에 대한 탄압을 강화, 극예술연구회를 대대적으로 수술하기에 이른다. 일제는 극연 조직원들을 불온하다고 보고 탄압의 손길을 뻗쳤다. 그들은 우선 기관지『극예술』을 폐간 조치하고, '연구회'라는 명칭을 단체 정비 해산의 명목으로 설정하고 '극예술연구회'를 해산토록 했다. 즉 저들은 극예술연구회를 일종의 사상단체로 몰면서 연극을 계속 하고 싶으면 '연구회'라는 명칭을 떼라고 명했다. 그러면서 전문적 직업극단으로 나아가되 극단 조직은 무식자(無識者)로만 하도록 명한 것이다. 따라서 단체 이름도 일본 직업 극단과 마찬가지로 '좌(座)'가 붙는 극연좌(劇硏座)로 바꾸었다. 이는 사실상 극예술연구회의 해체였고, 단지 창립회원 중 연극전문의 유치진, 서항석, 장기제 3명만이 남아 새로이 조직한 극단이라 볼 수 있는 것이다. 왜냐하면 대부분의 창립회원과 초기에 입회했던 젊은 문학 취향적 회원들이 거의 극단을 떠났기 때문이다. 유치진을 대표로 한 극연좌는 직업 연극인들을 주축으로 해서 본격 전문 극단으로 재출발하였다. 그것이 1938년 4월의 일이었다.

극연좌로 재출발했지만 과거 극예술연구회의 신극정신을 저버린 것은 아니었다. 다만 문학보다는 연극에 좀 더 힘을 기울였다는 것이 약간 다른 점이었다. 그렇기 때문에 극연좌로 바뀐 다음 공연한 작품들에 대해서는 "재래의 소인적 연구극단에서의 문학의 희곡적 상연을 넘어서 연극의 극장적 연출에 성공"(이서향)했다는 평가를 받을 수가 있었다. 게다가 도쿄학생예술좌 출신들인 이해랑, 김동원, 이진순 등이 니혼대학 예술과를 졸업하고 입단했기 때문에 연기진을 크게 보강할 수가 있었다.

도쿄학생예술좌는, 유치진이 잠시 연출 공부를 하러 갔던 1934년 초여름에 도쿄에서 유학 중이던 박동근, 이해랑, 주영섭, 황순원 등 호세이대·와세다대·니혼대 등에서 문학과 예술을 공부하던 15명이 만든 연극단체였다. 이들은『막(幕)』이라는 기관지까지 발간하면서 쓰키지소극장에서〈춘향전〉등을 공연함으로써 민족극의 기반을 닦아보려는 원대한 포부를 가졌었다. 그러나 곧 일경에 의해 좌익으로 몰려서 박동근, 주영섭, 마완영 등이 체포되었기 때문에 4년여 만에 해체되었다.

도쿄학생예술좌는 대학생들의 아마추어 단체로서는 좀처럼 찾아보기 힘든 이상과 포부·조직 그리고 이론적 뒷받침을 갖춘 연극단체였다. 바로 이 단체에서 훈련받은 핵심 인물들이 극연좌의 연기진으로 가담했기 때문에 극연좌로서는 백만 원군을 얻은 느낌이었다. 그렇기 때문에 제20회 공연이었던 클리퍼드 오데츠의 〈깨어서 노래 부르자〉는 연기가 특히 호평을 받았던 바 "모두 맡은 역의 성격을 잘 살리었고 그 중에도 이백순 강정애 양씨가 열연, 김영옥 안복록 씨도 무던한 연기, 이진순 이해랑 김동원 제씨는 앞날이 기대된다"고 했던 것이다.

　그러나 호사다마라고 재출발한 지 반 년 만에 또다시 내분이 일어나 지도부가 개편되는 등 진통을 겪었다. 모든 일이 다 재정 문제와 주도권 다툼에서 비롯된 것이었다. 가까스로 수습한 뒤 극연좌는 다른 흥행극단들처럼 단성사 등 일반 극장으로 진출하여 직업극단으로서의 면모를 완전히 갖추었다. 극연좌가 일반 흥행극단들과 같은 대열에 서자 그처럼 열렬히 후원하던 『조선일보』와 『동아일보』는 물론 문화계 인사들도 등을 돌리기 시작했다. 등을 돌린 정도가 아니라 비판 쪽으로 돌아선 것이었다. 당대 최고의 인텔리들의 모임이었던 유일무이한 신극단체였던 극예술연구회가 순전히 일본 경찰에 의해서 평범한 직업극단으로 변신한 지 꼭 1년 만에 그나마도 강제 해산을 당하고 말았다. 직업극단으로 변신한 다음에도 일본 경찰에게는 눈엣가시였던 것이다.

　1931년 7월에 발족되어 1939년 5월에 강제 해산당할 때까지 만 8년 동안 신극뿐만 아니라 근대 문예운동으로서도 이정표를 마련했던 극예술연구회의 공로는 대강 일곱 가지로 요약할 수 있을 것이다. 첫째 연극을 문화계의 중추로 격상시킨 점, 둘째 이 땅에 본격 근대극의 기틀을 마련한 점, 셋째 문화를 정치 운동으로 환치시킨 점, 넷째 신파로 대변되던 당시 대중극을 질적인 면에서 크게 향상시킨 점, 다섯째 라디오 드라마를 처음 개척하여 연극을 좁은 극장 안에만 가둬두지 않고 방송 매체로까지 확대시킨 점,

도쿄 학생예술좌 동인들

여섯째 여배우를 기생 수준에서 인텔리 수준으로 격상시킨 점, 일곱째 신극의 기반이 되는 학생극을 활성화시킨 점 등이라 볼 수 있다. 물론 공로 못잖게 실책도 없지는 않았다. 가령 연극을 아마추어로서 부업 비슷하게 한 점과 우리 나름의 연극술과 같은 개성을 마련치 못했기 때문에 이후 각 극단들이 번역극에 절대적으로 의존하는 외화주의에 빠진 점 등을 들 수 있다.

그러나 지식만 앞선 미숙한 젊은이들이 연극예술에 대한 인식 부족의 낙후 사회에서 가혹한 일제와 겨루면서 근대극의 기반을 닦았다는 것은 하나의 위업으로 평가해도 부족하지 않다. 극예술연구회가 해체당한 이후 해방될 때까지 그와 유사한 단체가 전연 나타나지 않았던 것만 보아도 그들의 선구성을 짐작할 수 있는 것이다. 즉 극예술연구회가 붕괴되면서 정통 신극이니 민족극이니 하는 명분을 내세운 단체도 사람도 없었고, 모두가 영리만 추구하는 연극만 한 것이다. 그러니까 연극인들은 암흑시대에 단순한 영리 추구만도 아닌 반민족적 친일 어용의 딴따라 판을 만들었으며, 수치도 오욕도 모르고 민족을 팔아먹는 나팔만 열심히 불어댔던 것이다.

제2장

**ㅣ**

# 일제 말기와 해방공간 연극의 모순

  우리 근대극의 물굽이는 대체로 개화기와 3·1운동 직후, 그리고 1940
년대가 된다. 식민지 이 땅에서 친일 어용 문예가 풍미했던 1940년대는 해
방을 분수령으로 전반기는 압제정치의 마지막 5년이었고, 그 후반기는 건
국 혼란의 소용돌이 5년이었다. 그렇기 때문에 1940년대 전반기는 한국인
들에게 있어서 하나의 악몽과도 같은 고통의 기간이었다. 이 고통의 기간을
일본인들은 고도의 통제 기술로 조종했던 것이다.

  1937년 일어난 중일전쟁이 대동아전쟁으로 확대되고, 그 여파로 진주만
을 폭격함으로써 세계대전으로 나아가면서 일본이 시급하게 느낀 것은 문
화와 지식인 통제였다. 따라서 1930년대 후반부터 인텔리 냄새가 풍기는
극예술연구회·중앙무대 등을 해산시키는 등 문화단체 파괴의 촉수를 뻗
치기 시작했다. 그러면서 일본 국내와 한국의 인텔리겐치아들을 조이기 시
작했다. 내선일체니 인고단련이니 하는 슬로건을 내건 것도 이때였고, 『조
선일보』와 『동아일보』 등 양대 민족지를 폐간시킨 것도 이때였다.

  그러나 우리 연극인들은 시대적 압박을 피부로 느끼면서도 당면한 연극
의 과제가 신극의 직업화와 흥행극의 정화였으므로 그런 방향으로 조금씩
나가고 있었다. 이광래 등 극예술연구회 출신 인텔리 연극인들이 저질 신파

극단이었던 황금좌에 가담한 것이라든가, 나웅(羅雄)이 지방을 떠돌던 예원 좌에 들어가 신선한 연출 감각을 불어넣은 것 등은 좋은 본보기이다. 그런 때에 일본에서는 자국 문화도 강력한 통제의 틀 속에 묶어놓기 위해서 눈에 거슬리는 신쓰키지(新築地) 등 몇 개 극단을 해산하고 일본연극협회를 만들 어 그들로 하여금 국민연극이라는 것을 하도록 했다.

국민연극이란 두말할 것도 없이 독일 나치스의 국책연극을 본뜬 것으로 서 연극을 통해 일본정신을 구현하는 것이었다. 즉 일본정신에 입각한 인 생관과 세계관을 표현해야 하는데, 그 체제는 어디까지나 저들의 역사·전 통·생활관습이어야 하고, 그것을 모국어로써 해야 함은 물론이며 긍정적 측면에서 국체를 선양하도록 했다. 이러한 일본의 국민연극 정책은 한국에 도 그대로 옮겨졌는데, 그에 앞서 총독부에는 엘리트 관료들이 배치되었다. 이를테면 야기(八木)라든가 아베 등 도쿄제대 법문학부를 졸업하고 고등문 과 시험에 합격한 재사들이 경무과와 다른 부서에 배치된 것이다.

이들은 우선 이 땅에 대화숙(大和塾)이라는 것을 두고 인텔리들을 모조리 묶어두었다. 거기서 지식인들을 사상교도 한답시고 이리저리 괴롭혔다. 한 국 인텔리들은 거의 대화숙에 묶여 행동제약을 받았고, 잠시 다른 도시에 갈 일이 있어도 까다로운 허가를 받아야만 할 정도였다. 유치진·함대훈· 이헌구 등 연극인들도 잡혀 있었음은 물론이다. 그러면서 일제는 이들을 이 용할 방편을 찾기 시작했다.

그리하여 1940년 말에 호락호락한 한국 연극인들을 조종하여 조선연극협 회를 조직토록 했다. 그런데 실제로는 연극인 몇 사람이 제 발로 총독부를 찾아갔다는 데 문제가 있었다. 즉 지방만 맴돌던 예원좌(대표 김춘광[金春光]) 와 황금좌(대표 성광현[成光顯])는 중앙활동이 궁극적인 목표였다. 그런데 이들 이 중앙에 발을 붙이려면 협회와 같은 단체가 필요했다. 따라서 두 극단 대 표들은 돈은 많이 가졌으므로 영향력 있는 이서구와 김관수가 활동할 수 있 도록 자금 지원을 하여 조선연극협회라는 연극 통제기관이 생겨나도록 했던 것이다.

1940년 12월 22일 오후 2시 부민관 강당에서 경무과장 야기가 눈초리를 번뜩이는 가운데 경무국이 지정한 9개 극단 단원 300명을 대표한 김관수·박진·유치진·이서구·최독견·심영 등이 참석, 결성식을 가졌다. '총후 대중과 제일 친한 연극을 통하여 내선일체의 큰 이상'을 내건 조선연극협회가 고고의 성을 울린 것이다.

총독부가 노리고 있을 때 우리 연극인들이 자발적으로 나서서 그런 기관이 생겨났다는 것은 아이러니가 아닐 수 없다. 조선연극협회가 발족되기 전후에서 글줄이나 쓰는 사람들이 또 나서서 그러한 통제기관의 필요성을 강조한 것도 주목할 만한 일이다. 「신체제하의 문화」라는 글을 쓴 이민(李民)은 일본에서 이미 국민연극 체제로 들어갔으니 우리도 "현존 단체의 재검토의 확립을 위한 항구적인 체제가 필요하다"(『인문평론』)면서, 그렇게 되면 "과거 조선 연극계가 범하여 온 모든 과오, 즉 불건전한 오락성과 저속한 애욕 중심의 신파의 비극적인 요소와 타기할 만한 흥행 관념이 일소"되리라 전망했다.

그러나 이민의 그러한 예측은 한국 연극을 총독부 쇠사슬에 묶어달라는 애원이나 마찬가지였다. 아닌 게 아니라 조선연극협회가 결성되자 총독부는 청춘좌·호화선·황금좌·예원좌 등 9개 극단만 인정하고 나머지는 모두 해산시켜버렸다. 그리고 연극인들도 시험을 보게 하여 합격자에 한하여 기예증(技藝證)이라는 것을 주었다. 기예증이 없는 사람이 무대에 설 수 없는 것은 너무나 당연했다. 이때에 희극에서 크게 이름을 떨치고 있던 이종철·전경희 등이 낙방하여 생계를 잃고 시내를 방황했던 슬픈 일화를 남겼다. 초대 회장인 이서구가 조선연극협회 결성 의의를 말하는 자리에서 "내용의 실떳지 못한 단체나 소행상 또는 연극인으로서의 태도에 있어 불순, 불성실하다고 인정된 개인에게는 단연 무대에서 물러나게 하는 제도"라고 언명한 것을 염두에 둘 때, 우리 연극인들이 당한 곤욕을 짐작할 수 있다.

그 당시 앞장섰던 이서구와 김관수를 전면에 내세우고 총독부는 조종만

했다. 그런 가운데서 연극에 대한 순수한 정열을 가졌던 유치진 등 간부들은 조선연극협회가 당장 벌일 사업으로 연극인들의 양성 지도, 연극에 관한 조사, 지방순업에 대한 지도 개선, 연극인의 표창 제도 등을 내걸었다. 그러나 그러한 것은 우리 연극인들의 구상일 뿐 총독부의 목표는 오로지 연극의 신체제와 국민연극 실천이었다.

그런데 국민연극에 대한 개념이 일본과 한국이 조금 달랐다. 일본에서의 국민연극은 일본의 전통미를 살리면서 일본인의 세계관과 인생관을 구현하고 현 체제를 긍정적으로 묘사하는 국책연극을 가리켰던 데 비해서 이 땅에서의 국민연극은, 첫째 근대극에서 진일보하여 국가이념을 굳세게 무대에 표현하는 것, 둘째 국가정신을 고양하는 것, 셋째 신체제에 맞는 것, 넷째 공익 우선의 연극이어야 할 것 등(성대훈)으로 정의했다. 그러니까 궁극적으로는 국책연극을 목표로 한 것은 공통적이라 하겠다.

이러한 총독부의 문화정책은 한국 연극이 직면해 있던 문제와 묘하게 맞아떨어지면서 연극의 전체 구조를 근본적으로 바꿔놓고 말았다. 이는 곧 극연좌 해체와 흥행극의 타락화라는 연극 위기 상황에서 정통 신극의 직업화와 정화운동이 일어남으로써 진통을 겪고 있던 터에 일본 국책연극을 했기 때문에 순수니 비순수니 하는 것은 생각할 수도 없게 되었다는 이야기다.

따라서 1930년대에 뚜렷이 구별되었던 유학생 출신의 인텔리 연극의 흐름과 동양극장 중심의 신파적 흥행극의 줄기가 1940년대에 접어들면서 친일 어용극이라는 국책연극에 하나로 통합되었던 것이다. 이것은 근대 연극사의 커다란 변화라 볼 수 있다. 그러니까 국민연극이라는 하나의 가치 아래 연극인들은 친일 어용극만을 하기 시작한 것이다. 함대훈이 손을 흔들며 "민중이여! 우리를 끌어 지지할지어다. 이리하여 국민연극의 개화를 쌍수를 들어 맞아달라고 다시 한번 크게 외치노라"(「국민연극의 방법론」) 하고 외친 건 우리 연극인들의 상황을 상징적으로 표현한 글이라 볼 수가 있다.

그렇다면 연극인들의 활동은 자유로웠는가? 모두 다 어용연극을 하는 연극인들이었기 때문에 자유로움을 넘어서 대단한 특혜까지 받았다. 우선 조선연극협회에 가입한 연극인들은 총독부로부터 회원증을 받았다. 회원증을 가진 연극인들은 그 어려운 시기임에도 우선적으로 쌀·설탕·구두 등을 넉넉하게 배급받는 특혜를 받았다. 당시 군수물자 수송으로 기차 타기가 어려웠던 때였지만 그 회원증만 내보이면 역에서 어디로 가든 기차의 특급표도 즉각 살 수 있을 정도였다. 징용도 나가지 않았음은 물론이다. 총독부 측에서 연극은 이용할 만한 가치가 있으므로 말 잘 듣는 연극인들은 충분히 먹고살도록 배려한다는 방침이었다.

그 당시 총독부에는 도쿄제대 출신의 엘리트 관리들이 많았기 때문에 연극의 가치를 잘 알고 연극인을 충분히 이용한 것이다. 연극인들이 우대를 받으니까 음악인들과 무용가들도 협회 결성을 총독부에 간청했다. 그러나 총독부에서는 거절했다. 무용이나 음악은 연극과 같은 가치와 전통성이 부족하기 때문에 협회 승인을 해줄 수 없다는 것이었다. 따라서 현제명(玄濟明) 등 음악가들도 조선연극협회 회원으로 있어야 했다. 총독부는 조선연극협회를 통해서 소속 극단들의 지방 순회공연도 알선해주었고 편의까지 보아주었다. 총독부에서는 각 극단의 지방 공연 계획을 짜서 북선·남선·중부·만주 등 각 지역에 극단을 고르게 배치했다. 흥행이 잘 되는 곳에는 각 극단이 돌아가면서 공연할 수 있도록 배려해주었다. 그들이 연극을 얼마나 도와주었나 하는 것은 전시 중의 군사령부까지 동원한 것에서도 확인할 수 있다.

가령 어느 극단이 만주지방 공연을 떠난다고 하면 총독부에서 만주연예협회로 연락해주고 다시 조선군사령부로 전화하면 조선군사령부는 관동군사령부로 연락해서 극단이 국경에 도착하기 전에 일본 헌병이 벌써 나와 기다리고 있을 정도였다. 따라서 극단의 대소도구 등 큰 짐도 세관을 무사 통과했음은 두말할 나위 없었다. 그렇기 때문에 그 먼 곳에서의 공연도 전혀 지장을 받지 않을 만큼 일본군은 대단한 편의를 봐주었다. 친일 어용극이라 문제가 있었지만 연극인들로서는 굉장한 편리함과 풍족함을 누릴 수가 있었다.

극단들이 연극 활동에서 누린 편의는 배우에 대한 우대로도 연결되었다. 남자들이라면 무조건 머리를 깎아야 하는 군국시대였음에도 배우만은 거기서 제외되었다. 무대에 나갈 사람이 머리를 깎아서 되겠느냐는 것이었다. 한번은 어느 극단이 〈만월무대(滿月舞臺)〉라는 공연을 하고 있었다. 그런데 서슬이 퍼런 사법주임인 최경부가 술을 먹다가 〈만월무대〉의 여배우를 데려오도록 지시했다. 극단 측에서 여배우가 술집에 나가서는 안 된다는 조선연극협회의 공문을 데리러 온 순사에게 보여주고 거부했다. 그랬더니 화가 치민 최경부가 즉각 공연을 중지시켰다. 극단 대표는 서울의 조선연극협회로 곧바로 올라와 사정을 알렸고, 그 말을 들은 김관수 이사가 경무국으로 달려가 조처를 요구했다. 경무국은 즉각 남원경찰서로 전화를 걸어 사실의 진위를 조사 보고토록 지시함과 동시에 사법주임인 최경부를 즉각 해직시켰음은 두말할 나위 없다.

이 사건 이후 주석에서 힘깨나 쓰는 사람들이 여배우를 호출하는 예가 없어졌다. 이렇게 되자 배우들의 처신도 조심스러울 수밖에 없었고, 스캔들로 사회의 지탄을 받는 것은 생각할 수조차 없었다. 배우가 스캔들을 뿌리고 다녔다가는 조선연극협회로부터 즉각 제명을 당했다.

총독부에서 연극인들의 생활과 예술 활동을 뒷받침해주는 만큼의 대가를 요구했음은 물론이다. 그들은 연극인들에게 일본말을 3분의 2 정도 넣어 공연하도록 강요하기까지 했다. 그래서 웃지 못할 일도 많이 생겼다. '상감마마'란 말이 '쪼깜마마'로 둔갑하는가 하면, "구수한 숭늉 한 그릇 가져오너라!" 하는 말을 일본어로 번역하니까 "뜨뜻한 단물 한 그릇 가져오너라"가 되기도 했다.

총독부에서는 극연좌 해체 이후 은둔 비슷하게 생활하고 있던 유치진 · 함대훈 · 서항석 등으로 하여금 유수한 극단 하나를 만들도록 종용했다. 극단을 만들면 대화숙에서 풀어주겠다는 것이었다. 총독부에서 유치진 등 인 텔리 연극인들에게 극단 창단을 강요한 것은 흥행극단을 가지고서는 신체 제의 국민연극을 제대로 구현하지 못한다고 생각했기 때문이다. 그리하여 총독부는 광산업자 박성엽(朴聖燁)으로 하여금 거금 3만 원을 대게끔 하여 1941년 3월에 '국민연극의 이론 수립과 그 실천'을 표방하는 극단 현대극장 을 창단시켰다. 그리하여 현대극장이 국민연극 시대의 기수로 등장하게 되 었다.

극작가 유치진을 대표로 한 현대극장은 함대훈·서항석·김영옥·이웅 등 극예술연구회계와 주영섭·김동원·마완영·이해랑 등 학생예술좌계 및 윤성묘·이백수·유계선·김신재·강홍식·전옥·김양춘·유종렬· 이원경·김단미·현지섭·강정애 등 토월회와 신파극단과 영화계가 고르 게 참여한 명실상부 1940년대의 대표 극단으로 부상했다. 비록 국민연극을 하기 위해 만든 극단이라 해도 당시 연극계의 인재들이 모인 단체였기 때문 에 이념극에 앞선 인재 양성의 필요성을 절감하고 극단부설 '국민연극연구 소'를 설치했다

함대훈을 책임자로 한 국민연극연구소는 즉각 연구생을 모집했던 바 연 희전문, 보성전문 등 전문학교 학생들이 많이 응시했고, 따라서 108명의 지 원자 가운데서 64명만을 뽑았다, 휘문학교 강당을 빌려 매일 4시간씩 강의 를 했는데, 강좌 내용은 일본정신을 필두로 해서 일본어·일본역사·세계 정세·예술개론·연극사·연극개론·희곡론·연출론·배우술·무대미 술·음악 등에 이르기까지 교양과 연극이론을 고르게 가르치는 것으로 짜 여 있었다. 강사진도 일류급이어서 한국인으로서는 이광수·백철·유치 진·서항석·송석하·이승화·서춘·이태준 등 20여 명이 출강했다.

현대극장은 인재를 양성하는 한편으로 작품 연습에 들어가, 출범 3개월 만인 6월에 매일신보사 후원으로 창립 공연을 가졌는데 첫 작품은 당초 의 도대로 일본의 식민정책을 선전하는 〈흑룡강〉(유치진 작, 주영섭 연출)이었다.

현대극장 부설 국민연극연구소 제1기 졸업 기념(1941)

유치진은 이 작품에 대해서 "우리 민족의 대표적인 기질에 다이나믹한 박
진력을 살려, 낭만보다 높은 이념으로 승화시킨 낭만을 내 나름대로 추구
한 작품"이라고 변명했지만, 실제로는 만주를 낙토로 하여 조국의 흙을 버
리고 개척 이민으로 이주케 하는 목적극이었다. 일제는 이 땅에서 우리 민
족(300만 명 가량)을 만주로 쫓아 보내고 자기 민족을 다수(500만 명) 이주시켜
완전 일본화를 추구하려 했었다. 그들은 그것을 가리켜 분촌(分村) 정책이
라 불렀다.

  이러한 친일 어용 작품에 대해서 평이라고 쓴 사람들의 부화뇌동이 더한
층 우스웠다. 즉 〈흑룡강〉 공연에 대해서 유명 소설가 김사량(金史良)은 "건
전한 국민적 양식과 국민예술 창조에 대한 열정을 가지고 조선 극예술의 재
건에 나선 최초의 횃불"이라고 극찬했는가 하면, 박영호는 "국민극도 예술
이다. 단순히 연극이 다가 아니라 국민극이야말로 최고의 연극적인 일"(『매
일신보』)이라고 추켜올린 것이다. 이렇게 찬양론을 앞장서서 폈던 사람들이
해방 직후에는 좌익 연극을 주도하면서 월북하여 북한 연극의 기반을 다졌

현대극장 〈대추나무〉 공연 후 일동(1942)

으니 북한 예술의 도덕성은 가히 짐작하고도 남는 것이다.

　현대극장은 계속하여 유치진이 쓴 친일 목적극을 공연했는데, 두 번째 작품도 시천교(侍天敎) 이용구(李容九)의 친일 이야기로서 일본이 한국을 누르고 러일전쟁 때 북진의 길을 열어주는 내용의 『북진대』였다. 그다음 작품도 예외가 아니었다. 왜냐하면 유치진이 세 번째 작품인 〈대추나무〉(서항석 연출)도 농토가 적어서 살 수 없는 우리 농민이 만주로 이민 가는 내용의 분촌 정책 선전물이었기 때문이다.

　이런 작품을 갖고 현대극장이 만주 신경(新京) 공연을 간 적도 있었다. 그런데 공연 이튿날부터 관객이 전혀 들지 않았다. 첫날에 그렇게 많던 관객들이 어째서 이튿날부터 전혀 들지 않는지 이상했다. 그래서 첫날 구경한 사람들을 몇 사람 만나서 그 사유를 물었다. 그랬더니 대답 왈 "농촌에서 가난에 찌들리고 또 저들의 꾀임에 빠져 만주까지 와 사는데, 그런 연극을 또 극장에까지 가서 확인할 필요가 있느냐. 이제 농촌 이야기는 지긋지긋해서 생각하기조차 싫다"는 대답이었다. 그러면서 망국 실향민을 위로하려거든 낭만극을 해달라는 것이었다. 현대극장 측은 즉각 알아듣고 〈춘향전〉으로 레퍼토리를 교체했다. 그랬더니 극장은 터져 나갔고, 고전을 통해서 민족의 동질성도 확인할 수 있었다.

유치진과 같은 대표적 극작가가 친일 목적극을 쓰니까 다른 작가들도 친일 목적극을 쓰게 되고, 덩달아 어용극을 남발했다. 그중에서도 재능을 크게 인정받던 유치진의 수제자 함세덕(咸世德)이 가장 심했다. 그는 하다못해 프랑스의 낭만 작가 마르셀 파놀의 〈마리우스〉〈파니〉 등 두 작품을 번안하여 일제의 대동아공영권과 남진정책을 찬양하는 작품으로 만들었는가 하면, 내선일체를 문화사적 측면에서 묘사한 〈에밀레종〉이라는 작품도 발표했다. 즉 그는 봉덕사 신종에 얽힌 우리 고유의 민화에다가 일녀(日女) 시뢰나(時牢那)와 당(唐) 태자를 등장시켜 전자를 예우하고 후자를 야유하는 등 전통적 신화까지 변조하여 당시의 중·일 감정과 내선일체를 주장한 작품을 쓴 것이다.

박노아(朴露兒)의 목적극 〈셔어먼호〉란 작품도 그런 계열이다. 내용인즉 "결전 태세 아래 흉적 미·영 격멸을 주제로 한 연극으로서 지금으로부터 77년 전 평양 대동강에 들어온 미국 상선 셔어먼호를 당시의 평양 관민이 일치단결하여 격멸하였다"는 이야기다. 이들 두 작가도 해방 직후 극렬좌파로 활동하다가 월북했다. 아마도 이들이 일제 말기에 친일 목적극을 많이 써보았기 때문에 쉽게 좌경하고 이데올로기 선전극을 익숙하게 썼던 것이 아닌가 싶다.이런 함세덕도 한때는 〈낙화암〉이란 역사극을 써서 고등계 형사한테 혼난 일이 있었다. 현대극장의 평양 공연 중에 〈낙화암〉을 구경한 오야마 형사가 단원들을 호출했다. 단원들이 백제 멸망사는 한국사의 한 부분이라고 아무리 설명해도 고등계 형사는 일본 망하라고 한 것이 아니냐면서 여하튼 연극하는 자들은 악질이라고 며칠을 구금한 일이 있었다. 우리 연극인들이 지독한 친일 어용극을 하고 있었음에도 일본 형사들은 감시의 눈초리를 조금도 늦추지 않았다.

그러나 총독부는 이미 이가 빠져서 선전극만을 하는 연극인과 극단을 계속해서 뒷받침했다. 총독부 후원으로 1942년 가을부터 시행한 연극 경연 대회도 그런 측면에서 이루어진 것이었다. 한국 연극의 생명은 끊어졌지만 총독부의 강력한 뒷받침 덕에 외형적으로는 연극계가 재정적 기틀을 다지면서 번성을 구가했다. 그래서 극단들은 흥행에 재미를 보았고 직업화의 길을 착실히 걸을 수가 있었다. 이는 아무래도 정통 신극과 흥행극이 합쳤기 때문에 가능했던 것 같다. 목적극을 강요당하는 상황에서 연극인들이 드라마투르기(Dramaturgie)를 중시하고 기량에 힘쓴 것도 그 때문이었다.

따라서 공연은 언제나 대만원이었다. 극단 아랑(阿娘)이 황금좌에서 공연한 임선규 작 〈동학당〉(1941)은 1주일 만에 4만 7천 명의 관객을 동원했다. 어느 날은 오후 1시부터 네 번 공연하여 하루에 10,700명을 동원한 적도 있었다. 한 회에 2,600명씩 관극했다는 이야기가 된다. 전봉준의 동학운동을 서정적으로 묘사한 이 작품을 가지고 전북 정읍으로 순회공연을 가게 되었다. 숙식할 여관을 물색하기 위한 극단 선발대가 며칠 전에 먼저 정읍으로 떠났다. 그런데 서울로 급전이 날아왔다. 서울에서 〈동학당〉이 온다는 소문을 듣고 정읍 주변 수십 리 밖에서까지 사람들이 몰려와서 여관이 동나버린 것이다. 주민들이 〈동학당〉을 구경하려고 며칠 전부터 여관을 잡고 진을 치고 있었던 것이다. 선발대원들이 군청에 사정해서 겨우 아랑 극단원들을 위한 숙소를 마련하여 막은 올렸지만, 배우들로서는 불편하기 이를 데 없었다. 그러니까 그곳이 과거 동학혁명의 본거지이기도 했지만 당시 대중은 역사적 사실인 동학당과 연극 〈동학당〉을 같은 것으로 생각한 것이다. 주민들이 허구·환상(작품)을 현실로서 착각해보고 싶었던 것이 아닌가 싶다. 환언하면 작품 〈동학당〉에서 선조들의 민중적 항쟁과 민족혼을 확인하고 싶은 감정이 대중으로 하여금 극장으로 몰려가게 만든 것이다.

연극이 이처럼 인기를 끌자 배우들 간의 인기 경쟁도 치열해질 수밖에 없었다. 배우들은 관중한테 어떻게든지 돋보이기 위해서 연기라든가 외모 등에 대단한 신경을 썼다. 〈아편전쟁〉이라는 작품을 공연할 때의 일이었다.

일개 병졸로 나오는 조연배우 이동호(李東鎬)가 갑자기 배코를 치고 등장했다. 미국의 명배우 율 브리너는 아직 등장하기 전이라 배코를 친 이동호가 단연 돋보였음은 두말할 나위 없었다. 관중의 시선은 언제나 이동호로 집중되었고, 그에 따라 이동호의 인기는 충천하였다.

그런데 문제는 거기서 끝난 것이 아니었다. 다음 날 공연 직전까지도 같은 조연배우 태을민(太乙民)이 나타나지 않았다. 무대감독과 연출가는 사방에 수소문해 태을민을 찾았지만 도저히 행방을 알 수가 없었다. 막을 올려야 되는데 배우 한 사람이 빠져서 야단법석이 났다. 막이 오르기 몇 분 전에 태을민이 또 하나의 율 브리너가 되어 나타난 것이 아닌가. 이동호와 대결하기 위해서 태을민이 이발소에 가서 머리를 면도로 싹 밀고 온 것이다. 이러한 경우는 어쩌다가 있는 해프닝이지만 당시 배우들이 얼마나 열심히 연극을 했는가를 단적으로 보여주는 에피소드라 하겠다.

그런데 배우들만 열심히 한 것이 아니었다. 배우들을 열심히 가르친 연극 지도자도 있었다. 극작가 유치진이 바로 그런 연극 지도자였다. 그는 현대극장의 연구생들을 열심히 지도했으며 이들을 데리고 지방 순회공연을 다니면서도 꾸준히 책을 읽혔다. 그것은 연극 책만이 아니었다. 오히려 문학작품을 많이 읽혔는데, 이들에게 문예에 대한 감수성과 상상력을 키우기 위해서였다. 가령 괴테의 소설이라든가 하이네의 시 같은 것도 읽혔다. 언제나 읽어야 될 책을 지정해주고 독후감을 쓰게 하곤 했다. 그가 비록 강요에 의해서 친일 목적극을 썼지만 우리 연극의 장래를 언제나 걱정했고 꾸준히 준비를 한 것이다.

해방되던 날도 현대극장은 아무것도 모른 채 메이지좌에서 〈비둘기〉(박화성 작)를 공연하고 있었다. 공연 중에 일본 천황이 항복을 발표함으로써 밖으로부터 만세의 환호성이 밀물처럼 들려온 것이다. 막은 내려졌고 배우들도 감격에 겨워 몸 둘 바를 몰랐다. 대표 유치진은 단원들을 분장실에 모이도록 한 다음 조용히 말문을 열었다. "여태까지 우리가 한 연극은 하고 싶어서 한 것이 아니고 강요에 의해서 한 것이니 집에 돌아가 대본을 모조리 태워버리고 때를 기다리시오."

그로부터 유치진은 1년여 두문불출 참회의 나날을 보냈다. 근대사의 소용돌이에서 연극인들도 이처럼 굴절과 고뇌를 해야 했던 것이다.

일본제국주의가 마지막 기승을 부리면서 그들이 가장 관심을 보인 분야 중의 하나가 문화였고, 그중에서도 대중적 성향의 연극을 정치도구화로 삼았던 것은 다 아는 사실이다. 연극의 정치목적화는 곧 어용극화를 의미하는 것으로서 저들의 제재는 말할 것도 없고 일본말 연극까지 강요당한 것이다. 그러니까 극작가들로 하여금 일제가 목표로 한 대동아공영권 합리화 내용과 미국·영국 등을 분쇄하는 내용을 쓰도록 함과 동시에 그것을 일본말로 공연토록 한 것이었다.

그러자 영리하고 뚝심 있던 몇몇 연극인은 모든 연극인들이 협조의 일선에서 날뛸 때에도 의연하게 저항의 몸짓을 했다. 그런 하나의 소극적 저항이 가극을 통한 민화극(民話劇) 운동이었다. 즉, 일제가 강요하는 신체제 어용극에서 벗어나는 길은 우리 고유의 민화를 연극 속에 끌어들이는 방법밖에 없다는 설의식(薛義植)의 주장에 서항석이 공감한 것이었다. 고유 민화에는 신체제 이념이 끼어들 수가 없는 데다가 저들의 우리 민족어와 문화 말살 정책에도 자연스레 저항할 수 있다고 생각한 것이다. 그런데 서슬이 시퍼렇던 시기에 민화 운운하면 탄압의 손길이 더 닿칠 것이 분명하므로 표면상으로는 가극운동이라 내걸기로 하고 두 사람은 조선예흥사(朝鮮藝興社)를 창립했다. 가극은 말보다는 노래와 춤을 주된 표현 수단으로 하므로 전래민화를 극화해도 저들이 탄압의 손길을 뻗치지는 못할 것으로 생각한 것이다.

그리하여 서항석과 설의식은 콜롬비아 레코드회사에 이야기하여 그 전속 악극단으로 조선예흥사를 둘 수 있게 했다. 서항석은 즉시 작품 제작에 착수하여 전래민화 〈콩쥐팥쥐〉를 극본화하여 부민관 무대에 올린 결과 큰 반향을 불러일으켰다. 서항석은 자신감을 얻고 두 번째 작품으로 심청 이야기를 썼다. 그러나 장님이 나오는 작품은 반드시 흥행에 실패한다는 징크스를 설의식이 내세웠으므로 섭섭했지만 폐기시키지 않을 수 없었다. 따라서 〈견우직녀〉를 두 번째 작품으로 올리게 된다. 두 번째 공연도 역시 대성공이었다. 미국과 영국을 때려 부수자는 어용 목적극만 보던 관객에게 무대에서 만날 수 있는 우리 민족설화가 큰 공감을 불러일으킨 것이었다. 콜롬비아 악극단이 잇달아 성공을 거두자 극본을 쓴 서항석의 인기는 자연히 올라갔고 극본 의뢰가 쇄도했다.

그러자 서항석은 찾아온 반도가극단 단장 박구(朴九)에게 장님 등장 문제로 묻어두었던 〈심청〉을 내놓았다. 박구는 서항석에게 장님이 결국에 가서는 눈을 뜨게 되느냐고 물었고 "눈이야 뜨지!"라는 서항석의 답변을 듣고 레퍼토리를 취택했다(서항석 증언). 극본을 주면서 나중에 흥행이 안 되더라도 원망하지 않겠다는 다짐을 받고 주었다. 그만큼 당시만 하더라도 무대 위의 장님 등장은 하나의 금기였던 것이다. 그런데 의외로 가극 〈심청〉은 대성공을 거두고 서울과 지방에서 수백 회의 공연을 가졌다. 이 공연에 백성희(白星嬉)가 18세의 나이로 뺑덕어멈 역을 능숙하게 해냄으로써 데뷔 때부터 스타로서의 가능성을 보여주기도 했다.

서항석의 민화극이 가극으로 계속 성공하자 그를 반도가극단에서 영입해 갔고 조선예흥사는 자동적으로 흐지부지되었다. 그리고 일제의 손길이 가극에까지 뻗쳐옴으로써 실낱같은 도피처도 곧 백일몽으로 끝나게 되었다. 그러니까 서항석을 위시한 모든 악극인들도 거의가 소위 신체제 국민연극 대열에 끼지 않을 수 없었던 것이다.

이러한 대세의 물결을 거부한 연극인이 몇 사람 나와서 온통 숯검정 같은 암흑시대에 한 가닥 보석 같은 빛을 발하기도 했다. 그들이 다름 아닌 동양극장의 지배인이었던 최독견과 박진이었다. 이 두 사람은 당시 동양극장을 이끌던 작가와 연출가였으므로 연극계에서의 영향력은 막강했다. 그러자 총독부에선 조선연극협회를 결성시킴과 동시에 두 사람을 이사로 임명해버렸다. 그러나 두 사람은 이사회에 일절 출석하지 않았다. 총독부에서는 출석토록 갖가지 회유와 협박을 했다.

한번은 총독부 경찰 간부 호시데(星出)는 술 잘하는 박진을 최고급 요정인 금천대회관으로 초청하여 회유했다. 술을 진탕 먹은 박진은 그들과 함께 걸어 나와 남대문 앞 대로상에서 취한 체하면서 시원스레 방뇨를 했다. 당시 노상방뇨가 경범죄에 걸림은 두말할 나위가 없다. 그러나 총독부 고위 경찰 간부 호시데와 함께 가면서 그렇게 했으니 잡아갈 수도 없었다. 박진은 다 계산하고 반항 의사를 간접적으로 표시하기 위해 노상방뇨를 한 것이었다. 그러고는 돌아가서 협회에 나가지 않았다. 그렇게 되자 일부 경찰간부들이 박진이 남대문 앞에서 총독부를 향해 방뇨한 것은 분명한 불경죄이니 잡아 넣자고 건의했다. 그러나 그것은 오히려 불씨만 된다고 호시데가 반대하여 흐지부지되었고, 박진은 그 길로 칫솔 하나만 들고 베이징으로 도망치듯 가버렸다. 물론 그가 연극계를 완전히 떠난 것은 아니었다.

한편 배포 큰 최독견은 총독부의 여러 가지 회유와 협박을 거부하고 고향인 황해도 구월산으로 들어가버렸다. 구월산에서 맏형이 과수원을 하고 있었으므로 거기에서 함께 풀 뽑고 나무를 가꾸면서 농부 생활을 한 것이다. 최독견은 연극인으로서 유일하게 어용극 시대에 초야에 묻혀 은둔 생활을 한 경우였다. 그만큼 일제 말엽은 연극다운 연극을 할 수가 없었던 때였다.

일제 말엽에는 또 이유를 알 수 없는 사건으로 주요 연극인들이 대거 체포된 일도 있었다. 원로 연극인 고설봉의 회고에 의하면 해방 직전에 극히 친일적이었던 김관수·임선규·김상진·김태윤·홍찬·심영 등이 여섯 차례에 걸쳐서 검거당했다는 점이다. 그것도 전처럼 작품이 문제가 되어 경찰서에 끌려간 것이 아니라 이유를 알 수 없이 일본 헌병사령부 특무기관에 끌려간 것이었다. 이들의 체포는 일본인으로 일본 연극에 비판적이었던 일본군 보도부 다카이(高井)가 먼저 체포된 다음에 일어난 일이었으므로 다카이와 깊은 관련이 있었던 것 같다. 실제로 다카이가 용산에 있었던 일본

군 형무소에서 총살된 것으로 보아 그와 평소 가까이 지내던 연극인들이 곤욕을 치른 것으로 추측된다. 끌려간 연극인들로 보아 일본인 다카이의 활동 주변을 집중적으로 조사한 모양이었다.

이때 체포된 연극인들은 며칠에서부터 몇 달 동안 조사를 받았다. 이러한 사건이 일제 암흑시대에서 얼마든지 있을 수 있는 일이었지만 이 사건이 주목을 끄는 것은 일제가 연극을 얼마나 중요시하고, 또 연극을 정치 목적에 크게 이용했음을 단적으로 보여주었다는 점이다. 사실 일제 말엽에는 연극인들이 작품을 통해서 저항을 한다든가 자기 철학을 편다든가 하는 상상할 수도 없을 만큼 신체제 어용연극에 몰두해 있었음에도 불구하고 일본인들은 뒤에서 적지 않게 음모를 꾸미고 또 우리 연극인들을 괴롭혔었다.

그러는 중에 해방을 맞게 되었는데, 워낙 갑작스러워서 해방이 뭔지조차 모르는 사람들도 있었다. 그렇기 때문에 극단 조선연극사 같은 경우는 해방 전날까지 공연하던 작품인 〈아내의 길〉(이운방 작)을 이튿날 중앙극장에서 그대로 계속했었다. 그러자 멋모르고 들어왔던 관객들은 분노하면서 야유와 조소를 보내는 야단법석이 일어났다. 그럴 수밖에 없었던 것이 〈아내의 길〉은 일제의 대동아전쟁을 찬양하고 비행기를 많이 만들어야 미국과 영국을 무찌를 수 있다는 전형적 어용 목적극이었기 때문이다. 그만큼 상당수 연극인들은 세상 물정에 어두웠고 사회의식이 없었다. 해방이 되자 연극인들은 두 가지 양태로 나뉘었는데, 소수 인텔리 연극인들은 눈치를 보느라 정관하는 자세였고, 나머지 90퍼센트 연극인들은 부화뇌동으로 이리저리 몰려다녔다.

극단 조선연극사가 〈아내의 길〉이란 작품으로 망신당한 후의 첫 번째 연극인들의 모임은 이 극단 대표 한옥동의 정릉 집에서 해방 3일 뒤 가진 회합이었다. 송영·김태진·임선규·황철·안영일·서일성·고성봉 등은 해방된 이 마당에서 당장 해야 될 일은 임시정부 요인 등 망명투사들의 귀국 환영 공연이라 결론짓고 〈춘향전〉 공연 준비를 서두르기로 했다. 그러나 남로당은 벌써 뒤에서 연극인들을 포섭하고 있었다. 왜냐하면 저들은 연극이야 말로 정치선전 목표 달성의 최고 수단이라 생각했기 때문이다. 저들은 일제 강점기부터 프롤레타리아 문예운동을 했던 임화·송영·박영호 등 여러 명을 즉각 포섭하여 지령을 내리기 시작했다. 그리하여 열성적인 좌익 연극인들은 즉각 종로2가 한청빌딩에서 조선연극건설본부라는 것을 발족했다. 이데올로기가 뭔지도 모르는 연극인들이 모였음은 두말할 나위 없었다.

그런 가운데서도 극단은 하나둘 생겨났다. 가령 8월 말서부터 9월 초까지 생겨난 극단들만 하더라도 첫 번째 등장한 백화를 비롯해서 인민극장, 공화극장, 청춘극장, 청포도, 일오극장, 동지, 혁명극장, 서울예술극장, 조선예술좌 등 10여 개나 되었다. 이들은 전국연극인대회라는 것을 열어 일제 어용단체였던 조선연극문화협회를 접수하는 한편 과거 연극 일체를 부정한다고 선언했다.

그런데 흥미로운 것은 일제 어용극을 가장 열심히 했던 사람들이 열성적으로 앞장섰다는 점이다. 이들은 그때까지 결정된 극단들 중 철저하게 상업성을 추구하는 단체를 제외한 9개 극단을 산하에 두고 상업극 일소와 민주주의 건설을 목표로 삼는다고 했다. 그러나 이들은 연극인들을 매일 건설본부에 오도록 해서 프롤레타리아 이론과 노래 등을 가르쳤다. 앞으로 연극하려면 배우도 정치이론을 알아야 한다고 주장했다. 그런 때에 일부 젊은 연극인들이 반발하고 뛰쳐나와 청포도 극회를 중심으로 결속했다. 그래서 연극건설본부를 장악한 음험한 좌익 연극인들이 일부 연극인들을 이끌고 몇차례 환영 나가는 어리석음도 범했다.

물정 모르는 저질 연극인들이 좌파들에게 쉽게 쏠린 또 하나의 중요 요인은 저들의 계산된 유혹에 의해서였다. 즉 짓밟히고 천대만 받아온 연극인들에게 살 집도 주고 자유롭게 연극할 수 있도록 일본인들이 경영하던 극장들을 모두 연극인들에게 돌리겠다고 약속한 때문이다. 반면에 남쪽에서는 일본인 극장들을 해방되자마자 비연극 흥행 모리배들이 몽땅 접수해버림으

로써 일제시대나 별다름 없이 불편
했던 것이다.

저들이 또 하나 어리숙한 연극인
들을 꾈 수 있었던 것은 극단 공연
에 박수부대를 동원해서까지 격려
한 때문이었다. 그러니까 민청원들
을 조직적으로 동원하여 잘한다고
열광케 했고, 박수갈채와 함성으로
극장을 흥분의 도가니로 만들어놓
곤 했다. 그런 때에 김남천(金南天)
등 남로당 문화담당 간부들이 무대
에까지 올라와 격려하는 등 교묘한
방법을 다 썼던 것이다. 그런 가운

해방 직후 좌익 극단 혁명극장 포스터(1946)

데에서도 이해랑 · 이광래 등은 꿋꿋하게 우익 민족 노선을 걸었고 극단도
조직했는데 그것이 다름 아닌 극단 전선(全線)과 민예(民藝)였다.

그러나 우익 민족극은 공연을 할 수가 없었다. 왜냐하면 저들이 조직적으
로 방해했기 때문이다. 조명기사들 대부분이 좌익이어서 공연 중에 느닷없
이 조명 끄기는 예사였고, 객석에 돌을 던져 공포 분위기를 조성하는 등 악
랄했다. 이런 가운데 '새 술은 새 부대에'라는 슬로건을 내걸고 등장한 10여
개의 극단들이 모두 좌경해가고 있었다. 어떻게 보면 연극인들은 너무 무지
하고 순진했다. 대부분의 연극인들이 얼마나 순수했던가는 그렇게도 극장
문제로 고통을 당했음에도 불구하고 해방 직후 일본인 주인의 극장들을 하
나도 접수하지 못한 것에서도 확인된다.

그때만 해도 적산가옥은 문패만 붙이면 자기 것이 될 수 있는 상황이었음
에도 연극인들은 모두 잘되려니 하고 극장을 차지하지 않고 있었다. 그러
는 동안에 예술과는 거리가 먼 흥행 모리배들이 일본인 극장을 접수하여 우

리 연극인들의 활동을 또다시 어렵게 만들었던 것이다. 따라서 해방 직후의 연극은 여러 면에서 부정적 방향으로 가기 시작했다. 그 첫 번째가 일제 말과 다름없는 '연극의 정치도구화'였다. 우선 연극이 전체적 좌경화로 인해서 예술하고는 점점 멀어져갔는데, 그것은 작품의 제재에서보다 먼저 저들의 행태에서 격심하게 나타났다. 저들 연극인들을 움직이게 하는 것은 음험한 좌익 정치세력이었다는 이야기다.

남로당의 지령에 따라 좌익 연극인들은 이리저리 꼭두각시처럼 움직였다. 공연장마다 민청년 노동자단체 등 박수부대가 동원되어 관객을 선동하는 것에서부터 우익 색깔이 조금이라도 보이면 공연 방해를 하는 등에 이르기까지 외형적으로 우선 예술적 분위기가 아니었다. 연극건설본부가 내세운 네 가지 목표 즉 ① 일제 문화정책의 잔재 일소, ② 봉건적이고 특권계급적 연극의 잔재 일소, ③ 세계 연극과 발맞춘 민족극 수립, ④ 문화의 통일전선 확립 등은 별다른 색채가 보이지 않았지만 저들이 하는 형태는 완전히 거친 프롤레타리아 운동 그 자체였다.

그렇기 때문에 작품을 내는 작가들도 박영호 · 송영 · 함세덕 · 박노아 · 조영출 · 신고송 · 김태진 등 좌익분자들이었다. 이들이 쓴 작품은 당연히 마르크스 레닌의 유물사관에 입각한 변증법적 세계관의 현실적 구현이었다. 따라서 판에 박힌 창작 방법—모든 나쁜 동기는 지주나 자본가, 또는 미국이나 민주진영 사람들이 한 것처럼 꾸며서 타도를 외치는 것이다. 극히 도식적이고 생경한 이데올로기만 넘쳐서 예술성이라든가 인간성 같은 것은 찾아볼 수가 없었다. 신고송이 쓴 〈철쇄는 끊어졌다〉라든가 송영의 〈황혼〉 같은 희곡은 그런 표본적 작품이었다. 이들도 처음에는 해방된 기쁨 때문에 일제강점기 때 쓰지 못했던 독립투쟁 이야기를 많이 썼었다. 그러나 몇 달이 지나면서 완전히 색깔을 드러냈고, 독립운동을 묘사해도 반드시 프롤레타리아 운동과 결부시켰다. 이런 관점에서 쓴 작품은 예술적인 가치가 별로 없는 것은 두말할 나위 없다. 왜냐하면 이것들은 이념 구호의 급조품으로서 토지개혁 문제라든가 소작쟁의, 즉 토착지주와 신흥계급 청년의 자연발생적 항쟁의식을 피상적으로 묘사하거나 과거에 친일한 사람들을 민족반역자로 폭로 매도하는 내용이었기 때문이다. 그런데 문제는 연극인들에게 투철한 사상이 있어서가 아니라 비판할 여지도 없이 유행병적인 소아병에 걸려서 공산주의연하는 것을 마치 진보적인 양한 데 있었다. 그러니까 극렬분자 몇 명을 제외하고는 대부분은 부화뇌동했다는 이야기가 된다.

그런 시기에 미국무부 극동국장(존 빈센트)이 한국 신탁통치 필요성을 강조하는 연설을 했다. 그러자 연극인은 좌우익 불문하고 전국연극인대회를 중앙극장에서 열고 신탁통치 절대 철폐를 결의했다(1946.1.1). 민속학자 송석하를 위원장으로 하고 좌익 연극인 나웅이 부위원장을 맡은 것만 보더라도 반탁이 전 연극인의 의사였다는 것을 알 수 있다. 연극인들은 이 여세를 몰아 민족주체성을 고취하는 3·1 기념 연극대회를 개최하기도 했다. 그리고 흥행 모리배들이 접수한 극장을 찾자는 운동도 함께 벌여나갔다. 이들은 우선 국립극장 설립을 제창했고 적산가옥인 일본인이 경영했던 극장들은 예술가들에게 맡기라고 요구했다. 연극인들은 국립극장이 설립되기도 전에 극장장(서항석)까지 임명하는 등 서둘렀다. 물론 이들의 뜻대로 되지 않았다.

그런데 좌익 연극인들이 처음에는 공동 보조를 취하다가 갑자기 남로당의 지령을 받고 반탁에서 찬탁으로 180도 돌아서버렸다. 궁극적으로 좌우합작이 불가능함을 단적으로 보여준 것이었다. 이때부터 좌우익 연극인들 사이에서는 어제의 동지가 적으로 바뀌었다. 좌익 연극인들은 더욱 극렬해져서 우익 연극을 방해했다. 우익 연극인들도 가만히만 있을 수는 없었다. 우익 연극인들은 유치진을 중심으로 일제시대에 근대극운동의 중추적 역할을 했던 극예술연구회를 재건하는 한편 연극 브나로드운동 실천위원회를 조직했다.

이들의 일차적 목표는 프로연극의 전국 확산을 저지하는 것이었다. 미 공보원 문화담당 스튜어드의 자금 지원을 받은 연극브나로드 운동실천위원회는 전국 학생 청년 여성 소년들을 145개 실천대로 조직하여 1946년 7월로부터 각부 군청 소재지로부터 동리, 직장까지 운동지부를 두고 거기에 연결하여 계몽운동을 펴나가기로 했다. 그래서 시내 강기동 7번지에 본부를 두고 방학 중 활동할 수 있는 학도대, 각 청년단, 문화단체, 직장의 참가 아래 지역적으로 활동하는 청년대, 여성만을 상대하는 여성대, 고아원 아동 소년군, 동리의 소년들로 조직하여 활동케 하는 소년대 등으로 나누어 조직해서 30개 단체를 만들었다. 유치진이 전체를 통괄하는 보스였지만 행동대장은 백조악극단장 최일(전옥의 남편)이었다.

이들은 〈안중근 의사의 최후〉〈매국노〉〈윤봉길 의사〉〈애국자〉〈삼팔선 교수선〉 등의 작품을 갖고 전국을 순회했는데 1개 대는 10명 내외로 했다. 이 연극브나로드 운동실천위원회의 계몽운동은 좌익 일색의 연극운동에 대한 최초의 조직적 반격 작전으로서 대단한 성공을 거두었다. 이때부터 연극계 판도는 좌우익이 팽팽해지기 시작했다. 물론 연극인들의 절대 수는 좌익 쪽에 기울어져 있었다. 그러자 이번에는 좌익 연극인들이 반격에 나섰다. 우선 저들은 조직의 재정비를 서둘렀다. 그리하여 연극건설본부를 발전적으로 해체하고 프로연극동맹을 발족시켰다(1946년 9월 27일). 이 프로연극동맹이 조직되는 과정에서는 자기들끼리 격심한 내부 갈등을 겪었다. 즉 프로연극동맹 조직론자(좌파)와 반대론자(우파)로 갈린 것이다.

이 두 가지 견해 중 좌파는 빨리 연극동맹을 조직해서 노동자·농민의 생활 속에 침투, 남로당의 외곽단체가 되자는 것이었고, 우파는 전 연극의 과격한 정치주의를 배격하면서 모스크바예술극장 같은 극예술 창조론자였는데, 이들은 좌파로부터 친일파로 매도당하면서 주도권을 상실했고, 결국 좌파의 승리로 끝났던 것이다.

승리한 좌파는 프로연극동맹을 조직함과 동시에 나웅을 위원장으로 하고 청포도, 일오극장, 해방극장, 서울예술극장, 혁명극장, 자유극장 등을 산하에 끌어들였다. 그리고 세 가지의 행동강령을 내세웠던 바, 첫째 프롤레타리아 연극의 건설과 그 완성을 기한다, 둘째 일체의 반동연극과 싸운다, 셋째 연극 활동이 노동자·농민의 생활력과 투쟁력의 원천이 되기를 기한다 등이었다. 이는 완전히 남로당의 주구임을 만천하에 공표한 것이었다.

따라서 프로연극동맹 산하 단체들은 토지개혁 문제, 일제와 지주에 대한 항쟁 등을 묘사한 이데올로기 작품을 공연하면서 구호를 외치는 등 아우성이었다. 그런데 이들이 정치선전극만 한 것이 아니라 공연을 끝내면 관객을 이끌고 가두시위까지 벌이곤 했다 이쯤 되자 관중들도 차차 프로연극인들이 고의적으로 사회 혼란을 야기하고 있음을 알아차렸고, 군정청에서도 처음의 수수방관과는 달리 강경 조치를 취하지 않을 수 없었다.

즉 1947년 초에 들어서자 장택상(張澤相) 경찰총감의 명의로 포고령을 내린 것이다. 그 내용인즉 "최근 시대 각종 흥행장에는 오락을 칭하고 정치선전을 일삼은 흥행업자가 있는 듯한데 민중의 휴식을 목적으로 하는 오락 이외의 정치나 선전을 일삼아 치안을 교란시킨 자는 엄벌에 처함"이었다. 장 경찰총감의 고시가 나가자 프로연극 진영은 벌떼같이 들고 일어났다. "사상 없는 예술은 있을 수 없다"(김동석)느니 "극장문화의 멸망"(심영)이니 "민족문화를 무시한 씻지 못할 폭언"(장공린)이니 야단들이었다.

반면에 우익 민족진영에서는 연극은 어디까지나 예술로서 순수해야 하고 정치도구화되어 예술을 사상운동에 악용하려는 것은 불순한 것이라 하여 장 총감의 고시를 환영하고 나왔다. 결국 좌익 문화단체에서는 경찰 총감 고시가 극장예술운동을 전면적으로 봉쇄시키는 처사라 하여 안영일·함세덕·문예봉 등 30여 명의 대표를 러치 미군정 장관에게 보내 고시 취소를 요구하는 건의서를 제출했다.

러치 장관이 건의서를 묵살하자 저들은 조선문화총연맹 주최로 김기림·함세덕·김남천 등을 내세워 문화옹호문화인예술가총궐기대회라는 것을 여는 등 최후의 안간힘을 썼다. 그러자 당국에서는 더욱 강경책을 써서 해방 후 처음으로 프로예술단체 임원에 대한 광범위한 검거에 나섰고, 극렬분자들은 착착 체포되었다. 관중의 외면과 미군정의 제지로 궁지에 몰린 프로연극인들 중 북한에 고향을 둔 사람들이 일차로 월북하게 된다.

월북한 연극인들을 살펴보면, 박영호(원산)를 위시해서 신고송·강호·이백산·이재덕·이정자 등과 그 뒤를 나웅·송영·김승구·김욱·박영신·배용·김두찬·이정훈·엄미화 등이 따라갔다. 이들이 월북하여 평양의 연극인들과 합류하여 소위 북한 연극을 형성하는 것이다. 나머지는 서울에 남아서 여전히 저질 프롤레타리아 정치 선전극을 하면서 우익 민족연극을 방해했다. 이처럼 좌우익연극의 갈등과 혼란은 계속되었던 것이다.

# 제3장

## 좌우익의 갈등과 결별

한국 근대극은 소용돌이의 현대사만큼이나 가시밭길을 걸어왔음은 누누이 이야기한 바다. 식민지 시대에는 일제의 핍박을 받았고 해방 직후에는 이데올로기의 격심한 갈등을 겪어야 했다. 특히 해방공간에서의 이데올로기 대립은 마치 생사가 걸린 것처럼 격심해져서 함께 고생스럽게 연극을 해온 동료들끼리마저 피나는 싸움을 벌이기까지 했다. 남로당의 지령하에 움직이는 좌익 연극인들은 우익 민족진영 연극인들을 향해서 '미국 자본주의의 앞잡이들'이라고 욕을 퍼부으면서 무대에서, 거리에서 마구 행패를 부렸다. 좌익 연극인들이 술집이나 거리에서 우익 연극인들에게 테러를 가하는 것은 예사였고, 연극 공연도 매우 조직적으로 방해하곤 했었다.

한번은 이런 일이 있었다. 1947년 5월 극예술협회가 극도극장에서 유치진의 〈자명고〉를 공연하려던 참이었다. 그런데 전날 해놓은 무대장치가 공연날 아침에 가보니 모두 예리한 칼로 북북 그어져 완전히 망가져 있었다. 좌익계 노동조합원인 무대 설치자들이 공연을 방해할 목적으로 한 짓이었다. 유치진·이해랑 등 우익 연극인들은 망연자실한 채 분노만 되씹고 있었다. 특히 전날 좌익 연극인들로부터 '가족을 몰살하겠다'는 붉은 글씨의 협박장을 받은 이해랑으로서는 몸이 떨리지 않을 수가 없었다. 그렇다고 대중과의 약속을 저버릴 수도 없었다. 따라서 부랴부랴 무대장치를 다시 정비했다.

그러자 좌익 연극인들은 불량배들을 앞세워가지고 공연장 입구를 봉쇄하는 한편, 이미 들어가 있던 관객들도 몰아냈으며 무대 뒤로 가서 배우들에게 출연하면 가만두지 않겠다는 공갈을 했다. 그들의 힘에 경찰관도 무기력했기 때문에 유치진은 당시 우익청년의 가장 큰 세력이었던 학생연맹에 연락했고, 회장 이철승(李哲承)이 달려왔다. 우익청년의 맹장이었던 이철승은 유치진에게 "용기를 내어서 다시 하십시오. 선생 뒤에는 철승이와 학련(學聯)이 있습니다"라고 격려하고는 즉각 세브란스 학생 60여 명을 데려오게 해서 좌익 불량배들로부터 극장을 지켜주었다.

그런데 이번에는 기사들이 전기를 끊어버렸다. 극장 밖은 연극을 보기 위해 몰려든 군중이 인산인해를 이루었다. 유치진 등 극예술협회 회원들은 우왕좌왕했다. 왜냐하면 엎친 데 덮친 격으로 돈밖에 모르는 국도극장 주인은 낮부터 술이 잔뜩 취해서 '왜 막을 올리지 않느냐'고 소리치고 야단이었다. 극장 안에서는 좌우익 연극인들이 첨예하게 대치하고, 밖에서는 관중들이 안으로 들어가겠다고 야단치는 등 아수라장이었다.

그런데 난데없이 〈자명고〉가 공산주의 사상을 담은 작품이라는 소문이 번져 당국에서 조사가 나왔다. 그것이 전화위복이 될 줄은 아무도 상상 못했다. 왜냐하면 그때서야 좌익분자들이 공연을 돕고 나섰기 때문이다. 참으로 어처구니없는 해프닝이었는데, 이 사건이야말로 해방 직후의 연극 상황을 단적으로 보여주는 것이라 할 수 있다.

우익 연극의 정신적 지도자인 유치진에게는 좌익 연극인들이 직접적으로 테러를 가하지는 못했다. 30대 초반의 이해랑·김동원 등이 언제나 표적이었다. 한번은 이해랑이 무대 장치가 홍성인(洪性仁)과 함께 술집엘 간 적이 있었다. 이해랑의 신변을 보호했던 연극인은 힘세고 의협심이 강한 배우 오사량(吳史良)이었다. 한창 술기가 올라올 즈음에 좌익 연극인 안영일·이강복·이서향·조영출 등이 나타나서 시비를 걸었고, 이해랑을 녹초가 되도록 두들겨 팼다. 이해랑을 때린 이서향은 이해랑의 죽마고우였고 조영출은 도쿄 유학 시절 쓰루마키조(鶴卷町) 하숙방의 단짝 친구였다. 그처럼 절친한 친구 사이였음에도 이데올로기를 달리하면서 원수처럼 표변해버린 것이다. 정치인도 아닌 예술가들이 이데올로기의 노예가 되었을 때 그 정도이니 이데올로기가 얼마나 무서운 것인가를 보여준다 하겠다.

그런데 상당수 좌익 연극인들은 전혀 뜻밖에 좌경한 것이었다. 월북한 대표적 연극인이라 할 명배우 황철을 비롯해서 극작가 함세덕 등이 바로 그런 예에 속하는 사람들이었다. 왜냐하면 이들은 가정 배경이나 성격상 좌익이 될 수 없는 연극인들이었기 때문이다. 극히 우스운 사건으로 말미암아서 좌익이 된 경우가 여럿 있었다.

당대 최고 배우로 꼽혔던 황철의 경우를 보자. 좌익의 첨예한 대립 속에서도 의연하게 우익 민족연극 쪽에 서서 '배우가 정당의 앞잡이 노릇을 할 수 없다'고 버티는 그에게 남로당의 포섭 공작이 집요했다. 그가 창당하는 남로당의 간청을 뿌리칠 수 없어서 천도교회관에서 간단한 축사를 하게 되었다. 동양극장 시절부터 인기 절정에 있던 그가 우렁찬 목소리로 축사를 하자 장내에서는 그야말로 떠나갈 듯 환호성이 터져 나왔다. 박수와 발 구르는 것이 함성과 합쳐져서 장내를 진동시킨 것이다.

그러한 환호가 터져 나온 것은 그의 인기도 인기려니와 남로당의 계획된 음모도 작용한 것이었다. 남로당은 그 축사 사건을 마치 황철이 좌익으로 돌아선 것처럼 고의로 퍼뜨렸고, 경찰에서도 그를 좌경 인사로 기정사실화해버렸다. 황철 자신도 남로당원들의 열렬한 환영에 우쭐해 있었던 터였으므로 자신도 모르는 사이에 좌익 연극인이 되어버린 것이다.

그렇다고 그가 사상적으로 전향한 것은 전혀 아니다. 다만 그런 물결에 휩쓸린 것뿐이었다. 그럴 때에 장택상 경찰총감이 좌익분자들의 체포령을 내렸고, 그는 공릉동 누님 집 과수원에 숨게 되었다. 당시 경찰국 수사과장 (최운하)이 마침 그와 소꿉친구였던 바 동양극장 사무장 최우석을 시켜 황철과 은밀히 만나자는 연락을 해왔다. 한번 만나보라는 고설봉의 권유에 따라 새벽 5시에 최운하의 집에서 대좌했다. 대뜸 왜 연극을 하지 않느냐는 질문에 체포령이 내려져 있는 상황에서 어떻게 하겠느냐고 황철이 대답했음은 물론이다. 그러자 최운하가 메모를 해주었고, 그것을 갖고서 외출을 할 수가 있었다.

그는 공산주의를 맹렬히 비판하면서 다시 거리를 활보했다. 그리고 장택상 경찰총감도 세 번이나 만났다. 보수적 정치가였던 장 총감이 연극을 제대로 이해할 리 없었고, 따라서 아무런 대안도 갖고 있지 않았음은 물론이다. 그런 때에 좌익 쪽에서는 그에게 계속 유혹의 손길을 뻗쳤고 김약수(金若水)까지 찾아와 감언이설을 하면서 평양 시찰을 한번 해보라고 권했던 것이다. 은근히 호기심이 생긴 황철은 아내가 갖고 가라는 코트까지 내팽개치고 한달 기한으로 평양으로 간다. '전국적으로 유명한 이 황철이야 저들이 어떻게 붙잡겠느냐고 호언장담하면서 가족을 서울에 둔 채 떠난 그는 몇 달 뒤 옷을 갖고 오라는 전달을 해왔다. 황철은 저들에게 발목을 꽉 잡혔던 것이었다. 그가 서울을 떠날 때의 심경이 극히 복잡한 것이었음은 떠나기 직전에 친구 이해랑을 찾아간 점에서도 여실히 드러난다.

친척의 꼬임에 빠져 좌경한 극작가 함세덕도 황철과 비슷한 시기에 월북했는데, 월북 직전에 이해랑을 찾아간다. 함세덕은 평소 마시지도 않는 술을 잔뜩 마시고 침묵으로 이별을 고한 뒤 비틀거리고 일어났다고 한다. 눈물이 글썽거리는 얼굴을 돌린 채 묵묵히 나가던 그는 문밖에서 자꾸만 떨어지지 않는 무거운 발걸음을 돌리며 이해랑에게 손을 흔들었다. 사회주의에 철저하게 물들지도 않은 채, 시세에 밀려 월북한 연극인들이 대부분 이용당한 뒤 숙청되거나 횡사한 사실도 주목할 만한 일이다. 이때나 그때나 문화의 중심지는 서울이었으므로 서울에 몰려 있던 연극인들 중에 좌경한 사람들이 월북한 것인데, 평양에서 월남한 연극인도 있었다. 〈맹진사댁 경사〉로 유명한 오영진(吳泳鎭)이 바로 그러한 경우였다.

철저한 민족주의자였던 오영진은 평양의 공산분자들에 환멸을 느끼고 단신 월남했다. 같은 무렵에 절친한 친구였던 소설가 김사량은 월북했다. 오영진과 김사량이 남북 교행을 한 것이다. 그런데 오영진은 월남하고 얼마 후 뒤따라온 적색 테러리스트에게 서울 거리에서 총격을 받고 중상을 입었다. 다행히 치명상을 입지는 않았기 때문에 몇 달 후 회복을 했다. 그 사건은 극작가 오영진이 조만식의 비서로서 얼마나 투철하게 반공 투쟁을 했는가를 단적으로 보여주는 예라 하겠다.

1948년 정부가 수립되면서 서울에서의 좌우익 연극인들의 사상 갈등은 끝나게 된다. 왜냐하면 좌익 연극인들이 월북하거나 아니면 전향함으로서 연극계가 어느 정도 정리되었기 때문이다. 그런데 연극인들이 모두가 사상 싸움만을 한 것은 아니었다. 1920년대를 풍미했다가 해방 직후 재건된 토월회 같은 경우는 초연한 입장에서 옛 영광을 되살리겠다는 의지를 펴고 있었다. 일제 말엽, 지방에서 은거하던 박승희는 옛 동지를 다시 모아 〈40년〉이라는 작품으로 재건 공연을 가진 데 이어 수도극장에서 애국주의적인 〈윤봉길 의사〉라는 작품을 공연했다. 그때는 식민지 치하에서 못 다루었던 독립운동 이야기를 주제로 한 공연이 유행했었다. 그래서 민족 지도자 김구(金九) 선생까지 연극 구경을 다니기도 했다.

한번은 그가 토월회의 〈윤봉길 의사〉 공연에 왔다. 박진의 안내를 받아 2층 밀실에서 관극하면서 박진과 주고받은 대화와 반응은 김구 선생의 한 면을 보여주는 것 같아 인상적이었다. 그는 연극이 진행되는 동안 계속해서 박진에게 질문을 던지곤 했다.

"저 김구 역은 누가 하는 거지?"(김구)

"양백명이올시다."(박진)

"윤봉길은 누구야?"(김구)

"서일성이올시다."(박진)

김구 선생은 윤봉길이 상하이 홍구공원에서 연설하는 시로카와(白川) 대장을 향해 폭탄을 던지는 장면에서 부르르 떨면서 박진의 손을 으스러지도록 쥐고 "저 날이 4월 29일이야"라고 말하는 것이었다. 작품에서 폭탄은 비록 가짜였지만 무대는 폭음과 함께 연기가 찼다. 그러자 김구 선생은 "저거 배우들 다치지 않았을까?" 하면서 걱정을 해주기까지 했다.

연극이 끝나자 박수가 쏟아졌고 김구 선생은 손수건으로 눈물을 닦았다. 김구 선생까지 감동시킨 애국 작품 〈윤봉길 의사〉가 성공을 거두자 예술 문외한인 극장주 홍찬(洪燦)은 흥분해서 수도극장을 연극에 바치겠다고 공언했다. 그러나 2년도 못 가서 연극의 인기가 떨어지자 홍찬은 영화 상영을 위해서 제일 먼저 무대를 깎아버리고 말았다.

좌익 연극인들이 몰락하면서 연극계가 안정기에 접어들자마자 연극이 영화에 밀린 이유는 순전히 미군정의 문화정책 실패에 기인한 것이었다. 미군정은 자국의 영화를 무검열로 방출함으로써 개방적 성윤리를 일거에 밀어붙였던 바, 대중의 호기심을 산 것은 물론이고 진부한 도덕률을 강요하는 연극을 대중이 외면하기 시작한 것이다. 그래서 유치진 같은 이는 미국 영화가 우리 극장가를 성욕발분소가 되게 했다고까지 혹평한 바 있다.

두 번째로는 노동법을 잘못 개정해서 무대로부터 여배우를 축출한 것이 문제였다. 그러니까 미군정은 소년노동에 있어서 18세 미만의 유녀(遊女)는 손님을 못 받게 했고, 이 법령을 무대예술에서도 그대로 적용했다. 배우나 무용수·음악가 등이 무대에 출연하는 것은 '손님 받는 행위'이므로 금지한다는 것이었다. 이 법의 강요로 연극계는 하루아침에 여배우 기근에 빠지게 되었다. 가뜩이나 배우난의 연극계에 새 노동법이 등장함으로써 극단들은 대단한 타격을 받았다.

세 번째의 결정적 타격은 입장세 10할 인상이었다. 유흥세는 3할로 하고 극장세만은 10할로 대폭 인상함으로써 모리간상배를 양성하고 문화를 압박하는 셈이 된 것이다. 그 법이 적용되자마자 연극 관객은 하루아침에 70%나 감소되었다. 따라서 극단들은 단번에 몰락, 타락해갔다. 지방 공연에 나갔던 극단들은 여관 식대를 제대로 내지 못했으며 억류를 당하는 것도 예사였다. 그렇게 되자 극장가는 미국 영화의 독무대가 될 수밖에 없었다.

영화와 함께 저질 상업주의 연극이 판을 치기 시작했다. 가뜩이나 이데올로기 연극에 식상한 대중들 앞에 혼란한 사회 상황 속에서 값싼 눈물과 웃음, 사랑과 이별, 괴기 등 대중의 천박한 감성에 호소하는 조악한 작품이 범람했다. 당시 청춘극장과 황금좌가 양대 상업극단이었는데, 이들은 다투어 저급한 작품들을 매일같이 바꾸어 공연했다. 그러한 작품을 주로 쓴 작가는 김춘광(金春光), 성광현, 조건, 장정희, 이서구 등이었는데, 이들은 대체로 1930년대 동양극장과 그 주변을 맴돌던 삼류 작가들이었다. 몇 가지 작품 제목만 예를 들어보더라도 〈며느리 죽음〉〈신랑 둘 색시 하나〉〈과부〉〈머리 없는 신랑〉〈성난 백골〉〈비 개인 달밤에 원앙 새 울음〉〈마포강 처녀귀〉 등 한심스런 것들임을 짐작할 수 있는 것이다.

순전히 돈벌이에만 눈이 어두운 흥행주들은 대중의 통속 취미에 영합하여 치졸한 연정·괴기·은혜와 복수·센티멘털한 작품만 남발했던 것이다. 따라서 극작가 김진수는 그런 연극계의 타락 현상에 대하여 "그들은 밤만 자고 나면 '××없는 신랑'이니 '××는 웁니다' 등의 괴이한 신파를 만들어낸다. 그런 것만 하면 무당이 춤추듯 굿터의 구경꾼같이 관중들이 모여든다. 흥행주들은 '울리는 것이 아니면 탐정극을 꼭 써주십시오. 그런 것만 써주시면 각본료는 얼마든지 드리지요. 돈을 먼저 쓰셔도 좋습니다'라고 떠들어 대면서 돈뭉치를 가지고 극작가를 타락케 하고 배우를 매수한다"(월간 『대조』)고 개탄하기까지 했다.

이때의 상업주의 연극 수준은 1930년대 동양극장의 신파극만도 훨씬 못한 것이었다. 세계 연극사를 되돌아볼 때 사회가 혼란하고 경제가 침체할 때는 대체로 연극이 타락하는 경우가 많다. 해방 직후의 우리 연극계는 그러한 경우의 가장 나쁜 예에 속할 듯싶다. 왜냐하면 값싼 눈물과 값싼 웃음을 창녀 이상으로 팔아먹은 것이 상업극단들의 공연 행위였기 때문이다.

이러한 타락한 연극과 맞씨름한 극단은 좌익 연극과 대결했던 극예술협회였다. 유치진을 정신적 지주로 한 극예술협회의 핵심 멤버는 이해랑·김동원·박상익·이화삼·김선영이었으나 얼마 뒤 윤방일·김영·오사량·복혜숙 등도 가입했다. 이들은 창립 공연 〈조국〉에 이어 최초의 반공극인 〈은하수〉(유치진 작)를 무대에 올렸다. 그러나 모두가 흥행상으로는 재미를 보지 못한 작품들이었다.

극예술협회는 흥행을 생각해서 〈춘향전〉을 공연했다. 마침 5·10선거를 앞두고 유엔 사절단이 방한했기 때문에 그들에 대한 환영 공연이라 이름을 붙였다. 그것이 효과를 보아서 〈춘향전〉 공연은 공전의 대히트를 한다. 이도령 역에는 미남 단골 주인공 김동원이었고, 그 상대 여자 역은 김선영, 그리고 별 볼 일 없는 악역에는 눈이 작은 이해랑이었다.

우익 민족진영 연극 운동의 핵심단체 극예술협회에는 혈기방장하고 개성이 강한 소장 연극인들이 모여 있어서 호기를 부리는 경우가 많았다. 우선 가장 절친한 사이로서 희극배우 박상익과 연출 감각이 뛰어났던 윤방일이 술만 먹으면 결투를 벌이곤 했다. 그런데 결투에서는 언제나 폐병을 앓고 있는 약골 윤방일이 승리했다. 싸움을 꾀로 했기 때문이다. 윤방일의 권유로 후배 김영(金塋)이 극예술협회에 가입했다. 윤방일과 동향(목포)이었던 김영은 일본에서 연극 활동도 한 거구의 젊은이였다. 이번에는 박상익이 김영과 싸움을 벌였다. 그러나 박상익이 힘센 김영을 이겨낼 재간이 없었다. 몇 번 얻어터진 박상익이 포기할 줄 알았다, 그런데 그렇지 않았다. 박상익은 추운 겨울밤에도 연습이 끝나면 눈을 맞으면서 절치부심 권투 연습을 한 것이다. 김영을 한 번 때려눕기 위해서이다. 물론 그러한 박상익의 집념에도 불구하고 김영이 워낙 장골이어서 성공을 거두지는 못했다.

예나 지금이나 연극인들은 술이 세기 때문에 술에 얽힌 일화도 적지 않다. 〈춘향전〉에서 방자 역으로 호평을 받은 이해랑은 연극이 끝난 뒤 분장실에서 숯불을 피워놓고 밤새껏 술을 마셨는데 이튿날 목이 잠겨 말이 나오

지 않았다. 막은 올려야 되는데, 방자의 목소리가 나오지 않으니 큰일이었
다. 역시 이해랑의 보디가드 오사량이 막 뒤에서 대사를 거의 암기하고 있
었기 때문에 대역으로 위기를 넘길 수가 있었다.

그때는 번역극이 인기가 없었다. 그래서 흑인 애수를 묘사한 〈포기와 베
스〉(헤이워드 부부 작)는 대실패를 했다. 모처럼 김동원을 제치고 이해랑이 주
역을 맡았는데 객석이 텅 빈 것이다. 그런데 한참 열연 중에 텅 빈 객석에서
느닷없이 드르렁! 드르렁! 코고는 소리가 들리기 시작했다. 그 소리가 앉은
뱅이 포기 역을 하고 있는 이해랑의 신경을 건드린 것은 두말할 나위 없었
다. 이해랑은 조금 지나면 괜찮으려니 하고 신경이 쓰이는 가운데서도 연기
를 지속해갔다. 웬걸 코고는 소리는 더욱 커져서 배우의 대사까지 깔아뭉갤
정도였다. 화가 난 이해랑은 연기 도중 외마디 소리로 "그만" 하고 외쳤다.
그는 앉은뱅이 역이라 뛰어 내려갈 수도 없어서 대본에도 없는 "게 누구 없
느냐"라고 소리만 질러댄 것이다. 연극이 잠깐 중단된 것은 물론이다.

스태프들이 뛰어 내려가서 늘어지게 자고 있는 관객을 복도로 끌어내고
연극을 계속했다. 알고 보니 그 관객은 낮술을 먹고 갈 만한 곳을 찾다가 극

장에서 잠이나 자고 가기 위해 들어온 취객이었다. 그 취객은 복도 소파에 가서 널브러지게 한숨 잘 자고 연극이 끝난 한참 뒤에야 귀가했다. 연극사상 관객의 코고는 소리로 연극이 중단된 사건은 그것이 최초였다.

지금도 그렇지만 배우로서는 멋있는 주역을 맡는 것이 언제나 꿈이다. 배우 박경주(朴景株)도 예외는 아니었다. 일본의 국극에서 활약한 바 있는 박경주는 늦게 극예술협회에 가입해서 주연 김동원을 동경하는 처지였다. 특히 극예술협회가 공연한 〈별〉의 정 도령 역은 너무나 탐나는 것이었다. 물론 주역은 미남 김동원의 차지였고 박경주는 노인 단역이었다.

그런데 마침 인천공연을 갈 때 김동원이 집안에 일이 생겼다. 이때다 싶어 박경주는 정 도령 역을 자청, 밤새껏 대사를 외우고 분장을 했다. 그런데 박경주의 얼굴이 너무 커서 총각이 쓰는 복건을 쓴 분장부터 어색하기 이를 데 없었다. 그러나 하늘을 찌를 듯한 기분으로 무대에 섰다. 남편이 주연을 맡는다니까 연기자 출신 부인(송미남)도 인천까지 따라와서 구경을 했다.

그런데 첫회를 무사히 끝내고 기분이 들떠 있는 남편에게 무대 뒤로 온 부인이 다짜고짜 "여보, 그게 뭐예요. 도무지 어색해서 볼 수가 없어요"라고 찬물을 끼얹었다. 화가 난 박경주는 아내에게 "당신이 무슨 연기를 안다고 그래? 방정 떨지 말고 사라져!"라고 벽력같이 소리를 질렀다. 그때부터 박경주는 동료들로부터 "늙은이가 공연히 러브신 좀 있다고 해서 젊은 역을 하다가 망신만 당했다"고 놀림을 받곤 했다. 모두 다 낭만 시대에 있었던 에피소드들이다.

1947년 10월 29일 명동패밀리 2층에서 결성된 전국연극예술협회는 이사장으로 유치진을 추대하고 청춘극장, 황금좌, 신청년, 호화선, 전진극장, 고향, 극우회, 시민극장, 신지극사, 태평선, 극예술협회 등 12개 극단을 산하에 두면서 다음과 같은 네 가지 강령을 채택했다. 첫째, 민주주의 원칙과 창조적 자유를 확보한다. 둘째, 일체의 사대사상을 배격한다. 셋째, 순수연극

문화를 수립한다. 넷째, 상업주의 연극을 지양한다. 이것은 우익 연극인들의 공개적 정치선언이었고, 그것은 이듬해 행동으로 나타났던바 이들이 남한의 5·10총선에 앞장선 점에서 그렇다. 즉 이들은 명칭을 곧 한국무대예술원으로 고치고 전 연극인을 동원해서 총선 선전 문화계몽대를 만들어 남한 일대에 파견했다. 즉 서울·경기·충북·충남·경북·경남·전북·전남 등 9개 시도에 파견된 극단은 악극단까지 합쳐서 310개나 되었다.

이들 계몽 연극단들은 선거유세반의 뒤를 따라다니면서 '민주주의는 무엇이고 선거란 또 무엇이며 또 어떻게 하는 것인가'를 연극을 통해 계몽 선전하여 큰 성공을 거두었다. 이처럼 한국무대예술원은 정부 수립에 대한 선전을 하고 국민정신을 양양하여 다대한 성과를 올렸는데, 이것이 연극이 국가를 위해 최초로 공헌한 경우였다. 따라서 한국무대예술원이 어용단체라는 비판을 받기도 했다. 그러나 이들은 연극인 자신의 권익옹호를 위해서도 과감하게 행동에 나서기도 했다. 즉 그들은 전국무대예술인대회를 개최하여 정부 당국에 6개항의 강력한 건의문을 전달한 것이다.

건의문 내용은, 첫째 입장세 철폐에 관한 건, 둘째 외국영화에 관한 건, 셋째 문화행정 쇄신에 관한 건, 넷째 무대예술의 질적 향상을 위한 시책에 관한 건(무대예술인의 자격심사, 무대예술인의 양성기관 설치에 관한 건) 다섯째 공연 자재수배(資材受配)에 관한 건, 여섯째 국립극장 기성촉진에 관한 것 등이었다. 무대예술원이 정부에 건의한 앞의 여섯 가지 사항을 보면 연극 장래를 위한 다각적 대처임을 확인할 수가 있다. 이와 같이 해방 직후의 혼란기에서도 뜻 있는 연극인들은 우리 연극의 미래까지를 내다보고 여러 가지 대안을 내놓는 등 고군분투했던 것이다.

# 제4장

## 북한 연극, 해방 이후부터 오늘날까지

많은 사람들은 북한 연극의 형성 배경에 대해 전혀 모르고 있거나 매우 궁금하게 생각하고 있다. 그러나 우리의 문화 배경과 식민지 시대사를 알면 그러한 궁금증은 쉽게 풀린다. 일찍부터 중앙집권제 정치제도를 견지해온 우리나라 문화는 중앙인 서울에 집중되어 있었다. 따라서 지방문화가 거의 없다시피 한 것이 우리 문화의 특징이었다. 그렇기 때문에 비교적 고급예술에 속하는 연극은 지방에 발붙이지 못하고 자연히 중앙에 집중할 수밖에 없었다. 그러한 상황이 적어도 분단 전까지만 해도 당연한 것이었다. 이 말은 곧 분단 전까지는 적어도 북한의 수도 평양에는 연극다운 연극이 없었다는 이야기가 된다.

실제로 북한 연극은 분단 전까지 서울에서 활동하던 일부 월북 연극인들에 의해 급조된 것으로 전통 또한 남한과 똑같다. 따라서 역사를 통해 보면 월북 연극인들의 성분과 활동 배경의 윤곽은 쉽게 잡힌다. 적어도 북한이 공식적으로 연극에 관심을 가지게 된 것은 1946년부터의 일이었다. 가령 남쪽에서 활약하던 남로당 계열에서는 해방이 되자마자 연극인들 쪽에 손을 뻗치기 시작했다. 그렇기 때문에 해방 직후의 연극 상황은 특이할 정도로 래디컬하게 변모되어갔다. 즉 남로당은 해방이 되자마자 재빨리 예술계에 검은 손을 뻗쳐 일제강점기 프로계에 조금이나마 관련을 가졌던 연극인과 우왕좌왕하던 연극인들을 유혹하여 좌익 극단을 조직케 하고, 이들은 다시 프로연극동맹이라는 조직체 속에 묶어서 마음대로 조종할 수 있도록 만들어나갔다. 이것이 연극을 정치도구로 전락시키는 제1단계였다. 따라서 대부분 동양극장에서 〈사랑에 죽고 돈에 울고〉(임선규 작)와 같은 감상주의적이고 홍루적(紅淚的)인 신파극을 하던 연극인들이 급속히 좌경, 하루아침에 예술정치인이 되어 마르크스, 엥겔스가 어떻고 사상이 어떻고 떠들면서 미처 소화도 안 된 이념의 편린들을 연극 속에 어거지로 삽입함은 물론, 그것으로도 부족해서 공연이 끝나면 관객들을 선동해서 가두 시위에 나서기도 하였다.

그러나 그들의 유물변증법에 의거한 극히 도식적이고 설익은 이념극이 대중에게 먹힐 리 만무했다. 예술적 가치는 전혀 없고 오로지 판에 박은 듯한 이념 구호의 작품들이 대중의 공감을 살 수가 없었다. 자신들을 따르던 관객이 급격히 줄어가자 초조해진 좌익 연극인들은 극장 노동자들을 선동하여 우익 민족진영이 연극을 못 하도록 극장 안의 전기선을 파괴하고 우익 연극인들에게 폭력을 가하는 등 횡포가 말이 아니었다. 이와 같이 극렬 좌파 연극인들이 기승을 부리자 정부 당국은 극장 안에서의 예술을 빙자한 정치선전의 금지 조치를 발표하고 점차 철퇴를 가해갔다. 그러자 좌익 연극인들은 3차에 걸쳐 자신들을 부르는 평양을 향해 월북해 갔고, 1948년 정부수립 직전까지 좌익 연극인들은 전향하거나 월북함으로써 해방 직후 2년여의 남로당의 조종에 따른 왜곡된 정치선전극도 그 막을 내리게 되었다.

따라서 북한 연극의 시작은 1946년 북조선연극동맹이 조직되면서부터였다. 월북 극작가 박영호를 위원장으로 하여 서울에서 제1차로 월북한 극좌파인 해방극단 단원들이 주축이 되어 북조선연극동맹이 조직되자, 서울에서 맹활약하던 혁명극단, 청포도, 조선예술극단 등 좌익 극단 단원들과 그들의 꼬임에 빠진 월북 연극인들이 평양국립극단, 시립예술극단, 해방예술

월북한 당시 최고배우 황철

극단, 전진극장, 평북예술극장, 함북예술극장, 내무성극장 등을 조직했다. 이것이 소위 북한 연극의 기반이 된 것이다. 대표적인 월북 연극인들을 보면 극작가로서는 박영호, 송영, 신고송, 함세적, 김태진, 조영출, 한태천 등이 있고, 연출가로는 안영일, 나웅, 주영섭 등이며, 배우들로서는 황철, 심영, 지경순, 그리고 이론가로서는 한효, 이재현 등이 있다.

그런데 이들의 성분도 크게 두 부류로 나눌 수 있는데, 한 종류는 초창기 프로극(1923년 〈염군[焰群]〉이 효시) 운동 이후부터 좌경했던 이들, 또 한 종류는 이념 같은 것은 알지도 못하며 관심조차 없이 연극만 하다가 해방 직후의 분위기와 동료들의 유혹에 끌려 얼떨결에 월북한 사람들이다. 실제로 극렬분자는 극소수이고, 시대·사회적 분위기에 의해서 월북한 연극인이 대부분이었다.

또한 좌익 월북 연극인들의 공통점은 모두가 1930, 40년대 동양극장을 중심으로 상업주의적 신파극과 악극을 하던 부류라는 사실이다. 예외라고 한다면 주영섭, 함세덕 등 몇 명에 불과하다. 그러니까 1920년대의 극예술협회나 토월회, 1930년대의 극예술연구회와 학생예술좌 계통의 정통적 근대극을 추구하던 순수 연극인들과는 체질상 많이 다른, 프롤레타리아극과 대중연극에 뿌리를 두었던 인물들이었다. 그 핵심적 멤버들만 보더라도 박영호, 송영, 나웅, 김태진, 안영일 등으로서 그들이 비록 초기 프로극과 깊은 관련은 맺었지만 1930년대부터 동양극장을 중심으로 한 청춘좌, 아랑, 신무대, 고협 등 상업극단들의 레퍼토리를 전담하다시피 했고, 또 연출을 했던 대중연극인들이었다. 그들이 비록 일제의 감시를 피하기 위해 동양극장이라는 대중연극 속에 은신했다손 치더라도 그들의 십수 년간의 연극 활동은 분명히 신파극이었음을 숨길 수 없는 사실이다. 따라서 그들이 만든 북한 연극의 기본적 틀은 신파극 계열일 수밖에 없는 것이다.

그러한 배경의 북한 연극의 발전 과정은 김일성의 정치노선, 내외정세 등에 따라 대체로 3단계로 나눌 수 있는데 모방수습기(1946~1959), 토착기(1960~1970), 무대미학혁명기(1971년 이후) 등의 단계를 밟는다. 물론 이상과 같은 구분은 순전히 필자의 견해에 의한 것이다. 그리고 이와 같은 과정 분류는 주제, 내용상에서보다는 외형상, 형식상의 변화에 초점을 맞춘 것이다.

실제로 해방과 함께 좌익으로 돌아선 그들이 갑자기 종래와는 다른 형태를 추구하자니 자연 어떤 연극을 만들어야 할지 고민하지 않을 수 없었을 것 같다. 일제시대부터 해방 직후까지의 프로극은 유물론에 입각하여 마르크시즘의 세계관을 작품에 투영해보려 노력한 설익은 이데올로기 연극이었던 데 비해, 1947년 이후 평양을 중심으로 펼친 연극은 순전히 김일성과 당의 교시에 의한 것이고, 또 그 교시를 작품에 충실히 반영한 것이었다. 박영호나 함세덕, 신고송 등 대표적인 프로극작가들의 작품만 보더라도 1947년까지는 주로 식민지 시대에 일제와 투쟁, 즉 독립항쟁이 주제였으나 월북한 뒤부터는 김일성의 충실한 하수인으로 전락한 것이 특징이다. 주제가 그렇게 흘러가면서도 양식만은 신파극과 사회주의적 사실주의를 조화시켜보려는 데 북한 연극의 묘한 모순과 딜레마가 있었다.

그리하여 1950년 남침 직전까지 작가들은 1930년대의 김일성 영웅화, 노동의 미화, 남한에서의 반정부운동 조작 등 당이 필요로 하는 정치적 목적을 충족시킬 작품들을 생산해내는 데 급급하였다. 그러면서 해방된 기쁨과 노동자들과 노동 의욕 고취, 토지개혁 등 일련의 사회주의적 개혁을 찬미하는 것으로 일관하였다. 따라서 창작 방법은 소련의 목적극적 프레임에서 터득한 사회주의적 사실주의를 맹목적으로 답습한 것이었다.

그들의 사회주의적 사실방법이란 마르크스–레닌주의의 프롤레타리아

예술관을 이론적 기초로 하여 생활의 본질과 합법칙성을 반영하며, 고도의 사상성과 예술성을 보장하고, 작품 소재는 현실성, 혁명성, 사회주의적 내용, 생활의 본질과 영웅적 인물을 묘사하는 것으로 일관되어 있으며, 작품 구성은 혁명적인 낙관주의와 집단적 영웅주의가 주조를 이루고 있다. 그리고 작품 전개는 긍정적 상황과 구체적 사실을 묘사하며 작품의 주인공은 판에 박은 듯이 노동자, 농민, 사무원, 기사, 교원, 군인 등이며 이들을 형상화하는 사상적 근거를 제시해주는 것이다.

그런데 그들에게 있어서 마르크스주의 예술의 투쟁 무기인 사회주의적 사실주의는 국가의 기술적 개조와 더불어 인간의 사상적 개조를 위한 교육적인 의미를 가진 것이었다. 따라서 그들이 묘사한 주인공들인 농민과 노동자들은 한결같이 일말의 불안도 엿볼 수 없는 희한한 모조품 인간들이었다. 그것은 무갈등의 이론이 전개되면서 더욱 더했다. 즉 인간적인 고뇌와는 전혀 관련이 없는 것처럼 보이는 자기 주체적 생활이 없는 로봇 주인공들이었다. 이것이 소위 그들이 항용 내세우는 역사적 주체성에 의한 묘사였던 것이다. 그렇기 때문에 연극에서 가장 중요시하는 인간의 내면적 갈등, 더 나아가서는 내적 세계가 표현될 리가 없었다.

이처럼 사회주의적 사실주의란 일찍이 허버트 리드가 갈파한 대로 지적 또는 독단적인 목적을 예술에 마구 밀어 넣으려는 기도에 불과한 것으로서 공익이라는 미명하에 예술을 정치에 희생시키는 것이다(『예술철학』 참조). 사실 예술의 통제는 곧 인간 정신을 질식시키는 것이며, 이는 곧 예술의 싹을 꺾는 행위에 지나지 않는다. 그들은 사회주의적 사실주의라는 창작 방법을 철저히 습득하기 위해 소련 작품을 많이 번역 공연했는데, 그것도 순전히 1920, 30년대의 사회주의적 사실주의 계열의 작품에 국한되었다. 이것도 '고유문화 전승과 선진문화를 알맞게 수용하라'(1964년 5월)는 김일성 연설이 없었던들 불가능했을지도 모른다. 그 시절에 그들이 번역 공연한 작품은 〈어둠에 비치는 별〉(프그놀래 작) 〈어느 한 나라에서〉(웰타 작) 〈러시아 사람들〉(시모노프 작) 〈장갑열차〉(이바노프 작) 〈푸른 거리〉(삼로브 작) 〈제2전선의 배우〉(쏘보코 작) 등과 같은 작품들이었다.

그런데 같은 공산권이라도 소련 이외 나라의 번역극은 거의 없었는데 이는 어디까지나 소련과의 친선이라는 정치적 측면도 고려된 때문으로 볼 수가 있다. 1940년대 말부터 1950년대 초에 걸쳐서 대략 반반가량 공연하던 소련 번역물과 창작물의 비율도 차츰 창작극 쪽으로 기울어갔다. 이제는 소련의 사회주의적 사실주의이란 목적극적 방법을 습득했기 때문이었다. 그리하여 1950년대 말부터는 번역극은 무대 위에서 자취를 감추게 된다. 이 1950년을 전후한 시기가 바로 소련의 사회주의적 사실주의의 창작 방법을 모방 수습하는 때였다.

이때 많은 신진 극작가들이 등장한다. 임하주, 김무길, 한성, 한태갑, 탁진, 허춘 같은 작가가 바로 그런 부류다. 이들은 신고송, 김사량, 송영, 한태천, 남궁만 같은 월북 기성작가들과 함께 희곡계를 주도하다가 김일성의 대숙청 이후에 가서는 그나마도 신진 작가들이 주도하게 된다. 즉 남침 전쟁 직후에 북한 연극의 기초를 닦다시피 한 월북 연극인들의 상당수가 숙청당해 죽거나 광산 등으로 끌려갔던 것이다. 따라서 극렬분자인 신고송, 김태진 등 몇 명만 남고 커다란 세대교체를 이룬 것이다.

그리하여 신진 작가들에 의하여 소위 '혁명적 대작'이라 불리는 대하 장막극이 등장하게 되었다. 이것이야말로 그들이 배운 소련의 사회주의적 사실주의 방법의 창작인 동시에 극복의 시발도 되는 것이다. 혁명적 대작도 사회주의적 사실주의의 기본적 프레임인데 단지 서사적 방법을 빌려 쓴 장막물이라는 점이 약간 다르다.

그들의 설명을 빌리면 혁명적 대작이란 "위대한 역사적 사건들을 배경으로 하여 준엄한 계급투쟁과 공산주의 운동의 역사를 전폭적으로 반영하며 투쟁 속에서 성장 발전하는 혁명투사의 전형적 형상을 창조함으로써 근로자의 혁명적 세계관 형성에 이바지하는 작품"("북괴문예작품 창작성향의 시대

별 변천과정」, 44쪽) 또는 "……오늘 조국땅 그 어디에서나 찬연히 빛을 뿌리고 있는 우리 당 정책의 혁명성과 정당성, 그의 위대한 산물인 오늘의 벅찬 현실과 그를 떠밀고 계속 전진하는 영웅적 조선 인민의 기백과 슬기를 가장 폭넓고 심원하게 그리고 전면적으로 옳게 형성화한 작품"(하향명, 「혁명적인 주제와 구성」, 『조선영화』, 1965.5)이라고 했다.

그러나 재래의 신파극 형식과 소련의 사회주의적 사실주의의 결합이 모방 수습기 작품들이라면, 정착기에 등장한 소위 혁명적 대작이란 새로운 혁명적 신파극으로 볼 수가 있다. 그러니까 그네들은 신파의 틀을 근본적으로 벗어날 수가 없었다는 이야기다. 혁명적 대작으로 꼽히는 대표작은 〈대하는 흐른다〉〈청년전위〉〈나에게는 조국이 있다〉〈곡산 빨치산〉〈승리의 기치 따라〉 등이 그런 계열인 것 같다. 그리고 이 혁명적 대작이라는 창작 의도 속에 은연중에 내포되어 있는 것은 김일성의 절대적 우상화와 신격화라고 볼 수 있다.

특히 혁명적 대작의 배경을 1930년대로 삼아서 항일무장 투쟁에 김일성을 중심에 놓은 것은 항일투쟁은 곧 김일성의 공로라는 공식을 만들어내기 위한 것이었다. 김일성의 우상화에 개연성을 부여하자는 것이었다. 따라서 1960년대 중반부터 모든 무대예술 작품은 김일성 우상화와 연결되기 시작했으며, 창작품에서 작자의 이름이 밝혀지지 않는 소위 '집체작의 시대'가 개막된다. 그러니까 그나마 작가 개성에 의한 창작의 시대는 끝이 났고, 극작가 개개인은 집체창작단의 일원으로서 작품을 조립해내는 창작 공장의 부품으로 전락한 것이다. 아무래도 작품에 작가의 개성이나 주관이 끼어드는 것을 예방하자는 의도였던 것 같다. 이는 북한의 개성 말살의 한 본보기로 보이기도 한다. 동서고금 어디에도 없는 기괴한 창작 방법이라 아니할 수 없다.

자유진영의 전위극에서 실험되고 있는 집단창작이란 작가, 연출가, 배우 등이 최대의 개성과 독창성을 발휘해서 뛰어난 작품을 만들라는 것이므로 북한의 집체작과는 정반대의 경우다. 창작이란 어디까지나 개인의 산물이란 것을 그들은 전면 거부한다. 단 김일성만이 단독작가가 될 수 있다는 것이다. 그리고 김일성에 대한 우상화도 개인으로부터 가계 전체로 확대해갔다. 그런 창작 태도에 대해 그들은 "혁명적 작품 창작에서 우리 작가 예술인들이 거둔 성과 가운데서 가장 빛나는 자리를 차지하는 것은 혁명의 탁월한 수령 김일성의 위대한 형상에 바쳐진 작품들과 그이의 위대한 혁명적 가정을 형상화한 작품들이 수많이 창조됐다"(앞의 책 참고)라고 주장하는 것이다.

그런데 이 혁명적 대작도 실은 1970년대에 무대미학의 혁명을 가져오기 위한 전초였다. 즉 그들은 1970년대에 들어서는 후계자 김정일 주도로 혁명가극이라는 독특한 형태의 연극을 창안했던 것이다. 사실은 북한에는 그들이 정통극이라고 주장하는 신파적 사회주의적 사실주의극 형태와 악극 비슷한 형태가 병존했었는데, 이것이 1971년에 서로 만나서 혁명가극이라는 또 하나의 특수 형태를 만들어낸 것이다. 주지하다시피 혁명가극은 김일성이 소년시절 만주에서 독립운동을 벌일 때 쓴 희곡을 거대한 가무극 형태로 재창조한 작품들을 일컫는다. 가령 〈피바다〉를 위시하여 〈꽃 파는 처녀〉 등이 바로 그런 대표적 작품이다.

그네들은 이와 같은 혁명가극에 대하여 "종래의 가극의 틀을 대담하게 깨고 방창(무대 위의 합창)의 도입으로 등장인물들의 노래를 화합하고 무대의 한계성을 극복했다"고 주장하면서, "주체사상의 요구를 빛나게 구현한 참다운 인민의 예술"이니 "우리 시대의 혁명적 문학예술의 훌륭한 본보기를 보여줌으로써 문학예술 전반을 더욱 찬란히 개화 발전시키는 데서 거대한 혁명적 변혁이며 문학예술 부분에서 착취사회가 남겨놓은 낡은 요소들을 완전히 쓸어버리고 우리의 문화를 주체적 요구대로 개조하는 위업 수행에서 획기적인 계기를 열어놓은 위대한 역사적 사변"(『조선예술』 1976년 8월호)이라고 주장했다. 이는 사실 그동안 천편일률적이고 도식적인 내용의 연극에 대중이 염증을 느끼자 규모를 웅장, 화려하게 하고 스펙터클화한 것이라고 말할 수가 있다.

즉 그들은 연극을 통하여 김일성 우상화의 효과를 극대화하기 위해 김일성이 쓴 항일운동 이야기를 화려한 무대장치와 많은 등장인물, 그리고 대중을 감동시킬 수 있는 음악과 무용을 곁들여 시청각화한 것이 혁명가극이었다. 분명한 것은 혁명가극도 그들은 반드시 〈피바다〉식만을 혁명가극의 전형으로 본다는 점이다. 가령 월간『조선예술』이 1983년 7월호에서 한 정의를 보면 "혁명가극을 주제로 한 가극만이 혁명가극으로 될 수 있는 것은 아니다. 주제의 측면으로 보면 혁명전통과 함께 사회주의, 공산주의를 위한 혁명투쟁을 내용으로 한 가극작품은 다 혁명가극이라고 볼 수 있다. 혁명전통 주제의 작품이라고 하여 혁명가극이라고 하는 것은 결코 아니다. 혁명가극이라는 것은 〈피바다〉식으로 창조된 가극이라는 것을 말하는 것이다. 〈피바다〉식 가극을 혁명가극이라고 하는 것은 그것이 혁명적 내용을 담으면서 종래의 가극의 모든 형식과 전통을 완전히 깨트려버리고 독창적인 창작 원칙과 방도에 의하여 창작된 새로운 형식의 가극이기 때문"이라고 분명히 한 것이다.

혁명가극은 오늘날 미국과 자유세계 여러 나라에서 번성하는 뮤지컬과도 다른 북한만의 독특한 형태이다. '선진문화의 수용'이라는 김일성의 교시가 내려지고 30여 년 뒤에 생겨난 형태가 바로 혁명가극이기도 하다. 사실 사극 류에서 무대장치의 과장은 통속화를 촉진하게 마련이다. 혁명가극을 그런 측면에서 보면 북한이 사회주의적 사실주의를 극복한다는 것이 오히려 수십 년 후퇴된 것이라고 볼 수도 있다. 솔직히 폐쇄사회에서는 모든 것, 특히 문화가 발전하기가 쉽지 않다.

물론 닫힌 사회에서 한 인물을 우상화하는 데는 혁명가극식의 과장된 시청각 연극이 효과를 거둘 수는 있을 것이다. 북한의 인민이 이런 유형의 연극 무대를 접하면서 일반적 연극 형태와 무용은 빛을 잃어가기도 했다. 왜냐하면 혁명가극 속에 모든 것이 다 들어 있었기 때문이다. 북한 예술 중에서 해외(사회주의 국가들에 한하지만)에 널리 소개된 장르는 단연 혁명가극으로서 중국, 소련, 중부 유럽, 그리고 멀리 아프리카의 여러 나라까지 여러 번 순회공연을 했고 또한 대단한 호평을 받았다. 북한은 외국 작품에 대한 의례적인 호평도 진짜로 받아들임으로써 혁명가극이야말로 세계 최고의 연극 형태로 착각(?)하고 있는 듯이 보이기도 한다. 그럴 수밖에 없는 것이 북한 사람들이 외국의 공연예술을 볼 기회가 거의 없기 때문에 지도층에서부터 인민들까지 혁명가극이야말로 지구상의 최고의 무대예술로 알고 있다고 말할 수가 있다. 그래서 북한 사람들은 이 혁명가극에 상당한 자부심을 갖고 있기도 하다.

전술한 바대로 혁명가극의 대표작은 소위 5대 혁명가극으로 일컬어지는 〈피바다〉〈밀림아 이야기하라〉〈꽃 파는 처녀〉〈당의 참된 딸〉〈금강산의 노래〉 등이다. 물론 이들 작품도 모두가 김일성이 젊은 시절 만주에서 쓴 대본을 토대로 한 것임은 두말할 나위 없는 것이다.

그런데 매우 주목되는 사실은 혁명가극을 주도한 후계자 김정일이 1978년도에 유명한 글 「연극예술에 대하여」를 발표하면서 혁명가극에 회의를 느꼈음을 감지케 한다는 점이다. 그러니까 그는 혁명가극의 과장된 표현이 바람직한 연극의 형태는 아니라고 생각한 듯싶다. 좀 더 구체적으로 말하면 인민이 혁명가극을 선호하는 것이 그 안에 담겨 있는 사상이나 이념보다는 신나는 노래와 춤, 그리고 웅장 화려한 무대장치와 기술 등에 있다고 확신했다는 것이다. 부연하면 당에서 진정으로 전달하려는 정책과 주체사상은 뒷전으로 밀리고 인민은 리듬과 율동에 매료되므로 가극의 성과는 반감될 수밖에 없다고 본 듯싶다. 그가 볼 때, 혁명가극의 음악과 무용이 오히려 전달하려는 서사를 방해하는 요소로 작용할 수도 있다고 생각한 듯하다.

왜냐하면 그가 자신의 글에서 느닷없이 '〈성황당〉식 연극'이야말로 새로운 형태의 연극이라고 주장하고 나왔기 때문이다. 즉 김정일의 글 중 제2장의 '극문학' 부분에서 그는 "희곡은 연극의 사상적 내용과 예술적 형식을 규정하는 기초로서 연극의 매용을 규정하여주는 종자와 주체사상, 인물의 성격과 인간관계는 물론 형식을 담보하여주는 구성과 갈등, 이야기 줄거리, 양상이 주어져 있다는 대전제에서 출발한다"(박영정, 『북한 연극/희곡의 분석과 전망』, 연극과인간, 2007, 181쪽)고 했다. 이는 사실 그동안 자유 진영의 모든 연극학자들이 주장해온 희곡 중심주의를 뒤늦게 복창한 것에 지나지 않는 것이라고 말할 수가 있다. 물론 앙토냉 아르토의 등장과 함께 그러한 희곡 중심주의가 약간 흔들리기도 했지만 여전히 연극에서 희곡은 절대적인 바탕으로 여겨지고 있다고 말할 수가 있다.

김정일이 그동안 풍자희극으로 인민들에게 익숙해진 〈성황당〉을 하나의 전범으로 내세운 것은 그 작품이 노래나 춤 등과 같은 부수적인 것 없이 서사만 가지고도 인민들을 충분히 흥겹게 했던 희곡이라 생각한 듯싶다. 물론 그렇다고 해서 그가 혁명가극을 완전히 배격한 것은 아니었다. 근 10여 년 가까이 혁명가극은 국내외에서 호평을 받은 바도 있을 뿐만 아니라 김일성 주석도 좋아하는 연극 형태이므로 그것은 그대로 두고 새로운 연극 방식으로 서사 중심의 〈성황당〉식 연극을 기본으로 삼았던 것이다.

그리하여 그는 1978년에 국립연극단으로 하여금 〈성황당〉식 연극을 시도케 함으로써 그것을 1980년대 이후의 연극 주류로 삼았으며 대표작 5편을 차례로 선보인 바 있다. 즉 〈성황당〉을 비롯하여 〈딸에게서 온 편지〉〈혈분만국회〉〈3인1당〉〈경축대회〉 등이 바로 그것이다. 그런데 흥미로운 사실은 이들 작품 모두가 인민들이 부담 없이 즐길 수 있는 풍자성 강한 경희극에 속한다는 사실이다. 북한 사회가 경직되어 있는 만큼 인민들은 가볍게 관극할 수 있는 작품들을 선호하고 당국에서도 그러한 인민들의 소망에 맞춰서 만담이라든가 촌극 등과 같은 가벼운 작품들과 함께 경희극에 방점을 두었다고 볼 수가 있다.

특히 1994년 김일성 사후 김정일이 전권을 쥐고 정사에 바쁜 나머지 공연예술에 신경 쓰기 어려워지면서 연극의 진전도 더 이상 없었다. 적어도 연극에 변화가 오려면 김정일 버금가는 실력자가 나타나서 연극을 주도해야 하지만 북한의 권력구조상 그런 일은 불가능했고 따라서 1980년대의 연극 방식이 그대로 이어질 수밖에 없었던 것이다.

그러니까 21세기 들어서도 5대 혁명연극이라 할 〈성황당〉 〈혈분만국회〉 〈3인1당〉 〈딸에게서 온 편지〉 등과 〈소원〉 〈어머님의 당부〉 〈승리의 기치 따라〉 〈조국산천에 안개 개인다〉 그리고 〈백두산의 녀동지〉 등 김일성 수령과 그의 부인을 찬양하는 작품들이 주로 무대에 올려졌다. 가령 2010년대의 무대를 보더라도 자주 공연되는 작품들은 〈산울림〉 등과 같은 1960년대 희곡을 리메이크한 것과 함께 '고난의 행군' 시기를 배경으로 한 〈오늘을 추억하라〉와 김일성, 김정일, 김정은으로 이어진 백두혈통에 대한 충성심을 기술 개발과 연결 지은 〈붉은 눈이 내린다〉 등이 극장 한가운데를 차지하고 있었다. 이처럼 북한 연극은 그 나라의 체제 유지와 선전의 충실한 도구로서 존재해왔고, 앞으로도 체제상의 특별한 변화가 없는 한 그렇게 나아갈 것 같다.

# 제5장

## 국립극장의 역사적 출범

　지성인과 깡패의 차이점은 아무래도 정신의 힘을 믿느냐, 물리적 힘을 신봉하느냐의 차이일 것이다. 그러니까 지성인은 펜의 힘이 강하다고 믿고 깡패는 주먹의 힘이 강하다고 믿는다는 이야기다. 혼란기에는 대체로 물리적인 힘이 주도권을 행사하고 역사의 국면을 전환시키려 한다. 근대 연극사를 놓고 볼 때, 해방 직후 좌우익의 대립과 갈등이 연극계의 혼란을 가져왔고, 특히 정치수단이 된 좌익 연극인들의 난동과 횡포가 대단했음은 앞에서 이미 상술한 바 있다. 그런데 우익 민족진영에서도 일방적으로 당하기만 한 것은 아니었다.

　연극인들 중 붓으로 좌익 이론과 대결한 인물은 이해랑이었고, 완력으로 맞선 연극인은 오사량 등 몇이었다. 그리고 이철승과 같은 우익 학생 리더들도 단단히 한몫을 했으며 당시 장안을 휘어잡던 의협심 강한 우국 청년들이 좌익 연극인들의 기를 꺾기도 했다. 그 좋은 예가 김두한의 경우였다. 김두한은 주지하다시피 독립군을 이끌었던 명장 김좌진(金佐鎭) 장군의 아들로서 민족애로 불타던 청년이었다. 해방 직후는 애국심을 고취하는 시대극이 유행했던 때라서 평소 예술과 별 접촉이 없었던 독립투사들도 이따금 연극 관람을 했었다. 김두한도 그러한 경우로 우연히 좌익 극단의 연극을 보게 되었다.

1946년 봄 좌익 연극인들이 주동이 되어 소위 3·1연극제라는 것을 개최하고 있었는데, 그는 혁명극장의 〈님〉(박영호 작, 박춘명 연출)이라는 공연을 구경하게 되었다. 〈님〉도 일제강점기의 항일독립투쟁을 묘사한 시대극임은 말할 나위 없다. 그러나 문제는 독립운동을 보잘것없는 공산주의자들이 주체가 된 듯이 묘사한 데 있었다. 좌익 연극인들이 자기들의 사상을 선전하기 위해서 만든 작품이기 때문에 독립항쟁의 주역이었던 김좌진 장군이 보잘것없이 묘사되고 하찮은 무명의 쪼무래기 공산주의자가 오히려 영웅처럼 그려졌던 것이다.

열혈청년 김두한은 피가 끓어올랐으나 예의상 꾹 참고 관극을 끝냈다. 김두한은 문에 지켜 섰다가 주역을 맡았던 좌익 배우 심영의 뒤를 따랐다. 심영이 아내와 아무것도 모르고 광교를 지나갈 때, 김두한이 뒤에서 권총으로 내갈겼다. 총소리에 놀란 심영은 옆의 부인을 향해 "이게 무슨 소리지?" 하다가 그 자리에서 푹 쓰러지고 말았다. 총알이 복부를 관통한 것이었다. 심영은 곧바로 부인의 등에 업혀 서울대학병원으로 옮겨져 치료를 받았는데, 다행히 총알이 내장을 하나도 건드리지 않고 관통했기 때문에 몇 주 치료로 완쾌될 수 있었다(고설봉 증언).

이처럼 우국 청년들이 있었기 때문에 무자비한 좌익 연극인들의 난동 속에서도 민족 연극의 명맥이 유지될 수 있었다. 물론 김두한같이 순수한 우국 청년만 있었던 것은 아니다. 좌익계에 매수되어 행패를 부린 연예 폭력배도 없지 않았다. 그런 대표적 예가 후일 정치 강자로 변신한 임화수 같은 경우였다. 해방 직후의 혼란기 속에서 번성했던 기형 연극으로 상업적인 악극이라는 것이 있었다. 저질 신파극의 끝막에 버라이어티쇼를 붙인 악극은 처음 변두리 극장에서 겨우 명맥을 유지했으나 지방무대의 석권을 배경으로 하여 도심의 대극장까지 진출하기 시작했다.

정통 연극이 좌우익으로 분열되어 이념 투쟁만 하고 있었기 때문에 악극이 대중에게 어필할 수가 있었다. 동양극장의 신파극에 향수를 갖고 있던 당시 대중에게 악극은 그런대로 볼거리를 제공해주었던 것이다. 그래서 십수 개의 악극단이 판을 쳤고 임화수와 같은 사람도 악극단장을 맡아 제일극장에 본거를 두고 뒷골목 세력을 장악하기 시작한 것이다.

이런 혼란기였으므로 극예술협회 같은 전통적 우익 민족진영 극단이 돋보였음은 너무나 당연했다. 따라서 극예술협회에는 유능한 배우와 배우지망생들이 몰려들 수밖에 없었다. 기라성 같은 남자배우들이 상당수 월북했지만 여배우들은 남쪽에 더 많았다.

그런 중에 키가 작달막하고 얼굴만 커다란 김선영이 단연 독보적이었다. 1930년대 말엽 동양극장의 단역배우로 출발한 김선영은 남자배우와 일본으로 야간 도주해서 댄서 생활도 하는 등 산전수전을 다 겪은 여자였음에도 제법 지적 분위기를 풍기는 배우였다. 대담하고 괴팍하며 남자 보기를 우습게 보는 여자였기 때문에 남성들이 가까이하는 것을 꺼릴 정도였다. 그녀가 한번 심통을 부리면 막조차 올릴 수 없었으므로 극단 대표는 말할 것도 없고 단원들은 그녀를 신주로 모시듯 했다. 그런데 신파극만 해본 그녀였음에도 정통 신극 무대에서도 단연 빼어난 연기력을 과시했던 것이다. 어떤 난역도 척척 해석하는 것은 말할 것도 없고 섬세하면서도 호소력 있는 연기는 관객을 완전히 사로잡았다. 특히 차가운 것 같으면서도 낭랑한 목소리 속에는 따스함이 스며 있어서 관중을 열광의 도가니 속으로 몰아넣었다. 역시 여배우도 인생의 산고를 겪어야 풍부한 연기력을 갖추는 것 같다.

이런 출중한 여배우가 있었기 때문에 극예술협회가 우익 민족연극의 기수가 될 수 있었다. 반면에 큰 나무 밑에서 풀이 자라지 못하는 것처럼 김선영을 따를 만한 여배우가 좀처럼 나오지를 못했다. 뒷날 크게 명성을 떨쳤던 조미령도 김선영의 빛에 가려 수 년 동안 그늘에 있어야 했다. 그러나 갓 스무 살도 안 된 마산 출신의 조미령(본명 조제순)은 극예술협회의 꽃이었고 남성팬들의 연인이었다. 특히 같은 단원이면서도 총각 단원들에게는 선망의 대상이었다. 그녀가 얼마나 인기가 있었냐는 극예술협회의 부산 공연에서 구체적으로 나타났다.

당시 지방 공연을 나가면 열성팬의 저녁 초대라는 것이 있었다. 그때도 공연이 끝난 뒤 주요 단원들이 요정에 초대받아 갔다. 통금에 걸려 길바닥에서 밤을 보낸 이해랑 · 김동원 · 이화삼 · 김선영 · 조미령 등이 후줄근해져서 여관으로 돌아와 보니 단원들이 스트라이크를 벌이고 있었다. 이유는 간단했다. 조미령을 데리고 나가 밤을 새우고 들어왔기 때문에 그녀를 짝사랑했던 조백령(趙白領)이 선동해서 일으킨 반란이었다. 통금에 걸린 자초지종을 해명하여 오해는 풀렸지만 결국 조백령은 스트라이크 책임자로 극단에서 축출되었고, 6 · 25전쟁 때 좌경하여 월북하는 것으로서 이해랑한테 보복했다.

이렇듯 이 시기에도 여배우는 귀했기 때문에 웬만한 극단에서는 단장 또는 중견급 남성들이 여배우를 잡아두기 위해 아내로 삼는 경우가 많았다.

여배우 부족에 이어서 극장 부족도 큰 문제였다. 다행히 당시까지만 해도 영화가 인기 장르가 못 되어서 주요 극장들은 연극과 영화를 함께 했다. 그런데 문제는 극장 측에서 수입의 반 이상을 뜯어가는 데 있었다. 그렇기 때문에 일제강점기의 일본인 극장 문제만 해결되면 연극은 그야말로 승승장구할 수 있을 것으로 믿었다. 민족 해방은 그래서 연극인들을 기대에 부풀게 했다. 그러나 해방이 되었어도 극장 사정은 조금도 나아지지 않았다. 그 이유는 간단했다. 식민지 시대에 극장은 일본인 고리대금업자들의 수중에 있으면서 예술인들의 고혈을 빨았듯이 해방이 되고서는 한국인 고리대금업자들이 극장을 그대로 갖고 있었던 것이다. 이재에 어두운 연극인들이 그냥 앉아 있을 때, 일본인 밑에서 맴돌던 흥행업자들이 잽싸게 일본인 극장들을 차지하고 일본인들이 했던 수법을 고대로 받아들인 것이다. 그러니까 식민지 시대에 일본인 극장주 밑에서 심부름하던 하인들 손에 극장들이 모두 점취되면서 공연 사정은 조금도 개선되지 않았던 것이다.

극장들이 그러한 흥행 모리배에게 점령되면서 일본인이 했던 보합제(步合制) 같은 극단 착취제가 그대로 답습되었으며, 극장주들은 돈이 벌릴 수 있는 작품만을 요구했다. 이들의 의식이 얼마나 타락했느냐는 일제 말엽 상영했던 〈지원병〉이라는 국책영화를 〈희망의 봄〉으로 제목만 바꾸어 상영한 경우에서 제대로 드러났다. 그렇게 되자 문화인들이 단결해서 전에 일본인들이 경영했던 극장 일체를 국유화해서 예술인들에게 넘기라는 건의서를 작성, 군정청에 제출하기도 했다. 물론 이러한 건의서가 아무런 효과도 내지 못했음은 두말할 나위 없다. 그나마도 극장의 절대 수가 부족했다. 해방 직후 전국에 있던 극장 수(거의 일본인 경영의 영화관)는 185관으로서 일본의 3천 관, 미국의 1만 8천 관, 소련의 4만 3천 관 등에 비하면 조족지혈에 불과했다. 그만큼 우리는 극장 문화의 볼모지대였던 것이다.

따라서 해방 직후 문화계 일각에서는 서서히 국립극장 설치의 필요론이 대두되기 시작했다. 그 첫 번째 글이 1946년 1월에 이서향이 쓴 「극장문제의 귀추」란 것이었다. 내용은 기존 극장들은 공연예술인들에게 맡기고 조속히 국립극장을 설립해야 한다는 것이었다. 국립극장의 필요론이 연극문화계에서 설왕설래하자마자 미 군정청에서 즉각 검토하기 시작했고, 군정청 문화 관계자들이 서항석 등을 만나서 의견을 듣기도 했다. 그리고 군정청은 은밀하게 서항석을 극장장으로 내정하고, 국제극장을 국립극장으로 일단 정했다. 군정청은 서항석에게만 그러한 사실을 알려주면서 외부에 발설하지 말 것과 좌우익 어디에도 가담치 말도록 했다.

그러나 미 군정청이 비밀리에 추진하고 있던 국립극장 건이 한 달 뒤에 신문에 보도되고 말았다. 경기도 지사 앤더슨이 즉각 군정장관에게 국제극장의 국립극장으로의 전환은 자기 직분을 침해한 것이라고 항의하고 공개입찰에 붙였던 것이다. 이때 동아일보, 경향신문, 매일신보 등 신문사 대표들은 공연예술계의 요청에 따라 국립극장 조기 설립을 촉구하는 건의서를 러치 군정장관과 경기도 적산과에 제출했다.

또한 국제극장의 입찰도 서항석에게 떨어졌음은 물론이다. 이와 같이 예술인과 언론계의 공동 보조로 인해서 군정장관도 8월에 국립극장 설치의 건을 결재했던 것이다. 그런데 의외의 사태가 벌어졌다. 즉 미국의 8개 영화사로부터 독점 배급의 권리를 얻은 김동성(金東成)이 그 영화의 개봉관으로서 국제극장을 지정하고 프로그램의 4분지 3을 영화로 채우겠다고 나섰던 것이다.

그렇게 되면 최초로 창설되는 국립극장이 미국 서부영화의 개봉관으로 전락할 수밖에 없었다. 국제극장은 김동성의 고집대로 영화개봉관으로 쓰이지 않고 서울시로 운영권이 넘어가 시공관이 되어버렸다. 그리고 약 2년여 동안 국립극장 추진운동은 주춤하다가, 1948년 정부 수립과 함께 12월 문교부가 국립극장 설치에 관한 법령을 작성하여 국무회의에 회부했는데 설치령은 전문 9조로 되어 있었다. 그런데 국립극장 설치령 초안이 국무회의에서 통과되었다고 해서 곧바로 국립극장이 설립되는 것은 아니었다.

설치령 초안이 국무회의를 통과한 뒤 무대예술인들은 기회를 놓칠세라 즉각 전국무대예술협회를 열고 국립극장 기성 촉진을 결의, 정부에 건의함으로써 여론이 급등해갔다. 그러자 문교부가 작성한 설치령 초안이 이범석 국무총리에 의해서 결재가 났다. 따라서 문교부는 국립극장을 서울·대구·부산 세 도시에 설치키로 하고 시공판·대구키네마·봉래관(부산)을 일단 지정하기에 이르렀다. 그리고 국립극장이 세워지는 세 도시에는 인재 양성을 위한 국립연예훈련도장도 두기로 했다.

총리의 결재가 나자 문교부는 서울시 측에 시공관 양도의 통첩을 보냈다. 그러자 서울시 측은 시민의 공익을 내세워 구 부민관(府民館)이나 시공관 중 하나를 반드시 가져야 된다는 것을 동장의회를 소집하여 결의하고 그 내용을 대통령과 국무총리에게 제출했다. 이로부터 시공관을 둘러싸고 문교부와 서울시 측은 지리한 싸움을 벌이게 되었다.

명동에 자리 잡고 있던 시공관은 1935년에 이시바시(石橋)라는 일본인이 지은 영화관으로서 연극 공연장으로서는 부적합했다. 그렇기 때문에 연극인들은 일본이 지은 것이라 하더라도 공연장으로 세웠던 부민관을 마음속에 두고 있었다. 그때 구 부민관은 미군이 쓰고 있었다. 때마침 구 부민관으로부터 미군이 철수했기 때문에 더욱 좋았다. 그런데 이번에는 난데없이 국회가 이 건물을 쓰겠다고 나섰다. 유치진 등 예술인들은 일간지 등에 국회도 중요하지만 국민 정서 함양의 국립극장도 그의 못잖게 소중하다는 내용의 글을 쓰기 시작했다.

문교부는 극장 지정을 보류한 채 우선 가을에 국립극장운영위원회(문교부장관·문화국장·치안국장·민경석 의원·안석주·채동선·박헌봉·유치진·서항석)를 구성하고 초대 극장장에 유치진을 임명했다. 극장 일이 순조롭게 풀려가기 시작한 것이다. 왜냐하면 연극인들이 그처럼 열망하던 구 부민관을 곧바로 국립극장으로 쓸 수 있게 되었기 때문이다. 구 부민관을 국립극장으로 확보한 것은 무대예술계의 커다란 승리였다. 1950년대 초에 국립극장 설치 대통령령이 공포됨으로써 일이 착착 진행되어갔다.

일이 그처럼 잘 풀렸던 것은 무대예술인의 열성도 있었지만 그보다 독일에서 공부한 철학박사 출신의 안호상이 문교부장관인 데다가 1930년대 연극운동을 했던 시인 김광섭이 대통령 비서로 일했기 때문이다. 여하간 극장장 유치진은 구 부민관으로 부임해 갔고 극장 내부를 점검하기 시작했다. 그런데 미군이 오락장으로 몇 년 동안 사용한 뒤라서 막도 떨어져 나갔고 조명이랑 의자들이 형편없이 파손되어 있었다. 유치진은 개수를 계획했으나 갓 출발한 정부에 돈이 있을 리 만무했다. 그는 당시 저축은행장으로 있던 오위영(吳緯泳)을 찾아가서 1억 원의 융자를 부탁했다. 그가 오위영을 찾은 것은 소년 시절 부산에서 함께 우체국 말단직원으로 근무한 적이 있어 절친한 사이였기 때문이다. 오위영은 안호상 장관을 통해 선뜻 거금을 융자해주었다.

유치진은 그 돈 중 4천만 원을 중앙국립극장 수리비로 책정하고 나머지

국립극장 창립 관련 회의 장면(유치진, 홍해성 등이 보인다)

를 3천만 원씩 갈라서 대구와 부산의 국립극장 보수비로 책정했다. 그런데 뜻밖의 사태가 벌어졌다. 국회에 정부조직법을 통과시키는 과정에서 지방에는 국립극장을 두지 못하도록 직제를 고쳐버린 것이다. 그때 국회에서의 정부조직법 개정이 지방예술이 뿌리를 못 내리는 결정적 계기가 되었다. 그 사건은 한 나라의 문화정책이 얼마나 주요한가를 단적으로 보여준 예인 동시에 국회의원과 행정관리가 먼 장래를 내다보고 정책을 입안하고 또 집행해야 한다는 것도 보여준다.

그러나 유치진 극장장은 서울의 국립극장만이라도 잘 키우자는 입장에서 대대적 수리에 들어갔다. 그리고 국립극장 운영의 6개 방침을 발표했다. 첫째로 신극협의회라는 기구만을 두지 않고 전속극단 2개를 둔다는 것, 극단은 신협(新協)과 극협(劇協)으로 하고 한 극단의 인원을 남녀 15명에서 10명으로 한다는 것, 둘째 공연은 두 단체가 격월로 신작 1편씩을 2주일씩 함으로써 연간 무휴 공연이 되게 한다는 것, 셋째 작품은 창작을 위주로 하되 번역극도 곁들이고 신인 발굴과 소설가의 참여도 유도하며 원고료는 입장료 수입의 5%를 지불한다는 것, 넷째 무대미술 등 제작비는 극장 비용으로 한다는 것, 다섯째 연출은 극단의 자주성을 생각해서 전속극단에 일임한다는

국립극장 공연 〈맹진사댁 경사〉

것, 여섯째 출연료는 전 입장료에서 원작료를 공제한 나머지의 10분의 3을 전속극단이 받아서 연출자와 배우들에게 지불하게끔 한다는 것 등이다.

이러한 국립극장의 운영 방침에 따라 1950년 1월 19일에 직속 협의기구로서 신극협의회가 발족되었고 극단 조직에 들어갔다. 그러나 중추가 되어야 할 극예술협회가 지방 공연에 나가고 없었다. 리더 이해랑이 그동안 진 빚을 갚기 위해서 오랜만에 성공한 〈맹진사댁 경사〉를 갖고 남도지방을 돌고 있었던 것이다. 지방 공연에서도 이 작품은 성공을 거두었는데 작품도 재미있었지만 그보다 갓 입회한 최은희(崔銀姬)와 문정숙(文貞淑)이 주역을 맡아 이쁜이와 갑분이를 간드러지게 열연했기 때문이다. 유치진의 급한 귀경 명령을 받은 이해랑은 순회공연을 중도에 포기하고 국립극장으로 돌아왔다. 그리하여 생겨난 것이 전속극단 신협이었다. 극예술협회 단원을 주축으로 해서 신협은 출범시킬 수 있었으나 인재 부족과 예산 문제로 극협은 이름만 둔 채 발족시키지 못했다.

전속극단이 구성되면서 국립극장은 일단 뼈대를 갖추게 되었다. 총괄하는 협의체 신극협의회 간사장으로 극작가 이광래가 앉고 예술국과 지방국을 두었으며 그 밑에 극작분과·연기분과·무대분과를 설치했다. 그런 가

운데에서도 연기분과
의 핵심으로 이해랑·
김동원·박상익·최
삼·전두영·송재로·
이화삼 등 남자배우
11명과 김선영·유계
선·황정순·유해초·
백성희 등 여배우 5명
이 최초의 멤버였다.
이들은 고생만 하다 첫
월급까지 받았기 때문
에 의기가 충천했다.

국립극장 개관 공연 〈원술랑〉의 한 장면(1959.4)

때마침 국회에서 국립극장설치법 특별회계법을 통과시켜주었기 때문에
극장 측에서는 즉각 개관 공연 준비에 들어갔다. 개관 프로그램은 연극을
스타트로 오페라, 창극, 발레 등 네 가지로 정했는데, 이것은 사실 무대예술
전반을 커버하는 것이기도 했다. 연극 작품은 극장장이 중진 작가였으므로
그에게 맡겼다. 유치진은 부랴부랴 신라 화랑도 이야기를 가지고 애국적인
계몽사극 〈원술랑〉을 완성했다.

연습이 순조롭게 진행되어 4월 29일 드디어 역사적인 개관 공연에 들어
갈 수가 있었다. 국립극장은 '민족예술의 발전과 연극문화의 향상을 도모하
여 국제문화의 교류를 촉진한다'는 목표를 내걸고 화려한 개관 공연에 들어
간 것이다. 〈원술랑〉(유치진 작, 허석 연출)을 1주일 동안 공연했던 바, 물밀 듯
관객이 몰려 5만 명 이상이나 되었다. 이는 신극 사상 최초의 일이었다. 두
번째로 무대에 오른 국극사(國劇社)의 창극 〈만리장성〉도 5일 동안 관중이
몰려들었고 최초로 창작 오페라 〈춘향전〉(현제명 작곡, 김생려 지휘, 고려심포
니 연주)도 마찬가지였으며, 마지막 작품 발레도 예외가 아니었다. 평일 2회,

공휴일 3회 공연인데도 매회 표를 사려는 인파가 두 줄로 늘어섰는데, 한 줄은 광화문 네거리, 또 한 줄은 덕수궁 정문 앞까지 뻗어 있었다. 국립극장이 오늘날 세종문화회관 별관(조선일보사 앞)이었기 때문에 광화문의 교통 혼잡까지 야기시켰다. 당시 연극 관람료가 영화의 3배나 되었음에도 그처럼 관중이 몰렸던 것이다.

개관 프로그램 네 가지 중에서도 연극이 특히 인기가 있었는데, 그것은 우선 스케일에서부터 관객을 압도했기 때문이다. 작품 배경 자체가 영웅의 전쟁 장면이므로 시청각적으로 스펙터클했고, 역사학자의 고증을 제대로 받은 최초의 사극이기도 했다. 김정환(金貞桓)의 장치가 너무 커서 배우들이 위축될 정도였다.

배우들은 5만 원씩 월급을 받았는데, 당시 그 액수는 여섯 식구가 두 달은 충분히 살 수 있는 생활비에 해당했다. 겨우 됫박 쌀을 사다가 먹던 배우들로서는 눈이 번쩍 띄는 거금이었다. 그러니 연기도 신명 나게 최선을 다하지 않을 수 있겠는가.

개관 공연이 무대예술의 르네상스를 가져오는 듯하자 국립극장은 곧바로 제2회 공연 준비에 들어갔다. 이번에는 번역극으로 정하고 조우(曹禺)의 〈뇌우(雷雨)〉(김광주 역)를 유치진 연출로 무대에 올렸다. 배역도 새롭게 바꾸어 언제나 젊은 주역을 맡던 김동원을 밀어내고 이해랑을 등장시켰다. 중국의 대표적인 근대 가정비극인 〈뇌우〉의 환상적 무대(김정환 장치)는 배우들의 절묘한 앙상블과 함께 조화를 이뤄 관객을 압도했다. 이 작품은 10일 공연한 데 이어 관객의 요청으로 5일간 앙코르 공연까지 하여 무려 7만 5천 명이라는 인원을 동원했다. 당시 160여만 명의 서울 인구 중 25분의 1 정도가 구경한 셈이다. 따라서 그때 〈뇌우〉를 못 본 사람은 문화인 축에도 들 수 없을 정도였다.

어떻게 해서 〈뇌우〉가 그처럼 대성공을 거둘 수가 있었을까. 그 원인은 대체로 세 가지로 요약할 수 있을 것 같다. 첫째는 뭐니 뭐니 해도 레퍼토리

제4부 엄혹한 시대, 혼돈의 연극계

명동국립극장(구 메이지좌)

선정에 있었고, 두 번째로는 유치진 연출의 뛰어난 작품 해석에 있었으며, 세 번째로는 최고 연기진의 앙상블에 있었다. 거기다가 한 가지 덧붙인다면 운이 따랐다고도 볼 수 있다. 왜냐하면 첫날 비가 내려서 작품 속의 비 내리는 클라이맥스를 한껏 살려주었기 때문이다. 물론 비는 곧 개었지만 개막공연의 분위기만은 크게 살려주었던 것이다.

이 작품의 진행 과정에서 울리는 뇌성벽력 효과가 얼마나 리얼리티가 있었던지 관중은 연극을 보면서 무의식적으로 우산 걱정을 할 정도였다. 그렇기 때문에 관객들이 극장 문을 나서면서 청명한 하늘을 보고 놀라곤 했다고 한다. 주역이었던 이해랑도 그때의 작품에 하도 열중했었기 때문에 5년 뒤 8대 국회의원(비례대표)으로 등원하여 개원식을 마치고 나오다가 무심결에 우산을 펴는 시늉까지 했다는 일화가 있다(이해랑 증언). 당시 의사당이 바로 과거 국립극장이었으므로 국회의원을 배우로 착각한 듯싶다.

그러나 이처럼 대단했던 국립극장을 중심으로 한 연극열도 북한의 남침으로 박살이 났다. 1950년 6월 25일 북한이 일으킨 전쟁으로 제3회 공연 준비 중에 국립극장은 일단 정지되고 말았다.

# 제5부

# 한국전쟁 전후의 연극운동

# 제1장

**한국전쟁의 발발과 연극의 붕괴**

식민지적 연극 유산은 아직까지도 완전히 청소되지 않은 상태지만 그래도 1단계의 정리는 1950년대 초 국립극장 설립에 의해서 이루어졌다고 볼수가 있다. 그렇게 볼 수 있는 이유는 세 가지에 있다. 첫째 20여 년 동안 연극계 내부에서 은연중 갈등의 원인이 되었던 좌우익 이데올로기 대립이 일단 종식되었고, 두 번째는 연극계를 뒤덮다시피 한 저질 상업극이 어느 정도 걷혔으며, 세 번째로는 한국 근대극이 비로소 민족극 정립이라는 뚜렷한 목표를 설정하고 정진해나가고 있기 때문이다. 그만큼 국립극장의 출범은 우리나라 연극사에서 매우 중요한 전환점이 되었다.

그만큼 당시 우리나라 연극계의 경륜과 두뇌, 기술 등 모든 것이 국립극장에 집결되었었고, 그중에서도 실천력이 있는 인재들이 모두 국립극장에 모였다는 것은 대단한 의미가 있다. 그러니까 근대극이 시작된 이래 산발적으로 중구난방 일어났던 갖가지 연극운동이 민족극 정립이라는 한 가지 목표 속에 구체적으로 집약되었다는 것은 그 어느 것보다도 중요한 의미를 갖는다.

물론 다른 측면에서 보면 모든 연극이 국립극장이라는 한 테두리 속에 들어감으로써 연극의 범위가 축소된 것처럼 보일 수도 있었다. 그러나 우리 연극이 식민지 시대에 탄압과 영합으로 겨우 명맥을 유지해온 데다가 해방 직후 정치 운동에 휘말리고 그에 따라 상당수 연극인들이 월북한 상태였기 때문에 사실 1940년대 말엽의 연극은 거의 기진맥진한 상태에 놓여 있었다. 이 말은 그나마 정부 지원의 국립극장이라도 생겨났으니까 연극이 기사회생할 수 있었다는 이야기이기도 하다. 그리고 실제로 국립극장의 등장으로 인해서 연극 판도가 지방 분산으로부터 중앙 집중 현상으로 바뀐 것도 사실이다. 연극은 종합예술인 데다가 배우의 예술이므로 쓸 만한 배우가 국립극장에 몰린 것이 중앙집중화를 초래했다고도 볼 수가 있다.

여하튼 국립극장은 한국 연극의 중심이고 메카로서 연극 증흥을 꾀하고 있었다. 국립극장 연극이 각광을 받다 보니 신청년 등 중도적인 길을 걷던 한두 극단과 상업적인 악극단 몇 개가 변두리를 맴돌 수밖에 없었다.

이 중에서 상업적인 악극단들이 그런대로 관중을 확보함으로써 국립극장의 정통 연극을 넘겨다 볼 수가 있었다. 그러나 국립극장은 군소극단들이나 악극단 같은 것은 안중에 없었고 대중의 절대적인 지지 속에서 승승장구할 뿐이었다. 그것은 창립 공연 〈원술랑〉과 제2회 〈뇌우〉 공연의 대성공으로 확고한 기반을 구축한 데 따른 것이었다. 그러니까 당시 국립극장의 대성공은 우연이거나 어느 한 부분에 의한 것이 아니고 국립극장의 비전·기술·대중의 시대적 욕구 등 3박자가 합쳐져서 이루어진 것이었다. 따라서 국립극장이 그대로만 나간다면 우리 연극은 일단 본궤도에 접어들 수도 있었다.

그러나 운명의 여신은 한국 연극을 가만히 놓아두지를 않았다. 1950년 초여름 동족 전쟁으로 연극은 순식간에 그 기반이 붕괴되고 말았다. 전쟁은 모든 것을 파괴시키고 앗아간다. 6·25전쟁도 예외가 아니었다. 국립극장은 말할 것도 없고 관객의 기반마저 붕괴시킴으로써 한국 연극은 잠시나마 일단 그 역사가 중단되기에 이르기도 했었다. 그것이 1950년 6월 25일부터 수개월 동안이었다.

이에 6·25전쟁이 시작되고서 우리 연극이 어떤 상황에 놓였었는가를 몇몇 주요 연극인들의 6 · 25 회고기를 바탕으로 해서 재구해볼 필요가 있는 것이다. 여기서 필자가 임의로 선정한 네 분 연극인은 6 · 25 발발 직후의 사정을 생생한 기록으로 남긴 박진 · 유치진 · 이해랑 · 고설봉 등이고, 『세세연년』(1966), 『동랑 자서전』(1975), 『극단 신협』(1978), 『한국연극반세기』(1984) 등이 기본자료가 되었음을 먼저 밝혀둔다.

1950년 6월 25일은 국립극장이 그 역사적인 개관 공연을 가진 한 달 반 뒤로서 제2회 〈뇌우〉의 앙코르 공연을 끝낸 며칠 뒤였다. 따라서 그때 국립극장 무대에서는 창작발레 〈인어공주〉가 공연되고 있었다. 그렇다고 연극인들이 모두 쉬고 있었던 것은 아니고 국립극장 전속극단인 신협 단원만 쉬고 있었다. 그러니까 다른 극단들은 별일 없이 몇몇 극장에서 연극을 하고 있거나 준비 중이었다. 그런 때 갑자기 북한이 남침을 감행한 것이다.

인민군이 서울에 들어오자 연극인들은 두 가지 형태로 흩어졌다. 너무 갑작스런 침략이었기 때문에 적 치하에서 은신했고, 일부는 피난했으며, 또 일부는 부산 공연 중 거기에 머물렀다. 이것은 후일의 연극인들을 도강파(渡江派)와 비도강파로 나누는 잣대가 되기도 했다.

적 치하에 있던 연극인들도 몇 갈래로 나누어지는데, 유치진과 같이 완전 은신파가 있는가 하면 월북했다가 내려온 북한 연극인들에게 불려가서 사상교육이란 것을 받은 연극인들(물론 강제적이었지만)이 있었으며 북쪽으로 끌려가거나, 끌려가던 중 도망쳐온 경우도 있었다. 이처럼 북한의 6 · 25전쟁은 우리 연극인들을 매우 불행스러운 처지에 놓이게 했다.

그렇다면 동양극장 시대 이후 대중연극의 거물로 군림하던 박진은 어떠했는가. 그는 6월 25일 일요일이었지만 은방울 악극단의 연출을 의뢰받아 충무로의 어느 레코드 취입소 스튜디오에서 자기 작품 〈낙동강 비화〉를 연습시키고 있었다. 오후 서너 시쯤에 밖이 소란해지더니 한 단원이 뛰어 들어오면서 '38선이 터졌다!'고 외쳤다고 한다. 단원들은 북진인 줄 알고 순간 환성을 올렸지만 곧바로 남침임을 알고 당황해했다.

따라서 연습은 일단 중단되고 다음 날 계림극장 무대에 모일 것을 약속하고 헤어졌다. 27일부터 계림극장에서 공연을 갖기로 했기 때문에 거기에 모이도록 한 것이다. 그래서 26일에 단원들은 계림극장에 모여 연습을 시작했다. 그런데 연습 중 극장 지배인이 와서 공연을 못 한다는 통고를 했다. 이리하여 연습은 자동적으로 중단될 수밖에 없었다. 박진은 자기가 이사로 있는 무대예술원 사무실로 갔다.

사무실은 텅 비었고 서류도 모두 없어져 있었다. 창신동 집으로 돌아온 그는 포성을 들으며 통장으로부터 피신을 권유받았다. 외동딸을 데리고 광나루로 갔으나 다리가 이미 끊겨 있어서 야음을 타고 되돌아올 수밖에 없었다. 28일 새벽 인민군이 서울에 들어왔고 밖에서는 탱크 소리가 요란했다.

그는 어린 딸을 내보내 거리를 살펴보도록 했다. 딸의 말인즉 '연극동맹'이라고 붉은 글씨를 써 붙인 트럭 위에 많은 사람이 타고서 '연극인은 부민관으로 모이라!' 하고 소리치더라는 것이었다. 결국 그는 다락방에 숨어 있다가 7월 2일 부민관으로 끌려갔다. 거기에는 과거 동양극장에서 가르친 배우들이 좌정하고 앉아 박진을 꿇어앉히고 문초를 했으며 다시 정치보위부로 옮겨졌다. 그곳에는 이미 10여 명의 연극인과 이광수·박영희·최영수 등 문인들도 있었다. 박진은 국립극장에 대한 소견을 말하라는 다그침에 그해 월간 『신천지』(4월호)에 쓴 글대로 말을 했다. 평소 국립극장을 특정인이 독점하고 있으니 개방해야 한다는 비판론이었다. 북괴 연극인들은 그것을 한국 비판으로 알고 그를 놓아주었다. 놓여난 그는 며칠 뒤 종로 5가에 있는 이익(李翼)·신카나리아 부부 집으로 갔다. 거기서는 주로 악극인들이 모여 정보 교환을 하면서 소일했다.

악극단장이던 이부풍(李扶風)은 매일 무대의상을 시장으로 갖고 가 소주 몇 병씩과 바꿔와서 무료를 달래고 있었다. 그렇게 되니까 신카나리아 집도 정보망에 걸리게 되었고, 모두 붙잡히기 직전에 흩어졌다. 그때 박진은 안암동 종제의 집으로 가서 호박과 호박순으로 연명하면서 3개월 동안 숨어 있었다. 그러던 중 9월 28일 이른 아침 무대예술원 사무국장이던 김연영(金燕映)이 뛰어 들어오면서 '선생님 만세요'라고 외쳤다. 국군의 서울 입성을 알려준 것이다.

중진 배우 고설봉도 비슷한 처지였다. 국립극장 출연 뒤 쉬고 있다가 6·25를 만난 그는 답답한 나머지 인민군이 쳐들어온 날 오후에 국립극장으로 갔다. 극장 정문에는 형무소를 탈출한 좌익분자들이 지키고 있었다. 정문으로 들어서는 고설봉을 보초가 저지하다가 단원이라는 말을 듣고 들여보내주었다. 그때는 이미 북에서 내려온 연극동맹이 극장을 접수하고 있었다. 2층의 극장장실에 들어서니 해방 직후 연극을 함께 하다가 월북한 극작가 김승구(金承久)가 빨치산복을 입고 거만하게 앉아 있었다. 고설봉은 그에게 다가가 '김 형!' 하면서 아는 체했으나 김승구는 못 본 체 외면해버렸다. 섬뜩함을 느낀 그는 집으로 돌아와 두문불출했다.

그런데 어느 날 연극인들은 모두 국립극장으로 모이라는 전갈이 왔다. 북에서 내려온 연극인들이 우리 연극인들을 연극동맹 산하에 두고 매일 세 시간씩 세뇌 강좌를 했다. 그는 김승호·성광현 등과 한 조가 되어 교육을 받았는데, 하루는 배우 정민(鄭珉)이 반동분자라 하여 체포되어 갔고, 극장 앞에서 평론가 김팔봉이 무참하게 인민재판 당하는 것을 강제 참관하기도 했다. 그 길로 고설봉은 집에 은신했고 극작가 김영수(金永壽)가 전해주는 소식으로 궁금증을 면했다.

그러던 어느 날 좌익 연극인 김두영과 윤진현이 찾아와 거물 여배우 박영신(朴永信)이 서울에 와서 '고설봉이 어디 있는가? 지금 찾아오면 모든 죄를 용서한다'고 했다는 것이다. 박영신은 과거 극단 아랑에서 그와 같이 연극을 했던 사이였다. 그길로 고설봉은 농부로 가장하고 포천에 숨어 있으려고 집을 떠났다. 걸어가는 도중 그는 의정부에서 연극동료 강창수·서동화·김영 등을 만났는데, 그들은 북으로 끌려가다가 도망쳐오는 길이라는 것이었다. 그는 포천에서 9·28 수복을 만나 다시 서울로 돌아올 수가 있었다.

피난 못 간 경우라도 유치진의 경우는 조금 달랐다. 워낙 거물 연극인이었기 때문에 그는 나돌아다니다가는 당장 체포당할 처지였다. 6·25가 터지고 이틀이 지난 뒤였다. 비가 죽죽 내리는 밤 10시쯤 불안에 떨고 있는 그의 집을 이해랑이 찾아왔다. 빨리 서울을 피하자는 것이었다. 그러나 그는 국립극장의 책임자에다가 세 아이들을 두고 떠날 수가 없었다. 이해랑에게 먼저 가라고 돌려보냈다. 그리고 이틀 후 그는 아내가 2만 원을 주면서 떠밀 듯이 문밖으로 내모는 바람에 무작정 한강 쪽으로 갔다.

한강은 이미 끊겨 있었기 때문에 건너지 못하고 삼각지에서 민중병원을 하고 있는 처조카 집으로 갔다. 도착하자마자 수면제인 칼모틴을 달래서 주머니 깊숙이 간직했다. 어느 때고 잡혀서 절망적 상황에 봉착하면 목숨을 끊으려는 생각에서였다. 그는 병원 2층 다락방에 숨었다. 밖에서는 콩 튀는 듯 총성이 들려와서 그를 더욱 불안에 떨게 했다. 특히 인민군 부상병들이 병원에 몰려와 약을 타 갈 때가 가장 마음 졸이는 때였다. 이처럼 그는 무덥고 긴 여름을 처조카네 병원 2층 다락방에서 보내고 9·28 수복을 맞았다.

그런데 여차하면 죽으려고 극약을 소지했던 연극인으로는 철저한 반공주의 작가였던 오영진이 있었다. 그는 월남 작가에다가 또 월남 직후 따라온 적색분자의 저격까지 받았던 철저한 반공주의자였기 때문에 더욱 겁을 먹을 수밖에 없었다. 더욱이 오영진은 그 도수 높은 안경 때문으로 해서 잡히기 쉬운 처지였다. 그는 평생의 친구 방용구(龐溶九) 집에 가서 은신하기로 했다. 방용구도 이화여대 교수였으므로 안전한 곳은 못 되었다. 늘 위험이 닥칠 가능성이 있으므로 방용구에게 청산가리를 요구했다. 오영진은 팬티 속에 감춰둔 쥐약을 내보이며 이 약으로는 치사량이 부족하니 청산가리를 달라는 것이었다. 방용구도 여차하면 죽으려고 자신이 지니고 있던 청산가리를 내줄 수가 없었다. 오영진이 하도 다그치기 때문에 슬그머니 청산가리를 꺼내보았다. 그랬더니 청산가리는 모두 날아가고 솜만 남아 있는 것이 아닌가. 잘됐다 생각하고 오영진에게 그 솜을 청산가리라고 주면서 태연히

'최후가 아니면 이걸 사용하지 말라'는 당부까지 했던 웃지 못할 일화까지 있다. 이때는 그만큼 다급한 상황이었다.

그러나 이해랑만은 유일하게 용감한 도강파를 대표했다. 그는 6월 25일에 연극 공연이 없었으므로 국립극장에 출근하여 발레 〈인어공주〉를 구경하고 있었다. 그런데 공연 중 갑자기 '모든 국군은 즉시 소속부대로 귀대하라'는 안내방송이 장내에 퍼지지 않는가. 그것이 전쟁인 것을 곧 알았지만 그는 이튿날도 극장에 정상 출근하여 밤에는 술을 마시고 동료들과 숙직실에서 밤샘하며 마작까지 했다.

27일 새벽에 이웃에 사는 후배 연극인 오사량이 와서 정부가 이미 수원으로 옮겼는데 피신을 않고 무얼 하느냐고 야단이었다. 그는 아내에게 '곧 수복이 될 테니 아이 데리고 잘 있으라'는 한마디를 남기고 대문을 나섰다. 갈월동 유치진에게 가려고 서울역 앞을 지나는데 여배우 복혜숙이 짐 실은 수레를 밀며 갈팡질팡하고 있었다. 유치진을 만났으나 그가 결단을 못 내리고 함께 떠날 수 없다고 해서 혼자 한강교로 갔다. 부산의 부모 집으로 가기 위해서였다.

한강 인도교는 차량과 인파로 아비규환이었다. 육군 대위 한 사람이 나서서 피난민을 향해 '조국을 버리고 어디로 가느냐'고 열변을 토하는 순간 천지를 뒤흔드는 폭음과 함께 한강교는 폭파되고 그 주변은 아수라장이 되었다.

이해랑은 놀라서 원효로 쪽으로 내달아 강으로 뛰어들어 도강 수영을 시작했다. 수영에는 자신이 있었던 터라서 먼 거리였지만 건널 수가 있었다. 수원까지는 겨우 화물칸에 끼어 대전까지 갔다. 대전역에서 우연히 국립극장 직원인 김상호와 변순제를 만나 함께 부산으로 갔다. 부산 초량에서는 세브란스의전 출신의 아버지가 개업을 하고 있었으므로 아무 걱정이 없었다. 당시 부산에는 그때 강계식, 문정숙, 윤인자 등 서울의 연극인들이 머무르고 있었다. 왜냐하면 이들은 예술극회라는 극단을 만들어서 창립 공연을 부산에서 갖고 남쪽 지방을 순회공연 중이었기 때문이었다. 그들 외에도 지방 공연 중에 부산에 발이 묶인 연극인들로 이향(李鄉)·한은진·주증녀 등이 있었는데 이들은 보랑극단의 멤버들이었다. 여기에 빨리 피난 온 최남현까지 있었기 때문에 이럭저럭 10여 명이 모일 수 있었다. 거기다가 부산대 교수로 있던 극작가 한노단(韓路檀)까지 가세했다. 그렇다고 난리 중에 당장 공연 활동을 벌일 수는 없었다. 따라서 재력이 가장 든든하고 유능한 이해랑은 부산으로 옮긴 중앙방송국의 방송 드라마를 연출하면서 연극 동지들의 생활을 돌보는 것으로 분주했다.

그 시절 부산에서는 문화극장이 국립극장 구실을 하고 있었는데 이해랑이 극장장 한유한을 찾아가 극단 예술극회 단원들을 도와주도록 주선해 그들이 임시로 극장 숙직실에서 기거할 수 있게 했다. 그때는 청년들은 닥치는 대로 무조건 징집해갔다. 그러므로 몇 안 되는 연극인들까지 모조리 전선에 나가야 할 판이었다.

이해랑은 부산지구 육군 정훈감이면서 시인이기도 했던 김종문(金宗文)을 찾아가 연극계 사정을 얘기하고 배우 보호를 부탁했다. 그래서 생겨난 것이 문총(文總)구국대였는데 이로 인해서 배우들이 징병을 면할 수 있었다. 문총구국대는 군 위문을 하면서 주·부식을 공급받았다. 마침 유엔군이 참전하면서 미 공보원이 문총구국대에 전쟁 홍보용 희곡 3편을 의뢰해왔다. 그 3편의 희곡은 곧바로 이서구·김송(金松)·한노단 세 극작가에게 위촉되었다.

그러나 희곡을 써 온 극작가는 한노단뿐이었다. 한노단에게 준 테마는 한국군과 미군의 전우애였는데, 이것을 그는 〈전유화(戰有花)〉라는 희곡으로 완성한 것이다. 인민군 점령지의 한 촌락을 무대로 한 이 작품은 국군과 미군의 전우애를 강하게 묘사하면서도 사상을 달리하는 형제 간의 갈등을 통해 민족의 비극까지로 승화시킨 수작이었다. 이 작품은 문총구국대를 중심으로 하여 이해랑 연출로 부산과 대구에서 몇 번 공연되었다. 이는 전쟁 중의 유일한 연극 공연인 데다 작품 자체도 손색이 없어서 대단한 호응을 얻었다.

이러는 동안 서울에서는 많은 연극인들이 고통을 받고 있었다. 우선 김선영과 박민천이 자의 반 타의 반으로 월북했고, 김동원 · 박제행 · 김승호 · 남궁연 · 최은희 · 양백명 · 문정복 · 이화삼 등이 북으로 끌려가다가 대부분 이탈해서 서울로 돌아온 것이다. 이렇게 3개월이 흘러서 9월 28일 감격의 수복을 맞는다. 수복을 맞자 서울에 숨어 있었던 연극인들이 국립극장과 중앙극장에 몰려들었다. 중앙극장에 모여든 연극인은 박진 등 주로 대중연극인들이었다. 적극적인 박진은 연극인들로 부서를 짜고 소대를 편성하여 연극 · 악극 · 국극단으로 나누어 북진하는 국군부대의 뒤를 따르면서 위문공연을 갖기 시작했다. 이것이 이른바 종군연예대(從軍演藝隊)라는 것이었다.

한편 서울시에서는 이동반(移動班)이라는 것을 만들어 동민들에게 계몽선무공작이라는 것을 했다. 국군도 그들대로 군예대라는 것을 조직하여 활동했다. 그때 박진은 육군휼병감실 군예대 고문으로 임명되어 몸에 맞지 않는 커다란 군복을 입고 다녔다.

한편 국립극장의 전속 연극인들도 즉각적으로 수습에 나섰다. 그런데 극장장 유치진이 전쟁 충격과 3개월 동안의 고생으로 피골이 상접해서 기동은 힘겨워했지만 연극인들을 만날 적마다 눈물을 글썽이면서 살아난 것을 기뻐했다. 국립극장 재건 작업은 주로 극작가 이광래가 나서서 했다. 그러나 전속극단 신협은 이미 무대를 잃었고, 구 부민관이었던 국립극장은 국회가 의사당으로 사용한다고 했다.

그러한 혼란 상황에서 전속극단 신협은 다시 모여 이광래를 중심으로 박경주 · 고설봉 · 오사량 등 기존 멤버에다가 신인들인 장민호 · 최무룡 · 김경옥 · 최창봉 등을 추가 영입했다. 그런데 신협 단원 중 오직 주선태만이 가담치 않았다. 그는 난리통에 인민군에 잡혀 죽을 고생을 하고 수복 직후에는 먹고살기 위하여 시장에서 쌀장사를 하고 있었기 때문이다. 동료들이 시장으로 주선태를 찾아가 극단 복귀를 권유했으나 그는 '연극을 했기 때문에 빨갱이한테 혼이 났는데 이제 또 어떻게 연극을 하겠나, 쌀장사나 해 먹고 살겠다'고 완강히 거절했다. 그러나 얼마 뒤 연극에 대한 미련을 못 버리고 곧바로 신협 식구가 되었다.

그때 부산에서 이해랑이 상경한다. 이해랑은 연극인들 중 생명을 걸고 탈출한 단 한 사람의 도강파였기 때문에 영웅이 되어 있었다. 그가 워낙 탄탄한 실력의 소유자였던 데다가 도강파여서 단번에 연극계의 강자로 부상했던 것이다. 따라서 군이나 관 쪽에서도 이해랑을 가장 신임하는 연극인으로 대접했다. 이해랑은 상경하자마자 이광래를 제치고 신협을 주도하기 시작했다. 신협 단원들은 우선 재건하려면 공연을 해야 하기 때문에 창립 공연 작품인 〈원술랑〉을 조금만 연습해서 무대에 올리기로 하고 즉각 연습에 들어갔다.

신협 단원들이 한참 연습 중에 납치당했던 김동원이 불쑥 나타났다. 그는 쫓기는 인민군에게 끌려서 평양을 훨씬 지나 평안남도 순천까지 갔다가 미군기 폭격통에 대열에서 이탈할 수가 있었다고 했다. 신협은 쉽게 수습되었고 20여일 연습 끝에 10월 말 명동 시공관을 빌려 〈원술랑〉으로 재건 공연을 가질 수가 있었다.

폐허가 된 서울에서 관객은 몇 명 없었으나 단원들은 좌절하지 않고 새 작품 연습에 들어갔다. 다음 작품은 연전에 극단 신청년이 공연했던 김영수의 〈혈맥〉이었다. 난리 중이라 제대로 먹지도 못하고 건성건성 연습해서 12월 12일부터 국도극장을 빌려 공연을 시작했다. 그러나 공연은 역시 대실패였다. 그 이유는 두세 가지에서 찾을 수가 있었다.

첫째 연습을 많이 하지 못해서 극적 앙상블이 제대로 이루어지지 않았고, 두 번째로는 내용 자체가 해방 직후의 궁핍한 삶을 리얼하게 묘사한 작품이어서 난리를 겪은 대중에게는 전혀 맞지 않았던 것이다. 한창 전쟁 중인데 그런 구질구질한 이야기가 대중에게 먹힐 리가 만무했다. 그러나 더 근본적인 이유는 전쟁이라는 뒤숭숭한 시절에 한가하게 극장 구경이나 다닐 시민이 몇 명이나 되었겠는가. 가뜩이나 가난한 연극인들은 두 번씩이나 공연 실패를 하고 의욕 상실에 빠질 수밖에 없었다.

그런 때에 구원의 손길이 뻗칠 줄이야. 즉 도저히 재기할 기력이 없어진 신협이 그 돌파구를 찾을 수가 있게 되었던 바, 그것이 다름 아닌 육군 정훈 국과의 손잡이였다. 이해랑이 평소 지면이 있던 정훈감 이선근(李瑄根)을 찾아가 신협의 어려운 형편을 설명하자 이선근이 즉석에서 연극인 보호를 약속한 것이다. 그리하여 신협은 당장 육군 정훈감실 소속 극단이 될 수가 있었다.

육군은 즉각 무대예술 전반에 대한 보호 조치로서 신협 외에도 악극단 1개, 무용단 1개를 더 포함하여 소위 문예중대(文藝中隊)라는 것을 창설했다. 그날부터 무대예술인들은 육군의 보호와 보급으로 안전한 생활을 누릴 수가 있었다. 역사학자이기도 했던 이선근 정훈감의 용단은 전란 중의 어려운 무대예술인들을 돕는 동시에 이 땅의 극예술을 보전하자는 데 뜻이 있었다.

그런데 문예중대의 밥도 공짜는 아니었다. 왜냐하면 배우들도 예술 활동 외에 매일 군사훈련을 받아야 했기 때문이다. 이들은 매일 두세 시간씩 군복을 입고 장비를 갖춘 채 서대문국민학교에서 일반병처럼 고된 훈련을 받아야 했다. 그러나 30대 이상의 연극인들은 술에 곯고, 난리통에 못 먹어서 허약하기가 이를 데 없었으므로 훈련 도중 쓰러지는 사람도 적지 않았다. 하루는 문예중대가 시청 앞을 출발해서 남대문과 서대문을 돌아오는 구보에 나섰다. 그런데 서대문을 돌아 광화문으로 오는 도중 30대 후반의 배우 고설봉이 길바닥에 벌렁 드러눕고 말았다. 죽으면 죽었지 더 이상 못 뛰겠다는 것이었다. 그러자 조교인 육군 상사가 고설봉 옆으로 와서 "고 선생님, 이러시면 어떻게 전쟁을 합니까? 기어서라도 목표지점까지 가야 합니다"라면서 그를 일으키는 것이 아닌가. 무안을 당한 고설봉은 기어가다시피 해서 시청 앞까지 왔지만 훈련이 너무 고되다는 건의를 해서 곧 특별 배려를 받은 일화가 있다.

그처럼 연극 연습과 고된 군사훈련 속에서도 무대예술인들은 사기가 높았다. 그런데 신작 연습 중에 중공군의 참여로 1 · 4후퇴 명령이 떨어졌고, 문예중대 연극인들도 어쩔 수 없이 정훈국에서 제공해준 열차 한 칸을 빌려 타고 후퇴하는 국군들과 함께 남행길에 올라야 했다. 청량리역에서 기차를 탄 문예중대 단원들은 꼬박 일주일 걸려서 대구역에 도착할 수가 있었다. 이때부터 피난 연극 시즌이 시작되는 것이다.

# 제2장

# 피난 시대에 맞은 신협의 전성기

전쟁 중 연극인들이 대부분 국방부 산하 문예중대에 소속되어 있었기 때문에 1·4후퇴 때는 함께 피난길에 올랐다. 일단 대구에 피난 짐을 푼 신협 단원들은 대구 키네마극장을 무대로 삼았는데, 이 극장도 명동의 시공관(구 국립극장)처럼 일본인들이 세운 돔형의 공연장이었다. 따라서 연극공연장으로서는 비교적 좋은 편이었다.

문예중대에는 김동수(金東洙)라는 육군 대위가 파견되어 있었는데 연극을 좋아하고 단원들에게도 극진히 대해주었다. 단원들이 모두 일등병들이었음에도 김 대위는 계급을 초월해서 연극인들을 존중해준 것이다. 단원들에 대해서는 군에서 주부식을 제공했기 때문에 군인들과 똑같았고 지방 공연을 갈 때는 대소도구 운반용 차량까지 제공해주어서 걱정될 일은 아무것도 없었다.

그렇다고 하여 군에서 연극에 이래라 저래라 간여한 것도 아니었다. 연극은 예술 행위이므로 전적으로 연극인들에게 일임했던 것이다. 으레 피난지에서의 연극이 반공극이었을 것으로 추측하는 이들도 많지만 실제로는 그렇지가 않았다. 그 하나의 사실만 보아도 우리가 철저한 자유민주주의 체제였고 군도 매우 민주적이었음을 확인할 수 있다.

그런데 피난지의 북새통 속에서는 좀처럼 새로운 작품은 나올 수가 없었다. 따라서 신협은 과거에 공연했던 작품들 중에서 달러박스로 꼽힐 만큼 인기 있던 〈자명고〉 〈마의태자〉 〈원술랑〉(이상 유치진 작), 〈맹진사댁 경사〉(오영진 작) 등 창작극과 번역극 〈목격자〉를 무대에 올렸다.

대구에서의 연극들이 모두 신선감이 없는 과거 작품의 재탕 공연이었음에도 불구하고 극장은 언제나 발 디딜 틈도 없을 만큼 초만원이었다. 그럴 수밖에 없는 것이 피난민들이 갈 곳을 잃었기 때문이다. 마땅한 직장도 없는 데다가 단칸방 하나에서 여러 식구가 피난 생활을 보내야 할 처지이므로 낮에는 거리와 공원과 다방, 그리고 밤에는 대포집과 극장으로 몰렸다. 그것은 대구에서만 그런 것도 아니었고 부산·마산·진주·전주·광주 등 가는 곳마다 마찬가지였다.

군에서 주식과 부식 등을 제공받는 처지에서 미혼의 젊은 배우들은 배당금을 주체 못 해서 돈으로 베개를 만들어 베고 잘 정도였다. 물론 화폐의 가치가 없어서 돈의 양이 많기도 했지만 배당금이 워낙 많았던 데다가 쓸 곳도 별로 없었기 때문이었다. 아마도 피난지에서 연극인들만큼 흥청망청 돈을 쓰고 생활 안정을 누린 부류도 그렇게 많지 않을 것이다.

그런데 관객이 너무 몰리자 배우들의 고통도 이만저만이 아니었다. 즉 객석 정원 서너 배의 관객이 입석까지 꽉 들어차니까 배우들의 연기에 무리가 따랐던 것이다. 우선 관중에게 고루 들리게 해야 하므로 성대를 높여야 하고 움직임도 과장되기가 일쑤였다. 그래서 실패한 경우가 연극계의 두 원로 서월영과 복혜숙이었다. 이들은 초창기부터 연극계의 주역으로 활약하다가 수년 동안 영화계로 옮겨가 있었다. 그러다가 대구 피난 시절 신협에 합류한 경우였다. 이들은 무대를 워낙 오래 떠나 있었기 때문에 무대에서 단련되었던 연극적 감각이 영화 연기로 많이 둔화되어 있었다. 이들은 연극적 감각뿐만 아니라 성량도 영화에 적합토록 변화되어 있어서 수천 명의 관중 앞에서 큰 소리를 내야 하는 연기에 자신이 없었던 것이다. 그들은 결국 연극 컴백의 꽃을 피우지 못하고 다시 영화로 되돌아가고 말았다.

그리고 관객이 몰려오면서 수입은 많았으나 배당금을 둘러싼 시비가 자주 일어났다. 젊은 단원들이 언제나 불만을 터뜨린 것이다. 신협은 당시 두 층으로 나누어져 있었는데 A급에 속하는 이들은 이해랑·김동원·이진순·윤방일·박경주 등 30대 후반의 중견이고, B급은 20대의 오사량·최무룡·장민호·심재훈 등 신인들이었다. 이들이 더러 이해랑이 부산 본가에 간 사이에 자기들끼리 등급을 재조정하는 등 반기를 든 것이다. 중견 중에서도 가장 홀대를 받은 박경주는 화가 치민 나머지 분장실에서 공포를 쏘는 등 분풀이를 한 바도 있었다. 그때는 전시 중이라 신협 단원들에도 소총이 한 자루씩 배당되어 있었다. 그 일로 해서 박경주가 먼저 신협을 떠나고 뒤따라 연출을 맡았던 이진순도 이탈해 나갔다. 젊은 배우들은 패기가 넘치고 열정적이어서 극단을 활기차게는 했지만 때때로 문제를 일으키는 것이 흠도 없지 않았다.

배당금 시비가 문제가 된 뒤에는 병역 문제가 대두되었다. 20대의 젊은 단원들이 병역 의무를 치르기 위해서 부득이 입대를 해야 했는데 그렇게 되면 가뜩이나 부족한 배우들을 메꿀 길이 없었다. 젊은 단원 중에서 오사량·최무룡·장민호·심재훈·박상호·장일호 등이 병역 문제에 걸려 있었다. 이해랑 등 신협 리더들이 국방부를 드나들면서 극단 사정을 호소함으로써 20대 배우들이 공군 정훈감실 현역으로 입대해서 군번만 받고 훈련을 받아가면서 연극 활동을 계속 할 수 있도록 편의를 제공받기도 했다.

이는 연극계를 위해서 매우 다행한 일이었다. 사실 배우 부족은 신극사 이후 언제나 겪었던 일이었고, 남자보다는 여배우난이 더욱 심했다. 다행히 대구 피난 시절에는 30대의 황정순과 20대의 이희숙·강효실·나옥주·강유정 등이 있어서 다행이었다.

극단 신협은 전쟁 중의 유일한 극단으로서 인기가 대단했고 타 도시의 초청이 쇄도했다. 한번은 마산 지방 순회공연 때의 일로서 당일 7시부터 공연

이어서 단원들이 버스 편으로 일찍 도착했다. 관객은 6시부터 들어오기 시작하여 6시 반에는 입추의 여지 없이 꽉 들어찼는데 사고가 생겼다. 즉 부산서 자동차 편으로 보낸 무대장치가 도착하지 않은 것이다. 작품이 역사극인 〈마의태자〉인데 사실적인 무대장치가 없어서는 도저히 불가능했다.

개막 한 시간이 지나도 관객은 흩어질 생각을 않고 기다리고 있었다. 8시가 되어서야 겨우 장치를 실은 트럭이 도착했다. 이유를 물은즉 도중에 차가 고장이 나서 늦었다는 것이었다. 무대장치를 대충 세우는 것도 꼬박 1시간이나 걸렸다. 6시에 들어온 관객은 꼬박 3시간이나 지난 후에 연극을 보게 된 것이다. 찌는 듯한 여름에 비좁은 극장 안에서 저녁도 굶은 채 3시간이나 기다렸다는 것은 지금으로는 상상조차 할 수 없는 일이었다. 관중이 겉으로 불평을 터뜨리지는 않았지만 객석은 소란스러울 수밖에 없었다. 배우들은 대사가 들리도록 톤을 한껏 높여 외쳐댔지만 객석은 여전히 소란스러웠다.

왕건(王建)으로 분한 이해랑은 갑자기 대정치가 유석 조병옥(趙炳玉) 박사가 생각났다. 이해랑은 조병옥이 해방 직후 한민당 전당대회의 소란함을 침묵으로 진정시킨 뒤 사자후를 토하는 광경을 목도한 일을 상기한 것이다. 왕건으로 분장한 이해랑은 조병옥을 생각하면서 침묵으로 객석을 진정시킨 것이다. 그렇게 해서 마산 공연의 위기를 가까스로 넘겼다.

배우가 부족해서 고민 중인 신협에 점차 사람이 하나씩 모여들었다. 옛 단원 주선태도 제주도로 피난 갔다가 대구로 왔고, 서울대 치대를 나와 영화배우로 진출했던 박암(朴巖)도 촬영 왔다가 전쟁을 만나서 신협에 가담했다. 이러한 신입 단원들 중에서도 민구(閔九)의 가입이 가장 인상적이었다. 왜냐하면 민구는 중앙방송국 성우였다가 속세가 싫어서 중이 되려고 절로 가다가 친구 장민호를 만나서 신협의 배우가 된 경우였기 때문이다.

이해랑은 장민호가 극단 사무실로 데리고 온 민구에게 "라디오 성우였으면 진짜 배우가 되어야지, 왜 스님이 되려고 해?"라고 농담 반 진담 반 내뱉었다.

그렇게 하여 민구는 절로 가는 도중에 신협 배우로 눌러앉게 되었던 것이다.

이처럼 어렵사리 배우가 된 민구가 이번에는 사랑에는 빠졌다. 신협에 가입하자마자 미모의 여배우 윤인자(尹仁子)와 밀애를 하기 시작한 것이다. 어느 날 갑자기 민구와 윤인자가 결혼까지 선언함으로써 신협 간부들은 처음매우 놀랐지만 두 사람의 사랑을 축복해주었고 부산의 극장 분장실을 빌려결혼식을 올려주기도 했다. 이것이 신협 사상 최초의 부부 탄생이었다. 그러나 신협에는 몇 가지 지켜야 할 내규가 있었다. 단원끼리 연애는 자유라하더라도 결혼은 금지였기 때문에 결혼을 하면 일단 한쪽은 극단을 떠나게끔 되어 있었다. 따라서 아쉽지만 신협은 재능 있고 아름다운 여배우 윤인자를 잃게 된 것이다.

민구와 윤인자의 로맨스에 이어 황정순의 로맨스가 뒤따랐다. 황정순은신협의 꽃으로서 주역은 도맡아 하는 히로인이었다. 그녀는 연기력도 있었지만 워낙 열정적이어서 쉬지 않고 무리하게 연극을 계속하다가 과로가 겹쳐서 위경련으로 무대 위에서 쓰러지는 일이 벌어졌다. 그때 자청해서 왕진온 의사가 이영복(李榮馥)이었다. 세브란스의전을 나와 대구에서 개업을 하고 있던 이영복은 명문가로서도 대구에서 널리 알려져 있었는데 지독한 연극 팬이기도 했다. 그래서인지 은근히 황정순을 좋아하고 있었다. 병간호를계기로 황정순에 매료된 이영복은 병원까지 집어치우고 극단 일을 돕겠다고 나섰다. 그런데 배우들이 항상 아픈 것도 아닌 만큼 의사가 극단에서 할일은 없었다. 따라서 이영복은 자비로 극단 프로그램을 제작해서 배포하는일을 자청하고 나선 것이다. 실제로 프로그램은 항상 무료로 배포하는 것이어서 돈도 적잖이 들 뿐만 아니라 손도 많이 가는 일이었다. 그렇기 때문에이영복이 순전히 황정순이 있는 신협과 행동을 같이하기 위해서 프로그램을 제작·배포하고 나선 것은 여간 반가운 일이 아니었다.

그로부터 이영복은 병원 문도 닫고 신협의 객원 단원으로 들어와서 프로그램을 만들어 극장 입구에서 열심히 배포했다. 신협에서 닥터 리로 통한 이영복은 그러한 열정으로 얼마 뒤 본처와 이혼하고 황정순과 결혼하여 행복하게 살았다.

신협에서의 로맨스는 연이어 젊은 커플에서 싹트고 있었다. 그들은 다름 아닌 최무룡과 강효실이었다. 강효실은 왕년의 명배우 강홍식 · 전옥 부부(두 사람은 해방 전에 이혼했음) 사이에서 태어난 미모의 처녀로서 부친을 따라 평양에서 활동하다가 서울의 어머니를 만나러 월남한 유망 신인이었다. 뒷날 최무룡 · 강효실 커플은 불행으로 끝났지만 피난지에서 인연이 맺어진 경우였다.

신협이 대구에 정착하여 활발한 공연을 벌이고 있는 동안 신협의 정신적 지주라 할 유치진은 고향인 통영에서 피난 생활을 하고 있었다. 그가 통영으로 가서 안착하게 된 것은 1 · 4후퇴 당시 신협 단원들과 달리 트럭 편으로 부산에 닿았기 때문이었다. 부산에 도착하자마자 그는 단칸방에서 온 가족이 병마에 시달리는 시련을 겪기도 했다. 즉 유치진 자신이 맹장염을 앓고 있는 동안 큰딸(유인형)은 폐렴을 앓았고, 큰아들(유덕형)은 늑막염, 그리고 막내아들(유세형)은 심장병을 앓았다. 그러한 가환 속에서 문총 부위원장 일을 보던 그는 중앙방송국장 국장 제의도 거절하고 부산 생활 3개월 만에 창작을 위해 조용한 고향으로 돌아간다.

고향 친구(서병문)가 경영하는 통영병원 2층에 거처를 정한 유치진은 오랜만에 창작 생활을 누릴 수가 있었다. 그때 쓴 작품이 바로 〈순동이〉(3막) 〈처용의 노래〉(4막) 〈청춘은 조국과 더불어〉(1막) 〈가야금의 유래〉(4막) 〈통곡〉(4막) 등이었다. 그가 통영에 묻혀서 창작을 하고 있는 동안에도 대구의 신협에서는 꼬박꼬박 배당금을 부쳐왔다. 신협이 여유가 있기도 했지만 극단의 정신적 지주에 대한 하나의 예우였다.

그리고 신협은 장차 유치진의 후원도 절대로 필요할 것으로 생각하고 있었다. 아니나 다를까 반년 이상 리바이벌 공연만 한 신협이 관중의 식상에 부닥친 것이다. 그렇다고 난리통에 새로운 창작극을 구할 수는 없었다. 여

극단 신협이 공연한 〈햄릿〉 왼쪽이 김동원, 오른쪽이 주선태(1957)

러 가지로 고심 끝에 이해랑이 통영의 유치진에게 연락해서 〈햄릿〉 윤색을
부탁했다. 사실 이해랑이 셰익스피어 작품을 공연하기로 결심한 것은 과거
의 경험 때문이었다. 즉 그가 1949년 전국대학연극경연 때 중앙대학교팀의
〈햄릿〉을 처음 연출해서 호평을 받은 적이 있었다. 최무룡을 안 것도 그때
햄릿 역을 그가 맡았었기 때문이었다.

　유치진이 윤색한 신협의 〈햄릿〉 공연은 의외로 대성공이었다. 특히 1막 2
장의 대관식 장면부터 시작한 것이 관중을 황홀케 했다. 미남배우 김동원이
햄릿으로, 김복자(金福子)가 오필리어, 황정순은 왕비 역을 맡았다. 당시로
서는 호화 캐스트였다. 〈햄릿〉 공연은 낮밤으로 1주일 동안이나 계속되었
는데 언제나 초만원이었다. 김동원은 코피를 흘리면서까지 열심히 연습하
여 관중을 사로잡았다.

　〈햄릿〉 성공에 재미를 붙인 신협은 셰익스피어의 4대 비극을 모두 공연
키로 하고 1개월 뒤에 〈맥베스〉를 무대에 올렸다. 그런데 예상외로 대실패
였다. 〈맥베스〉 공연이 실패한 이유는 너무 졸속으로 한 데도 있지만 극장
시설에도 한 원인이 있었다. 가령 작품의 중요 부분을 이루는 마녀들의 환

상 장면을 대구키네마의 협소한 시설 가지고서는 제대로 표출해낼 수가 없었다. 한편 〈맥베스〉의 실패는 공연예술에 있어서 관객은 매우 냉정하고 엄격하다는 것을 보여준 경우이기도 했다.

신협의 〈맥베스〉 참패로 4대 비극 공연은 일단 멈칫했고, 대신 현대극으로 눈을 돌려보자고 했다. 그래서 취택된 것이 사르트르의 〈붉은 장갑〉이었다. 이 작품의 원제는 〈더러운 손〉으로서 숙청으로 피 흘리는 공산당 내부 조직의 대립과 갈등을 줄거리로 하고 있는 실존주의 작품이었다. 그러니까 공산당원들의 비리를 폭로한 것이지만, 살펴보면 조직사회에서의 자유 문제와 이상과 현실, 허황된 이데올로기로 인해 파멸당하는 지식인의 고뇌를 묘사한 실존적 작품이었다.

다 알다시피 우리나라에 실존주의가 들어온 것은 6·25전쟁 중이었고 문단을 중심으로 널리 퍼져나가고 있었다. 1948년에 프랑스에서 발표된 이 작품을 1951년에 신협이 레퍼토리로 취택했다는 것은 당시 연극인들의 감각이 꽤 앞서갔다는 것을 단적으로 보여준 예이기도 했다. 그런데 뜻밖에 이 작품은 내용이 공산주의 이야기라고 해서 검열에 걸린 것이 아닌가. 신협 단원들은 평소 잘 알고 지내던 1930년대 극예술연구회 출신 이헌구 공보차관을 찾아가서 내용이 오히려 반공적이라고 설득하여 부분수정을 조건으로 공연 허가를 받아낼 수가 있었다. 당시 신협의 〈붉은 장갑〉 공연은 사르트르뿐만 아니라 실존주의 작품의 최초 소개라는 점에서 의의가 컸으며 실제로도 대성공을 거두었다. 사실 전쟁통이라서 외부세계의 문화동향에 굶주려 있던 당시 지식인들이 사르트르의 작품에 신선한 충격을 받았던 것이다.

열광적인 호응을 받은 〈붉은 장갑〉으로 1951년을 마감한 신협은 1952년 들어서 심기일전의 계기를 맞게 되었다. 통영에서 은거하고 있던 유치진이 신협 연출을 위해서 대구로 왔기 때문이다. 유치진이 합류하자 신협은 다시 용기를 내어 셰익스피어의 4대 비극 정복에 나섰다. 즉 유치진 연출로 세 번째 작품인 〈오셀로〉를 공연케 된 것이다. 주역인 오셀로 역은 역시 김동원이 맡았고, 악역인 이아고는 눈이 작은 이해랑이 맡았다. 그리고 아름다운 아내 데스데모나를 최은희가 맡았다. 일제 말기 16세의 소녀로서 극단 아랑의 단역으로 데뷔한 최은희는 여기저기 극단에서 연극을 하다가 전쟁 중에 인민군한테 납치당했었다. 갖은 곤욕을 다 치르면서 평안남도 맹산까지 끌려가다가 탈출, 구사일생으로 살아온 그녀는 피난 중 부산의 한 다방에서 일하고 있었다. 신협이 부산 공연을 갔을 때 이해랑의 권유로 다시 무대로 복귀한 것이었다.

최은희는 빼어난 미모와 체격으로 배우로서의 이상적인 조건을 갖추었으나 다만 성대가 약해서 발성이 아름답지가 못했고 연기력에 있어서도 뒤떨어졌다. 나쁜 성대로 인해서 가성(假聲)이 나오니 대사 전달이 제대로 안되고 전달력의 부족함을 동작으로 보완하다 보니 연기가 과장되고 거칠 수밖에 없었다. 그녀가 설명적인 연기로서 성공을 거둔 예는 거의 없었다. 그만큼 무대 배우로서는 한계가 있었다. 그녀가 곧 신협을 떠나 신상옥이 다큐멘터리 〈코리아〉를 찍을 때 영화계로 간 것도 그 때문이었다.

그럼에도 불구하고 〈오셀로〉 공연이 폭발적인 성공을 거둘 수 있었던 것은 유치진(연출)·김동원(오셀로)·이해랑(이아고)의 명콤비 덕분이었다. 관중은 공연 때마다 초만원이어서 입추의 여지가 없었고, 무대 양옆에까지 관객이 앉아 있기 때문에 배우들이 활동할 무대가 좁아진 것은 당연했다. 그런데 무대만 좁아진 것이 아니었다. 관객들이 무대 위에까지 올라오면서 이따금 불상사도 생겼다.

악역인 이아고를 열중해서 하고 있던 이해랑이 어느 날 갑자기 오른쪽 뺨에 바늘로 찌르는 듯한 아픔을 느꼈다. 한두 번은 연기에 열중하느라 아픈 것도 잊은 채 지나쳤지만 연달아 찌르는 아픔에는 견딜 수가 없었다. 이해랑은 연기 도중 오른쪽을 힐끔 곁눈질해 보았다. 아뿔사! 웬 여남은 살의 꼬마 녀석이 자기를 향해서 고무줄 새총을 열심히 쏘아대고 있지 않은가. 은근히 화가 치민 이해랑은 연기 도중 무대감독을 향해 소리를 벽력같이 지르고 연극을 중단시켰다. 이해랑으로서는 연기 생활 15년 만에 처음 있는 일이었다. 그 꼬마를 끌어내게 한 다음 연극은 계속되었다. 연극이 끝나고 그 꼬마 이야기를 들은즉, '극중의 이아고가 하도 미워서 새총질을 했다'는 것이었다. 말하지면 그 꼬마는 연극에 너무나 몰입한 나머지 분장한 이해랑을 실제의 이아고로 착각해서 나름대로 골탕을 먹이려 한 것이었다.

그런데 문제는 뺨에 멍이 들 정도로 고통을 당한 것은 이아고가 아니고 이아고로 분장한 자연인 이해랑이었다는 데 있었다(이해랑 회고담). 이 말은 그만큼 이해랑이 이아고 역을 빼어나게 해냈다는 이야기도 되는데, 실제로 이해랑의 이아고 역은 한국 배우사에 남을 만큼 독보적인 것이다.

신협이 그동안 너무 무겁고 칙칙한 비극만 공연하다 보니 문제가 뒤따르기도 했다. 시민들이 피난살이의 고달픔 속에서 가뜩이나 마음이 암울한데 연극마저 어두워서야 되겠느냐는 비판이 일었던 것이다. 그래서 취택된 레퍼토리가 몰리에르의 고전 희극 〈수전노〉(이광래 연출)였다. 희극에 능한 이해랑이 오랜만에 주인공(수전노 영감 역)을 맡아 관중을 마음껏 웃겼다. 그러나 번역극에는 이러저러한 한계가 있었다. 가령 수전노 영감이 손님맞이를 할 때, 그 인색함을 보여주기 위해서 하인에게 여러 가지 음식 이름을 대면서 보잘것없는 상을 차리도록 지시하는 장면이 있었다. 프랑스 요리 이름을 모르는 관객들이 웃을 리가 없었다. 따라서 재치 있는 이해랑이 프랑스 요리 이름을 다 생략해버리고 "애야, 잘 차릴 것 없다. 간장 고추장에다 된장찌개만 끓여 내놔라" 했더니 그때서야 객석에는 폭소가 터졌던 것이다. 이런 경우야말로 번역극의 한계를 단적으로 보여준 장면이라 하겠다.

연극이란 것이 본래 인생의 환영이지만 관중에게 주는 것은 삶 그 자체 이상의 리얼리티도 있는 것이다. 연극을 만드는 사람도 똑같은 생 체험을 하는 것은 물론이다. 신협이 최초로 그것도 피난지에서 공연한 번역 희극은 전시 중의 관중에게 대단한 웃음을 선사했다. 관중이 허리가 끊어지도록 웃었기 때문에 객석은 언제나 떠들썩했다. 그러나 그 작품을 만든 연출가 이광래는 막 뒤에서 울고 앉아 있었다. 왜냐하면 공연 도중 그의 어린 아들이 우물에 빠져 죽는 불행을 당했기 때문이다. 이처럼 이광래는 큰 슬픔을 안고서 남을 웃기는 희극 연출가로 막 뒤를 지켜야만 했던 것이다. 자기 삶의 큰 비극을 감추고 남을 웃기는 연극을 하지 않으면 안 되는 것이 바로 연극인의 비애이리라.

신협은 여세를 몰아 또 다른 대작에 도전했는데, 그것이 다름 아닌 실러의 〈빌헬름 텔〉이었다. 제대로 하려면 50여 명의 배우가 등장하여 5시간 동안이나 공연해야 되지만 단원은 겨우 20여 명밖에 되지 않았기 때문에 한 배우가 2역 내지 3역씩으로 하고 3시간으로 압축해서 무대에 올리게 되었다. 연출에 능한 이해랑이 워낙 능숙하게 다듬어놓았기 때문에 역시 대성공을 거두었다.

이 시기가 신협으로서는 전성기라 할 만큼 인기를 누린 때다. 그러니까 1951년 초부터 1952년 말까지 2년여 기간이었으므로 전쟁이 막바지인데도 신협은 호황을 누린 것이다. 극단이 잘 되니까 단원들도 덩달아 흥청거릴 수밖에 없었다. 그중에서도 대표 이해랑은 애주가로서, 단짝 몇 명을 거느리고 인생과 낭만을 만끽했다. 시인 조병화 · 작가 김광주 · 영문학자 겸 극작가 한노단, 그리고 이해랑 등 4총사였다. 모두가 호주가였던 이들을 가리켜 조병화 시인은 일찍이 '호적(戶籍) 없는 가족'이라 이름 붙인 바 있다.

그런데 이들이 단순히 술친구만은 아니었다. 각자 예술 활동을 하면서도 신협에 상당한 기여도 했다. 즉 한노단은 부산대학교 영문학 교수로 있으면서 셰익스피어를 번역하여 신협으로 하여금 4대 비극 공연을 가능케 한 인물이다. 특히 피난지에서 가장 안정된 생활을 하고 있었기 때문에 연극인들에게 물심양면으로 도움도 많이 주었다. 그러나 가정적으로는 우환 때문에 고통도 없지 않았다. 즉 그의 부인이 척추디스크로 오랫동안 누워 있었던 것이다. 한노단 부인은 심재순(유치진의 부인)의 숙명여학교 제자였다. 한번은 한노단 부인이 문병 간 스승 심재순을 붙잡고 '우리 집 바깥분과 늘 어울려 다닌다는 해랑이란 여자가 정말 예쁜가요?'라고 물은 적이 있었다. 이해랑을 본 적이 없는 한노단 부인은 '해랑'이라는 이름 때문에 여자로 착각하고 있었던 것이다. 낭만 시대에 있었던 에피소드의 한 토막이었다.

신협에는 이러한 예술계 후원자뿐만 아니라 단순한 연극 애호가로서 도와준 사람들도 있었다. 김종원·김영일·오경선 등이 바로 그들이었다. 이들 중 김종원은 부산서 조그마한 무역상을 하는 사업가였고 다른 이들도 비슷했다. 그러니까 이들이 자본가도 아니었고 신협 단원들과도 생면부지였지만 그냥 연극이 좋아서 극단이 어려울 때 흔쾌히 도와준 경우였다. 이들은 제작비를 대고 공연이 끝난 다음에도 돈 받을 생각을 하지 않았다. 어려운 피난 생활에서도 신협이 끊이지 않고 번듯한 연극을 할 수 있었던 여러 요인 가운데 무명 연극 애호가들의 도움도 무시할 수 없었다.

그러나 신협도 1952년 〈빌헬름 텔〉 공연 이후 퇴조하기 시작했다. 왜냐하면 독주하던 신협에 제동을 거는 연극 라이벌이 하나둘 생겨나기 시작했기 때문이다.

# 제3장

**▮**

# 1950년대, 연극의 위축

세계 연극사를 보면 대체로 군인 출신 지도자가 있을 때, 또 군대가 지배할 때 연극이 번성한 경우를 목격할 수 있어 흥미롭다. 이러한 세계 연극 추세와 우연한 일치였는지는 몰라도 여하간 우리도 전쟁 와중에서 연극이 오히려 성했다. 물론 전시 중 피난지에서의 연극 행태는 특수 상황이 빚은 것이지만 군대의 도움이 컸던 것도 과소평가할 일이 아니다.

우선 피난지에서 문예중대가 결성되지 못했던들 연극인들이 모여서 연극을 지속할 수가 없었고, 1952년 초가을 서울 수복을 앞두고 그것이 해체된 뒤 김정렬 공군참모총장이 연극인들을 공군 소속으로 해주지 않았다면 젊은 배우들은 군복무를 위해서 뿔뿔이 흩어졌을 것이다. 이처럼 역사상 가장 어려웠던 3년여 동안 육군과 공군의 뒷받침으로 연극이 그 명맥을 끊지 않고 활발한 공연 활동을 벌일 수가 있었다. 그러나 전쟁이 서서히 끝나가고서 서울이 수복되면서, 연극인들도 군대의 후원을 뒤로하고 귀향을 서둘렀다.

이때 연극인들은 두 패로 갈렸는데, 국립극장을 중심으로 활동하던 연극인들은 대구에 더 머물러 있었고, 신협 단원들은 1953년 1월 〈향수〉라는 작품을 피난지에서의 고별 공연으로 올린 뒤 정부를 따라 서울로 복귀했다.

신협의 서울 복귀와 함께 대구·부산 등지에서 활동하던 상업성이 강한 극단들인 아랑·신청년·예술극장·고향·청춘극장 등 대여섯 극단이 따라올라왔다. 그러나 전쟁으로 폐허가 된 서울 거리는 겨울의 쓸쓸함과 함께 적요하기 이를 데 없었다. 몇 개 극단들이 피난지에서 공연한 작품을 갖고 시공관·동양극장·중앙극장 등에서 막을 올렸지만 객석은 텅 빈 상태였다.

그러나 그 긴 겨울은 가고 폐허의 서울에도 봄이 찾아왔다. 환도하는 시민도 속속 늘어가면서 조금씩 활기를 찾아가기 시작했다. 때마침 부산에서 칩거하면서 창작에만 몰두하던 유치진도 서울로 돌아왔다. 유치진은 서울에 돌아오자마자 지도자답게 연극 재건에 앞장서면서 네 가지 방안을 제시했다. 즉 극장 시설의 재정비, 극장의 성격화, 창작 희곡 육성, 신인 양성 등이 그것이었다.

그런데 유치진의 제안은 극히 막연하면서도 장기적인 것이어서 당장의 연극 활동에는 아무런 도움을 주지 못했다. 그런 중에 유치진만은 신인 양성에 집념을 갖고 대학극에 관심을 기울여갔다. 그러니까 그가 장기 포석을 하기 시작한 것이다. 그가 이처럼 극단과 거리를 두고 장기 포석을 시작한 것은 피난지에서 국립극장장으로부터 밀려난 것과도 무관하지 않았다. 실제로 그는 부산에 머무는 동안 정부에 국립극장 재개를 여러 번 건의했었고, 문교부로부터 거절당하자 사표를 던지고 국립극장과 완전히 결별했다. 그 직후 국립극장은 유치진의 평생 동지였으며 라이벌이기도 했던 서항석에게 맡겨졌다. 즉 신협 등 대구에서 활동하던 극단들이 수복과 함께 대부분 서울로 간 뒤의 적막한 대구(문화극장)에서 정부는 서항석을 극장장으로 임명하고, 3년여 만에 국립극장을 재개관한 것이다.

전란 중에서도 국립극장이 다시 문을 열 수 있었던 것은 김법린 당시 문교장관의 높은 문화의식 때문으로 볼 수 있다. 그가 국립극장을 재개관하면서 낸 다음과 같은 담화문은 오늘의 정책 집행자들도 귀담아들을 만한 내용이었다.

단기 4283년 4월에 민족예술문화의 전당으로 국립극장이 처음으로 개관을 보게 되어 신생 한국의 민족문화 선양에 큰 기대를 가져왔다. 그러나 북한 공산 집단의 불법 남침으로 인하여 부득이 폐관의 비운에 빠지게 된 것이야 오늘에 회고하건대 모골이 송연한 바 있다. 이래 멸공 전쟁은 현금까지 계속되고 있으며 자칫하면 민족예술문화를 몰각하게끔 될 우려조차 없지 않은 환경 속에 놓여 있다고 할망정 유구한 문화전통을 계승한 우리 민족이 어찌 창조에 대한 의욕과 민족정신의 앙양을 망각할 수 있겠는가. 이렇게 극히 곤란한 모든 악조건이 가로막혀 있기는 하지만 우리가 이것을 극복하고 비장한 결심으로 국립극장을 다시 개관하게 된 것이다.

솔직히 국가의 운명이 걸려 있는 전시 중 피난지에서 국립극장을 연 사례는 세계 연극사에 없는 일이다. 그만큼 당시 우리 정부의 문화의식은 대단히 높았다. 국립극장이 원로 윤백남이 쓴 역사극 〈야화(野花)〉로 재개관 공연을 가지면서 신협과 거리를 두고 있던 연극인들이 모여들었고, 여러 극단들이 서울로 떠난 뒤의 적막함도 메꾸어나갈 수가 있었다. 그러나 재개관된 국립극장이 예산상 어려움 때문에 전속단원들을 둘 수가 없었던 데다가 자급자족을 해야 하는 특별회계법에 따라 흥행을 계산하여 공연과 대관을 해야 하는 입장이었다.

재개관 공연도 그러했지만 악극단이라든가 국극단에까지 대관함으로써 국립극장은 일단 문전성시를 이루었다. 그러자 국립극장의 상업적 운영에 비판이 일었고, 국립극장 쪽으로 관객이 몰려서 문 닫을 위기에 처한 다른 극장들의 방해공작이 시작되었다. 사설극장 측에서는 깡패까지 동원하여 국립극장 객석에 돌을 던지기도 했고, 상이군인들도 동원하여 깽판을 놓기도 했다. 그래도 안 되니까 국립극장이 세금 포탈 운운의 무고를 하는가 하면, 자유당 의원을 충동질하여 국립극장 폐지를 거론케도 했다. 국립극장 폐지론이 국회에서 정치문제화되자 문교장관이 불려갔고, 서항석 극장장도 문교사회위원회에 나가지 않을 수 없었다.

국회의 답변석에 선 서항석은 "국립극장에는 설치 목적이 있다. 국립극장을 폐지하는 일은 두 가지 경우에만 있을 수 있을 것이다. 하나는 국립극장이 설치 목적을 완전히 달성하여 더 존속시킬 필요가 없다고 인정되는 때일 것이다. 또 하나는 대한민국의 힘으로는 도저히 국립극장의 설치 목적을 달성할 수 없다고 단정할 때일 것이다. 오늘날 국립극장 폐지론은 그 어느 쪽에 근거를 둔 것인가? 대한민국은 아직 국립극장의 설치 목적을 포기해서는 안 될 것이다. 그렇다면 국립극장의 현재에 있어서 당사자가 무능하면 사람을 바꾸고 제도가 미비하면 이를 보완하는 일은 있어야겠지만 폐지 운운의 소리야 어디서 나온다는 말인가? 그것은 자손 만대에 오점을 남기는 일이다"라는 명답변으로 폐지론을 극적으로 잠재웠다.

그런데 그의 답변이 폐지론을 잠재운 정도가 아니라 국회의원들로 하여금 국립극장의 존재 의의를 재인식토록 만들게까지 했다. 이를테면 국회가 서항석의 답변 후에 특별회계를 일반회계로 바꾸어준 점에서도 그것은 잘 나타난다.

이와 같이 해서 국립극장이 그런대로 정상궤도를 달리자 전쟁 중의 우리 연극은 수복된 서울과 피난지 대구로 완전 양분되었는데, 서울은 유치진이, 대구는 서항석이 주도하는 묘한 상황이 빚어졌다. 물론 전시 중이라 양쪽 모두가 어려운 것은 마찬가지였다. 그중에서도 서울이 더 어려웠다. 그 이유는 두 가지에 있었다. 첫째는 전쟁 후유증에 따른 경제적 곤란이었고, 두 번째로는 영화의 범람이었다. 즉 종전을 앞두고 미국 영화가 쏟아져 들어온 데다가 우수한 국산 영화도 관객을 휩쓸어갔다. 영화의 범람으로 연극은 그 존립 기반마저 흔들리기 시작했는데, 그 이유는 연극이 배우·극작가·연출가·관객·극장·흥행업자 등을 몽땅 잃었기 때문이다. 이 시기에 김동원·주선태·김승호·고설봉·황정순·최은희 등 톱클래스 배우들이 모두 영화로 옮겨갔다. 심지어 이해랑까지 영화에 출연할 정도였다.

특히 1955년 영화 〈춘향전〉은 몇십만 명의 관객을 동원하여 연극으로부터 관객을 영화로 옮기는 결정적 계기를 만들었다. 그로부터 신협 같은 우수한 극단 공연에도 객석은 한산했다. 그러자 연극도 자구책을 강구하지 않을 수 없었다. 신협의 경우는 무거운 번역극과 창작극을 피해 인기소설의 무대화를 기획했다. 첫 작품이 그 유명한 〈자유부인〉이었다. 대중작가 정비석이 『서울신문』에 연재하여 장안의 지가를 올렸던 이 작품은 신협이 시공관에서 막을 올리자마자 표가 매진될 정도로 흥행에 성공했다. 물론 이 작품은 연극이 좋아서가 아니라 소설의 인기를 등에 업고서 흥행에 재미를 본 경우였다. 이 작품이 얼마나 인기가 있었던가는 주인공 중 자유부인을 유혹하는 엉터리 사장(주선태 분)의 "무엇이든 최고급품으로 주시오"라고 허세를 떠는 말이 장안의 유행어가 된 점에서도 확인된다.

연극이 성공하자 영화화까지 되어 〈자유부인〉은 전후의 화젯거리가 되었으며 원작자 정비석과 서울대 법철학 황산덕 교수와의 도덕성 논쟁까지 불러일으킨 작품이다. 여하튼 영화의 틈새를 뚫고 인기소설의 무대화로 재미를 본 신협은 곧바로 박종화의 인기소설을 원작으로 한 〈금삼의 피〉를 공연하여 또다시 히트했다. 그러나 이러한 대중소설의 극화는 신극의 기수로 자처해온 신협의 예술 노선을 근본적으로 뒤흔드는 것이었다. 신협의 어느 핵심 단원은 그러한 연극에 대하여 "잇따른 수지계산의 실패를 만회하려고 극단 생리에 맞지 않음을 자인하면서도 신문소설로 세평이 자자한 선전을 포착하여 정비석 작 한노단 각색 〈자유부인〉을 화장(化粧)하고 매물(賣物)했다는 것은 신협의 진통을 증언하는 하나의 과도기적인 현실로 묵과하기에는 너무나도 엄청난 대가였다"고 실토한 바도 있다.

그러나 신협으로서는 아무리 훌륭한 연극관과 철학을 갖고 있었다고 하더라도 연극 기반 자체가 붕괴된 상태에서는 어쩔 수 없이 생존을 위한 자구책을 강구하지 않을 수 없었다. 그들이 그처럼 경멸·혐오하던 대중적 상업주의를 추구한 것도 하나의 고육지책이었다.

신협이 창단된 뒤 최대의 위기에 직면해 있던 시기에 대표인 이해랑에게

미 국무성 초청장이 날아왔다. 3개월간의 시찰길에 오른 이해랑은 곧바로 뉴욕 브로드웨이로 가서 엘리아 카잔이 주재하고 있던 액터즈 스튜디오와 극장가를 시찰했다. 그가 액터즈 스튜디오에 갔을 때는 마릴린 먼로 · 제임스 딘 · 폴 뉴먼 등 미래의 대스타들이 연기 훈련을 하고 있었다고 한다(이해랑 증언). 그리고 브로드웨이 극장들에서는 유진 오닐 · 아서 밀러 · 테네시 윌리엄스 · 프레더릭 노트 등의 작가들이 인기를 끌고 있었다. 그는 단 3개월간이었지만 너무나 많은 것을 배웠고 한국 연극이 가야 될 방향에 대해서도 생각을 깊이 할 수가 있었다.

1955년 5월 미국에서 3개월 만에 귀국한 이해랑은 브로드웨이에서 인기를 끌고 있는 작품인 테네시 윌리엄스의 〈욕망이라는 이름의 전차〉를 공연했다. 이것은 신협이 미국 현대극을 직접 보고 공연한 첫 작품이었다. 이 공연을 구경한 신진 작가 임희재가 유사한 희곡 〈꽃잎을 먹고 사는 기관차〉를 써서 신협에 보내옴으로써 한국판 〈욕망이라는 이름의 전차〉가 탄생되기도 했다.

미국 연극에 매료된 이해랑은 계속해서 〈다이얼 M을 돌려라〉(프레더릭 노트 작), 〈세일즈맨의 죽음〉(아서 밀러 작) 등을 공연하여 관객들에게 신선감을 주기도 했다. 그런 때에 공보처의 요청으로 목적극 성향의 〈풍운〉(오영진 작)을 공연하여 실패를 본 바 있다. 청년 이승만의 독립투쟁 과정을 묘사한 작품에서 이해랑이 이 박사 역을 맡아 열연했지만 관객의 반응은 냉담했다. 따라서 신협은 다음 작품으로 정반대 주제의 〈민중의 적〉(입센 작)을 공연했다. 이 박사 찬양극으로 이미지에 손상을 입었다고 생각한 신협이 정치비판적인 〈민중의 적〉을 레퍼토리로 택한 것은 일종의 반사작용에 의한 것이었다. 그러나 경찰의 간섭으로 내용을 뜯어고쳐서 공연한 〈민중의 적〉은 등장인물의 수도 되지 않을 만큼 관객이 적었다. 신협은 두 작품 공연 실패를 통해서 연극은 언제나 시공간을 초월하여 근원적 인생 문제와 영원한 생명을 진실되게 다루어야 한다는 값진 교훈을 얻었다. 그런데 이 〈민중의 적〉의 연출은 느닷없이 신협에 뛰어든 전근영(全槿映)이라는 월남 연극인이 맡았었다. 전근영은 남파간첩으로서 그 작품 공연 직후 재월북 시도 중 사살되었다. 이처럼 6 · 25 직후에는 연극계에도 간첩 몇 명이 침투했었다.

신협이 여러 가지로 어려움을 겪고 있을 때 두 가지 일이 벌어졌다. 하나는 신협의 정신적 지도자인 유치진이 1958년도에 세계 연극 시찰 여행을 떠난 일이고, 다른 하나는 대구에 있던 국립극장의 환도였다. 초대 극장장 유치진과 2대 극장장 서항석은 평생의 숙적으로 그들의 일거수일투족에 따라 연극계의 판도가 변하기도 했다. 유치진이 해외 여행길에 오른 직후 국립극장은 환도하자마자 어려움을 겪고 있던 신협에 손짓을 했는데, 신협 단원들은 기다리기라도 한 듯 크게 환영했다. 왜냐하면 국립극장에 전속단원으로 들어가면 고정 월급이 나오게 되므로 최소한의 생계는 유지할 수가 있었기 때문이다.

그러나 신협의 국립극장 재복귀에도 문제는 있었다. 가령 서항석 극장장이 신협 명칭을 없애고 국립극단으로 고집한 반면 이해랑은 그동안의 명성을 감안하여 '국립극장 전속극단 신협'으로 하자고 고집했던 것이다. 그런데 당장 조바심을 하는 쪽은 신협의 평단원들이었으므로 결국 서항석의 요청을 받아들이지 않을 수 없었다. 일단 시공관을 국립극장으로 삼고 활동에 나선 국립극단은 모처럼 강팀이 되어 연극계를 주도하기 시작했다. 국립극장은 환도 기념으로 칼 쇤헤르의 〈신앙과 고향〉(홍해성 연출)을 무대에 올렸는데 관객은 의외로 적었다.

그럼에도 불구하고 국립극단은 정부 예산에 의해 움직이는 단체였으므로 계속해서 몇 편의 작품을 공연해야 했다. 객석은 여전히 한산했다. 그런 때에 유치진이 세계일주 여행에서 돌아왔다. 유치진이 돌아왔을 때 그의 유일한 지원 세력이라 할 신협이 해산되고 라이벌인 서항석의 국립극장에 소속해 있지 않은가. 그는 즉각 수제자 격인 이해랑을 불러 자초지종을 묻고 섭섭함을 말했고 이해랑은 혼자서 책임지고 국립극장을 탈퇴했다.

유치진은 서항석에게 연극계의 주도권을 빼앗긴 뒤 젊은 연극인을 길러서 장차 연극계를 주도할 목적으로 대학극 육성에 나섰다. 그리하여 1957년부터 전국대학연극경연대회를 개최하기 시작했다. 그는 학생들이 할 만한 창작극이 마땅치 않았기 때문에 자기가 일제 말엽에 썼던 〈대추나무〉를 〈왜 싸워〉로 개작해서 지정작품으로 삼았다.

그는 선전도 할 겸 월간 『자유문학』에 게재하기 위해서 주간이었던 예전 동지 김광섭을 찾아갔다. 김광섭은 해외문학파와 극예술연구회를 같이 한 친구로서 6·25 후에는 경무대 공보비서까지 지낸 바 있었다. 그의 흔쾌한 허락으로 〈왜 싸워〉를 『자유문학』에 연재하면서 각 대학 연극반에 주어 연습을 시켰다. 그런데 개막 이틀 전까지도 문교부의 검열이 떨어지지 않았다. 예감이 이상했기 때문에 유치진은 곧바로 문교부로 찾아갔는데 최재유 장관은 그에게 "이 대통령의 공보비서를 한 김광섭에 의하면 당신 작 〈왜 싸워〉는 일정 때 총독부 작품상을 받을 정도로 친일 작품이니 순수한 학생 연극 콩쿠르의 공연작으로 선정됨은 불가하고, 문총(文總)에서도 말이 많아 허가를 못 하겠소"라고 말하면서 문총 건의문을 보여주는 것이 아닌가.

최 장관이 내민 연판장을 보니 과거 해외문학파와 극예술연구회 동지들의 이름이 거의 올라 있었다. 이것은 곧 연극계의 주도권 싸움과도 직결되는 것으로서 유치진을 아예 쓰러뜨리려는 의도가 뒤에 숨겨져 있음을 느낄 수가 있었다(이해랑 증언). 어렵사리 비용을 마련해서 막을 올리기 이틀 전에 이 지경이 되자 각 대학 연극반 학생들은 문교부에 몰려와서 그동안의 연습 비용 일체를 변상해달라고 아우성이었다. 유치진은 분노로 떨고만 있을 수가 없었다.

그는 반대세력이 된 문총의 친구들을 찾아가 "〈왜 싸워〉에 일제에 아첨하는 구절이 있는가? 있다면 법정에서 따지자"고 분통을 터뜨렸지만 소용이 없었다. 그의 분이 풀릴 리가 만무했다. 그는 문교부로 재차 찾아가서 장관에게 "〈왜 싸워〉가 공연되면 〈대추나무〉가 친일작품이라는 누명도 벗겨지고 내 처신이 명명백백히 밝혀질 것이니, 검열 허가를 내어 공연토록 해달

라. 만일 공연을 못 하게 된다면 당신을 걸어 명예훼손죄로 고소하겠다"고 따졌다(『동랑 자서전』 참조). 그러나 유치진은 드라마센터 건립을 구상 중에 있었으므로 주무부서 장관을 걸어 소송을 제기할 수는 없었다. 대신 이해랑이 나서서 문교부장관을 걸어 행정소송을 제기했다. 이 사건이 표면화되자 각 신문들은 호재나 만난 듯 '〈왜 싸워〉를 두고 왜 싸워?' 하는 식의 보도를 연일 대서특필했고, 유치진과 김광섭은 평생 우정을 깨는 일대 지상 논쟁을 벌였다.

〈왜 싸워〉 사건에는 임화수도 우연찮게 끼어들었다. 그럴 수밖에 없는 것이 임화수는 문총 산하의 연예협회 이사장이었으므로 유치진과 문총의 싸움에 말려들지 않을 수 없었다. 즉 〈왜 싸워〉 사건으로 문화계가 떠들썩할 때 이해랑 · 주선태 · 김승호 · 박암 · 최남현 등 덩치 큰 연극인들이 우연히 명동 술집에서 문총 간부 이 모 씨를 만났는데, 그가 협박당했다는 말을 퍼뜨린 것이다. 그에 분개한 임화수는 즉각 김승호 · 주선태 · 박암 등을 불러다가 불문곡직 두들겨 팼다.

이처럼 〈왜 싸워〉 사건은 대단한 파문을 일으켰는데 그 직접적인 여파가 연극계에 더 강하게 미쳤다. 이 사건이 확대되면서 국립극장 소속의 과거 신협 단원들이 모두 전속극단을 탈퇴해버린다. 그리하여 신협은 해산 1년 만에 국립극장을 벗어나 또다시 옛 상사인 유치진의 휘하로 돌아갔다. 재건된 신협은 유치진을 회장으로 추대하고 그의 작품 〈한강은 흐른다〉로 재기 공연을 가졌으나 흥행은 별로였다.

국립극장이 신협과 양분됨으로써 연극계도 다시 유치진 계열과 서항석 계열로 나누어졌지만 양쪽 모두 약체화는 숨길 수 없는 사실이었다. 국립극장은 신협 단원들이 이탈한 뒤 변기종 · 고설봉 · 이향 · 백성희 · 황정순 · 나옥주 등으로 전속단원을 보강하는 한편, 극장 내에 연극인 양성소를 설치하고 신인 육성에 들어갔다. 이때 김인태 · 이종만 · 이치우 · 오지명 · 박규채 · 백수련 · 김금지 등이 배출되었다. 그러나 연구생도 제4기로 끝나고 말

앉다.

국립극장과 신협이 고래 싸움을 벌이고 있을 때, 대학극 출신의 젊은 연극인들이 극단을 조직하기 시작했는데 그것은 어디까지나 기성 연극이 사도(邪道)로 빠지는 것에 반기를 든 것이었다. 그중에서도 연대 · 고대 · 서울대 · 중앙대 출신들이 중심이 된 제작극회(制作劇會)가 가장 신선한 젊은 극단이었다. 1956년 6월 '참된 현대극 양식을 제작하려면 현대극의 실험과 형상화가 급선무'라 선언하고 나선 제작극회 창립 멤버는 최장봉 · 오사량 · 차범석 · 최상현 · 박현숙 · 김자림 · 최명수 등 30대 안팎의 소장 연극인들이었다.

이들은 소극장운동가들답게 창립 공연도 조그만 대학 강당에서 〈사형수〉(홀워시 홀 작)로 조촐하게 치렀다. 제작극회가 대학 강당에서 창립 공연을 가진 것은 마땅한 소극장이 없었기 때문이었다. 제작극회는 처음 테네시 월리엄스의 〈유리동물원〉 등 현대적 감각이 강한 번역극들을 주로 공연했는데, 그중에서도 존 오스본의 〈성난 얼굴로 돌아보라〉 공연은 현대극운동의 획을 그은 것이었다. 왜냐하면 이 작품은 제2차 세계대전 직후의 잃어버린 세대의 의식을 대표하는 작품일 뿐만 아니라 부조리극의 등장을 예고한 것이었기 때문이다.

그런데 제작극회가 국립극단이나 신협 같은 전문 극단들 틈에서 독특한 색깔을 갖고 이전투구하는 기성 연극인들에게 신선한 충격을 주면서 착실히 현대극운동을 벌일 수 있었던 것은 마침 을지로 입구에 300여 석의 소극장 원각사가 생겨났기 때문이다.

원각사는 릿쿄대학 출신으로 국악과 연극을 좋아한 오재경 공보실장이 전통무용과 국악을 진흥시킬 목적으로 설립한 것이었다. 해방 직후 경춘철도 사무실로 쓰였고, 6 · 25전쟁 중에는 헌병사령부가 식당으로 사용하던 건물을 오재경이 접수하여 소극장으로 꾸몄다. 원각사가 1958년 12월에 문을 열자 연극계가 갑자기 활기를 띠기 시작했고 극단들도 몇 개 더 생겨났다. 즉 이광래·김상민·장한기·최형남 등은 '현대극의 실험적 체험을 시도하는 것을 목적'으로 원방각(圓方角)이란 극단을 창립했고, 국립극장 부설 연기자 양성소 출신들도 동인극장을 출범시켰으며, 청포도극회, 협연(協演), 토월회 등 대여섯 개의 군소 극단들이 단번에 생겨나기도 했다.

이러한 소장층 중심의 신생 극단들이 등장하자 국립극장과 신협 등 기성 연극계도 바짝 긴장했고, 결국 방어적 재편성에 들어가지 않을 수 없었다. 그것이 이른바 국립극장의 개편이었다. 즉 국립극단을 해체한 후 재건된 신협을 그대로 복귀시키는 한편, 또 하나 기존 멤버에 유능한 배우들을 보강하여 민극(民劇)이라는 또 하나의 전속극단을 두도록 한 것이다. 바꾸어 말하면 국립극장에 전속극단으로 신협과 민극을 병존시키기로 한 것이다.

신협(단장 이해랑)과 민극(단장 박진)이라는 쌍두마차를 탄 국립극장은 명실상부하게 한국 연극의 중심지로서의 제 위치를 찾았지만 전후의 경제적 곤핍(困乏)과 영화의 도전을 극복하기에는 역부족으로서 연극예술의 꽃을 피우기는 점점 요원해져가는 것만 같았다. 이것이 1950년대 말엽의 연극 실상이었다.

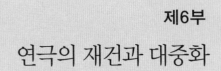

제6부

# 연극의 재건과 대중화

# 제1장

## 연극 중흥을 꿈꾼 유치진의 드라마센터

1960년을 전후한 2, 3년 동안은 전쟁의 상처가 채 복구되지 않은 상태에서 4·19학생혁명과 5·16군사쿠데타가 잇달아 일어나 정치가 대변혁을 겪는 시기였으므로, 그것이 연극에 순기능을 할 리도 없었을뿐더러 어수선한 사회 분위기 속에서 외국 영화와 여성국극의 협공마저 받음으로써 연극은 최악의 위기 속에 놓여 있었다. 당시 연극계는 명동 국립극장 무대를 본거지로 한 신협 중심의 기성 연극의 아성에 소극장 원각사 무대를 중심으로 한 제작극회, 원방각 등 신진들이 도전하는 상태였지만 양쪽 모두 겨우 연극의 명맥을 잇는 활동이 고작이었다. 왜냐하면 신협 중심의 기성 연극은 전쟁으로 파괴된 연극 기반 구축에 실패했고, 소극장운동을 전개하고 있던 신진 연극인들은 그나마 원각사 소극장이 1960년에 불타버림으로써 발판을 하루아침에 잃었기 때문이다. 그렇다고 전쟁 중에도 연극사의 맥을 끊지 않고 공연 활동을 벌였던 백전노장의 연극인들이 손을 털 리는 만무했다.

여하튼 국립극장은 부실하나마 여전히 명동에 자리 잡고 있었으므로 자연히 그 무대를 중심으로 연극 활동이 전개되지 않을 수 없었다. 그런 상황에서 국립극장도 외형적으로는 전속 두 단체 신협과 민극을 두고 영화배우들까지 끌어들여 출연료를 지불해야 했으므로 영리 쪽으로 치닫기 시작했다.

국립극장이 신협과 민극 합동으로 김동인 원작의 역사소설 〈대수양〉을 공연(1959)한 것도 그 단적인 예였다. 그러나 4 · 19 직후에는 연극계에도 자유의 바람이 불어와서 그에 부응하는 〈빌헬름 텔〉(실러)을 무대에 올리기도 했다.

그러나 연극계의 어려움은 전혀 해소될 기미가 보이지 않았다. 특히 연극계가 국립극장 중심으로 움직이다 보니 극장장인 서항석이 보스로 군림하는 것도 극히 자연스러운 일이었다. 희곡 〈왜 싸워〉 사건으로 더욱 소원해진 숙명의 라이벌 유치진은 연극계를 서항석이 주도하는 동안 다른 쪽에서 원대한 구상을 착착 진행하고 있었다. 즉 드라마센터라는 새로운 극장을 짓고 있었던 것이다.

드라마센터 건립은 순전히 미국 록펠러재단의 후원에 의해서 시작된 것이었다. 유치진이 록펠러재단과 인연을 맺은 것은 전쟁이 끝난 직후부터였다. 미국이 전쟁을 끝내면서부터 여러 측면에서 한국 재건에 나섰고 예술, 그중에서도 연극 진흥에 관심을 기울였다. 처음에는 유치진 · 이해랑 등에게 구미 연극 시찰을 시켰고 이어서 극장 건립을 뒷받침하게 된 것이다. 물론 록펠러재단이 처음부터 극장 건립까지를 생각한 것은 아니었고 유치진이 연극 기반을 다지기 위해서는 현대적인 극장이 필요하다는 것을 역설함으로써 성사된 일이었다.

1959년 세계 연극 시찰에서 돌아온 유치진에게 록펠러재단에서 극장 건립을 위해 10만 달러를 지원하겠다고 나섰다. 유치진은 현대적 극장 건립의 이상을 갖고 이듬해 8월에 재단법인 한국연극연구소를 설립했다. 록펠러재단의 협조는 법인에게만 할 수 있기 때문에 유치진이 사재를 털어서 한국연극연구소를 설립한 것이다. 그러나 이번에는 록펠러재단이 부지 확보를 선행 조건으로 내세웠다. 극장 부지를 확보해야만 우선 5만 5천 달러를 지급할 수 있다는 것이었다. 그런 때에 4 · 19학생혁명이 일어나면서 허정 과도정부가 들어섰고 문교부 장차관(이병도 · 이항녕)도 학자들로 바뀌었다.

드라마센터 전경

유치진은 평소 눈여겨보았던 남산 중턱(현 드라마센터 자리)의 과학관을 불하
받기로 마음먹었다. 그 자리는 당초 조선총독부가 있었는데 그것을 광화문
으로 옮기면서 그곳은 경비행기까지 진열해놓은 과학관으로 활용했고, 해
방 후에도 그대로 지속해왔다. 유치진은 우여곡절 끝에 허정 내각 수반으로
부터 불하를 받아내는 데 성공했다.

드디어 1960년 10월 드라마센터가 착공되었다. 그런데 록펠러재단에서
온 5만 5천 달러는 기초공사에서 이미 바닥이 났다. 유치진이 갈월동에 있
던 집은 물론 몇몇 부동산을 몽땅 처분했어도 극장의 모습은 보이지 않았
다. 사회 각계각층으로부터 건축자재를 도움받았지만 공사는 진척되지 않
았다. 전쟁이 끝난 뒤였음에도 많은 사람들이 연극장 건립을 물심양면으로
도왔다는 것은 당시의 후했던 세상인심을 잘 반영한 경우였다고 볼 수 있
다. 1년도 못 가 공사는 중단되었고, 건강에 자신을 가졌던 중진 극작가 유
치진은 고혈압 증세가 생겼다.

그러던 중 5·16군사혁명이 일어났고 최고회의가 국가 통치기관이 되었다. 유치진은 선이 굵기로 이름났던 재정담당 최고위원 유원식 장군을 찾아가 하소연했다. 그리하여 유원식 장군의 주선으로 서울은행 등 5개 시중은행으로부터 6,300만 원이라는 거금을 대부받는 데 성공했다. 그리하여 중단되었던 공사에 급피치를 올려 3년 만인 1962년 봄에 마침내 드라마센터가 완공된 것이다.

드라마센터 준공은 극장사(劇場史)로서뿐만 아니라 한국 연극사에서도 획기적인 일이었다. 왜냐하면 1902년 최초의 관립극장 협률사가 선 이래 수십 개의 극장들이 부침했지만 연극 전문 극장으로서 설계되어 설립된 것으로서는 1935년 동양극장 이래 드라마센터가 두 번째이고, 또 이 극장만 잘 활용하면 한국 연극의 획기적 전환점도 마련할 수 있었기 때문이다.

드라마센터는 사실 당시로서는 동양에서 제일가는 중형극장이었다. 신예 건축가 김중업에 의해서 설계된 드라마센터는 건평 220평에 무대 넓이만 120평이고 좌석이 473석인데, 원형극장을 응용한 무대가 특징이었다. 그리고 무대는 메인 스테이지 양옆으로 사이드 스테이지가 있고, 이것이 계단으로 연결되어 백 스테이지가 객석 뒤에 마련되어 관객은 무대 한가운데서 연기자와 호흡을 나누며 그 속으로 빨려들어가는 느낌을 갖게끔 되어 있었다.

그 외에도 대형 롱스포트 10대, 달 모양으로 비치는 빔 스포트 15대, 구름·비·눈·파도·불·연못 등을 환등식으로 비치는 임팩트 머신 등 특수 조명기재들이 처음으로 들어온 것이다. 장내의 벽이나 천장에 재래의 방음장치를 붙인 것이 아니라 아니라 음향이 잘 공명하여 부드럽고 깊이 있게 울리도록 장치를 한 것이 특징이고, 객석과 무대를 돌아가며 9개의 스테레오식 사운드 트랙이 장치되어 대형영화의 입체적 음향효과를 연상시키도록 설계했다. 그야말로 동양에서는 어느 나라에도 없던 최신 무대와 시설의 극장을 세운 것이었다.

1930년대 초부터 연극운동의 가시밭길을 걸어온 유치진은 30여 년의 꿈

을 성취함으로써 희망에 부풀었
다. 연중무휴 공연과 후진 양성
그리고 연극 도서관 · 연극 박물
관 설립은 물론이고 연극의 범
국민운동까지 구상한 유치진은
우선 사무 체계부터 갖추었다.
한국연극연구소라는 재단법인
이 설립되었기 때문에 유치진이
소장을 맡은 것은 당연한 것이
었고, 사무국장에 언론인 출신
신태민, 극장장에 이해랑, 아카
데미 원장에 여석기, 그리고 김
정옥과 이근삼이 상임위원으로
발탁되었다. 유치진은 기성과
신인을 망라해서 연극인을 끌어

드라마센터 건립 대표 연극인 유치진

모아 연중무휴 공연을 갖기로 한 포부 그대로를 실천에 옮겨갔다. 따라서
그는 범연극인을 끌어모아 막강한 진용을 갖췄는데, 대체로 네 계보로 이루
어졌다. 즉 국립극장에서 데려온 이해랑 · 김동원 · 황정순 · 오사량 등 신
협을 주축으로 해서, 대학극 출신의 김동훈 · 오현경 · 나영세 · 유용환 · 김
성옥 등과, 성우 출신의 김성원 · 남성우 · 장민호, 그리고 해외파로서 양광
남 · 양동군 · 김정옥 · 이근삼 등이 골간을 이루었다. 그 당시로서는 중견
과 신예를 거의 몽땅 끌어모은 셈이 되었다.

드라마센터 설립으로 그동안의 연극 중심이 되었던 국립극장마저 흔들렸
고 다른 연극 세력은 감히 고개를 들 수조차 없었다. 그동안 서항석에게 기
선을 빼앗겼던 유치진이 단숨에 연극계를 장악케 된 것이다. 3 · 1절을 맞
춰 개관 공연을 가지려 했으나 개관 레퍼토리인 〈햄릿〉이 워낙 방대해서 자

연 준비가 늦어졌고 4월 11일에야 겨우 화려한 막을 올릴 수가 있었다. 첫날은 낙성식과 함께 의자 기증자 및 사회 저명인사들만 초청해서 막을 올렸는데 박정희 최고회의 의장이 참석하는 등 문자 그대로 화려함의 극치였다. 다음 날부터 본격 공연에 들어가 개관 공연은 5월 31일까지 무려 50여 일간의 장기 공연을 가졌다. 한 작품으로 50여 일의 장기 공연을 가진 것도 근대 연극사상 초유의 일이었다. 개관 프로그램에 대해서도 "우리의 기대에 어긋남이 없이 이번 공연은 우리 연극계에 장래가 있다는 뚜렷한 희망을 보여주었다"(『한국일보』 1962.4.14)는 호평을 들었다.

그러나 전후(戰後)의 침체한 연극계에 활력을 불어넣음으로써 무대예술의 르네상스를 이루려는 꿈은 처음부터 불길한 조짐을 보여주었다. 왜냐하면 호평에도 불구하고 관객 동원에 실패했기 때문이다. 매일 만원 관객이 들어도 월 600만 환 수입밖에 되지 않는데, 실제 운영비는 매월 1,800만 환이나 들었다. 그렇다고 매일 만원이 되는 것도 아니고 평균 250명꼴밖에 들지 않았다. 비라도 오는 날이면 20명 정도가 관극하는 실정이었다. 드라마센터는 하는 수 없이 연극 대중화 운동을 전개하면서 우선적으로 회원제 운동을 벌였다. 회원은 A급(1년에 2천 환), B급(1만 환), C급(10만 환)으로 나누었는데 그것마저 신청자가 적어서 실패로 끝났다. 그렇다고 연중무휴 공연을 공언하고 두 달도 되지 않아 문을 닫을 수도 없었다.

드라마센터는 제2회 공연으로 유진 오닐의 〈밤으로의 긴 여로〉(이해랑 연출·주연)를 무대에 올렸다. 근대 연극사에 남을 만큼 뛰어난 이 작품은 실제로 개관 공연보다도 좋다는 평을 들었음에도 불구하고 〈밤으로의 긴 여로〉는 일찍 닥친 더위와 화폐개혁 등 어수선한 분위기에서 겨우 보름 만에 막을 내리고 말았다. 드라마센터가 제2회 공연을 가지면서 부지런히 회원제 신청을 받았으나 응해주는 사람이 별로 없었다. 그때까지만 해도 대중은 먹고사는 데 급급했기 때문에 연극 진흥에까지 관심을 기울일 만큼 정신적 여유가 없었다.

회원제는 사실 19세기 후반 프랑스의 앙투안이 소극장운동을 벌이면서 시도했던 것이다. 그러나 회원제로서도 성과를 올리지 못한 드라마센터는 재정 위기 타개책으로 첫째 고정적인 국가 보조, 둘째 외국 민간 원조기관과의 접촉, 셋째 후원회의 결성 등을 모색해 나갔다. 그러나 이중 국가 보조문제에 대해 정부에서 취지에는 찬동하면서도 예산상으로 불가능하다는 답신을 해옴으로써 일단 벽에 부딪혔다. 외국 민간 원조에서도 호의적 반응으로 보이는 척하다가 물러섰다. 드라마센터로서는 재정 위기를 타개하기란 정말 힘에 벅찼다. 그런 가운데서도 제3회 공연에 들어갔다.

우리 연극사상 최초의 뮤지컬인 헤이워드 부부 작 〈포기와 베스〉(유치진 연출)를 무대에 올린 것이다. 미국의 연극 교수이며 연출가인 토머스 패터슨마저 칭찬한 이 공연에 대해서 차범석은 "메마른 극계에서 파낸 또 하나의 맑은 우물이며 사막에서 발견한 오아시스"라고까지 감격했다. 그럼에도 불구하고 관객은 더욱 없어서 드라마센터가 오히려 사막화되어가는 것 같았다. 구미 연극을 시찰한 바 있는 유치진은 한국 연극의 미래로서 뮤지컬 장르를 구상했고 그것을 무대 위에서 실제로 실험해보았는데, 훌륭한 작품을 만들어냈음에도 흥행으로서는 참패했던 것이다.

유치진은 아무리 앞을 내다보고 연극 중흥을 위해 몸부림쳐보았지만 하는 일마다 꼬여가기만 했다. 그래서 그는 후진 양성 쪽으로 눈을 돌려 연극 아카데미의 기초 작업을 펴나갔다. 그 첫 작업이 1962년 6월 1일부터 1주일간 개최한 연극 강좌였다. 이어서 7월에는 연극의 범국민적인 보급과 계몽을 목적으로 하는 연극 개발 3개년 계획안을 발표하기도 했다. 그 계획안은 5개항으로 나뉘어졌는데 그 내용은 이러했다.

첫째, 아동극 지도자 강습회: 학생극이 지닌 의의와 본분을 갖추게 하기 위하여 우선 연극 지도자(교사) 강습회를 연다. 둘째, 초등학교 및 중고교 연극 콩쿠르: 연중행사로서 전국적으로 실시하는데 각 도에서 도내 연극 콩쿠르를 실시하고 우승팀이 중앙에서 결선한다. 셋째, 대학연극: 지방에서는 콩쿠르보다 대학 내에 연극부 설치를 촉진하여 연극운동을 활발하게 한다. 넷째, 직장 연극 서클 : 재건국민운동에서 추진 중인 직장 문화 서클과 호응, 연극 지도자 양성 강습회 각본 배포 등의 방식을 강구한다. 다섯째, 농어촌연극 : 농어촌 계몽운동과 발맞추어 농어촌의 소인극을 장려한다.

이상과 같은 연극의 범국민적인 보급과 계몽을 목적으로 하는 연극 개발 3개년 계획안은 과거에 어느 누구도 생각해내지 못했던 것으로서 한국 연극을 밑바닥에서부터 다져보자는 획기적 미래상이었다. 물론 선구자 유치진의 이러한 포부는 중고교 연극 콩쿠르 등 한두 가지 정도가 실천되었을 뿐 모두 구두선으로 끝나고 말았다. 그만큼 당시의 우리 사회는 아직 예술에 대한 인식이 약했고 문화를 향유할 만큼 마음의 여유가 없었다. 이런 가운데서도 그는 적자 공연을 계속하는 한편 직업배우와 아카데믹한 인재를 양성하기 위해서 그해 10월에 연극아카데미를 개설했다. 학력을 불문하고 천재적인 연기자의 발굴을 목표로 한 연기과와 대학원 수준의 연구과를 설치했는데 많은 지망생이 몰려와 심사로 뽑힌 학생은 연구과에 13명, 연기과에 40명이었다.

제1회 출신으로서 오늘날 중진으로 활약하는 극작가만 하더라도 윤대성 · 이재현 · 노경식 · 무세중 등이 있고, 연기과 출신으로서 신구 · 민지환 · 김기수(탈춤 인간문화재) 등이 있다. 2개년 코스로 출발한 이 연극아카데미에서는 연극계와 방송계에 많은 인재를 내보내기도 했다.

그러나 이러한 부대사업은 활발성에도 불구하고 주된 공연 활동은 점차 시들해갔다. 셰익스피어의 〈햄릿〉을 개관 프로그램으로 내세운 드라마센터는 〈밤으로의 긴 여로〉〈포기와 베스〉〈한강은 흐른다〉(유치진 작) 〈세일즈맨의 죽음〉〈로미오와 줄리엣〉 등 여섯 작품을 공연하고 1년도 못 채운채 이듬해(1963) 정월에 문을 닫을 수밖에 없었다. 7개월 동안 총 공연 횟수가 232회, 동원 관객 수 7만여 명을 기록하고 결국 재정난으로 공연 중단을 선언하고 만 것이다. 적자 속에서도 빨리 문을 닫게 된 직접적 동기는 마침

KBS 텔레비전이 생기면서 배우들이 생활을 찾아 대거 그곳으로 옮겨갔기 때문이다. 물론 배우들의 이탈 이유가 경제적 이유에만 있었던 것은 아니고 내부 갈등도 없지 않았다. 가령 당초 결합할 때의 이질적 요소의 혼합이라든가 유치진의 독주 등에 대한 반감도 얽혀 있었다.

드라마센터의 공연에 대한 비판은 대체로 두 가지로 요약되는데, 한 가지는 번역극, 그것도 과거 신협이 했던 것들만 골라서 재탕함으로써 연극 중흥은커녕 신협의 재판이라는 것과, 영화계의 신진 스타들을 이용하여 돈벌이를 생각하는 것은 드라마센터가 무명 영화배우의 연습장으로 타락한 것이라는 주장이었다. 그런 욕을 먹을 만도 했던 것이 매 공연마다 영화계 스타들을 약방의 감초처럼 내세웠던 것이다. 이를테면 〈햄릿〉에서 김보애를 주역으로 내세운 것을 비롯해서 〈포기와 베스〉에서는 최지희, 〈한강은 흐른다〉에서는 남궁원을 얼굴로 내놓았던 것이다.

이상과 같은 비난과 단원의 대거 이탈로 문을 닫은 드라마센터는 조용히 재기의 방도를 찾느라 고민했다. 현대적 시설의 극장을 그대로 방치할 수도 없었던 유치진은 창작극을 중심으로 하는 새 계획을 마련했다. 즉 유치진 자신의 작품과 차범석·하유상 등 신진 작가의 작품, 그리고 〈북간도〉(안수길 원작), 〈김약국의 딸들〉(박경리 원작)을 각색 공연하여 드라마센터가 명실상부한 연극 실험실이 되도록 하겠다는 것이었다. 물론 이러한 계획도 제대로 실천에 옮겨지지 않았다.

10년 계획의 연극 박물관도 지금까지 세워지지 못했다. 드라마센터는 재정난 타개를 내세워 곧바로 대관극장으로 전락했다. 그래도 처음에는 극단의 보호 육성이라는 명분을 내세워 제작극회 등과 전속계약을 맺었다. 그러나 영세한 극단이 드라마센터의 재정을 메꿔줄 수는 없었다. 따라서 단 1회씩 공연하고 뒤틀려버렸다. 드라마센터는 곧바로(1963.5) 미8군계 쇼 단체와 손을 잡고 매주 월·화·수요일 3일간 재즈 페스티벌을 벌이기 시작했다. 드라마센터가 재즈의 전당으로 탈바꿈한 것이다. 미9군계 쇼단은 재즈를 한국 관객에게 정착시키는 계기로 삼으려 했다.

드라마센터는 그 외에도 각종 외부 행사에 대관함으로써 은행이자를 가리면서 연명할 수가 있었다. 그런 속에서도 학교 강당 겸 간이극장(350석)을 하나 더 세웠다. 그리고 그것마저 드라마센터 예식장으로 내놓았다. 미8군계 쇼단이 계약을 끝내면서부터는 본극장을 영화관으로 대관하기도 했다. 영화관과 예식장, 이것이 연극 중흥을 내걸고 출발한 드라마센터의 민낯이었다.

물론 연극아카데미 출신들을 활용해 유치진은 '연극을 하는 집단, 연극을 지키는 집단, 연극을 사랑하는 집단'을 내걸고 극단을 하나 새로 조직했지만(1964.9) 공연은 부실했다. 드라마센터가 대관극장으로 전락했음에도 은행 빚에 허덕이기는 마찬가지였다.

그런 때에 유치진에게 행운이 찾아왔다. 당시 나는 새도 떨어뜨릴 수 있는 막강한 세도가인 혁명주체 김종필 공화당 의장이 불시에 찾아와 유치진에게 예그린악단을 맡아달라고 한 것이다. 유치진은 악극에 대해서는 경험도, 취미도 없다고 사양하고 대신 박용구를 추천했다. 그랬더니 그는 예그린이 건물을 마련할 때까지 드라마센터를 연습장으로 쓸 수 없느냐고 물어왔다. 유치진은 '그야 어렵지 않은 일이니 무료로 쓰시오'라고 대답했다(『동랑 자서전』, 350쪽). 김종필은 고맙게 생각한 나머지 자기가 드라마센터를 위해서 할 일이 없겠느냐고 물어왔다. 유치진은 이때다 싶어 드라마센터의 은행 빚에 대해서 자세한 설명을 했다. 김종필은 유치진의 어려운 처지를 듣고 후원회를 조직하여 향후 1, 2년 동안의 극장 사용료를 일시불로 내는 셈치고 은행 빚을 청산해주기로 약속했다. 물론 그 약속은 지켜졌다. 드라마센터가 드디어 3년여 만에 은행 빚의 멍에로부터 풀려난 것이다.

그러나 드라마센터가 이번에는 사회여론의 지탄을 받았다. 왜냐하면 문화기관으로서 제구실을 못 했기 때문이다. 사회여론은 드라마센터가 한 개인에 의해서 사유화되는 것이 아니냐는 것으로 초점이 모아졌다. 그러자 유치진은 사유화를 강력하게 부인하고 나섰다. 그는 『한국일보』(1966.9.1)와의 인터뷰에서 "드라마센터는 절대로 사유화되지 않습니다. 우선 법적으로 생각할 수 없는 일입니다. 대관절 그 건물이 사복(私腹)을 채울 만한 건더기가 됩니까. 개관 4년 동안 최신 무대 시설을 활용하지 못한 데서 여러 가지 잡음이 생긴 것 같고 나도 국내외의 성의에 보답하지 못한 쓰라림 때문에 요즘에는 공식 모임에도 얼굴을 내밀지 않고 있어요. 그러나 나의 신념은 조금도 변하지 않습니다. 드라마센터가 우리 연극 중흥의 모체가 될 날이 멀지 않았습니다. 다만 지금까지 걸음을 멈추게 하던 공연 자금 원조가 속히 이루어지면 그날이 빠를 것이고 우리 자체 힘으로 마련돼야 한다면 늦어질 따름입니다. 이와 같은 진통기는 더 큰 시설로 확대하려던 나의 의욕 때문인 것 같아요"라면서 "드라마센터를 연중무휴의 연극 무대로 만들겠습니다. 한 극단이 한 해 2, 3회 공연을 가질 정도로는 연극 중흥을 바랄 수 없습니다. 그것은 애처로운 활동에 불과합니다. 우리는 철학 있는 운동을 전개하려는 것"이라고 강변했다.

자기는 극작가지 흥행사는 아니라는 것이었다. 그는 외국 원조는 2천만 원 정도에 불과하고 자기 개인의 힘으로 7천만여 원에 해당하는 총 건평 500평의 시설을 확대해놓았다고 주장했다. 여론의 지탄은 어떻든 간에 드라마센터는 유치진의 소신대로 이끌어져갔다. 드라마센터는 손해 보는 공연 대신에 미래를 위한 인재 양성 쪽에 치중했다.

그리하여 연극아카데미가 1년 뒤 연극학교(각종)로 승격되었고, 그 10년 후(1974)에는 예술전문학교가 되었으며, 다시 5년 뒤(1979)에는 숙원이던 예술전문대학이 된 것이다. 그러는 동안 한국 연극 중흥을 위해 많은 사람의 힘에 의해 세워진 드라마센터는 학교 강당으로 탈바꿈했다.

이처럼 드라마센터가 문을 연 지 1년여 만에 공연을 중단하고 대관극장으로 변질됨으로써 연극인들은 다시 극단을 창건하거나 아니면 텔레비전 또는 영화계로 흩어졌다. 그렇게 되니까 연극의 중심지는 다시 명동의 국립극장 무대가 될 수밖에 없었고 연극계도 재편성되기 시작했다. 이른바 동인제 시스템 극단 시대가 열린 것이다.

우리의 현대사에서 1960년은 매우 중요한 분기점이 된다. 왜냐하면 4·19학생혁명이 기존 체제를 무너뜨린 데다가 결과적으로 5·16군사쿠데타도 일어났기 때문이다. 그런데 1960년대는 정치사회만 변화한 것이 아니라 문화계에도 적잖은 변화가 왔다. 특히 구체제의 붕괴와 새로운 체제의 정립을 향한 움직임이 정치로부터 시작해서 사회문화 전반에서 약동했다. 가령 연극계만 보더라도 구시대의 대표 격이라 할 국립극장과 극단 신협이 올바른 좌표를 찾지 못하고 방황함으로써 연극문화를 퇴색시켰고, 그것을 극복해보려는 새로운 움직임이 고개를 들기 시작했다. 그런 움직임의 두 가지 모습이 바로 드라마센터의 건립과 동인제(同人制) 시스템 극단운동의 시발이었다.

그렇지만 드라마센터의 연극 중흥 운동이 단 2년도 되지 않아 실패로 끝난 것은 동인제 극단운동의 동력이 되는 아이러니를 불러 일으켰다. 물론 동인제 시스템이 1960년대에 처음 생겨난 것은 아니었다. 일찍이 1929년에 지두한이 주도했던 극단 조선연극사로부터 부분적으로 시행되어 극예술연구회, 신협 등으로도 이어졌는데 이들은 다만 도제식을 약간 가미한 것뿐이었다. 그러다가 전쟁이 끝나면서 신협 체제에 반기를 든 젊은 극단들이 하나둘 생겨나면서 공동책임을 지는 동인제 시스템이 본격적으로 전개되기 시작한 것이다. 제작극회를 비롯해서 동인극장, 원방각 등이 바로 50년대에 출범한 동인제 극단들이었다.

그러나 이러한 동인제 극단들은 극히 미력해서 연극계를 변화시킬 만한 활동을 벌이지 못하다가 60년대 들어서야 본격적으로 연극계를 주도하게 되었다. 그 선두주자가 다름 아닌 실험극장이었다. 실험극장은 그 태동 배경에서부터 제작극회와 유사한 데가 있다. 우선 대부분이 대학극 출신 엘리트들이었고 새로운 변화를 갈구하는 이상주의 연극인들인 점에서도 그렇지만 기존 체제에 대한 거부감과 도전의식이 강한 점이 바로 공통점이라 하겠다.

실제로 이들 젊은 연극인들은 새로운 연극단체를 만들지 않을 경우 들어갈 만한 극단도 없었다. 더구나 신진 연극인들의 주목을 끌던 제작극회마저 1960년대에 들어서 급격히 퇴조한 상태였다. 따라서 실험극장은 어떻게 보면 연극사적 필연성에 따라 자연스럽게 나타난 극단이라고도 볼 수가 있다.

실험극장의 태동은 1960년 초여름부터였다. 서울대 연극부 출신 김의경과 최진하가 주동이 되어 함께 극단을 꾸려갈 만한 동지를 규합하기 시작했다. 김의경은 서울사대부고 동문인 양태조와 한경완을 맞아들였고, 서울고 출신인 최진하 역시 동기생인 서동철과 조광해 등을 만남으로써 실험극회라는 것을 발족시킬 수가 있었다. 그런데 이들과 함께 대학에서 연극을 했던 허규·이순재·유달훈·배병권·박순명·이기하·이진연 등은 이미 조직한 신예라는 모임이 있었으므로 새로운 극단 발족이라는 공통분모에서 쉽게 만날 수가 있었다. 이들은 구체적 행동으로 들어가 5월 28일 청동다방에서 첫 공식 모임을 가졌고, 그로부터 매주 1회씩 정기회의를 열어 시안 마련을 위한 토론회를 벌이곤 했다. 그에 따라 3개월여 뒤인 10월 2일에 청년문제연구소에서 발기총회를 가질 수가 있었다. 이때 김동훈·황운진 등 서울대 중심의 떼아뜨르 리리크 세력이 가담케 된 것이다.

　서울대 · 연대 · 고대 출신의 실험극회가 모체가 되어 출범한 실험극장
의 발기동인은 고천산 · 김의경 · 배병권 · 서동철 · 양태조 · 유달훈 · 이기
하 · 이순재 · 최진하 · 한경완 · 황운진 등이었다. 실험극장은 우선 조직체
계로서 운영 · 기획 · 간사위원회를 두기로 하고 발기인 모두에 직책을 하
나씩 맡겼다. 창단대회에는 앞의 세 그룹 멤버 외에 고려대에서 연극을 하
던 김성옥 · 유용환 · 양우성 · 피세영 등도 참가했다.

　이상의 면면에서 볼 수 있는 바와 같이 출범 당시의 실험극장 구성원은 대
체로 세 그룹과 네 부류가 혼합된 것이었다. 즉 대학을 갓 졸업한 연극반 출
신들과 고교나 대학에서 연극을 하다가 다른 직업을 갖고 있던 젊은이들, 그
리고 대학 재학생들이었다. 이와 같이 복잡한 인적 구성은 처음부터 실험극
장을 삐걱거리게 만들기도 했다. 그러나 1930년대 초의 극예술연구회 이후
가장 의욕 넘친 출발을 한 실험극장은 '연극을 학문으로서 공부하고 연극을
직업으로 한다'는 기본 자세를 가다듬고 극단으로서는 전례 없는 5조 10항
의 화려한 공약을 발표했다. 그들이 공표한 내용을 참고 삼아 소개해본다.

첫째, 우리는 능력 있고 열성 있는 연극인의 실험도구가 될 것을 맹세한다. 둘째, 우리는 연극을 사랑하고 연극을 위해서 자기희생조차 감수할 동인으로서 구성한다. 셋째, 우리의 목적은 연극을 통한 실험무대의 구축과 이념에 찬 연극을 이 땅에 수립하는 데 있다. 넷째, 우리는 우리 자신의 회비로서 실험극장을 키워간다. 다섯째, 우리의 기본적 운영 방법은 ① 연극의 모든 부분에 일반 이론을 지양하여 작품의 무대화를 중심으로 실험적이며 구체적인 지식·경험을 촉구한다. ② 무대 수법·연출 수법의 구도 목표를 계획한다. ③ 실험무대를 통하여 동인 각자는 자기 재능을 발전 육성한다. ④ 상연 작품일 경우 희곡 작법상 또는 무대 이론상의 시도적 작품을 선택한다. ⑤ 실험무대 외의 다른 상세한 모든 사항은 임원회의 결의에 의한다.

이러한 실험극장의 공약은 매우 이상주의적이며 어떻게 보면 나이브하기까지 하다. 특히 두 번째 조항의 자기희생을 내세운 대목이라든가 네 번째 조항의 '우리 자신의 회비로서 실험극장을 키워나간다'고 한 것은 대단히 비현실적인 공약이었다. 따라서 실험극장의 목표는 세 번째 조항의 '연극을 통한 실험무대의 구축과 이념에 찬 연극 정립'에 있었다. 그런데 그들이 주창한 실험무대는 신협 중심의 구태의연한 리얼리즘에 반대하는 전위극 공연을 뜻하는 것이었고, '이념에 찬 연극'이란 새로운 연극사조의 수용과 창조를 뜻한다고 볼 수 있다.

그 단적인 예는 실험극장의 창립 공연 레퍼토리가 부조리극의 기수 이오네스코 작 〈수업〉이었던 점에서도 확인된다. 1960년 12월 27일 동국대 소극장에서 허규 연출로 막을 올린 창립무대 〈수업〉은 연극계의 비상한 관심을 모았다. 그러나 막상 공연 자체는 '머리만 앞서고 손발이 움직이지 않는 안타까움만 안겨줌'(차범석 평)으로써 젊음의 미숙성만을 드러내 보여주었다. 공연은 미숙했어도 부조리극을 이 땅에 최초로 소개했다는 자부심을 갖고 이들은 두 번째 공연으로 이듬해(1961) 정월, 써늘한 동국대 소극장에서 막을 올렸다. 이번에는 비교적 안정된 작품을 선보인다고 윌리엄 사로얀의

〈거기 누구 없소?〉를 무대에 올렸으나 객석의 쓸쓸함은 마찬가지였다.

그들은 무엇보다도 재정적으로 고통을 겪었다. 그들은 일부 재학생 단원의 수업이 끝나는 저녁때 청계천 2가에 자리 잡고 있던 전학련(全學聯) 사무실에 모여 연습을 했다. 연습은 일종의 싸움판이었다. 대학 시절에 연극을 하고 문학 서적깨나 읽은 젊은이들이었기 때문에 나름대로의 연극관이 있었던 만큼 자기주장을 관철하기 위해 치열한 토론을 벌였고, 토론은 대체로 싸움으로 끝장났다. 특히 주의 주장이 강하고 목소리가 큰 김성옥이 대본을 자주 찢어 던지곤 했다. 안 하겠다고 대본을 찢어 던지던 단원일수록 다음 날 찢어진 대본을 스카치테이프로 깨끗하게 붙여가지곤 다시 나타났다. 따라서 막이 올라갈 무렵이 되면 대본은 걸레처럼 만신창이가 되었다.

이들은 돈이 없었으므로 언제나 제일 싸구려 음식만을 사 먹어야 했다. 그 당시 제일 값이 싼 음식은 50환짜리 수제비국이었다. 이들은 매일 수제비국을 '수연(水燕)국'이라 불렀다. '수연국 먹으러 가자!' 하고 누가 외치면 곧바로 연습을 끝내고 낙원동 수제비국 집으로 몰려갔다. 따라서 그들은 영양실조에 걸릴 만큼 언제나 배를 곯으면서 연극을 해야 했다. 그러던 어느 날 『서울신문』 기자로서 월급을 타고 있던 창립 멤버 양태조가 연습 중인 전 단원을 이끌고 중국집 해당화(시청 뒤)로 갔다. 모두들 그렇게 먹고 싶었던 짜장면을 곱빼기로 한 그릇씩 시켰다. 쭉 둘러앉은 식탁 위에 김이 무럭무럭 나는 짜장면을 보고 너무나 감격한 여운계(呂雲計, 당시 고려대생)가 '엉!' 하고 울음을 터뜨렸다. 여운계가 엉엉 울자 짜장면을 먹으려던 단원들이 모두 가슴이 멜 수밖에 없었다. 이들이 뒷날 한국 연극을 짊어지는 대들보가 될 줄은 당시로서는 아무도 몰랐다.

그로부터 실험극장 단원들은 수제비국을 점차 덜 먹기 시작했다. 이 말은 실험극장이 조금씩 변해갔다는 이야기도 된다. 즉 이듬해(1961)의 제3회 공연부터는 본격 대외 공연을 시도했고, 동국대 중강당에서 막을 올린 대작 〈다리에서의 조망〉(아서 밀러 작)에는 관객이 무려 1,700여 명이나 몰려 대성황을 이루었다. 소극장 성격을 띠었던 무명의 실험극장으로서는 성황을 이룬 제3회 공연이 단원들에게 자체 반성과 함께 고무를 시키는 계기가 되었다. 그동안 너무 고생만 해온 단원들로서는 전문화의 길을 생각하지 않을 수 없었으리라. 가난한 젊은이들이 주머니를 털어서 하는 연극은 너무나 초라했다. 세트도 자기들이 손수 만들었고 의상도 각자 능력껏 마련했으며 선전도 순전히 입과 발을 통해서 했다.

그래서 제3회 공연 직후 단원들 사이에서는 실험극장이 아카데미즘 내지 소극장적인 성격을 탈피하고 직업극단으로 전신해야 한다는 소리가 높았다. 결국 이들은 민예(民藝)라는 이름의 전문 극단과 아마추어 소극장인 실험극장이라는 2원 조직을 갖기로 합의했다. 그러나 곧 KBS 텔레비전이 생기면서 중추적 멤버들이 그쪽으로 옮겨감으로써 그들의 꿈이었던 민예는 무산되고 말았다. 실험극장의 주 멤버들이 방송국으로 옮겨간 것은 그들로서는 첫 번째 시련이었다. 이듬해에 들어서 실험극장은 두 번째 시련을 맞았는데, 그것은 곧 드라마센터 개관에 따른 단원들의 대거 이탈이었다. 이때의 실험극장은 거의 파산 상태였다. 따라서 최덕수·황운진·허규·김현영 등이 이낙훈·이순재·정해창 등과 함께 겨우 명맥을 유지할 수 있었다. 다행히 드라마센터가 1년도 못 되어 문을 닫았기 때문에 실험극장은 곧 단원 보강을 꾀할 수 있었지만 어렵기는 마찬가지였다.

이처럼 전체적으로 연극계가 장기 침체의 늪에서 허덕이고 있을 때, 5·16 군사정부가 국립극장을 중심으로 한 무대예술 진흥책을 내놓았다. 우리나라 역사상 관에서 처음 공표한 것이 되는 이 무대예술 보호육성책은 매우 그럴싸하고도 의욕적이었던 바 그 내용은 대강 이러했다.

첫째 무대예술 전반의 계도 사업, 둘째 국립극장의 국민 문화예술의 센터 역할, 셋째 관객 동원의 실효, 넷째 국립으로 극단 외에 고전무용단·발레단·오페라단 창설, 그리고 부대사업으로 종합예술지 발간, 무용 종합예술제전의 실행, 전속 단체들의 공연 정기화(중앙 6회, 각 지방 1회) 레퍼토리 시스텝·국제 활동의 권장·연극 5개년 계획안 확정 등 매우 화려한 내용이었다.

그러나 이러한 정부 발표 중 실행된 것은 국립극장에 전속 단체를 몇 개 더 둔 것 외에는 신통한 것이 없었다. 다행히 국립극장이 정식 발족되어 관립 극단의 명맥을 이었던 것은 평가받을 만했다. 국립극장이 이처럼 제구실을 못 하고 드라마센터마저 겨우 7개월 정도 만에 연극 중흥 운동을 포기함으로써 동인제 극단들의 출현은 필연적인 것이 되었다.

그리하여 실험극장에 이어 민중극장이 1963년 정월에 뚜렷한 기치를 들고 등장했던 것이다. 교수·관리·소장 연극인·대학생들로 구성된 민중극장은 "① 민중 속에 뛰어 들어가 민중과 더불어 호흡할 수 있는 연극을 모색한다. ② 위대한 연극의 유산을 계승하고 새로운 미래의 연극을 추구한다. ③ 기성극계의 고식적인 자세를 거부하고 진정한 무대예술인의 주장을 옹호한다"는 내용의 선언문을 공표했다. 극작가 이근삼(李根三)을 대표로 한 민중극장 창립단원은 구선모(총무), 이정실(기획), 양광남(선전), 황석규(문예), 김정옥(연출), 장종선(미술), 권영주(연기), 나옥주·박명희·오현주·김석강·최명수·최상현 등이었다.

타성에 빠져 있던 기성 극단들과는 달리 의미 있는 작품 선정과 새로운 표현 양식을 모색하겠다는 민중극장은 5월에 펠리시앙 마르소의 〈달걀〉(김정옥 연출)로 창립 공연을 가졌다. 창립 공연은 작품 내용도 그렇지만 오랜만에 웃음을 담뿍 안겨주었다. 그러니까 극단 성격이 이근삼과 김정옥의 성품을 그대로 나타내주었다고 볼 수 있다. 한 사람은 희극 작가였고 또 한 사람은 연출가로서 희극에 능했기 때문에 두 번째 작품도 부조리극 계통의 소극인 이오네스코 작 〈대머리 여가수〉였다. 이오네스코의 희곡은 선(禪) 사상의 영향을 받은 탓으로 매우 난삽하다. 그럼에도 불구하고 김정옥은 동작이나 표정을 일체 억제해버리고 그 억제된 가운데서 희극성을 찾아내는 데 성공했다. 그는 시인답게 부조리극 해석을 잘했고 실험극장에 이어 두 번째로

부조리극을 이 땅에 정착시키는 데 기여했다. 희극에 장기를 보인 민중극장은 세 번째 작품도 역시 샤샤 기트리의 〈별장 팝니다〉로 선정, 반도호텔 다이너스티룸에서 선을 보였다.

실험극장이 그랬듯이 민중극장도 소극장운동의 성격을 띠고서 대학 강당이나 호텔 살롱 같은 소극장에서 공연을 가졌다. 그러나 실험극장이나 민중극장의 연극은 기존 극단들의 공연과는 크게 달랐는데, 그것은 현대성이 강한 번역극 위주라는 점에서 차이가 났고, 다음으로는 연출 감각의 신선함에서 구별되었다. 그렇기 때문에 이들 두 극단은 대학생을 중심으로 한 젊은 층에 어필했고 관객도 모두 젊은이들뿐이었다.

이런 때에 또 하나 특이한 극단이 생겨났는데, 그것이 곧 우리 연극사상 최초의 시극인들의 모임인 시극동인회의 출범이었다. 물론 1959년 가을에 시극연구회라는 것이 발족된 바 있었으나 공연 활동은 전혀 갖지 않고 흐지부지되었다. 그렇기 때문에 1963년 6월에 시극동인회가 결성된 것은 근대 문예사상 처음의 일로서 문학 · 연극이 만났다는 의미 외에도 무대예술의 폭을 넓히는 계기를 마련해준 경우라 하겠다.

구성원만 하더라도 매우 다양해서 시인 · 평론가 · 무용가 · 화가 · 연극인 · 음악가 등 33명이나 모였다. 즉 음악평론가 박용구(朴容九)를 대표로 하여 최재복 · 장호(章湖) · 고원 · 김정옥 · 최명수 · 이인석 · 김원태 · 김요섭 · 오학영 · 최창봉 · 차범석 · 김종삼 · 임성남 · 박항섭 · 박창돈 · 김열규 · 장국진 등이 회원이었다. 이들은 8월 중앙공보관에서 제1회 정기발표회를 가졌는데 이인석 · 장호 두 시인이 각각 「현대예술과 시극」 「시극운동에 대하여」를 발표했다. 시극동인회는 대중에게 먼저 시극을 인식시키기 위해서 세미나를 연 데 이어, 두 번째로는 방송매체를 통한 대중 전달 방식을 취하기도 하고, 김원태와 장호가 쓴 「고목과 바람의 대화」 「열쇠장수」를 발표한 뒤 합평회를 가졌다. 따라서 본격 무대에서의 창립 공연은 시극동인회가 조직되고서도 4개월이나 지난 10월에서야 가능했다. 창립 공연 레퍼토리는 장호 등 다섯 사람이 쓰고 박용구가 무용적 수법을 살려 연출한 작품으로서 〈연출 있는 시〉 〈무용시〉 〈시극〉 등 세 종류로 나뉘었다.

그런데 시극동인회의 창립 공연은 예상대로 실패했다. 창립 공연을 관심 깊게 지켜본 한 기자는 "애당초 우리나라에서 시극이 가능하느냐 않느냐에 대해서는 시인들 사이에서도 이견이 분분한 모양이다. 우리말이 가지는 운이나 뉘앙스가 시극하기에 적합지 않다고 보는 측은 섣불리 손을 대려고 하지 않으려 하고, 엄연한 시의 장르로서 생각하는 측은 서툰 대로 손을 대고 있다. 그러나 아직은 이렇다 할 만한 작품도 성공을 거두지 못한 채 실험 과정인 것 같다. 더욱이 시극을 무대에까지 끌고 간 데는 이 땅에서 처음으로 시도되었다는 데 의의가 클 뿐 왜 이렇게 무모한 짓을 했을까 할 정도로 관중을 불안케 했다"(『서울신문』 1963.10.23)고 쓴 바 있다.

물론 매우 어려운 예술장르인 시극이 단 한 번에 성공할 수는 없다. 실험 과정의 시행착오와 미숙성은 당연하다. 그럼에도 불구하고 시극 공연은 문화계에서 커다란 반향을 불러일으켰다. 그러나 떠들썩한 출발과는 달리 다음 활동은 부진했다. 왜냐하면 연극도, 문학도, 무용도 아닌 시극이 대중에게 생경했던 것은 너무나 당연한 일이었고, 따라서 다음 활동비를 염출하기가 지극히 어려웠기 때문이다. 우리나라의 상당수 예술 단체들이 출발할 때는 떠들썩했다가 흐지부지되는 경우가 많았는데 시극동인회도 예외가 아니었다. 그 점은 시극동인회가 창립 공연 뒤 3년 만인 1966년에야 비로소 두 번째 공연을 가진 사실에서도 확인된다. 그것도 신동엽, 홍윤숙 등 소장 시인들이 가담함으로써 가능했다.

이처럼 부진한 활동에도 불구하고 시극동인회의 활동으로 말미암아 시단에 세 가지의 가능성을 던졌는데, 자유시의 시극화, 내재율의 시각화, 종합적 이미지의 구축 등이 바로 그것이다.

시극동인회의 창립 공연 준비가 한창일 때인 1963년 9월 말 '연극은 대중과 함께 있어야 하고 대중을 위해 있어야 한다'는 기치를 들고 극단 산하(山

河)가 등장했다. 처음부터 연극의 대중화와 직업화를 뚜렷이 밝히고 나선 산하는 오늘날 연극이 대중으로부터 버림받는 이유가 창작의 빈곤과 연기의 미숙성에 있다고 보고 '이런 부족을 메꾸어보려는 정열과 결의'에서 극단을 조직케 된 것이라 밝혔다.

산하의 이러한 주장은 번역극에 의존하고 있었던 드라마센터, 실험극장 등 기존 극단들과 민중극장 같은 해외파의 득세에 제동을 걸면서 동시에 한국 연극의 최대 과제라 할 아마추어리즘도 탈피해보겠다는 야심에서 나온 것이었다. 영문학자 오화섭을 대표로 하고 차범석 · 이기하 · 하유상 · 장종선 · 조기진 · 김유성 · 이순재 · 구민 · 임희재 · 표재순 · 강효실 · 김소원 · 천선녀 · 이낙훈 · 오현경 · 전운 · 남성우 · 김성옥 등 중견 연극인들로 구성된 산하는 창립 공연으로서 당시 문제소설로 주목받던 손창섭 원작의 〈잉여인간〉을 무대에 올렸다. 창립 공연은 대단히 좋은 반응을 불러일으켰는데, 그 이유는 노련한 중견 연극인들이 거의 참여해서 작품을 만든 때문이었다.

그러나 산하에 참여했던 실험극장 멤버들이 창립 공연과 함께 이탈함으로써 구성원의 면모는 상당수 바뀌었다. 우선 대표도 실질적으로 창단 산파역이었던 차범석이 맡았고 최웅찬 · 강부자 · 최영일 · 조희자 · 김금지 등이 새 단원으로 보강되었다. 차범석이 산하의 얼굴로 등장하면서 레퍼토리도 그의 의사에 절대적으로 좌우되었다. 두 번째 작품이 그가 쓴 〈청기와집〉으로 결정된 것도 우연의 일이 아니었다.

그러나 두 번째 공연은 창립 공연만큼 관중의 호응을 얻지 못했다. 역시 당시 연극계가 안고 있던 관객 부재라는 최대의 문제를 극복할 수는 없었던 것이다. 그런 때에 연극계 전체에 자극을 줄 만한 문화계의 움직임이 있었다. 이른바 셰익스피어 400주년 기념 행사 준비 움직임이 그것이다. 1963년의 한국 영문학 총회 때 셰익스피어 탄생 400주년 기념 행사를 갖자는 움직임이 있었는데 9월에 결성된 셰익스피어협회가 적극적으로 나섬으로써 일은 급진전되었다.

영문학계와 연극계가 주축이 되어 '셰익스피어축전위원회'가 구성되었다. 참가단체만 해도 국립극장, 드라마센터, 셰익스피어협회, 국제극예술협회(ITI) 한국본부, 영문학회, 영국대사관, 한영협회, 연극협회, 신협, 민중극장, 실험극장, 동인극장, 산하 등이었고, 후원단체는 정부 관계부처 · 예총 · 경향신문 · 동아일보 · 서울신문 · 대한일보 · 한국일보 · 대한공론사 · 코리아타임즈 · KBS · MBC · DBS · CBS 등 매우 광범위했다. 기념 행사는 학술 강연회 · 심포지엄 · 기념출판 · 전시회 등 다양했으나, 그중에서도 연극 공연이 핵을 이루었다.

왜냐하면 당초 셰익스피어 400주년 축전은 침체해 있는 연극계에 활력을 불어넣자는 데 기본 취지가 있었기 때문이다. 그것은 권중휘(權重輝) 위원장이 취지에서 "현대에 사는 셰익스피어는 동시에 한국에도 살아야 되고, 그가 한국에 산다는 뜻은 그로 하여금 우리의 문화를 살찌게 해주는 영양소의 구실을 해보자는 데 있다. 학계와 극단이 공동 노력으로 이루어지는 이 조촐한 행사가 그 숱한 통로를 뚫고 보람 있는 성과를 바라는 의도도 외람되나마 셰익스피어를 촉매로 하여 우리 문화의 하나의 조그마한 르네상스를 이룩해보려는 데 있다"고 말한 점에서 알 수 있다.

1964년 4월 22일부터 막을 올린 셰익스피어 축전은 국립극단의 〈베니스의 상인〉, 신협의 〈오셀로〉, 민중극장의 〈뜻대로 하세요〉, 실험극장의 〈리어왕〉, 동인극장의 〈안토니오와 클레오파트라〉, 산하의 〈말괄량이 길들이기〉, 드라마센터의 〈햄릿〉 등 6편 연속공연으로 대단원의 막을 내렸다. 4월 22일부터 국립극장 무대와 드라마센터에서 5월 24일까지 한 달 넘어 연속 공연했는데 오랜만에 대성황을 이루어 매 공연마다 흑자를 기록했다. 6개 극단의 총 공연 횟수는 72회였고, 동원된 연극인이 300명이었으며 관객이 4만 명이나 되었다. 전쟁 후의 황폐한 문화계에서 이만한 열기가 일어남으로써 그동안 연극계에 팽배해 있던 비관론도 일시에 불식할 수가 있었다. 연극관객 4만 명은 국립극장 2년 동안의 총 입장자 수보다도 많은 것이었다.

국립극장 자체 공연만 하더라도 셰익스피어 한 작품을 6일 동안 공연한 성과가 전년도 1년간의 성과보다도 나았다. 셰익스피어 작품의 열기가 얼마나 강했는가를 알 수가 있다고 하겠다. 따라서 연극인들은 르네상스가 가까워졌다고 흥분했고, 그동안의 정신적 좌절감으로부터 점차 벗어나기 시작했다. 이처럼 60년대 중턱에서 벌어진 셰익스피어 탄생 400주년 기념 축전은 그만큼 연극계의 큰 활력소가 된 것이다.

분명히 셰익스피어 탄생 400주년 기념 공연에 모인 관중의 초롱초롱한 눈망울은 연극인들을 긴장시키고 작품만 잘 만들면 연극은 충분히 성공할 수 있다는 확신을 심어주었다. 따라서 셰익스피어 탄생 400주년 기념 공연 뒤에도 잇달아 유수한 극단들이 생겨났다.

1965년 3월에 의욕적인 등장을 한 젊은 극단 가교(架橋)만 해도 그렇다. 정규대학에 최초로 생긴 중앙대학 연극과 졸업생을 중심으로 몇 대학생이 가담하여 창단된 가교의 면면을 보면 권성덕·김광남·김동욱·김진태·김창식·김승일·김태완·오기환·양윤식·이문영·이승규·이일웅·안승교 등 13명이었다. 이들은 정규대학에서 연극을 공부한 인텔리답게 "창조적 활동을 통한 연극예술의 탐구와 기술의 연마로 대중에게 순수한 즐거움과 참다운 교화의 따뜻한 위안을 주는 공연을 하여 특히 대화가 막힌 사회에 공동의 광장을 마련하고 각인의 가슴속에 유폐된 진실한 대화가 교환되는 통로가 되려고" 극단을 만들었다고 선언했다. 극단이 학구적인 자세를 강하게 천명한 것은 1960년에 창단된 실험극장에 이어 두 번째였다. 이들은 레퍼토리 선정과 연극 창조의 방향도 뚜렷하게 밝혔던 바 "내외의 고전을 통해 과거의 사조와 기법을 충실히 익히겠으며, 또한 연극 한국의 첨병임을 자각하고 새로운 가능성에의 실험을 게을리 않겠고, 새것을 찾기에 옛것을 잊지 않겠다"는 것이었다.

이러한 취지 아래 그해 5월에 창립 공연을 가졌는데 레퍼토리는 그들의 대학 은사 이근삼이 쓴 〈데모스테스의 재판〉이었다. 가교의 창립 공연은 세련미에서 부족했지만 젊은 연극학도들답게 진지했고 신선감을 주었다. 가교의 등장은 실험극장 못잖게 연극계에 당돌함과 함께 돌풍을 예고해주기도 했다. 두 번째 공연도 이근삼 작품을 택했지만 창작극이 갖는 한계를 의식하고 세 번째 공연부터는 에드워드 올비·이오네스코 같은 외국의 첨단적인 작가들의 작품을 취택했다.

그러나 연극은 의욕만으로 될 수 있는 것이 아니다. 가난한 나라의 연극인들은 언제나 재정 문제로 고민한다. 따라서 가교라고 예외일 수가 없었다. 결국 가교는 출범 때의 비전은 일단 접어두기로 하고 기독교 단체와 손을 잡기로 했다. 한국기독교연합회 시청각교육국 성극위원회는 당초부터 무대를 통한 복음 전파를 목적으로 한 단체였다. 실제로 연극을 제대로 모르는 종교 단체에서 종교극을 계속해야 한다는 것은 어려운 일이다. 물론 성극위원회는 1958년 11월에 발족되어 매년 전도극을 공연한 바 있기는 했다.

그러나 배우술을 모르는 종교인들이 만든 연극은 소인극으로서도 보아줄 수가 없을 정도로 유치했다. 성극위원회는 미국 여자 선교사 마거릿 모어가 주관했는데, 마침 이근삼과 아는 사람이었으므로 극단 가교와 쉽게 손을 잡을 수가 있었다.

이때부터 가교는 재정적 뒷받침을 해주는 성극위원회의 후원으로 기독교 색채가 강한 작품을 갖고 전국 순회공연에 나섰다. 즉 가교는 창단 이듬해인 1966년부터 〈끝없는 아리아〉〈고적한 곳〉〈이 고요한 밤에〉〈날이 밝기 전〉〈사람〉〈요나의 표적〉〈수호자 요셉〉〈노아〉〈마굿간집〉〈20세기의 그리스도〉〈장터의 크리스마스〉 등을 갖고 기독교 계통의 중등학교 및 대학 그리고 교회·교도소 등을 순방했다. 이들이 2년여 동안에 200여 회의 성극 공연을 가진 것만 보아도 가교가 얼마나 열정적으로 순회공연을 하였나를 알 수 있다.

사실 6·25전쟁 이후에는 중앙 극단의 지방 순회공연이 드물었다. 그러나 극단 가교가 지방 순회공연을 시작하면서 지방순회를 주목표로 하는 이동극단이 생기는가 하면 다른 극단들도 지방 순회공연에 나서기 시작했다. 본격 이동극단 운동은 1966년 2월에 중진 연극인 이해랑이 독자적으로 조직한 것이 그 효시가 된다. 즉 그는 "어두침침한 소극장에서 뛰어나와 넓은 광장에서 심호흡을 하며, 인공적인 전기조명 대신 자연광선을 흠뻑 쐬며 연극을 하고 싶은 마음에서, 그리고 소수를 위한 연극에서 탈피하여 국민 속으로 퍼져 들어가 공동체 의식을 발견하고 정신적 일체를 꾀할 수 있는 연극을 하기 위해 이동극단을 만들었다"고 회고한 바 있다. 이해랑은 자기가 봉직하고 있는 동국대 연극과 졸업생을 중심으로 17명의 단원을 구성하여 1966년 8월 경기도 강화도에서 첫 막을 올렸었다. 이것이 '이해랑이동극단'의 첫 출발이었다.

이해랑이동극단은 도시보다 농어촌을 찾아다니며 연극을 해야 하므로 야외용 간이 이동무대가 필요했다. 그래서 착안한 것이 대형버스를 개조하여 그 안에 침대와 주방을 설치하고 버스 승강구 쪽에 가설무대를 세워 승강구로 배우들이 등퇴장할 수 있게 만든 것이었다. 이해랑이동극단의 궁극적 목표는 대중 계몽에 있었으므로 연극이 경쾌하고 재미가 있어야지 무겁고 어두우면 야외에서 관중을 휘어잡을 수가 없었다. 그렇기 때문에 이해랑이동극단은 〈오해 마세요〉 〈중매합시다〉와 같은 희극 작품만을 공연했다.

희극만을 택하게 된 배경에 대하여 단장이었던 이해랑은 "대자연을 배경으로 햇볕을 직접 쬐며 연극을 하는 주간 공연에서는 비극적인 정서의 극적 분위기를 낼 수가 없었기 때문에 부득이 해마다 레퍼토리를 희극으로 택한 것이다. 더구나 연극에 대한 전문적 지식이나 관극에 대한 계통적인 훈련을 쌓지 않은 농어촌을 상대로 그들이 보고 즐길 수 있는 연극을 하려 하며, 또 한 번 공연에 2~3만 명씩 몰려드는 관객을 상대로는 도저히 차분히 가라앉힌 연극을 할 도리가 없었다"(『한국일보』 1966.12.22)고 술회한 바 있다.

그런데 실제로 이해랑이동극단에 대한 지방민들의 호응은 대단했다. 지방민들의 연극에 대한 호응이 얼마나 대단했었는지 코미디 〈오해 마세요〉

라는 한 작품만으로 관중을 120만 명이나 동원한 것으로도 짐작할 수 있다. 특히 이해랑이동극단은 일종의 새마을연극운동 같은 계몽성을 띤 것이었다. 그러나 연극이 전혀 없는 농어촌 벽지 사람들에게 연극을 보급했다는 점에서 의의 있는 문화운동이었다고 하겠다. 그런데 이해랑이동극단은 리더인 이해랑이 공화당 소속 전국구 의원으로 의사당에 들어감으로써 시작한 지 6년여 만에 막을 내리고 말았다.

1960년도에는 잇달아 유수한 전문 극단들이 속속 등장해서 적막한 연극계를 풍요롭게 했다. 중진 연출가 이진순이 중심이 되어 1966년 3월에 전문 극단 광장이 고고의 성을 올렸던 것이다. "연극은 어디까지나 민중과 더불어 살며 입김을 나눠야 한다. 민중이 연극에서 멀어져가는 데는 여러 가지 원인이 있겠지만 연극에 대한 애정을 느끼지 못하는 데 있지 않을까." 이런 생각을 갖고 출발한 것이 극단 광장이므로 명칭부터 열려 있었고, 창립공연 레퍼토리도 셰익스피어 작품을 취택했다. 단원 구성만 보더라도 신인보다는 중견을 많이 확보한 것이 특징이었는데, 그럴 수 있었던 것은 이진순 자신이 국립극장 연출을 오랫동안 맡았던 인연으로 국립극단 출신 배우와 스태프진을 여러 명 끌어 모을 수가 있었기 때문이다.

비교적 화려한 단원을 자랑하면서 등장한 광장의 면면을 보면 남자배우로는 고설봉 · 권성덕 · 김석강 · 신원균 · 유기현 · 윤계영 · 이진수 · 이춘사 · 임동진 · 최길호 · 추송웅 등이었고, 여배우로는 고은정 · 김금지 · 김민자 · 김애리사 · 노경자 · 박명희 · 백성희 · 정애란 · 최명주 등이 가담했다. 스태프진으로서는 극작가, 무대미술가, 기획인 등이 참가했는데 장종신 · 고동율 · 김화자 · 박만규 · 이석구 등이 그들이었다.

1966년 6월 국립극장 무대에서 셰익스피어의 〈윈저의 명랑한 아낙네들〉로 창립 공연을 가진 광장은 안톤 체호프나 프랑크 베데킨트 같은 근대극, 이를테면 리얼리즘이라든가 표현파 계통의 번역극을 곁들이면서 창작극 계발에 앞장서기 시작했다. 아마도 1960년대에 등장한 극단들 중 창작극

계발을 들고 나온 경우는 광장이 처음이 아닌가 싶다. 창작극도 주로 신인 작가의 작품을 공연했는데, 그 이유에 대해서 이진순 대표는 '신인 발굴을 통하여 창작극의 빈곤을 타개하겠다는 극단 본래의 의도에 따른 것'이라 했다. 그래서 올려진 작품들이 〈인간부결〉(고동율), 〈죽은 나무 꽃피우기〉(조성현), 〈동거인〉(김자림), 〈바벨탑 무너지다〉(김숙현) 등이었다.

극히 평범해 보이는 극단이었지만 광장은 초기에 몇 가지 특색을 보여주었는데, 오랜만에 한국 무대에 표현주의 작품 〈사춘기〉(베데킨트 작) 공연에서 입체 회전무대를 사용한 것이라든가, 창작극 〈다시 뵙겠습니다〉(고동율 작)에서 우리나라에서 처음으로 무대장치에 철제와 화학섬유를 사용한 것 등이 그렇다. 이처럼 극단 광장은 처음부터 전문 연극을 들고 나와 그런대로 중후한 근대극을 추구해나가기 시작했다.

그러나 같은 해 봄에 출범한 극단 자유극장은 광장과는 성향이 매우 달랐다. 저명한 의상 디자이너 이병복(李秉福)을 대표로 하고 연출가 김정옥, 영화 감독 김홍식이 뒷받침해서 창단된 자유극장은 뚜렷한 캐치프레이즈를 내걸지 않았지만 '극단들의 뜨내기적인 성격을 지양하기 위해 작업량에 다라 동인주(同人株)를 배당하는' 식의 독특한 운영 방안을 제시했다. 그리고 레퍼토리 선정 방향에 대해서도 그리스극에서 비롯한 서구 연극을 계승 발전시켜 오늘의 참된 우리의 신극을 창조하고 그곳에 새 입김을 불어넣음으로써 나날이 잃어가는 관객을 되찾아보겠다는 의지를 밝혔다. 그리하여 자유극장은 창립 작품으로 에두아르도 스카페타의 〈따라지의 향연〉을 무대에 올렸다.

〈따라지의 향연〉에 이어 제2차 세계대전과 가톨릭교회의 문제를 다룬 〈신의 대리인〉(호크후트 작) 및 오영진의 〈해녀 물에 오르다〉 등 무거운 작품을 공연하던 자유극장은 제4회부터는 경쾌한 희극 계통을 채택하기 시작했다. 그러니까 연극의 재미 쪽으로 방향을 튼 것이다. 이러한 자유극장의 방향에 대하여 실질적 리더이고 연출을 도맡다시피 한 김정옥은 "내면적 갈등과 심리적 번뇌를 파고드는 것도 좋고 전위적 시도나 형이상학적 추구도 좋지만 어쩐지 선병질의 느낌이 없지 않은 우리의 연극계에 서민적 일상성을 소재로 한 연극적 재미를 위한 건강한 무대도 때로는 마련되어야겠다 믿었기 때문"이라고 주장했다. 자유극장은 여하튼 1960년대 중반에 등장한 이색적 극단임에 틀림없다.

자유극장에 이어서 비슷한 시기에 또 하나의 이색적 극단이 생겨났는데, 그것이 다름 아닌 여인극장이었다. 해방 직후인 1947년에 여성 연출가 박노경(朴魯慶) 주도의 여인소극장에 이어 두 번째로 여성들만으로 구성된 여인극장은 1966년 가을에 중견 배우 백성희를 대표로 해서 연출가 강유정(姜由楨), 극작가 김자림이 주동이 되고 진랑(陣娘)·이순·정은숙·서계영·선우용녀·김영애·김복희·김윤희·강추자·임영자·김혜숙들로 구성되었다. 이들은 그해 11월에 안톤 체호프의 〈갈매기〉로 창립 공연을 가지면서 '여성만이 지닌 섬세한 끈기를 바탕으로 하여 연극의 범국민운동, 나아가서는 사회 명랑화 운동을 펼쳐보겠다.'는 포부를 밝혔다.

그러나 창립 공연부터 남성 연출가(이진순)와 남자배우들을 다른 극단에서 초빙해 오지 않을 수가 없었다. 그래서 여인극장은 점차 여성을 주인공으로 하고 여성 문제를 다룬 작품 선택으로 나아가기 시작했다. 가령 테네시 윌리엄스의 〈오르페〉라든가 로르카의 〈알바의 집〉〈셰익스피어의 여인들〉 같은 작품이 바로 그런 경우에 속한다고 볼 수 있다. 그리고 여인극장은 그들의 이념에 맞추기 위해 파월 장병 김치 보내기 자선 공연을 갖기도 해서 사회의 이목을 끌기도 했다.

이처럼 1960년대 들어서 10여 개의 동인제 극단들이 등장하여 경쟁적으로 공연 활동을 벌임으로써 연극계는 자못 활기를 띠게 되었다. 그러나 연극 중심지 역할을 하고 있는 국립극장만은 점점 황폐해지기 시작했다. 왜냐하면 국립극장이 국회로부터 예산을 절반 삭감당함으로써 대관극장으로 완전 전락했기 때문이다. 즉 국립극장이 제출한 1966년도 예산액이 920만 8천 원이었는데 국회 문공위에서 508만 9천 원을 삭감하고 411만 9천 원으로 만들었던 것이다. 문공위에서 예산을 삭감한 이유는 국립극장이 자체 수입으로 유지해야 한다는 의원들의 강한 요구 때문이었다. 당시 모 의원이 예산 삭감을 주장하면서 '대중에 맞는 공연을 해서 흥행이 잘되도록 할 수 있지 않느냐'라고 발언한 것이다. 이에 문화계에서는 '국립극장을 마치 국영기업체인 듯 착각한 위정 당국자의 처사는 용납할 수 없는 것'이라 반발하고 나섰다. 문화계뿐만 아니라 일반여론도 비등했다. 『동아일보』는 「국립극장은 육성되어야 한다」는 장문의 사설에서, "대중의 구미에 맞는 날라리판을 벌여서 수입이나 맞추는 국립극장이 세계 어느 나라에 있으며 도대체 그따위 국립극장의 존재 이유가 무엇이냐 말이다. 대체 우리나라 정치인들의 통폐는 철학의 빈곤이라고 하지마는 7인 위원회의 엉터리없는 속된 사고방식에는 아연할 밖에 없다. 자기들의 급여를 올리는 데는 분수없이 만용을 부린 그들은 예술을 아끼는 데는 지극히 인색하고 스스로의 무지를 폭로하였다. 일반적으로 국립극장의 설립 취지는 대중적인 흥행이 목적이 아니라 예술성이 높은 부면을 담당하여 이를 육성함으로써 예술 일반의 질적 향상을 도모하고 그로써 국민의 정서를 높은 데로 끌어올리자는 데 있다 (1966.1.14)"고 국회 문공위원회를 맹타한 바 있다.

그러나 이러한 여론도 마이동풍이었고 국립극장은 일반 사설단체들에게 대여하는 것으로 근근이 이어갔다. 당시 주요 외국의 국립극장 예산을 보면 파리 국립극장이 18억 원이었고 베를린 국립극장은 12억 원이었으며 일본 국립극장도 3억 94만 원이었다. 외국에 비하면 우리나라 국립극장은 유명무실하고 거의 버려진 존재였다.

그래서 연극은 자연히 사설 단체들이 주도할 수밖에 없었다. 그렇다고 사설 극단들의 공연이 흥행적으로 성공을 거두고 있는 것도 아니었다. 거의가 관객 부족으로 적자를 면키 어려운 실정이었다. 그런 때에 한국일보사 발행의 인기 주간지였던 『주간한국』이 연극 중흥을 위한 캠페인을 벌여나갔다. 언론사상 최초의 주간지였던 『주간한국』은 처음 나와서 대단한 인기를 끌고 있던 터라서 이들의 캠페인이 연극 관객 조직에 적잖이 기여한 것도 사실이었다. 『주간한국』은 각 극단의 공연 때마다 애독자들을 초대하는 관극회도 마련하고 연극 심포지엄 등 다채롭게 연극 활성화를 부채질했다. 각 극단들이 재정난에 허덕이면서도 대작들을 취택해서 진지하게 무대에 올리는 열성만은 여전했다. 가령 원로 연출가 서항석이 〈파우스트〉를 직접 번역 연출하여 무대에 올린 것도 이 시기였던 것이다. 그는 〈파우스트〉를 우리 연극사상 최초로 무대에 올리기 위해서 극단 창조라는 단체를 만들기도 했다.

한편 1960년대 중반부터 대학생층을 중심으로 관객층이 조금씩 형성되어가기 시작했다. 물론 대학생 관객층이라야 기천 명에 불과하지만 좀처럼 침체의 늪에서 헤어나지 못하는 극단들에게는 그래도 작은 희망은 되었다. 이 시기의 연극 상황에 대해서 어떤 신문은 "우리 주변엔 언제부턴가 연극 =빈곤이라는 서글픈 등식이 성립되어 있었다. 엄연한 사실이었다. 반대급부를 전연 기대할 수 없는 희곡 작가들은 대부분이 방송 드라마와 시나리오 작가로 전직했다. 그 흔한 연락 사무실을 하나 차린 극단도 없다. 연극 활동에 필요불가결한 연습장도 제대로 갖추어진 곳이 없다. 기금을 갖고 있는 극단은 거의 없다고 단정해도 좋을 정도다. 그러나 이렇게 없는 것뿐인 현실도 300명 가까운 연극인들의 맨주먹의 열의와 새로이 형성되는 성실한 관객층으로 차차 밝은 전망을 보이고 있다"라고 당시 상황을 설명해준 바도 없지 않다.

연극이 안팎으로 어려움을 겪고 있는 가운데서 각 극단들은 거의 번역극에 의존하고 있었는데 이것은 두말한 것도 없이 창작극이 없었기 때문이다. 극작가라야 과작의 오영진을 비롯해서 차범석·하유상·이용찬·이근삼 정도였고, 신인 몇 사람이 등장한 정도였다. 따라서 연극협회는 창작극 신작 공연에 대한 국가의 특별 보조를 건의하기까지 했다. 물론 정부가 묵묵부답이었음은 두말할 나위도 없다.

정부의 대책이 없자 연극인들 스스로가 창작극 계발에 발벗고 나섰다. 국립극장이 장막극 응모 제도를 마련했고, 신협도 한국일보와 공동 주최로 신인 극작가 발굴에 나섰으며, 실험극장도 대한공론사 3층 KBS홀에서 〈토요살롱〉이라 하여 신진 작가의 단막극들을 공연하는 것으로 창작극 발굴에 나섰다. 이러한 연극인들의 노력으로 더디기는 했지만 신인 극작가들이 매년 한두 명씩 등장했다. 그렇다고 당장에 걸작이 나온 것은 아니었다. 이처럼 연극인들의 끊임없는 몸부림에도 불구하고 연극은 여전히 지지부진해서 사회적 기능을 거의 발휘하지 못했다.

그런 때에 정부에서는 연극의 중심지라 할 명동의 국립극장을 매각하기로 결정을 한다. 왜냐하면 정부가 장충동에 민족문화센터를 짓고 그 안에 매머드 국립극장 건물을 짓는다는 목표를 내세우고 명동의 국립극장 건물을 공매에 붙였던 것이다. 그러자 연극인들은 유일한 근거지로 삼고 활동하던 국립극장을 잃게 되는 것에 아연할 수밖에 없었다. 드라마센터가 학교 강당으로 변질되어 제구실을 못 하는 데다가 국립극장 무대마저 잃는다면 사설 극단들은 어디로 가란 말인가?

따라서 소극장은 어떤 것이든 절체절명의 필요조건이 되었다. 그런 때에 프랑스에서 오랫동안 디자인 공부를 한 자유극장 대표 이병복이 다방극장을 명동에 개설하겠다고 선언했다. 그런데 이병복이 급작히 명동에 다방극장을 마련하게 된 동기는 얼마 전 이란에 가서 분신자살한 배우 함현진(咸賢鎭)의 "선생님, 장소가 있어야 연극을 하지요. 50평, 더도 말고 그 정도 공간만 하나 마련해주세요. 꾸려나가는 일일랑은 저희에게 맡기시구요"라는 말 한마디에 의한 것이었다. 서양화가 권옥연 화백과 유명한 예술가 커플인 이병복은 까페 떼아뜨르라는 다방극장을 개설한 과정을 다음과 같이 실감 나게 술회한 바 있다.

그 당시 '자유'의 극성과 친구였던 함현진 씨의 권유가 계기가 되어서 바깥

양반은 복덕방을 찾았고, 나는 결혼반지랑(가치보다도 뜻이 연극적이라서) 이것 저것 긁어모아 돈을 만들어 70평의 공간이 우리 손에 들어오게 되었다. 맥주홀의 지저분한 것들을 다 뜯고 난 70평, 천장도 없고 하늘에 별이 반짝이고 때로는 눈이 쏟아져 내렸다. 카바이트 호롱불 앞에 쪼그리고 앉은 나는 시작도 하기 전에 춥고 지쳤다. 무서워지기 시작했고 후회하기 시작했다. 무엇을 어떻게 해나가야 할 건지 새까맣기만 했다. 함현진 씨는 다방을 계약했다고 나타나지도 않았다. 현장감독으로 불러다 놓은 바깥양반의 제자는 밤에 도깨비가 나온다고 손을 떼고 가버렸다. 모닥불 앞에서 나는 울었고, 그이는 웅크리고만 있었다. 땅에다가 새끼줄로 무대를 만들고 백묵으로 설계를 했다. 객석·주방·스낵바·효과실·매표구 등을 그리면서 그의 볼이 얼고 손이 얼었다. 생쥐도 꽤나 왔다 갔다 했다. 하지만 1월이 가고 2월이 가고 드디어 1969년 4월 1일 세계 연극인의 날 기념행사로 개관 테이프를 끊게 되었다(이병복 증언).

이처럼 까페 떼아뜨르는 한 여류 연극인의 정열과 집념에 의해서 겨우 마련된 것이었다. 명동 뒷골목 충무로 1가 24번지에 자리 잡은 까페 떼아뜨르는 80석의 아담한 다방에 간이무대가 설치된 소극장이었다. 세계 연극의 날(4월 9일)에 맞춰 이오네스코의 〈대머리 여가수〉로 개관 공연을 가졌는데, 이에 대해서 "새로운 연극 이념으로 민족극의 확립과 대중 속에 파고들어가는 연극의 장소"(이해랑)라고 평한 이도 있고, "내일의 연극을 모색하고 예언하는 장소"(여석기)가 되어야 한다는 주문도 있었다. 여하튼 까페 떼아뜨르는 한국 연극사상 최초로 개설된 살롱극장이었기 때문에 문을 열자마자 연극 애호가들의 사랑방이 되었다. 공연은 아방가르드적인 번역극과 신진 극작가들의 참신한 단막극, 그리고 판소리·꼭두극 등 전통극으로 짜여졌다. 그러니까 까페 떼아뜨르가 생김으로써 비로소 본격적인 소극장운동이 전개되기 시작한 것이다. 그러나 어렵게 만들어져서 침체된 연극계에 새 바람을 일으키기 시작했던 까페 떼아뜨르는 두 달도 못 가서 공연법과 보건법 등에 걸려 강제로 문을 닫아야 했다. 그때의 정황을 이병복은 다음과 같이

서울 충무로에서 문을 연 연극다방 까페
떼아뜨르. 극단 자유극장 대표 이병복
여사가 파리풍의 정문을 자랑하고 있다.

회고했다.

축하객들이 보내온 양주로 축배를 올리고 무대에서는 〈대머리 여가수〉가 공연되었다. 그곳에 모인 모두가 행복하게 흥분했다. 여주인공은 물론 다른 누구 한 사람도 카페가 공연법·보건법·관세법을 외면하고는 한시도 존립 못 한다는 것을 모른 채로 말이다. 감격스런 개관 파티가 끝난 뒤, 천지분간을 모르는 이 여인은 위스키 상자와 함께 파출소에서 중부서로 넘어가야 했고, 문화니 예술이니를 떠들다가 관세법 위반으로 경찰서에서 곤욕을 치러야만 했다. 시작부터 소란을 피운 카페, 선의의 무식쟁이 연극인은 두 달 만에 공연법 위반으로 경찰서에 또 끌려갔다. 이번에는 다리가 묶이게 되었다. 외국 사람 말이 '한국에서는 되는 일도 없고 안 되는 일도 없다'라고. 경찰서 사람을 구워삶아 차(茶) 장사를 맡아주던 하(河) 여사를 이병복으로 둔갑시켜 대신 유치장에 넣고 사식을 디밀면서 나의 3주일 넘는 시정 출입이 시작되었다. 매일 아침 무턱대고 시 공연과에 가서 앉아 있는 거다. 많은 선배·동지들이 연판장을 만들고 글을 쓰고 우리를 도왔다. 총화단결의 뜨거운 추억으로 나는 간직한다. 드디어 골치를 앓던 시에서 임시공연법을 만들어 카페에서만은 등록된 단체가 검열된 작품을 합법적으로 공연하게 되었다. 차(茶) 장사는 해도 그만, 못해도 그만이었다. 이러한 기고만장이 보건법을 무시하는 건방진 여자가 한번 맛을 톡톡히 보여주어야 할 대상으로 두드러지게 되어 어느 날 갑자기 데리러 왔다(보건법 ×조 ×항 위반). 중부서에서 온 철창이 붙은 트럭에 얹혀서 어디론가 갔다. 서대문이란다. 철창이 쭉 붙은 이상한 방이다(이병복 증언).

이상은 한국 제일의 디자이너로서 극단 자유극장을 이끌던 이병복 여사

제6부　연극의 재건과 대중화

가 살롱 드라마로 연극 침체의 벽을 넘어보려 노력하다가 참담하게 당한 이야기의 일부다. 이런 나라에서 과연 문화가 꽃필 수 있었겠는가 하는 회의가 일지 않을 수 없었다. 다행히 유치진·서항석 등 원로 연극인들이 정부에 진정서를 내는 등 법석 끝에 카페 떼아뜨르는 다시 문을 열었지만 연극인들의 고생스러움은 마찬가지였다. 그럼에도 불구하고 연극인들은 다시 사명감을 갖고 새로움을 창조하는 일을 시작하곤 했다.

1960년대가 다 가는 무렵에 미국에서 공부하고 돌아온 유치진의 장남 유덕형이 단막극 몇 편을 모아 '연출작품 발표회'라는 것을 드라마센터에서 가졌다. 그는 새로운 기법의 연출을 보여주었는데 가면극·합기도·당수·무용·18기·유도·검술·정도술 등을 모두 활용했다. 따라서 연극은 끊임없이 움직이는 무대가 되었다. 그는「나의 연출 방향」이란 글에서 아르토나 그로토프스키 등이 이미 지적한 바 있듯이 제의(祭儀)에서 출발한 연극이 인간 중심으로 발달해오는 동안 대사연극으로 굳어져 있으므로 이의 극복을 통해 연극성을 되찾겠다는 결의를 표명했다. 이러한 연극관은 이제까지 신파나 스타니슬랍스키의 연출 수법을 맹목적으로 답습해온 기성 연극계에 커다란 충격과 파문을 던졌다. 이러한 충격파는 1970년대에 가서 연극계 전체에 커다란 변화를 불러 일으켰다.

제3장

**|**

# 실험극의 탄생과 연극계의 활기

어떤 연극사학자는 우리나라 신극사가 10년 주기로 해서 변화해왔다고 주장한 적이 있다. 그러나 그것은 극히 피상적 관찰이라 아니할 수 없다. 왜 냐하면 예술의 흐름이 일정한 주기를 타는 것도 아닐뿐더러 짧은 신극사에 서 10년 주기로 변화를 가져왔다면 너무나 일관성이 없는 변전이기 때문이 다. 우연히 과거 수년 동안의 신극사에서 10년을 고비로 약간의 변화가 있 은 적은 있었다. 가령 일제의 한국병탄과 함께 신파극이 들어온 것이라든가 1919년 3·1운동과 함께 본격 신극이 태동한 것, 그리고 1931년에 극예술 연구회가 발족되어 본격 근대극 운동이 전개된 것 등에서 그렇게도 볼 수는 있을 것이다. 그렇지만 이러한 단기간의 주기는 민족 해방과 함께 청산되고 하나의 그룹이나 사조의 등장으로 해서 신극사의 물굽이는 종잡을 수 없이 전개되어갔다. 따라서 1970년도에 들어서서도 연극 상황은 1960년대의 연 장선상에 있었을 뿐 별다른 변화의 조짐은 없었다. 전술한 대로 25개의 등 록된 극단들 중에서 국립극단, 산하, 성좌, 여인극장, 실험극장, 자유극장, 민중극장, 광장, 가교, 동랑레퍼토리극단 등 10여 개 단체가 상하반기에 두 세 차례 공연을 가졌고, 신생 극단인 69 등 군소극단들이 한두 차례 공연을 갖는 것으로 1970년대는 흘러가고 있었다.

극단들의 이러한 타성적 활동으로 인해서 관객은 오히려 감소되는 추세마저 보여주었다. 1970년도의 관객 동원 수를 1960년대 후반과 비교해보아도 정체 상태였음을 확인할 수 있다. 즉 인구 500만의 서울에서 1965년도 연극 관객 연인원은 4만 명이었고, 1966년도에 9만 명, 1967년도에 12만 명, 1968년도에 15만 명이었으며, 1970년도는 13만 명도 되지 않았다. 1960년대 후반부터 연극 관객이 증가 추세에 있다가 1970년도에는 연극 환경이 관객을 확충할 만하지 못했던 것이다. 우선 연극인들의 새로운 노력도 보이지 않았을뿐더러 각 극단들이 명동 국립극장 무대를 빌려서 봄 가을 한두 번 공연을 갖는 것으로는 대중의 시선을 끌 만하지 못했다. 물론 한정된 공연장도 공연장이지만 극단들이 관중에 내보일 만한 예술상품이 우선 없었다.

그래서 은근히 기대를 걸었던 1970년도 상반기 공연은 적막함 그대로였다. 대표적 연극단체라 할 국립극단의 창작극 〈손달씨의 하루〉 첫 공연에 유료 관객이 겨우 35명이 들었던 것은 당시 연극의 상황을 상징적으로 나타내주는 것이라 하겠다. 그리고 각 극단들의 대작들도 5일 공연에 3천여 명이 드는 등, 850여 석의 국립극장 무대를 채우는 공연이 거의 없었다. 그러나 1970년도 가을에 들어서는 한두 가지 고무적인 기획이 있었고, 흑자 공연도 하나 있었다. 그것은 대표적인 극단이라 할 실험극장이 창립 10주년을 맞아 가진 야심적 기획 공연을 일컫는다. 실험극장은 1960년 가을에 대학극 출신들이 모여 만든 젊은 극단으로서 이오네스코의 〈수업〉을 공연한 이래 10년 동안에 33회 공연을 가진 바 있다. 즉 실험극장이 창단 10주년을 맞아 11월 5일부터 오영진의 역작 〈허생전〉을 허규 연출로 5일 동안 국립극장 무대에 올린 것이다.

이 공연에는 오현경(吳鉉京), 김동훈 등 쟁쟁한 배우들이 등장하여 해학 넘치는 무대를 창출했다. 그리하여 첫날부터 관객이 몰렸고 마지막 이틀 동안에는 입석까지 들어찰 정도로 만원이었다. 매표구 수입만도 162만 원을 올렸으니 가히 획기적이라 아니할 수 없었다. 관객도 6,673명이나 들었으므로 다른 극단들보다 배나 더 몰려든 셈이었다. 따라서 '경사가 난 것은 맹진 사댁이 아니라 실험극장이었다'면서 극단 관계자들은 오랜만에 흐뭇해했다. 당시 공연만 하면 적자여서 빚에 허덕이던 극단들이었는데 실험극장만은 한 공연에서 무려 200만 원의 수입에 흑자만도 60만여 원을 올린 것이다.

가장 정력적이었던 실험극장은 10주년을 기해서 야심적인 계획을 발표했는데, 그것은 첫째 연극 가족 1만 명 확보 운동을 비롯해서 실험극장 10년의 성장기록 전시회, 10년지 간행, 연극 연구반 및 직장 연극인 서클 결성, 기관지 간행 등이었다. 이 중에서도 특히 연극 가족 1만 명 확보 운동은 관객 확대에 대한 최초의 조직적 운동이라는 점에서 관심을 끌었는데 시작하자마자 1천 명이 확보되었다. 그런데 관객도 사실 좋은 공연을 전제로 하지 않으면 무의미한 것이다. 그래서 실험극장 측은 우선 국립극장 무대에 한정되어 있는 공연장을 넓혀야 한다는 인식 아래 드라마센터로 눈을 돌려보았다.

드라마센터는 매우 현대적인 시설의 무대였는데도 제대로 활용되지 않은 채 연극학교의 실습장이 되어가고 있었다. 그렇기 때문에 대관료가 비쌌고 일반 극단들로서는 감히 사용하기가 용이치 못했다. 실험극장은 극단 산하, 동랑레퍼토리극단 등 3개 극단과 제휴하여 드라마센터에서 장기 공연체제를 갖추자고 제의했다. 그러나 드라마센터 측에서는 '당초의 제의가 순수한 연극예술의 고취에 있었던 바 다른 극장(국립극장)에서 공연을 갖는 극단들과 어떻게 제휴할 수 있겠는가' 하고 정중히 거절한 것이다. 그러면서 드라마센터는 자신들에 대한 비판 여론도 피할 겸해서 레퍼토리 시스템으로의 전환을 선언하고 나섰다.

그러니까 드라마센터는 유덕형이 연출한 〈생일파티〉 등이 관객의 호응을 얻고 있다는 기미를 알고 대담한 전환을 계획한 것이었다. 지금까지 해온 5, 6일의 단기 공연 방식에서 벗어나 좋은 작품 위주로 장기 공연을 함으로써 극장과 친숙해질 수 있는 시간적 여유를 마련할 뿐만 아니라 작품의 예술성을 부각시켜 새로운 평가를 받음으로써 관객을 늘리며 동시에 연극적으로도 알찬 연습과 고된 작업을 거쳐 형상화된 무대를 더 활기차게 밀고 나가겠다는 의도를 보여준 것이라 하겠다. 물론 드라마센터의 이러한 계획은 다음 해(1971)부터 조금씩 시행되기 시작하였다.

이처럼 연극계가 전체적으로 침체한 가운데서도 전에 볼 수 없었던 특징이 몇 가지 나타났는데, 그 첫째가 아마도 창작극 증가 추세일 듯싶다. 1960년대까지만 해도 창작극과 번역극의 비율이 대체로 1대 2 내지 1대 3 정도로 번역극이 우세했으나, 1970년도 들어서는 창작극이 오히려 번역극을 누르는 경향을 보여준 것이다. 특히 오영진의 〈허생전〉에서 보여준 바와 같이 전통 민속을 소재 원천으로 하는 작품들이 대중의 주목을 끌기 시작했다. 중견 소설가로 명성을 떨치고 있던 최인훈(崔仁勳)이 온달 설화를 소재로 하여 그의 첫 번째 희곡 〈어디서 무엇이 되어 만나랴〉를 발표한 것도 1970년도의 일이었다.

그러나 오영진과 최인훈이 비슷한 시기에 발표한 두 편의 전통 소재극은 분명한 선을 긋는 것이었다. 즉 시나리오로 출발한 오영진은 희극적 비전으로 나아갔고, 소설로 출발한 최인훈은 비극적 비전으로 나아간 차이점이다. 여하튼 창작극이 소재 원천을 전통에서 찾기 시작한 것은 근대 연극사상 중대한 변화를 예고하는 것이었다. 왜냐하면 1960년대의 신극사는 서양 연극의 맹목적 답습이었는데, 1970년대 초부터 우리 나름의 연극을 모색해야 되지 않느냐 하는 기운이 연극계 한귀퉁이에서 조금씩 일기 시작했기 때문이다. '우리 극'을 가지려면 창작극이 주가 되어야 하고 창작극도 개성을 지녀야 한다는 논리였다.

1970년대 들어서 달라진 점의 또 한 가지로서 중앙 극단들의 지방 순회 공연이 활발해진 것도 손꼽을 만하다. 물론 1960년대에도 이해랑이동극단이나 극단 가교가 지방 순회공연을 많이 가졌지만 전자는 정치사회적 목적이 강했고, 후자는 종교적 목적을 내세웠으므로 불모의 지방 연극에 커다란 자극을 준 것은 아니었다. 그 점에서 국립극단, 자유극장, 실험극장 등 유수한 극단들의 지방 순회공연은 큰 의미를 지니는 것이었다.

또 하나 1970년도의 색다른 점은 외국 연극인들이 몇 명 와서 강연과 공연을 가졌던 사실이다. 즉 영국의 저명한 연극평론가 톰킨스가 내한하여 연극 강연을 가진 것이라든가, 판토마임이스트 롤프 샤레의 무언극 공연도 특기할 만하다. 그러나 그보다도 평론가 여석기가 계간『연극평론』지를 발간한 것이 가장 돋보였다고 하겠다. 왜냐하면 그것이 딴따라의 전통을 갖고 있는 우리 연극을 아카데미즘의 차원으로 대우하기 시작한 첫 증표이기 때문이다.『연극평론』발간을 계기로 하여 연극개론서도 나왔는가 하면 스타니슬랍스키의『배우수업』같은 책도 번역되어 나왔다.

이제 연극도 주먹구구식이 아닌 연구의 대상으로 조금씩이나마 인식하게 된 것이다. 특히 드라마센터가 유치진으로부터 아들 유덕형으로 세대교체되면서 연극사상 최초로 레퍼토리 시스템을 시도(1971년 1월 1일부터)한 것은 연극계의 단기 공연 제도를 탈피해서 전문화를 시도했다는 데 의미를 둘 만하다. 〈루브〉(머레이 시스칼 작)와 〈생일파티〉(핀터 작)를 유덕형의 연출로서 보름 이상씩 공연하여 한 작품에 5천 명 이상씩 관객을 동원한 것도 당시로서는 획기적인 일이었다. 분명히 드라마센터의 레퍼토리 시스템은 무딘 관중을 극장으로 끌어들이는 데 자극제 역할을 한 것이 사실이다.

1971년도 상반기 공연 작품들에는 대부분 적잖은 관객이 동원되었다. 가령 자유극장의 〈아가씨 길들이기〉에 4,900명이 들어차서 40만 원의 흑자를 낸 것이나 실험극장이 〈시라노 드 벨쥐락〉으로 5,300명(적자 20만 원)을 동원한 점은 작품에 따라 관객은 늘어날 수 있다는 것을 단적으로 보여준 것이다. 그러나 연극인들의 역부족으로 대부분의 공연은 적자에 허덕였다.

이러한 연극 환경에서 공연법의 제약은 한층 연극 발전을 저해하는 요인으로 등장했다. 소극장 설치에 대한 까다로운 제약 조건을 비롯해서 극본의 사전 심의 등은 창작 의욕을 꺾는 장애물이었다. 따라서 창작극으로 우리 고유의 연극을 창조해보겠다는 의욕은 곧바로 사라지고 다시 번역극에 매달리지 않을 수 없었다. 이러한 1970년대 초의 상황에서 뜻 있는 연극인들은 진로 모색을 신중히 생각했고, 결국 그것은 세계 연극의 날(6월)에 즈음한 5개항의 긴급선언문으로 집약되어 나왔다.

그 5개항은 첫째 공연법을 개정해서 공연장의 개념을 확대함으로써 소극장을 통한 자유로운 연극 행위를 보장할 것, 둘째 민족문화센터가 준공된 후에도 명동에 있는 현 국립극장을 그대로 존속시킬 것, 셋째 연극 인구의 저변 확대를 위해 중고교에서 연극을 음악이나 무용처럼 정규교과로 할 것, 넷째 창작극을 발굴, 육성하기 위해 기금을 확보해주고 상연 보조금을 지급할 것, 다섯째 연극 교육을 위해 정규대학 연극영화과 졸업자에게 교사 자격을 인정할 것 등이었다.

이러한 다섯 가지 건의는 연극의 장기 발전을 위해서 매우 합리적인 방안이었지만 메아리 없는 외침이었을 뿐 어디에서도 반응는 없었다. 적어도 1972년도는 공연 침체가 최악에 달했다. 500만 명이 넘는 인구의 수도 서울에서 영세한 26개 극단들이 활동했던 바, 그것도 좀 낫다는 6개 극단이 연간 5일씩 한 작품 공연으로 끝났고 유명무실한 군소 10개 극단은 까페 떼아뜨르나 한국일보사의 소강당에서 한두 번씩 공연하는 것으로 그쳤던 것이다.

다행히 정부가 연극협회를 통해 새마을운동 촉진 학생극 경연대회를 개최한 것이라든가 지방 연극 활성화를 위한 범연극인의 지방 순회공연을 갖도록 한 것 등이 연극계에 조그만 자극이 되었을 뿐이다. 이때를 전후해서 정부가 연극 진흥에 조금씩 관심을 기울이기 시작한 것은 주목할 만한 일이었다. 당시 남북회담이 열려서 북한을 방문한 인사들이 있었고 그것은 무대예술 진흥에 은연중의 자극제가 된 것도 사실이다. 그러한 자극으로 해서 정부는 장충동에 매머드 국립극장을 신축했다. 그래서 사설 극단들은 명동의 예술극장(구 국립극장)을 중심으로 타성에 빠진 공연만을 지속했다. 이들은 창작극을 외면하는 관객을 끌기 위해서 〈햄릿〉이라든가 〈카라마조프가의 형제들〉 같은 대작을 무대에 올렸으나 제작비 절감, 연습 부족 등으로 작품의 질만 떨어뜨렸을 뿐이다.

그러나 1973년도에 들어서는 연극계가 조금씩 달라지기 시작했다. 우선 문예진흥원이 생겨난 것이 연극계의 활력적 요소로 되었던 것이다. 그동안 정부는 경제 우선 정책만을 펴왔고 따라서 산업은 상당한 수준으로 향상되었다. 그리하여 1970년대에 들어서 정부는 문예진흥 쪽에도 관심을 기울이기 시작하여 진흥원을 설립하고 예술 분야의 육성에 신경을 쓰기 시작했다. 문공부 산하기관으로 발족된 문예진흥원은 발족되자마자 문예진흥 5개년 계획 사업을 발표하고 몇몇의 극단과 극작가들에게 재정 지원을 하기 시작했다. 그런데 흥미로운 것은 당시 연극계가 고질적으로 안고 있는 근본적 문제점이라 할 소극장 억제 및 검열 같은 공연법의 장애는 그대로 둔 채 자금만 일부 지원하는 웃지 못할 일도 생겨난 점이라 하겠다.

예를 들면 문예진흥원의 자금 지원을 받아서 쓴 박조열의 희곡 〈오장군의 발톱〉이 예륜(藝倫, 예술문화윤리위원회)에서 통과되지 않아 무대에 올릴 수가 없었다. 이는 환경 개선 없는 자금만의 지원이 얼마나 모순된 것인가를 단적으로 보여준 예라 하겠다. 정부가 육성과 억제라는 자가당착을 스스로 저지르고 있는 셈이기 때문이다. 원인 치료 없는 호도책으로 비칠 수도 있는 것이었기에 더욱 그러하다.

그러나 문예진흥원을 통해 시행된 사설 극단과 극작가들에 대한 정부의 재정 지원이 빈사의 연극계에 활력을 준 것만은 사실이었다. 물론 연극인들 자체 내에서도 그러한 정부 지원에 발맞춰 오랜 타성으로부터 벗어나려는 몸부림이 없지 않았다. 1973년 초여름에 을지로의 에저또소극장에서 시도한 젊은연극제가 바로 그런 몸부림의 하나였다. 즉 기성 극단들로부터 소외받고 있던 젊은 극단 10개 단체가 20일간 시리즈 공연을 가진 것이다. 극단 가교를 비롯해서 에저또, 작업 등 10개 단체가 차례로 공연을 가졌다. 이들은 대극단들이 브로드웨이처럼 상업극으로 흐른다는 인식 아래 그것에 저항한다는 기치를 내세웠다. 젊은 연극인들 자신만의 연극제를 갖는 입장에 대해서 오늘날 연극이 대중문화 수단에 의해 소외되고 있는데, 이러한 현상은 연극이 갖는 대중적·사회적 기능을 찾고 있지 못하다는 전제를 바탕으로 하여 생겨졌음이 드러났다. 대극장이 교훈성, 오락성, 흥행성, 즉 브로드웨이극 추구로서 사회적 기능을 한다면 젊은 연극은 대극장이 갖지 못하는 다른 차원의 기능인 실험성, 탈브로드웨이극의 기능을 가져야 된다. 이것이 한마디로 젊은 연극 의식이다.

이러한 이념은 젊은 연극제에 참가한 사람들이 행사 전에 합석 논의하여 결론을 낸 것이었다. 우선 이 연극제에 참가한 젊은 연극인들은 연극 속에서 자기를 확인하려 했다. 자기라는 것은 집단 속에서의 자기다. 이 자기는 사회와 분리해서 생각할 수 없는 주제다. 젊은 연극인들은 '연극은 집단무의식을 구체화하는 과정인데, 이런 무의식은 인간의 자유본능과 떼어서 생각할 수 없다'고 주장했다. 이들 젊은이들은 연극제를 개최하면서 기성 연극인들이 신극 60여 년 동안 변변한 공연장 하나 마련치 못했다고 질타하기도 했다.

이들은 합동으로 소극장 건립을 추진하는 한편 연극제에 참가한 100여 명의 배우, 연출가, 스태프들은 풀제를 만들어 종래의 폐쇄적인 도제식에서 탈피, 극단 소속을 달리해서 연기, 연출, 스태프를 활용하겠다고 선언했다. 그들은 또한 연극제 중진들을 모아 합평회를 열었다. 합평회에서는 긍정과 부정의 양론이 나왔는데, 긍정적 평가는 '젊은 연극인들의 소박성을 극복한 점'이라는 지적이었다. 이러한 엇갈린 주장을 다 듣고 난 원로 배우 전택이 (田澤二)는 다음과 같이 격정적으로 한마디 내뱉고 자리를 떴다. "도대체 무대예술을 한다는 자체가 돼먹지 않았다. 그러나 50년 전 우리가 딴따라를 할 때 겪었던 고생을 이들 젊은 세대가 그대로 되풀이하고 있지 않느냐. 북돋아주고 또 북돋아주자!"

그런데 젊은연극제가 실험성이 부족했다는 비판을 받기는 했지만 가면 및 그의 춤사위라든가 발림 등이 부분적으로 차용됨으로써 당시 기성 연극인들이 추구했던 우리 것에의 강한 집착을 보인 것은 주목받을 만한 것이었다. 이러한 일련의 실험적 작업은 드라마센터를 중심으로 유덕형이 주도하다시피 했는데, 그것은 1969년 귀국 직후 '연출작품 발표회'로부터 비롯된 것이었다. 여기에는 윤대성, 오태석 등 신진 작가들의 이색적 소재와 표현으로 뒷받침되었다. 이를테면 실험극장이 공연한 〈망나니〉를 비롯해서 〈노비문서〉〈너도 먹고 물러나라〉 등 윤대성의 일련의 작품들과 오태석의 〈초분〉〈쇠뚝이놀이〉 등이 바로 그런 계열의 작품들이었다.

특히 유덕형은 실존주의적인 각도에서 씌어진 오태석의 〈초분〉을 제의극 방식으로 접근하여 종래 우리 연극이 금과옥조처럼 지켜온 리얼리즘 연극 방식에 일대 충격을 가했다. 그에 따라 유덕형은 연극계의 총아로 떠올랐고, 그를 모방하려는 연출가들이 하나둘씩 나타나기도 했다. 그러한 때에 유덕형은 분단 이후 최초로 모스크바 국제극예술협회(ITI) 회의에 참가하기도 하여 국내를 떠들썩하게 만들었다. 왜냐하면 당시로서는 소련을 방문한다는 것이 금기 이상이었고 일반인들로서는 상상을 초월하는 것이었기 때문이다. 여하튼 유덕형을 중심으로 한 드라마센터의 움직임 중심의 연출 방식은 아르토, 그로토프스키로 이어지는 서양의 새로운 연극 방식의 수용이어서 연극계 전체를 동요시킨 것이 사실이었다. 이러한 연극계의 움직임은 오랜 타성에 젖어 내려온 연극사의 지각변동으로서 연극계 전반으로 하여금 서서히 기지개를 켜게 했다. 특히 젊은 연극인들이 기발한 행동을 많이 했다. 소위 해수욕장에서의 천막극장이라는 것도 1973년 여름에 극단 가교가 연극사상 최초로 시도한 것이었다. 근대극 운동 이후 고정된 극장 무대에서 관객을 부르던 전통을 깨고 극단이 관객을 찾아 나선 것인바 연극사상 최초의 여름천막극장 개설 광경을 당시 신문은 다음과 같이 르포 형식으로 보도하였다.

한여름 밤의 꿈, 어쩌면 60여 년 한국 연극이 그리던 여름밤 꿈의 무대인지도 모른다. 황해 파도가 열사 10리를 식히며 어둠 속에 밀려드는 대천 바닷가. 주황, 청록, 백색도 화려한 원형의 천막극장이 짙푸른 여름바다를 배경으로 환상처럼 솟던 28일, 우리 연극사에 한 작은 사건을 기록한 날이기도 했다. 만조가 됐다. 해변의 좁다란 회랑을 젊은 남녀가 밀어를 속삭이며 오갔다. 이들은 모래사장 어디서나 돋보이는 천막극장을 그냥 지나치지는 못했다. 29일 오후 한국 연극 최초의 천막극장은 그래서 막이 올랐다. 연극사만큼이나 긴 하한기와 관객 부재에 도전하는 꿈의 천막, 한꺼번에 150명의 손님을 받게 되어 있는 초현대 감각의 디자인, 높이 6m, 직경 13m, 원형의 극장은 40평인데, 그중 10평을 무대가 차지했다. 꼭대기에는 표지도 선명한 극단 가교의 깃발이 찝찔한 해풍에 펄럭였다. 천막의 울긋불긋한 빛깔은 천막 자락에까지 밀려오는 검은 수(水) 표면에 번쩍이는 광망을 쏟았다(『조선일보』1973.7.31).

사실 연극이 관객을 찾아나서는 것이 아니고 관객이 극장을 찾아와야 하는 것이 정도이긴 하다. 그러나 현대에 와서 특히, 여름 바캉스 계절에는 극단이 관객을 찾아나서는 경향이 생겨나게 되었으며, 해변가를 중심으로 천막극장이 유행하였다. 그것을 우리나라에서도 극단 가교가 최초로 시도해 본 것이다. 그래서 만들어진 대천해수욕장의 천막극장은 그 자체만으로도 하나의 이색적 풍경이었다.

그러나 이와 같은 이색적 천막극장이 세워지는 과정은 너무나 어처구니 없을 정도로 고행의 연속이었다. 우선 공연 신고를 해야 되고 장소 허가를 받아야 했으며, 입장료 산정 또한 군 공무원 및 해수욕장 관광협회와 담판해야 했는데, 이들 관계자가 순수 연극에 대해서 아는 바가 전혀 없었던 것이다. 이들 관계자는 연극을 구경한 일이 없기 때문에 가교 연극을 서커스나 삼류급 유랑극단의 가설무대의 기준에서 이야기했으므로 도무지 대화가 될 수 없었다.

그것은 관계자들뿐만 아니라 당시 주민들도 마찬가지였다. '쇼를 하느냐?'라든가 '가수 김추자가 오느냐?' 하고 묻는가 하면 '도대체 연극이 뭐냐?' 하고 솔직히 묻는 이들도 적지 않았다. 이런 사람들을 상대로 톰 존스의 뮤지컬 〈철부지들〉을 공연한다는 것은 맞지가 않는 것이었다. 따라서 관객은 거의가 서울 등 대도시 피서객들이었고, 매회 수십 명씩 들어와 그런대로 단원들의 피서 비용은 건질 수가 있었다.

여하튼 가교의 해변 천막극장을 시발로 해서 다른 극단들도 여름만 되면 유명 해수욕장을 찾아 천막극장을 여는 것을 하나의 유행으로 삼았다. 이것은 서커스단이나 유랑극단 또는 더 거슬러 올라가면 남사당패와 같은 유랑 예인 집단의 현대적 변용 형태로 볼 수도 있어 흥미롭다.

이처럼 1973년도부터는 실험극운동을 비롯해서 정부의 지원과 연극인들 자체의 적극성이 조화되어 연극 활성화의 기운이 돌기 시작하였다. 그런 때에 장충동에 대형 국립극장이 완공되었고 문공부도 연극인들을 위해서 충무로 5가에 연극인회관을 마련해주었다.

우리나라 연극 침체의 여러 가지 요인 중에 공연장 부족이 가장 큰 문제로 드러났음은 다 아는 사항이다. 그러던 차에 1973년 후반에 들어서 장충동에 신축 국립극장이 문을 열었고, 기존 건물이지만 소극장이 딸린 연극인회관도 마련되었다. 그리하여 명동의 구 국립극장과 다방극장인 카페 떼아뜨르에 집중되었던 연극 공연이 대소극장 10여 개로 확장됨과 함께 광역화되어가기 시작하였다. 거의 무료로 쓸 수 있게 된 연극인회관 소극장이 개설되면서 극단들도 몇 개 조직되었는데, 은하(銀河)를 비롯해서 넝쿨, 밀, 얄라성, 아카데미, 예인, 예맥 등 10여 개 단체가 그때 생겨난 것들이었다.

신생 극단 10여 개와 기존 극단 20여 개 등 30개 이상의 극단들이 경쟁적으로 공연 활동을 벌이다 보니 연간 작품 편수도 배가 훨씬 넘는 90여 편으로 증가되었다. 신생 극단들 중에서도 특히 중견 연출가인 허규가 자기 인생을 걸고 출범시킨 극단 민예극장이 주목을 끌었는데, 그것은 여타 극단들과는 달리 색깔 짙은 이념을 들고 나왔기 때문이었다. 민예극장은 탈춤, 꼭

두각시놀음, 판소리 등 전통극과 무속, 민요 등 민속예능을 현대극에 과감하게 도입함으로써 한국적 연극을 창조해보겠다고 선언한 것이다.

여기서 '한국적'이라고 한 것은 두말할 것도 없이 신극 이후 서양극을 맹목적으로 답습해온 일종의 타성의 극복을 의미하는 것으로 전통예술에서 연극성을 추출해내겠다는 뜻이 된다. 따라서 민예극장의 단원들은 탈춤, 창, 민속무용부터 습득했고, 레퍼토리도 전통 소재에 원천을 둔 것을 선호했다. 이러한 현상은 유덕형의 총체적 실험극운동과 쌍벽을 이루면서 연극계에 커다란 파장을 일으키기도 했다. 물론 그것은 젊은 층에서부터 지각변동을 일으키는 것으로 나타났다. 이러한 실험극 파장은 연극계에 긍정적 영향을 준 것도 사실이지만, 연극의 개념을 근본적으로 흔들어놓기도 해서 양식상의 혼란을 가져온 것도 부인할 수 없는 것이었다.

그런 때에 대형 국립극장 개관은 일시적이나마 연극계를 흥분케도 했다. 남산 기슭 17,600평의 대지에 총건평 9,125평을 짓는 데 무려 26억 원이나 들었으며, 무대만 하더라도 명동의 400여 평의 구 국립극장보다 8배나 큰 것이다. 객석도 1,500석으로서 3층에 푸른 융단까지 깔려 있다. 무대 시설도 최신식인 회전식이며, 분장실, 의상실, 샤워룸 등 배우를 위한 시설이 완벽하고 주연배우의 분장실은 내벽의 색깔이 핑크빛으로 칠해져 있을 만큼 세심하게 배려되어 있다. 프로시니엄 아치 뒤의 메인 커튼 값만도 2,500만 원을 들였고 군소 극단들이 쓸 수 있도록 700만 원짜리 주름막까지 달아놓았다. 그러나 시설이 웅장한 만큼 유지비도 많이 들 수밖에 없었는데 대관의 경우 하루 10만 원을 받아야 했으므로 구 명동 국립극장(1만 8천 원)의 6배나 되었다. 이것은 사설 극단들이 대관할 수 없다는 이야기가 되어 결국은 8개 전속 단체의 전용무대로만 쓰게 된 것이다.

창립 공연은 조선시대 구국의 영웅인 이순신 장군을 극화한 〈성웅 이순신〉(이재현 작, 허규 연출)이었다. 박정희 대통령을 비롯한 장관 및 주요 인사들을 초청하여 10월 23일 개관 공연을 가졌다. 그런데 뜻밖에 공연 중에 해프닝이 일어났다. 중요한 무대 전환 장면에서 갑자기 회전시키는 기계가 정지된 것이다. 연습 때까지만 해도 잘 되던 것이 대통령을 모신 공연에서 사고가 나다니, 무대 뒤에서는 일대 소동이 벌어졌다. 문공부장관과 국립극장장 등 제작진은 사색이 되었는데, 유치진, 박진 등 연극계 원로들이 간신히 대통령에게 설명과 양해를 구해 위기(?)를 모면했다. 여하튼 신축 국립극장은 1950년 구 부민관으로 문을 연 이래 23년 만에 획기적 전환점을 이룬 것이었다. 신축 국립극장이라는 것도 결국은 정부가 문화 진흥에 관심을 기울이기 시작했다는 증좌의 하나이고, 연극인회관 설치도 같은 차원에서 이루어진 것이었다.

대형 국립극장과 소형 연극인회관은 공연을 대형(관립 극단)과 소형(사설 극단)으로 양분시키는 결과를 가져왔다. 그러나 소극장이 늘어남으로써 과거의 단발성은 조금씩 탈피해나가기 시작했다. 가령 실험극장의 경우, 원서동에 자체 소극장을 마련하고 실질적인 레퍼토리 시스템을 시도해나갔다. 과거 까페 떼아뜨르에서 시도했던 수요극장, 목요극장 하는 식의 방법에서 한 발짝 진전시켰다. 즉 실험극장은 1973년 가을 들어서 최초로 레퍼토리 시스템을 시도하여 매일 작품을 바꿔가며 공연을 했다.

당시 레퍼토리를 보면 월요 공연은 〈너도 먹고 물러나라〉(윤대성 작, 김영렬 연출), 화요일은 〈태양관〉(이재현 작, 김현영 연출), 수요일은 '연극심포지엄', 목요일은 〈불어를 하세요〉(머레이 시스갈 작, 정진수 연출), 금·토요일은 〈수업〉(이오네스코 작, 윤호진 연출) 등을 공연하는 식으로 했다. 이것은 유럽식 레퍼토리 시스템으로서 카페 떼아뜨르, 드라마센터에 이어 세 번째로 시도한 방식이며 한국 연극이 조금씩 자리를 잡아가고 있음을 단적으로 보여준 경우였다. 그러니까 드라마센터 중 극장에서도 유덕형, 안민수 주도의 실험성을 띤 레퍼토리 시스템이 진행되었고, 비원 앞의 실험극장 소극장에서는 정통적인 연극으로 레퍼토리 시스템이 진행되어 좋은 대조를 이뤘다. 물론 두 곳에서의 레퍼토리 시스템은 오래가지 못했다. 모두 다 관객 확보에 실패했고 재정난을 극복할 수가 없었기 때문이다.

1974년도에 접어들자마자 신극의 거목이라 할 유치진이 70세를 일기로 타계하여 신극사 제3세대의 선두주자가 무대에서 사라진 셈이 되었다. 신극사의 제3세대란 1930년대 이후 우리 연극을 주도해 온 유치진, 서항석, 박진 등을 일컫는 말이다. 2월 14일 그가 심혈을 기울여 건립한 드라마센터 앞마당에는 연극인장으로 장례식이 치러지고 있었는데, 여기에서 국창 김소희가 유치진 일생을 기리는 판소리를 불러 참석자들을 모두 울리기도 했다. 명창 김소희에게는 고인이 부산 피난 시절 '여성국악동호회'에 〈가야금의 유래〉라는 극본을 써준 일이 있어 교분을 맺어온 사이였다.

그런데 흥미로운 것은 유치진이 타계할 때, 그의 후계자인 연출가 유덕형이 한국인으로서는 최초로 외국(미국)에서 연출 작업을 해서 각광을 받고 있었다는 사실이다. 즉 73년도 드라마센터에서 공연된 〈초분〉을 뉴욕 오프브로드웨이의 라마마극단 대표가 와서 보고 유덕형을 초청해서 〈질서〉라는 이름으로 재작업시킨 것이었다. 필리핀인, 네덜란드인, 이스라엘인, 모로코인, 프랑스인, 니카라과인 등 비미국인들로만 구성된 〈질서〉 공연은 상당한 반향을 불러일으켰다. 유덕형은 〈초분〉의 사상과 무대가 동양(한국)인 점을 고려해서 무술 전문가 장의근(張義根)과 협의, 이들 비동양 배우들에게 동양적인 것을 체득시키기 위한 특수훈련을 시켰다. 그 결과 피터 브루크와 같은 세계적인 연출가는 '새로운 연극이 찾고 있는 방향을 성공적으로 제시했다'고 평했는가 하면, 소호 위클리뉴스는 공연평에서 '이 작품은 음과 양, 자연과 인간, 노인과 젊은이, 죽은 자와 산 자, 섬과 물, 미역과 바다, 법과 자유, 사랑 간의 온갖 대립이 담겨 있다'면서, '제의적인 동작, 극소화시킨 대사, 탁월한 시각효과, 뛰어난 음악의 보기 드문 공연'이었다고 격찬했던 것이다.

유덕형은 서양인들에게 충격을 주기 위해서 저명한 서양화가 박석인(朴石人)까지 초청해서 특수 무대장치를 만들기도 했는데, 가령 그물과 밧줄이

얽힌 동굴 같은 것으로 무대 후면에 또 하나의 무대를 마련한 것이라든가 구름 위에 꿇어앉은 코러스가 하늘을 상징하고 그 밑에 악사들을 두어 바다를 상상하게 한 점, 극의 막바지에 열반을 표상하는 대목에서 뒷무대가 드러나도록 한 것 등은 특이했다. 그러니까 원초적이면서도 환상적인 무대를 펼쳐 보인 것이다.

국제성을 띤 작품이므로 무엇보다도 언어가 장벽이었는데 그는 될 수 있는 한 언어를 깨부수고 소리와 동작으로 대체했다. 그런데 번역이 까다로운 주문(呪文)형의 대사인 '미역이 썩고 있다', '초분이 탄다' 등은 그대로 한국말로 했는데 배우들도 공연 중 감정이 고조되면서 저절로 지껄이더라는 것이다. 여하튼 비록 오프브로드웨이의 작은 실험 무대에서의 워크숍 공연이었지만 한국 연출가가 국제 무대에서 주목을 끈 것은 연극사상 최초의 일이었다. 신극사상 대표적인 연극 가문이라 할 유치진 일가에서 아버지는 타계하고 아들이 새로 탄생하는 순간을 맞은 셈이었다.

1974년 들어서는 창작극이 크게 신장되기 시작했다. 그것은 두말할 것도 없이 문예진흥원이 연극 중흥을 위해서 실적이 괜찮은 9개 극단(가교, 자유극장, 동랑레퍼토리극단, 실험극장, 산하, 광장, 신협, 산울림, 여인극장)에 100만 원씩 지급하여 연간 창작극 한 편씩 공연토록 했고, 지방 순회공연비로 다시 50만 원씩 지급했다. 극단이 정부로부터 공연 보조비를 받은 것은 연극사상 처음 있는 일이었다. 그리하여 극단 가교의 이강백 작 〈내마〉를 필두로 창작극의 막이 올랐는데, 이번에는 마땅한 작품 얻기가 힘들었다. 그동안 쓸 만한 작가는 생활을 위해서 방송극에 치중하고 있었기 때문이다. 그러나 창작극을 공연해야만 보조금을 받을 수 있었기 때문에 경쟁적으로 극작가를 찾아 뛰었고, 그 때문에 20명도 안 되는 극작가들은 타작(駄作)을 남발하기 시작했다. 따라서 저질 창작극이 많이 무대에 올려짐으로써 공연의 질 저하를 가져오기도 했지만 극작가들을 고무한 측면에서는 긍정적 측면도 없지 않았다.

때마침 연극인회관도 갖춰져 연극은 우선 외형적으로나마 풍성했다. 전통 있는 신협도 퇴계로 5가에 소극장 르네상스를 개관하여 월요일만 제외한 레퍼토리 시스템 공연에 들어갔는데, 이 극장이 드라마센터나 실험소극장과 다른 점은 모두가 창작극으로만 이루어진 점이라 하겠다.

연극이 이처럼 활기를 찾자 수십 년 동안 타성처럼 지속되어 내려온 봄가을 시즌제도 서서히 무너지기 시작했다. 시내 극장들에 냉방시설이 되어 있지 않았으므로 여름철에는 야외극장이라도 만들어서 관객을 찾아 나서야만 했던 것이다. 즉 1973년도 여름에 해변을 찾아 공연을 가졌던 극단 가교가 이번에는 도봉산을 찾아가 입구에 천막극장을 가설한 것이다. 전과 같이 '연극과 바다를 함께 즐기는 것'이 아니라 이번에는 '연극과 산을 함께 즐길 수 있는 기회를 마련한' 것이다.

그런데 해변과는 달리 코를 고는 관객이 있었다는 점이 특색이었다. 하루 종일 등산하고 내려오다가 연극을 본답시고 극장에 들어와서는 그대로 곯아떨어지는 관객이 더러 있었던 것이다. 그래도 배우들은 즐겁기만 했다. 그러니까 공연을 등산객들이 많은 일요일만을 택했고, 레퍼토리도 과거 해변극장에서 공연했던 경쾌한 톰 존스의 〈철부지들〉을 위시하여 〈열쇠〉(윤대성 작), 〈끝없는 아리아〉(빈센트 머레이 작) 등이었다.

한편 가을 들어서 연극계가 갑자기 활기를 띠었는데, 그것은 두말할 것도 없이 문예진흥원의 창작 공연 지원에 따른 9개 극단들의 중앙과 지방 순회공연 때문이었다. 즉 극단 가교가 〈내마〉(이강백 작)로써 9월 중순 진주, 마산 진해 등 경남 일대 순회공연을 시작한 것을 필두로 해서, 신협이 한노단의 〈산바람〉을 갖고 전남 지방으로, 여인극장은 〈달나라와 딸꾹질〉(전진호 작)로써 충북지방으로, 자유극장은 충남, 동랑레퍼토리극단은 부산·경북, 광장은 경기도, 산하는 전북, 그리고 실험극장이 경북지방에서 10월 중순에 공연을 갖는 것으로 전국 순회공연이 끝났던 것이다.

정부의 지원에 의해 이루어졌다고 하더라도 중앙의 대표적인 극단들이 총망라되어 전국 도시를 순회공연했다는 것은 한국 연극 전체를 위해서 커다란 의미가 있었다. 왜냐하면 일제 침략과 함께 지방 문화가 황폐화했고, 그에 따라 연극도 불모지로 머물러 있어서 지방민들은 고급문화에 대한 욕구를 전혀 충족 못 하고 있었기 때문이다. 따라서 그러한 각 극단들의 지방 순회공연은 지방 연극이 움틀 수 있도록 자극을 주었고, 또 지방민들에게도 오랜만에 무대 연극을 감상할 수 있는 기회를 마련해준 것이었다. 물론 전에도 몇 개 극단들이 간간이 지방 공연을 간 적이 있었으나 그것은 부산, 대구, 광주, 대전 등 대도시에 그쳤을 뿐 목포라든가 진해, 여수, 옥천 같은 중소도시에는 거의 간 적이 없었다. 그런 점에서 예술적 성과야 어떻든 전국 순회공연은 연극사적 의미를 갖는 것이었다.

물론 정부의 이러한 창작극 지원이 긍정적인 측면만 지닌 것은 아니었다. 그것이 갑자기 이루어지다 보니 저질 작품이 양산되는 부작용도 없지 않았다. 그렇기 때문에 연극계 비판자들은 그것이 다양성 저해라면서 작품 풀제와 지원금 확대 등을 요청하는 한편 능력별 집중 지원을 제안하기도 했다. 즉 작품의 질, 공연성과 등을 객관적으로 평가할 수 있는 심의기구를 만들어 그 평정에 따라 집중적으로 지원해야 한다는 것이었다.

사실 정부가 모처럼 연극 진흥을 위해서 직접적인 재정 지원을 했기 때문에 수혜 대상에서 제외된 군소 극단들과 제외된 연극인들이 반발하는 것은 당연한 것이고, 또 돈이 걸려 있는 문제이다 보니 잡음도 없지 않았다. 그러나 전체적으로 연극사상 처음이었던 정부의 본격적 지원이 연극의 전반적인 활성화에 적잖이 기여한 것은 아무도 부인할 수 없는 일이었다.

중진 연출가 김정옥도 1974년도를 회고하는 글에서 "이른바 문예 중흥 5개년 계획의 제1차 연도로서 연극인회관이 개관되고 창작극 공연 지원, 지방 순회공연 지원 등으로 그런대로 활기를 띤 한 해였다고 하겠으며, 연극인회관 소극장이 그 기능을 발휘함으로써 비직업적인 소극장 단체들의 활동이 활발해진 한 해였다고 할 수 있을 것이다. 그러니까 연극계의 오랜 현안이었던 창작극, 즉 우리의 연극의 개발과 연극의 지방 확산 등이 그 해결의 실마리를 찾는 느낌이 들며 연극 인구의 저변 확대, 극장 또는 무대의 다양화라는 과제에도 과감히 도전한 한 해였다"(『한국예술지』, 권10)고 쓴 바 있다.

이처럼 1974년도는 연극계가 오랜 침체 끝에 정보의 뒷받침을 받아 활기를 찾았고, 그중에서도 창작극이 급신장했다. 그런데 창작극의 경향을 보면 전과 달리 역사극과 목적극이 많아졌고, 그 정반대의 사회비판극도 증가되었다. 국립극장 무대에 올려진 중진작가 차범석의 〈활화산〉 〈꽃바람〉 〈약산의 진달래〉 〈새야 새야 파랑새야〉 등을 비롯해서 김의경의 〈남한산성〉 등이 전자에 속한다면, 신명순의 〈우보시의 어느 해 겨울〉을 비롯하여 전진호의 〈달나라와 딸꾹질〉, 조해일의 〈건강진단〉, 이강백의 〈내마〉 등은 후자, 즉 정치사회 비판극에 속한다고 하겠다.

창작극의 급팽창은 질적 저하를 가져왔고, 신예 연극 평론가들의 창작극 혹평은 극작가들의 분노를 불러일으켰음은 두말할 나위 없다. 그 단적인 예가 중진 극작가 차범석, 이근삼 대 신진 평론가 이태주 간의 감정 섞인 논쟁이었다. 우선 평소에 젊은 연극평론가들을 못마땅하게 생각해온 이근삼이 『중앙일보』에 극평가의 자세 문제를 근본적으로 제기하는 것으로 포문을 열었다. 이근삼은 일부 젊은 연극평론가들이 성실한 자세가 되어 있지 않다는 취지에서 "그들의 글에는 논리가 없다. 한 글 속에 연극의 본질은 파괴와 부정에 있다고 하다가는 느닷없이 질서를 강조하는 등 서구의 글을 복습하는 듯한 무리가 있지만 이런 것은 초기 극평가에게서 흔히 볼 수 있는 실수다. 그러나 이들이 공연도 보지 않고 공연평을 쓴다거나 누가 보아도 수준 이하라고 느껴지는 공연을 다만 자기가 번역했다고 해서 극찬을 한다면 문제가 되지 않을 수 없다. 또 작품과는 관계없이 작가에게 모욕적인 별명을 친절히 괄호로 묶어 지어준다든지 작품 제목을 희화적으로 고쳐 쾌감을 느끼는 치기를 보인다면 당사자들이 갖춘 예의는 고사하고라도 본인들의 장래를 위해 여간 섭섭한 일이 아니다"(1974.8.13)라고 매우 감정적인 글을 쓴 것이다.

작품이나 비평 논쟁보다는 극히 감정적인 이근삼의 글이 자기를 지목했다고 느낀 이태주는 즉각적으로 「살아 있는 연극 왜 드문가」라는 반박문을 썼다. 그는 이근삼 작 〈30일간의 야유회〉와 차범석의 〈약산의 진달래〉를 도마 위에 올려놓고 "우리들의 목소리, 우리들의 마음, 우리들의 아우성, 우리들이 피가 담겨져 있지 않은 그 언어는 우리와 우리의 시대를 위한 언어가 될 수도 없고, 우리와 우리의 시대를 초월하는 영원한 언어로 빛날 수도 없다. 정직하지 못한 위선의 언어 속에 우리는 허위를 보고 분노하기 때문"에 이들 두 작가에게 기대하지 않는다고 직격탄을 날렸다. 그러면서 자기가 "그들의 작품을 논의의 대상으로 삼는 이유는 오로지 창작극 진흥이라는 역사적 과업을 안고 새순처럼 돋아나는 젊고 참신한 신진 극작가들을 위해서"(1974.8.19)라고 되받아쳤던 것이다.

우리나라 대부분의 학술, 예술비평 논쟁이 언제나 감정 싸움으로 흐지부지되듯이 차범석 · 이근삼 대 이태주의 논쟁도 감정적 앙금만 남긴 채 슬그머니 끝나버렸다. 그러나 이러한 작가 대 평론가의 싸움은 공사석에서 상당 기간 변태적으로 진행되었다. 모두 다 연극의 활성화 조짐에서 나타난 현상이라는 점에서 비평 논쟁이 부정적인 것만은 아니라고 할 수 있는데, 이것도 연극계에 작으나마 자극을 주었다고 말할 수가 있다.

세상사라는 것은 언제나 좋은 일이 있으면 나쁜 일이 따르는 호사다마의 인생 법칙에 따라서 그런지는 알 수 없지만, 1974년도는 이상스럽게도 한국 연극계를 버텨온 거목 3진(유치진 · 박진 · 오영진)이 타계한 해여서 연극계가 적요했다. 즉 2월의 혹한에 원로 극작가 유치진이 고혈압으로 갑자기 세상을 떠난 데 이어, 가을에는 동양극장 시대의 명연출가 박진이 위암으로, 또 주옥같은 작품으로 영화 연극계를 격상시킨 오영진이 잇달아 타계한다. 이처럼 3진의 퇴장으로 연극계의 세대교체가 이루어졌는데 그것은 소위 연극계의 3대가 사라진 것이었다.

근대극을 이끌어온 인물들을 보면 대체로 초창기 신파극 시대의 임성구·윤백남·이기세·김소랑 등 제1대와 서구 근대극 수용기인 3·1운동 직후의 세대라 할 현철·김우진·홍해성·박승희 등의 제2대, 그리고 제3대는 극예술연구회와 동양극장의 리더라 할 유치진·서항석·박진 등 1930년대 주역이다. 이처럼 연극 주역들은 대체로 10년 주기로 자연스럽게 교체되어왔음을 확인할 수 있는데, 그 점은 제4대라 할 도쿄학생예술좌의 리더인 이해랑·김동원·오화섭 등과 오영진·이원경 등 다른 경로로 연극계에 편입된 주역들에게서도 확인된다고 하겠다.

　연극이 장기 침체로부터 조금씩 되살아날 조짐을 보일 때 유치진, 박진, 오영진 등 선구자 세 분이 타계함으로써 연극계에도 삶과 죽음의 명암 속에 세대교체가 이루어지고 있었다. 그런 가운데 연극계에 갑자기 핵폭탄이라도 떨어진 듯이 운니동의 어슴푸레한 소극장에서 열기가 솟아나기 시작했다. 그것이 다름 아닌 실험극장의 소극장 개관 프로그램으로 막을 올린 〈에쿠우스〉(피터 셰퍼 작, 신정옥 역, 김영렬 연출) 공연이다.

　실험극장은 당초 150여 석의 허름한 소극장을 전세로 얻어서 그냥 개관 프로그램을 마련한 것이었다. 또한 장기 공연이라든가 폭발적인 인기 같은 것은 상상도 못 했다. 그러나 약 10여 일쯤 조용히 진행되던 〈에쿠우스〉에 관객이 쇄도하기 시작했고, 연극사상 최초의 좌석 예약제가 나타나는 등 예매 창구가 불이 났다. 적어도 보름 전에 예매표를 사야 볼 수 있을 만큼 덕성여대 앞은 매일 사람들로 장사진이었다. 인기가 점점 좋아지자 표 사기는 하늘의 별 따기였다. 실험극장 사무실에는 전화벨 소리가 그치질 않았고 여러 통로로 표 부탁이 들어왔으며 압력도 만만찮았다. 심지어 청와대에서까지 전화가 올 정도였다. 한 편의 연극표를 사기 위해 청와대에서까지 전화를 해온 경우는 연극사상 전무후무한 일이었다. 몇몇 장관들까지도 호기심으로 구경을 왔다. 도대체 연극이 무엇이길래 이처럼 떠들썩한가를 직접 목격하기 위해서였을 것이다.

9월 5일에 막을 연 〈에쿠우스〉는 계속 연장 공연을 해나갔다. 비좁은 극장에서 〈에쿠우스〉가 단 두 달 만에 1만 명의 관객을 동원한 것은 솔직히 당시에는 놀라운 기록이었다. 실험극장은 11월 15일에 1만 명 관객 돌파 기념식이라는 이색적인 행사를 갖고 만 번째로 입장한 서울여대생(서시현)에게 기념패 및 영구 관람권을 주는 한편, 그날 구경한 관람객 146명에게는 다음 작품 관람권을 주었다.

연일 하루에 두 번씩 공연하다 보니 주연 배우들이 탈진하기 시작했다. 평소 배우들이 5, 6일 공연하던 습성 때문에 체력 관리를 소홀히 하여 장기 공연에서 버텨낼 수가 없었다. 드디어 주역인 강태기(姜邰起)가 두 달 동안 출연하고 낮 공연 직후 탈진, 졸도함으로써 당장 닥쳐오는 저녁 공연이 난리가 난 것이다. 의사를 부른다, 주사를 놓는다 해서 겨우 링거를 꽂고 무대에 나갈 때만 주사바늘을 뺐다. 링거를 맞으면서 1주일 동안 공연했고 겨우 건강이 회복되었다. 연극사상 배우가 링거 주사를 맞으면서 공연한 것도 처음 있었던 일이었다. 강태기는 물론 일약 무명 배우에서 스타가 되었다. 당시 26세의 강태기는 자기가 돌보는 말의 눈을 찌르는 광기의 16세 소년 역을 열정적으로 해내었다.

강태기는 자기의 역에 대해서 "말들을 쫓아 말굽파개를 들고 무대 중앙을 돌 때 관객석에서 반짝이는 안경알들이 마치 에쿠우스의 눈 같은 환각을 일으키게 했어요. 그들의 눈을 찌르는 장면은 첫 공연부터 괴로운 것이었는데, 끝까지 익숙해지지 않더군요. 더구나 공연이 장기화되자 몸무게가 줄고 허약해져서 그 광란의 장면에서는 내가 미치는 것 같았어요"라고 실토하기도 했다. 그는 같은 작품에서 자기 어머니 역을 맡아 하던 정혜나와 연애 중이었기 때문에 더욱더 고달팠는지도 모른다. 그는 그 작품에서 만난 정혜나와 곧 결혼도 했다. 더욱 흥미로운 것은 결혼 후의 다른 작품에서도 정혜나와 가끔 모자(母子) 역으로 나왔다는 사실이다.

이렇게까지 인기를 끌던 〈에쿠우스〉에 갑자기 서울시로부터 공연 정지

공문이 내려왔다. '연장 공연 신청
을 하지 않았다'는 것이 공연 정지
의 이유였다. 실험극장 측으로서
는 과거에 연장 공연을 해본 적도
없지만 예술 행위가 그러한 법적
절차를 밟아야 하느냐는 회의와
함께 부랴부랴 서울시에 공연 연
장 신청서를 제출했다. 그러나 서
울시 측에서는 '연극인이라도 공
연법은 지켜야 한다'서 '실험극장
이 그동안 위법 공연한 사실에 대
해서는 곧 벌금이나 경고 처분 등
의 내용으로 공문을 보낼 것'이라

실험극장 공연, 주연 강태기, 〈에쿠우스〉, 1976

고 극히 감정적이면서도 경직된 태도로 나왔으며 엎친 데 덮친 격으로 세무
서에서까지 끼어들었다. 즉 실험극장의 〈에쿠우스〉가 공연 정지 처분을 받
자마자 종로세무서원들이 들이닥쳐서 예매권 처리 장부 등 극단 서류를 가
져간 것이다. 세무서원들은 '실험극장 연극이 순수 연극이라고 누가 보장하
느냐'면서 입장세법에 위반될지도 모르는 일이라고 엄포를 놓기도 했다. 이
는 사실 유신 시대의 관료 풍토와 우리의 문화 수준을 단적으로 보여준 경
우였다고 하겠다.

그러나 실제로 극단의 연장 공연 미신청은 표면적 이유일 뿐 그 이면에는
다른 이유가 있었다. 이 작품에는 소년 앨런(강태기)과 소녀 질(정경님)의 사
랑 장면이 있다. 영국과 미국에서는 두 사람이 완전 나체로 나온다. 그러나
실험극장의 〈에쿠우스〉에서는 소녀가 브래지어와 핫팬티 차림으로 나오는
데, 그것이 문제된 것이었다. 문화계에서는 이제 겨우 꽃피려는 연극을 무
참하게 꺾는다고 반발이 대단했다. 결국 며칠 후에 소녀 질이 긴 팬티 차림

을 하고 다시 막을 올릴 수가 있었다.

이때 배우들도 극단 측으로부터 상당한 대우를 받았는데 입장료가 1,500원 할 때인데도 한 달 개런티가 60만 원에서 80만 원까지 받았다. 그렇게 주고도 극단 측은 그동안에 진 빚을 다 갚고 상당한 자금을 비축할 수가 있었다. 왜냐하면 〈에쿠우스〉는 그다음 해에도 계속 공연되었기 때문이다. 표현주의와 사실주의, 초현실주의 등 여러 가지 연극 기법이 동원되어 현대인의 도덕, 종교적인 갈등, 물질문명에 대한 혐오와 강박관념, 사랑과 섹스 등여러 가지 문제를 가정과 직장을 중심으로 해서 다이내믹하게 엮은 영국 작가 피터 셰퍼의 작품이 바로 〈에쿠우스〉다.

이 작품이 어떻게 해서 그처럼 폭발적 인기를 모았을까. 그 이유는 몇 가지로 분석된 바 있다. 즉 첫째는 뭐니 뭐니 해도 원작이 지니는 현대성(문명비판, 정신분석학, 종교의 타락)과 참신한 구성과 기교. 둘째, 연출가의 정확한 작품 해석. 셋째, 주역의 열정적 연기와 앙상블. 넷째, 음향 · 조명 · 무대미술 등이 종합된 것이라 하겠다.

〈에쿠우스〉의 장기 공연으로 말미암아 각 극단들이 종래의 5, 6일제 공연 습성에서 벗어나 장기 공연 체제로 접어들게 된다. 실제로 다른 극단들도 점차 장기 공연 방식을 채택하여 성과를 올리기 시작했다.

제4장

ᅵ

# 정부의 통제 강화와 명동 시대의 종언

여러 가지 예술 형태 가운데서 연극만큼 정치에 민감하고, 또 직간접으로 영향 받는 것도 없으리라 본다. 연극은 그만큼 대중성이 강하면서도 선동성 및 호소력이 대단하다. 따라서 연극은 어두운 시대일수록 수난과 탄압을 많이 받게 마련이다. 〈에쿠우스〉가 연극 붐을 한창 일으키고 있을 때, 서울시가 공연 정지 통고를 함으로써 유신 체제로 꽁꽁 얼어붙은 사회에서는 문화가 개화되기 어렵다는 사실을 단적으로 보여준 예에서도 그것은 확인된다. 사실 웬만한 작품에는 무조건 대본 반려를 하든가 아니면 공연 중지를 시키는 것이 당시로서는 흔한 일이었고, 특히 1975년도에는 더욱 혹독했다. 그러니까 〈에쿠우스〉가 공연 정지를 당하기 이전부터 정부의 연극 통제는 말할 수 없이 엄격했다.

그해 초에는 신춘문예 작품이 무대에 올려지지 못하는 사태도 벌어졌다. 치과의사 출신의 오종우(吳鐘佑)가 『조선일보』 신춘문예에 당선한 희곡 〈어느 조각가와 탐정〉이 예륜으로부터 공연 불가 처분을 받은 것이다. 어느 조각가가 작품을 만드는 과정에서 진척이 없자 모델이나 유혹하고 알코올에 중독되는 등의 퇴행을 묘사한 이 작품이 무대에 올려질 수 없게 된 것은 '내용이 불건전한 때문'이라는 이유였지만, 실제로는 당선 소감이 당국의 비위를 건드렸을 것이라고 당시 연극계에 파다하게 소문이 퍼져 있었다. 오종우의 당선 소감은 이러했다.

　얼마 전에 작가들에게 보내졌던 OX문제가 인쇄된 엽서로부터 기습당하지 않게 해주시옵고, 74년에 무더기로 공연된 '일부 극소수' 창작극 같은 것을 써서 문예진흥금, 즉 국민의 세금을 문화적으로 축내게 하는 일에 몰두하지 않게 해주시옵고, 끔찍하게 잔인하고 고식적인 석두들이 공연 전에 희곡을 검열하는 일이 없게 해주시옵고, 작품 안 쓰는 작가가 되어 뻔뻔스럽게 나이만 헤아리다가 한 마흔쯤 됐을 때, 이제 나는 원로가 되었으니 돌려 타먹기 상의 수상자가 될 수 있으려니 하는 생각일랑은 아예 나지 않게 해주시옵고, 더구나 관광호텔 세미나에 멀뚱멀뚱 조심조심 한마디로 실없는 소리를 하지 않게 해주시옵고, 이 추운 겨울날 차가운 시멘트 벽 속에 갇혀 있는 젊은 날개들 앞에서도 〈탐정〉이 공연될 수 있게 대학신문의 15, 16, 17기 기자들과 지금은 사라졌지만 언젠가는 새롭게 꽃피울 지붕, 상설무대, 동행, 회원들로부터 한잔 내세요, 혹은 한잔 걸치자는 전화가 오도록 해주시기를 연극지신(演劇之神)께 비옵니다.

　이상과 같은 오종우의 예리한 현실 비판의 글은 당시의 관청과 기성 연극계를 적잖게 자극했는데, 사실 패기 넘치는 오종우가 아니면 쓸 수 없었던 용감한 당선 소감이었다. 따라서 연극계에 서로 두 가지 상반된 견해가 나왔다. 평론가 오화섭(吳華燮)은 '〈어느 조각가와 탐정〉은 수준 이상이고 작가의 장래성도 엿보여 골랐는데, 내용이 불건전 운운하여 공연 불가 결정을 한 것은 신경과민에서 온 것 같다. 이 작품은 어떠한 어려움과 싸워서라도 무대 위에서 꽃피워져야 한다는 나의 소신은 계속 변함이 없고, 표현할 말이 없을 정도로 불쾌할 뿐'이라고 논평한 반면, 연출가 이진순은 '혼자만이 문화예술계가 안고 있는 고민을 다 해결한 듯한 그의 당선 소감은 젊음의 패기를 넘어선 것이다. 작가이기 이전에 인간이어야 하는 게 아니냐는 코멘트를 한 바 있다. 끝내 이 작품은 무대에 올려지지 못했다.

그런데 더욱 우스웠던 일은 문예진흥원에서 자금 지원을 해서 쓴 작품까지 예륜에서 공연 불가 판정을 내려 무대에 올려지지 못한 사실이다. 즉 1974년에 문예진흥원으로부터 창작지원금 50만 원을 받은 박조열은 자신의 6·25 참전(소총병으로) 체험을 바탕으로 해서 전쟁의 무모함을 묘사한 〈오장군의 발톱〉을 썼다. 이 작품은 '이름이 장군인 주인공 오장군을 자신에게는 비극적이지만 타인이나 관객에게는 희극적으로 묘사하고 황소가 말을 하는 우화적 수법을 이용한 것'인데도 예륜 측에서는 '시의에 맞지 않고 사령관의 언행이 품위 없다'고 심의·반려한 것이다. 사실 표면적 이유는 그랬지만 내부적으로는 반전(反戰) 사상과 그리고 금기사항으로 되어 있는 군대 문제를 취급한 것이 문제가 된 것으로 전해졌다.

따라서 극단 자유극장이 명동예술극장에서 5일간(9월 4일~8일) 공연키로 날짜를 잡아놓고 한여름에 20여 일간이나 땀 흘려 연습해왔지만 부득이 중단하고 부랴부랴 다른 작품으로 바꾸는 해프닝을 벌이지 않을 수 없었다. 그 시기야말로 검열이 가장 심했던 때였다. 별스럽지도 않은 작품들인 잭 커클랜드의 〈토바코 로드〉(신협), 〈라쇼몽(羅生門)〉(동랑레퍼토리극단), 노경식의 〈부자〉(민예), 뒤렌마트의 〈늦가을의 황혼〉(고향) 등도 잇달아 심의·반려 처분을 받을 정도였다. 이는 당시 예륜이 얼마나 무지하고 신경과민에 빠져 있었나를 적나라하게 보여준 예라고 하겠다.

실제로 문공부는 1975년 6월 네 가지 방침, 즉 ① 국가의 안전 수호와 공공질서의 확립에 반하고 ② 국력 배양과 건전한 국민경제 발전을 해치며 ③ 사회질서를 문란케 하고 ④ 사회기강과 윤리를 해치는 퇴폐적인 공연물은 모두 제거시킨다는 방침을 선언한 바 있다. 그에 따라 예륜의 무대공연물 심의가 강화되었고 관계기관과 합동으로 공연 실태를 조사하도록 한 것이다. 그런데 문공부가 당시 내세운 명분은 식민지 시대의 경우와 비슷한 퇴폐 풍조 일소였다. 〈에쿠우스〉 공연 중지나 오종우, 박조열의 극본 반려

등도 모두 그러한 당국의 방침에 의한 것이었다.

이러한 정부의 무대예술 통제는 그해 말 국회 문공위원회에서 통과된 공연법 개정안이 그 절정을 이루었다. 즉 '퇴폐적 공연 행위를 강력히 규제하고 공연 실적이 없는 공연자를 바로잡는다'는 명분 밑에 제안된 공연법 개정안은 다음과 같았다. 첫째 지금까지 서울시, 부산시, 도 또는 문공부장관에게 할 수 있던 공연등록기관을 모두 문공부장관에게로 일원화했고, 둘째 2년으로 유효기간을 정했던 등록증의 기간 제한제를 폐지하고, 셋째 공연에 관한 사항을 심의키 위한 공연윤리위를 신설하는 대신 서울시, 부산시, 도, 문공부 등에 설치되어 있던 자문위를 폐지하며, 넷째 필요할 때 보조금을 지급할 수 있다는 등으로 되어 있다. 또 등록증의 타인 대여 등 공연자 등록 취소사유 5가지에 '1년 이상 계속해서 실적이 없는 경우'를 추가했고, 행정관청이 공연 정지 또는 중지를 명할 경우 공연자뿐 아니라 출연자까지 6월 이하의 기간 동안 모든 공연 활동을 중지시킬 수 있도록 규정했다. 등록이 취소될 경우 등록증을 반환하지 않는 경우에도 과태료를 물도록 했다. 이상과 같이 문공부장관이 직접 관장함과 동시에 행정 규제를 강화, 1만~20만 원 이하의 과태료 규정을 백 배인 100만 원 벌금에 체형까지로 확대, 통제케 한 것이다. 이러한 개정 공연법에 대해서 '대폭적 벌칙 규정 강화가 국민을 심리적으로 지나치게 억압하고 형벌에 대한 국민의 감각을 둔화시킬 우려가 있는 등 법적 안정성 및 실효성의 측면에서 문제점이 있다'는 우려의 반론에 나타나 있는 것처럼 공연법은 개정이 아니라 개악의 요소가 많았다.

이러한 공연법 개정안에 대해서 연극계는 들끓었고 당국한테 뒤통수를 맞았다고 아우성이었다. 왜냐하면 그동안 연극계에서 현행 공연법은 일제 말에 총독부가 우리나라 무대예술을 통제하기 위해 만들었던 조선흥행물취체규칙(朝鮮興行物取締規則)을 토대로 한 것이기 때문에 전근대적인 것이므로 현대에 맞도록 개정해야 한다고 주장해온 뒤끝에 그런 강화법이 나왔기 때문이다. 당시 연극인들이 꼭 개정되어야만 한다고 주장했던 부분은 순수예술(연극, 무용), 대중예술(영화, 쇼)을 구별해주고 연극 공연장과 영화관 쇼 무대를 뚜렷하게 구분해주는 것이라고 했다.

공연법 개정을 가장 적극적으로 주장한 중진 연출가 김정옥은 특히 시행령 쪽이 더욱 심하다면서 "연극을 영화, 쇼, 음악, 무용과 같은 성격의 공연으로 묶고 영화관과 연극 공연장은 구별돼야 하고 공연장의 시설 기준도 달라져야 한다. 또 시행령 1장의 공연장 등록에 관한 규제는 개인 극단, 프로듀서 시스템에 의한 공연을 불가능하게 했다. 작품 심의 역시 소아병적인 조항이 많아 연극 발전을 위축시키고 있으므로 이 기회에 공연 절차도 간소화돼야 하고, 공연법이 재검토되어 그 부조리가 제거될 때만 한국 연극이 자립을 할 수가 있다"고 주장했다.

당시 뜻 있는 문화인들의 공통적 주장은 김정옥이 주장한 것 같은 공연법 개정을 넘어서 좀 더 본질적인 것이었다. "오늘날 같은 인간상실 시대에서 연극은 인간성 회복의 예술이요 인간성 옹호를 위한 교두보이므로 국가의 정책적 뒷받침이 있어야 한다"는 주장 등이 바로 그것이다. 그런데도 정부는 한쪽에서는 지원 정책을 쓰면서도 다른 쪽에서는 행정 규제를 강화해나 갔으니 무대 공연이 위축될 수밖에 없었다.

게다가 설상가상으로 한국 연극의 요람으로 20여 년간 사용되어온 명동의 예술극장마저 영원히 문을 닫고 말았다. 주지하다시피 예술극장은 1957년부터 우리나라 유일의 국립극장으로 사용되어오던 공연장이 아닌가. 그런데 장충동에 대형 신축극장이 세워지면서 국립극장은 1973년 가을에 이사를 갔다. 국립극장이 이사를 가면서 전속 단체를 강화하는 동시에 명동 시절처럼 대관 위주가 아니라 전용 극장이 되었다. 이는 국립극장이 본래의 위치를 찾은 것이었다. 그러나 반대로 진정으로 한국 연극을 버텨온 사설 극단들이 본거지를 잃을 위기에 처하게 되었다. 따라서 연극인들은 명동의 구 국립극장을 팔지 못하도록 정부에 압력을 가했고, 결국 1972년부터 문공부가 총무처에 이관, 연극특별회계재산으로 만들어서 사설 극단들이 사용토록 해왔었다. 그리고 명칭도 연극인들의 요구대로 예술극장으로 개칭하여 써왔다. 사실 당시만 해도 시설 나쁜 소극장 두어 개를 제외하고는 공연장이 없어서 연극인들은 예술극장을 본거지로 삼은 것이었다. 전후의 어려운 시대에 20여 년 동안이나 명동의 국립극장을 발표장으로 사용해오다 보니 명동은 연극의 거리가 되었고 한국 연극이라고 부르면 명동을 연상할 만큼 예술극장은 연극인들의 고향이었고 연극사의 중심이었다. 그러한 장소이기 때문에 정부에서도 그것을 예술극장으로 개명까지 하고 연극인들이 쓸 수 있게끔 해준 것이었다. 그럼에도 불구하고 정부는 단 3년 만에 당초의 약속을 어기고 그것을 팔아넘기기 위해서 1975년 말, 문을 닫고 만 것이다.

위치상으로 가장 이상적이었던 예술극장도 실은 1936년에 일본인이 영화관으로 지은 메이지좌였긴 하지만 국립극장으로 사용하면서 대폭 개수하여 연극장으로서는 매우 좋은 문화 공간이었다. 그것을 하루아침에 잃어버린 연극인들은 마치 수십 년 살아서 정이 들 대로 든 고향집을 졸지에 잃은 기분이었다. 그러한 심경은 국립극장 무대에서만 20여 년 가까이 연기를 해온 중진배우 장민호의 다음과 같은 고백에 역력히 나타나 있다.

예술극장—그 무대에서 우리는 울고 웃었고, 그곳을 찾아든 성실한 관객과 더불어 희로애락의 공감의 광장을 넓혀왔었다. 오랫동안의 인고의 세월과 더불어……. 또한 공연장으로서도 동양극장, 원각사와 더불어 하나의 이정표가 될 수 있었다. 뿐만 아니라 묵은 것을 벗고 새로움을 향하려는 한국 연극의 하나의 시대적 몸부림으로 소용돌이치는 진통기를 뜻하기도 하는 것일 게다. 그곳에선 외로운 무대를 지키다가 먼저 간 선배들과 젊은 연극인들의 아픈 기억이 그 영광과 더불어 차가운 아스팔트를 딩구는 낙엽처럼 우리 가슴에 뜨겁게 남아 있다. 사치와 허영의 밤거리에 인생의 낟알을 주우려는 나그네처럼, 바다 진주를 캐려는 어부와 같이 극적 진실을 찾아 우리는 표류자처럼 그렇게 방황하였다. 그것은 어쩌면 찰나에 스러져버리듯 소멸해버리는 무대예술의 허허로운 숙명인지도 모른다. 그러나 기억은 상처처럼 우리들 꿈속에서 성장한다. 행복한 망각처럼……. 그러나 종언을 위한 종언이 되어서는 안 될 것이라고 생각한다. 차제에 몇 가지 개인적인 소견을 피력한다면, 8·15 해방 이후 50대 이내의 연기자들에겐(비단 연기자뿐만이 아니겠지만) 예술극장이 바로 그들의 집이고 고향이었다. 고향을 잃은 사람들은 이제 또다시 유랑민이 되어야 하는가?(『경향신문』 1975.11.18)

명동의 국립극장 무대에서 청춘을 불사른 중진배우의 이상과 같은 심회는 곧 당시의 모든 연극인 및 연극 애호가들의 심정이기도 했다. 특히 장민호 글의 마지막 구절, "고향을 잃은 사람들은 이제 또다시 유랑민이 되어야 하는가?"는 당시에 갈 곳 없는 연극인들의 절망적 자탄이기도 했다. 실제로 한국 연극사를 회고해볼 때, 극장난이 가장 심각한 문제였고 연극인들은 무대를 찾아 끝없이 방황하고 유랑해온 것도 숨길 수 없는 사실이었다. 더구나 명동에 몰려 있던 소극장 두 개, 즉 까페 떼아뜨르와 에저또창고극장마저 문을 닫았거나 폐관 위기에 놓여 있었기 때문에 한국 연극은 정신적 거점을 잃고 다시 긴 방랑의 길을 떠나야 했다.

물론 정부는 명동의 예술극장을 폐관하는 대신 시민회관 별관으로 사용 중이던 태평로 1가의 옛 국회의사당을 예술극장과 똑같은 조건으로 대관한다고 발표했다. 그러나 시민회관 별관은 그동안 국회의사당으로 사용해왔기 때문에 무대 조건에서부터 객석에 이르기까지 문제가 많은 극장이었다. 이것 또한 일제시대에 총독부가 경성부민들의 오락과 집회를 도모하기 위해 지은 부민관이었다. 아니나 다를까 시민회관 별관은 문을 열자마자 문제가 속출했다. 우선 명동의 예술극장보다 무대 구조 및 객석 조건이 나쁜 데다가 대관료가 2배나 비싸서 영세한 극단들이 좀처럼 쓰기가 곤란했던 것이다. 이처럼 연극, 무용인들이 사용을 주저하니까 시 당국에서는 대중가요 가수의 쇼 공연과 영화를 상영하기 시작하였다.

임성남(林聖男) 같은 중진 무용가는 그러한 현상에 대해서 '시민들의 세금으로 운영되는 시민회관이 순수 무대예술의 중심지가 되지 못하고 유행가 가수의 쇼 무대로 상징되는 상표 무대로 변질되는 것은 있을 수 없는 일'이라고 질타했다. 일반 시민들도 '수도 서울에 국립극장 이외의 순수 무대가 하나도 없다는 것은 문화적 수치'라고 비판했다. 그럼에도 불구하고 서울시 당국은 '시민회관이 서울시의 특별회계에 들어 있어 자체 수입으로 고용인 50명이 월급(월 300만 원)을 줘야 하기 때문에 공연 신청이 없을 때 영화관으로 대여하는 것은 불가피하다'면서 시민회관 별관이 순수 무대예술을 위해 우선 대관한다는 원칙이 세워져 있지만, 자체 예산의 결손을 메우기 위해서는 휴관하는 것보다 오락적 관람 공연을 위해 빌려줄 수밖에 없다는 것이었다.

그렇다면 문제는 명동의 예술극장의 1일 대관료 4만 5천 원보다 두 배나 넘는 9만 5천 원에다가 5만 원의 냉난방의 대관료를 물고 사설 극단이나 무용단이 공연을 가질 수 있는가 하는 점이다. 당시 연극 입장료가 1천 원이었으므로 적어도 하루에 유료 입장객만 200명씩 들어야 겨우 대관료를 지불할 수 있다. 이러한 고가(高價)는 당시 영세한 극단이나 무용단들로서는 벅찬 것이었다. 어쩔 수 없이 몇 개의 사설 단체가 시험 삼아 시민회관 별관 무대를 사용해보았지만 예상대로 큰 적자로서 출혈이 컸음은 두말할 나위 없었다. 다행히 대관료는 연극인들이 끈질기게 요구한 하루 7만 원으로 인하됨으로써 연극인들에게 조그만 숨통은 트인 셈이다.

그러나 필요가 발명의 왕이라는 속담이라든가 궁하면 트인다는 속담이 있듯이 연극인들 스스로 새로운 공연장을 모색했고 결국 연극 외적인 사람들에 의해서 1976년 새봄에 두 개의 아담한 소극장이 문을 열게 되었다. 그 하나는 성공회관(聖公會館) 내에 자리 잡고 있는 312석의 아늑한 소극장인 세실극장이고, 다른 하나는 명동 성모병원 뒤에 자리 잡고 있는 삼일로창고 극장으로서 100명 정도 앉을 수 있는 아레나 스테이지의 지하 소극장이었

다. 전자는 음악 전공의 방송인으로서 동아방송국에 오랫동안 근무했던 임
석규(林晳奎)가 낸 극장이고 후자는 저명한 정신과 의사 유석진(兪碩鎭) 박사
가 단독으로 출자해서 연 것이었다. 어려운 시기에 극장 문을 연 두 사람 모
두 연극과 거리가 먼 문외한이면서도 연극 애호가였다는 점에서 매우 이색
적이었는데, 두 사람이 수지가 맞지 않는 소극장을 연 배경과 포부가 어떠
했는지를 알아보는 것도 흥미로운 일이다.

우선 세실극장을 연 임석규는 평소 예술 애호가들이 즐겨 찾는 예술극장
을 마련하려는 꿈을 갖고 있다가, 명륜동 집을 파는 등 전 재산을 들여 극장
을 마련했다. 그는 세실극장이 '음악인들의 음악회장으로, 연극인들의 전당
으로 폭넓게 이용되기를 바라고 연극, 음악 등 순수 무대예술이 꽃필 수 있
는 아카데믹한 문화의 중심으로 이끌어가겠다'면서 당분간은 연극 공연과
음악회를 열도록 빌려주고 앞으로는 소극장에 알맞은 자체 프로그램도 개
발하겠다고 했다. 그 자체 프로그램이라는 것은 자신이 음악대학(성악과) 출
신이라서 언제나 음악을 배제할 수 없기 때문에 '한 달에 두세 번씩 실내악
연주회를 갖고 청소년들이 참가하는 학생연극제도 마련하며, 종교축일에
는 음악회나 연극도 계획하겠다'는 것이다. 그러면서 '모든 예술인들이 함
께 운영하고 함께 이 나라 문화를 향상시키는 공동의 광장이 되기를 기대한
다'는 주문까지 했다.

한편 우리나라 정신의학계의 태두로 알려진 백병원 신경정신과 부장 유
석진 박사는 열자마자 경영난으로 문을 닫게 된 삼일로창고극장을 인수,
2,500만여 원까지 들여서 대폭 개수했다. 유 박사가 연극에의 눈을 뜨기 시
작한 것은 어렸을 때 본 서커스단의 신파극의 영향 때문이었지만, 실제로
정신의학을 전공하면서 사이코드라마의 치료 효과를 크게 인식하면서 적
극적으로 나선 것이었다. 즉 그는 우리나라 정신과 의사로서는 최초로 사이
코드라마를 도입했고, 백병원에서 그것을 실천에 옮겼었다. 그러자 연극에
대한 전문 지식이 필요하게 되었고, 마침 방태수가 하던 창고극장의 이원경

주도 연극아카데미에서 강의를 듣게 되었다. 그는 거기서 연극인들도 사귀고 공연장 부족의 연극계 현실도 알게 되었다. 그는 특히 연극을 조금씩 알아가면서 연극이야말로 청소년 선도에 적합하다는 생각도 갖게 되었다. 따라서 여러 가지 구상 중에 창고극장을 인수한 것은 '자칫 퇴폐 속에 멍들기 쉬운 청소년들을 한데 모아 참된 인생과 예술을 논할 수 있는 만남의 장소를 마련해주고 싶었고, 아울러 무대가 없어 연극을 못 하는 젊은이들에게 좋은 연극의 생산장을 만들어주고 싶었기 때문이다'라고 했다. 그는 삼일로 창고극장을 맡고서도 좀처럼 자신이 노출되는 것을 꺼려했다. 그에 따라서 유박사는 '의사 하는 사람이 팔방미인으로서 나선다는 오해를 사고 싶지 않아 이름을 굳이 내놓지 않았다'면서 이후의 운영 문제에 대해서도 '나는 건물주로서만 존재하고 공연 관계는 물론 연극아카데미 워크숍 등 전적으로 이(李) 교수에게 일임한다. 범극단적인 이용을 바랄 뿐이다. 다만 사이코드라마만은 맡아 해볼 작정이지만 운영의 표면에는 나서지 않겠다. 그리고 앞으로 종합적인 연극 연구센터가 되도록 계속 지원할 생각이다. 연극 사료를 수집하고 세미나 워크숍도 열어 세계 연극에 발맞추는 연극인의 집이 되도록 하겠다'고 원대한 포부를 밝혔다.

그는 증권이나 부동산 투자보다는 청소년들과 연극인들의 정신 도장이 되는 연극장을 만든 것이 훨씬 생산적이어서 대단한 보람을 느낀다고도 했다. 여하튼 문화예술과 약간은 무관한 정신과 의사가 아무런 조건 없이 극장을 매입해서 발표 무대의 태부족으로 허덕이는 연극계에 쾌척한 것은 연극사상 최초의 일이었다. 물론 그가 그런 결심을 하기까지는 연극계 원로 이원경과 경성제일고보(현 경기고) 선후배 관계라는 인연도 작용했었다.

여하튼 삼일로창고극장이 아레나 스테이지로서 새로운 모습을 띠고 등장하자 한국 연극은 자연히 세 군데로 분산되어갔다. 즉 명동 예술극장이 문을 닫으면서 정부는 태평로의 시민회관으로 대체 역할을 하려 했지만 연극계로부터 그것을 외면당함으로써 연극은 자연히 성공회 옆 세실극장과 성모병원 후문 옆의 삼일로창고극장, 그리고 운니동 덕성여대 옆의 실험소극장으로 삼분(三分)된 것이다.

그리고 연극이 대형으로부터 소형으로 바뀌는 변화를 보였는데, 그것은 순전히 예술극장 폐관과 소극장 중심으로 가지 않을 수 없었던 외적 여건 때문이었다. 사실 이것은 매우 중대한 현상으로서 한국 연극의 왜소화와 또 극단들의 영세화를 촉진한 것이기도 했다. 한국 연극의 명동 시대 종언과 연극의 분산은 새로운 연극가(演劇街)를 찾기 위한 몸부림이기도 했지만, 극장가의 새 편성이기도 했다. 그것은 또한 새로운 연극계 질서의 모색으로 이어지기도 한 것이다.

# 제5장

## 연극의 대중화인가 저질화인가

연극의 명동 시대 종언은 장기적으로 볼 때, 한국 연극계의 재편성을 넘어 극단 중심에서 소극장 전용 무대 중심으로 바뀌어가는 역사적 계기가 되었다. 몇몇 극단들이 자체 운영의 소극장을 갖자 경영을 생각하지 않을 수 없었고, 따라서 소극장은 실험실 아닌 영리의 장으로 조금씩 탈바꿈해간 것이다. 당시 큰 극장이래야 전속 단체 6개가 전용으로 쓰는 장충동의 신축 국립극장과 연극인들이 가기를 꺼려했던 태평로 시민회관 별관, 그리고 드라마센터 정도가 있을 뿐이었다. 그런데 드라마센터도 예술전문학교의 강당이 되어 있었으므로 동랑레퍼토리극단이 전용으로 쓰고 있었다.

그렇게 되자 자연히 관객들은 사방으로 분산되었고 자기 취향에 맞는 레퍼토리를 찾아서 낙원동 소극장이나 삼일로 창고극장, 영국대사관 앞의 세실극장 등으로 몰려다녔다. 연극이 소형극장들로 분산되다 보니 자연스럽게 장기 공연 체제로 되어갔고 시기적으로도 관객은 증가 추세에 있었다. 유신 체제하의 대중문화가 저질화로 치달았기 때문에 화이트 칼라의 젊은 대중층이 고급문화에 관심을 돌리기 시작했던 것이다.

그럴 무렵에 마침 실험극의 기수 유덕형이 오태석의 난삽한 희곡 〈초분〉으로 대중의 주목을 끌었고, 이어서 〈에쿠우스〉가 폭발적인 인기를 끌기에 이르렀다. 당시 고정 관객이 4, 5천여 명 정도였던 것이 〈에쿠우스〉 공연 이후 단번에 2만여 명으로 늘어나자 성급한 연극인들은 기업화 가능성마저 내다보았다. 그 당시 우리 실정으로 연극 기업화는 고정 관객 2만여 명이면 가능했기 때문이다. 사실 그때 30대를 중심으로 해서 2만여 명으로 관객이 증가한 것은 실로 26년 만의 일이었다. 즉 1950년 4월 국립극장 개관 공연 때는 6만여 명에까지 이르렀다가 전쟁이 나면서 관객 기반이 무너졌었다. 또한 부산 피난지에서의 많은 관객이 있었지만 그것은 비정상적인 뜨내기에 불과했다. 그 후 실험극장에서 전성기 때(1976) 공연한 〈리어 왕〉이 7,600여 명 동원한 것이 최고였고 단 한 번도 만 명을 넘지 못했었다. 그렇게 볼 때 〈에쿠우스〉 공연 이후 소극장에서 수만 여 명의 관객을 동원한 것은 연극계를 흥분시킬 만했다. 특히 여대생 중심의 관객층이 10여 년 만에 깨진 것은 연극계가 안팎으로 변하고 있음을 전적으로 보여주는 것인데, 〈에쿠우스〉의 경우는 30대 이상의 성인 관객이 40%나 되었다. 관객이 늘어나자 항상 무료로만 봉사해온 배우들이 조금이나마 출연료를 받기 시작했다. 개런티가 연극계의 주요 관심사로 등장한 것도 굉장한 변화라 아니할 수 없다. 왜냐하면 1960년대 이후에는 사실상 극단들이 배우들에게 좀처럼 출연료를 줄 수도, 준 일도 없었기 때문이다.

당시 희극배우로서 대단한 인기를 누렸던 추송웅의 수입 명세서를 보면 매우 흥미 있는 통계 숫자가 나타나 있다. 1963년에 중앙대 연극과를 졸업하자마자 연극 무대에 선 그는 매년 5편 내외의 작품에 주·조연급으로 나서 1983년까지 만 10년 동안 총 51편에 출연하였고, 그때까지 개런티로 받은 금액은 모두 108,600원이었다. 한 편에 213원씩 받은 셈이 된다. 그가 첫 출연료를 받은 것도 데뷔 3년 만인 1966년 국립극단에서였다(5천 원). 그러나 1973년부터 조금씩 관객이 증가하여 1975년까지 3년 동안 14편에 출연했고, 개런티는 모두 49만 2천 원이었다. 이는 그가 과거 10년 동안에 받은 액수의 4배가 넘는다. 그리고 1976년에는 봄 시즌에 5편 출연했고 거기서 받은 출연료 총액은 80만 7천 원이나 되었다.

이것은 추송웅이라는 한 배우에 국한된 것만이 아니었다. 대부분의 배우들이 많건 적건 개런티를 받게 된 것이다. 배우들이 출연료를 받을 수 있었던 것은 뭐니 뭐니 해도 관객층 확대에 따른 극단의 공연 수익 증가에 의한 것이었지만 극단 제도의 변화에도 있었다. 즉 동인제 시스템으로부터 서서히 프로덕션 시스템으로 옮겨간 데에도 있었다. 프로덕션 시스템이란 한 작품의 예술적 완성을 이루기 위하여 극작가, 연출가, 배우, 스태프가 극단과 계약을 맺어 독립된 공연을 하는 것을 뜻한다. 사실 그동안의 동인제 중심의 공연은 한정된 범위 안에서의 인간관계로 맺어져 있었기 때문에 동일한 연출가, 같은 배우들이 등장하기 마련이었고, 따라서 TV 드라마처럼 획일화된 공연을 보여줌으로써 관객들이 식상하는 적이 많았다. 신선감이 적고 타성에 빠진 동인제 극단의 공연은 이제 관중의 다양한 욕구를 충족시키기에는 한계점에 다다랐다고 생각한 연극인들이 조금씩 등장하기 시작한 것이다.

그런 제도를 과감하게 시도한 연극인은 중진 연출가 이원경이었으며, 그가 삼일로창고극장에서 범연극인이 참여하는 프로덕션 시스템을 과감히 실행에 옮겼다. 그러니까 종래의 폐쇄적인 동인제 시스템에서 과감히 벗어나 좀 더 개성 있는 연극을 보여주고, 나아가 연극의 직업화 내지 기업화를 꾀해보자는 것이었다.

이 제도는 기획과 예술 쪽을 독립시켜 더 책임 있고 철저한 연극 행위를 하게 되고, 그럼으로써 관객에게 좀 더 나은 서비스를 할 수 있기 때문에 의리와 인정으로 맺어져 있는 동인제 시스템의 함정으로부터 벗어날 수가 있었다. 이러한 탈매너리즘을 통한 연극인의 기량 발휘와 경영 혁신, 재정 자립의 프로덕션 시스템을 이론 측면에서 뒷받침해준 연극평론가들에 대한 극단 측의 반발도 만만치 않았다. 가령 민중극장을 이끌던 연출가 정진수는 평론가 이태주와 벌인 극단 제도에 관한 논쟁에서 '지금 우리 연극의 과제는 얼토당토 않은 프로듀서 시스템을 통해서가 아니라 하루빨리 극단 체제를 직업적인 수준으로 끌어올려서 연출가, 배우, 스태프들을 바로 대우해주고 단원을 묶어 예술 창작을 위한 지속적인 협동 체제를 다지는 일'이라면서, 한국 연극이 안고 있는 문제는 동인제와 같은 극단 구조에 있는 것이 아니라 '예술인이 없음'에 있다고 주장했다.

이러한 극단 시스템 논쟁에도 불구하고 프로덕션 시스템은 삼일로창고극장을 중심으로 해서 넓게 번져나갔고, 그것은 결국 연극 활성화에 음양으로 기여하는 촉진제가 되었다. 1년에 두어 번 작품을 만들어서 5, 6일 정도 공연하던 극단들이 극장만 얻으면 7, 8번이라도 작품을 제작해서 공연하는 경우가 속출했다. 그리고 연륜이 있는 극단들은 〈피가로의 결혼〉(실험극장)이라든가 〈전쟁과 평화〉(광장)와 같은 대작을 무대에 올리기도 했는데, 어느 작품에도 관객은 몰렸다. 관객은 지방으로도 확산되었으며, 그것은 지방 극단에 의한 것이 아니라 중앙 극단들의 순회공연이 대단한 호응을 불러일으킨 것이다. 특히 〈쌍동이의 모험〉(차범석 작)은 목적극임에도 불구하고 극단이 가는 곳마다 구경꾼이 몰려들었다. 실험극장을 이끌고 경기도의 소도시들을 순회공연한 김동훈 대표와 전남 순회를 한 자유극장의 김정옥은 각각 "낯선 연극에 처음엔 실망하던 주민들도 차츰 무대에 열기가 오르자 감격하여 우는 사람까지 있더군요. 왜 진작 연극을 보여주지 않았느냐, 앞으로 연극을 자주 볼 수 있는 기회를 알린 것만도 큰 수확이라고 봅니다"(김동훈). "일에 바쁜 농어촌 주민들이지만 문화예술에 대한 동경은 매우 강하다는 인상을 받았습니다. 관극 태도도 서울 사람 못지않아, 연극의 재미를 느끼게 할 수 있다는 자신감을 얻었습니다"(김정옥)라는 소감을 털어놓은 바도 있다.

이처럼 지방 연극은 부재 상태였으며 지방 사람들은 예술에 대한 갈증을 느끼고 있었던 것이다. 그러나 문화 중심지인 서울 연극 자체가 아직도 아마추어리즘을 탈피하지 못한 처지였으므로 지방 연극까지 신경 쓸 여력이 없었다. 다행히 중앙의 연극은 관객층이 점차 확대되어 좋은 조짐을 보여주었다. 관객층 확대에 따른 극단들의 공연 활기는 몇 개 안 되는 대소극장들을 즐거운 비명 속에 몰아넣기도 했다. 극단들이 공연을 하고 싶어도 공연장을 잡을 수가 없을 정도였다.

공연이 이처럼 갑자기 포화상태를 이룰 만큼 번창하자 예술성보다 흥행성을 앞세운 졸속 공연이 조금씩 증가하기 시작했다. 각 극단들이 창작보다 번역을 선호하고 그 번역극마저 경박한 희극 일변도로 흘렀다는 점에서 그런 현상이 나타난다. 그러나 연극이 호황 국면을 맞은 것은 획기적인 일로서 신문사의 사설에서까지 오랜만에 이룬 연극계의 흑자 공연을 고무할 정도였다. 『중앙일보』는 사설을 통해서 "흥행적 성공—그것은 유랑극단과 신파극 이래, 우리 연극인들의 숙원이었던 연극 인구의 저변 확대와 연극인의 전문 직업화 가능성을 예고하는 청신호임에 틀림없다. 그리고 이 같은 성공은 50년대 이후 숱한 고난 속에서 꾸준히 활동해온 우리나라 동인극 운동의 첫 결실이라고 평가할 수 있다"(1976.8.18)면서 극단들이 '관객 동원에만 신경을 쓰는 나머지 연극 자체의 예술성을 도외시하거나 레퍼토리 선정이 안이할 때, 연극 중흥은 요원하게 될 것'이라는 주의 환기까지 시켰던 것이다.

고무와 우려의 언론 충고는 상당히 적중했다. 결국 연극이 우려할 만큼 저질 상업주의적 방향으로 나아간 것이다. 연간 백 편 이상의 작품이 끊임없이 오르내렸지만 연극다운 작품이 극히 드문 현실이 되었다. 젊은 연출가 한태숙은 자책의 소리로 '극단이 내걸고 있는 슬로건은 허황된 것이 많으며 무대예술을 만드는 예술가라는 책임조차 안 보이는 공연이 속출하고 있다. 탤런트의 얼굴이 바로 상표 가치라는 어리석은 오산은 하지 말아야 할 것'이라고 했다. 연극 창조의 무성의와 안일은 직접 무대에 선 배우 자신이 수치스럽게 생각하는 경우까지 있었다. 즉 신인 오태영(吳泰榮)의 창작극 〈아득하면 되리라〉에 출연했던 극단 가교의 어떤 단원은 '정말 창피하다. 창작극이라 할 수 없이 봐주었지 관객들을 사기한 것과 다름없다'고 자책한 바 있다.

상당수 극단들이 조악한 작품을 양산했고, 그나마 연습 부족으로 대사조차 제대로 외우지 못하는 배우까지 있었다. 민중극장이 드라마센터에서 〈꿀맛〉(딜레이니 작, 정진수 연출) 공연을 할 때는 입추의 여지 없이 꽉 찬 무대 위에서 두 여배우가 대사를 잘못 외워 서로 쳐다보며 웃는 바람에 공연이 중단되고, 어이없이 따라 웃던 관객들로부터 야유를 받고서야 계속된 바도 있었다. 주체할 수 없을 만큼 폭주한 공연 러시와 무궤도한 레퍼토리 선정, 졸속의 무대 제작 태도 등은 연극계를 혼탁의 길로 몰아갔다. 그렇지만 문화의 외곽 지대에서 연극하는 것을 하나의 숙명으로 생각해왔던 연극인들이 점차 가능성을 발견해간 것은 분명히 희망적 조짐에는 틀림없었다. 그것은 오로지 직업화의 가능성 때문이었다. 1970년대 초까지만 해도 거의 상상도 못 했던 직업화가 중반에 와서 신기루처럼 연극의 지평선 위에 아득하나마 떠올랐다는 것은 획기적인 일이라 아니할 수 없다.

연극 직업화의 신기루를 무작정 좇다 보니 매우 이색적인 부작용도 파생시켰는데, 그것은 다름 아닌 출연료 소송 사건이었다. 신생 극단 작업(作業)이 〈길〉(김상열 작)이라는 작품을 세실극장에서 6일 동안 공연했다. 극단 작업은 40만 원의 적자를 보았기 때문에 객원 출연자(이대로)에게만 10만 원의 개런티를 지불했을 뿐 단원들에게 한 푼도 줄 수 없었다. 그러자 출연 배우 구문회가 대표(길명일)를 걸어서 출연료 33만 원 지급 소송을 서울민사지방법원에 내었다. 33만 원 산출 근거는 30일 동안의 연습료(매일 3천 원씩) 9만 원과 12회 출연료(매회 2만 원씩) 24만 원을 합친 금액이었다. 우리나라 연극 사상 처음 있었던 극단 소속 배우의 출연료 소송에 대한 반응은 두 가지로 나타났는데, 하나는 아직도 극단이 영세하여 재정상 어려움을 겪고 있는데 소송을 건 것은 지나친 처사라는 견해와 또 하나는 제작자와 배우, 연출자 간에 일정한 계약이 성립되면 그 계약에 대한 책임을 엄격하게 지는 풍토가 조성돼야 한다는 견해였다.

구문회의 출연료 소송 사건은 서울민사지법 113호실에서 조용완(趙容完) 판사의 심리로 열려 즉각 기각되었다. 조 판사는 기각 판결에서 '원고가 주장하는 출연료 및 연습료 지급이 연극계의 관례라고 인정할 수 없을 뿐만 아니라 원고 측 주장을 인정할 만한 증거가 없다'고 말했다. 이러한 재판부의 기각 판결에 대한 반응은 주로 배우들에서 나왔는데, 극단 가교 소속 배우 박인환은 '구문회의 출연료 소송의 발단 과정이야 어떻든 소정의 출연료 지급 판결이 내려졌어야 한다'고 기각에 불만을 표시했으며, 국립극단 배우 이진수도 '이번 선고로 형식상에 불과한 동인제 극단에 묶여 연기자들만 더 피해를 입게 될지 모른다'고 우려했다. 여하튼 구문회의 출연료 청구 소송의 기각 판결은 연극 공연이 흥행에 실패했을 경우 제작자는 출연 배우에게 출연료 지급의 의무를 지지 않아도 되는 선례를 남긴 것이다. 이처럼 출연료 지급 소송 사건은 1970년대 중반에 우리 연극이 직업화로 가는 길목에서 자연스럽게 생겨난 하나의 해프닝이었다.

공연이 러시를 이루고 관객이 확대되다 보니 타작(駄作) 가운데서 수작이 하나둘 나온 것도 사실이다. 신진 작가 이현화(李鉉和)의 〈쉬쉬쉬잇〉(극단 자유극장)을 비롯해서 소설가 최인훈의 〈옛날 옛적에 훠어이 훠이〉(극단 산하), 그리고 안민수 연출의 〈하멸태자〉 등은 연극사에 뚜렷한 흔적을 남길 만한 문제작들이었다. 왜냐하면 〈쉬쉬쉬잇〉은 해럴드 핀터를 연상시킬 만큼 현대사회의 가공스런 부조리함을 상징적으로 묘사해준 신작이었고, 〈옛날 옛적에 훠어이 훠이〉는 평안도 지방의 아기장수 설화를 소재로 하여 영웅의 출현을 거부하는 권력의 폭력성을 시적으로 묘사했으며, 〈하멸태자〉는 셰익스피어의 〈햄릿〉을 가지고 동서양의 양식적 만남을 꾀해본 작품이기 때문이다.

〈쉬쉬쉬잇〉 같은 작품은 리얼리즘극에 찌든 기존의 창작극들에 비해서 속도감 넘치며 매우 감각적이고 상징적이며 절제된 언어로서 희곡의 새 지평을 열어줄 만한 충격적 작품이었다. 그동안 오태석이 부조리극을 부분적으로 수용했지만 이현화의 경우는 실험을 넘어선 본격 아방가르드 작품을 발표한 경우였다. 반면에 최인훈도 독특한 개성을 보여주었는데, 그가 설화를 그리스 비극과 같은 선상에서 극화했고, 또 가장 서구적 정서의 바탕에서 설화 세계에 접근한 극작가로 나섰다는 점에서 주목을 끌었다. 표재순 연출로 세실극장 무대에 올려진 〈옛날 옛적에 훠어이 훠이〉는 생음악을 쓰고 배우들에게 가면까지 씌움으로써 관중에게 상당한 충격을 던져주었다. 셰익스피어 작품을 우리의 역사 선상 위에 올려놓은 번안극 〈하멸태자〉도 비록 일본 고전극 냄새는 났지만 양식화를 시도했다든가 동서 연극의 융화를 꾀해본 실험극으로서는 충분히 주목할 만한 작품이었다.

이처럼 남발되는 저질 작품들 속에서도 몇몇 이정표가 될 만한 문제작이 끼어 있어서 연극의 장래를 낙관케 하였다. 이러한 연극의 힘찬 솟구침은 단번에 해외 나들이에의 용기까지 불러일으켰다. 물론 연극의 해외 나들이는 이때가 처음이 아니었다. 1960년대에 〈춘향전〉 일부가 프랑스에서 선보인 일이 있었고, 1971년에 유덕형이 마닐라에서 〈알라망〉을 연출한 데 이어 1974년에는 뉴욕에서 아방가르드 극단 라마마 주최로 〈초분〉을 선보인 바가 있었다. 그러나 우리의 극단이 해외 초청을 받아 순회공연길에 오른 것은 1977년 봄이 처음이었다. 〈하멸태자〉로 주목을 끈 동랑레퍼토리극단이 국제극예술협회(ITI) 미국 본부와 록펠러재단의 초청으로 미국 일원 및 네덜란드, 프랑스 등 3개국의 16개 도시를 두 달 동안 순회공연한 것이다. 이들은 2개월 동안에 총 48회 공연을 가졌는데, 그 나라 사람 8만여 명이 관람하여 신기한 공연에 아낌없는 갈채를 보냈다. 이들이 갖고 간 두 작품 중 〈하멸태자〉가 주목을 끌었고, 『뉴욕타임스』 같은 권위지까지도 〈하멸태자〉에 대해 '원작의 향기를 전혀 손상치 않고 한국 고유의 스타일로 잘 승화시킨 걸작'이라 추켜세운 바 있다. 여하튼 동랑레퍼토리극단의 세계 순회공연은 해외동포들에게 우리 문화에 대한 자부심을 불러일으키는 계기도 마련해주었다.

같은 시기에 우리 고전극 중의 하나인 〈봉산탈춤〉도 미국 아시아학회의 초청을 받아 하버드대학, 코넬대학, 미시간대학 등 동부지역 대학들을 순회 공연했다. 해외에 처음 나간 우리 가면극에 대해서『뉴욕타임스』는 '상스런 일상의 유머를 예술로 끌어올린 한국 가면극'이란 표제 아래, '생동하는 무대 배색과 대사, 인간적인 호기심, 세련된 예술성이 매혹적으로 구성돼 봉산탈춤으로 나타났다'고 격찬하고, '인간문화재인 연희자들의 노련한 춤사위와 제스처에서 느껴지는 감동이 너무나 인간적이고 매혹적'이라 평했다. 수백 년 동안 서민예술로 내려온 토속성 짙은 탈춤이었지만 뭔가 서양인들에게 신비스런 호기심과 공감을 불러일으킨 것 같다. 뉴욕 자연사박물관에서 공연할 때는 1,100개의 객석이 순식간에 꽉 차서 관람 왔던 미국 관객들이 되돌아가는 사태까지 벌어졌다.

이처럼 1977년은 우리 연극이 본격적으로 서양에 선을 보인 해지만, 영국의 셰익스피어 극단에 이어 현대 부조리 극작가의 태두인 이오네스코가 다녀간 해이기도 했다. 우리 정부의 초청으로 4월 18일에 도착한 세계적 극작가 외젠느 이오네스코는 이화여대에서 천여 명의 학생들 앞에서 '나는 왜 글을 쓰는가'라는 제목의 특별 강연을 가졌다. 이오네스코는 이 역사적인 기념 강연에서 자기가 글을 쓰는 이유는 모순 때문이라고 다음과 같이 말했다.

> 내가 글을 쓰는 가장 큰 이유는 일상을 초월하여 어린 시절의 놀라움과 멋진 일들을 말하고 싶어서이고, 그때의 꿈을 기록하기 위해서이다. 생의 모든 괴로움을 넘어서 신선함을 발견하기 위해서다. 나의 모든 문학작품은 현실의 표현이며 역사의 비극 속에 상실됐거나 대양(大洋)에 묻힌 보물을 발굴하는 작업이다. 내가 찾고 있는 것은 빛이다. 그 빛은 암흑을 비추는 확실한 빛이며, 밤의 불안을 몰아내는 빛이다. 나는 그 빛을 좇아 글을 쓰지만 그 빛은 아무 때나 발견되는 것은 아니다. 세상은 암흑으로 가득 차 있어 누군가 열지 않으면 인간의 내적 갈등이나 사상은 암흑 속에 묻혀버리게 된다. 우리의 갈 길은 표지가 없으며 인간은 부조리와 무지, 고뇌 속을 헤매고 있다.

우리 스스로는 자기를 속이는 무미건조한 일상 속에 살고 있으며 압박과 전쟁의 막다른 골목을 향해 치닫고 있다. 나는 이 불안 속에서 빛을 찾고 빛과 교감하기 위하여 글을 쓴다. 나는 어렸을 때 느꼈던 원초적인 놀라움을 잊지 못한다. 모든 것은 기적이고 영광스런 현존이었다. 모든 불안과 불행을 초월하여 참된 감정에 도달할 수 있었던 신선한 의식, 어릴 때 느낀 원초의 감정, 그 놀라움을 말하기 위해 글을 쓴다. …(중략)… 이데올로기란 인간을 서로 죽이도록 격려하는 베일이나 다름없다. 정치극이나 이데올로기를 앞세운 연극은 지극히 한정된 빛만을 보여주며, 똑같은 말의 반복에 지나지 않는다. 때로 인간은 아무것도 아니다. 결국은 모든 것이 농담에 불과한지도 모른다.

그래서 나는 선불교(禪佛敎)의 이야기에서 많은 것을 깨닫고 영향을 받았다. 세상은 견딜 수 없이 공허하고 불안하다. 여기서 우리는 우리의 운명을 자각하고 어떤 위치에 놓여 있는가를 분석하여 우리가 무엇인가를 알아야 한다. 왜 사는가, 왜 쓰는가 하는 질문 그 자체가 해결의 길이다. 이 같은 기본적 진리이자 절대적 진리를 알기 위해서 글을 쓴다. 죽음을 극복하고 영원화하기 위해, 나는 여기 존재한다는 것을 남에게 알리기 위해서 글을 쓰는 것, 그것이 바로 예술의 존재 이유인 것이다.

이오네스코는 위와 같은 요지의 특별강연으로 천여 명의 젊은이와 연극인을 감동시켰다. 비교적 긴 강연 요지를 요약해서 여기에 소개하는 이유는 언제나 이데올로기 연극의 테두리 속에서 몸부림만 쳐온 우리 예술인들에게 깊이 음미시켜, 과연 연극의 궁극적 존재 이유가 어디에 있는가를 체득케 하기 위한 것이다. 특히 그가 한 강연 중에서 "어렸을 때 느꼈던 원초의 감정, 그 놀라움을 말하기 위해 글을 쓴다"고 한 말이라든가, 불교의 선(禪) 사상에서 많은 것을 깨닫고 또 영향을 많이 받았다고 한 것은 충격적이었다. 그보다도 더욱 우리들의 관심을 끈 내용은 "이데올로기란 인간을 서로 죽이도록 격려하는 베일"이라고 한 말이었다.

우리는 정치 또는 사회를 풍자나 하는 것이 마치 연극의 목적인 양 생각해왔지만, 이오네스코는 그런 지엽적인 것을 훨씬 뛰어넘어 우주 속에서 인간 존재를 규명하고 확인하는 것이 곧 예술의 궁극적 목표라는 것을 제시했다. 작가가 이데올로기의 노예가 되면 세상 사람들이 다 아는 상투적인 작품밖에 쓸 수 없으므로 예술가들은 이데올로기로부터 해방되어야 한다고 주장한 것은 분단 상황 속에 살고 있는 우리 작가와 관중에게 많은 생각을 하게끔 만들었다.

이와 같이 20세기의 가장 위대한 극작가 중의 한 사람이라 할 이오네스코가 다녀갔지만, 연극은 여전히 양적인 팽창 속에서 질적 저하를 면치 못했기 때문에 단 1년여의 붐도 식어가기 시작했다. 기획 부재인 데다가 상업성만 노린 리바이벌이 속출하고, 관객 동원을 위한 사탕발림의 선전만 발전하는 등, 연극인들의 자질이 적나라하게 노출되기도 했다. 연극 행위가 예술 창조와 동떨어진 채 흥행에만 신경을 쓰는 것으로 흐르다 보니 창작극은 완전히 외면되고 번역극만 무대에 올려지게 된 것이다. 1977년도 상반기에 공연된 50여 편의 작품 중에 창작극은 겨우 7편이었다는 통계에서 그 점은 나타난다. 각 극단들은 레퍼토리 빈곤에 봉착하여 청소년들이 잘 읽는 외국의 가벼운 소설을 각색해서 무대에 올리기까지 했다. 연극인들의 비전 부재와 무정견, 무성의 및 속물근성은 시간이 갈수록 심화될 뿐이었다.

연극의 이러한 상업주의 경향은 극단 광장의 〈뿌리〉(알렉스 헤일리 원작) 공연이라든가, 현대극장의 〈빠담 빠담 빠담〉 공연에서 선명하게 드러났다. 특히 프랑스의 샹송 가수 에디트 피아프의 생애를 뮤지컬로 만든 〈빠담 빠담 빠담〉에는 인기가수 윤복희와 '후라이보이' 곽규석을 등장시켜서 뜻 있는 연극인들을 놀라게 했다. 결국 이 작품은 평론가들의 매도 대상이 되었고, 제작 측의 반론이 제기되어 연극 논쟁으로까지 발전해갔다. 이태주가 불을 붙인 〈빠담 빠담 빠담〉 논쟁은 유민영, 정진수의 맹공으로 이어졌고, 김의경·이반·송영 등이 반격 변호를 했다. 이태주가 〈빠담 빠담 빠담〉을 가리켜 '유행과 시류에 아부하는 간교한 상업 근성'이라고 공격하자, 김의경은 '소위 지식인의 집단으로 자처하는 극단이 대중을 위하여 즐거움을 제공하겠다는 의도가 나쁘기만 할 이유가 없다. 예술성이 깊어지면 대중성도 넓어진다'고 반박하고 나섰다. 그러자 유민영과 정진수는 '인기가수나 코미디언까지 동원해서 신판 악극을 하는 것이 대중성을 넓히는 것이냐'는 반론과 함께, 〈빠담 빠담 빠담〉이야말로 '요즘의 우리 연극이 다수 관객을 유인하기 위해 연극에의 가해 행위를 서슴지 않는 일반적 풍조를 단적으로 대변한 한 예'라고 몰아붙인 것이다.

이러한 저질 상업극은 비평가로부터만이 아니라 일반 관객으로부터도 심한 저항을 받았다. 그것이 다름 아닌 '연극 안 보기 운동'이었다. 즉 연극 관객층의 상당 부분을 차지해온 명문 여자대학생들이 중심이 되어 연극 안 보기 운동을 벌이기 시작하였는데, 그것은 1976년 가을부터였다. 주로 대학서클을 중심으로 해서 일어난 연극 안 보기 운동은 상당한 호응을 얻어서 가을 연극계에 충격을 던져주었다. 여학생들이 연극 안 보기 운동이 연극계에 타격을 줄 수밖에 없었던 것은 일시적으로 줄어들었던 여대생들이 다시 관객층의 주류를 이루었기 때문이다. 한때 몰렸던 성인층 관객은 이미 연극의 타락 조짐과 함께 썰물처럼 빠져나가고 없었다.

1977년도에 문예진흥원이 조사한 관객층 구성을 보면, 여성 관객층이 전체의 59%로 과반수였고, 그들 중에서도 30세 이하의 여학생들이 93%로서 압도적이었다. 그러나 연극인들의 대응이란 좋은 연극을 만들어내는 것일 뿐 다른 방법이 있을 수 없었다. 연극의 저질화와 관객의 저항이 연극계의 이슈로 부상되자 한국연극협회는 즉각 문예진흥원의 후원을 얻어 '연극은 관객에게 무엇을 줄 것인가'라는 심포지엄을 열었다. 그 심포지엄에서 열성 연극 팬인 고명식(高明植)이 관객이 바라는 연극에 대해 주장한 견해는 당시 관객층의 요구를 압축해서 전달한 것이라 볼 수가 있다. 고명식은 '관객은 연극에서 무엇을 바라는가'라는 발언에서 현대인들은 연극을 봄으로써 작가의 위대한 정신에 접하는 기쁨을 맛보려 하기 때문에 무대상의 미적 수준은 다른 어떤 분야보다도 높아야 한다는 주장과 함께 관객은 연극에서 경제적 부담이 적으면서도 재미있고 좋은 연극을 보기를 원한다고 주장했다.

여기서 좋은 연극이란 위대한 정신을 담은 작품을 일컫는다. 그럼에도 불구하고 당시 연극은 대중의 표피적 감각과 말초적 감성을 자극하는 흥미만을 쫓음으로써 의식 있는 대학생들로부터 심한 반발을 받은 것이다. 1976년도 한 해 공연된 작품을 통계로서 살펴보아도 총 160여 편의 작품 중 창작극은 겨우 30여 편으로서 5대 1의 비율에 불과, 번역극이 남발되었음을 확인할 수가 있다.

이러한 무궤도한 번역극 남발은 다음 해(1977)에 들어서는 더욱 심화되었다. 상반기의 네 달 동안 52편의 작품이 무대에 올려진 가운데 창작극은 9편이 공연되어 겨우 명맥을 잇는 정도에 그침으로써 서울의 연극계는 세계 희곡의 분별없는 전시장이 되어버린 감마저 주었던 것이다. 그러자 정부당국은 부랴부랴 창작극 육성 방안을 모색하기 시작했고, 그 결과 나온 것이 소위 '대한민국연극제'라는 것이었다. 1973년부터 창작극 진흥을 위해 극작가에게 지원금을 주는 것으로 시작하여 극단에게 공연 자금을 대주는 등 몇 가지 방법을 써보았지만 별다른 효과가 나타나지 않자 연극제로 바꾼 것이었다. 그리하여 창작극의 육성을 통해 민족극을 진행시키겠다는 취지에서 국호(國號)를 앞에 붙인 이 '대한민국연극제'는 매년 가을, 10개 극단을 선정하여 세실극장에서 경연 성격의 페스티벌을 벌이는 형식으로 진행되었다. 하나의 역사적 기록으로서 대한민국연극제 제정 목적을 여기에 옮겨보면 다음과 같다.

연극은 그 나라 언어와 예술의 총화적 표현이며 그것은 곧 민족 연극의 정립으로 통하는 길이다. …(중략)… 민족의 숨결과 손길은 오직 알찬 창작극에서만 찾을 수 있는 바, 우리는 창작극을 진흥하고 보급시킴으로써 한국 연극의 질적 향상과 세계로 통하는 출구를 위하여 이 잔치를 베푸는 것이다.

문예진흥원은 우선 중앙집행위원회(위원장 : 서항석, 위원 : 이해랑 · 이진순 · 차범석 · 이근삼 · 유민영 · 김의경)를 구성하여 신청단체 중에서 10개 극단을 선정했다. 그 결과 가교, 산하, 민예, 민중, 사계, 성좌, 에저또, 여인극장, 제작극회 등 10개 극단이 제1회 연극제를 가졌다. 극작가로 차범석을 비롯하여 박현숙, 이어령, 이근삼, 허규, 이재현, 윤조병 등 중진과 신인들이 거의 작품을 냈다. 이러한 연극계 개막에 즈음해서는 연극 진흥에 대한 일반인의 관심이 높았고 언론계에서는 연극계가 민족예술의 창달에 기여하도록 촉구했다. 특히 『조선일보』는 다음과 같은 주목할 만한 내용의 사설을 낸 바도 있다.

> 오늘의 우리 연극은 궁극적으로 새 한국인상을 창조하는 창작극 개발에 목표를 두어야 하며 역사상황에 참여하는 예술로서 그 사명의식이 설득력 있게 표현돼야만 하겠다. 연극 속에 우리의 참모습이 담겨 있어야만 하겠다는 뜻이다. 관념 속에 들끓고 있는 다듬어지지 않은 육성들을 차분히 가라앉혀야만 하겠다. 여기에 민족극, 민중극의 바탕이 있는 것이 아닐까(『조선일보』 1977.9.9).

즉 한국인상의 창조와 민중극 제창이라는 점에서 의미 있는 요구를 한 것이다. 그러나 제1회 연극제는 범타(凡打)의 창작극 잔치로 끝났고 소득은 미약했다. 역시 갑자기 문제작이 나올 수는 없었다. 지리한 감마저 주는 연극제 기간 동안에 오히려 한 배우의 데뷔 15주년 기념 모노드라마가 10개 극단의 창작극 공연을 압도해갔던 것이다. 추송웅의 모노드라마 〈빠알간 피이터의 고백〉 공연이 바로 그것이었다.

# 급변하는 사회, 한국 연극의 비상

# 제1장

**❚**

# 추송웅이 일으킨 모노드라마 붐

1970년대에 일어났던 여러 가지 연극의 기현상 중 한 가지는 모노드라마 (1인극) 붐과 그러한 붐을 일으킨 희극배우 추송웅 신화의 탄생이 아닌가 싶다. 왜냐하면 70년대 초에 소극장 까페 떼아뜨르에서 김동훈이 〈롤라 스케이트를 타는 오뚝이〉라는 모노드라마를 한 뒤 7년여 만에 추송웅이 또다시 1인극을 하여 전설적이라 할 만한 붐을 일으켰기 때문이다. 당시 추송웅은 기천 명의 연극 팬들에게 조금 알려져 있는 못생긴 희극배우였다. 그러나 그가 모노드라마를 하면서 일약 전국적인 스타로 부상했다.

1941년 경상남도 고성에서 태어난 추송웅은 부모의 권유로 기사가 되기 위해 부산공업고교 건축과를 다녔다. 공고 재학 때부터 연극이 하고 싶어서 학예회에 출연했던 그는 일생을 배우로 살 결심으로 중앙대 연극과에 진학했다. 키도 작고 잘생기지도 못한 용모였지만 순발력과 센스 및 문학적 재능은 뛰어났다. 대학을 졸업하던 1963년 극단 자유극장에 가담하여 〈달걀〉(펠리시앙 마르소 작)로 데뷔하여 고행의 연극배우 길에 나섰다. 그는 자유극장에서만 10여 년 동안 연극배우 생활을 했는데, 극단 성격에 좇아 희극을 주로 할 수밖에 없었고, 따라서 추송웅은 희극배우로 각인될 정도였다.

그는 동가식서가숙하면서도 무대를 꿋꿋하게 지켜나갔으며, 그 결과 동아연극상의 주연상을 두 번씩이나 받을 만큼 관록을 쌓았다. 그때부터 동랑 레퍼토리극단 등 몇 극단을 오갔지만 여건이 맞지 않아 외톨박이가 되곤 했다. 당시 어느 극단에 가도 밥을 먹을 수가 없었던 데 문제가 있었다. 그는 매일 소줏잔을 기울이면서 '정말 연극을 해선 밥도 먹을 수 없단 말인가' 하고 회의를 거듭했다. 그럴 때마다 그는 젊은 시절에 적지 않은 수난을 겪고 만년에 가서야 명예와 부를 얻은 채플린을 떠올리곤 했다.

어느 날 명동의 초라한 대폿집에서 만난 그는 필자에게 처절한 표정으로 "배우는 전생에 무슨 죄라도 지은 사람들이 아닌가 생각되곤 해요. 운명적으로 불행한 직업의 사람들입니다. 가난과 싸우며 철저히 헐벗고 굶주릴 줄 알아야만 하니 말입니다"라고 읊조리듯 뇌까렸다. 그러면서 그는 지금 한국의 연극 현실이 어렵다고만 해서 그 현실에 소극적으로 따라가기만 하는 그 풍속도를 정말 증오한다고도 했다. 연극은 반드시 전문화, 직업화가 되어야 하고 또한 예술성과 상업성을 갖춰야 한다고 역설했다. 그는 또 '배우가 힘들여 연기를 하면 마땅히 그 배우에게 보수가 뒤따라야 할 때가 오고 있다'고 주장하기도 했다.

이러한 생각에서 그는 자신의 연극 인생을 걸고 모노드라마에 도전키로 결심한다. 그러니까 그는 자기 역사는 자기가 만들어야 한다는 각오를 한 것이다. 그는 또 어떤 배우든지 세월 속에 잉태되고 세월과 함께 사라져간다면 적어도 15년은 되어야 프로페셔널한 배우가 될 수 있는 것이라 하였다. 배우 생활 15년째를 맞은 그는 1977년 초부터 모노드라마를 준비하기 시작했다. 카프카의 유명한 단편 「어느 학술원에 제출된 보고서」를 각색한 〈빠알간 피터의 고백〉을 대본으로 확정한 그는 스스로 기획·제작·연출·연기·분장·장치 등 1인 6역을 하기 시작했다. 그러나 집 한 칸 없는 그로서 제작비 100만 원의 마련이 난제였다. 그는 제작비 100만 원을 15년 동안의 매너리즘과 연극병 치료를 위한 입원비로 생각하여 전세금을 빼고 빚을 내서 겨우 마련했다. 작품은 인간에게 잡힌 원숭이가 사람이 되는 이야기이므로 먼저 원숭이를 알아야 하는 것이 급선무였다.

그는 초봄부터 6개월 동안 틈나는 대로 창경원을 찾아가 원숭이를 연구했다. 처음 3개월은 아무것도 생각하지 않는 상태에서 원숭이의 외형과 습성을 관찰했다. 다음 3개월은 실제의 원숭이와 작품 속의 원숭이를 혼합시키는 일을 했다. 그는 이어서 원숭이 짓거리나 흉내 낸다는 소리를 듣지 않으려고 실제 원숭이를 자신의 몸 속에 넣는 동화작업을 진행했다. 그런데 원

배우 추송웅

숭이의 흉내를 내는 것은 쉬웠지만 원숭이의 갈등과 고뇌를 묘사하는 내면적인 연기는 대단히 지난한 일이었다.

이러한 고된 과정을 거친 1인극 〈빠알간 피이터의 고백〉은 염천의 8월 20일, 환기도 되지 않는 삼일로창고극장 무대에 올려졌다. 추송웅의 1인극은 막이 오르자마자 폭발적인 인기를 끌었다. 막이 오르고 열흘도 되지 않아 예매표가 1만 장이나 팔려나갔다면, 추송웅 1인극의 인기가 얼마나 대단했는가를 짐작할 수 있는 것이다. 객석 130석도 안 되는 삼일로창고극장 앞에 관객들이 개막 3시간 전부터 장사진을 이루었다. 그렇기 때문에 섭씨 30도가 오르내리는 한여름의 좁은 지하극장에 200명을 입장시켜도 언제나 그 이상은 되돌아가야 했다. 이러한 뜻밖의 인기에 놀란 사람은 바로 당사자였다. 전혀 예상하지 못한 일이었기 때문이었다. 당시 인기 절정의 추송웅의 무대 상황을 『조선일보』 정중헌 기자는 다음과 같이 실감나게 묘사했다.

200명이 넘는 관중은 30도 이상의 열기도 아랑곳없이 추송웅의 일거수일투

족에 시선을 집중한다. 캄캄한 무대, 일순의 정적이 고조되면 뚜벅뚜벅하는 구둣발 소리가 막 뒤에서 들려온다. 일순 조명이 비치면서 한 마리의 괴상한 짐승이 나타난다. 프록코트의 예장을 한 원숭이 추송웅이다. 이후 한 시간 동안 한 치의 여유도 주지 않고 추송웅은 원숭이 흉내에서 기계체조까지 곁들여 가며 특유의 독특한 몸짓과 화술로 관객을 사로잡는다. 때로는 익살스러운 표정으로, 때로는 녹초가 되어 흐물거리며 속삭이고, 외치고……. 한 평도 안 되는 무대는 철제 사다리와 그네가 달린 작은 우리처럼 재미있다. 추송웅은 이 철창에 갇히기도 하고 사다리를 오르내리고 그네를 타면서 연기를 한다. 주인공 원숭이 피이터는 아프리카에서 포수에 붙잡혀 유럽으로 수송되는 도중 필사의 노력을 다하여 사람으로 둔갑, 인간들의 쇼에 출연하였던 전력(前歷)을 보고 형식으로 엮어간다.(『조선일보』 1977.9.9.)

　별로 잔재미도 없는 이 작품이 그처럼 대단한 인기를 모은 이유는 어디에서 찾을 수 있을까. 그것은 아무래도 추송웅이라는 한 중견 배우의 혼신의 노력에 따른 열정적 연기에 있었던 듯싶다.

　'천의 얼굴을 가진 사나이(劉賢鍾)', 추송웅의 1인극을 본 연극 팬들은 그의 연기가 부담 없이 즐겁게 볼 수 있어서 신뢰성을 지녔다고 했지만 아무래도 원숭이로 분장한 독특한 마스크와 재치, 순발력 등이 관객을 사로잡은 게 아닌가 싶다. 톡 나온 배하며, 달라붙은 목, 사시(斜視), 부족한 듯하면서도 관객의 의표를 찌르는 몸짓, 우락부락하면서도 희극적으로 생긴 얼굴 등은 전체적으로 주술적이기까지 하며, 그의 표정 짓기에 따라 희극성과 괴기성 사이를 왔다 갔다 한다. 이러한 외모와 몸짓, 움직임은 그만이 갖고 있는 전매특허다. 그는 외양만 특수했던 것이 아니라, 배우로서는 드물게 나름대로의 연극관과 연기철학을 지니고 있었다. 그가 〈빠알간 피이터의 고백〉으로 인기 절정에 있을 때, 역시 인기 소설가 최인호가 극장을 노크, 인터뷰를 가졌는데, 그 대담은 다음과 같다.

최 : 당신은 평소 행동도 연극배우로 착각하고 특정인 행동을 즐기는가?

추 : 그렇다. 내 평소의 행동도 극적이라고 할 수 있다.

최 : 그렇다면 당신은 연극과 사생활을 구별하지 못한다는 이야기인데, 그 의미는 당신의 열등의식을 무대 위에서 보상받으려는 유아심리와 같은 것이 아닌가?

추 : 그렇다. 성장기에 나는 열등의식의 덩어리였다. 내 눈은 이제 많이 고쳐졌지만 사시였었다. 생각해보라. 한창 감수성이 예민할 때 나는 고민하고 슬퍼했었다.

최 : 그러나 당신은 연극으로써 그 모든 것을 극복했잖은가?

추 : 그렇다. 연극은 내 모든 것을 집약시켜 분출시키는 내 사랑의 출구이다.

최 : 당신은 관객을 어떻게 생각하는가?

추 : 관객은 벽(壁)이다. 무대 위에 올라서면 객석과 무대 사이에 두꺼운 벽이 쳐진 것처럼 느껴진다. 나는 이 벽을 깨뜨리기 시작한다. 차츰차츰 벽이 무너지면서 투명해지는 것을 느낀다. 그런데 요즘은 아주 세밀한 반응조차도 나는 촉수로 느껴진다. 저편 왼쪽 객석에 앉아 있는 세 명의 관객이 아직 벽이 무너지지 않았다는 감각마저 느껴진다. 그때면 나는 그 벽(관객)을 향해 노려본다. 그러면 벽이 무너진다. 마침내 내 앞을 가로막은 모든 벽이 무너진다. 그러나 관객은 늘 갈증에 젖어 있다. 내게 (배우에게) 관객은 환상 이상의 것을 갈구한다. 그 갈구를 모두 채워줄 수는 없으며 반쯤만 채워준다.

최 : 당신은 관객을 증오하는가 사랑하는가?

추 : 일반 연극인으로서는 사랑하지만 무대 위에 올라섰을 때는 증오한다. 나는 관객을 적으로 대한다. 관객을 사랑하면 예술을 할 수 없다. 그들을 비웃어야 한다. 그들을 조롱하고 학대한다. 관객에게 애정을 주면 그들은 실망하고 허무에 빠져버린다.

최 : 당신은 얼마 전에 현대판 악극이라 할 〈빠담 빠담 빠담〉이라는 샹송 가수 에디트 피아프 일대기에 출연한 바 있었고, 그 작품이 요즘 예술성을

저버린 흥행 공연이라는 찬반 양론이 벌어지고 있다. 당신의 의견은 어떠한가?

추 : 그 논쟁은 별로 의미 없는 싸움이다. 나는 그 작품 공연의 목적이 흥행을 목표로 하고 새로운 관객을 확보하려는 의도를 분명히 했던 작품이라 알고 있다. 때문에 나는 참여했으며 앞으로 제의가 온다면 또 공연할 것이다. 연극은 마땅히 좋은 의미의 프로가 되어야 할 것이다.

최 : 연극이 이 모처럼의 붐을 정착화시키는 귀하의 소견은?

추 : 동인제 중심의 연극은 한시 바삐 프로듀서 중심의 연극으로 바뀌어야 할 것이다. 연극은 흥행과 예술이 동시에 악수해야 하는 작업이다. 연극은 기업화되어야 한다.

최 : 당신은 연극을 계속하겠는가?

추 : 물론, 죽을 때까지라도 언제나…….(『경향신문』 1977.8.27)

인기작가 최인호와 역시 인기 절정의 무대 배우 추송웅의 대화에는 연극과 배우의 진실이 담겨 있고, 한국에서 배우는 무엇이며 그들의 실존적 고통은 무엇인가 하는 것이 구체적으로 나타나 있다. 특히 36세의 추송웅이라는 배우의 연극관에 상당한 깊이가 있음이 드러남으로써 한국 연극의 두께도 상당하다는 것을 알 수 있었으며, 따라서 미래도 어둡지만은 않다는 것이 확인되었다고 하겠다. 추송웅이 한 배우로서 그만한 소양과 열정, 신념을 지니고 무대에 임했기 때문에 연극 15년의 인생을 건 1인극 〈빠알간 피이터의 고백〉은 대중을 사로잡을 수가 있었던 것이다. 이 작품은 130석 안팎의 부실한 소극장에 매회 200여 명의 관객을 끌어들여 한 달 만에 무려 1만 3천 명이라는 경이적인 관중 동원을 했다.

그에 따라 추송웅은 단번에 단금 1,300만 원을 거머쥘 수 있었다. 추송웅 연극의 관객은 종래의 여대생 중심이 아니었다. 실험극장의 〈에쿠우스〉 공연이 개발한 중년층 관객 외에도 평소 연극과는 전혀 무관한 아주머니들까지 떼로 몰려든 것이다. 마치 창고극장에 나타난 추송웅이라는 인간 원숭이를 구경하러 오는 것 같았다. 그는 너무나 열정을 쏟았기 때문에 공연 3일째에 벌써 링거 주사를 맞고서야 무대에 설 수 있었고, 한 달여 만에 몸무게가 5킬로그램이나 빠졌다. 그는 9월 18일 낮 공연에 1만 번째의 관객에게 입장 기념으로 은컵을 주기도 했다. 추송웅의 인기가 급등하자 지방 도시들로부터의 순회공연 요청이 답지했고 결국 대구를 시발로 하여 부산·마산·전주·광주 등 영호남 지방을 한 달여 동안 순회한 후에 다시 삼일로 창고극장에서 리바이벌 공연을 가졌다.

그리하여 4개월여 동안 혼자서 6만여 명이라는 관중을 동원하여 모노드라마로서 연극사의 신기록을 남겼다. 가난에 쪼들리면서 무대배우 생활에 대해 회의와 고뇌를 거듭하던 추송웅은 수천만 원의 돈방석에 앉게 되었고, 그가 평생 꿈꾸었던 카페 떼아뜨르를 만들 수도 있게 되었다. 이러한 그의 꿈은 3년 뒤인 1980년 옛 카페 떼아뜨르 부근에 '살롱 떼아뜨르 추(秋)'라는 경양식 겸용의 소극장을 여는 것으로 일단 끝막음된다. 〈빠알간 피이터의 고백〉으로 성가(聲價)와 부를 한꺼번에 거머쥔 그는 1인극에 자신을 갖고 두 번째 작품 제작에 들어갔으며, 다음 해에는 명동 코리아극장에서 인기 소설가 유현종의 대본 〈우리들의 광대〉를 공연했다.

그러나 이 작품은 〈빠알간 피이터의 고백〉에 비해 질적으로 떨어졌을 뿐만 아니라 영상 기법을 도입하는 등 지나친 상업화로 관중의 호응을 얻지 못했다. 그렇다고 추송웅의 인기가 하락한 것은 아니었다. 그는 자기 작품을 하지 않는 동안은 여기저기 극단에 불려 다녔고, 라디오, TV 등에서도 출연 교섭이 잦았다. 그는 이 땅에서 가장 바쁜 배우가 되었고 무궤도한 출연에 대해서 비난도 많이 받았다. 너무 상업화되지 않았느냐 하는 비판이었다. 그때부터 그는 인기만큼이나 과로에 시달려야 했는데, 결국 1985년 초겨울 감기로 시작된 대수롭지 않은 병으로 44세를 일기로 하여 세상을 떠났다. 천재는 단명하다는 이야기가 있지만 연극 무대의 샛별과 같았던 개성파 배우 추송웅의 급작스런 죽음은 연극계에 적잖은 충격을 주었다. 따라서 젊은 무대 배우로서는 최초로 연극인장(演劇人葬)으로 장례식을 치렀다.

1977년 가을 추송웅이 열연한 모노드라마의 성공은 곧바로 연극계에 1인극 붐을 불러일으켰다. 무엇보다 흥미로웠던 사건은 같은 작품으로써 추송웅에게 도전한 극단이 있었다는 점이다. 즉 1977년 11월 독문학도들이 만든 극단 프라이에 뷔네가 창단 10주년 겸 37회 공연으로 추송웅이 붐을 일으킨 카프카 작품을 원작명 그대로 〈어느 학술원에 제출된 보고〉라고 해서 실험소극장 무대에 올린 것이다. 프라이에 뷔네 단원이면서 독일 항공사 직원으로 근무했던 김상경(金相京)은 작품 공연을 위한 예비 답사로 이 작품이 초연되었던 베를린 예술아카데미까지 방문하여 자료를 모았다. 그는 역시 독일에서 무대미술을 전공한 조영래로 하여금 모던한 장치를 만들도록 하기도 했다.

또한 프라이에 뷔네는 추송웅의 1인 6역과는 달리 분장사도 MBC TV 분장실장(박수명)을 기용했으며, 연출은 동료 김승수에게 맡겨서 철저한 분업을 시도하였다. 그런데 피터의 분장을 놓고 '사실적 원숭이'(김승수)로 가야 하느냐 '인간스런 원숭이'(김상경)로 가야 하느냐로 의견이 첨예하게 대립되었는데, 결국 김상경은 중간을 택했다.

프라이에 뷔네가 굳이 추송웅의 선풍에 대결이라도 하는 듯이 같은 기간에 이 작품을 공연한 이유는 추송웅의 작품이 상업극이기 때문에 진지한 정통 연구극(研究劇)이 어떤 것인가를 보여줌으로써 비교시키기 위한 것이었다. 실제로 김상경의 1인극이 추송웅의 작품보다 더욱 오서독스하고 아카데믹했던 것은 사실이었다. 그러나 관중은 두말할 필요도 없이 학구적인 공연보다는 추송웅의 상업적인 작품에 더 많은 흥미를 느꼈다. 신파극 초창기에 일본식에 가까운 윤백남 주도의 문수성 극단 공연보다는 무식한 임성구 일파의 혁신단 공연에 관중이 몰렸던 경우와 비교가 될 수 있을지 모르겠다.

추송웅이 일으킨 모노드라마는 극단 프라이에 뷔네뿐만 아니라 여러 소장 배우들을 자극하여 너도 나도 1인극 공연에 나서게 하는 계기도 되었다. 가령 76소극장에서 기주봉이 베케트의 〈마지막 테이프〉를 공연한 것을 비롯, 김동수가 〈변신〉(카프카 작)을, 또 판토마임이스트 유진규와 김성구가 각각 〈환상, 그 뒤〉(공간사랑) 및 〈우리들의 초상 1·2〉(삼일로창고극장)를 공연한 것이 모두 비슷한 시기에 이루어진 것이었다. 이처럼 1977년도 후반의 연극 무대는 추송웅의 1인극 바람에 따른 모노드라마가 휩쓸었다고 해도 과언이 아니다.

그렇다면 1인극 붐이 순전히 추송웅 때문이었을까? 물론 추송웅이 불을 붙인 것은 사실이지만 당시 1인극이 범람하게 된 데는 다음과 같은 몇 가지 이유도 곁들여져 있었다. 첫째로 기성 극단일수록 보수적이어서 신인들이 자신의 기량을 펴볼 기회가 적은 데 대한 반발, 둘째 고전극 등 전통극에 대한 세대의 싫증, 셋째 급격화된 사회에서 탈피하여 실험적인 것을 독자적으로 해보려는 신진들의 요구, 넷째 1인극은 혼자 하는 것이어서 연습도 용이할 뿐만 아니라 무대장치를 간결하게 할 수 있는 이점, 바꾸어 말하면 제작비가 적게 드는 이점 때문이었다.

여하튼 모노드라마 붐은 1970년대 연극의 한 기현상으로서 연극 무대를 다양화하면서 극단에 자극을 준 것도 사실이었다. 1인극이 소극장에서 전적으로 이루어지다 보니 소극장이 각광을 받기도 했다.

그런데 느닷없이 극단들의 발표무대가 되고 있는 소극장들이 문을 닫아야 한다는 서울시 문화공보실로부터의 통보가 왔다. 당시 소극장들인 삼일로창고극장, 실험소극장, 중앙소극장, 공간사랑, 세실극장 등은 건축법, 소방법, 위생법, 경찰법, 도시계획법, 도로교통법 등에 저촉되기 때문에 공연장 허가를 취소한다는 것이었다. 그러니까 문공부나 시 당국은 소극장을 대형 영화관이라든가 카바레, 나이트클럽 등과 같은 입장에서 볼 정도로 문화인식이 없었던 것이다. 마침 그해 초에 공연법을 개정하면서 세법에서도 '순수 연극단체는 면세해준다'는 조항을 삽입토록 했으면서 소극장을 식민지 시대의 흥행장 개념으로 접근하는 것은 부당하다는 것이 지적되었다. 그러면서 연극인들은 200석 미만의 소극장은 신고만으로 끝날 수 있도록 예외 규정을 두어달라는 건의를 또다시 했다.

연극인들의 이 같은 항의성 건의에 대해서 시 당국자(황석민)는 '법대로라면 지금 당장 이들 극장들을 문을 닫게 하겠지만 그래도 연극예술의 진흥을 위하는 길을 생각지 않을 수 없어 문공부에 대해 좋은 방향의 지침을 내려주도록 하고 있다'면서 다시 문공부에 떠넘겼다. 결국 여론이 비등하자 소극장들은 구제되긴 했지만 소극장 파동은 정부의 경직된 문화 규제의 한 단면을 보여준 것이다.

당국의 이러한 조처는 궁극적으로 해방 30년이 지났어도 여전히 식민지 잔재를 벗어나지 못했다는 이야기가 된다. 그렇게 볼 수 있는 이유는 공연법이라는 것이 당초 일제 말엽에 우리나라 예술을 탄압하기 위해 만든 총독부의 조선흥행물취체규칙에 약간의 손질만 한 것이기 때문이다. 소극장뿐만 아니라 공연윤리위원회(公倫)라는 것도 사실은 공연법에 근거하고 있는 것이라는 데 주목할 필요가 있다. 왜냐하면 공륜이 모든 극본을 사전심의하여 점차 경직화되어감으로써 정치·경제·사회 풍자는 말할 것도 없고, 대사 한마디만 눈에 거슬려도 냉엄하게 잘라내거나 바꾸도록 했다.

그리하여 그 시기에는 다음과 같은 웃지 못할 사건이 많았다. 극단 자유극장이 윌리엄 포크너의 문제작 〈흑인 창녀를 위한 고백〉이란 작품을 공륜에 제출했는데, 제목 중에 창녀라는 용어는 품위가 없으니 수녀로 고치도록 명령을 한 것이다. 극단 측에서는 이미 포스터, 프로그램 등에 창녀로 해서 내보냈는데, 공연 며칠을 남겨놓고 제목을 고치라니 난리가 날 수밖에 없었다. 이러한 기막힌 해프닝은 당시 흔히 있는 일이었다.

그런데 식민지 잔재는 관 쪽에만 남아 있는 것이 아니었고, 연극인들 자신에게도 있었다. 소위 연극협회라는 연극인들의 친목단체는 하나의 좋은 본보기였다. 일제 말엽(1941)에 조선총독부가 무대예술인들을 통제하기 위하여 조선연극협회라는 것을 만든 적이 있는데, 그것이 해방 후에 둔갑하여 한국연극협회라는 모습으로 재탄생되었다. 처음에는 친목단체 구실을 하다가 점차 식민지 시대의 조선연극협회처럼 연극인들 위에 군림하기 시작한 것이다. 그러한 예가 1978년도 초두에 나타나서 연극계에 커다란 파문을 일으킨 바 있다. 즉 한국연극협회(당시 이사장 이진순)는 느닷없이 각 극단에 지시 공문을 하달했는데, 그 내용이란 ① 각종 인쇄물에 준회원 단체 극단 공연임을 명기할 것. ② 단원 외에는 정회원 출연을 금함. ③ 입장료 상한선(정회원 전체 1,500원, 준회원 단체 1천 원)을 엄수할 것 ④ 실질적인 공연자 등록증의 대여를 금함. ⑤ 공연 20일 전까지 공연신고서의 본 협회 경유를 필할 것. ⑥ 출연자의 법적 인원수를 엄수할 것 등이었다.

이러한 것은 협회가 공연 질서를 바로잡겠다는 선의에서 한 일이라도 연극인이나 단체에 정단체 준단체 식으로 구분하는 것부터 우스운 일일 뿐만 아니라, 권력 단체나 행정부서도 아닌 협회가 연극 행위를 규제하겠다는 발상부터가 문제였다. 이와 같이 연극인들 스스로에 의한 연극 규제는 해방 이후 30년이 지났어도 버젓이 벌어지고 있었던 것이다. 모노드라마가 붐을 이루는 시기에 다른 구석에서는 소극장 폐쇄 조처라든가 연극인들에 의한 스스로의 연극규제 같은 것으로 평지풍파를 일으키고 있었던 것이다.

# 제2장

## 내부로부터의 반성과 해외 교류

유신 체제는 시간이 갈수록 경직화되어 갔다. 이럴 때 연극인들은 무엇을 했는가. 연극협회 스스로의 연극 규제로서 정권에 편승하는 경향이 있는가 하면, 인간성이 말살되는 숨 막히는 상황을 우회적으로 비판하려는 젊은 연극인들의 몸부림도 없지 않았다. 적어도 당시로서는 독재 체제를 정공법으로 비판할 수 없었으므로 다른 나라 사정을 고발한 번역극에 매달려 우리의 답답한 심정을 토로할 수밖에 없었다.

그러한 발상도 하기 어려울 때, 전통 있는 극단 실험극장이 섬이라는 뜻의 〈아일랜드〉를 공연한 것은 연극운동 사상 뜻깊은 일이라 아니할 수 없다. 주지하다시피 〈아일랜드〉는 인종차별 국가로 유명한 남아프리카의 참상을 그 나라의 작가이면서 배우들인 아톨 푸가드, 존 카니, 윈스턴 쇼나 3명이 공동으로 쓴 작품이다. 역시 인간의 존엄성 문제가 주제인 그리스 고전극 〈안티고네〉를 극중극으로 삽입하여 혹심한 인권 탄압을 자행하고 있는 남아프리카공화국의 문제를 고발적으로 다룬 작품이다. 사람답게 살려는 흑인들이 무기수가 되어 절해고도에 유배된 채 강제노동을 하는 내용으로 되어 있다.

등장인물은 두 사람인데 모두 죄수이기 때문에 삭발한 상태이다. 그것을 야심만만한 두 젊은 배우 이승호(31세)와 서인석(29세)이 감내한 것이다. 남아공은 열대지방이므로 여름내 연습하기는 수월했다. 그러나 유난히 추웠던 1977년 11월 15일에 막을 올리고부터는 상황이 달라졌다. 공연 20여 일 전에 삭발한 데다가 양말조차 신을 수가 없어서 난방시설이 부실한 실험소극장 안은 언제나 섬뜩할 정도의 추위를 느껴야만 했다. 그러나 이들 두 배우는 단 한 번의 퇴장도 없이 열연했을 뿐만 아니라 관객들의 높은 열기 때문에 추위를 느낄 겨를이 없었다.

사실 단 두 사람의 배우가 2시간 동안 한 번도 퇴장하지 않고 작품을 끌어간다는 것은 쉽지 않은 일이다. 더구나 우리와 인종(흑인)이 다를 뿐 아니라 생활습관도 다른 나라 사람들의 이야기가 이승호, 서인석 두 젊은 배우들의 몸에 익기는 어려운 일이었다. 그만큼 두 사람의 남아공 흑인 죄수 이야기는 너무나 낯선 것이었다. 두 배우는 흑인이라는 것과 죄수라는 두 가지 벽을 넘어야 했기 때문에 이태원을 맴돌면서 흑인 병사를 관찰했고, 죄수들의 표정, 몸짓, 어투 등을 배우기 위해 재판정을 수없이 방청했으며, 호송되는 죄수들의 표정을 잡으려고 호송차를 따라다니기도 했다.

하지만 좀처럼 연기 연습에 집중되지가 않았다. 그리하여 가능한 한 만상(萬相)이 잠든 자정 무렵부터 몇 시간씩 연습을 했다. 그래도 몰입할 수 없는 경우에는 참선하는 수도승처럼 정좌해서 몇 시간이고 정신을 가다듬은 후에 본격 연습에 들어가곤 했다. 이와 같이 고된 훈련을 해도 좀처럼 흑인 죄수로의 변신은 이루어지지 않았다. 결국 막 올리기 25일 전에 삭발을 하고서야 몰입되기 시작한 것이다. 이러한 어려움은 공연이 시작된 후에도 계속되었는데, 특히 겨울 공연으로서 삭발 이상의 고통스러웠던 점은 날마다 흑인 분장을 위해 제도용 잉크를 전신에 바르는 일이었다. 이들은 '얼어붙은 잉크물을 손등에 바르면서 거울 속의 자기를 극중 인물로 바꿀 때는 고행하는 수도자 같은 생각이 들곤 했다'고 실토한 적이 있다.

물론 이들의 그러한 고통은 막이 내리고 난 뒤 뜨거운 목욕탕 물 속에 들어앉아서 우레와 같은 관중의 박수 소리를 음미할 때 스르르 풀리곤 했다. 많은 고통을 지불한 작품이었기 때문에 막이 오르자마자 관객이 매일 장사진을 이루었다. 150석의 실험소극장은 보름 동안에 2천여 명을 동원했다. 예매는 날이 갈수록 늘어만 갔다. 관객층은 〈에쿠우스〉 공연 때보다도 성인층이 절대 다수를 이루었다. 성인층 관객 중에 문인이 많은 것도 이색적이었다. 개막 첫 공연을 본 실험극장 팬 이어령은 '두 주인공의 대화와 상징적인 마임을 통해 문학에선 맛볼 수 없는 예술성을 발견했다'고 관극 소감을 말했고, 여류시인 문정희는 '인간적인 꿈을 펼쳐보지 못한 채 막다른 상황에 처한 두 죄수의 절규가 한 편의 서정시로 전달되어 감동스러웠다'고 했다. 문학평론가 염무웅은 압축된 무대장치와 두 배우의 숨 막히는 연기도 좋지만 극중극 장면에서 안티고네가 크레온에게 '인간이 만들어낸 법이 인간의 삶과 자유를 어디까지 간여할 수 있는가'고 묻는 장면이 특히 감동적이라고 하여, 이 작품이 갖는 인권 문제에 주목했음을 솔직하게 설명했다. 염무웅의 관극 소감이야말로 극단 측(연출 윤호진)이 노린 것이라 볼 수 있다. 〈아일랜드〉를 구경한 관람객들이 돌아가면서 하나같이 '위선과 갈등 속에 살아가는 현대인들에게 순수성과 희망, 용기를 불어넣어 주는 작품이었다'고 한 것도 같은 맥락에서 나온 소감이다.

실제로 공연의 마지막 대사 "이제 나는 나의 마지막 길을 떠납니다. 영원히 햇빛을 등지고 섬으로 떠나야 합니다. 산 채로 외로운 죽음을 겪어야 하는 것입니다"를 무기수 이승호(윈스턴)가 읊조리자 연극이 끝났다는 불이 켜졌으나 관중은 일어설 생각도 않고 박수만 치고 있었다. 객석의 이러한 반응은 좀처럼 보기 힘든 장면인데, 〈아일랜드〉 공연에서는 매회 벌어지고 있었다. 관중은 침묵하고 있었지만 이들은 인권 상황이 최악이었던 당시 유신체제에 무언의 항거를 하고 있었던 것이다. 연극인들이 인권 문제를 다룬 레퍼토리를 외국 작품에서 찾아내 무대화한 것이라든가, 그 작품에 대한 지식층 관중의 뜨거운 호응은 단순히 우연의 일만은 아니었다.

시설이 쾌적하지 못한 운니동의 실험소극장에서 장장 4개월이라는 긴 시간을 하루도 쉬지 않고 공연할 수 있었던 것도 연극인과 관중의 마음속에 형성된 공감대 때문이었다. 주연인 이승호가 장기 공연의 어려움을 묻는 기자(정중헌)에게 "객석의 열기가 무대를 엄습하고 관객과 호흡이 일치될 땐 육체적 고통쯤은 문제가 안 되지요. 뒹굴고 넘어지면서 두 시간을 뛰고 났을 때 객석에서 터지는 박수 소리는 우리에게 무대에 설 수 있는 힘을 줍니다"(『조선일보』 1978.3.11)라고 실토한 것은 주제가 주는 암시와 알레고리 및 연기의 리얼리티에 관중이 열광하고 있음을 말한 것이다.

이때부터 남아공의 열악한 인권 상황이 남의 일처럼 느껴지지 않았고, 그들의 다른 작품들도 속속 번역 공연되었다. 사실 연극인들이 민중의 고통과 저항을 번역극으로만 우회적으로 나타냈던 것은 아니며, 더러는 창작극도 시도해보려 몸부림쳤다. 그러한 예로서 저항 작가 중의 한 사람으로 볼 수 있는 황석영의 첫 번째 희곡 〈산국(山菊)〉을 꼽을 수 있다. 〈산국〉은 구한말인 1900년대 초를 시대 배경으로 한 작품으로서, 스스로 행동하고 쓰러지는 의병들의 일본제국주의에 대한 항거를 '산속에서 오롯이 피었다가 져버리는' 국화꽃에 비유하여 묘사함으로써 짓밟히는 사람들의 강렬한 참여와 유대의식을 묘사한 것이다. 그러니까 개화기의 의병운동을 통해서 민중의 저항 정신을 일깨우려 한 작품이라는 이야기이다. 작가 자신도 '민중의 것은 민중의 손에 되돌려져야 한다는 믿음이 결국 나로 하여금 희곡에 손을 대게 한 것'이라면서 자기가 작품을 통해서 추구하려는 것이 무엇인가를 다음과 같이 매우 상징적으로 실토한 바 있다.

폭풍우의 날에도 시간은 흐른다는 말이 있다. 우리의 신념과 행동 가운데서 불성실했던 점들을 하나씩 끄집어 올려 기억해본다. 이제 얼음과 매서운 바람으로 뒤덮인 저 바닥에는, 새로운 봄의 움을 준비하는 씨앗들이 강인한 생명력으로 웅크리고 박혀 있다(희곡집 『장산곶매』 서문).

암울했던 시대 상황을 자연의 섭리에 비유한 그는 연극을 통한 민중의 자각 운동에 나서고자 한 의지를 표명한 것이다. 〈산국〉이 내포하고 있는 주제의식이 강렬했기 때문에 제2회 대한민국연극제에서 선보인 극단 여인극장의 무대는 상당한 공감을 불러일으켰다. 그리하여 문공부 장관상까지 수상한 이 극단은 여세를 몰아 미국 순회공연까지 다녀왔다.

민중 의식을 고취하는 작품은 〈산국〉만이 아니었다. 극단 민중극장이 제2회 연극제에 내놓은 이현화의 〈카덴자〉도 역시 시민 의식을 일깨우려는 데 작품의 포커스가 맞춰져 있었다. 조선시대 세조의 왕위 찬탈을 묘사한 것이었지만 연극 관중을 즉석에서 무대 위에 끌어올려 고문함으로써 과거(역사)와 현실을 오버랩시키는 기법을 활용하여 독재자의 가혹한 민중 탄압을 암시적으로 묘사한 것이었다.

이러한 연극계 일부의 현실 자각에도 불구하고 전체적으로 현실 순응에 따른 상업적인 연극이 풍미했다. 가령 외국의 유명 소설을 각색하여 대형무대를 만들고 인기 탤런트까지 몇 명 출연시켜 호객행위를 한다든가, 선정적인 작품을 주로 택한다든가 하는 행위가 유행한 것이다. 〈에쿠우스〉나 〈빨 알간 피이터의 고백〉 〈아일랜드〉 등이 많이 확보해놓은 관객층을 겨냥하여 각 극단마다 수익을 올리기에 혈안이 되었다. 그러한 현상 중의 가장 기발하고도 우스웠던 것은 작품 제목을 선정적이거나 저속하게 고쳐서 선전하고 무대 위에 올리는 일이었다.

1970년대 후반의 상업극의 경향에 따라 나타난 연극 제목 고치기의 몇 가지 예를 들어보면 매우 흥미롭다. 가령 길고 요사스러우며 선정적인 제목의 경우로서 민중극장 공연의 〈우리집 식구는 아무도 못 말려〉와 자유극장의 〈그 여자 사람 잡네〉, 예술극장의 〈결혼시켜 주세요〉 등이 있다. 여기서 〈우리집 식구는 아무도 못 말려〉의 원제목은 〈죽을 때 그 돈 갖고 갈 수 있을 것 같애?〉이고, 〈그 여자 사람 잡네〉의 원제목은 〈한 고독한 사나이를 위한 함정〉이며, 〈결혼시켜 주세요〉의 원제는 〈후작부인〉인 것이다. 이처럼 상업주의를 추구하는 극단들은 번역극뿐만 아니라 신작 창작극까지도 작가의 허락 없이 마구 제목을 바꾸곤 했다. 이러한 제목 바꾸기에 대해서 극단 측에서는 '기존의 제목이 어딘가 맥빠진 느낌이 들고 대중성이 희박해 직설적이고 구체적인 제목으로 바꿀 뿐'이라고 변명했지만 실제로 노리는 것은 다른 데 있었다.

그런데 흥미로운 사실은 선정적이고 노골적인 제목의 작품들이 흥행 면에서 어느 정도 성공을 거두고 있다는 점이다. 이와 같은 현상에 대하여 사회심리학자들은 '간결한 제목은 스피디한 시대에 바삐 돌아가는 현대인의 눈에 쉽게 띄지 않고 관심을 끌기 어려운데, 제목을 길게 하면 무엇인가 하는 호기심으로 지나는 사람의 발걸음을 멈추게 하고, 거기에 제목이 풍기는 내용마저 선정적이면 자극적인 매력을 끌 수도 있다'고 분석했다. 그러나 궁극적으로 길고 선정적인 작품 제목은 대중의 말초적 신경과 통속 취미를 자극시키려는 얄팍한 잔꾀로 연극의 통속화와 저질화를 가져올 염려가 큰 것은 재론의 여지가 없는 것이다.

이러한 연극의 상업주의적 경향에 대해서 비평계에서는 혹독한 질책을 했다. 상업주의를 내건 연극의 타락화 현상을 누구보다도 증오했던 평론가 이태주는 '연극 대중화를 위해 상업극을 한답시고 저질 흥행극을 매표구에 아부하며 양산하고 있다. 현대극장이 공연한 〈바람과 함께 사라지다〉는 대중화에 역행하는 비싼 입장료와 상업극의 목적을 배반하는 부실하고도 예술적 필연성에 의한 재공연이라기보다는 끈질긴 상혼의 발동에 의한 것이었다는 점을 부인할 길이 없다. 상업극의 슬로건을 내건 이상, 인기 탤런트들과 스타들의 얼굴만을 무대 위에 전시할 것이 아니라 고도의 오락성과 세련된 아름다움을 갖춘 성실한 무대를 보여주는 일이 중요한데, 그렇지 못한 점이 안타깝다는 것이다. 스타들을 적당히 뒤섞어 캐스팅해서 해외 명작의 바람에 실어 대형 선전을 터뜨리면 관객이 밀려온다는 얄팍한 흥행 의식이 결국은 연극에 대한 관객들의 기대를 무산시킬 것임이 틀림없고, 흥행성

극단 현대극장 공연 〈바람과 함께 사라지다〉, 1977

공의 신기록을 깨고 이와 비슷한 상업극 추종자들이 양산될 것이 확실하며, 그 결과 연극의 주류는 돈 줄기를 따라 이리저리 굽이치다가 예술로서의 연극의 전통은 점차 소멸되고 관객들은 되풀이되는 저속한 타락 연극에 식상하게 되어 연극은 문화 형성력을 잃고 암흑의 불모지대를 방황하게 될지도 모른다'고 1978년도의 연극계에 떠돌던 상업극의 경향을 질타한 바 있다.

비평계의 혹독한 비판에 대하여 상업극 주창자들은 '종래의 철학적, 기술적 빈곤에서 벗어나 전문적인 연극을 하는 것'(김의경)이라고 변명했지만, 결국 연극인들이 새롭고 진지한 탐구 정신을 잃고 대중과 타협만 하려는 데서 이러한 현상이 야기되었다는 지적에는 의의를 제기하지 못했다. 그러나 영세한 극단들과 가난한 연극인들로서는 관객이 대폭 늘어나는 추세에 고무되어 우선 수익을 생각하지 않을 수 없었다. 따라서 연극에 실망하고 돌아서는 관중의 마음을 사로잡기 위한 여러 가지 묘책으로서 제목 바꾸기로부터 입장료 인하, 더 나아가 덤핑까지 서슴지 않았던 것이다. 연극계가 이처럼 양적 팽창에 따른 여러 가지 부작용을 낳자 뜻 있는 연극인들이 모여 자

제7부  급변하는 사회, 한국 연극의 비상

성과 함께 자구책을 강구하기 시작했다.

우선 자구책은 중견 연출가들로부터 나왔는데, 첫째가 극단이 전문화·직업화되어야 한다는 것, 둘째 외국 것을 무조건 받아들이는 태도를 불식시켜야 한다는 것, 셋째 창작극을 진작시켜야 한다는 것, 넷째 연극이라는 직업 자체에 확신을 갖는 자세를 지녀야 한다는 것, 다섯째 배우들을 어느 극단에 묶어놓지 말고 자유로이 오가게 함으로써 적역을 맡게 해야 한다는 것 등이었다. 그런데 이러한 자구책은 비교적 당위성을 지니는 것이지만 어딘가 막연하고 구체성이 결여된 것이었다. 그리하여 더욱 근본적인 문제 해결에 연극인들이 발 벗고 나서야 한다는 소리가 높아지게 되었다. 그러려면 먼저 연극인들이 자기반성의 노력을 경주한 후에 긍지와 양심, 사명감을 회복해야 한다는 것(김동훈)이었다. 그런 연후에 뜻을 같이하는 극단들이 연합하여 공동 기획, 공동 사무실 및 연습실 확보, 배우 양성기관(액터 스튜디오) 설치 등을 꾀하자는 것이었다.

공동 기획의 경우, 예매권 관리와 관청에 내는 서류 업무, 홍보 업무 등을 수월하게 할 수 있고, 또 서로 힘을 합치면 사무실과 연습실의 마련도 가능하다는 것이었다. 특히 배우가 절대 부족인 데다가 기존 배우들의 연기력도 떨어지므로 젊은 연극인들이 공동으로 워크숍을 해나감으로써 배우들의 자질을 향상시키고 수직적으로 모자라는 연기자를 키워내야 한다는 주장이었다. 당시로서는 매우 시급하면서도 합리적인 대안들이었지만 한 가지도 실천된 것은 없었다. 역시 개성이 강하고 즉흥적이며 소극적인 연극인들의 생태는 어쩔 수 없었다. 다만 연극인들의 자성 바람을 타고 나타난 것이라면 실험극장 등 몇몇 극단이 시즌 티켓이라든가 시즌 프로덕션(민중극장) 같은 것을 잠시나마 실천에 옮겨본 정도였다고 하겠다.

이러한 가운데 몇몇의 긍정적인 일도 벌어졌다. 그 하나가 동양 최대 문화공간이라는 세종문화회관의 개관(1978년 4월 14일)이고, 두 번째가 전국대학연극축전(1978년 11월)의 개최였다. 221억 원을 들여 4년여 만에 문을 연

세종문화회관은 대강당이 4,200석이고 소강당은 500석으로서 무대, 조명, 효과 등 모든 면에서 매우 현대적이었다. 전속 단체도 교향악단, 국악관현악단, 가무단, 무용단, 오페라단, 소년소녀합창단 등 6개로서 300여 명의 단원을 포용했다. 그러나 관장에서부터 말단 직원까지 모두 예술과 무관한 시청 공무원들이 차지함으로써 식민지 시대에 총독부가 부민관을 설립 운영했던 맥을 이었음을 여실히 보여주었다. 시에서는 외국의 유명한 예술단체들을 초청하여 시끌버끌하게 한 달여 동안 잔치를 벌였고 시민들은 경탄의 눈으로 무대를 바라보았다. 이러한 세종문화회관을 바라보면서 남긴 연극평론가 여석기의 다음과 같은 주문성 소감은 작지 않은 의미를 지녔다고 하겠다.

세종문화회관이 세계 유수의 교향악단이나 오페라, 무용단 또는 개인 연극자만 데려올 수는 없는 것이다. 세종문화회관 같은 초대형 강당에 수준에도 못 미치는 공연물이 범람하고 관객이 없어 썰렁하게 되는 그런 끔찍한 사태가 일어나지 않도록 이 나라의 예술가들은 정신 차려야 할 것이고, 서울시 당국은 필요한 뒷받침을 아끼지 말아야 할 것이고, 그리고 서울시민은 문화를 애호하고 방위하는 진짜 주인 노릇을 행사해야 할 것이다. 시설을 만드는 데 든 돈이 아깝다고 하지 말자. 시설을 지어놓은 것으로 만족하자. 오직 그 시설이 상징하는 문화의 내용에 대해 끊임없는 관심을 쏟자(『동아일보』 1978.6.3).

그러나 여기서 느낄 수 있는 것은 시 당국의 구상과 문화인 내지 시민들의 생각이 전혀 다르지 않았느냐 하는 점이다. 시 당국이 전속 단체를 둔다, 외국의 저명 예술단체를 불러다가 공연한다 하니까 시민이나 예술인들은 세종문화회관을 시립극장처럼 생각한 반면, 시 당국은 공회당과 같은 다목적 홀을 유지하기 위한 하나의 방편으로 예술을 이용한 것에 불과했다는 사실이다. 이러한 시각의 차이는 앞으로 계속해서 세종문화회관의 중요한 쟁점이 되리라 본다.

또 하나 주목할 만한 일은 문교부 후원으로 전국대학연극축전을 매년 가을에 개최하기로 한 점이다. 연극과를 갖고 있는 세 대학(중앙대, 한양대, 동국대)이 돌아가면서 주최하기로 한 제1회 연극축전이 중앙대를 시발로 해서 열린 것이다. 첫 해에는 전국에서 40여 개 대학이 참가했는데, 서울대·연대·이대·고대 등은 관 주도라고 하여 불참했다. 비록 이 연극축전이 관 주도라고는 하지만 대학극이 근대극 초창기까지만 해도 기성극에 절대적인 영향을 줄 만큼 문화적 역할이 기대했던 것에 비추어볼 때, 그것은 오늘날 너무나 부실한 것이 되고 말았다. 왜냐하면 대학마다 또는 학과마다 연극반들이 있어서 숫자상으로는 수백 개가 넘지만 대부분 실험정신을 잃어버린 채 기성 연극을 답습하거나 아니면 어학 실습 정도로 생각하는 경향마저 없지 않았기 때문이다.

　따라서 전국대학연극축전은 대학극을 활성화시키는 한편 연극 저변화에도 기여할 뿐만 아니라 교육적 기능도 무시할 수 없기 때문에 의미 있는 행사였다고 하겠다. 1970년대 연극의 중요한 행사 중의 하나라 할 대학연극축전은 그 운영 여하에 따라 대학극뿐만 아니라 기성 연극 발전에도 어느 정도 기여할 수 있었다. 문제는 주최 측의 자세와 참여하는 대학 연극인들의 태도가 어떠냐 하는 점이다. 그리고 여기서 하나 꼭 지적하고 넘어가야 할 것은 이제부터 대학극이 근대극 초창기처럼 기성 연극에 별다른 영향을 주지 못하리라는 점이다. 대학이 창작·번역·무대·미술·이론 등에 걸쳐서 지난 시대에 비해 상당한 인적 자원을 갖고 있다 하더라도 기성 연극이 다양화되고 또 나름대로 발전해왔으므로 대학극은 역시 학생들의 순수 아마추어리즘을 뚫고 나올 수는 없게 되었다는 이야기이다. 다만 대학극의 활성화로 대학극 출신들이 연극계로 진출한다든가 또는 관객의 저변 확대로 연결될 때 기성 연극에 도움이 되는 것이므로 중요성은 조금도 감소되지 않는다고 볼 수 있다.

　1970년대 말은 일본 문화가 본격적으로 침투하기 시작했다는 점에서 양식 있는 사람들을 우울하게도 만들었다. 1964년 한일 국교 정상화 이후 일본은 경제 침투를 선발로 하여 문화 침투를 꾀하기 시작했다. 문화는 정신의 산물이므로 문화 침투는 곧 상대편 민족의 마음을 사로잡는 것이 된다. 따라서 일본은 여러 통로를 통해서 문화 교류를 내세웠고 우리는 그것을 시기상조라고 하여 막아온 것이 사실이다. 그런데 정부로서는 일본 문화가 들어올 경우 한국 문화에 미칠 나쁜 영향보다는 국민의 반일감정에 더 큰 신경을 쓰고 있었다. 그러자 사설 극단들이 민간 차원에서 교류를 꾀하기 시작했는데 그것을 연극협회의 후원으로 극단 자유극장이 추진하고 나선 것이다. 물론 그것은 자유극장도 일본 공연을 전제로 해서였다. 그리하여 1979년 10월 24일 일본의 유명한 스바루극단이 단원 21명을 이끌고 서울에 오게 되었다. 26일 저녁부터 4일 동안 세종문화회관 소강당에서 6회의 공연을 갖기 위해서였다. 그러자 문화계에서는 한일 연극 교류에 대한 찬반양론이 일었고, YMCA 시민논단에서는 26일 반대론자(연극평론가 유민영)와 찬성론자(신문학자 이상회)를 내세워 토론회를 벌이기로 했다. 그런데 뜻밖에 박정희 대통령이 암살당하는 사태가 벌어져 계엄령과 함께 토론회는 무산되었다.

며칠 뒤 두 토론자와 사회자(정중헌)은 지상을 통해서 각자의 소신을 밝혔는데, 반대론자 유민영은 '우리나라는 한일합방과 더불어 일본을 통해 근대 문화와 서구 근대극을 굴절 수용, 아직까지도 그들의 왜곡된 문화 잔재가 많이 남아 있다'면서, '해방 후 30년이 넘도록 일본 문화의 독소를 제거하지 못하고, 한국적인 형태의 연극도 미처 정립하지 못한 상태에서 일본 극단과 교류를 시도하는 것은 아무래도 시기상조'라고 주장했다. 이중한도 '서구 문화의 왜곡에 지나지 않는 일본의 굴절된 연극영화를 서둘러 교류, 수용할 만한 시급성은 없다'면서, '관객과의 접촉이 직접적인 영화, 연극은 아직 수용할 단계가 아니다'라고 못박았다. 유민영과 이중한은 일본 연극과 굳이 교류를 가지려면 노(能)라든가 가부키(歌舞技), 분라쿠(文樂)와 같은 고전극이 차라리 전통의 보존 전승을 배울 수도 있어서 의미가 있지만 일본 정서가 가득한 현대극이나 영화는 곤란하다는 것이었다. 적어도 일본의 현대문화를 수용하려면 '한국적인 문화를 확고하게 확립하고 우리가 주체적으로 일본 문화를 수용할 수 있을 때 교류를 시도하는 게 바람직하다'는 주장이었다.

반면에 찬성론자의 선봉장인 이상회는 일본 문화라 해서 무조건 알레르기 반응을 보이는 것은 옳지 못하다면서, '선별 기준을 확고하게 세워 지금부터라도 상호 교류와 수입을 시도하는 게 바람직할 것'이라고 주장했다. 그는 계속해서 '현재와 같은 문화 폐쇄주의는 결국 우리 문화 수준을 퇴보시킬 것'이므로 '엄격하게 선별 기준을 세워 무조건 개방도, 맹목적인 거부도 아닌 융통성 있는 문화 교류 정책을 펴면 우리 문화가 앞으로 훨씬 발전할 수 있을 것'이라 했다. 결국 40대 이상의 일본어 세대가 남아 있고 일본 문화의 잔재가 씻겨지지 않은 상태에서 일본 문화 수용은 위험하다고 지적한 쪽과 무조건 개방해야 한다는 자들과의 견해 차였다.

그러나 어떻든 일본의 현대극단이 들어와서 예정대로 공연을 시작하게 되었다. 이러한 실정에 대해서 주무부처인 문공부는 '한일 문화 교류에 대한 방침을 세운 적이 없고, 개방할 생각이 아직 없다'고 딱 잘라 부정하고, 스바루극단의 내한공연은 극단 자유극장이 민간 차원에서 한 일이므로 정책 차원은 아니라고 했다. 그런데 참으로 기묘하게도 스바루극단의 첫 공연은 박 대통령이 시해당한 날 저녁 세종문화회관에서 그 막이 올랐다. 시국이 어수선한 데다가 통금도 연장된 상태이기 때문에 관객은 그렇게 많지 않았어도 예상한 대로 중년층과 일본어를 공부하는 젊은 층이 많았다. 일본의 저명한 셰익스피어 학자인 후쿠다 쓰네아리(福田恒存) 연출의 〈깊고 푸른 바다〉(테런스 래티건 작)는 영국 작품인데, 매우 일본적인 냄새가 물씬 풍기는 것이었다. 저들은 창작극을 갖고 오려 했지만, 자유극장 측이 민족감정을 내세워 번역극을 택한 것이었다. 해방 이후 34년 만이고 한일 국교 정상화 이후 15년 만의 처음 공연이었다.

그 공연에 대한 반응은 어떠했을까? 대체로 공연장 분위기는 좋지 못했다. 40, 50대 관객들은 일본말로 농담을 주고받으며 향수를 달래는 듯싶었고, 대사를 못 알아듣는 젊은이들은 공연 중에 자리를 많이 떴다. 그러니까 중년 관객들의 형태는 일본이 역시 '극복되지 않는 과거'로 남아 있음을 또렷하게 보여준 것이다.

연극을 전공하는 20대의 한 학생은 스바루극단의 공연에 대하여 '우선 일본 연극을 본다는 것이 흥미롭고 배우의 동작이나 무대장치가 치밀하게 짜여진 것이 훌륭하다'고 하여 일본 문화의 오염에 전혀 신경 쓰지 않았다. 40대 시인 김영태는 '언어 장벽이 문제가 되지 않는 움직임을 주로 한 연극, 성격이 불투명한 사실주의극보다는 실험적인 연극이 우리 연극의 발전에 도움이 될 것'이라 했다.

하여간 일본 문화의 한국 침투는 매우 중요한 문제라 아니할 수 없다. 왜냐하면 우리와 일본은 극동이라는 지정학적·역사적 배경뿐만 아니라 정서적 바탕도 유사하기 때문에 문화의 오염이 용이하다고 볼 수 있으며, 특히 36년의 식민통치하에서 이 땅에 저들의 문화이식에 총력을 쏟은 바 있기 때문이다. 따라서 한국의 지식인들이 일본문화 침투를 경계하는 것은 단순히 콤플렉스나 폐쇄적 사고에 의한 것이 아니고 한국을 경제적, 정신적으로 또다시 지배하려는 일본의 음모를 사전에 막으려는 데 있었던 것이다. 그럼에도 불구하고 역사의식이 투철하지 못한 일부 장년층 인사 중에는 한일간 연극 교류를 장려하려는 경향마저 있었다.

가령 스바루극단의 〈깊고 푸른 바다〉를 평하는 가운데 '한일 간의 연극 교류는 찬반 양론이 있을 수 있으나 이제는 민족적인 감정보다는 문화적인 의의로 일본 연극을 받아들이고, 한국의 연극과 비교 대조해보는 기회로 삼아 시도해볼 때라고 본다. 과거의 일본 연극에 연연해하거나 한국 연극에 미칠 일본 것의 침투를 두려워만 할 것이 아니라 열등의식을 씻고 자

신을 가지고 일본 연극이
어디까지 왔고 어느 점이
우리보다 나은지 주시해
볼 필요가 있다'(이진순)고
호언까지 한 것이 그러한
본보기가 될 만하다.

이처럼 일본 문화는 유
신 말기에 여러 통로를
통해서 침투를 꾀했고 관
변과 민간 차원 중 손쉬

극단 자유공연 〈무엇이 될고 하니〉, 1978

운 친분을 따라 조금씩 침투하기 시작하였다. 물론 일본인들은 반대급부로
서 한국의 극단과 연극인들을 초청해가는 데 열성을 보였다. 스바루극단의
내한공연도 자유극장의 일본 공연을 전제로 한 것이었다. 따라서 자유극장
은 자기들의 인기 레퍼토리라 할 〈무엇이 될고 하니〉(박우춘 작)와 〈주머니
속에서 탱고를〉(11월 20일부터)이 도쿄와 오사카에서 9회 공연했다. 그런데
자유극장의 일본 공연은 예상 외로 싸늘한 반응이었다. 일본연극협회 전용
극장인 샨바쿠닌에 겨우 200여 명만이 들어왔으며, 게다가 관중은 언어 소
통마저 되지 않아 의아한 상태로 앉아 있었던 것으로 알려졌다. 한일 연극
교류의 주역인 후쿠다 쓰네아리는 의례적인 말로 〈무엇이 될고 하니〉에 대
해서 '한국의 무대에는 자유가 있으며 특히 이 작품에 나오는 창이 아주 인
상적이었다'고 평했으며, 다른 연극인이나 낭만과 시와 저항이 있는 일반
관객들의 반응은 호기심 이상이 아니었던 것으로 전해졌다.

1970년대 말에는 일본 연극뿐만 아니라 구미 연극단체들이 심심찮게 내
한하여 공연을 가졌는데, 영국의 로열 셰익스피어 극단을 위시하여 독일의
인형극단 '구스타프와 그의 앙상블', 그리고 미국의 농아(聾兒) 극단 등이 여
러 가지 형태의 연극을 선보임으로써 우리 연극인들뿐만 아니라 연극 팬들

에게도 적지 않은 자극을 주었다. 그중에서도 독일의 '구스타프와 그의 앙상블'이라는 마리오네트 인형극단은 한국에 현대적인 인형극 단체를 탄생시키는 데 절대적인 공헌을 했다. 그렇게 볼 수 있는 까닭은 1980년에 들어서 우리나라에서도 마리오네트(줄인형극) 극단이 탄생되었기 때문이다. 물론 1960년대 중반에도 조용수(趙容秀)가 마리오네트를 시도한 바 있었지만, 구미에서 유행하는 예술적인 마리오네트라기보다 교육용에 가까웠다고 할 수 있다.

그렇게 볼 때 1980년 2월 꼭두놀음패인 어릿광대(대표 이경희)가 시도한 창작극 〈양주별산대〉 공연은 우리나라 현대 인형극사에 하나의 이정표가 될 만하다. 왜냐하면 우리나라에는 전통극의 한 장르로서 손인형극에 속하는 꼭두각시놀음이 전승되어왔기 때문이다. 인형극은 이미 기원전에 인도와 중국에서 발생하였는데, 그 가운데 한 줄기가 중동을 거쳐 서양으로 건너가 전 세계에 전파된 것이다. 그런데 흥미로운 것은 동양에서는 손으로 조종하는 인형극이 발전한 반면에 서양에서는 줄로 조종하는 마리오네트가 주조를 이루어온 점이라 하겠다. 서양에서는 마리오네트를 정통뿐만 아니라 현대극으로 발전시켰고, 그런 표본적 예가 구스타프와 그의 앙상블과 같은 인형극단이라 하겠다. 바로 그것을 실험한 무대가 인형극단 어릿광대의 〈양주별산대〉라 하겠다.

양주별산대놀이는 전통 가면극 중 경기도에서 전승되는 대표적인 작품이다. 어릿광대는 그것을 다만 거의 그대로 마리오네트로 만든 것이다. 다른 점이 있다면 20여 명의 등장인물 중에서 극을 진행하는 서양 꼭두가 연미복 차림으로 등장한다는 사실이다. 그런데 그 작품에서는 두 가지의 의문점이 발생하였다. 그 한 가지가 '하필이면 탈춤을 인형극으로 한 점'이라 한다면, 다른 한 가지는 '창작 인형극의 진행자로 서양 인형을 등장시킨 점'이었다. 그에 대해서 대표인 이경희는 '창작 꼭두극을 일반에 인식시키는 데 양주별산대와 같이 이미 알려져 있는 탈춤놀이가 가장 효과적'이라 생각했다고 말했으며, '실물에 접하기 힘든 우리의 전통탈춤인 양주별산대가 어릿광대로 해서 더 많이 보급될 수 있을 것으로 확신한다'고 설명했다. 그녀는 또 앞으로 '우리들은 주로 어린이들을 대상으로 전국을 찾아다니며 꿈과 웃음을 선사하겠다'고 하여 인형극을 성인용이 아닌 어린이용으로 발전시켜나가겠다는 뜻을 분명히 했다. 그녀는 거기서 더 나아가 '내년 가을까지는 꼭 두극을 위한 전속소극장을 지어 꼭두극의 발전과 보급을 위해 힘쓰겠다'(『조선일보』1980.2.14)는 포부까지 밝혔다.

그러나 그러한 그의 야심 찬 포부는 하나의 꿈으로 그쳤을 뿐 더 이상 진전된 활동은 없었다.

공간사랑에서 공연된 본격 마리오네트 〈양주별산대〉에는 이경희 외에 안정의(연출), 이종만(안무), 강은엽(인형제작), 홍호순(의상) 등이 참여했다. 본격 창작 마리오네트로서 최초의 공연이라 할 〈양주별산대〉는 인형 제작, 조종술 등에서는 미숙했지만 연극 팬들에게는 호기심 이상의 볼거리가 되었다. 다만 전통극을 일반에 인식시키기 위해 탈춤을 인형극화했고, 그리고 그 주인공이라 할 진행자를 서양 인형으로 만든 점에는 많은 사람들이 고개를 갸우뚱했다. 줄인형을 내놓아 현대 인형극의 씨앗 트임과 함께 그 가능성을 제시한 것은 한국 연극의 다양화를 위해서 중요한 의미를 던진 것이다.

# 제3장

## 1980년대의 연극계 상황

 

 

문화예술이란 인간 정신을 통해서 창조되는 것이기 때문에 정치와 같은 외적 환경에 절대적인 영향을 받는 것도 사실이지만 반드시 외적 변화와 같은 속도로 진행되는 것은 아니다. 1979년 10월에 박정희 대통령이 암살당함으로써 소위 유신 체제는 끝났지만 그에 따라 연극 형태가 곧바로 변한 것은 아니라는 이야기다. 더구나 상당 기간 계엄령이 펼쳐져 있었기 때문에, 연극계는 일시적이나마 더욱 위축될 수밖에 없었다. 따라서 1980년대 연극도 험난한 길을 걷게 된다.

그러나 유신 체제의 붕괴로 해빙을 맞았다고 생각한 연극인들은 새 시대를 여는 예술 창조를 구상했고, 그리하여 몇 가지 신선한 작업들이 사람들의 눈에 띄기 시작했다. 그중 하나가 마당극 붐이고 다른 하나는 시극(詩劇) 운동이었다고 하겠다.

마당극은 나중에 별도의 항목에서 다루어질 예정이므로 여기서는 시극운동부터 설명하기로 한다. 여전히 정치적 암흑기에 처해진 채 근본적인 변화를 보여주지 못하고 있던 연극계는 오히려 이미 사라진 신파극의 재현 같은 복고적 경향마저 나타나고 있었다. 그리고 1979년에 싹이 튼 현대 인형극이 어린이층을 대상으로 폭넓게 확산되는 조짐 같은 것이 나타나기도 했다.

이는 비교적 단조로웠던 1970년대 연극이 점차 다양화로 나아가고 있음을 단적으로 보여주는 것이라는 점에서 중요성을 지닌다.

시극운동만 하더라도 1960년대에 처음 시도되었다가 10여 년 만에 다시 고개를 든 것인데, 1980년대의 시극운동은 조금 성격을 달리했다. 신촌의 이화여대 입구에 자리 잡고 있는 극단 민예극장이 도서출판 문학세계사와 손을 잡고 자기들의 소극장에서 현대시를 위한 실험무대를 마련한 것이 그 첫 번째 시도였는데, 연극보다는 시 낭독 쪽에 치중되었던 점에서 그러하다. 당시 이 운동의 주최자들은 '오늘의 시와 독자 사이에 벌어져 있는 거리를 좁히고 시가 오늘의 우리에게 어떤 삶의 양식으로 존재하는가를 인식시켜, 더 폭넓은 시의 세계를 확대 발전시킨다'고 그 취지를 말하였다. 즉 시인과 독자, 시인과 예술인들의 만남과 대화를 통하여 오늘의 시가 안고 있는 문제가 무엇인가를 발견하고 시를 더욱 상승시킬 수 있게 마련하는 것이 궁극적 목적이라고 했다.

따라서 레퍼토리도 '시인들이 꾸미는 환상의 무대', '80년대를 향한 시와 연극의 포옹'이라 내걸고 시 낭송과 대화, 시극 순서로 짜여졌다. 참여 시인들의 면면을 보아도 시극 〈빛이여, 빛이여〉(허규 연출)를 쓴 정진규를 제외하고는 모두가 연극과 무관한 김후란, 강우식, 허영자, 이탄, 이근배, 이건청, 김종해, 신경림, 조정권 등이었다.

1979년 말에 시작한 시 낭독회 성격의 시극운동은 소수의 문학 지망생들과 대학생들에게나마 호기심을 불러일으킴으로써 시의 대중화에 조금은 기여할 수 있으리라는 생각을 심어주었다. 따라서 이러한 모임을 3개월에 한 번씩 갖기로 하고 두 번째 모임을 이듬해(1980) 3월에 가졌다. 처음부터 참여한 8명의 중견 시인들이 자작시를 낭독하고 강우식이 『삼국유사』에서 따온 설화로써 시극 〈벌거숭이의 방문〉을 발표했다. 두 번째 시극 발표회에는 대학생 관중이 많았고 연극보다는 시에 많은 관심을 가졌던 것이 특징이었다.

한 여대생은 관극 소감에서 '평소 시가 난해한 까닭에 자주 접하지 못했는데, 이번 시극을 보고 시에 친근감과 함께 매력을 느끼게 됐다'고 했으며, 다른 관객은 '전체적으로 아직은 어려운 맛은 있지만 글자로서의 시가 아니라 실제 행동이나 감정, 표정 등으로 표출되어 나오는 시에서 많은 가능성을 경험했다'고 하여, 독특한 연극 장르로서의 무대 체험이 아니라 시 낭독에 친근감을 느꼈음을 말하고 있다. 두 번째 행사를 끝낸 주최 시인들의 입장도 마찬가지였다. 즉 허영자는 시와 연극의 만남에 대하여 '시극은 시에 행동성을 불어넣음으로써 한정된 시의 기능과 공감대를 넓히고 깊게 하는 데서 그 의미를 찾을 수 있다'고 했고, 이건청은 '현대시의 난해성을 극복하고 시가 지닌 초월의 위대성을 많은 사람들에게 베풀었다'고 했다. 또 정진규는 '활자로서의 시가 아니라 소리의 울림과 리듬을 통해 하나의 상승된 시적 공간을 마련해주었다'고 그 의미를 부여한 바 있다.

이처럼 연극 무대를 이용한 시의 대중화 운동은 시간이 지나가면서 방법도 달라졌지만 청중 또한 급속도로 증가해갔다. 이듬해의 네 번째 공연에서는 경음악을 도입하여 젊은 여성들을 매료시키기도 했다. 제목도 〈시의 팝송화〉라 붙였고, 실제로 젊은 작곡가 김현(金顯)이 몇몇 시에 곡을 붙여 기타로 연주하기도 했다. 따라서 객석의 젊은 여성들은 눈물을 흘리기도 하고, 눈을 감은 채 시 낭독에 귀를 기울이기도 하고, 카세트에 녹음을 하거나 메모를 하는가 하면 즉석에서 시인에게 시작(詩作) 동기를 묻는 등 시종 진지한 자세로 참여, 시의 대중화에 새로운 가능성을 엿보게 했다. 젊은 여성층이 이러한 열띤 반응에 대해서 참여 시인의 한 사람인 이근배는 '시란 깨끗하고 여린 마음에서 출발하는 데다가 종전에 문학에만 안주하던 습성에서 벗어나 음악이라는 환상적 공간과 연극이라는 종적 영역과의 만남을 시도하고 있기 때문에 여성들의 예민한 감수성과 어우러지는 것 같다'(『한국일보』1981.2.1)고 평하여 음악을 곁들인 것이 성공 요인의 하나임을 밝혔다.

이러한 시극운동은 2년도 못 가서 결국 흐지부지되고 말았는데, 그것은 두말할 것도 없이 연극 무대를 발판으로 하면서도 연극보다 문학, 그것도 순전히 시의 운동으로 나아갔기 때문이다. 적어도 극장 공간을 발판으로 삼을 경우에 문학보다는 연극 쪽으로 기울어져야 시극운동도 가능해지는 것이다. 명색만 시극운동이라 해놓고, 시 낭독회로 나아갔기 때문에 우선 주최 측인 극단 민예극장이 점차 소극성을 보이게 되었던 것이다. 물론 흐지부지된 요인 중에는 극단 대표인 허규가 민예극장을 떠나 국립극장장으로 옮긴 데에도 있는 듯하다.

이러한 시극운동도 사실은 연극인들 쪽에서 보면 연극의 다양화에 앞서 침체국면을 벗어나 보려는 시도이기도 했다. 소극장을 중심으로 한 연극의 저변 확대가 1970, 80년대 과제 중의 하나였기 때문이다. 그러나 연극의 저변 확대라는 것이 쉽게 이루어지는 것은 아니다. 10월 정변 이후 잠시나마 자유화 바람이 불면서 1980년 초에는 자유의 봄이 활짝 열리는 줄 알았다. 마당극 붐이 한때 일어났던 것도 그러한 해빙 기운 덕이었다. 그러나 5월 광주민주화운동이 좌절되면서 정치는 또다시 과거 유신 시대로 복귀해가는 듯싶었다.

따라서 새 시대에 맞춰서 레퍼토리를 선정하고 연습까지 했던 각 극단들은 정치체제의 경직화와 공연윤리위원회의 검열 강화로 공연 예정의 작품을 대거 교체하는 사태까지 벌어졌다. 그것이 소위 '새 시대'라 지칭되기 시작한 1980년 가을의 일이었다. 오태석이 상황극으로 쓴 〈1980년 5월〉이란 작품을 공간사랑에서 리바이벌하기로 했던 것을 돌연 취소하고 〈춘풍의 처〉로 변경한 것을 비롯하여 시민극장이 독재정치를 은유적으로 비판한 〈오스트라키스모스〉(이현화 작)를 대한민국연극제에서 제외한 것, 실험극장이 오랫동안 준비해온 아서 밀러의 〈시련〉 공연을 고전희극 〈피가로의 결혼〉으로 변경한 것, 마당기획실이 봄에 화제를 모았던 현실풍자극 〈토선생전〉이 리바이벌을 취소당한 것 등이다.

그 밖에도 정치사회 풍자적인 요소만 있으면 모두 뒤로 미루어지거나 취소당했는데, 하다못해 개화기에 발표된 안국선의 신소설『금수회의록』조차 무대에 올릴 수 없었다. 이처럼 유신 체제 붕괴 직후에는 단지 몇 달 동안만 자유로운 분위기였고 1년도 못 되어서 더 가혹한 통제를 받기 시작한 것이다.

이러한 경직된 상황의 반작용으로 연극계에는 복고의 바람이 불고, 현실 체념의 비뚤어진 웃음만을 좇는 경향마저 나타났다. 전자가 신파극 재현의 노력이라고 한다면, 후자는 희극물의 범람이라 하겠다. 6·25전쟁 중에 완전히 소멸된 신파극이 부활하여, 1970년대 후반에 극단 가교가 〈곤지키야샤〉를 번안한 〈장한몽〉을 다시 현대적 희극으로 만들어 공연한 적이 있었고, 그로부터 수년 뒤에 젊은 연극인들이 과거에 신파극을 했던 원로 연극인들(고설봉, 이향, 강계식)의 고증을 받아 소위 '신파극 페스티벌'이라는 것을 한 달 가량 공간사랑소극장에서 개최한 바 있다. 참가한 세 극단 중 조형극장은 신파 초창기의 인기 레퍼토리였던 〈육혈포 강도〉(이강렬 극본, 연출)를 공연했고, 에저또극단과 극단76은 각각 1930년대에 인기를 끌었던 〈배나무집 딸〉(허영 극본, 강영걸 연출), 〈젖먹이 살인사건〉 〈월급날〉(강계식 극본, 기국서 연출) 등을 공연했다. 이 '신파극 페스티벌'은 신파극을 아는 원로들의 고증 및 해설, 출연 등으로 원형에 가깝게 접근했고 관중들의 호기심도 자극했다. 그러나 이제는 없어져버린 저질 대중극을 오늘에 와서 재현할 가치가 있는가라는 비판적 시각이 많았고, 일부에서는 일본의 경우처럼 과거 문화유산의 하나로 원형을 복원하여 보존하려는 것도 역사적 의미가 있지 않겠느냐는 견해도 있었다. 그러나 그것이 복고 취향이나 상업주의 발상에 따른 것이라면 경계되어야 한다는 것이 지배적 견해였다.

'신파극 페스티벌'을 준비한 주최 측에서는 '우리나라 근대 연극사상 첫 장르로서의 신파극에 대한 확인과, 그 신파극이 오늘날의 연극과 함께하는 공감대의 윤곽을 찾기 위한 신파극 재평가 작업'(강준혁)이라 했고, 참여한 젊은 연극인들은 '신파극이 나쁘든 좋든 간에 과거 한 세대 우리 민족에게 큰 공감을 주었던 연극이므로 이런 페스티벌이 마련된 것은 오히려 때늦은 감이 있을 정도'(이강렬)라고 했다. 또 다른 참여자(강영걸)는 한 걸음 더 나아가서 '현대 연극 장르에서 소외되었던 신파극을 재현하는 것은 연극의 다양화란 의미가 크다'고까지 주장하였다. 그러나 결과적으로는 좋은 반응을 얻지 못했는데, 그 점에 대해 한 젊은 관객은 '옛 신파극 원형의 재현이라는 의도에는 호감이 가나 배우들의 대사와 몸짓이 너무 희극적으로 흘러 본질적으로 느껴야 될 것을 잃게 하는 것 같다'(성균관대학생)고 하여 신파극만이 지니고 있는 멜로드라마적 요소가 부족함을 지적했다.

실제로 신파극은 그 원형을 복원할 수가 없었다. 우선 독특한 양식의 신파극을 할 수 있는 배우와 연출가가 없었기 때문이다. 그렇기 때문에 연극계 일각에서는 신파극 페스티벌을 가리켜 '복고풍에 영합한 얄팍한 상행위'라고 매도했는데, 이것이 어느 정도 설득력을 가질 정도였다. 그 점은 이후에 연극계에서 신파극을 흉내 내는 일이 거의 없었던 사실에서도 확인할 수가 있다. 이는 솔직히 출구를 못 찾고 방황하는 연극인들이 한때 벌인 해프닝이었다고도 볼 수가 있다. 신파극 해프닝과 함께 공간사랑 소극장이 꾸몄던 희극제라는 것도 1980년대 초의 이상(異常) 상황이 빚은 하나의 조그만 연극 잔치였다고 볼 수 있다.

유신 체제 붕괴 이후 더욱 경직화된 상황에서 공연윤리위원회의 사전심의가 강화되었기 때문에 웬만한 작품은 검열을 통과할 수가 없었다. 따라서 각 극단들은 다투어 가벼운 희극작품을 공연했고 관중 호응도 괜찮았다. 이러한 데 착안한 공간사랑은 무더운 여름도 가볍게 넘길 겸해서 극단 민예극장의 〈서울말뚝이〉(장소현 작)를 비롯해서 극단 작업의 〈벙어리 마누라를 가진 판사〉(아나톨 프랑스 작), 가교의 〈의자들〉(이오네스코 작), 에저또의 〈이상한 부부〉(닐 사이먼 작) 등을 두 달 동안 연속적으로 공연했다. 그런데 염천임에도 불구하고 관중은 의외로 많았다. 이처럼 공간 희극제가 성과를 거두자 희극물 선택이 전 연극계로 확산되어 여름부터 가을까지는 온통 서양 코미디가 극장가를 뒤덮는 묘한 사태까지 벌어졌다.

사실 정통적인 희극은 비극보다도 한 단계 위의 연극 형태로 볼 수 있다. 그러나 비정상적인 사회에서 희극이 풍미한다는 것을 세계 연극사는 말해 주고 있다. 당시 상황에서 희극을 하게 된 배경을 몇몇 연극인들이 밝힌 바 있는데, 극단 세실의 〈홍당무〉를 연출한 채윤일은 '원래는 사회가정극으로 연출했다가 공연윤리위원회의 사전심의 강화와 발표 후 코믹한 가정물로 바꾸었다'면서, '엄한 공륜 심의 때문에 앞으로 당분간 이런 현상이 두드러질 것'이라고 솔직하게 고백한 바 있다. 반면에 자유극장의 〈따라지의 향연〉을 연출한 김정옥은 '전환기적 상황에서는 관객들이 정서적으로 혼란을 일으키기 때문에 각 극단들이 무거운 창작극보다는 배우들의 연기술과 재미에 바탕을 둔 코미디 공연을 시도하고 있다'고 노련한 연극인답게 우회적으로 상황을 설명했다.

그런데 문제는 그 많은 희극물들 중에 창작 희극이 거의 없었다는 데 있었다. 그러니까 대부분 각 극단들이 과거에 한두 번씩 무대에 올렸던 작품들을 안이하게 재탕만 하고 있었다는 게 심각한 문제라는 이야기다. 이는 그만큼 당시 상황도 절박했지만 그것을 뚫고 나가겠다는 연극인들의 의지가 전혀 보이지 않고 적당히 타협 내지 회피하면서 수익이나 올려보겠다는 속셈에서 비롯된 것이었다는 데 연극계의 심각한 문제가 있었던 것이다. 결국 1980년대의 연극계는 이러한 식으로 흘러갈 것임을 연극인들의 고뇌 없는 안이한 자세가 웅변으로 설명해주고 있었다.

그런 가운데서도 국제 교류는 조금씩 많아짐으로써 우리 연극이 자극받을 기회는 있었다. 이 땅에서 처음 열린 국제 연극제전이라 할 제3세계 연극제가 그 하나의 좋은 예라 하겠다. 제3세계 연극제라는 것은 국제극예술협회(ITI)의 제3세계분과가 1970년 총회 때 제의해서 1971년부터 시행된 연극축전이었다. 국제극예술협회의 4개 분과 중 하나인 제3세계분과는 아시아, 아프리카, 중남미 국가 회원들로 구성된 단체다. 그런데 1970년 총회 때 필리핀의 연출가이자 여배우인 세실 기도테가 '강대국들의 오랜 지배 아래 침식되고 망각되었던 제3세계 고유의 전통을 되찾는 공연예술제와 국제회의를 개최하자'는 안을 전격적으로 제출하여 통과시켰던 것이다. 그리하여 1971년 11월 마닐라에서 제1회 연극제가 열렸고, 그로부터 격년으로 제3세계 국가들에서 개최되어왔다. 제3세계 연극제에는 서구 강대국들도 적극 참여했는데, 표현상 한계에 다다른 서양 연극이 그 타개 방법론을 토속적인 동양 연극에서 찾아보려는 데 있었다. 이러한 제3세계 연극제가 개최되면서 라틴아메리카의 연극 방식이 널리 퍼져나갔는데, 우리나라에서는 극단 자유극장이 절대적인 영향을 받았다. 〈무엇이 될고 하니〉로 시작된 소위 집단창작 방식이 바로 그러한 경우라 볼 수 있다.

1979년 카라카스에서 열렸던 제4회 연극제 회의에서 '연극은 한 희곡의 충실한 재현이라기보다는 집단 창조의 성격을 띰으로써 더욱 민중과 밀착할 수 있고 대중의식을 더 반영할 수 있다. 제3세계 연극은 서구연극과는 달리 처음부터 집단 창조의 성격을 띠고 있다'는 결론을 얻었던 사실에서도 그 점은 증명된다고 하겠다. 따라서 우리가 제3세계 연극제를 유치한 것은 그동안 우리 연극이 '서구 일변도로 기울었던 연극 풍토에 새로운 바람을 불어넣어 한국 연극사에 또 하나의 전환점을 마련하고, 이를 계기로 한국이 아시아 지역의 연극에 구심점이 되도록 하기 위한 것'(「한국일보」1981.12.6. 김의경 발언)이었다.

1981년 3월 16일부터 21일까지 일주일 동안 서울에서 열린 제5차 제3세계 연극제 준비(위원장 여석기)는 전해부터 시작되었고, 국제극예술협회의 50개 회원국과 30개의 유명극단, 40여 명의 세계적인 연극인들에게 초청장을 발부했다. 처음에는 전 세계에서 10개국, 12개 극단과 외국 연극인 166명이 참가 신청을 해왔다. 그러나 시간이 지나면서 영국, 베네수엘라, 나이지리아 등 3개국이 자국 내 공연 일정과 여비 문제로 불참을 통고하여 인도, 방글라데시, 인도네시아, 일본, 중국, 튀니지, 프랑스 등 7개국만 참가하기에 이르렀다.

외국 참가 극단들도 고전극과 현대극으로 나눌 수가 있는데, 그림자극 〈와양쿨리트〉를 갖고 온 인도네시아를 위시하여 〈노〉와 〈교겐(狂言)〉을 들고 온 일본 등 두 나라가 전통극을, 나머지는 현대극을 공연케 되었다. 인도극단 PDA는 〈락스미 가우리〉, 튀니지의 극단 미그랩 아랍은 〈정열의 사람들〉, 방글라데시 극단 더디어터는 〈발자국소리〉, 프랑스의 도미니크 우라르극단은 〈희극적 환상〉, 그리고 필리핀 극단은 〈팍 알라이〉를 각각 공연했다. 이들 7개 극단들이 모두 한국에 처음 온 것이지만 특히 일본의 고전극이 해방 이후 우리 관객들에게 선을 보였다는 점에서 주목을 끌 만했다. 그리고 아시아에 널리 퍼져서 전승되어오는 그림자극이 한국 관중의 호기심을 끌었다. 우리나라에서도 만석중(曼釋僧)놀이라 하여 조선시대에 사찰을 중심으로 번성한 적이 있었다.

제3세계의 현대극들은 거의가 자기들의 전통에 소재 원천을 두고 현대적 기법을 가미한 것이었다. 그러나 이들 제3세계의 현대극들은 하나같이 '전통을 예술적으로 조직화하는 데 힘이 덜 미쳤던 것'(한상철)이다. 그만큼 수준이 높지 못했다는 이야기다. 그렇기 때문에 매우 특수한 일본 전통극과 인도네시아의 그림자극, 프랑스의 인형극을 제외하고는 대학극 수준의 미숙한 공연들이었고 한국 관중의 실망 또한 컸다. 제3세계 연극을 처음 본 우리 연극인들은 자신감을 갖고 창조 작업에 임할 수 있게는 되었지만, 극동지역에서 처음 개최된 제3세계 연극제로서는 너무 실망스러운 것이었다. 다행히 '동서 연극의 상호 영향'이라는 주제의 토론회에 DIS 코트, 오스카 브로케트, 제임스 브랜던, 구니 와르다나, 피터 살렘, 베나 벤투라, 마이클 커비, 움베르토 올시니 등과 같은 세계적 석학들이 대거 참가했기 때문에 소득이 있었고 체면도 살릴 수 있었다.

이들은 역시 대가답게 강연과 토론을 통해서 동서 연극이 직면한 문제와 연극이 추구해야 하는 본질에 대해서 중요한 말을 했다. 연극이 '지나치게 각국의 개별성을 주장해서는 안 된다. 연극의 나라에는 아프리카도 아시아도 없다. 존재하는 것은 우리들 인류요, 인간이다. 연극이 대상으로 삼아야 하는 것은 국경을 초월한 인간'이라고 한 앨런 스튜어트의 말을 비롯해서, '동양의 예술가들은 그들 고유의 문화를 표현하기 위하여 전통적인 방법을 사용하지 않으며 서양 문화를 모방하지도 않는다. 그들은 새로운 언어를 창조한다. 이 같은 창조는 동양과 서양의 문화로부터 가장 훌륭한 점들을 취하여 그 두 문화가 반복되지 않고 오히려 서로를 보완하는 데 유용할 진정한 문화적 통합주의를 이룩한다. 새로운 길이 열렸다. 그것은 결코 닫혀서는 안 되었을 길이었다. 그것은 전 세계 예술가들 사이의 교류와 이해의 길'이라고 한 카즈나다의 말도 귀 기울일 만했다.

한편 아프리카에서 온 아데데지는 '제3세계 민족들의 의식과 생의 방법과 감성이 반영된 연극의 창조는 각 나라의 전통적 문화자원에 바탕을 둔 연극문화가 형성되어야 가능하다'고 외쳤고, 제임스 브랜던은 '전통의 보존과 예술의 창조에 있어서의 변화의 과정이 필요하다.'고 주장했으며, 그로테스크가 세계를 지배한다고 본 얀 코트는 우리 연극과 관련시켜 '상이한 것의 충돌과 융화에 의한 유입과 유출이 중요하다. 이번 연극제에서 체험한 한국 연극은 훌륭했다. 한국 연극은 서구 연극인들에게 과거적인 것이 무엇이냐, 현재적인 것이 무엇이냐, 그 상호관계는 무엇이냐, 서양의 연극 공간과 동양의 연극 공간의 상관성은 무엇이냐 하는 문제에 대한 해답을 가능케 해주었다. 재발견, 이것은 이 연극제가 나에게 안겨준 한 가지 언어'라 했다. 그러나 각 나라의 전통이라든가 아이덴티티와 관련하여 '우리들은 우리들의 과거 속에서 잿더미만을 발견하는 것이 아니라 타오르는 불씨를 발견해야 한다'고 외친 롤랑 르로이의 말이 가장 극적이고 인상적이었다.

이와 같이 한 주일에 걸쳐 세계적인 연극인들이 모여 토론을 벌이는 동안 일곱 나라 극단들이 한국 연극과 함께 어우러짐으로써 우리나라 연극사상 최초의 국제적인 연극 축전이 될 수가 있었다. 개별성과 다양성, 특수성과 보편성이라는 극예술의 본질과 관련하여 열띤 토론과 강연을 가짐으로 써 제3세계 연극제는 작품 공연보다는 학술 모임의 성격이 강했다. 이 땅에 서 최초로 열린 국제적인 연극제를 지켜본 평론가 이태주는 "각 나라의 전통적인 문화유산 속에서 그들이 재발견한 '그들 자신'의 표현방식과 전달방 식이 무엇이었느냐 하는 내용이 회의와 토론을 통해 이론화되고 무대 위에 서 실천되면서 동시에 워크숍을 통해 그 창조과정이 설명되는 종합성에서 성과가 나타났다. 우리는 이 같은 종합적인 노력 속에서 제3세계의 연극이 20세기 후반의 역사적 격동기 속에서 무엇을 꿈꾸며, 무엇을 의식하고 있 으며, 무엇을 실현하고자 발버둥치고 있느냐 하는 것을 직접 체험할 수 있 었다"(『동아일보』 1981.3.24)라고 썼다.

분명히 한국 연극사상 처음으로 열린 국제적인 제3세계 연극제는 우리나 라 연극인뿐만 아니라 대중에게 연극에 대한 안목을 넓혀주는 동시에 우리 의 연극 유산에 대해서도 그런대로 자부심을 갖게도 만들었다.

10·26 정변 직후, 즉 1980년대의 제5공화국에 접어들면서 연극계에 큰 변화를 일으킨 사건이 하나 있었는데, 그것이 다름 아닌 말썽 많은 공연법 의 개정이었다. 공연법 개정을 하나의 사건이라고 한 것은 그것이 연극계에 서 적잖은 문제를 일으켰기 때문이다. 여기서 문제라고 한 것은 그 개정이 좋으라고 한 것인데, 실제로는 긍정적인 방향보다 부정적 측면도 없지 않았 던 데서 비롯된 듯싶다.

새 정부가 들어서면서 1981년 12월 31일 자로 공포된 개정된 공연법 시 행령 가운데서 개정 내용의 주요 골자는 다음과 같다. 첫째, 공연자 등록 대 상에서 정부투자기관, 언론기관, 공연장 경영자, 영화제작자들을 제외하여 등록 없이 공연할 수 있도록 했다. 둘째, 모법(母法)에서 공연자 등록 때의 인적 물적 기준의 근거 규정이 삭제되었으므로 이에 맞추어 전속 출연자, 악기, 연습실 등의 인적 물적 기준을 삭제했다. 셋째, 소극장운동을 활성화 하기 위하여 300석 이하 또는 객석의 면적이 300평방미터 이하인 공연장은 설치 허가 대상에서 제외했다. 넷째, 공연장 시설 기준 중 건축법에 규정된 사항을 삭제하고, 공연장에서는 무대와 영사막 등 공연에 필요한 최소한의 시설만 갖추도록 하되 그 구체적인 기준은 문화공보부령으로 정하도록 했다. 다섯째, 동일한 공연장에서 동일한 공연을 계속 공연하는 동안에는 신고한 관람료를 변경할 수 있도록 했다. 여섯째, 관람료 허가 제도, 전속 출연자 제도 등에 관한 규정이 법에서 삭제되었으므로 이에 관한 조항을 삭제했다. 일곱째, 공연 예정 지역이 서울특별시이거나 직할시 또는 도(道) 중 2개 지역 이상인 경우에 문화공보부장관이 하던 공연작품의 각본 심사를 공연윤리위원회에 위탁케 함으로써 각본 심사의 자율성과 전문성을 확보하도록 했다.

이 밖에도 새 시행령은 공연장 설치 허가를 필요로 하지 않는 범위를 대폭 넓혀 공연장이 아닌 곳에서도 공연할 수 있도록 했다. 허가 없이 공연할 장소로는 △ 국가, 지방자치단체나 교육기관의 시설 또는 광장 △ 공연에 제공함을 주된 목적으로 하지 아니하는 시설 또는 장소 △ 객석이 300석 이하이거나 객석의 바닥 면적이 300평방미터 이하인 공연장 △ 다른 법령의 국정에 의하여 공연을 행할 수 있는 호텔, 유흥음식점 및 접객업소 △ 음반을 대중에게 무료로 시청하게 하는 시설 또는 장소 등이 해당된다. 그 외에는 자선 또는 구호사업을 주된 목적으로 설치된 시설, 관광휴양지구 안에서 관광객을 위한 공연을 행하기 위하여 임시로 설치한 시설 등에서도 공연할 수 있도록 했다(『조선일보』 1982.3.20).

이상과 같은 공연법 개정은 매우 획기적인 것이었다. 식민 시대 말엽에 일본제국이 한국인들의 문화예술 활동을 통제하기 위해 만들었던 조선흥행물취체규칙에 토대를 둔 공연법은 매우 전근대적인 것으로서 각종 규제 장치는 공연 활동을 여러 측면에서 얽기만 한 것이었다. 그런데 1981년도 말의 공연법 개정으로 극장 설치에서부터 극단 조직, 공연 활동 등 대부분이 연극인들 자율에 맡겨진 것이다. 건국 이후 공연법이 몇 번 손질되었지만 제5공화국에서만큼 획기적인 개정은 처음 있는 일이었다. 그러니까 여기저기 법망에 걸려서 연극인들이 그동안 기를 제대로 못 펴왔는데, 공연법 개정으로 인해서 모든 활동이 자유스러워진 것이다. 특히 소극장 개설과 극단의 자유로운 조직, 공연 활동의 자유로움이 핵심이 되었다.

이러한 공연법 개정에 대한 연극인들의 반응은 환영 일색이면서도 자율에 따른 극단의 이합집산 및 난립과 작품의 질적 저하를 우려하는 분위기가 감돌았다. 즉 극단과 소극장을 운영하는 중견 배우 김동훈은 개정된 공연법이 '인적, 물적 규정을 삭제하고 소극장을 건축법의 규제에서 푼 것은 매우 희망적인 처사지만 자율화에 따른 문제들은 연극인들의 양식으로 해결하지 않으면 안 된다'면서 연극이야말로 '집단예술인 만큼 인재가 집결되어 앙상블을 이뤄야 하고, 공연 역시 재정이 튼튼한 프로듀서가 나와야 법이 보장한 연극의 활성화를 꾀할 수 있다'고 했고, 연출가 정진수도 '까다롭게 법으로 규제하던 규정들이 철폐된 것은 반가운 일이지만, 그렇다고 아무 자격도 없는 사람들이 아무런 시설도 갖추지 않고 공연함으로써 작품의 질을 떨어뜨리는 일이 있어서는 곤란하다'는 말로 가뜩이나 빈약한 연극계에서 인재가 분산됨으로써 날림 작품이 양산되는 것을 우려한 것이다.

신생 극단을 이끄는 연출가 김도훈(金道勳)도 '군소극단들의 공통된 우려는 개인 프로덕션의 허용으로 연극의 질이 더 떨어지고 기존 극단의 인적 구성에 분열이 올 가능성이 짙으며, 가뜩이나 불황과 침체에 빠져 있는 연극계가 중구 난방식 졸속 제작으로 질을 떨어뜨리면 그나마 있는 관객도 떨어져나갈 염려마저 있다'고 우려했다. 그리고 300석 미만 소극장 개설을 연극인들 자율에 맡겼지만 기업화가 되지 않은 영세한 연극인들이 얼마나 소극장을 만들어서 운영할 수 있느냐 하는 것은 회의적이었다.

바로 그 점에서 기업이 나서서 소극장을 만들고 또 뒷받침을 해주어야 하는 당위성이 있었다. 또한 연극계 일각에서는 갑작스런 공연법 개정으로 극단이 난립하여 저질 작품이 남발하는 것을 미연에 방지하자는 의견도 대두되었다. 그러나 '규제 조치를 연극인 스스로 만들기보다는 자유경쟁으로 좋은 작품을 육성하는 방향으로 유도하는 편이 바람직하다'(이영윤)는 의견이 지배적이었다. 그렇기 때문에 자율 규제 의견은 곧바로 사라졌다. 연극인들은 어떠한 규제도 받고 싶지 않았던 것이다. 오직 자유경쟁으로 좋은 작품은 살아남고 나쁜 작품은 자연 도태되어야 한다는 것이었다. 이와 같은 공연법 개정과 함께 공륜의 심의 규정도 완화시켜줄 것을 정부 당국에 요구했지만 아무런 반응이 없었다.

여하튼 연극계의 숙제였던 공연법 개정으로 긍정과 부정의 측면에서 점차 변화가 오기 시작했다. 첫 번째 변화는 연극계 밖에서 왔다. 그것이 다름 아닌 소형 영화관의 등장이었다. 소극장운동을 통해 연극 활성화를 꾀하려 한 공연법 개정이 엉뚱하게 영화계에서 먼저 변화를 일으킨 것이다. 서울을 중심으로 해서 광주, 대구, 부산 등 대도시에 소형 영화관이 들어서기 시작하여 영화 상영 판도를 바꾸기 시작했다. 이들이 또한 청소년들의 아지트가 되기도 했다. 다음으로는 연극계에서의 변화인데 그 하나가 다름 아닌 기획제작 시스템의 등장이었다. 기획제작 시스템이란 한마디로 작품 제작과 공연 기획을 분리, 연극인들은 오로지 작품 창조에만 전념하고 공연에 따른 여러 가지 업무, 즉 홍보, 관객 유치 등은 기획제작팀에서 도맡아 하는 방식을 일컫는다. 물론 연출가, 배우 등 출연자들에 대한 출연료를 지급하는 것도 기획제작 시스템에서 보장해주는 것이다.

이러한 방식은 20여 년 동안 지속되어온 동인제 극단 시스템의 아마추어리즘에 정면 도전하는 것이기 때문에 주목할 만한 것이고, 또 연극계에 적잖은 변화를 가져올 만했다. 기획제작 시스템은 이미 1980년 12월에 신문기자 출신의 신영철이 예니라는 첫 번째 기획제작 시스템을 만드는 것으로부터 시작되었다. 이어서 출판사 마당기획이 태멘을 만들었고, 탑, 도락 등의 기획제작 시스템이 속속 등장한 것이다. 이들 기획제작 시스템들 중 가장 먼저 등장한 예니의 경우 기국서의 실험극 〈햄릿〉 공연을 위시하여 극단

창고극장의 〈결혼〉 〈약장사〉 등을 지원했고, 태멘은 세실극장을 자체 공연장으로 삼고 〈토선생전〉 〈당신의 어릿광대는 어디로 갔을까요〉 〈뛰뛰그룹〉 등을 만들었으며, 필동에 건넌방이라는 소극장을 개설한 도락기획은 〈감마선은 얼룩진 금잔화에 어떤 영향을 주었는가〉 등을 후원하였다. 그런데 도락기획은 배우조합을 만들어 각 극단에서 필요로 하는 배우를 공급하는 일까지 함으로써 주목을 끌기도 했다.

이상과 같은 기획제작 시스템이 외형적으로는 비교적 이상적으로 보였다. 왜냐하면 연극인들은 작품 창조에만 전념하고 잡다한 일은 외부의 기획제작팀에서 모두 맡아 했기 때문이다. 그러나 이것도 몇 가지 문제점을 안고 있었다. 그 첫째가 다름 아닌 기획제작팀의 자금이었다. 사실 작품은 무대에 올릴 때마다 적자이고 흑자는 어쩌다 한두 번 있을까 말까한 상황인데, 그러한 기획제작 시스템이 얼마나 지속될 것이냐 하는 것과, 두 번째는 공연의 재정적인 문제를 비전문의 기획제작팀이 맡을 경우 창조적인 의식 없이 안일한 자세로 작품에 임할 가능성이라 하겠다. 사실 이러한 우려는 곧바로 나타났다.

공연법 개정에 따른 두 번째 변화는 부실하지만 소극장이 대폭 늘어난 점이다. 가령 기존의 민예소극장을 위시하여 실험소극장, 삼일로창고극장, 뉴코아소극장, 엘칸토소극장, 에저또소극장, 살롱 떼아뜨르 추(秋) 등이 공연법 개정과 함께 활기를 띠었던 것은 말할 것도 없고, 신촌에 서라벌소극장이 생겨난 것을 비롯해서 건국대 앞의 소극장 주(Zoo), 노량진 중앙대 옆의 성구와 재진극장, 중구 필동의 건넌방, 비원 옆의 공간사랑, 강남의 판소리극장 등 속속 생겨남으로써 대학가를 중심으로 소극장가가 형성되어가는 느낌마저 주었던 것이다. 이처럼 각 극단들이 자체 소극장을 갖게 되면서 대극장 공연을 기피하는 경향이 나타나서 연극이 왜소화해가기 시작했다. 그러니까 각 극단들이 자체적으로 갖고 있는 인력과 재력이 절대적으로 부족해서 대작을 만들기가 어렵고, 설사 무리해서 만든다고 하더라도 제작비를 건지기가 어렵기 때문이다.

따라서 왜소하고 급조된 작품들이 남발될 수밖에 없었다. 다시 말해, 급작스럽게 불어난 소극장들이 새 연극 창조의 실험실 구실을 하는 것이 아니라 대극장에서 할 공연을 대신하는 것이기 때문에 소극장들이 상업극장화해갔다. 그렇기 때문에 연극의 타락화 현상이 대형 상업극장에서 나타난 것이 아니라 소극장들에서 고개를 들었다는 데 심각성이 있었다. 각 극단들이 자체 소극장을 가지면서 '무대야 어떻든 관객만 모아보자는 비상수단만을 써온 결과 고정 관객은 늘지 않고 1회성 관객만 만들어내는 한건주의 풍조가 일게 되었던 것'(유용환)이다. 당시 연극이 통속화로 급속히 기울어진 여러 가지 이유 중에서 주된 것은 다음과 논평에 잘 나타나 있다.

> 연극인들의 자질이 떨어짐으로써 빚어지는 레퍼토리의 난맥상과 혼란에 있고 대다수의 공연작품 중 천박한 흥행심리를 자극하고 있거나 시대착오적인 작품과 무정견한 실험극의 시도, 또는 현실과 유리된 작품 선택이 주종을 이루고 있는 데 있었다(정진수, 『조선일보』 1982.6.26).

그리고 공연법 개정 이후의 세 번째 변화는 예상한 대로 극단의 핵분열에 따른 난립 현상이었다. 연극협회에 등록된 극단만 36개였고, 시(市)에만 등록한 극단도 헤아리기 어려울 만큼 늘어난 것이다. 극단들의 우후죽순 난립이 외형적으로는 활기 있게 보일지 모르나 실제적으로는 연극의 타락화를 촉진시킨 경우가 되었다. 왜냐하면 기초가 전혀 되어 있지 않은 신진 연극인들이 극단을 조직해서 마구잡이 공연을 했기 때문이다.

공연법 개정 이후의 네 번째 변화는 실험극운동이 미약하나마 고개를 든 점이라 하겠다. 소장연 극인들을 중심으로 실험극 공연이 조금씩 선을 보였는데, 가령 공간사랑을 본거지로 극단 거론(巨論)의 〈49번째 행위〉(신석하 작, 연출)를 시발로 〈지금 그리고 여기〉(김연한 작, 연출), 〈1919.3.1〉(김상수 작, 연출) 등이 그러한 시도였다. 그러나 극단 거론의 실험극은 연극계의 주목을 전혀 끌지 못했다. 별다른 철학도 방식도 눈에 띄지 않았기 때문이다. 이와 같이 실험극운동이 연극계에 아무런 영향을 주지 못할 때, 독일에서 활동하던 무세중(巫世衆)이 잠시 귀국하여 이색적인 공연을 하여 연극계에 신선한 충격을 던져준 것이다.

성균관대에서 불문학을 공부했던 그는 연극이 하고 싶어서 드라마센터 연극아카데미를 수료한 뒤 무속과 탈춤을 연구하기 위해 중앙대 대학원 국문과에 입학했다. 거기서 그는 양재연(梁在淵) 교수의 지도로 탈춤 춤사위를 학위논문으로 썼다. 이후 창작무용으로 개인발표회를 가진 후 홀연히 테아트르무(巫)라는 전위극단을 만들어 독일로 가서 5년여 동안 공연 활동을 벌이다가 귀국한 것이다. 그는 귀국하자마자 문예회관 소극장에서 〈통일을 위한 막걸리 살풀이〉라는 자작 연출의 전위극을 선보였다(1982.2.10). 거의 대사 없이 춤사위, 판토마임, 신음소리, 빛과 음향만으로 여러 가지 상징적이면서도 초현실주의적인 작품을 만들어내어 관중에 충격을 가했다.

군대에서 전위부대는 전체의 안전을 위해 존재하며 전위부대 없이는 사단의 뛰어난 활약이 보장될 수 없듯이 전위예술은 일반적인 정통예술과 상호 보완적인 관계에 있다고 보는 무세중은 〈통일을 위한 막걸리 살풀이〉를 제작한 배경에 대해 '현대인의 의식상황을 위스키나 맥주가 아닌 막걸리적인 차원에서 환기시켜보자는 데 뜻이 있다. 물질만능에 찌들어 황폐해진 인간의 영혼을 전통민속극의 제의적 성격을 빌어 위로해주자는 일종의 위령제로서 작품을 꾸몄다'(『조선일보』 1982.2.11)고 고백했다.

그는 이어서 자기의 이번 작품의 성격을 규정하면서 '원칙적으로 이 작품들은 대본이 없다. 왜냐하면 작가의 이상을 무용수나 곡예적 훈련을 쌓은 배우들이 직접 표현해주면 되기 때문이다. 말이 거의 없을 뿐만 아니라 일관된 줄거리도 물론 없다. 전체의 상황을 제시하되 그것을 반(反)기교, 반이데올로기, 반연극 등의 이념으로 표출하는 작업이다'라고 했다. 또 그는 '문명과 제도, 도덕이라는 구태의연한 옷을 입고 가식 속에 살고 있는 인간들, 그들의 허위와 자만의 옷을 벗기고 그 넋을 위로함으로써 새로운 역사의식을 심어주자는 행위', '예술이라는 형식을 빌렸지만 아름다움이나 즐거움, 기교나 꾸밈보다는 형상 자체를 찢고 깨고 벗기는 작업'이 곧 자기의 전위예술 행위라고 했다.

매우 이색적인 작품을 참관한 관객은 '난해할 것으로 예상했는데 오히려 배우들이 덩어리가 되어 바로 우리 시대의 내 모습을 보는 것 같은 공감과 충격을 받았다'(신영철)고 했고, 평론가 이태주는 무세중의 작업이 '언어 중심의 연극에서 육체표현을 시도했다는 데 의의가 크다. 춤과 연극의 상호 관련성을 추구하면서, 서구의 토털 아트를 국내 무대에서 실험하는 중요한 계기도 될 것 같다. 나아가 우리의 상황에서 어디까지 실험 작업이 가능한가를 가늠하는 기회도 될 것'이라고 의미 부여를 했다.

분명히 연극이 저질 상업주의로 흐름으로써 타락 현상을 보이고 있을 때 무세중의 공연은 눈을 확 뜨게 한 충격적 공연이었음을 아무도 부인할 수 없었다. 특히 금기로만 알아온 통일을 하나의 작품 주제로 내걸고 작업을 했다는 데서 큰 의의가 있었고, 분단 독일에서 우리의 전위예술가가 통일을 얼마나 염원했는가를 실증적으로 보여주었기 때문에 감동적이기까지 했다. 그러나 무세중은 곧 독일로 건너갔고, 그와 동시에 그의 작업도 지속성을 지니지 못하고 하나의 해프닝으로 끝난 느낌을 주었다. 그 후 그는 다시 귀국하여 유사한 작업을 벌였지만 〈통일을 위한 막걸리 살풀이〉처럼 주목을 끌지는 못했다. 그것이 전위연극의 한계인지도 모른다.

여하튼 1980년대 연극의 가장 특징적 현상은 역시 다양성이라 하겠다. 전체적으로는 암흑사회에서 나타나는 타락한 상업극의 풍조였던 것이 사실이었으나 그런 속에서도 무세중의 충격적 실험극이 나왔는가 하면 그 외에도 창극이 국립극장 무대를 본거지로 하여 부각되었으며, 인형극이 어린이 연극으로 크게 번창하기도 했고, 청소년 연극, 총체극, 지방 연극, 뮤지컬, 집단창작 방식 등도 나타났던 것이다. 그렇다면 소위 총체극이라는 것은 어떻게 부침했는가 하는 점이 먼저 짚고 넘어가야 될 것 같다.

사실 연극은 종합예술이기 때문에 당초부터 총체성을 지니고 있는 것이다. 그 점은 우리의 굿놀이라든가 가면극 같은 것을 보더라도 알 수 있다. 서양 연극도 그 시원은 제의와 관계가 있기 때문에 총체성을 지니고 있었는데 점차 문학성, 즉 희곡 중심으로 발전해오면서 음악적인 면, 무용적인 면 등이 쇠퇴해버리고 대사 위주가 된 것이다. 서양 연극을 맹목적으로 답습해온 한국 신극도 대사 위주의 문학적 연극으로 고착되었고, 그에 대한 반성이 나올 때도 된 것이다. 따라서 1980년대 중반에 와서 뮤지컬이니 창극이니 하는 서양 음악극과 우리 고유 음악극이 머리를 드는 사이에 총체극이라는 실험도 있게 된 것이다.

총체극은 이름 그대로 문학(희곡) 위주의 대사극에서 탈피하여 움직임 중심으로 무대를 충만케 하는 연극을 말한다. 그러니까 희곡은 연극이 이루어지는 데 하나의 소재와 플롯 역할만 하고 무용, 음악, 마임, 미술 등을 극대화시킨다는 것이다. 이것은 이미 1970년대 초에 드라마센터에서 유덕형이 프랑스의 아르토의 연극정신을 계승하여 실험을 한 적이 있고, 1985년 봄에 실험극장에서 중견 배우 김동훈이 본격적으로 시도하기에 이르렀다. 노경식의 설화극 〈삼시랑〉을 대본으로 하여 현대무용가 조은미의 무용단과 전위음악가 강석희, 한국화가 이만익, 오페라 연출가 문호근 등이 합작 형식으로 꾸며내기도 한 것이다.

실험극장 창립 24주년 기념으로 꾸미는 총체연극 실험에 대하여 연출을 맡은 김동훈은 '아직 우리에게 총체연극은 기본이 없는 작업이지만 무엇보다 논리가 세워져야 하고, 이번 공연에서 우리 힘으로 만들 수 있는 총체연극의 기본을 정립해보겠다'는 의욕을 보였다. 그러나 실험극장의 첫 번째 총체극인 〈삼시랑〉은 실패로 끝나고 말았다. 실패한 이유는 몇 가지가 있는데, 그 첫 번째 이유가 바로 문학, 음악, 무용, 미술 등이 유기적으로 결구(結

構)되지 못하고 따로따로 놀았다는 점이고, 대본이 총체연극을 하기에는 적합지 않다는 것이 두 번째 원인이었다. 그럼에도 불구하고 총체연극 실험은 몇 군데서 시도되었는데, 크리스찬 아카데미가 주관한 〈말〉 공연도 성공을 거두지 못했음은 두말할 나위 없다. 그럼에도 불구하고 서울올림픽을 앞두고 창단된 88예술단이 〈새불〉(오태석 작, 연출)이라는 대형 총체연극을 다시 시도하여 실패를 거듭하는 우를 범하기도 했다.

이러한 총체연극이 실험되고 실패할 즈음에 브로드웨이 스타일의 뮤지컬이 고개를 들기 시작했다. 사실 미국 연극의 본류라 할 뮤지컬이 한국에 처음 시도되기는 1962년 드라마센터에서였다. 6·25전쟁 직후에 미국 연극계를 돌아본 유치진이 한국 연극이 장차 대중성을 획득하려면 아메리칸 뮤지컬밖에 없다고 주장하면서 〈포기와 베스〉를 뮤지컬로 꾸몄었다. 그러나 그것이 실패로 끝나면서 더 이상 진척되지 않았는데, 실패의 가장 큰 요인은 관중의 무관심과 배우들의 음악, 무용에 대한 무지와 미숙성 때문이었다. 그 후 두세 번 뮤지컬이 시도되다가 20여 년이 지나서야 뮤지컬이 다시 고개를 들기 시작했다.

1985년 봄 민중극장이 미국 작품 〈아가씨와 건달들〉을 공연하여 관중의 열띤 호응을 받으면서 극단 현대극장이 〈지저스 크라이스트 슈퍼스타〉를 대형무대로 꾸며서 세종문화회관에서 공연했고, 시립가무단도 〈지붕 위의 바이올린〉을 공연하여 절찬을 받은 바 있다. 뮤지컬은 문자 그대로 음악이 주가 되고 발랄한 춤까지 곁들여진 경쾌한 연극이기 때문에 무겁고 지루한 대사 연극보다 훨씬 대중성이 강하다. 왜냐하면 뮤지컬은 아무리 무거운 주제라 하더라도 아름다운 음악과 유쾌한 율동으로 가볍게 처리하기 때문에 관중이 부담 없이 즐길 수 있는 연극 양식이기 때문이다. 1985년도에 세 개 극단에서 선을 보여 인기를 모으자 현대극장처럼 뮤지컬을 전문으로 하는 극단으로 방향을 전환한 단체가 있는가 하면, 다른 극단들도 뮤지컬을 조심스럽게 시도하기 시작했다.

그리하여 1986년도 송년 무대 잔치를 뮤지컬로 꾸민 극단만도 현대앙상블, 뿌리, 민중극단 등 5개 단체나 되었다. 따라서 레퍼토리도 다양해졌는데, 현대앙상블의 〈스크루지〉를 비롯하여 〈빠담빠담〉(현대극장), 〈카바레〉(민중극단), 〈가스텔〉(뿌리) 등 다양했다. 뮤지컬 무대는 화려해야 하기 때문에 무대장치, 의상, 반주음악 등으로 제작비가 일반 연극의 2~3배 정도 들지만 관중의 호응으로 수지타산은 맞았다. 따라서 어린이 관중을 대상으로 한 뮤지컬도 등장하기에 이르렀다. 극단 교실의 〈꾸러기와 요술쟁이〉를 비롯해서 영동예술극장의 〈벌거벗은 임금님〉, 극단 부활의 〈혹부리 영감〉, 서울연기자 그룹의 〈이상한 나라의 앨리스〉들이 바로 그러한 어린이물인데, 뮤지컬을 소극장에서 했다는 점에서 주목을 끌 만했다. 그만큼 뮤지컬이 확산되고 있음을 단적으로 보여주고 있기 때문이다.

그러나 이러한 급작스런 뮤지컬 붐이 사전 준비 없이 일어난 것이기 때문에 타락으로 흐르거나 한때에 그칠 우려가 뒤따랐다. 특히 어린이용 뮤지컬에서 그러한 조짐이 나타나기 시작했다. 사실 뮤지컬은 배우들의 상당한 기량은 물론이고 전문적인 작가, 작곡가 등이 있어야 성공할 수 있다. 그러나 한국에는 뮤지컬을 아는 극작가와 작곡가들이 없는 데다가 배우들도 노래를 못 부르고 춤도 제대로 추지를 못했다. 그러니까 한마디로 뮤지컬 전문 연극인이 없었다는 이야기이다. 이러한 근본적인 문제점은 뮤지컬을 대중이 아무리 선호해도 장기적으로 번창해갈 가능성을 희박하게 만드는 것이었다.

이러한 뮤지컬 붐은 가장 한국적인 양식인 마당놀이라는 또 하나의 독특한 연극 형태를 등장케도 했다. MBC 방송사가 창사 25주년 기념으로 제작한 마당놀이 〈봉이 김선달전〉(손진책 연출)이 그러한 첫 출발이었다. 그리고 소위 청소년 연극이라는 것도 뮤지컬 붐과 깊은 연관이 있었다. 즉 정부가 청소년들의 정서 순화를 위해서 1984년부터 청소년예술제라는 것을 시작했는데, 그 일환으로 연극도 참여케 된 것이다. 드라마센터가 의뢰를 받으면서 아예 동랑청소년극단을 발족시킴과 아울러 청소년의 문제를 다룬 작품 〈방황하는 별들〉(윤대성 작, 김우옥 연출)을 무대에 올렸다.

그런데 입시 위주 교육의 문제점을 정면으로 다룬 〈방황하는 별들〉은 록 뮤직의 경쾌한 작품으로 개막되자마자 청소년들의 열띤 호응을 받았다. 대단한 호응을 얻어 세 번의 앙코르 공연까지 가진 이 작품 가운데에는 '우리는 시험지옥에서 살아요/문교부장관님/왜 입시제도는 자꾸자꾸 바꾸나요/학부모님/왜 우리는 공부만 해야 하죠/문교부장관님/우리를 지옥에서 구해 줘요'라는 가사의 노래까지 있어서 청소년 관객들의 눈시울을 적시게도 했다. 이러한 청소년 연극은 〈꿈꾸는 별들〉로 계속 이어졌는데, 중견 극작가 윤대성과 연출가 김우옥이 콤비를 이루고 서울예전 재학생과 졸업생들로 무대가 꾸며진 것이 특징이었다.

뮤지컬과 관계를 가진 연극 형태로서 김정옥 주도의 집단창작이라는 것도 하나의 이색적인 실험으로 꼽을 만하다. 프랑스에서 영화 공부를 하고 외국 연극 동향에 밝은 중견 연출가 김정옥은 당초의 서구풍 희극 취향에서 벗어나 1978년 〈무엇이 될고 하니〉(박우춘 작, 김정옥 연출)를 연출하면서부터 집단창작에 몰두하기 시작했다. 주로 중남미 제3세계 연극에서 적잖은 영향을 받은 그는 자기의 집단창작 행위가 어떤 변모가 아닌 지속이라 했다. 즉 그는 그러한 일련의 작업과 관련하여, "집단창작이라는 것이 초기의 작품과 관계없는 갑작스런 변화 같지만 그렇지 않아요. 나는 자연주의적 사실주의 연극은 기피하는 경향이었죠. 내가 흔히 다뤄온 희극무대에는 배우의 즉흥성이 중요한 역할을 했고 부조리연극에서는 사실의 배격, 뒤집혀진 현실이 바탕이었죠. 그러므로 나의 연출은 하나의 길을 튼 셈입니다"(『한국일보』 1985.8.4)라고 자신의 연출 철학과 행로를 밝힌 것이다. 그는 창작뿐만 아니라 로르카의 〈피의 결혼〉도 자기 방식대로 형상화했는데, 희극에 능했던 그가 죽음 문제를 끈질기게 추구하고 있다는 점도 주목할 만한 점이라고 하겠다.

1980년대 연극계의 큰 사건으로 북한의 대중예술이 서울에 와서 공연한 것과 아시안게임 축하연극제를 꼽아야 할 것 같다. 즉 1985년 가을 남북교류의 일환으로 북한의 무대예술이 장충동 국립극장 무대에서 선을 보였다. 레퍼토리는 무용극 〈금강선녀〉, 경기민요, 무용으로서 〈손북춤〉 〈달맞이〉 〈칼춤〉 등이었으므로 연극보다는 노래와 춤이 주된 것이었다. 북한의 톱클래스 배우, 가수, 무용수들이 등장했기 때문에 그 기량에서는 손색이 없었다. 그러나 역시 이데올로기 예술이 지니고 있는 한계를 보여준 것이었다. 북한예술단을 이끌고 온 송석한(宋錫翰) 부단장은 우리나라 국립극장의 경우 '무대조건이 낯설고 인원이 제약돼 충분히 기량을 발휘 못 했다'고 변호했다. 그런데 저들의 공연을 지켜본 관중은 한결같이 북한의 무대예술 작품에 대하여 '저들의 주장은 현대화에 따른 변화라고 하지만 전통을 완전히 잃어버린 국적 없는 형태가 되어버렸다'고 하여, 저들의 전통 현대화 작업이 실패했음을 지적했다. 무용의 측면에서 본 송범(宋范) 국립무용단장은 저들의 작품이 '인도(손놀림), 소련(발동작), 중국(의상) 등을 모방함으로써 국적을 상실했다'고 평했고, 음악의 경우 '러시아 무곡과 중국 음악이 혼합된 데다, 기악이건 성악 반주건 악상이 비슷하다'(김정길 교수)고 했으며, 무대의상도 '저고리 치마라는 기본형은 있으나 전통과는 거리가 멀고 오히려 중국 냄새가 난다'(석주선 박사)고 했다. '조명과 음향기술도 우리보다 뒤떨어졌으며 무대장치와 디자인도 수준이 별로 높지 않았던 것'(허규)이라고 평했다.

그러나 북한 예술단이 가져온 작품은 거의가 소품들이기 때문에 그것을 보고 북한의 무대예술을 평할 수는 없었다. 다만 무용수들의 테크닉만은 대체로 상당한 수준이었음을 아무도 부인 못 했다. 그럼에도 불구하고 북한 작품을 관극한 원로시인 서정주는 공연평에서, "쟁강춤이라고 그들이 이름 붙인 부채춤을 자세히 살펴보고 있노라니, 그 속에 끼어 있는 17~8세쯤의 소녀 하나가 제 나름의 독특한 멋을 풍겨보려고 애쓰고 있는 게 눈에 띄긴 했으나 이것은 전제문화에 대한 자연의 조용한 항거같이만 느껴져서 나를 더 서럽게만 했다. 인간의 자연스러움을 완전히 거세당한 사회자의 그 언동, 그 계속적인 가짜의 미소는 더구나 나를 슬프게 하는 촉진제가 되었다. 그들의 대부분 프로에서 공연자들은 사회자와 동류의 그 어색한 가조(假造)의 미소를 계속해서 견지하고만 있었는데, 이것도 무리한 억지로만 느껴졌다"(『한국일보』 1985.9.25)고 썼다.

특히 전통을 현대화한답시고 우리의 고유 악기를 변조한 것에 대해서 전문가들의 비판이 신랄했다. 주체성을 그처럼 강조하는 북한 예술인들이 인도, 중국, 소련 등의 영향을 절대적으로 받아서 개인 혼을 말살하고 권력자 취향에 맞춘 반예술의 위안 무대를 만든 것에 대하여 경악과 실망을 금치 못했던 것이다. 분단 40년이 그처럼 큰 변화를 일으킨 것이다. 대부분 서울에서 활동하던 연극인, 무용가, 음악가들이 월북하여 40여 년 동안에 만들어놓은 것은 철저한 사회주의 이데올로기 작품이었다.

북한의 예술단이 다녀간 이듬해(1986)에는 서울에서 아시안게임이 열리는 때를 전후해서 일본은 전위적인 스코트극단을 파견했고, 인도는 세라이 켈라차우 무용극단을 보내왔다. 그리고 한국 작품들은 번역극이 하나 끼었을 뿐 과거의 연극제와 별 다름 없는 창작극들이었다. 따라서 돋보이는 작품이 드물었고, 다만 일본 스코트극단의 〈트로이의 여인들〉(스즈키 다다시 연출)이 주목을 끌었다. 왜냐하면 전형적인 그리스 비극의 표현 구조를 가부키와 같은 일본 전통극 양식으로 완전히 바꿔놓았기 때문이다. 이러한 실험은 한국의 젊은 연출가들에게 신선한 충격을 주었고, 그들의 실험이 어떻게 가야 하는가를 여러모로 생각하게도 했다. 특히 일본을 자주 드나드는 오태석과 같은 실험적인 작가 겸 연출가가 특히 관심을 기울일 만했다.

그러나 이러한 여러 가지 연극 행사와 사건도 정치사회적 통제로 인해서 음양으로 1980년대 연극을 질식시키고 있었음은 두말할 나위 없었다. 역시 연극도 새로운 시대를 갈망하고 있었다고나 할까.

## 제4장

## 민주화로 인한 변화와 서울국제연극제

우리나라 현대사에서 1987년부터 2, 3년간은 격동기라 할 만큼 대단한 변화가 있었다. 그것은 1960년대 이후의 정치문화 청산을 위한 몸부림이었고, 그에 따라 사회 각 분야의 자정작용이 상당한 부산물을 배설하면서 진행되었다 하겠다. 민주화 일정에 따른 두 차례의 총선거와 권위주의 배격은 민중의 광범위한 의식 변화와 무관하지 않으며, 이것이 문화계에까지 파급됨으로써 연극 분야가 특별히 진통을 겪었다.

어떤 분야보다도 표현의 자유에 심한 제약을 받아온 연극의 경우, 1988년도에 접어들자마자 바탕골소극장이 공연한 〈매춘〉이라는 작품이 문화계에 커다란 파문을 일으켰다. 바탕골소극장은 1987년도 하반기에 매춘 행위를 통해 사회적 모순을 고발한다는 취지로 르포물을 각색한 〈매춘〉(오태영작, 채승훈 연출)의 대본을 공연윤리위원회에 심의를 위해 제출하였으나 공연 불가 판정을 받았다. 이유는 외설적이고 표현이 저속하다는 것이었다. 거기에 반발한 극장 측에서는 공연 신고라는 법적 절차를 밟지 않고 그대로 무대에 올렸다. 따라서 바탕골소극장이 서울시 당국의 감정을 삼과 동시에 공연 정지 명령을 받은 것은 두말할 나위 없는 것이다. 이때부터 시 당국과 바탕골소극장 사이에는 공연 정지 불복과 등록 취소, 행정소송과 승소, 재공연이라는 숨가쁜 줄다리기가 연속되었다.

그런데 여기서 주목되는 것은 바탕골소극장이 행정소송을 제기할 때 변호사 측이 밝힌 소송 제기의 목적이라 볼 수 있다. 변호사 측은 소송을 제기하면서 '이번 사건이 공연법이라는 실정법을 위반했다고 하지만 공연법 자체가 예술의 자유를 보장하는 헌법(22조 1항)에 위배되는 것이므로 예술 창작의 자유를 위해서라도 끝까지 시비를 가리는 데 두겠다'는 것이었다. 그리하여 바탕골소극장은 극적으로 승소했다. 이러한 연극인들의 표현 자유 획득 투쟁은 즉각적으로 광범위한 호응을 불러일으켰는데, 전국에 산재한 28개 마당극 단체들이 〈매춘〉 공연을 지지하면서 대본사전심사제도 자체까지 폐지하라고 나선 것은 주목할 만한 일이었다.

중앙에서 활동하는 반체제 마당극단 아리랑과 연희단거리패를 필두로 해서 전국의 28개 단체들은 성명을 통해 '이번 바탕골 사태를 지켜보면서 자율화라는 미명 아래 예술 활동에 대한 정부 당국의 위헌적 탄압행위가 자행되고 있는 사실에 참을 수 없는 분노를 느낀다'면서 '사전심의라는 검열 제도는 즉각 철폐되어야 하며, 서울시 측은 바탕골소극장 측에 대한 부당한 행정명령(공연 정지)을 즉각 취소하고 공개 사과하라'고까지 나아갔다.

연극계의 이러한 거센 반발은 바탕골소극장의 행정소송 승리로 문화계 전반으로 파급되어갔다. 극장 측의 가처분신청을 이유 있다고 받아들인 서울고등법원 제2특별부는 판결문에서 '등록취소 처분의 집행으로 회복하기 어려운 손해를 입는 것을 예방하기 위하여 긴급한 필요가 있다고 인정되고 달리 공공 복리에 중대한 영향을 미칠 우려가 있는 때에 해당한다고 인정할 만한 자료가 없으므로 신청을 받아들인다'고 한 것이다.

이러한 법원 판결로 폐쇄되었던 바탕골소극장 문이 다시 열리고 〈매춘〉도 다시 공연되었지만, 이번에는 중년 여성들의 항의 시위가 뒤따랐다. 저속하고 외설적인 작품이 청소년들이 건강한 윤리의식을 파괴시킨다는 이유 때문이었다. 실제로 이 작품은 사회에 만연된 매춘 행위와 성문란을 비판하겠다는 의지와는 달리 조악하고 저속하며 미숙해서 역으로 관중의 말 초신경을 자극할 우려가 없지 않았다. 표현의 자유를 내세운 일종의 상업주의였다. 그러나 바탕골소극장에 대한 사법부의 판결은 6·29선언 이후 사회 전반이 민주화와 자율화로 가고 있음을 단적으로 보여준 하나의 해프닝이었다. 결국 하나의 외설스런 작품과 그 공연 정지 사건이 발단이 되어 극본의 사전심의제도는 폐지되기에 이르렀다.

〈매춘〉 사건이 있은 직후(1월 20일) 정부와 여당은 당정회의를 통해서 공연법, 영화법, 음반에 관한 법 등 세 가지를 공연예술에 관한 법률로 통합 제정키로 의견을 모으고 공연예술의 대본사전심사제도는 완전 철폐시키기로 했다. 이는 식민지 치하에서 일본제국주의가 문화 탄압을 해왔던 잔재가 민족 해방 42년 만에 완전히 청산되는 의미를 지니는 것이기 때문에 한국 공연예술사에서 획기적인 일이라 아니할 수 없다. 정부의 대본사전심사제도 철폐는 궁극적으로 공연윤리 문제를 무대예술인들의 자율책임으로 넘긴 것이기도 하다. 물론 대본의 사전심사제도 철폐가 기존의 공연윤리위원회 폐지로 연결된 것은 아니었다. 그렇기 때문에 연극계에 공륜의 존폐 문제가 강하게 대두되기도 했다. 그러나 연극계 내에서도 윤리성 문제는 사법 처리가 불가능하므로 자유기구 형태로서 공륜은 상당 기간 존속돼야 한다는 주장이 강했다.

이러한 표현 자유 획득은 연극계 일각에서 공산권 작품 공연 계획으로까지 확산되어갔다. 극단 민중극장이 소련의 현역 작가가 쓴 〈아, 체르노빌〉이라는 핵 문제를 다룬 작품을 무대에 올리기 위하여 공륜에 사전 타진해본 것이라든지, 극단 미래가 중국 작가 바진(巴金)의 〈가(家)〉를, 국립극단이 차오위(曹禺)의 〈뇌우〉를, 또 몇 극단은 브레히트의 희곡을 공연하겠다는 의사를 표명하고 나섰다.

관계기관에서는 공산권 관계 공연물에 대한 전반적 허가 지침이 나올 때까지 기다려달라는 반응을 보였다. 그러자 한국연극협회와 국제극예술협회(ITI) 한국본부가 공동으로 공산권 작품에 대한 개방 조치를 촉구하고 나섰다. 이들 단체는 정부에 보내는 건의문에서 '새 정부 출범 이후 납북 문인들의 작품 해금과 공산권 음악인의 국내 초청 등 일련의 개방 조치가 이루어지고 있으나 연극 분야에서는 공산권 희곡은 내용에 관계없이 공연윤리위원회로부터 심의 통과가 안 되고 있다'면서 '올림픽을 앞두고 공산권과의 문화 교류 확대라는 차원에서 사상적으로 국내법에 저촉되지 않는 작품에 대해서는 국내 상연이 허용되어야 한다'고 주장했던 것이다.

이러한 연극계의 강한 요구가 결국 정부 당국에 의해 곧바로 받아들여졌다. 즉 공륜은 연극계의 건의가 있은 한 달여 뒤 공산권 연극영화의 경우도 예술성 높은 탈이데올로기 작품은 수용하기로 방침을 세운 것이다. 그리고 6월 들어서는 북한 등 공산권 자료의 대폭 개방도 선언했다. 민주화 과정의 북방 정책과 서울올림픽을 앞두고 정부가 대폭적인 개방 정책을 펴나가기로 한 것이다. 이와 같은 조치는 참으로 1년 전까지만 해도 상상조차 할 수 없는 것이었다.

이러한 변화가 일어나고 있는 시기가 동면기여서 그런지는 몰라도 극장가는 잠잠했고, 단지 소극장을 중심으로 극단 산울림의 〈술〉(주호성 주연)과 같이 모노드라마만 성행했다. 박정자, 권병길, 최주봉, 김종엽 등 중견 배우들이 오랜만에 모노드라마를 한 것이다. 따라서 연극계의 변화는 봄에 들어서야 서서히 나타나기 시작했다. 그러니까 연극인들이 대본의 사전 검열 때문에 제대로 할 수 없었던 현실 고발극, 정치풍자극을 무대에 올리기 시작한 것이다.

연극인들의 현실에 대한 관심은 주로 광주민주화운동 문제와 노동 문제에 집중된 것이 특징이었다. 극단 연우무대가 초봄 무대에 올린 〈새들도 세상을 뜨는구나〉(황지우 작)를 필두로 해서, 〈금희의 5월〉 등이 광주 문제를 다룬 것이라면, 〈꽃 파는 아이〉 〈우리 땅에 우리가 간다〉 〈횃불〉 〈한춤〉 〈대결〉 〈구로동 연가〉 등은 산업사회에서의 고달픈 근로자들의 삶을 다룬 작품들이다. 이러한 경향은 과거에 좀처럼 볼 수 없었던 일이다. 특히 1988년 봄에 연극계의 주목을 끌었던 것은 독일의 현대극작가 프란츠 크뢰츠의 희곡 2편을 공연한 일과 전국의 마당극 단체 18개가 미리내소극장에서 달포간 연속 공연을 가졌던 점이라 하겠다.

크뢰츠의 희곡 〈수족관〉과 〈거세한 남자〉 공연을 주목하는 까닭은 크뢰츠식 작품이 산업사회에서 적응하지 못하고 질서 밖으로 쫓겨난 좌절된 근로자의 삶을 묘파한 것들이기 때문이다. 현대 독일의 시민비극으로 일컬어지는 이들 작품이 소개됨으로써 극히 미숙한 우리의 현장적인 노동문제극들을 한번쯤 여과시켜주는 계기가 마련된 것이다. 왜냐하면 전문 극단들보다는 아마추어 극단들이 노동 문제를 정치시각에서 무대화하다 보니 자연 의도성이 강해지고, 따라서 미숙하고 생경할 수밖에 없었기 때문이다. 그러니까 고급의 극예술로 승화되지 않아서, 무대를 통해 간접적으로 노동현장을 들여다볼 수 있지만, 예술적 체험을 하기가 어려웠다는 이야기다. 그만큼 노동문제극이 사회성은 강할지 몰라도 예술작품으로서는 거칠고 조잡했다는 이야기가 된다.

이러한 문제점은 노동극뿐만 아니라 정치사회 문제를 다룬 젊은 층 연극작품에서 고르게 나타났다. 민주화 과정에서 표현의 자유를 획득한 연극계가 한꺼번에 현실 문제를 정면으로 다루려 하다 보니 미처 소화해낼 수가 없었던 것이다. 그러나 젊은 연극인들일수록 광주 문제를 비롯해서 기생관광, 노사분쟁, 산업재해, 인권 문제, 정치 경제의 부패와 부조리 등을 다양하게 다루었다. 이와 같은 연극의 흐름은 주로 대학의 마당극 출신과 재야 극단들에 의해 주도되었다. 마당극 단체들이 사회문제를 집요하게 파고든 이유는 우선 정치적 대행 수단으로서의 연극 활용이라는 큰 테두리에서 파악되어야 하지만 현실 기피의 상업주의적인 기성 연극에 대한 반발심도 적지 않게 작용한 것이라 볼 수 있다. 따라서 민족극 한마당과 같은 마당극 시리즈 공연은 대학생을 중심으로 한 젊은 층 관객의 호응을 어느 정도 얻었다고 볼 수 있다.

이러한 우리 사회의 부조리를 폭로하는 젊은 재야 극단들의 기세와는 달리 전문 극단들은 사회 변화에 능동적으로 적응하지 못하고 안일한 상업주의 타성에서 재탕 공연을 많이 했다. 의도성이 강한 정치사회 문제극과 저질 상업극이 풍미하는 때에는 관객이 감소될 수밖에 없고 연극은 불황을 면하기가 어려웠다. 규제가 풀리면서 한꺼번에 쏟아지기 시작한 사회문제극도 그 예술성 부족 때문에 기대를 갖고 찾아가는 관중을 곧 식상시켰음은 두말할 나위 없었다.

그러나 역사상 최초로 열리는 서울올림픽 개막을 앞두고 서울국제연극제가 뜨거운 여름(8월 16일)에 그 첫 모습을 보이면서 연극계는 전무후무할 정도로 뜨겁게 달아오르기 시작했다. 서울국제연극제에는 라틴아메리카(브라질)와 동구권(체코, 폴란드), 그리스, 프랑스, 일본 등이 초청되었다. 초청된 여섯 나라 작품 중에서 브라질, 체코, 폴란드가 현대극을 보내와서 침체한 우리나라 연극계를 강타한 것이다.

브라질의 마쿠나이마극단은 제3세계의 실험극답게 주제도 식민지 문제를 다루었을 뿐만 아니라 개방적인 연극 형태를 보여줌으로써 우리 관객을 즐겁게 했다. 현대극 세 작품 중에서는 역시 동구권 작품이 관중을 사로잡았는데, 그 첫 번째 이유는 탈이데올로기의 주제를 지니고 있었다는 점, 둘째 뛰어난 실험정신, 셋째 고도의 기술에서 비롯된 것이다. 몇 달 전까지만 해도 비(非)수교 국가인 체코와 폴란드의 작품을 구경한다는 것은 상상조차 할 수가 없었다. 이미 30여 년 전에 동독에서 죽은 브레히트의 세계적인 문제작조차 공연할 수 없었던 우리나라에서 적성국가의 연극을 구경할 수 있었다는 것은 개방 정책과 올림픽 개최 때문이긴 했으나 사회 변화를 실감하게 하는 일이었다. 그렇기 때문에 우리 관중은 특별히 동구권 작품에 호기심을 가졌다.

막이 오르고, 우리의 예상을 완전히 뒤집는 격조 높은 예술세계가 펼쳐지는데, 정치 이데올로기는 찾아볼 수가 없었고, 오히려 자기들의 경직된 이데올로기 체제를 비판하고 인류의 화합과 인간의 구원 문제와 같은 고차원적 주제를 진지하게 추구하는 데서 우리 관중들은 신선한 충격을 받았다. 단 두 명의 배우가 병원 침대 두 개만 놓고 벌이는 체코 스보시극단의 〈충돌〉은 그 현실성과 상징성, 연극 기교 등에서 단연 돋보이는 것이었다. 우선 주인공들이 전혀 대사를 하지 않는 것으로부터 사고로 인해 침대에 묶여 있는 처지며, 이들이 치료 과정에서 벌이는 갖가지 에피소드는 폐쇄사회의 문제점을 은유적으로 표현한 것이었다. 그런데 이 작품이 더욱 관중의 주목을 끌었던 것은 뛰어난 배우술 못잖게 작가와 연출가의 보편적 예술철학 때문이었다. 그러니까 이들은 운전기사의 교통사고라는 평범한 사건을 갖고서 이념과 종교가 다른 인간 대 인간, 민족 대 민족 간의 갈등과 화해를 시적으로 표현했던 것이다.

폴란드의 가르니지차극단은 또 한 차원 높여 〈아바쿰〉이라는 한 사제(司祭)의 순교를 통해 인간 영혼의 구원을 표출한 작품으로 관객들로 하여금 충격과 함께 벅찬 감동을 느끼게 해주었다. 특히 〈아바쿰〉의 배우는 실험극답게 쉴 새 없이 움직이는 혼신의 열연으로 연극과 삶의 치열함을 실감케 해주었다. 즉 그들은 잠시도 쉬지 않고 부단히 뛰고 뒹굴면서 노래와 춤으로 독특한 종교적 분위기를 창출하는 과정에서 용광로와 같은 에너지를 분출했던 것이다.

이처럼 동구권 연극이 이데올로기 선전의 수단으로 전락하기는커녕 자유세계 이상으로 높은 예술성을 보여주자 매스컴이 흥분해서 보도했고, 그것은 곧바로 대중의 광범위한 호응으로 나타났다. 연극 팬은 말할 것도 없고 평소에 거의 극장을 찾지 않던 일반인들도 다투어 공연장에 몰려들었고, 1만 원 이상 하는 입장권이 매진되는 등 이변이 속출했다. 따라서 외국의 초청 작품들은 공연마다 초만원을 이루었는데, 이는 그만큼 대중이 수준 높은 작품에 목말라 있었다는 것을 단적으로 의미하는 것이라 볼 수도 있다. 당시 우리 대중도 인텔리 층의 형성으로 고급문화에 대한 욕구가 강해져가고 있다. 서울국제연극제가 열리기 전까지만 해도 냉랭하던 올림픽 분위기도 서서히 열기를 더해갔다.

동구권의 현대극 못잖게 세 편의 외국 고전극도 대단한 호응을 얻었다. 첫 번째로 선을 보인 그리스 국립극장의 〈오이디푸스 왕〉 공연은 장중하면서도 엄숙함이 한껏 비극적 분위기를 살려주었고, 코러스의 활용을 극적으로 가져감으로써 처지기 쉬운 고전극을 생동감 있게 만들어주었다. 특히 무대미술의 활용과 고전에 현대 감각을 부여한 연출 기법, 그리고 배우들의 뛰어난 연기력이 인상적이었다. 국립극장이 너무 커서 연극이 안 된다는 이야기가 우리 배우들의 실력 부족에 따른 핑계에 불과하다는 사실이 극명하게 드러난 경우였다. 그러나 무엇보다도 그리스 비극이 우리를 감동시킨 것은 우주적 차원에서 인생을 바라보게 만든 연출가의 넓은 안목과 철학적 깊이였다.

이와 대조적인 코미디 프랑세스가 갖고 온 작품 〈서민귀족〉도 서양 최고 수준의 정통 희극이어서 관중을 흡족케 했다. 프랑스 희극도 그리스 비극 못잖게 우아하면서도 세련된 조화미를 보여주었는데, 그것은 무대장치, 의상, 대소도구, 음악, 조명 등이 고르게 만남으로써 이룩된 것이었다. 배우술은 그리스 국립극장과 마찬가지로 탄탄한 기초 위에 세기(細技)가 완벽하게 다듬어져 있었다. 예를 들면 그들의 대사는 대강당 구석구석까지 들렸고 배우들의 노래와 춤 솜씨는 기성 가수나 발레리나 못잖았다.

그 점은 일본 가부키 〈추신구라(忠臣藏)〉에서도 비슷하게 나타났다. 당초 정부에서는 중국의 경극을 초청하려 했으나 중국에서 호응하지 않아서 일본 가부키만 부른 것이다. 일본과의 관계는 문화적으로 미묘해서 가부키의 한국 공연이 조심스러웠던 것도 사실이지만 우리 관중은 포용력을 갖고 그 예술성에 공감했던 것이다. 일본은 가부키를 보내는 전초작업으로서 초여름에 우리나라 연출가들을 도쿄에 초청하여 분위기를 조성하기도 했었다.

그리하여 일본은 자기들의 대표적 고전극이라 할 노(能), 분라쿠(文樂)와 함께 요 몇 년 사이에 모두 한국에서 공연을 가진 셈이 되는 것이다.

주지하다시피 가부키는 노와 마찬가지로 철저하게 양식화된 것으로서 회화미(繪畫美)와 형식미를 특징으로 삼는 연극 형태다. 그것은 무대미학에서부터 의상, 대소도구, 배우술 등에 있어서 일본의 전통성과 민족성을 매우 정제시켜 표현해주고 있다. 그러나 지나치게 일본적인 것이 오히려 우리 관중에게는 이질감을 느끼게도 했다. 가령 〈추신구라〉에서 주인공 무사가 명예와 의리를 위해 할복 자살하는 극적 장면에서 우리가 일본인들처럼 미적 충동을 느낄 수는 없었다.

여하튼 우리와는 달리 서양이나 일본은 자기들의 고전극을 매우 잘 다듬고 세련시켜서 격조 높은 예술품으로 보존시켜오고 있음을 한국 관중에게 확인시켜준 것이다. 예나 지금이나 한 나라 전통극의 품격은 훌륭한 민족정신을 바탕으로 정제되고 조탁되는 가운데 세련미를 지니게 마련이다. 그 점에서 우리는 그리스 비극과 프랑스 희극, 일본 가부키를 하나의 타산지석으로 삼아야 하리라 본다. 왜냐하면 우리는 전통의 현대화라는 그럴듯한 명분하에 고전을 마구잡이로 파괴, 훼손시키고 있기 때문이다. 그러한 경우는 서울국제연극제의 우리나라 참가작들에서도 드러났다. 마당놀이니 가무극이니 하는 유형이 모두 그러한 것들이었다.

전체적으로 외국 참가작들이 자기 나라의 민족성과 생활을 고도의 예술로 승화시켜 하나의 국민예술로서 높은 가치를 지니고 있음을 보여준 데 비해 우리 참가작들은 너무나 미숙했다. 우선 신작의 경우만 하더라도 〈팔곡병풍〉(국립극단), 〈젖섬〉(성좌), 〈술래잡기〉(작업), 〈즐거운 한국인〉(시립가무단), 〈아리랑, 아리랑〉(88예술단) 등에서 볼 수 있는 바와 같이 희곡·연출·연기·무대기술 등 모든 분야가 너무 낙후되었음이 극명하게 드러났다. 극작가와 연출가는 인생과 사회를 통찰하는 철학적 깊이가 부족했고, 시대 감각 또한 둔감했으며, 배우들은 기초가 안 돼 있음이 확연하게 드러났다. 무대미술가 · 조명가 · 의상가 등도 인적 자원의 빈곤이라는 점에서는 마찬가지였다. 선진국의 무대예술이 우리 자신의 취약점을 투명하게 바라볼 수 있게끔 시범을 보여주고 간 셈이 되었다.

특히 우리의 참가작들의 상당수가 뮤지컬이었는데 이들의 문제점이 심각하게 드러났다. 노래와 춤이 가능한 배우가 부족한 것은 말할 것도 없고, 뮤지컬을 아는 극작가도 없었으며, 가장 중요한 뮤지컬 작곡가가 없었던 것이 큰 문제점이었다. 이러한 상태에서 나오는 뮤지컬이라는 것은 예술적이지 못한 쇼에 가까운 것일 수밖에 없었다. 바로 그 점에서 서울국제연극제에 미국 뮤지컬 한 편쯤 초청하지 못한 것이 큰 아쉬움이었다고 하지 않을 수 없다. 그러나 외국 작품들을 보면서 우리 연극인들은 많이 반성하면서 배운 점이 많았다. 국제연극제는 외국과의 문화 교류가 얼마나 중요한가도 일깨워주었으며, 연극인들로 하여금 거듭 태어나도록 자극을 주기도 했다.

그런데 이러한 자기반성도 잠깐이었다. 올림픽이 끝나고 두 달도 채 되지 않아서 국민 대중이 청문회 바람을 타고 올림픽의 영광을 씻은 듯이 잊어버린 것처럼 연극계도 늦가을부터는 서울연극제의 열기와 흥분을 망각하고 상반기 행태로 되돌아간 느낌을 주기 시작했다. 즉 정치계가 국정감사다, 청문회다 해서 지나간 시대의 정치적 과오를 들추어내고 매도하면서 그 청산을 위한 부산한 움직임 속에 파묻혀 있듯이, 연극단체들도 질 낮은 정치극을 주로 공연하기 시작한 것이다. 홍익소극장의 〈7장 8절을 거부한 여인〉을 비롯해서, 연희단거리패의 〈대통령 아저씨 그게 아니어요〉, 비룡웃음연구실의 〈대왕은 죽기를 거부했다〉, 엘칸토소극장의 〈코리아게이트〉, 그리고 〈보통고릴라〉 등 여러 편의 정치극이라는 것이 공연되었다. 이들은 주로 유신정치와 제5공화국을 주도한 인물들을 풍자 대상으로 삼고 지도자들의 권력욕, 정욕 등이 빚은 도덕성 붕괴, 인권 탄압, 사회 경제 비리를 폭로하고 풍자한 것이다.

이와 같이 과거 군사정권 통치자들을 정면으로 다루고 희화화시킨 사실만 보더라도 표현의 자유가 거의 완벽하게 획득된 것을 단적으로 증명하는 것이다. 그렇지만 과거의 엄청난 정치적 과오를 무대화하면서 상업성만을 가미시켜 너무 피상적이고 천박하게 현상을 묘사할 경우 관중의 욕구불만 해소 이상의 기능은 해내지 못하는 것이다. 그러한 사실이 폭주하는 정치극에서 그대로 드러난 것이다. 뭔가 있을 것 같아 처음에 몰려들었던 젊은 관객들이 단 며칠 만에 썰물처럼 빠져나갔던 사실이 그 점을 단적으로 증명해주었다. 적어도 제대로 된 정치극이라면 지나간 시대의 정치적 과오를 역사의 준엄한 심판으로 떠올려서 예술적 감동으로 전달해야 했다.

이러한 저질 정치풍자극이 범람하는 가운데서도 국립극단과 같은 몇몇 전문 극단에서는 건실한 작품을 무대에 올렸다. 예를 들면 국립극단이 초창기에 공연했던 〈뇌우〉를 원로 연출가 이해랑의 회고 무대로 꾸민 것이라든가, 실험극장이 최초의 소프라노 가수 윤심덕의 정사 사건을 극화한 것, 그리고 극단 사조가 잉게마르 베르히만의 명화 〈가을 소나타〉를 공연한 것 등인 바, 이들은 대단한 호응을 받았다.

이처럼 한국 현대사에서 민주화의 분기점이며 국제올림픽까지 치른 1988년도의 연극계는 우리의 실체를 숨김없이 드러낸 해이기도 했다. 기성 연극계는 인재도 부족한 데다가 재정적 기반이 전혀 없어서 무기력 상태에 빠져 있고 미숙한 소장 연극인들은 의식이 앞서서 예술성 없는 목소리만 드높은 상황이었다. 그런 가운데서 외국의 저명 극단들이 빼어난 작품을 선보임으로써 우리 연극이 타성과 안일, 그리고 정체 상태로부터 벗어날 수 있는 계기를 만들어준 것이 사실이고, 그에 따라 껍질이 째지는 아픔도 겪게 되었으며, 엄청난 현실을 무대예술로 소화해내지 못한 자괴심을 느낀 것도 사실이다. 그러나 외국의 훌륭한 작품들은 우리 연극인들로 하여금 눈을 번쩍 뜨게 만들어줌으로써 1988년 이후에는 서구의 새로운 기법을 모방한 작품도 등장하고 또 연출가들을 직접 초청해서 작품을 만들기도 하면서 우리 연극의 구태를 벗어나려는 모습도 보였다.

# 제5장

## 격동의 시대 마당극의 역할

　개화기 이후의 현대사는 봉건사회의 붕괴, 일제의 침략, 해방, 분단, 전쟁, 혁명으로 점철된 하나의 거대한 격동의 드라마였다고 해도 과언이 아니다. 이러한 정치의 격동에 따라 경제, 사회, 문화도 출렁거릴 수밖에 없었고, 특히 문화는 심한 상처를 입으면서 제대로의 색깔과 뼈대를 갖추지 못했다. 근대 연극사를 놓고 볼 때, 창극의 발생과 일본 신파극의 유입, 그리고 서구 연극의 맹목적 수용으로 해서 진정으로 한국 연극은 무엇인가 하는 의문마저 일곤 했다. 그러니까 외래 문화의 홍수 속에서 우리의 진정한 고유문화의 보존 계승이 자연스레 부각될 수밖에 없었던 것이다.

　그런데 아이러니는 이러한 고유문화에 대한 인식이 5·16군사쿠데타 세력에 의해서 제기되었다는 사실이다. 민족주의를 내세운 군사쿠데타 세력은 전통에 대한 관심을 기울여 학자들로 하여금 민족문화 복원에 나서도록 했다. 1960년대에 들어서 마멸된 전통문화 복원 작업이 고개를 들 수 있었던 것도 이들의 관심과 무관하지 않았다.

　이러한 전통문화에의 관심 고양은 자연히 민감하고 탐구적인 대학문화로 직결되었음은 두말할 나위 없다. 1960년대 중반 드라마센터의 전통예술 전승 작업이라든가 이화여고에서의 탈춤 공연 등은 젊은이들에게 신선한 충격을 준 것이었고, 이것이 1970년대 들어서 대학가로 퍼져나가는 계기를 마련했다. 즉 1971년 3월 서울대에서 가면극연구회가 발족되면서 고려대, 이화여대, 연세대, 서강대 등에도 그런 모임이 생겨났고, 그것은 다시 전국의 주요 대학으로 확산되었다.

당초 이들이 탈춤을 배운 것은 전통예술의 원형 전수와 학문적 탐구를 꾀하자는 데 있었다. 따라서 이들은 때마침 복원된 경기형 가면극이라 할 양주별산대와 황해도형의 봉산탈춤 연희자들로부터 우리의 몸짓, 춤사위, 가락, 말솜씨 등을 익힐 수 있었고, 이것은 서구 문화에 찌든 젊은 대학생들의 호기심을 끌 만했다. 이것은 곧바로 대학문화의 한 부분이 되었고, 의식 있는 학생들의 주목 대상이 되었다.

때마침 우리의 문화계에서도 전통 논의가 활발하게 일었고 서구 문화 일변도로부터 일탈해보고자 하는 자체 반성이 일어나기 시작했다. 그것이 다름 아닌 '전통의 현대적 수용'이라는 명제였다. 이것은 물론 갑작스러운 것은 아니었다. 이미 1940년대 즉 식민지 말엽부터 김동리, 정비석, 오영진, 황순원 등의 작가들로부터 조금씩 실험되었고, 조지훈과 같은 시인으로부터 제기된 것이기도 했다. 다만 그것이 본격화된 것이 1960년대 말부터 1970년대 초였을 뿐이다. 연극의 경우를 놓고 볼 때, 유덕형의 연출작품 발표회(1969)라든가 실험극장의 〈망나니〉(윤대성 작) 공연, 그리고 극단 민예가 1973년부터 허규 주도로 새로운 우리 연극운동을 벌인 것 등으로부터라 하겠다.

이러한 일련의 연극운동은 서구적인 신극 60년에 대한 자기반성이었고 새로운 문화운동이기도 했다. 이러한 예술운동은 5·16군사쿠데타와 유신으로 이어진 군사독재 체제에 대한 저항으로 자연스럽게 접맥되면서 문화계 전반에서 파열음을 내게끔 했다. 즉 1970년대의 주체사관과 맞물려서 우리 문화를 지배문화와 피지배 문화로 양분해보는 시각이 등장한 것이다. 이 말은 개화기 이후 왜곡된 양반문화와 일본의 대중문화가 식민지 문화를 형성했고, 그것이 다시 미국 문화와 결합되어 지배문화가 되었다는 주장이 강력하게 등장한 것이다. 따라서 그에 저항하는 민중문화가 형성될 수밖에 없었고, 그들은 조선시대 서민문화라 할 세시풍속, 민속극, 민속놀이, 전통 의식으로부터 원류를 찾게 된 것이다. 이것이 이른바 저항문화이고 민중문화이며 참다운 민족문화라는 것이다.

이러한 민중문화는 대체로 세 가지 원칙을 지니고 있었는데, 첫째 실제적 삶을 그 내용으로 한다는 것(억압적 삶을 타파하고 새로운 삶을 지향한다), 둘째 생산 담당층, 진보적 학생과 지식인이 주체가 되어 직접 자신의 손으로 문화를 생산, 향유, 전승한다는 것, 셋째 집단적 작업을 지향하는데, 이것은 개인적인 삶으로부터 공동체적 삶으로 그 지향을 옮겨야 한다는 것 등이다 (황선진·박인배·김성기,「대중문화에 대한 비판적 고찰과 실천적 대안」참고). 이러한 문화적 바탕이 결국 1976년 소위 '마당극'이라는 신용어를 낳게 한 것이라 하겠다. 그런데 마당극이라는 용어는 안 썼지만 기성 극단으로서 민예는 이미 그런 성격의 운동을 1974년부터 본격적으로 벌이고 있었다.

그렇다면 여기서 마당극의 개념부터 확실히 하고 넘어가야 될 것이다. 마당극은 이름 그대로 마당에서 하는 연극이다. 연극을 극장 무대 아닌 확 트인 마당에서 한다는 것에서부터 이미 서구적 연극 개념과 상치되는 바, 그러나 마당극은 그 연희되는 광경, 즉 장소적 의미만으로 정의되는 것은 아니다. 우선 마당극 주도자들의 주장을 빌려 본다면 판굿의 현대적 의미라는 대전제 아래 "개방된 연극 즉 연희자와 관중이 한 덩어리이고, 연희마당과 관중석이 서로 통하며, 관중이 주인이 되는 연극"(임진택,「새로운 演劇을 위하여」,『민족극 정립을 위한 자료집』제2권)이라 정의한 임진택은 그 범위를 더욱 넓혀서 설명했다.

그는 마당극을 민족, 민중적 개념으로서 '식민주의적 사관으로부터 탈피한 시각으로 민족 고유의 전통 민속연희를 그 정신과 내용, 형태 면에서 창조적으로 계승하여 오늘에 거듭나게 한 주체적 연극', '복제문화를 양산하는 각종 정보 전달 매체와 이를 수용하는 대중 계층 간에 발생하는 괴리감을 해소하고 대중 속에서 대중의 손으로 직접 창조, 향유되는 자급자족, 자력갱생의 자기표출 통로', '공허한 예술지상주의 혹은 고급한 사람들의 유한 취미가 아닌 인본주의적 입장에서 지역적 계층적 문화 편재 현상을 극복하여 소외된 사람들의 건강한 생명력이 발휘될 수 있는 삶의 무기로서의 연극'(임진택,「마당극의 오늘과 내일」,『劇場藝術』제36호)이라 정의한 바 있다. 위의 개념 설정을 자세히 들여다보면 마당극은 장소와 상황, 예능과 예술, 순수와 참여를 교묘하게 결합시킨 것을 알 수 있고, 김우옥이 지적한 대로 '예술을 위한 예술이나 미학을 위한 미학을 추구하는 연극이 아니라 민중의 고통과 민중의 억울함을 파헤치어 민중들에게 그것들을 인식시키고 그것들을 바로잡기 위해 공동 대처를 유발시키는 일종의 목적극'(「마당극의 본질과 현장성」,『예술과 비평』제15호)이라 볼 수가 있다.

마당극은 그만큼 사회성이 강한 진취적 연극인 것이다. 퇴폐적인 외래문화가 대중 정서를 황폐화시키고 있는 때 임진택이 필요한 새 연극으로서 풍속의 연극, 현장의 연극, 시위의 연극, 행동의 연극, 축제의 연극을 외친 것도 바로 마당극의 지향점을 말한 것이다. 따라서 마당극은 단순히 통념상의 연극이라기보다 기층민중 문화운동인 동시에 사회 정치 운동적 성격을 지니는 것이다. 그래서 마당극은 '그 공연 장소를 극장이나 폐쇄된 실내공간이 아닌 야외의 마당으로 설정하고 등장인물의 전형화나 장면과 장면의 연쇄적 연결, 풍자적이고 희화적인 대사와 동작, 재담, 춤, 노래, 욕설, 고함, 연설, 시위, 마임, 의식의 도입 등 전통 민속극의 공연 기법을 원용한다.'(鄭址彰,「마당극의 성과와 과제」,『민족극 정립을 위한 자료집』제2권)

좀 더 구체적으로 말하면 마당극이 그 소재 원천을 공동체 의식이 강한 고유의 민속극, 민속놀이, 굿, 농악, 판소리, 민요, 민담 등 전통 민속유산에 두고 이의 재조명과 현대적 해석 및 재창조의 문제에 초점을 맞추었다는 이야기다(채희완·임진택). 그리고 탈춤 및 농악에 뿌리를 둔 것, 굿의 양식을 원용한 것, 판소리 형태를 활용한 것, 지식의 중재 혹은 사건 전달식의 기록극·서사극에 입각한 것, 사실주의나 표현주의적 연극을 도입한 것, 그리고 이들을 복합적으로 수용한 것도 있었다. 그 외에도 이야기극, 노래극, 무용극 등의 양식을 빌린 것도 있는가 하면, 당시 이미 사양길에 들어서 있던 각종의 거리극, 이를테면 가두 외판원이나 약장수의 놀이, 선전 행각, 서커스, 신파조 등도 적극적인 표현 양태의 하나로 받아들였다(임진택, 『마당극의 오늘과 내일』 참조).

이러한 형태는 자연히 공동 창작만이 가능할 수 있게 되었다. 마당극 주도자들은 탈춤을 익히면서 가장 전통적인 것이 한 시대의 가장 전위적인 역할을 담당할 수 있다는 역설적 진리를 깨달은 것이고, 연극적 기교를 살리다 보니 동서의 다양한 연희 방식을 취택하게 된 것이다. 연극 형태와 소재의 다양성만큼이나 이들의 관심 분야가 넓었다. 즉 마당극의 관심 분야는 '주체의식, 공동체의식, 건전한 현실의식, 생산적 기풍, 노동에 대한 기풍, 노동에 대한 긍지, 빈곤에 대한 투지, 자기 긍정의 자세, 개혁 의지, 불의에의 저항정신, 민주주의에 대한 열망, 민족적 자부심, 인간의 존엄성, 도덕적 순결성, 우정, 동지애, 청춘의 활기, 발랄한 사랑, 근면한 생활 태도, 진리의 탐구, 이웃에 대한 이해, 진보적 역사관, 봉건유제의 타파, 식민 잔재의 청산, 분단의 극복, 단결심, 협동심, 애향심, 알려지지 않은 사실의 고발, 자기 문제를 스스로 해결해나가는 용기'(채희완·임진택) 등 대단히 폭넓다.

이들을 압축해보면 주체의식, 노동의 신성성, 정치사회 부조리에 대한 저항과 민주주의, 봉건 타파를 위한 진보사관, 식민 잔재 청산, 통일 의지, 독재배격 등이라 볼 수 있다. 이것은 마당극의 지향성이 다분히 이상론적 사회주의에 근거한 정치사회 개혁에 있음을 보여주는 것이라 하겠다. 가령 마당극의 공연 장소가 주로 공단이나 농촌, 대학, 집단의 교육현장, 대집회장, 종교모임 등에 집중된 것이라든가, 관객층도 근로자와 농민, 학생들이 주류를 이루고 연극 담당층 역시 농민, 근로자, 학생들인 점도 마당극의 사회개혁적인 의지를 잘 보여주는 것이다.

특히 마당극의 본질적 실체라는 '상황적 진실성', '집단적 신빙성', '현장적 운동성', '민중적 전형성'이야말로 그들의 이념 철학을 압축해서 표현한 말이다. 따라서 마당극 주도자들은 군사독재 타파와 정치사회 민주화를 최대 이유로 내걸고 대학가와 공단 등을 근거지로 삼고 짓밟히고 소외된 민중의 삶의 실체를 드러내는 공연을 갖기 시작했다.

마당극의 주도자들이라 할 임진택과 박인배의 두 논문(「새로운 연극을 위하여」와 「마당극의 발생과 흐름」)을 참고로 해서 그 진행 과정을 살펴보기로 한다. 마당극의 이론과 실제의 주역이라 할 임진택은 마당극의 싹을 1960년대 중반에 있었던 〈향토 의식 초혼굿〉이라는 야외 공연에서 찾고 있다. 제3공화국이 시도한 한일 국교 정상화 방안에 대하여 여야가 극한 대립을 벌이고 있을 때 민족의식이 강한 대학생을 중심으로 벌어진 반일 대정부성토의 놀이판이 바로 이 공연이었던 것이다. 〈원귀 마당쇠〉 〈사대주의 장례식〉 〈난장판 민속놀이〉 등 3부로 구성되어 있다는 이 공연은 필자 역시 목격한 바는 없다. 따라서 마당극의 가시적인 싹은 아무래도 1960년대 말엽에서부터 1970년대 초에 있었던 드라마센터 활동(전통극 전수 및 유덕형의 연출실험)과 실험극장의 〈망나니〉 공연 및 서울대 가면극연구회 활약 등에서 찾아야 될 것 같다. 그러나 이러한 일련의 작업은 어디까지나 '마당극'이라는 것을 염두에 두고 벌인 것은 아니었다.

그렇게 볼 때, 역시 마당극의 본격적 출발은 1972년 종교의 침묵을 비판한 반체제 시인 김지하 작 〈금관의 예수〉 공연부터라 하겠다(같은 마당극 주도자인 박인배는 1973년 겨울 공연의 〈靑山別哭〉부터로 보고 있다). 그러나 〈금관의 예수〉는 김지하 시인의 첫 번째 희곡으로서 미처 마당극을 의식 못 한 상태에서 씌어진 것으로 일반적 희곡의 방식을 취하고 있다. 그 점에서 본격 마당극을 추구한 첫 작품은 산업사회로의 이행과정에서 소외된 농촌과 농민의 문제점을 다룬 〈청산별곡〉이라 볼 수가 있다. 이 작품도 김지하가 쓴 극

본으로서 원작명은 〈진오귀굿〉이었다. 당초 이 작품이 가톨릭 원주교구의
협동운동의 일환으로 씌어지고 공연되었다는 점에서 마당극이 천주교와
밀접한 관계를 유지하면서 출발했음도 확인할 수 있다.

　이때의 주역들은 대학의 연극반과 탈춤반 출신 학생들이었으므로 마당극
이 가톨릭과 대학생들의 협동으로 이루어진 것이었다. 그런데 계몽성이 강
하고 개방적인 마당극에 대한 반응이 의외로 열띠고 강했는데, 이는 마당극
이 그만큼 대중의 속마음을 후련하게 대변해주었기 때문이다. 마당극에 대
한 반응이 뜨거우면서 주도자들은 일단 성공으로 보고 해마다 새 작품 하나
씩을 계속 만들어갔는데, 다음 해(1974) 봄에 국립극장 소극장에서 공연한
〈소리굿아구〉(김민기 정리)가 그러한 세 번째 작품이었다. 마당극 주도자들
은 종교 문제와 농촌 문제에 이어 경제동물이라는 일본인들의 도덕성 문제
를 주제로 다루기도 했다. 당시 일본인들의 해외관광 붐과 그에 따른 도덕
적 타락상이 소위 기생관광으로 표출됨으로써 뜻있는 사람들의 분노를 자
아내고 있던 터였다. 그러한 일본 남성의 성적 추태 현상을 우리의 사회, 정
치, 경제의 문제와 연결시키고 다시 그것을 지난 시절 배일사상에 입각해서
매도한 내용이 바로 〈소리굿아구〉였다. 남사당이 갖고 다니는 탈춤인 덧뵈
기의 구조에다가 삽입가요, 춤사위, 창작 가면, 그리고 근대극적 기법까지
가미한 〈소리굿아구〉는 일종의 음악무용극 형태였다.

　사실 마당극은 언제나 '지금 · 이곳'의 문제를 수렴하여 그것을 해결의 입
장에서 표출하는 연극 형태이기 때문에 매우 현장적인 것이 특징이다. 따라
서 마당극은 시사적일 수밖에 없고, 그때그때의 사회 · 정치 · 경제 이슈야
말로 마당극의 좋은 제재가 되었다.

　1975년에 네 번째로 공연한 〈진동아굿〉은 언론 탄압, 즉 『동아일보』의 광
고 탄압과 저항 기자들을 무더기로 해고한 것을 폭로한 마당극이다. 이처럼
마당극은 '진실에의 통로가 차단되고 유언비어만이 무성한 어두운 시대의
광야에서 진실을 외치는 외로운 목소리'(정지창, 「마당극의 현 단계」, 『한국연극』

제132호) 구실을 자처한 것이다. 그러니까 마당극은 언론 자유가 없었던 유신독재 치하에서 전혀 보도되지 않은 숨겨진 진실을 대중에게 알리는 지하 언론매체 역할까지 했던 것이다. 그렇기 때문에 마당극은 문제가 있는 곳, 사건이 있는 곳에 있을 수밖에 없었다.

『동아일보』의 언론 탄압을 고발한 다음에는 도시 변두리의 뿌리 뽑힌 서민들의 삶을 묘사한 〈돼지꿈〉(황석영 작)을 공연하게 된다. 서울 변두리에서 기식하고 있는 '어느 날 품팔이의 하루 삶을 통해 70년대 초의 이농 문제, 노동문제, 도시빈민 문제를 다루고 있는 이 작품'은 산업사회로 옮겨가는 자본주의 사회의 병폐를 '절망과 비판의 빛깔이 아닌 축제 성격의 활기와 풍성함으로 대체한 것이 특징이고, 또 도시 변두리 현장에서 넝마주이 재건대원들을 집단적 주인공으로 설정한 것'(임진택)이 특징이었다.

이때부터 황석영의 소설도 대본으로 극화되기 시작한다. 사회의식이 강한 황석영의 소설을 각색한 〈돼지꿈〉을 공연함에 있어서 주목을 끌 만한 사실은 현장에 깊숙이 밀착해서 공연한 점이라 하겠다. 즉 작품의 배경이 되는 산동네의 야산 기슭에서 최초로 횃불을 밝혀놓고 판을 벌인 것이다. 그리고 넝마주이 재건대원들을 집단적 주인공으로 설정하고 그들의 하루 동안에 있었던 불행한 사건들을 건강한 삶의 의지로 극복하면서 사회적 불의와 억압에 대한 강렬한 저항을 전투적인 군무와 행진으로 표현한 것(임진택)도 마당극의 새 모습을 보여준 경우였다. 왜냐하면 그것은 일종의 데몬스트레이션의 힘을 분출한 작품이었기 때문이다.

이러한 형태의 공연은 노동운동의 탄압을 본격적으로 묘사한 〈공장의 불빛〉에서 한층 역동적으로 표출된다. 1970년대 노조 탄압 사례 중 본보기의 하나인 동일방직사건을 소재로 삼아 노래극이라는 새로운 양식으로 창안한 이 작품은 해직 근로자들이 직접 연기에 참여한 것도 색다른 점이었다. 그러니까 노래극으로 했다는 것과 노동문제를 마당극의 주요 주제로 삼은 것, 근로자를 배우로 끌어들인 점 등이 새로운 모습이었던 것이다. 노래야말로 관중의 감성을 직접적으로 자극하는 표현 수단이 된다는 것을 깨달은 마당극의 주도자들은 흑인영가에서부터 왈츠, 트위스트, 성가 등 양악과 판소리, 민요 등 민속음악을 교묘하게 접합시키기도 했다. 이러한 마당극이 관중을 흥분시킨 것은 두말할 나위 없다. 따라서 〈진동아굿〉 공연 때 이상으로 관중들은 '동일방직 문제를 해결하라', '구속 근로자를 석방하라' 등의 구호를 외침으로써 출연배우 모두가 경찰서에 연행되기도 했다(박인배, 「마당극의 발생과 흐름」, 『한국연극』, 제32호).

'정치적 거리굿'이라 할 노동문제극 〈공장의 불빛〉 공연 다음으로는 농정(農政) 문제가 마당극의 주제로 취택되었다. 1978년에 전남 함평 등지에서 공연된 〈함평 고구마〉가 바로 그러한 첫 번째 마당극이었다. 이 작품은 임진택이 설명한 대로 농협이 주도한 고구마 수매 정책이 불러일으킨 농민의 집단적 저항을 담은 것으로 현장에서 직접 농민들 손에 의해 만들어진 것이 특징이다. 이 작품에서는 '고구마 포대를 거꾸로 뒤집어쓴 고구마 탈이 등장하여 길가에 버려져서 썩어가는 자기 신세를 한탄하는 데서부터 시작된다. 이어 등장한 농민들은 농협이 전량수매를 약속하고도 이를 이행치 않음으로써 발생한 피해를 보상할 것을 요구한다. 농민들은 이 공연을 통하여 고구마 사건의 진상과 전모를 깨닫게 되고, 마침내 그들은 단결하여 자기네들의 권익을 되찾기 위한 대열에 적극적으로 참가했던 것이다.'(임진택) 그러니까 이 작품이야말로 연극을 통한 농민운동의 기폭제가 되었다고 말할 수가 있다.

이처럼 마당극은 경직된 정치체제하에서 파생된 언론 탄압 문제로부터 시작해서 소외된 삶, 노동운동, 농민운동 등으로 그 소재를 넓혀갔고, 마당극 주도자 및 참여자들도 대학생으로부터 전문 연극인, 노동자, 농민 등으로 확대되었다. 그런데 그동안 연극문화에 거의 접해보지 못해서 연극이 무엇인지조차 몰랐던 소위 기층민중이 연극에 직간접으로 참여하면서 현실을 비판적으로 자각해가기 시작했다는 점에서 마당극운동의 의미를 되새

기게 되었다는 사실이다. 특히 그동안 근대화 과정에서 소외되었던 노동자, 농민, 빈민 등이 마당극에서 자기들의 불만을 표출할 통로를 마련하려는 의욕까지 보인 것은 주목할 만한 일이었다. 이들의 적극적 동참이야말로 바로 그러한 경향의 한 단면이라 볼 수가 있다.

게다가 기독교 계통의 후원도 마당극이 그 생명을 유지하는 데 적잖은 힘이 되었다. 우선 공연 공간 제공에서부터 자금 지원 등도 없지 않았다. 마당극이 대학생들과 소외계층의 뜨거운 호응에 힘입어 당국의 탄압 속에서도 좀처럼 열기가 식을 줄 몰랐다.

그러나 1970년대까지만 해도 워낙 현실의 벽이 두터운 데다가 대중의 인식 부족으로 마당극 공연은 대학이라든가 교회 또는 특수현장 등에 국한되었다. 그러던 차에 10·26이라는 유신 종말의 정치 격변이 갑자기 일어났고, 자유화 물결과 함께 마당극이 활기를 찾기 시작했다. 즉 1980년 3월 개학을 맞은 대학들에서는 자유를 만끽하면서 억압받던 과거를 풍자하는 마당극을 다채롭게 벌이기 시작했다. 그러나 아무런 준비 없이 맞은 자유였기 때문에 미처 새로운 레퍼토리를 준비할 시간적 여유도 없는 데다가 몇 년 동안 해온 마당극도 형태에 있어서 아직 확고한 틀을 마련하지 못했기 때문에 대학가에서 시도한 것은 그동안 다른 곳에서 했던 것을 재공연하는 수준에 머물러 있었다.

그러던 차에 참신한 기치를 들고 출발한 극단 연우무대(1978년 창단)가 마당극 전문으로 방향 선회를 했고, 제작 시스템 마당이 본격 마당극을 선보였다. 연우무대가 놀이패 한두레와 공동으로 드라마센터에서 공연한 〈장산곶매〉(황석영 작, 1980.4)야말로 마당극이 마당이 아닌 무대로 들어온 첫 번째 경우였다. 그러나 〈장산곶매〉는 전통극과 현대극을 융합시켜보려 하다가 실패한 공연이었다. 특히 소위 공동 창작이라 하여 여러 사람이 손을 댔기 때문에 통일성이 약했다. 따라서 두 번째로 무대에 진출한 마당의 〈토선생전〉(안종관 작, 1980.5)으로 해서 마당극은 비로소 무대극으로서도 대중의 주목을 끌 수가 있었다. 전래 판소리 〈수궁가〉를 민중적 입장에서 재해석하고 거기다가 양주별산대놀이, 꼭두각시놀음, 창극 등 전통극을 혼합하고 다시 신파극의 과장됨을 가미시킨 〈토선생전〉은 번역극 위주의 상업주의적 기성 연극계에 신선한 충격을 던져주면서 대중의 열렬한 호응을 받았다.

그리고 마당극 전문을 표방하고 나선 극단이 중앙에만 있지 않았다. 지방에서는 처음으로 전남 광주에서 놀이패 광대가 등장하여 1980년 3월에 〈돼지풀이〉라는 농축산정책의 과오를 비판한 마당극을 공연하였다. 광주에 이어 제주도에서 수놀음이라는 마당극 전문 단체가 발족(1980.11)되어 〈돌풀이〉라는 작품을 선보였다. 19세기 후반의 제주민란을 소재로 한 이 작품은 '초감제의 맞이굿을 통해 난리에 죽어간 민중의 원혼을 불러 위무 공양하는 데서부터 시작된다. 이 마당굿은 제주도 농어민의 건강한 삶을 춤과 일, 노래의 신명으로 드높이고, 영감놀이, 땅뺏기놀이, 기마전 등 극중 놀이를 원용하여 지방토호, 관리, 외세 등의 수탈과 농간을 특유의 풍자적 은유로 질타한다. 민중봉기의 뒤끝에 주동자가 처형되고 마지막 할망의 피맺힌 절규가 상여 행렬 속에 메아리치는데, 관중과 함께 부르는 상여소리를 통해 민중 항거의 역사가 오늘의 다짐으로 현재화된다.'(채희완·임진택,『한국의 민중극』참조)

이처럼 수놀음의 첫 번째 작품은 제주도에서 있었던 역사적 사건을 제재로 하여 민중의 저항과 주체성 회복을 외친 것이었다. 그러니까 지방에서 생겨나기 시작한 마당극 단체들은 자기 고장에서 일어난 역사·정치·사회·경제 문제 등을 소위 민중 항거의 몸짓으로 표출함으로써 하나의 개성을 보여준 것이다. 따라서 그동안 사건이 있는 곳과 대학가에서만 거의 음성적 활동을 하던 마당극이 두 방향에서 부상했다. 그 하나는 제작팀 마당과 연우무대의 경우에서 볼 수 있는 바와 같이 기성 연극의 한 부분으로 마당극을 하는 경우이고, 다른 하나는 중앙과 지방에서 생겨나기 시작한 아마추어 마당극 단체들의 활동이다.

그리하여 1980년대 들어서는 제도권과 재야라는 두 방향에서 마당극운동이 전개되기 시작했고, 재야 마당극 단체는 중앙보다 오히려 지방에서 활기를 띠어갔다. 제주, 광주, 목포, 전주, 부산, 대구 등지에서 끊임없이 움직여간 것이다. 1980년대 초반만 하더라도 기성 극단 연우무대는 〈장산곶매〉에 이어 〈어둠의 자식들〉(1981.4), 〈장사의 꿈〉(1982.1), 〈판소리 아리랑 고개〉(1982.5) 등을 문예회관, 국립극장 등 기성 극장에서 공연을 가졌고, 놀이패 한두레 역시 〈강쟁이 다리쟁이〉(1984.2), 〈뛰뛰빵빵〉(1995.3) 등을 기성 극장에서 공연한 바 있다.

지방의 재야 마당극 단체들도 중앙과 발맞추어 활발하게 공연 활동을 벌여갔다. 제주도 수놀음은 〈줌녀풀이〉 〈태 순 땅〉 등 토속적이면서도 이념적인 작품들을 공연했고, 전주놀이패 녹두는 섬진강 수몰지구 농민들의 실향적 삶을 묘사한 〈계화도 땅풀이〉(1985.1)를, 연희단거리패는 〈돼지풀이〉 〈호랑이놀이〉(1981.4) 등 부실 농정을 농민의 좌절된 삶을 통해 표출했다. 목포지역의 마당극단 민예도 광대와 유사한 활동을 벌였다. 이러한 지방의 아마추어 마당극단들 중에서도 제주도의 수놀음의 활동이 작품성 때문으로 말미암아 비교적 주목을 끌었다. 즉 수놀음이 공연한 작품 중 가장 인상적이었다는 〈태 순 땅〉을 채희완·임진택이 공동 해설한 것을 인용해보면 다음과 같다.

〈태 순 땅〉은 태(胎)를 사른 땅으로 풀이된다. 탐라의 섬사람들은 아이가 태어나면 탯줄을 살라 땅에 묻는다. 그러므로 이들에게 '태 순 땅'은 생명의 본향(本鄕)이자 삶의 터전, 마음의 보금자리다. 탐라민속문화연구회 수놀음이 공동 창작하여 공연한 이 마당굿은 외지인에 의해 삶의 터전을 잃고 뿌리 뽑혀 가는 제주도의 현실에 대해 강력한 저항의지를 담고 있다. 이는 〈땅풀이〉 〈향파두리놀이〉 〈돌풀이〉 〈줌녀풀이〉 등 이들의 일련의 공연과 맥을 같이한다. 탐라는 민요와 굿이 지천으로 깔려 있는 고장이다. 수놀음이 민속의 놀이원리를 표현의 원천으로 삼고 있음은 '이 땅의 것을 우리가 지킨다'는 토착 의지와 결부되어 있다. 공동체적 삶이 일노래인 〈밭 블리는(밟는) 노래〉로, 외지인의 토지 점유 과정은 마을굿의 굿중굿인 〈사농(사냥)놀이〉로 개발, 국제화의 외세바람은 원초적 인형극인 〈허맹이 놀림〉으로 구성되고, 이 모든 외세와의 갈등이 '재판놀이'로 모아졌다가 마지막 토착민의 승리로 마무리된다. 이는 한마디로 탐라의 땅과 삶과 문화에 대한 한반도에의 민족적 의미 부여이다. 탐라는 한반도의 상징이다(『한국의 민중극』, 15쪽).

이상과 같이 제주도의 마당극은 향토 의식이 지나치게 강하다 못해서 국수적이고 배타적이기까지 했다. 마당극이 지나치게 경직화로 흐른 것은 문제였다. 오랜 군부독재 치하에서 벌어지는 갖가지 정치·경제·사회 문제를 정면으로 다루는 문제의식과 진실 규명 의지는 평가받을 만했지만, 그것을 극예술로 풀어가는 데는 한계가 없지 않았다. 그중에서도 가장 문제가 되는 것이 정치목적성이 강한 생경함이었고 도식적인 점이었다. 너무나 정치적인 문제에 경도되다 보니 편향적일 뿐만 아니라 직설적이고 방만할 수밖에 없었다. 따라서 마당극은 '예술적으로 절제되고 심화된 형식을 거쳐서 발휘되어야 한다'(김방옥, 「마당극 양식화의 문제」, 『한국연극』, 1981.3)는 충고까지 나왔던 것이다.

연극이라는 것은 어디까지나 하나의 꾸밈이라고 볼 때, 그동안의 마당극이 너무 예술의 절제 원칙을 지키지 않은 데 대한 비판이었다. 실제로 마당극 주도자들 역시 자가 반성이 없지 않았다. 그 점은 임진택이 공해 문제극 〈나의 살던 고향은…〉을 연출하며 남긴 단상에 선명하게 나타나 있다. 그는 이 작품을 공연하는 이유로 세 가지를 내걸었다. 첫째 공해에 의한 생태계 파괴나 핵전쟁에 의한 지구 궤멸의 우려가 한갓 공상이나 남의 일로서 남아 있는 것이 아니라 우리들 자신에게까지 이미 목전의 위협으로 다가와 있을 만큼 심각하다는 것. 둘째, 그동안의 민중극 혹은 마당극운동에서 주제나 소재의 선택이 너무 일률적으로 경도된 느낌이 없지 않으므로 이의 개방과 확산이 필연적이라는 것. 셋째, 마당극 주제 선정에 있어 자주 폐단으로 지적되고 있는 도식화, 경색화의 경향으로부터 벗어나기 위해서는 무엇보다도 사물에 대한 전일체적 관점을 확보하는 일, 즉 총체적 인식에 다다르는 길을 찾을 수 있다는 것. 이상이 공해 문제극을 하는 당위성이라는 것이다(임진택, 「공해풀이 마당굿 연출 단상」, 『민족극 정립을 위한 자료집』, 제2권).

그런데 임진택의 글에서 눈에 띄는 대목은 핵 문제 제기다. 그러니까 공업화 과정에서 빚어지는 산업공해 문제에 국한하지 않고 핵무기 문제까지 포괄해보자는 것이다. 한반도에서의 핵 문제는 냉전의 예각 지역이므로 관중이나 정부 측에서 매우 민감할 수밖에 없다. 결국 이 공해 문제극은 공해 귀신마당, 봉고유람마당, 농촌마당, 공단마당, 식수마당 등 5부로 꾸며져서 1984년 7월에 드라마센터 무대에 올려졌다. 다섯 마당의 전개에 앞서 앞풀이에서는 〈쾌지나 칭칭나네〉 〈액막이타령〉 등의 민요를 부르며 지신밟기를 하고, 첫째 마당에서는 수은, 카드뮴, 복합 중금속, 유독가스 등의 각종 공해 물질들이 자신들의 위력을 자랑한다. 폐수와 대기오염으로 피해를 본 주민들이 보상 및 이주 문제를 둘러싸고 한바탕 논쟁을 벌이며 뒤풀이에서는 오염된 물과 공기, 땅의 소생을 기원하면서 풍물과 춤으로 지신밟기를 하면서 끝난다. 공연 과정에서는 여러 가지 동서양의 연극 기법이 원용되었다. 우리의 탈춤과 판소리가 바탕을 이루었지만 서양의 서사극 방식이라든가 코메디아 델 아르테 등의 다양한 기법이 부분적으로 차용되었다.

그런데 연우무대의 공해풀이 마당극 〈나의 살던 고향은…〉은 커다란 파문을 던졌고 사건화되기에 이르렀다. 우선 마당극에 대한 기성 평단의 냉엄한 평가가 나온 점을 들 수 있다. 사실 그동안 기성 연극계에서는 젊은 층에서 벌이고 있는 마당극운동에 대해서 가타부타 않고 주시만 하고 있었다. 그러다가 결국 10여 년 만에 본격적인 평이 나온 것이다. 중견 연극평론가 한상철이 〈나의 살던 고향은…〉에 대해서 다음과 같이 비판했다.

이 극은 공해 그 자체를 주제로 삼고 있고, 공해와 그것의 직간접 요인들을 일반적으로 비난함으로써 프로파간디스트 연극의 성격을 띠고 있다. 산업화 과정이 필연적으로 초래하는 이해의 갈등과 딜레마, 산업공해가 미치는 넓은 의미의 영향과 다각적인 이해들은 이 극의 관심 밖에 있다. 다만 공해에 대한 경각심을 일깨우고 공해의 원인들을 추방하자고 역설할 뿐이었다. 물론 공해에 대한 무관심이나 몰이해를 일깨우고 그것의 심각성을 의식하자는 이 극의 목적은 매우 중요하다. 그러나 그 주장의 소리가 높다고 의식의 각성이 깊어지는 것은 아니다. 목적이 너무 단순하고 일방적으로 수행되고 있다. 가령 대표적인 공해 물질인 핵이 이 나라에서는 안보와 산업적인 차원에서 오히려 환영받고 있는 현실이라면, 그 같은 모순과 아이러니를 다른 공해 문제에서도 얼마든지 발견할 수 있는 일이었다. 마당극은 감성과 직관에 호소하는 힘이 강한 형식이고, 이 같은 형식적 특성을 연출가 임진택은 십분 활용하고 있다. 다섯째 마당인 식수마당에서 격앙된 목소리와 행동으로 시민들이 봉기하는 장면을 마당극의 선동적인 효과를 살린 예가 된다. 논리적인 분석과 지적인 토론을 거치지 않고도 직접 메시지를 전달할 수 있는 것을 마당놀이의 장점의 하나로 친다면 그것의 정서는 센티멘털리즘이 주가 될 가능성이 많다. 〈나의 살던 고향은…〉은 맑은 물, 푸른 숲에 둘러싸인 아름답고 살기 좋은 곳이라는 발상은 고향에 대한 감상적인 그리움을 불러일으키고, 그것은 고향의 적은 무조건 타도해야 된다는 획일적인 태도를 고취시킨다. 500석 드라마센터를 가득 메운 관객의 열기에서 나는 행복감보다는 일종의 두려움을 느꼈다. 야외에서 사용되던 꽹과리의 옥내 도입, 재래적인 극장 공간에서의 노는 자와 구경꾼의 어울림, 풍자이기보다 욕설인 대사, 언젠가는 애국가마저 그렇게 될지 모를 가사 바꿔 부르기 등 생각해봐야 될 일들을 다시 생각해본 공연이었다(『한국일보』 1984.7.11).

한상철의 글을 자세히 살펴보면 그가 서구의 보편적 연극관의 입장에서 마당극을 보고 있음을 확인할 수 있다. 마당극의 특성이라 볼 수 있는 자유분방함이라든가 직설적인 표현, 조야하기까지 한 무절제 등에 대해서 그는 이해 부족과 함께 혐오감까지 갖고 있는 것 같다. 마당극을 무조건 프로파

간디스트 연극이라든가 정치목적극이라 규정한 것만 보아도 그렇다. 그는 적어도 극예술의 진실과 사회정의가 일치하지 않는다는 순수주의의 입장에서 연극을 보고 있었던 것이다. 한상철은 특히 일부 젊은 연극인들의 사고의 경직성과 지나치게 정치 지향적인 것을 비예술적으로 보았다. 그만큼 그는 우리 사회의 보수적 시국관을 갖고 있었다. 그것이 다름 아닌 한반도 핵 배치에 대한 긍정적 시국관이라 하겠다.

그가 마당극을 부정적으로 보는 이유는 대체로 두 가지 이유 때문이었다. 한 가지는 마당극이 예술로서 너무 생경하다는 것, 둘째 마당극 주도자들이 지나치게 급진적인 생각을 갖고 정치목적극만을 만든다는 것이었다. 이러한 한상철의 견해는 대체로 연극을 정통으로 공부한 기성 연극인들의 관점과 일치하는 것이다. 가령 중진 연출가 김우옥만 하더라도 마당극을 가리켜 '지배자인 정부 및 정부와 연계된 권력층을 야유 · 희화 · 공격의 대상으로 삼는 것을 가장 큰 목적 중 하나로 하고 있기 때문에 정치극이라 부를 수 있다'면서 마당극이야말로 '목적극 또는 정치극 또는 서구에서 말하는 게릴라 가두연극이라고 규정할 수 있을 것'(『예술과 비평』 제15호)이라 단정한 바 있다. 그러나 마당극을 여과되지 않은 정치 목적이라고 규정한 한상철은 당사자들로부터 격렬한 비판을 받았다.

즉 한상철의 평이 나오자마자 극단 측에서 매우 심한 반론이 나온 것이다. 젊은 마당극 연출가 박인배의 반박문은 다음과 같았다.


한상철 씨가 지난 11일자 연극비평란에 썼던 글은 우리 연극계가 다른 예술 장르, 특히 문학계에 비해 얼마나 뒤떨어져 있는가를 절실히 느끼게 했다. 이러한 원인은 우리 연극계에서 그동안 연출가나 극평가로 자리 잡은 사람들이 우리 사회에서의 연극의 기능이 무엇인가에 대한 철저한 토론을 회피한 채 구미에서 주워온 연극이론을 불가침 율법처럼 신성시하는 태도 때문이라고 생각한다. 비평의 대상은 연우무대의 공해풀이 마당극 〈나의 살던 고향은…〉이었는데, 평가는 이 극에 대해 '정치적인 목적극', '선동적' 등 일반인들의 반발심을 유도하는 단어를 동원하여 일방적으로 매도하고 있다. 사회문제, 특히 일상인들의 삶의 문제를 다루는 것이 예술을 평가절하한 것이 아닌데도 공해라는 특정한 사회문제를 다루었다고 해서 정치목적극이라고 말하는 경직된 사고는 70년대에 들어오면서 객관적인 타당성을 잃어버린 예술 순수주의 비평의 논법을 보여주는 듯했었다. 사실 문학계에서는 이미 60년대의 순수–참여논쟁을 민족문학론으로 정리하고 민중문학, 분단극복의 문학을 모색하고 있는 단계임에도 연극계는 상업주의 연극에 반대하는 정도의 '진지한 순수 연극예술'의 수준이나 그러한 자기 보존적 논리에서 파생된 위와 같은 단견으로부터 아직 벗어나지 못했음을 반증하고 있다. 또 하나는 마당극의 질을 이해하지 못한 점이다. …(중략)… 이상에서 볼 때, '다시 생각해봐야…'라는 글은 연극을 편협한 예술 형식으로만 지키려는 비인간화된 연극관의 소신이라 보여진다. 이러한 문제가 개인적인 한계라기보다 극평계 일반의 문제라면 더욱 심각한 일이다. 연극계가 폐쇄성에서 벗어나 현실 상황을 폭넓게 수용할 수 있는 새로운 연극관을 세워나가기 바란다.(『한국일보』 1984.7.26)

박인배의 극히 감정적인 반박문 가운데 한상철의 민속극 이해 부족 지적 등은 정곡을 찌른 것이지만, 연극을 순전히 사회참여의 입장에서 생각한 것은 마당극 주도자들의 편협성을 단적으로 노출시킨 것이라 볼 수 있다.

작품을 직접 연출했던 임진택도 뒷날 한상철의 평가를 다각도로 비판했다. 임진택은 특히 한상철의 보수적 시국관에 초점을 맞춰 다음과 같이 반박했다.

우선 H씨는 이 작품의 주제인 공해 문제에 관해 그 자신이 절박하게 심각성을 의식하고 있지 못한 것 같다. 비단 공해 문제만이 아니라 우리 사회 전반에 걸쳐 격동하고 있는 현실 상황에 대한 판단에 있어서도 그의 기본 시각은 체제 지향적인 보수성에 머물러 있는 느낌이다. 예컨대 식수마당에서의 목포 시민들의 궐기를 두고 그가 영산강과 섬진강을 혼동한 것은 잠깐 실수였다 치더라도, 대표적인 공해 물질인 핵이 이 나라에서는 안보와 산업적인 차원에서 오히려 환영받는 현실이라고 하는 그의 견해는 그야말로 비현실적인 것이 아닐 수 없다. 초강대국 간의 이데올로기 분쟁에 휘말려 분단의 쓰라림을 겪어야 하는 현실만 해도 통분스럽거니와, 냉전의 덫에 걸려 대리전쟁을 치러야 하는 급박한 상황에서 점차 핵기지화되어가는 한반도의 실정을 어떤 시각에서 파악함이 옳을 것인가? 도대체 안보란 무엇에 관한 안전보장이며 누구를 위한 안전보장인가? 안보의 궁극적 소재가 생명의 보호에 있음에도 불구하고 생명을 지키기 위해 우리의 국토를 핵전쟁의 볼모로 잡아야 한단 말인가?(임진택, 「공해풀이 마당굿 연출단상」, 『민족극 정립을 위한 자료집』, 제2권 참조)

이상의 반박문에서 특히 주목을 끄는 대목은 한상철을 가리켜 체제 지향적인 보수주의자로 몬 부분과 한반도의 핵기지화 반대를 분명히 한 것이라 하겠다. 그러니까 임진택은 한상철의 일반적인 연극평을 매우 정치적인 시각에서 본 것이다. 특히 한반도의 핵기지화 반대는 좌파 정치노선과 일치하는 것이라 볼 때, 소위 마당극이 지향하는 정치노선이 어떤 것인가 하는 것을 극명하게 보여주는 것이라 하겠다.

그리고 이 작품 공연에서 대중가요 가사 바꿔 부르기가 시도된 바 있었다. 가령 〈아! 대한민국〉이라는 대중가요를 당시의 정치 내지 정치가 풍자식으로 가사를 바꾸어 불렀었다. 그것에 대하여 한상철은 '언젠가는 애국가마저 그렇게 될지 모를 가사 바꿔 부르기'라고 지적한 바 있다. 그것에 대한 반박에서도 임진택은 한상철을 '극히 체제지향적'이라 몰아붙이면서 '경제 성장과 근대화를 고취하는 관제 가요들의 강요된 의식 세뇌에 대하여 가사를 바꾸거나 혹은 그러한 가요 자체를 풍자적 틀에 수용하여 희화시키는 방법을 관제문화 조작에 대응하는 민중 자신의 가장 자연스럽고 기본적인 기법 중의 하나'라고 주장했다.

그러나 이러한 임진택과 박인배의 한상철 논박은 상당 부분 오해에서 비롯된 것으로 보아야 할 것 같다. 한상철은 당초 연우무대의 대중가요 가사 바꿔 부르기에서 특정 권력자를 대입시킨 것 등에 대해서 비판한 것이라기보다는 무대예술로서의 품격을 지적한 것으로 봐야 할 듯싶다. 그럼에도 불구하고 임진택이나 박인배는 그것을 순전히 정치사회적 관점에서 체제 옹호로만 곡해한 것이다.

결국 공해풀이 마당극 〈나의 살던 고향은…〉의 바로 그 가사 바꿔 부르기가 화근이 되어 극단 연우무대는 6개월 공연 정지 처분을 받고 말았다. 정부당국이 생각할 때, 연우무대의 사회풍자극은 국기를 흔드는 행위라고 본 듯싶다. 그동안 마당극운동을 매우 거북스러운 체제 부정 공연 행위로 파악한 정부가 〈나의 살던 고향은…〉을 계기로 탄압의 칼을 휘두른 것이다. 이때부터 마당극은 위축되기 시작했다. 이것이 1984년 여름의 일이었다. 이는 마당극운동이 10여 년 만에 부딪친 가장 큰 시련이었다.

또 하나 흥미로운 사실은 기성 극단인 연우무대가 마당극을 주도하면서 마당극이 본래의 자리라 할 사건 현장이나 대학 운동장 같은 곳으로부터 극장 무대로 옮겨온 점이라 하겠다. 이것도 마당극이 그 생명이라고까지 부를 수 있는 생동성을 잃은 원인 중의 하나라 하겠다. 물론 연우무대는 6개월간의 휴식 끝에 이듬해인 1985년 봄에 시대극 〈한씨연대기〉로 화려하게 재등장하기는 했다. 연우무대가 마당극을 옥내 무대로 끌어들이자마자 소위 예술적 정제를 생각하지 않을 수 없었다. 이러한 예술화 행위는 현장을 중시하는 골수 마당극 운동가들에게는 눈에 거슬릴 수밖에 없었을 것이다. 마당극의 실질적 리더인 임진택이 연희광대패라는 마당극 단체를 새로 조직하고 나온 것도 그러한 연극이념의 차이 때문이 아닌가 싶다.

그리하여 임진택은 연희광대패를 만들자마자 유명한 반체제 시인 김지하의 문학작품을 원작으로 한 〈밥〉을 신촌의 신선소극장에서 장기 공연하기로 했다. 당초 김지하의 문학 사상을 대중에게 알린다는 명목으로 공연을 시작한 것이지만 내용으로 보아서는 '70년대 경제 성장에서 소외된 근로자 농민의 아픔을 민중에게 전달하겠다'는 것이 주목적이었다. 그 공연에 공장 근로자들과 각 대학의 의식 있는 학생 서클 회원들이 단체관람을 많이 한 것도 그러한 극단 측의 의도에 부합되는 것이라 볼 수가 있다. 그런데 연희 광대패도 역시 소극장이나마 옥내 무대에서 주로 공연을 가진 점에서 연우 무대와 유사했다. 그만큼 1980년대는 마당극이 주로 옥내 극장 무대로 들어온 것이 특징이었다. 마당극이 삶의 현장이라 할 마당을 버리고 그들이 비판해온 기성 극단의 무대인 옥내 극장으로 과감하게 뛰어든 것은 아무래도 주도자들이 기성의 사회인이 되면서 수익을 생각하지 않을 수 없었을 것이고, 또 그들의 야망이기도 한 우리 현대극의 방향 전환에도 있었지 싶다.

솔직히 마당극 주도자들은 그동안의 신극 전통에 대해서 매우 부정적이었다. 신극은 곧 일본 신파와 서구의 근대극을 맹목적으로 답습한 것에 불과한 제국주의 문화의 찌꺼기에 불과하다고 보았다. 그렇기 때문에 우리의 전통을 바탕으로 한 마당극이야말로 현대극을 주도하는 형태라는 것이다. 임진택이 '마당극은 연극계의 활성화나 연극예술의 다양화에 기여하는 관계에 머무르지 않고 이를 뛰어넘어 대다수 민중의 삶과 고락을 함께함으로써 문화와 예술의 한 분야로서 사회적 책임을 완수할 뿐 아니라 궁극적으로는 정체의 늪을 맴돌고 있는 연극예술에 대해서도 방향 제시와 함께 신선한 돌파구를 마련해주리라 기대되는 것'(『극장예술』, 제36호 참조)이라고 한 것은 그러한 야심과 자부를 단적으로 설명한 것이라 볼 수 있다.

마당극 주도자들은 그들의 급진적 사회 역사관 때문에 그러한 확신을 가질 수도 있을 것 같다. 그 이유는 첫째 그들이 제국주의의 산물로 보는 신극이 순전히 서구 연극을 답습만 해왔고, 또 민중생활과 유리되어 있으며, 이제 대중도 식상하고 있다는 것과, 둘째 우리 사회의 구성원이 90%의 민중층(노동자, 농민, 진보적 지식인 등)이기 때문에 그들의 아픔을 달래고 그들의 소망을 실현시킬 수 있는 마당극이야말로 타락한 기성 연극을 대체할 만한 민족극 양식이라는 것이다. 이는 사실 매우 단순한 논리로서 신산했던 우리의 한 세기에 걸친 근대극 전통에 대한 이해 부족에 기인하는 것이다. 마당극이 극예술로서 지니고 있는 한계를 제대로 인식하지 못한 데서 그런 주장이 나온 것이다.

솔직히 마당극은 전통적인 민속예능과 근대극의 여러 양식을 뒤섞은 형태로, 하나의 무대예술로서 제대로 틀을 갖추지 못한 예비적(?) 연극 양식이다. 이념 또한 너무 경직되어 있어서 가장 열린 연극처럼 보이는 것과 달리 배타적이기까지 하다. 정진수가 마당극의 특성을 세 가지로 요약한 바 있는데, 첫째 복잡한 내용과 난해한 기교를 배척하는 반지성주의, 둘째 마당극이 민족의 정체성 내지 주체성의 수립을 지향하는데, 이는 계급의식 고취와 연관되며 반외세, 반서구, 반미와 연결된다는 것, 셋째 교훈주의 연극으로서 연극을 통하여 민중의식 고취와 사회변혁의 주체가 되려고 한다는 것 등이라 했다(「민중의 허와 실」,『예술과 비평』, 제15권).

이러한 세 가지의 특성은 곧 제2차 세계대전 직후 소련공산당 중앙위원회가 재천명한 사회주의 리얼리즘 연극 강령과 부합된다고 본 정진수는 마당극을 가리켜 '대중을 감각적 쾌락과 최면에 빠뜨리는 통속을 배척하는 반상업주의의 연극이며 인간과 우주에 대한 회의로 채색된 현대 서구 연극에 대항하는 반모더니즘으로서 철학적 비관주의를 거부하는 유토피아적 난관주의 연극'이라 규정했다. 마당극 주도자들이 주장하는 세 가지 특성을 소련의 사회주의 리얼리즘 연극강령과 부합된다고 지적한 정진수의 논리는 주목할 만한 것이다. 또한 마당극이 노동운동과 깊이 연계되어 있는 것도 초기 프롤레타리아 연극운동과 유사한 점이다. 그러면서 정진수는 마당극이야말로 소박한 환상으로서 '소원 속의 연극일 뿐 현실 속의 연극이 아니다. 따라서 우리 민중극은 주장을 통해서는 순진하고 아름답게 느껴지지만 실천을 통해서는 치졸하고 실망스럽게 느껴지기 쉽다. 그렇기 때문에 민중극의 담당자들도 실천에 몰두하기보다 기성 연극에 대한 공격과 자기주장에 더 열중하는 경향이 있다'고 비판했다.

정진수뿐만 아니라 기성 연극계에서는 정치성향의 마당극의 장래를 부정적으로 보고 있다. 그 가장 큰 이유로서 마당극이 재미와 가르침이라는 두 요소의 상충을 극복하는 일도 어려운 일이지만(정진수) 그보다도 그들이 관객층으로 삼는 노동자, 농어민, 도시빈민 등 저소득층이 멜로드라마로 가득 찬 텔레비전 시청에 더욱 열을 올리고 있기 때문이다. 그러나 마당극이 현장 연극으로서 일부의 불만층에 어필하는 것도 사실이지만 그 관객층은 텔레비전 시청자에 비하면 극소수에 지나지 않는다. 그리고 마당극 주도자들이 생각하는 것과는 달리 민중이 전 인구의 90%냐 하는 것과 날로 증가하는 소위 중산층도 소외, 탄압받는 민중으로 포함시켜야 하느냐는 점도 생각해야 한다. 마당극이 타락한 기성 연극의 대체연극 양태라고 주장하는 것도 시간이 흐를수록 그 설득력을 잃어가고 있다. 우리 사회가 급속도로 민주화되어 가면서 마당극의 인기가 급속히 하락 추세를 보여주는 데서도 그것은 단적으로 나타난다.

1986년부터 마당극 주도자들은 슬그머니 마당극을 민중극 또는 민족극이라는 명칭으로 바꾸어 부르기 시작했다. 물론 이들이 민중극이라는 말을 처음 쓴 것은 아니다. 로맹 롤랑이 1903년에『민중연극론』이라는 평론집을 내면서부터 민중극이라는 말이 유행했고, 이것이 3·1운동 직후 현철 등이 받아들여 민족극으로 변용된 것이다. 그런데 마당극 운동가들은 이러한 맥락을 계승한 것 같지는 않다. 왜냐하면 그들은 민족극을 '분단이라는 민족 현실을 극복하려는 적극적 노력에 기여하는 예술 이념에 기초하여 이를 민중적 입장에서 형상화해내는 모든 연극예술'로 규정하고 있기 때문이다. 그러니까 그들의 민족극 개념은 소박할 정도로 순진하고 정치적이기 때문이다. 이 시기를 전후하여 그들이 교본처럼 삼아온 브레히트의 서사극론이 번역 소개되기도 했고, 아우구스토 보알의 *Theater of the Oppressed*와 같은 제3세계의 저항연극론도 번역 출간되었으며, 그동안 음지에서 공연된 마당극본 및 이론서도 자료집으로 묶여 나왔다. 그러니까 1985년을 전후한 공연 침체기에는 이론 무장과 정리 작업을 한 셈이다.

마당극운동이 그러하듯 이론 정리 작업도 실은 아프리카, 라틴아메리카, 동남아 등지에서 벌어지고 있는 소위 제3세계의 반외세, 반체제 그리고 주체문화를 찾기 위한 저항연극 운동과 맥을 같이하는 것이기도 했다. 이러한 노력에도 불구하고 마당극운동이 별다른 진척을 보이지 않자 1988년 봄부터 전국의 14개 마당극 단체들이 서울(미리내소극장)에 모여 연극 페스티벌을 벌이는 한편 한 목소리를 내기도 했다. 소위 민족극 한마당이라는 표제 밑에 모인 마당극단들은 서울의 현장, 한두레, 아리랑, 한강 등과 부산의 자갈치, 대구의 처용, 마산의 베꾸마당, 광주의 신명과 토탁이, 제주의 한라산, 대전의 엘카뎅이 등이 있다. 극단 명칭도 매우 토속적인 것이 특징이다.

이들이 무대에 올린 작품들도 거의가 정치·경제·사회의 병리를 폭로 고발하는 현장극임은 두말할 나위 없다. 이들이 구태여 서울에 모여 민족극 한마당이라는 페스티벌을 벌이게 된 동기에 대해서 '오늘의 이야기를 우리의 정서에 담아낸다'는 명제 아래 '기성 연극계가 민족연극의 방향을 제대로 잡지 못하고, 한편으로 상업주의가 팽배되어 있고, 기존의 연극제 또한 한 시대의 다양한 연극 흐름을 조망하고 평가하는 계기가 아니라 특색 없이 몇몇 경력 단체만이 관행화되었기 때문에 민간 차원에서 나름대로의 뚜렷한 성격을 갖는 명실공히 전국적인 연극제'(吳鍾佑, 「민족극 한마당의 의의」, 『한국연극』, 제142호)를 하는 것이라 했다. 그러니까 이들은 그동안 해왔던 서울연극제와 전국연극제를 관제로 몰아붙이면서 전국 도시에 산재해 있는 마당극을 중앙에 선보이는 한편, 힘을 집결해서 과시해보자는 취지였던 것이 아닌가 싶다. 따라서 첫해에는 매스컴에서도 큰 관심을 보였고, 작품에 따라 젊은 층의 관객이 몰리기도 했다.

그러나 작품은 전체적으로 부정적 평가를 받았다. 젊은 여성 평론가 김방옥은 총평에서 다음과 같이 비판했다.

이번 축제를 통해 대부분의 마당극은 더 이상의 다양한 연극적 표현을 수용할 역량도 태세도 갖추고 있지 못한 것 같다……. 즉 극의 시작 끝부분에 사물 반주에 맞춘 군무나 굿이 있으며, 그 사이사이에 촌극풍의 짧은 장면들이 3~5개 엮어지는 것이다. 이런 구성 패턴은 사실상 양식이라고 부르기에는 매우 소박한 것이다. 실제로 이번 축제 중 이런 패턴의 연극들은 대부분 특별한 전문적 연극적 기량이 없이도 이루어졌다. 전통 타악기를 다룰 수 있는 악사 몇 명과 춤, 연기 등 간단한 자기표현이 가능한 공연자 몇 명이 있으면 가능했다.

이런 마당극의 인물은 마당극을 공연하고 관극하는 집단에 대해 우호적 인물과 절대적 인물로 크게 나뉘며, 나아가 이런 흑백논리로부터 조금 더 분화된 유형들로 나타난다. 따라서 촌극적 장면들의 핵심인 풍자는 대상에 대한 객관적 거리가 결여된 매우 단순한 차원에 머문다. 그것은 그들 모두 다 익히 알고 있는 적대적 대상에 대한 직접적 공격이며 마당극 담당자들에게의 우호적 연대감의 확인이다. 때로는 특정 문제에 대처하기 위한 계몽이나 특정 이슈에 대한 투쟁 의욕의 고취가 풍자를 대신하기도 한다.[1]

그러니까 마당극이 극예술로서는 매우 치졸한 아마추어 수준에 머물러 있고, 따라서 그들이 노리고 있는 현실 풍자도 너무나 소박하다는 것이다. 그러면서 그는 마당극이 '삶을 기지(旣知)의 것으로 단순화시키고, 극을 기지의 삶에의 확인 수단이나 어떤 실제적 문제에 대한 해결책으로 간주한다. 원칙적으로 말해 성숙한 예술이란 독자적인 미적 표현을 통한 대상에의 독창적 인식이라고 할 수 있다. 이런 점에 비추어보아 현 상태로 정착된 마당극은 성숙한 의미의 예술로 보기 어려운 면도 있다'고 지적했다.

이러한 김방옥의 마당극에 대한 비판을 뒷받침이라도 하는 듯이 1988년도 후반부터는 마당극이 급속도로 퇴조해갔다. 그것은 아무래도 국민직선에 의한 새 정부가 들어서면서 여러 가지 부족하나마 민주화 조치가 뒤따른

---

1  『한국연극』 1988.6.

것도 큰 요인이 된 것 같다. 1970년대부터 1980년대 중반까지의 정치적 암흑시대에 그처럼 위력을 발휘했던 마당극이 그들의 현장을 떠나 중앙에 선보이면서 급격히 퇴조의 조짐을 보인 것이다.

그러나 중앙의 개명된 관중들로부터 관심의 대상에서 점차 멀어지는 것과는 대조적으로 일부 호남권 지방에서는 여전히 상당한 호응을 불러일으켰다. 그러니까 군사독재 치하에서 등불 같은 역할을 하면서 민주화에 적잖은 기여를 했다고 보아야 할 마당극의 기능이 지방 현장에서는 과거와 다름없이 발휘되고 있었다. 즉 1988년 가을부터 전남 일대에서 인기리에 공연되고 있는 마당극단 신명의 농촌 문제작이 바로 그런 본보기다. 전남대와 조선대 출신 마당극 운동가들이 농촌을 돌면서 벌이고 있는 마당극의 주제는 수세(水稅) 폐지를 비롯해서 미국의 농산물 수입 개방 압력, 수리청 신설 등과 같은 농민들의 핫이슈였다. 이러한 농민의 절실한 당면 과제를 마당극으로 표현했기 때문에 열띤 호응을 불러일으킨 것이었다. 특히 5일장이 서는 소도시들을 찾아 장터에서 벌이는 마당극은 한 판의 현장굿이 되었다.

당시 농촌에서 벌어진 마당극의 현장을 소개하면 다음과 같다. 1988년 11월 29일 전남 보성군 보성읍내 역 광장에서 놀이패 신명이 〈못 내 못 내 절대 못 내 부당수세 절대 못 내〉라는 마당극을 펼쳤는데, 백여 명의 관중이 열띤 호응을 했고, 장에 나온 농민들이 출연자들과 함께 춤추며 노래를 부르기도 했다. 다섯 마당으로 구성된 극의 전개를 보면 첫째 마당에서 출연자 9명이 북, 장구, 꽹과리, 징 등 사물을 들고 나와 원무를 그리며 한바탕 길놀이 춤판을 벌여 관객을 모은 후, 둘째 마당에서 농조 직원이 마을을 돌며 수세 고지서를 나누어주는 장면을 해학적으로 나타낸다. 셋째 마당은 고지서를 받은 한 농민 부부가 고추값 하락을 푸념하면서 수세를 낼 것인가 말 것인가를 놓고 언쟁을 벌이자 마을 사람들이 몰려들어 자연스럽게 술판을 벌이고 농촌 총각 결혼 문제, 수입개방 압력 등 농촌 문제에 대한 토론을 벌인다. 넷째 마당에서는 수세 폐지를 위한 농민교육장을 보여주는데, '수세는 폐지되어야 한다'는 여론과 함께 농업이 국가 기간산업으로서 수리청 신설이 당연하다는 의견이 응집돼 고지서를 마을 청년이 회수, 농조에 반납하는 장면으로 짜여 있고, 마지막 마당에서는 행동으로 수세를 거부하는 농민들의 모습을 보여주는 것으로 대단원의 막이 내린다(『조선일보』 1988.12.4).

농민들이 많이 모이는 장터를 찾아서 농민들이 직면하고 있는 절실한 문제를 저항으로 해결하도록 유도하는 마당극은 현실과 연극의 경계가 불분명한 것으로서, 그것은 곧바로 행동(데몬스트레이션)으로 연결될 수밖에 없다. 그러니까 '장터-집회-마당극-시위'라는 하나의 정치사회적 사건이 형성되는 것이다(김우옥). 바로 이런 데서 마당극이 민중의 깨우침과 그 깨우침을 바탕으로 한 행동화를 그 목적으로 삼고 있음을 확인할 수 있다.

이 작품을 연출한 김도일도 '마당극이 문화사의 한 유형으로 정착되고 있는 데 만족하지 않고 내용과 형식을 더욱 보충해 농민들이 자신들의 현실을 바로 볼 수 있게 하는 무대로 승화시켜나갈 계획'이라고 주장한 바 있다. 이러한 마당극이 1989년도에 들어서는 부분적으로나마 특이한 현상을 보여주는 듯이 보인다. 근자 사회적 물의를 빚고 있는 일부 대학의 북한 혁명가극 공연이 바로 그것이다. 물론 이것이 그동안 해온 마당극 운동의 일환이나 또는 변화로 볼 수 없으며 또 마당극 운동과 연관지어서도 안 된다.

그런데 대학의 북한 혁명가극 공연을 보도한 한 유력 신문은 기사에서 '1970년대 들어 대학가를 휩쓸었던 마당극 운동이 80년대에 와서 침체에 빠지며 새롭게 대두하고 있는 대학가의 집체극 운동의 하나라는 점이다. 북한의 집체극과 닮은 이 공연 양식은 민중문화운동연합에 의해 '봉건적 양식'인 마당극을 대신할 새로운 양식으로 주장되고 있다. 북한 작품을 중심으로 한 대학가의 집체극운동이 70년대의 마당극운동을 대체할 만큼 확산될지는 아직까지 미지수다'. 그러나 그것은 대중적 영향력이 엄청난 공연 분야에까지 확산되지는 않을 것이고 하나의 해프닝으로 끝날 것이라고 본다.

당초 마당극 주도자들이 마당극을 단순한 예술 행위가 아닌 '문화운동이고 사회운동이며 생명공동체운동'(채희완)으로 규정한 바 있으며, 정치·사회 변동에 따라 방향 설정을 달리하는 것은 극히 자연스런 일일 수도 있다. 그러나 마당극운동이 지나치게 급진적으로 궤도 수정을 할 경우 아직도 보수적인 대중의 지지를 잃을 가능성이 높다. 그 점은 근자의 민주화 초기단계에서도 벌써 마당극이 그 위력을 잃어가는 데서도 극명하게 드러나고 있다. 마당극 주도자들은 마당극이 정치목적극은 아니라고 항변하지만 상황변화에 따라 마당극의 주제가 그때그때 바뀌어온 것 한 가지만 보아도 그것은 분명한 정치성향극인 것이다. 대체로 문예사를 훑어볼 때 사회변혁을 추구한 정치성향 예술은 그 사명이 끝나면 소멸했다.

오늘날 우리의 최대 관심사는 분단 극복일 것이다. 이러한 민족적 과제는 결국 언젠가는 해결될 것이다. 한편 마당극의 명제는 궁극적으로 민주화를 넘어서 통일 복지사회 건설 등일 것이리라. 따라서 이러한 민족적 과제가 해결되면 마당극의 사명도 끝난다는 이야기가 된다.

물론 마당극이 민족적 연극 양식의 정립을 꾀해온 것도 사실이다. 그러나 앞에서도 누누이 논급된 것처럼 마당극이 정치·사회 운동적 성격이 강했던 것을 아무도 부인하지 못할 것이다. 따라서 탈이데올로기의 이상적인 복지사회가 이룩되면 이제까지와 같은 마당극 양식은 사라지고 MBC와 국립극장이 중진 연출가 손진책을 앞세워 진행하고 있는 대중 오락적인 마당놀이 형태만 상당 기간 존속될 가능성이 높다. 이러한 예측은 21C에 와서 정확히 들어맞고 있다. 따라서 마당극이 신극사의 맥을 이어온 기성 연극의 대체 연극으로서 기능을 할 것이라는 마당극 주도자들의 주장은 한낱 꿈에 불과하다는 이야기가 된다. 특수성만 강하고 보편성이 약한 예술 양식은 생명이 짧다. 이는 세계의 예술사가 투명하게 보여주고 있다.

# 제6장

# 이해랑의 타계와 신극운동의 마감

　1970년대와 80년대에 걸쳐서 한국 신극을 주도해온 인물들이 대부분 세상을 떠났다. 1974년 가을 오영진, 박진을 필두로 해서 신극의 거목인 유치진이 타계함으로써 근대극운동은 일단 정리 단계에 들어갔다고 볼 수가 있다. 1980년대 들어서도 서항석, 이진순 등이 잇달아 타계했고, 유치진의 바톤을 이어받아 정통 신극의 맥을 튼튼하게 계승해온 배우 겸 연출가인 이해랑마저 세상을 떠남으로써(1989년 4월) 신극운동은 일단 마감기에 접어드는 분위기였다. 1920년대 현철, 박승희, 김우진 등의 신극운동을 30년대 이후 유치진과 서항석, 박진 등이 이었고, 그 후를 이해랑이 계승했다. 아직 몇 분이 남아 있기는 하지만 이해랑의 죽음은 분명히 정통 신극운동의 마감이라고까지 말할 수 있었다. 왜냐하면 그는 다른 동료들보다 더욱 적극적으로 자기의 신념에 입각한 연극운동을 폈고 시대 상황 변화나 연극사조의 혼류에도 아랑곳하지 않고 오직 한 가지 노선만 지켜왔기 때문이다.

　그 한 가지 노선이란 두말할 것도 없이 신파극을 극복한 정통 신극, 즉 근대 리얼리즘 연극을 의미한다. 그는 유독히 신파극을 경멸하고 배격했는데, 그 이유는 두 가지 때문이 아닌가 싶다. 그 첫째가 예술에서 가장 중요한 것은 역시 절제 원칙인데, 신파극은 과장에 오히려 장기가 있으므로 인생의 진실을 표현할 수가 없는 무대 양식이라는 것, 둘째 신파극은 일본 고전극 가부키에 대립해서 생겨난 것이지만 실제로 가부키에 기반을 두고 있고, 가부키 배우들이 일찍이 도덕적 문란 행위로 사회의 지탄을 받은 존재들이라는 점에서 명문가 출신인 그가 혐오감을 가졌던 것은 당연한 귀결이 아니었나 싶다.

따라서 그는 이 땅에 제대로 연극이 서려면 신파극부터 퇴치해야 한다고까지 극언한 바 있다. 그만큼 그는 서구의 리얼리즘극을 선호하여 이 땅에 정착시키려는 데 일생을 바쳤다고 해도 과언이 아니다. 또 그는 리얼리즘이야말로 연극의 기본적 방법론이 된다는 신념을 갖고 있었다. 예술은 어차피 내면적 진실을 표현해야 되는데, 그것을 리얼리즘이 아니고서는 불가능하다고 본 것이다.

신극운동을 해온 많은 연극인들이 시대변화와 새로운 문예사조에 따라 궤도 수정을 했음에도 이해랑만은 자기 신념을 굽히지 않은 연극인이었다. 그것도 그는 철두철미 서구적 정통 근대극을 지켜왔다. 1970년대 이후 전통의 현대적 수용이다 뭐다 해서 모든 연극인들이 실험을 했지만 이해랑만은 조금도 흔들리지 않았다. 나는 30여 년 동안 그가 출연했거나 연출한 작품을 수십 편 관극했지만 우리의 민속이나 전통예술을 부분적으로 차용한 작품은 단 한 편밖에 없었다. 그것이 다름 아닌 지리산 배경의 〈산수유〉(오태석 작)였다. 그것도 실은 오태석이 우리의 민속을 작품 속에 즐겨 끌어들이고 있을 때 쓴 작품으로서 무가(巫歌)를 조금 활용한 정도였다.

그는 또한 우리의 민속이나 전통예술을 좋아하지 않았다. 그 점도 그의 출신 배경과 무관하지 않을 것 같다. 그는 취향에서나 예술 표현에서 철저하게 서구적이었다. 그는 주석(酒席)에서도 소주나 막걸리 같은 것을 일체 마시지 않고 맥주만 마셨으며 안주도 치즈나 땅콩만을 먹었다. 걸쭉한 것을 싫어한 것이다. 음악도 국악이 아닌 양악만을 들었고, 독서도 추리소설에 치중해 있었다. 그가 수많은 작품에 출연하고 또 연출을 했지만 대표작은 역시 서양의 번역극이고 창작극은 남을 만한 것이 적다. 실제로 그는 입센이나 체호프, 오닐 같은 깊이 있는 서양의 근대극 작가들을 좋아했고 창작극은 별로 달가워하지 않았다. 그는 유작으로 〈햄릿〉을 남겼지만, 근대 작가들에 비해서 셰익스피어도 별로 좋아하지는 않았다. 어째서 그는 서구적 취향과 리얼리즘, 그것도 19세기 서구 근대극만을 자기의 연극 신조로 삼았을까. 이는 아무래도 그의 출신, 성장 과정 및 교육 배경과 무관하지 않을 것 같다.

이해랑은 1916년 7월 22일 서울의 한복판이라 할 종로구 와룡동 27번지에서 세브란스의전 병원 외과부장으로 있던 이근용(李瑾鎔)의 장남으로 태어났다. 그의 집안은 대단한 명문가로서, 고조부 이종응(李宗應)이 철종의 사촌이고, 조부 이교영(李敎榮)은 왕실 의전실장이었다. 따라서 집안이 무척 일찍 개명되었고, 선친이 벌써 1910년대에 일본 교토제대 의학부에 유학하고, 숙부는 독일 대학에서 의학박사 학위를 취득하고 독일 여성과 국제결혼할 정도로 앞선 집안이었다.

그러나 이해랑 자신은 청소년 시절을 불운하게 보냈다. 왜냐하면 4세 때 모친과 사별하고 엄한 할아버지 아래에서 유년 시절을 보낸 데다가 학업도 몇 차례 중단하는 등 정신적 좌절을 거듭했기 때문이다. 휘문고보에 진학하자마자 항일동맹 휴학의 주동자로 몰려 퇴학당하고 일본으로 건너가 가네가와중학을 겨우 마쳤다. 중학교 졸업 후 중국 상하이에서 개업 중이던 숙부 댁으로 가서 호강대학에 진학했으나 곧 장티푸스에 걸려 4개월여 동안 사경을 헤매고 본가로 돌아오고 말았다.

무용가 조택원이 엄한 부친을 설득해주어서 겨우 니혼대학 예술과에 진학한 이해랑에게 또 한 번의 액운이 닥친다. 그가 엉뚱하게도 장개석 군대의 에이전트로 몰려 일본 경찰서에서 4개월 동안이나 고문을 당하고 풀려난 것이다. 이처럼 명문가의 자제이면서도 그는 아주 어린 시절부터 부모의 따뜻한 사랑을 받아보지 못한 채 정신적 좌절만 거듭하였다. 따라서 그는 자신을 의탁할 그 무엇을 갈구하기 시작했고, 결국 연극을 하나의 운명으로 택하기에 이른다.

1937년에 그는 아마추어 연극단체인 도쿄학생예술좌에 가입하여 〈춘향전〉에 농부 역으로 출연하면서부터 연극에 빠져들기 시작했다. 작품 속의 한 역을 해보면서, 그는 현실 존재인 자기가 작가가 만들어놓은 별개의 가상인물로 바뀌는 신기함을 느꼈던 것이다. 그때 비로소 자신이 연극을 통해서 고독과 소외, 절망의 현실로부터 벗어날 수 있는 방법을 터득하게 된다. 그로서는 연극이야말로 최상의 도피처가 될 수가 있다는 것을 알게 되었던 것이다.

그에 대해서 이해랑은 '연극을 하기 전까지 나는 이 세상에서 가장 쓸모없는 인간이라고 자학해왔으나 첫 무대인 〈춘향전〉에 출연하고부터는 완전히 다른 인간으로 변모해갔다. 내 인생의 안식처가 바로 여기구나 하고 생각했기 때문'이라고 회상한 바 있다. 그로부터 그가 연극에 심취했다기보다 매달렸고, 연극을 떠나서는 도저히 살 수가 없을 것이라는 결론을 내린 바 있다.

그때부터 그는 닥치는 대로 연극에 관한 책을 읽었고, 〈지평선 너머〉의 주역을 맡으면서 처음으로 유진 오닐의 세계와도 만났다. 1938년 니혼대학을 졸업하고 귀국한 그는 곧바로 유치진 주도의 극예술연구회에 가담하여 몇 편의 작품에 조역으로 출연했으나, 극연이 곧 강제 해산당함으로써 1년여 낭인 생활을 하지 않을 수 없었다. 이듬해 대중적인 극단 고협(高協)에 가입한 그는 유치진이 1941년에 현대극장을 창단하자 그도 거기에 참여하여 유치진과 평생 끊을 수 없는 인연을 맺게 된다. 그러나 그는 현대극장이 친일 어용 연극만 하는 것에 혐오감을 느끼자마자 극단을 이탈하고 처가가 있는 신의주로 피신하여 1945년 8월 해방 때까지 은둔 생활을 한다.

그가 연극계의 신예로서 주목을 끌기 시작한 것은 해방을 맞아 좌익 연극인들과의 치열한 투쟁 과정에서였다. 즉 그는 처음부터 좌익 연극을 경원했는데, 그것은 좌익 연극인들이 지나치게 목적의식을 내세워 연극의 본질을 파괴한다고 보았기 때문이다. 그는 우익 민족진영 연극의 선봉장으로서 '연극으로 하여금 연극의 길을 걷게 하라'는 기치를 내걸고 극예술협회를 만들어 좌익 연극과 맞섰다.

정부 수립을 전후하여 좌익 연극인들은 월북하거나 전향했고, 연극계도 혼란으로부터 안정을 되찾기 시작했다. 그 시기의 젊은 리더는 단연 이해랑이었다. 1950년 국립극장이 설립되면서 그는 극협을 이끌고 전속으로 가담했는데, 극단 신협이 바로 그것이다. 그러나 국립극장을 중심으로 한 연극 중흥에의 꿈도 6·25전쟁으로 인해서 일단 무산되었고, 이해랑은 수영으로 한강을 건너 부산으로 피난 갔다. 거기서 그는 문총구국대를 조직하여 연극활동을 계속했다. 그는 곧 신협을 사설 단체로 재건하여 대구와 부산을 오르내리며 공연 활동을 벌였다. 이 시기에 셰익스피어의 4대 비극 등 대표작을 여러 편 공연하여 우리나라에서 겉돌던 셰익스피어극이 대중 속에 뿌리내리게 하는 데 힘썼다. 이해랑은 일찍부터 한국 신극이 셰익스피어로부터 시작해서 입센, 체호프, 오닐에까지 이르러야 비로소 자리를 잡을 수 있다는 확신을 가졌었다. 이러한 그의 신념은 그대로 행동으로 옮겨져서 생애를 마칠 때까지 무대 형상화에 주력했다.

국립극장 설립 때까지만 해도 배우로서 무대에만 섰던 그는 1951년 피난시절부터는 연출에 손대기 시작했고, 이후 10여 년간은 연기와 연출을 겸했다. 1954년 그가 미 국무부 초청으로 브로드웨이의 상업극을 구경한 뒤 그가 이끈 신협은 브로드웨이극처럼 전문화를 추구했다. 그러나 이러한 그의 노력도 영화산업에 밀려 성공을 거두지 못했는데, 때마침 설립된 드라마센터만은 그것이 가능하다고 믿었다. 그렇기 때문에 아끼던 신협을 해체하면서까지 드라마센터 연극에 혼신의 열정을 쏟았던 것이다. 그런데 의외로 드라마센터는 1년여 만에 문을 닫음으로써 그에게 또 한 번의 좌절감을 안겨주었다.

이때부터 그는 연극 외적인 일, 가령 대학이라든가 예총 같은 교육 및 단체 활동으로 방향을 돌렸고, 그로 인해서 다섯 번의 예총 회장과 교수(동국대), 국회의원(공화당)도 하게 되었다. 그러나 그는 그러한 외도를 하면서도 절대로 연극을 멀리하지 않았다. 한때는 현직 국회의원 배우요 연출가였다. 그로서는 연극만이 생의 전부였다. 그가 정신적 고통을 겪던 청년 시절 연극을 통해서 새 삶을 발견했기 때문에 그에게는 연극이 인생의 도피처이면서 동시에 인생의 교실이었으며, 정신적 쾌락을 느끼는 최대의 수단이기도 했다. 그러니까 적어도 그에게는 연극이 하나의 숙명이라 해도 과언이 아니다. 따라서 그는 예총 회장이라든가 국회의원으로 있으면서도 출연과 연출을 계속했다. 그렇다고 해서 그가 연극을 입신 출세의 수단으로 삼은 것은 절대 아니었다. 그가 평소에 주변 사람들에게 들려주는 말로서 '연극을 이용해 무엇을 하려 들지 말라. 예술의 길은 봉사뿐이다. 연극은 순간의 현실이다. 예술의 장르 중에서도 가장 단명이면서도 집약적이고 강한 호소력을 지닌 게 연극이다. 무대에는 후세 영광이 깃들 수 없고 막이 오른 순간의 현재만이 중요하다. 따라서 순간에 영혼을 불사를 수 있는 사람이 참 연기자이다'라는 것이다. 그 말이 그의 평생의 좌우명이라고 해도 무방할 듯싶다.

그러면서 그는 자기의 연극관을 몇 가지 측면에서 설명한 적이 있다. 연극은 다른 예술과 달리 막이 내린 후에는 아무것도 남지 않는 것 같지만 일찍이 괴테가 말한 것처럼 '연극은 고귀한 사람들의 가슴속에 남는다'고 했다. 그는 또 이렇게 말을 이어갔다. '연극을 진실로 사랑할 수 있는 관객을 위해 그 가슴에 묻힐 연극을 하는 게 우리 연극인들의 황홀한 기쁨이라고 생각한다. 과거 나는 엑스트라 출연을 기꺼이 응했다. 엑스트라가 있기에 스타가 존재하는 게 세상 이치다. 시원찮은 역, 탐탁지 않은 역이라 해서 이를 기피하게 된다면, 그것은 자신을 기만하고 끝내 인생마저 속이는 어리석은 일이다'라고.

그러나 솔직히 그가 큰 인물이 되려고 연극을 한 것은 전혀 아니었다. 그러한 명예와 직위는 어디까지나 일관된 배우와 연출을 하다 보니 자연스레 얻어진 것뿐이었다. 그가 어떤 지위에 오르기 위해서 연극을 이용한 것은 절대로 아니었다. 그래서 어떤 직위에도 그는 연연하지 않았다. 오히려 그런 영예를 누렸던 것을 후회했다. 그는 오직 연극이 좋아서 한 것뿐이었다. 그에게는 연극이 '존재의 의미' 이상이었다. 그가 언젠가 '인생의 가치는 모르나 연극 속의 기쁨을 발견한 나는 행복했다'고 고백한 적이 있다. 그는 만년에, 이런 이야기를 했다. '이제 나는 시대의 뒷전 인물이다. 그러나 죽는 날까지 무대를 등질 수 없는 마음이다. 옛 학생예술좌 시절의 감동이 되살아난다. 당시 극작가 아키다는 일본 연극계의 손꼽히는 중진 인사였다. 백발이 성성한 퇴역 연극인이었으나 공연 때면 새우잠을 자면서도 무대를 떠나지 않았다. 지금의 내가 바로 그런 심정이다.'

이해랑의 연극 일생은 3기로 나눌 수 있다. 제1기가 학생예술좌(1937)로부터 신협 창립(1950)까지의 13년간이고, 제2기가 부산 피난 시절 신협 재건(1951)으로부터 드라마센터, 연극 중흥 운동의 좌절(1964)까지의 13년간이며, 제3기는 이동극장 활동(1965)으로부터 타계 직전 〈햄릿〉 연출(1989)까지의 25년간이다. 이러한 분류는 오로지 그의 생애를 객관적으로 관찰한 데 따른 것이다. 즉 제1기는 그의 감수성이 예민하고 열정이 넘쳐서 물불을 가리지 않고 연극에 빠져 있던 30대 초반까지로서, 이 시기는 순전히 배우로서만 무대에 섰다. 제2기는 연극계의 소장파 리더로서 자기가 직접 극단을 이끌면서 연기와 연출을 겸하는 40대 후반까지며, 제3기는 실질적인 연극계의 지도자로서 사회적 명성과 직위를 누리는 한편, 원숙한 경지에서 연출작업만 한 25년간이다. 그렇기 때문에 제1기까지는 대체로 조연배우로서 자기가 좋아하지 않는 작품에 많이 출연했으나, 제2기에는 극단을 이끌었기 때문에 이동극장 시절에는 대중의 눈치를 살피며 작품을 많이 선택했고, 제3기인 후반에 와서는 자기가 꼭 하고 싶은 작품만 골라 연출한 것이 특징이다.

그가 연극 일생을 통해 이 땅의 연극 발전에 기여한 것은 무엇일까. 제1

기 동안 그가 기여한 것은 아무
래도 해방 직후인 1947년을 전
후해서 좌익 연극과 대결하여 우
익 민족연극 노선 정립에 대한
이바지라 볼 수 있다. 이 시기에
그는 이론을 통해서, 또는 무대
를 통해서 좌익 연극에 맞선 행
동대장이었다. 그가 연극계에서
갑자기 부각된 것도 이 시기에
극협을 중심으로 정통 노선의 연

대연출가 이해랑

극운동을 눈부시게 펼쳤던 데 따른 것으로 볼 수 있다.

제2기의 두드러진 업적으로서는 그가 6 · 25전쟁으로 거의 단절될 뻔한 신극사의 명맥을 앞장서서 이은 것을 들 수 있다. 연극 기반이 전혀 없는 부산 피난지에서 신협을 이끌고 연극 활동을 그치지 않았으며, 수복 직후에도 서울에서 극단 활동을 지속했다. 이러한 신협이 있었기에 제작극회라든가 실험극장 등 소위 1960년대의 동인제 극단운동도 하나의 안티테제로서 가능했다고 볼 수 있다. 제3기의 두드러진 업적이라고 한다면 연극 사조의 혼류(混流)와 무절제했던 실험극이 난무하는 속에서 정통 리얼리즘극의 견고한 주류를 형성해놓은 점이라 하겠다. 바로 그 점에서 이해랑은 유치진이 193~40년대에 걸쳐 형성한 정통 신극을 확대 심화시킨 거목으로 대우받아야 될 당위성이 있는 것이다.

필자가 볼 때 그는 근대 연극사의 수많은 연극인들 중에서 뚜렷한 연극관을 갖고 연극을 한 몇 사람 중의 하나였다. 물론 그의 연극관은 리얼리즘에 입각한 것이고, 그 배경에는 내면 연기를 강조한 스타니슬랍스키 같은 이론가가 받치고 있다. 그가 철두철미한 리얼리스트였음은 작품에서 절제를 중요시한 점에서 확인된다. 그가 가장 좋아하는 말 중에 '우주처럼 생각하고 별처럼 표현하라'는 것이 있다.

그러면서 그는 언제나 배우를 연극의 중심에 놓아야 한다고 주장했다. 그는 배우의 위상에 대하여 '아무리 관객에게서 정당한 평가를 받지 못하고 극작가와 연출가의 압력으로 기를 펴지 못하고 있어도 연극의 본질적인 존재로서의 배우의 위치에는 오늘도 아무런 변화가 없다……. 희곡이 없이도 연극은 존재하였고, 조명과 장치, 그리고 연출 같은 부문이 생기기 전에도 연극은 존재하였으나, 한 번도 배우 없이 연극이 존립한 적이 없었던 것과 같이 오늘도 여전히 연극은 배우를 중심으로 창조되고 배우의 연기에서 막을 올리고 배우의 연기에서 막을 내리고 있다'(『또 하나의 커튼 뒤의 인생』, 124쪽)고 주장한다.

20세기에 들어서서 아돌프 아피아라든가 고든 크레이그 같은 사람들이 연출을 강조하는 주장을 폈지만 이해랑은 일관되게 리얼리즘에 입각한 배우 중심론을 고수했다. 그는 배우의 본질에 대해서도 매우 탁견을 말한 바 있다. 그는 배우의 변화무쌍한 천의 얼굴 속에는 세 개의 본질적인 얼굴이 가려져 있다면서 다음과 같이 설명한다. 즉 배우의 얼굴에는 '자기의 얼굴과 변혁을 꾀하여 그가 가지려고 하는 얼굴과 또 남에게 비치는 얼굴 즉 관객이 보는 얼굴이 있다'는 것이다. 그는 배우의 창조 과정을 매우 설득력 있게 설명한다. 배우는 먼저 배역을 맡은 인물이 되려고 그 극중 인물에게 접근을 시도하는 데서부터 그의 창조적인 행동이 시작된다면서 성격 창조과정을 매우 실감나게 설명하고 있다.

배우는 극중 인물이 처해 있는 환경에 자신을 적응시키려고 노력한다. 그러한 노력을 자꾸 거듭하는 사이에 그와 극중 인물과의 거리는 좁혀진다. 극중 인물의 존재를 피부로 느끼고 또 극중 인물이 느낄 수 있는 거와 같은 유사한 감정을 그도 느끼기 시작한다. 극중 인물이 희곡에서 걸어 나와서 그와 내적인 교류를 시작한 것이다. 그러고는 그 후 그전까지는 느끼지 못했던 무엇인가 뿌듯한 것을 가슴에 느꼈을 때, 배우는 그의 내면에서 무엇인가 속삭이는 소리를 듣고 귀를 기울인다. 극중 인물의 소리다. 어느 틈엔가 극중 인물이 배우의 내면에 들어와서 살고 있는 것이다. 그리고 자기가 하고 싶어 하는 대로 말을 하고 움직여줄 것을 요구하고 있는 것이다. 때로는 강하고 약하게 또 때로는 빠르고 느리게 그의 뜻대로 행동하여줄 것을 지시하고 있다. 배우는 그저 극중 인물이 자기의 내면에 들어온 것을 소중하게 여기고 따뜻하게 대한다. 그의 명령에 복종을 하며 감정적인 봉사를 한다. 그러면서 극중 인물이 느낄 수 있는 진실한 감정을 그도 내적으로 느끼고 그것을 실감한다. 그러나 그때 배우가 느끼는 감정은 어디까지나 배우의 것이지 극중 인물의 것은 아니다. 그는 슬픔을 느끼는 동시에 또 한편으로는 창조적인 쾌감을 느끼고 있는 것이다(『또 하나의 커튼 뒤의 인생』, 125~126쪽).

이상과 같은 그의 배우론은 스타니슬랍스키의 배우술에 근거하면서도 자신의 경험을 보태서 그것을 다시 뛰어넘고 있다. 그가 리얼리즘을 '현실 아닌 진실'이라고 표현한 것이라든가 인간을 가장 진실하게 표현할 수 있는 예술은 연극밖에 없다고 한 것 등도 그의 리얼리즘에 입각한 연극관의 일단을 내비친 말이다. 그는 항상 무대 위에 표현된 삶보다도 그 뒤에 더 크고 진실된 삶이 도사리고 있다고 보았다. 즉 그는 배우, 더 나아가 예술의 절제 원칙을 설명하는 가운데 '표면에 나타나서 눈에 보이는 빙산의 일각보다 보이지 않는 곳에 가려져 있는 저변에서 우러나오는 진실한 정서를 관객에게 알리기 위하여 현실적인 감정을 억제하고 있는 것이다. 속된 배우는 연극현장의 인생을 표현하고 있지만 진실한 배우는 연극 속에 또 하나의 커튼으로 가려져 있는 인생을 표현하려고 노력한다. 왜냐하면 무대 위에 보이는 것이 연극의 전부가 아니기 때문에……'라고 설명한다.

그는 만년에 들어서면서 인생을 더욱더 관조하기 시작했다. 그는 순간의 예술인 연극의 허망함에서 인생의 허무를 느꼈다. 그는 모든 것이 담배 연기와 같이 사라져가는 하나의 환상에 지나지 않는다고 보았다. 그는 연극을 '순간의 영원'으로 파악하려 했고, 짧고 덧없는 삶이었지만 극작가가 창조해놓은 여러 가지 삶을, 배우였기 때문에 체험할 수 있었던 것을 무한한 행복으로 생각했다. 그만큼 그는 만년에 와서 더욱 원숙해졌고 달관의 경지에까지 이르렀다. 예술가가 도달할 수 있는 최고의 정신적 경지에 이른 것이다. 따라서 그는 사적으로 종교에 귀의했고, 작품도 〈황금연못〉이라든가 〈들오리〉 〈뇌우〉와 같이 죽음과 연민의 정을 주제로 한 것을 즐겨 선택했으며, 죽음의 미로를 더듬으면서 그것을 극적 환상으로 표현해보려 노력했다. 그는 이 땅에서 좀처럼 찾아보기 힘든 철학적 배우였고 연출가였으며, 무대 위의 인생론자였다. 그의 죽음으로 해서 한국 연극계에는 커다란 동공이 생겼고 그 뒤를 메울 만한 연출가가 나오려면 많은 세월을 기다려야 될 것이다. 한 시대의 마감과 다음 대의 등장이 자연스러울 때 그 사회는 복된 것인데, 우리 연극계는 그렇지가 못해서 문제라는 생각이다.

# 제7장

# 세기말 연극계의 혼란

앞에서 누누이 설명한 바 있듯이 우리 현대극은 근대성조차 제대로 갖추지 못한 채 혼란스럽게 발전되어오면서 세 줄기 흐름, 즉 창극으로 대변되는 전통과, 신파가 토착화된 대중극, 그리고 서구연극의 이식 형태인 정통 신극 등이 예맥을 형성해왔다. 그러면서 세 줄기는 각자 나름대로의 가지를 쳤는데 창극은 여성국극을 파생시켰고, 신파극은 악극을 파생시켰으며, 정통 신극은 프롤레타리아극을 파생시켰다. 그리고 1950년을 전후해서 프로극의 주류가 월북함으로써 남쪽에서는 일단 소멸되었고, 악극과 여성국극도 각각 1950년 6·25전쟁을 전후해서 커다란 변화를 맞았다. 악극은 지방으로 밀리다가 텔레비전 등장과 함께 흐지부지되었고, 여성국극 역시 1960년대 초까지 전성기를 누리다가 거의 소멸되었다. 그러나 1980년대 들어서 자취를 감추었던 악극과 여성국극이 소생됨으로써 오늘날 우리 연극계는 프롤레타리아극 줄기만 없어진 채 일곱 줄기가 퓨전이다시피 혼란스럽게 뒤엉켜서 좁은 무대를 장식하기에 이르렀다. 이 말은 곧 우리 연극이 전시대처럼 인적 구성이나 연극 노선, 그리고 공연 형태 등이 단순하지 않고 양적 팽창과 함께 복잡다단해졌다는 이야기가 된다. 특히 1970년대 이후 정부의 연극 지원 정책과 경제성장, 그리고 대학에서의 연극인 배출 등이 맞물려서 연극인의 증가와 공연 활동 증가 추세를 보여주었고, 1988년 서울 올림픽을 전후해서는 국제정세 변화에 맞춘 개방정책으로 극장 무대가 전에 없이 활기를 띠었다. 게다가 자본주의의 발달로 생활이 여유로워지면서 연극인들도 과거처럼 문화운동 차원이 아닌 돈벌이 수단으로 연극에 임함에 따라 상업주의가 연극의 풍토를 크게 바꾸어놓을 수밖에 없었다. 대형 뮤지컬이 1980년대 중반부터 연극 무대의 중심으로 파고들면서 상업극이 기승을 부렸다든가, 개방화에 따른 동구권의 수준 높은 연극이 우리 연극인들을 크게 자극하는 데 그치지 않고, 관객들의 미적 개안도 시켜주었다는 데 주목할 필요가 있다. 동구권은 그동안 폐쇄되어 있어 그들이 어떤 연극을 하고 있는지 제대로 알 수 없었고, 대체로 경직된 이념의 틀에서 벗어나지 못할 것이라 예상했던 우리 연극인들에게는 충격을 주기에 충분했으며, 관중 역시 동구권 연극의 예상을 훨씬 뛰어넘는 높은 예술성에 놀라지 않을 수 없었다. 동구권 연극에 자극받은 우리 연극인들은 자신들의 낙후성에 자괴감을 느꼈고 특히 동구권 연극인들보다 경직되어 있었던 자신들의 타성에 회의마저 느끼게 되었다. 저런 것이 연극이려니 하고 안주하고 있던 관객들 또한 우리 연극에 실망했고, 따라서 관극을 기피하는 현상도 없지 않았다.

그러나 분명한 것은 우리 사회가 1990년대에 들어서 민주화 과정에 가속도가 붙은 것이 사실이고 민주화야말로 다원화 사회로 나아가는 바탕이 되었다는 사실이다. 그리고 다원화는 다양성을 가져올 수밖에 없었는데, 이는 연극의 양적 팽창과 함께 상당한 혼란상도 야기한 것이 사실이다. 연극의 양적 팽창은 전술한 바 있듯이 경제 발전과 함께 정부의 지원 정책이 커다란 뒷받침이 되었고, 대학의 팽창에 따른 연극 인재 양성도 한몫했음은 두말할 나위 없다. 그와 맞물려서 지방 연극의 괄목할 진전도 눈에 띄는 현상이었다. 1983년부터 시작된 전국지방연극제는 해를 거듭할수록 지방 연극이 자기 고장에서 어느 정도 뿌리를 내리게 만들었고, 특히 몇 군데 지방에

시, 도립 극단을 탄생시켰으며, 몇몇 지방에서는 국제연극제까지 개최하는 용기를 발휘하기도 했다.

그러나 무엇보다는 1990년대 연극의 특징은 연극계의 세대교체와 이데올로기의 퇴조 기미, 그리고 다양성이 낮은 상업극의 범람이 아닐까 싶다. 물론 1990년대는 연극을 위협하는 외적 요인도 적지 않았다. 우선 영상매체의 급팽창이 첫 번째 위협적 요소였다. 가령 방송매체만 하더라도 지상파 방송이 전부였는데 1990년대 들어서 케이블방송과 위성방송이 대폭 생겨남으로써 연극 관중을 안방에 붙들어 매는 역할을 한 것이다. 두 번째로는 프로스포츠의 발전을 꼽을 수 있다. 프로야구로부터 시작해서 축구, 농구, 배구, 씨름, 골프 등 다양한 오락적 스포츠가 젊은 대중을 끌어당겼다. 세 번째로는 소위 마이카 시대가 정착됨으로써 많은 사람들이 주말에 극장을 찾기보다는 교외로 빠져나가게 되었은 점이다. 그리고 네 번째로는 인터넷의 발달과 젊은이들이 사이버 세계에 빠져서 극장을 외면하게 된 점이라 하겠다.

따라서 연극인들은 관객을 잡기 위한 묘책으로 저질 상업극을 추구하는 경향마저 보여주었다. 게다가 사람들의 기호 역시 변하여 생각하는 연극보다는 그 자리에서 순간적으로 즐거운 오락극을 선호하게 되었고, 그래서 벗는 연극과 개그성 희극, 그리고 뮤지컬이 번창하게 되었다.

물론 1990년대에 부정적인 흐름만 있었던 것은 결코 아니다. 연극인들의 세대교체와 함께 페미니즘 연극이 부각되었던 것도 하나의 특색이었다. 그런데 1990년대 들어서 원로 연극인들이 그런대로 꾸준한 활동을 보여주었다면, 50대 중년 세대는 침체기를 보여주었다. 극작가의 경우만 보더라도 차범석, 이근삼 등 원로 작가들은 꾸준히 작품을 내놓은 데 반해서 노경석, 윤조병, 윤대성, 김상열, 박조열, 김의경 등의 극작 활동이 소침했다. 따라서 극작계는 오태석, 이강백 등의 활발한 창작 활동 속에 이윤택, 이만희, 조광화, 김태수, 배삼식 등의 신진 작가들이 가세함으로써 연극 판도를 바꿔놓았다.

연출 분야에서도 김정옥, 임영웅, 정일성 등 중진은 열정적으로 활동하는데 반해서 김도훈, 정진수, 윤호진, 손진택, 김상열, 김효경, 안민수 등은 활동이 소침하거나 뮤지컬, 악극 등으로 방향 전환을 하기도 했다. 그러는 사이에 김석만, 이윤택, 한태숙, 이병훈, 최용훈, 박근형, 이성열, 김광보, 박정희 등 신예들이 등장하여 열정적으로 연출 활동을 벌였다.

연기자들도 예외가 아니다. 장민호, 백성희 등 원로들은 꾸준한 무대 활동을 하는 데 반해서 신구, 오현경, 이순재, 이호재, 전무송 등은 무대에 오르는 경우가 적어지거나 아예 방송 분야로 활동무대를 옮긴 듯한 모습을 보여주기도 했다.

그런 가운데서 한 가지 분명한 것은 1990년대 들어서 우리 연극의 정체성을 찾아보겠다는 의지가 연극 무대에서 꾸준하게 나타났다는 사실이다. 물론 이는 1970년대를 전후해서 유덕형, 허규, 윤대성, 오태석 등 소장 연극인들이 자신들의 창작 목표를 '우리 것 찾기'에 두고 여러 각도에서 실험을 한 것으로부터 연유한 것이기도 하다. 그러나 1990년대의 우리 것 찾기는 좀 더 진전된 것이었다는 점에서 유의할 필요가 있겠다. 그만큼 혼란 속에서도 의식 있는 연극인들은 뭔가 찾아보려 애썼다는 이야기가 된다.

1990년 봄에 극단 미추가 야심작으로 무대에 올린 창작 뮤지컬 〈영웅 만들기〉(김지일 작, 손진택 연출)만 하더라도 브로드웨이풍 뮤지컬에 반기를 들고 우리 나름대로의 음악극 만들기에 나서 첫 번째로 보여준 작품이었다. 물론 그 작품은 의도했던 대로 성공한 것은 아니었다. 그러나 몇 년 전 문호근이 시도했던 노래극보다는 스케일도 크고 전통적인 가락과 율동을 많이 활용한 점에서 차이가 났다.

그리고 극단 미추는 그 공연을 갖고 관람료 '1만 원 시대'도 과감하게 열었다. 그동안 5천 원이 고작이었던 관람료를 극단 미추가 1만 원으로 인상한 것은 대단한 모험이기도 했다. 그러한 관람료 인상이 연극인들에게는 환영을 받았지만 작품의 향상을 전제하지 않은 무리라는 관객의 반응도 없지 않았다. 극단 미추가 관람료를 인상하면서 주요 극단들이 기다렸다는 듯이 입장료를 올렸고, 〈영웅 만들기〉와 비슷한 〈들풀의 노래〉〈바람처럼 강물처럼〉 등의 창작 뮤지컬이 무대를 장식하기도 했다.

서울국제올림픽을 계기로 개방화에 가속도가 붙으면서 1990년도에는 동구권 공연예술이 우리 무대를 장식하기도 했다. 즉 구소련, 유고, 헝가리, 폴란드 등에서 온 연극, 무용, 음악 등이 활발하게 공연된 것이다. 특히 구소련의 정통적 리얼리즘 연극은 우리 연극인들은 물론이고 관중도 매혹시키기에 충분했다.

반면에 우리 연극 무대는 '총체적 난국'이라는 말까지 나올 정도로 침체해가기만 했다. 작품의 질도 문제였지만 행정 당국이 소극장에 대한 시설 개선 명령과 과태료 부과 등의 조치를 내린 것도 악재로 작용한 것이다.

그러자 연극계는 공연법을 또다시 개정해야 한다고 주장하면서 우리 연극 찾기에 더욱 박차를 가했다. 부산의 신생 극단 연희단거리패의 〈오구─죽음의 형식〉(이윤택 작, 연출)이라든가, 극단 아리랑의 〈점아 점아 콩점아〉(김명곤 작, 연출) 등도 그러한 일련의 작업이었다. 물론 오구굿을 소재로 한 것이 과연 제대로 만들어진 연극이냐 하는 반론도 없지 않았다. 그러나 〈오구─죽음의 형식〉은 국내외에 큰 반향을 불러일으킨 것이 사실이다.

1990년대에는 우리 연극계의 가장 중요한 축제행사라 할 서울연극제가 민간 주도로 바뀌어 치러짐으로써 변화의 조짐을 보여주기도 했다. 그러나 외국 작품 한두 편 초청하는 외에 진전된 것은 별로 없었다. 따라서 시간이 흐를수록 연극계는 상업적인 뮤지컬 몇 편을 제외하고는 기가 꺾여가는 듯했다. 연극을 더욱 침체케 하는 것은 제작비의 상승이었다. 보통 한 작품 만드는데 4천만 원 정도가 드는데, 대학로의 문예회관에서 표가 매진되어도 2천만 원 정도 적자를 보게 되어 있었다.

따라서 '대부분의 극단이 누적된 적자에 시달리면서 흥행을 위해 흥미 위주의 졸속 번역극을 공연, 창작극 부재 현상을 낳거나 과거의 히트작을 빈번하게 재공연하는 게 연극계의 실상이었다. 관객이 들지 않으므로 새로운 연극의 제작이 뜸해지고, 동시대인의 감각을 따라가지 못하면서 '볼 만한 연극이 없다'는 평가와 함께 '고급 관객들로부터 외면당하는 악순환이 거듭되는 것'(박해현 기자, 『조선일보』, 1991.1.17)이었다. 연극계가 침체에 빠지자 문화부가 1991년을 '연극의 해'로 지정하고 다각적인 지원책을 모색하기도 했다. 즉 연극협회 주도로 제작 금고를 만들고 연극회관도 건립한다는 등 몇 가지 지원 발전책도 마련된 바 있었다. 문제는 연극인들의 생계 마련과 극단의 안전한 제작 여건이 이루어져야 하기 때문이다.

물론 그런 상황에서도 실험극장의 〈에쿠우스〉가 1976년 9월 초연 이후 16년 동안에 1천 회 공연 기록을 세웠고, 관객도 20만 명을 동원했다. 작곡가 김민기는 250석 안팎의 전문 소극장 학전을 개관하는 용기도 보여주었다.

한편 1990년대 연극계의 또 하나 특기할 사항은 배우들의 심상찮은 움직임이었다. 즉 연극배우협회가 결성되어 그들의 권익 옹호에 나선 것이다. 그들이 출연료 사전 계약제를 도입하고 나섰던 것도 특이하다. 이는 당시 동인제 시스템이 느슨해지는 틈을 타서 배우들이 일방적인 희생을 결코 하지 않겠다는 의지 표현이었다. 배우들의 이러한 움직임은 장기적으로 극단 체질을 바꿔놓을 수도 있는 긍정적 측면도 없지 않다.

사실 배우들의 이러한 조직적인 움직임도 1990년대의 상업주의 연극 풍미와 연극 직업화로 나아가는 한 진통이며 과정이라고 말할 수 있다. 그런 증상의 또 하나가 연우무대가 상업극단으로 과감하게 변신한 것이었다. 1977년 의식 없는 소장 연극인들이 모여 순수 창작극 노선의 기치를 내걸고 창단한 연우무대가 시대 변화에 발맞춰서 전업극단으로 변신을 선언한 것이다. 전업극단으로 변신하는 데 결정적 역할을 한 연출가 김석만은 그와 관련하여 "이제는 '연우'라는 소극장 창작극 운동의 폐쇄성을 탈피할 시기다. 연극 대중화를 위해 앞으로는 번역극이나 기존 작품 공연, 순회·야외 공연도 적극 수용한다. 향후 활동은 연출·연기·기획·제작 등 분야별 외부 전문 집단과 만나거나 자체 양성해 '프로덕션 시스템'으로 이뤄질 것이다. 이를 위해 '단원'이란 개념을 벗어나 작품당 철저한 오디션제로 배우와 스태프진을 선발하고 일정한 보수를 지급한다. 나는 상주 예술감독으로 운영 전반을 책임진다"(장병욱 기자, 「연우무대 상업극단으로 변신」, 『한국일보』 1991.7.31)고 선언했다. 연우무대의 상업극단으로의 전신은 배우들의 사전 예약제 만큼이나 중요한 연극계의 변화라 하겠다.

이처럼 연극계가 상업주의의 변화 추세에도 불구하고 한쪽에서는 표현의 자유 문제가 야기되는 일도 없지 않았다. 극단 아리랑이 공연한 〈격정만리〉가 바로 그것이었다. 우리 신극사의 흐름을 좌파적 시각으로 접근했다고 해서 연극협회 측에서 제동을 건 것이었다. 그만큼 1990년대 초까지만 해도 경직된 사고가 지배하고 있었던 만큼 웃지 못할 사건도 일어났었다. 우리가 개방 사회로 나아가면서 동구권 예술단체들이 다수 내한하여 여러 형태의 작품을 보여주고 있었던 때로서 여러 가지로 혼란스런 일이 벌어진 것이다.

그래도 1990년대 초는 침체를 조금이나마 벗어날 수 있는 계기를 정부가 마련해주었다는 점에서 의의가 크다. 즉 티켓 가격의 일부를 정부기금으로 지원해주는 '사랑의 티켓'제였는데, 이것은 대학생 등 젊은 층을 중심으로 형성되어 있는 관객을 지원하는 방식이어서 관객 개발에 적잖은 기여를 했다. 1991년 한 해에 30여만 명의 관중을 동원한 것이야말로 이러한 관객 지원 제도의 효과라 볼 수 있다. 그다음 해에는 연초부터 창작극이 여러 편 무대에 올려졌는데, 〈춤추는 꿀벌〉(노경식 작)이라든가 〈에케모호〉(최송림 작) 등에서 볼 수 있는 것처럼 통일 문제를 정면으로 제기한 점에서 주목을 끌 만했다. 그러니까 1980년대에 유행했던 군사독재 풍자로부터 통일 문제로 관심사가 바뀌어가는 것으로 볼 수 있었다.

한편 1980년대 초 지방에서 올라온 무명 연출가 김시라가 모노드라마 〈품바〉를 10년 동안에 2천 회나 무대에 올리는 신기록을 세운 것도 바로

1992년 초였다. 걸인 연극이 관중의 호기심을 불러일으킨 것은 천민자본주의에 대한 하나의 저항 표현이 아닐까 싶다.

여하튼 극심한 침체를 겪던 연극계가 1992년도부터는 몇몇 작품을 중심으로 적잖은 관객을 불러 모으기 시작했다. 그것은 아무래도 산울림소극장의 여성주의 연극 붐이 한몫했고, 부부 문제를 정면으로 다룬 작품들이 중년 관객의 주목을 끈 때문이었다.

그러나 정통 연극이 동원하는 관객은 대형 뮤지컬이 동원하는 관객을 따라잡기에는 역부족이었다. 즉 롯데월드 예술극장에서 막을 올린 〈레미제라블〉이라든가 극단 대중의 뮤지컬 〈넌센스〉 등은 상당한 관객을 동원한 것이다. 특히 민주화가 되면서 관중은 가벼운 볼거리를 찾는 경향을 보여주었기 때문에 뮤지컬과 같은 흥겨운 가무극에 몰릴 수밖에 없었다. 뮤지컬과 함께 남녀 간 사랑 이야기와 가정과 개인 문제를 코믹하게 다룬 작품들에 관객이 몰린 것도 같은 맥락이라 하겠다. 그와 함께 몇몇 극단은 천박한 벗기기로 호객행위를 하는 경향마저 나타났다. 당시 벗기기 연극에 대한 『조선일보』(옥대환 기자)의 기사 한 토막을 그대로 옮기면 이러하다.

벗는 연극에 관객이 몰린다. 최근 폭발적인 관객 동원으로 여름을 더욱 뜨겁게 달구고 있는 산울림소극장의 〈불의 가면〉과 엘칸토소극장의 〈복회권선〉이 화제의 공연. 두 연극의 공통점은 남녀 배우들이 반나체로 출연하고 진한 정사 장면도 나오는 것. 독재자의 광기를 그린 〈불의 가면〉에서는 감학철 등 남녀 배우들이 관객들의 코앞에서 정사 장면을 보이고, 여배우 한 명은 젖가슴도 노출한다. 헨리 밀러와 그의 아내 준, 작가 아나이스 닌의 삼각관계를 무대에 올린 〈북회귀선〉에선 노골적인 남녀의 섹스 묘사뿐 아니라 진한 동성애 장면이 충격적이다. 이들 중 〈불의 가면〉은 하루에 평균 2차례 공연을 합쳐 400여 명이 쇄도하고 있다. 전화 예약은 이미 열흘 후까지 끝난 상태며 오후 2시부터 극장 입구 매표소에서 팔기 시작하는 입장권은 30분이 채 안 돼 저녁공연 티켓마저 동이 난다. 관객들은 객석 통로 사이에 마련된 보조의자마저 다

채우고 일부는 '서서라도 보게 해달라'며 극장 측에 사정을 할 정도. 현재 서울에서 공연 중인 작품은 모두 30여 편. 대부분의 극장이 객석 절반을 채우지 못해 고심을 하고 있는 상황과는 대조적인 현상이 아닐 수 없다. 특히 저녁에는 넥타이를 맨 30, 40대 남자 관객들이 좌석의 절반가량을 차지하고 있는 것도 두 극장에서만 볼 수 있는 진풍경(『조선일보』 1993.7.9).

당시 벗는 연극으로서는 그래도 수준급의 두 작품 공연에 대해 사실대로 쓴 유력 신문의 기사이다. 한편 『중앙일보』의 '분수대' 난에서는 그와 관련하여 "최근 우리 사회에서는 성행위나 성적 대사가 거침없이 등장하는 이른바 '벗기기 연극'이 유행처럼 범람하고 있다. 공연장이 썰렁하던 지난날과는 달리 성황을 이루고 있는 것을 보면 그 같은 소재가 흥행에 도움을 주고 있음은 분명해 보인다. 외설의 기준도 많이 나아졌고 예술의 입장에서의 '표현의 자유'도 존중해야 하겠지만 퇴폐를 부추기는 풍조로 이어지지 않을까 걱정이다."(1993.7.15)라는 우려의 소리를 낸 바 있다.

그러나 시대 변화와 관중의 취향 변화에 연극인들도 어쩔 수 없었던 것 같다. 왜냐하면 관중이 소위 지적 사유를 요구하는 작품이나 무거운 이데올로기성 작품은 기피하는 현상까지 있었기 때문이다. 따라서 벗기기 연극으로 시끄러웠던 그해 여름에도 남녀 간의 사랑이나 성 문제를 다룬 멜로드라마가 속속 올려졌다. 그러니까 '날씨가 무더워지면서 심각하고 무거운 주제보다는 현대인들의 사랑과 성 이야기를 가벼운 코믹 터치로 그리며 관중들에게 웃음을 선사하는 애정물이 잇달았던 것'(『한국경제신문』 1993.7.15)이다.

그리고 극단 대중의 〈아이러브 마이 와이프〉를 비롯하여 〈상어와 댄서〉 〈사기꾼들〉 〈진짜 사랑 거짓 사랑〉 〈바람둥이 알피〉 〈누가 누구?〉 등이 모두 그런 유형의 공연물들이었다. 결국 그런 유형의 작품들이 장기 공연도 가질 수가 있었는데 대학로 극장에서 1년 반 이상의 롱런 중이었던 〈불 좀 꺼주세요〉(이만희 작)는 그 좋은 본보기였다. 1년 반 동안의 장기 공연에 그 작은 극장에서 10만 명이라는 경이적인 관중을 동원하면서 언제 끝낼지 모를 공연을 계속하자 연극사상 최초의 실연 광고까지 따라붙어서 이채로웠다. 즉 코리아나화장품이 대학로 극장과 1년 기간의 광고계약을 체결하여 평일 1회, 주말 2회에 걸쳐 공연 시작 전 2분간 실연 광고를 넣은 것이다. 그 광고 상황을 『중앙일보』는 이렇게 전했다.

> 소극장을 가득 채운 비발디 〈4계〉의 춤추는 듯한 선율이 멈추고 조명이 꺼진다. 불이 다시 들어오면서 객석에 앉아 있던 한 여인이 갑자기 무대에 올라간다. 뭘 찾는지 사방을 두리번거리다가 객석에 대고 소리친다. '여러분, 혹시 요만한 건데요. 팩으로 된 화장품 보신 적 없으세요.' 이어지는 무대감독의 외침 '아가씨, 공연 시작해야 되니까 이따 찾고 어서 내려가요.' 그러나 여인은 아랑곳하지 않고 관객들에게 의자 밑을 좀 찾아봐달라고 능청스런 부탁까지 한다. 허리 굽혀 진짜 찾아보는 관객들도 있다. 잠시 후 여인은 무대 한 구석에서 찾던 물건을 발견한다. '이게 뭔지 아세요. 요새 유행하는 머드팩이란 건데요……' 객석의 반응은 박장대소, 광고라는 걸 깨달았기 때문이다. 제품 소개와 함께 'ㅇㅇㅇㅇ는 정직한 제품을 만드는 깨끗한 회사랍니다'라는 말을 끝으로 여인은 무대에서 사라지고 진짜 연극의 막이 오른다(『중앙일보』 1994.1.15).

이상과 같은 최초의 무대극 실연 광고는 두 가지 의미에서 주목된다. 그 하나는 광고 형태의 진전이고, 다른 하나는 기업의 연극 지원이라 말할 수가 있다. 사실 기업의 연극 지원은 이미 개화기 때부터 미약하나마 있어왔다. 그러나 그때는 커튼에 지원금과 지원 회사 이름을 써 붙이는 수준이었다. 물론 회사의 규모가 보잘것없었던 것처럼 액수 또한 미미했다. 그러다가 1980년대 이후 대기업들이 무대예술에 거금을 쾌척했고, 드디어 실연 광고까지 등장케 된 것이다.

이처럼 1990년대는 연극이 완전 직업화로 나아간 시기로서 갖가지 변화를 불러일으켰다. 특히 대형 뮤지컬이 점차 수익을 올리면서 주식회사 형태의 본격 단체 에이콤도 생겨나고 소극장도 급격히 팽창하여 대학로가 연극 메카로 자리 잡기도 했다. 소극장 급증은 벗기기 연극과 모노드라마 붐을 일으키는 계기도 마련했다. 전통 있는 극단 실험극장이 강남으로 옮기면서 기획한 '오늘의 명배우 시리즈'도 손숙, 박정자 등이 무대에 오르면서 어느 정도의 반향을 불러일으킨 바도 있다.

그러나 명배우 시리즈 같은 기획도 저질 상업극의 거센 바람 앞에서는 관중의 주목을 끌지 못했다. 왜냐하면 대학로 소극장 여기저기서 너무나 노골적인 벗기기 연극들이 경쟁적으로 공연되었기 때문이었다. 몇몇 극단의 절제력 없는 '벗는 연극'이 결국 공권력을 불러들이기에 이르렀다. 즉 검찰이 지나치게 노골적인 극단 포스트의 〈미란다〉 공연을 수사하자 주연배우(김도연)가 잠적하여 공연이 펑크 나는 사태까지 빚어졌던 것이다.

그런데 주목할 만한 사실은 '벗는 연극'인들에 대하여 공연음란죄목으로 수사를 한 것은 한국 연극사상 처음 있는 일이었고, 검찰에서도 표현의 자유를 위해서 신중하게 대처했다는 점이다. 이는 우리 사회가 그만큼 자유로워졌음을 보여주는 사건이었다고 아니할 수 없다. 결국 연극인들이 자율적으로 정화해가는 것이 바람직하다는 쪽으로 여론이 모아졌다. 그런데 이러한 대체적인 여론 속에서 한동안 신중을 기하던 검찰이 갑자기 돌변하여 〈미란다〉 연출자(최명효)를 전격 기소하였다. 검찰이 연극이나 영화의 음란성을 문제 삼아 사법 처리에 나선 것은 처음 있는 일로서 '상업적 흥행만을 노린 벗기기를 감행, 배우들과 직접 호흡하는 소극장 관객의 성적 수치심을 자극한 것'이 그 죄목이었다. 그 결과 각 극단들의 낯뜨거운 '알몸 연기'가 상당히 수그러드는 조짐이 보였다. 그와 관련하여 『중앙일보』는 다음과 같이 보도하였다.

현재 공연 중인 상당수의 연극들이 너무 야한 대사나 장면을 삭제하거나 재

손질했는가 하면, 객석을 향해 도발적으로 펼치던 풋내기 여배우들의 정면 전라신도 뒷모습으로 대치했다. 위험을 무릅쓰고 무작정 벗길 필요가 있느냐는 연극인들의 심리적 위축에다 종전처럼 벗긴다고 해서 흥행도 100% 보장되지 않는다는 '달라진 현실' 때문이란 분석이다. 이런 탓인지 한때 눈요기하려고 비좁은 객석을 꽉 메웠던 남성 직장인들의 발길이 대폭 줄어버렸고, '혹시나' 했던 20대 대학생층의 외면 현상도 가세, 대부분의 소극장 객석들이 텅 빈 상태이다(『중앙일보』, 1995.2.15).

여기서 우리가 느낄 수 있는 것은 당시 벗기기 연극을 주도한 연극인이나 단체의 예술 창조 능력 부족과 장인정신의 실종이고, 투철한 연극철학도 없이 오로지 삼류 쇼 수준의 나체 보여주기로 수지타산이나 맞추자는 속셈이었다. 이는 솔직히 당시 연극계의 도덕적 해이를 단적으로 보여주는 것이기도 했다.

그 여파로 대학로 연극가는 급격히 냉정해졌고, 나체쇼를 보러 모여들었던 관중은 썰물처럼 사라졌다. 물론 벗는 연극을 여전히 고수(?)하고 있던 연단소극장의 〈사랑도 좋아하세요〉에는 관객이 몰린 것도 사실이다. 그러나 여러 군데의 소극장들에서는 관객이 없어 막을 올리지 못하는 경우가 속출했다. 특히 스타 시스템으로 제한된 관중을 몰아가는 대형 뮤지컬로 인해서 소극장들의 미숙한 정극(正劇)은 고전을 면치 못한 것이다.

연극계가 사도로 흐르는 조짐이 보이자 건강한 연극 되살리기 운동이 여기저기서 일어나기 시작했다. 그런 대표적인 운동으로 대형공연장인 예술의전당이 유명 극작가의 대표작들을 집중적으로 무대에 올리는 최인훈연극제, 오태석연극제, 이강백연극제 등을 매년 열었던 점이라 하겠다. 그리고 신예 이윤택이 〈오구-죽음의 의식〉 이후 〈문제적 인간 연산〉 〈어머니〉 등 수작을 잇달아 공연한 것도 주목되는 사건이었다. 한편 검찰의 〈미란다〉 연출자 기소 이후 잠잠했던 벗기기 연극이 1년여 지난 뒤에 다시 대학로에서 성행하기 시작했다. 대체로 뜨내기 극단들인 이들은 공연 삐끼들까지 동원하여 호객행위까지 벌일 정도로 타락의 극치를 향해 달려갔다. '아저씨, 화끈한 거 하나 안 보실래요. 늦으면 자리 잡기 힘들어요. 확실하게 보여드리니까 걱정하지 마세요' 하고 관객을 잡는 것은 술집 삐끼가 아닌 공연 삐끼들이었다.

그러자 이번에는 연극계가 강력한 자정 운동을 선포하고 나섰다. 연극이 더 이상 타락해서는 안 되겠다는 것이었다. 한국연극협회가 연극계의 정화 차원에서 대처하고 나선 방식은 대체로 세 가지였다. 첫 번째로는 각 극단들이 '좋은 연극'을 만들어 보급함으로써 관중이 저질 연극에 가지 않도록 하는 소극적 방법을 택했다. 여기서 '좋은 연극'이란 것은 성을 격조 높고 품위 있게 승화시킨 작품을 가리키는데, 당시 극단 대중이 공연하고 있던 〈바디숍〉이 그런 본보기였다. 그리하여 연극협회는 이 작품을 '이달의 애로티시즘 연극'이라 명명하여 발표까지 한 것이다. 물론 이런 방식에 대해서는 논란도 뒤따를 수밖에 없었다. 연극평론가 구히서는 『한국일보』와 가진 인터뷰에서 '저질 연극을 추방한다는 의도는 좋지만 협회가 그와 비슷한 작품을 추천한다는 것은 한 작품을 홍보해주는 것에 불과하다'(1997.1.10)면서 '협회는 회원과 비회원들의 공연을 차별화하는 제도적 여과장치를 마련해야 할 것'이라는 제안을 내놓았다.

그리고 두 번째는 적극적 대처로서 연극 안내판이 설치돼 있는 대학가 주요 길목 다섯 곳에 '몰아내자 저질연극, 외면하자 호객행위'라는 플래카드를 붙이고 마로니에공원 티켓박스 앞에 간이 책상을 설치, 건전연극 홍보용 팸플릿을 배포하는 방식이었다. 이른바 '뒷골목 연극'의 마케팅 수법인 호객행위에 조직적으로 맞대응, 이들의 불건전한 호객행위를 저지하겠다는 것이었다(『문화일보』, 1997.1.8).

끝으로 연극협회가 저질, 외설 연극을 공연하고 있는 극장의 건물주들에게 협조 공문을 보내서 해당 건물 내의 소극장에서 문화를 오염시키는 저질극이 공연되고 있다는 점을 주지시켜 협조를 요청한다는 것이다. 이상과 같은 연극협회의 조치에 대하여 문화계에서는 대체로 긍정적으로 받아들였으나 일부에서는 반발도 없지 않았다. 우선 그런 연극으로 상행위를 하는 측에서 반격에 나섰다. 즉 이들도 '참연극발전협의회'(가칭)라는 것을 만들어 연극협회(정진수) 이사장의 비리 공개 및 퇴진을 요구하는 전단을 배포하면서 시위를 벌이기도 했다(『문화일보』 1997.1.8).

이처럼 복잡한 상황 속에서도 외설 연극은 여전히 기승을 부렸는데, 이는 아무래도 통속적인 대중사회의 한 현상으로 파악해야 될 것 같다. 연전에 〈미란다〉의 극단 대표가 불구속 기소되어 집행유예 선고를 받은 데 이어 결국 당시 파워 1관에서 공연 중이던 〈속 마지막 시도〉의 극단 대표와 연출자가 전격 구속됨으로써 저질 외설 연극이 본격 사법 처리를 당하게 되었다. 그에 대하여 '창작활동을 위축시킨다'(김우옥)는 일부 연극계의 우려도 없지 않았지만, '국민의 정신 건강을 해치고 이성을 마비시키는 등 불특정 다수에게 엄청난 해를 끼치는 저질 외설쇼를 연극이라는 이름으로 그대로 놔둬서는 안 된다'(『문화일보』 1997.3.10)는 연극협회 이사장의 견해는 당시 문화계의 생각을 그대로 전한 것이었다.

이처럼 부끄러운 외설 연극에 사법 처리가 가해지면서 약간 움츠러들기도 했다. 그러나 그런 저질 쇼가 사라질 수는 없었다. 왜냐하면 전술한 바 있는 것처럼 우리 사회의 통속성이 워낙 깊고 넓어서 그런 연극이 받아들여진다고 보여지기 때문이었다. 당시 신시 뮤지컬컴퍼니의 〈이수일과 심순애〉와 가교의 〈울고 넘는 박달재〉와 같은 통속적 악극이 크게 히트한 것도 같은 맥락에서 파악할 수가 있지 않을까 싶다.

그러나 외설극과 악극을 구경하는 사람들은 진정한 연극 팬은 아니었다. 그 점은 세계 연극제가 열리면서 극명하게 드러났다. 즉 미국, 프랑스, 루마니아, 독일 극단들이 공연하는 작품들은 초만원을 이룬 데 반해서 국내 극단에는 관객의 발길이 거의 끊어지다시피 했다. 적어도 진정한 연극 팬들은 상상력이 고갈된 상태에서 만들어진 나체쇼나 설익은 풍자극에는 등을 돌렸던 것이다. 특히 우리 관중은 세계 연극제에 참가한 외국 공연단체들의 작품을 보면서 움직임이 극대화되는 경향도 확인할 수 있었다. 즉 연극은 무용화되고 무용은 연극화되는 경향을 목격했다는 이야기다.

따라서 국내 연극 판도가 뚜렷하게 바뀌어가고 있었는데, 그것이 대체로 1997년도를 전후해서였다. 즉 1997년도 연말 공연이 뮤지컬 일색이었던 점이 그 변화를 극적으로 보여준 것이다. 가령 브로드웨이 본고장에서 평가받고 온 〈명성황후〉를 비롯하여 학전의 〈지하철 1호선〉이 또다시 보완되어 장기 공연에 들어갔으며, 부산판 〈지하철 1호선〉도 만들어져 태양아트홀에서 공연됨으로써 우리나라 뮤지컬 사상 최초로 같은 작품을 공연한 극단이 둘 생겨난 것이다. 그리고 뮤지컬 전문 극단 TNS는 〈쇼 코메디〉를 예술의전당에서 공연하고 〈사랑은 비를 타고〉는 인간소극장에서 무대에 올려졌다.

그 밖에도 극단원이 창단 기념 공연으로 〈백일천사(101 1004)〉를, 서울시립뮤지컬단은 〈한네〉, 극단 우리극장은 랩 뮤지컬 〈유쾌한 씨〉를, 극단 즐거운 사람들은 〈벼룩시장〉을 에이레네 드라마 연구소는 가족 뮤지컬 〈나의 라임 오렌지〉 등을 여기저기 대소극장에서 잇달아 무대에 올렸다. 『문화일보』 김승현 기자는 한 기사에서, "대, 중, 소 규모에서부터 세미오페라, 록, 랩 등 표현 방식과 역사, 추리, 고전, 사랑 등의 소재에 이르기까지 다양한 형식과 내용의 뮤지컬이 전방위로 펼쳐지고 있는 것이다. 이제 차분히 생각할 수 있는 '정통 연극'의 시대는 가고 음악, 춤, 스펙터클 등 버라이어티를 특징으로 하는 '뮤지컬의 시대'가 된 느낌이다"(1997.11.26)라고 쓴 것은 당시 연극계의 흐름과 관객의 성향을 정확히 짚은 것이었다.

사실 브로드웨이나 영국의 웨스트엔드 같은 세계의 공연 중심지도 80%가 뮤지컬이다. 이제 20 내지 30초의 짧은 시간에 음악과 춤, 스펙터클 등 볼거리로 승부를 거는 광고 시대이기 때문에 차분하게 사유하고 반추하면서 내면으로 감동을 삭이는 정극에 대해서는 관객이 지루함과 공포감까지 느끼는 것 같다.

처음 해외 초청을 받은
산울림의 〈고도를 기다리며〉

그렇다고 해서 수백 수천 년 동안 해온 정극이 당장 어떻게 되는 것은 아니다. 단지 연극 판도에 변화가 오고 정극만이 연극이라는 기존의 연극 인식이 바뀌어갔을 뿐이다. 따라서 정극을 고수해온 연극인들은 긴장하지 않을 수 없었고, 일부 연출가는 뮤지컬 연출에도 적극 나섰던 것이 사실이다. 정극 연출에서 일가를 이룬 임영웅의 경우 일찍이 창작 뮤지컬 〈살짜기 옵서예〉로 평가를 받은 바 있지만, 산울림소극장을 열고 수준 높은 정극을 정력적으로 지키고 있는 것도 한 예가 될 수 있다. 그는 1989년 아비뇽연극제에도 초청받았고, 〈고도를 기다리며〉가 세계적 수준의 작품이라고 격찬받은 바 있으며, 본고장 더블린의 베케트연극제와 폴란드에도 초청을 받아서 공연까지 했다. 그 결과 유럽 연극계에서 한국 연극을 보는 눈이 달라졌고, 1998년도 아비뇽연극제에서는 한국 주간을 마련하기까지 했었다. 그뿐만 아니라 베를린 세계 문화의 집 주최의 한국 주간 행사, 그리고 스위스에서 열린 연극제에도 〈산 씻김〉이 초청 받는 등 세계 연극계에 우리 작품들이 여러 편 선을 보인 바도 있다.

물론 뮤지컬 대세의 시대를 거스를 수는 없다. 특히 뮤지컬 시대가 열리면서 1960년대 이후 지속되었던 소위 동인제 시스템 극단 구조도 근본적으로 바뀌기 시작했다. 그러니까 우리 연극의 생산과 운영 구조의 중심이었던

제7부  급변하는 사회, 한국 연극의 비상

동인제 시스템이 수명을 다하고 프로덕션 체제가 본격 시작되었다는 이야기다. 물론 동인제 시스템이라는 기존 패러다임이 바뀌는 데는 뮤지컬에만 그 원인이 있었던 것은 아니다.

1990년대 들어서는 시대 변화도 컸을 뿐만 아니라 현실관이 현격하게 다른 신진 연극인들이 대거 들어오면서 운동적 성격의 낭만적 연극 관행은 퇴조될 수밖에 없었다. 그와 관련하여 『문화일보』 김승현 기자는 「연극계, 동인시대 끝나는가」라는 기사에서 "이 같은 상황이 배우들을 자극, 스스로 모여 연습을 통해 '항상 공연이 준비된 배우 그룹'을 구성함으로써 연극계의 프로덕션 체제의 박차를 가하고 있다"(1998.3.16)면서, 학전 출신 뮤지컬 배우 최무열이 주도하고 있는 아로스가 그 대표적인 예라 했다. 그렇다면 우리 극단의 구조가 완전히 프로덕션 체제로 갈 것인가 하는 점이다. 사실 프로덕션 체제는 일찍이 연출가 임영웅이 극단 산울림을 만들 때도 그런 유사한 방식을 취택한 바 있었고, 1970년대 후반에도 삼일로창고극장 등에서도 그런 방식을 채택한 바 있었다.

바로 그 점에서 "연극계의 주류가 프로덕션 체제로 간다고 해도 동인제가 완전히 해체되지 않을 것이며, 순수한 실험정신으로 뭉쳐져 있는 소규모 동인제 극단은 시장성에 관계없이 여전히 남아 소규모 실험극을 하고 대형 공연은 프로덕션 체제로 운영되는 방식으로 정리된 것"(『문화일보』 1998.3.16)이라고 한 연출가 윤호진의 진단은 비교적 옳다는 생각이다.

그러나 프로덕션 체제라는 것도 수익성이 높을 때 선호되는 방식이지 그렇지 않을 때는 맥을 못 춘다. 그렇게 보았을 때 IMF로 한국 경제가 바닥을 헤맬 때인 1998년도에는 또다시 동인제 시스템과 관립극단이 나름대로의 역할을 한 것이다. 상업극이 풍미하는 속에 갑자기 진지한 고전극 여러 편이 무대를 장식한 것도 바로 그 여파라 말할 수가 있다. 즉 그 시기에 셰익스피어 작품들과 체호프, 입센의 희곡들이 여러 편 공연된 것이야말로 그런 예가 될 것이다.

그러나 관객 감소는 심했고 예술의전당이 격년으로 시행하는 특정 극작가의 연극제라든가 인기 있는 중견 극작가 오태석과 이윤택의 활동이 정극의 쇠퇴를 막아주는 정도였다. 그리고 연기파 배우 김갑수가 배우 중심의 극단을 만들겠다고 나서서 '연극세상'을 들고 나온 것도 IMF 시대에 도전장을 던진 경우라 말할 수가 있을 것이다. 그 외에 연우무대라든가 아리랑, 예우, 연희단거리패 등 젊은 극단들이 진지한 작품을 무대에 올린 것도 IMF 경제불황에 대한 연극적 정면 돌파 행위라 아니할 수 없다. 이와 같은 주장이 강하고 젊은 연극인들의 열정이 저질 외설 쇼를 패퇴시키고 동시에 다시 새로운 관객을 불러들이기 시작했다. 그런 작품이 다름 아닌 신진 작가들의 〈새들은 횡단보도를 건너지 않는다〉(김명화 작)와 〈매직 타임〉(장진 작, 연출)이었다.

이것은 절망의 시대에도 한구석에는 언제나 희망의 불빛이 있다는 것을 의미한다. 그런데 희망의 불빛은 다른 곳에서도 보였다. 그것이 다름 아닌 가족 소재의 '젊은 연극'이다. 여기서 가족 소재의 '젊은 연극'이란 극단 작은 신화가 기획한 〈이 풍진 세상의 노래〉(장성희 작, 최용훈 연출)와 〈G코드의 탈출〉(박성현 연출)을 가리키는 것으로서 이 두 작품이 진지하게 시대를 읽고 그것을 연극으로 담론화한 경우라 볼 수 있다.

사실 IMF의 비극적 증상은 가족 해체라 볼 수 있다. 특히 중소기업인들과 일용 노동자들의 급작스런 생계 곤란은 가족 해체로 나타났고, 이것은 우리 사회를 봉괴시킬 수도 있어서 정부를 곤혹스럽게 했다. 그런데 연극계가 그런 현실을 외면하고 상업주의로만 나아가고 있을 때, 작은 신화와 같은 젊은 극단이 나타나서 절망적 현실을 따스하게 안아보려 한 것이다.

젊은 연극인들의 IMF 대응은 그런 작품들만 가지고 한 것이 아니다. 또 다른 방식으로서 대학로 탈출이라는 방식도 취한 바 있다. 즉 극단 청우가 신예작가 조광화의 〈종로 고양이〉(김광보 연출)를 갖고 미아리의 예술극장 확인에서 승부를 건 경우라든가, 극단 창작마을이 명동창고극장에서 〈구멍〉(김대현 작, 연출)을 공연한 경우 같은 것이다. 이러한 젊은이들의 의욕과 노력이 연극계에 미치는 영향은 결코 크지 않다.

그러나 비록 소극장이긴 하지만 중진 연출가 임영웅이 운영하는 산울림 소극장의 극단 창단 30주년의 의미는 대단히 크다. 왜냐하면 산울림이 그 동안 높은 수준의 작품만을 무대에 올려온 데다가 소극장 개관 이후 15년 동안에도 줄기차게 견실한 정극만을 지켜왔기 때문이다. 특히 산울림소극 장이 없었으면 소위 여성주의 연극이라는 색다른 줄기의 연극은 없었을지 도 모른다. 산울림소극장은 또한 박정자, 손숙, 윤석화 등이 대스타로 발돋 움하는 무대도 만들어주었던 것이다. 그런 측면에서 보았을 때, 산울림소극 장은 연극계가 사도(邪道)로 흐르지 못하게 하는 버팀목이 될 만했다. 이처 럼 정통성 있고 건강한 정극이 버텨주고, 의식 있는 신진 연극인들이 있는 한 우리 연극은 결코 타락의 나락으로는 추락하지 않을 것이다.

젊은 연극인들은 극작가와 연출가들을 중심으로 우리의 진솔한 이야기 를 우리의 연극 기호로 표현해보겠다는 것이었다. 극단 창작마을의 단막극 제에서 성향이 다른 여러 극단들이 실험성 짙은 작품 몇 편을 릴레이식으로 무대에 올려서 주목을 끈 것도 그런 현상이었다. 우리 사회가 다원주의로 나아가면서 연극 양식도 다양화되고 외국 단체들이 심심찮게 내한 공연을 갖게 되면서 젊은 연극인들의 상상력도 확대되는 조짐을 보여준 바도 있다. 특히 국민의 정부가 개방화, 세계화를 더욱 촉진하면서 일본의 대중문화도 수용하기에 이르렀다. 그 결과 문예회관 대극장에서 재일교포 김봉웅의 작 품 〈여형사 이야기〉가 일본말로 공연되기까지 했다.

그러나 뭐니 뭐니 해도 세기말 연극가에서의 가장 큰 화젯거리는 여배우 손숙의 국민의 정부 입각이 아닐까 싶다. 그는 국민의 정부 들어서 제1차 개각 때인 1995년 5월에 환경부장관에 임명되었다. 그동안 연극배우들, 이 를테면 이해랑, 이낙훈 등은 국회의원을 지냈지만 장관은 손숙이 최초였다. 따라서 그의 입각은 장안의 화제였고 자격 문제와 관련하여 찬반도 없지 않았다. 그러나 그동안 그가 연극 무대와 방송 등으로 인기가 높았던 데다가 훌륭한 인품으로 인해서 긍정적인 반응이 대세를 이뤘었다고 말할 수 있다. 특히 그가 그동안 예술 이외의 폭넓은 사회활동을 해왔고, 환경 관계 NGO에서도 주요 역할을 하고 있었기 때문에 연극배우의 환경부장관 입각은 극히 자연스러운 것이었다.

그는 입각 소감에서 연극에 대한 강한 애착을 표시했고, 퇴임 후에는 다시 연극인으로 돌아갈 것이라는 점도 강조했다. 사실 그의 연극 무대에 대한 애착은 입각 직후의 러시아 공연에서 극적으로 나타났다. 즉 그가 그해 봄에 정동극장에서 〈어머니〉(이윤택 작, 연출)에 장기간 출연한 직후 입각을 했기 때문에 정동극장이 러시아의 모스크바 타강카극장과 이미 맺어놓은 공연 계약을 어길 수가 없었다. 장관 신분으로 연극 출연을 한 것도 연극사상 처음이었지만, 더구나 외국의 극장 무대에서 공연을 하는 것은 전무후무할 것이다. 러시아 관객들도 상당수는 그가 입각 직후라는 사실을 알았던지 800석의 자리를 꽉 메웠고 기립 박수까지 받았다. 더욱이 때마침 김대중 대통령이 러시아 국빈 방문 중이어서 수행했던 경제계 인사들도 다수 참관하고 격려금까지 전달했다.

그러나 입각 직후 그가 러시아 공연에 출연하는 것이 바람직한 것인가에 대한 찬반 여론이 팽팽했던 것도 사실이었다. 그러니까 막중한 국사를 접어두고 장관이 외국까지 가서 연극 무대에 서야 하느냐는 것이었다. 그에 대하여 손숙은 '장관들이 일요일 날 골프 하는 것은 문제가 안 되고 연극 출연하는 것은 왜 구설수에 올라야 하는지 모르겠다'(『문화일보』 1999.6.1)는 반응을 드러내기도 했다.

국내의 비난 여론을 의식한 그는 공연 직후 극장 계단에서 넘어져서 큰 부상을 입고도 곧바로 귀국하여 업무에 들어갔다. 그럼에도 불구하고 그는 러시아 공연 때 경제인들로부터 받은 격려금이 문제가 됨으로써 입각 한 달만에 장관직에서 물러나야만 했다. 사실 연극배우가 공연 직후에 후원자들로부터 이따금 받는 격려금은 하나의 관례로 내려오는 것이기도 하다. 더욱이 손숙이 받은 격려금 2만 달러는 유니세프 산하의 환경단체에도 일부 기부하기로 되어 있었던 것 같다. 그리고 격려금은 대체로 극단 측에서 출연자들에게 배분하는 것으로 되어 있다. 여하튼 그는 비난 여론을 견디지 못하고 퇴임하면서 기자(이건호)와 가진 인터뷰에서 "해보고 싶었던 환경 정책들을 시작도 못 하고 물러가게 됐습니다. 시민단체 출신으로 국민들 입장을 정책에 반영시켜보려 했었다"(『조선일보』 1999. 6. 26)는 아쉬움을 토로하기도 했다.

1990년대는 세계화 시대에 걸맞게 국제적인 연극제가 풍성한 시대이기도 했다. 우선 대표적인 서울국제연극제가 국제적인 연극제로 발돋움하는 것을 전후하여 춘천인형극제, 거창국제연극제, 수원성국제연극제, 마산국제소극장연극제 등 전국적으로 여러 곳에서 국제연극제가 매년 여름에 열렸다. 물론 이들 중 춘천인형극제는 1989년 처음 개최된 이후 당시에는 국제적인 평가를 받으면서 안착했지만 여타 연극제는 대체로 부실할 수밖에 없었다. 우선 지방 도시들이 국제연극제를 열 만큼의 시민의식이라든가 극장 조건, 지역 연극인들의 능력, 예산 등을 갖추지 못한 것이 사실이다. 따라서 국내와 외국 인형극단 40여 개가 참가하는 춘천인형극제를 제외하고는 질적 수준 등에서 '국제'라는 이름을 붙이기 어려울 정도로 부실한 편이다. 모두들 아비뇽연극제를 들먹이지만 그 정도가 되려면 대단히 요원하다는 생각이다.

그리고 뮤지컬 시대라서 그런지 1990년대에는 비언어연극이 관중에 어필한 시대이기도 했다. 소위 물체극이라는 것을 비롯하여 신체연극, 난타와 같은 이벤트성 비언어극이 대중의 주목을 끌었다. 특히 식칼 등 주방기구를 악기 삼아 두드리는 난타는 유명한 영국의 에든버러 페스티벌에서도 대단한 호평을 받았으며 전용 극장까지 가질 정도로 인기가 폭발했다. 이것도 매우 특이한 현상이라 아니할 수 없으니, 아마도 혼란한 현대사회의 한 반영이 아닐까도 싶다. 그러니까 지적 사유를 요하는 진지한 정극보다는 시끄러운 현실을 시끄러움으로 표현한 난타와 같은 비언어연극이 먹혀들고, 현란하면서도 스펙터클한 뮤지컬이 번창할 수밖에 없는 것이다.

2000년 초두 『조선일보』(김명환 기자)의 「텅 빈 객석, 관객은 어디로 갔나」(2000.1.10)라는 보도는 요즘 우리 연극계를 명징하게 표현한 기사였다고 하겠다. 그 기사는 대학로가 빈사상태에 빠졌다면서 "1997년 IMF 한파 때 빠져나가기 시작한 관객들이 경기회복 조짐에도 불구하고 객석으로 다시 돌아오지 않고 있다. 작년 12월 28일 한국배우협회(회장 최종원)와 극단 신시 등 14개 극단은 '연극회생을 위한 연극인 비상대책위원회'까지 만들어 정부에 '연극 살리기' 대책을 세우라고 운동을 펼치고 있다"고 보도했다. 김명환 기자가 직접 현장 조사한 것에 의하면 번역 명작을 공연하는 K소극장에 6명, E소극장에 2명, D소극장에 22명, S극장에 14명이 앉아 있더라는 것이다. 그래서 몇몇 소극장 문 앞에는 '관객 없어 쉽니다'라는 팻말이 세워지는 경우가 비일비재했고, 인간소극장, 혜화동1번지, 동숭홀 등 10여 개 소극장은 아예 주간 공연을 하지 않기도 했다.

연극 침체는 배우들의 생활에 직접적으로 영향을 줄 수밖에 없다. 연극배우협회가 소속 배우 409명을 조사한 결과 80%가 1년 동안 연기 활동으로 번 돈이 소득 수준으로 도시빈민에 해당하는 500만 원 미만이었다. 그렇기 때문에 상당수 배우들은 생계를 위하여 예술과는 전혀 동떨어진 공사판의 막노동이라든가 자동차 기사 등 잡일을 마다 않는 실정이었다. 오죽했으면 배우협회가 나서서 정부에 '공연 중인 배우들을 공공근로사업 참여자로 인정해 하루 2만 7천 원씩 일당을 지급해달라'는 건의서 제출 방안까지 검토했겠는가.

한편 관객 격감은 공연 위축으로 이어지고 창작극 고갈로까지 연결되었다. 우선 통계적으로 보더라도 1997년 한 해 181편이 무대에 올려졌으나 1998년도에는 152편으로 줄었고 1999년에는 133편으로 해마다 20편 이상씩 감소했다. 이는 물론 창작극이고 대중성 높은 뮤지컬이나 TV 스타를 내세운 번역극에는 관객이 어느 정도 들었던 것도 사실이다.

이러한 연극 현상과 관련해서 중견 연출가 정진수는 "연극 자체에도 책임은 있다. 대중과 소통하기 어려운 엘리트주의 연극과 격 낮은 상업극이 양분화되다시피 한 오늘의 공연 풍토도 문제다"(『조선일보』, 2000.1.10)라고 정확히 진단했다. 그러면서 그는 입장료 수입에 전적으로 의존하는 우리나라 극단의 형편이 선진국처럼 바뀌지 않으면 살아남기 어렵다고 했다. 이는 맞는 말이었다.

물론 정통 연극은 신극사 이래 언제나 고난의 길을 걸어온 것이 사실이다. 동인제 시스템 극단들도 그런 환경 속에서 사명감 때문으로 해서 생겨났고 또 지속되어온 것이다. 그러나 1990년대 들어서 동인제 시스템이 사실상 와해됨으로써 극단 운영자들이 큰 고통에 직면할 수밖에 없었다. 전에는 그래도 끈끈한 동지애로서 사명감만 갖고 손해를 감수하면서 연극을 했지만 새로운 가치관을 지닌 신진 세대 연극인들은 출연료 없이 무대 출연을 기피하는 분위기였다. 영세한 극단들로서는 점점 제작 코스트가 늘어만 가고 수입은 줄어드는 공연을 엄두도 내지 못했다. 정극 공연이 급감하고 대형 뮤지컬류의 상업극만 증가해가는 이유도 바로 그런 데에 한 원인이 있었다. 그만큼 우리 연극계에서 문화운동이라는 사명감은 거의 사라지고 철저한 돈벌이 수단으로 공연을 하는 풍토가 자리 잡아가고 있었다. 뮤지컬 이상으로 저급한 악극이 갑자기 성행하는 이유도 거기서 찾을 수 있지 않을까 싶다.

악극이 어느새 예술의전당 오페라극장을 점령하고, 그것도 모자라서 4천여 석의 세종문화회관 대극장도 마치 전용 극장처럼 사용하게 되었다. 단군 이래 처음 지었다는 예술의전당 오페라극장이 악극 공연무대가 되자 자연스럽게 비난이 뒤따르기도 했다. 그러나 예술의전당에 상당한 이득을 가져다주는 악극 공연을 외면하기는 쉽지 않을 것이다. 특히 악극 제작에는 고급예술에서는 찾아보기 어려운 국내 유력 방송사들이 적극 참여하는 데다가 주요 기업가들까지 후원하고 나섬으로써 공연 성공은 명약관화한 것이었다. 2000년 1월에 예술의전당에서 공연한 극단 가교의 〈비 내리는 고모령〉(김정수 작, 연출)은 30회 공연에 5만 2천여 명의 관객을 동원했고, MBC가 제작한 〈아버님 전상서〉(박진숙 작, 문석봉 연출)라는 신파극은 세종문화회관의 8회 공연에서 2만 2천여 명의 관객을 동원했다. 그래서 올린 수익은 각각 13억 원과 5억 원이나 되었다. 이는 관객이 없어서 주간 공연을 포기하는 대학로의 정극 공연장 현실과는 너무나 동떨어진 현상이었다.

바로 그 점에서 『문화일보』(정동근 기자)가 그동안 문화 소외계층이라 할 중장년층의 향수 달래기 요구를 충족시켜준 두 공연에 의미를 부여하면서도 그것이 안고 있는 문제점을 지적한 것은 대단히 적절했다고 볼 수가 있다. 즉 『문화일보』는 「제 살 깎는 악극-신파극 흥행」이라는 가십성 기사를 통해 "전통 대중극으로 일컬어지는 악극과 신파극 두 작품이 국내 최고 시설의 공연장에 둥지를 틀고 지난해에 이어 흥행 호조를 띠고 있다. 하지만 두 작품의 흥행 성공을 바라보는 문화예술계의 시각은 다분히 걱정 섞인 것이다. 이는 순도 99% 상업극의 성공이 단지 두 작품에 국한되지 않고 전체 공연 관행으로 파급될 것을 우려하기 때문이다. …(중략)… 실제로 '손수건은 필수, 휴지도 선택'이라는 제작진의 자신감은 빈말이 아님이 드러났다. 그러나 '고민 없고 실험정신 없는' 작품으로 다른 극단에 비해 엄청난 수익을 올리는 게 현실이고, 더군다나 소규모 극단에 비교해 거대하다고 해야 할 방송사까지 상업성만 추구하는 세태는 제 살을 깎는 아픔을 감내하는 연극인들의 가슴에 더 큰 멍을 남긴다"(2000.2.1)고 개탄했던 것이다.

그러나 저질 대중극만을 탓할 것은 아니다. 음식도 즐기는 계층과 입맛에 따라 여러 종류가 있어야 하듯이 연극도 고급 오락이라는 차원에서 대중과 소통하기 어려운 엘리트주의 연극만 있어서는 안 된다는 생각이다. 그러니까 안방극장에 붙박혀 있는 관객을 극장 객석으로 끌어내리려면 일본 오사카에 있는 대중극장 나카자(仲座)와 같은 것이 있어야 하리라 본다. 환언하면 우리나라에도 세련된 대중극이 있어야 한다는 이야기다. 그만큼 우리도 대중사회로 나아가고 있는 만큼 그에 걸맞은 연극이 있어야 하는 것이다. 그런 유형의 작품이 없기 때문에 중장년 대중은 저질 악극에 몰리고 젊은 층 관객은 브로드웨이류 뮤지컬에 쏠리는 것이 아닌가. 연극인들도 대중의 취향이나 기호의 변화에 대해서도 좀 더 연구해야 했다.

그렇지만 문화산업 시대로 나아가고 있는 우리로서 순수연극과 같은 고급예술의 고사를 지켜만 볼 수는 없는 처지다. 따라서 정부가 긴급 지원에 나서기에 이르렀다. 문화관광부는 1999년 2월 초 '모든 예술의 근간인 연극과 문학이 경제적 어려움으로 침체상태에 놓임에 따라 전체 문화예술의 질적 수준이 크게 위협받고 있다'고 보고 우선적으로 10억 4천만 원을 지원키로 했다. 200석 미만 소극장에 대한 문예진흥기금 면제, 지방순회연극단 구성, 사랑티켓 지원금 확대, 대학로 공연장 임대 지원, 무대 공연작품 지원금 증액 등에 10억 4천만 원을 지원한다고 발표했다. 지원도 거기서 끝나는 것은 아니고 점차적으로 100억 원 정도로 증액해가겠다고 했다. 동숭아트센터 대극장을 문예진흥원이 임대해서 염가로 극단에 대관하기 시작한 것도 그 무렵이었다. 그럼에도 불구하고 대학로의 소극장 여러 개가 문을 닫았고 극단들도 상당수가 도산했다.

그런 와중에서도 LG그룹은 역삼동에 LG아트센터를 개관하여 화려한 개관 공연을 가짐으로써 호암아트홀에 이은 두 번째 대기업 공연장이 생겨난 셈이 된다. 물론 그런 공연장이 무대예술 발전에 음양으로 도움을 줄 것이다. 그러나 LG아트센터는 까다로운 대관 조건과 만만찮은 대관료 등으로 인해서 자체 기획 공연 위주로, 연극만이 아닌 음악, 무용 등 여러 장르를 아우르는 공연장으로 성격을 굳혀갔다.

연극계에는 어려운 가운데서도 희망적 조짐이 여기저기서 나타났다. 특히 지방자치 제도가 정착되면서 문예지원금도 해마다 증가했다. 연극계에 대한 지원만도 전국적으로는 연간 백억 원이 훨씬 넘을 것이다. 이러한 지원도 사실 종합적 지원책이 아닌 공연 지원에 치중되어 있어서 형식적 공연, 때우기식 부실 작품의 양산을 가져오는 부작용이 없지 않다. 솔직히 그러한 지원도 없는 것보다는 낫지만 밑 빠진 독에 물 붓기라는 생각이다.

한국 연극의 문제는 적어도 정극의 경우 제작 코스트의 상승과 유능한 인재의 부족으로 부실하고 왜소한 작품만 양산하였기 때문에 관객마저 떠나버린 데서 찾을 수 있으며, 그래서 위기에 봉착한 것이다. 관객의 기호마저 변했기 때문에 지금 수준의 작품으로는 관객을 잡을 수 없다. 프로스포츠의 발달과 관광 레저산업의 발달, 그리고 방송 채널의 확대로 인하여 정극은 살아남기가 힘들다. 영세 극단 중심으로 만들어내는 어설픈 작품, 상품성 없는 작품들로서는 관객을 잡을 수 없다. 정보통신의 발달과 국제교류 영상 매체의 발달로 대중의 감식안도 대단히 높아졌다. 주변 환경이 그렇게 바뀌었는데도 영세 극단 중심의 연극 구도는 별로 바뀌지 않았다. 그렇기 때문에 극단들이 품격 높은 예술작품을 만들어낼 수가 없는 처지이다. 오죽했으면 엄격하기로 이름난 산울림소극장이 대중성 짙은 〈가시고기〉까지 공연하기에 이르렀겠는가. 이제 우리 연극도 전용 극장 중심 체제로 극단 구조가 바뀌어야 한다.

다행히 전국적으로 10여 개의 관립 극단이 있어서 그것이 아마추어 수준이건 어떻든 간에 정극의 생명은 유지될 것이다. 그리하여 우리 연극계는 당분간 관립 극단의 정극과 사설 단체들의 스펙터클한 뮤지컬로 양각 구도가 짜여가리라고 본다. 그러나 우리 연극이 어떤 구도로 짜여지든 연극인들이 경쟁사회에서 살아남으려면 장인정신을 되찾아야 하고 상당한 실력을 쌓아가야 할 것이다.

# 제8장

**뮤지컬 시대의 화려한 전개**

## 1. 초라한 출발

연극, 더 나아가 공연예술의 원시 형태에는 노래와 춤이 있었다. 왜냐하면 그 발생 근원에는 신과 인간의 관계가 있었고, 인간이 신에 대해 경배하는 형태가 노래와 춤이었기 때문이다. 이는 곧 가무오신(歌舞娛神)이란 말로 요약되는 것으로서 인간이 스스로를 보호하려는 본능으로 절대자(신)를 의식했고, 그를 존경하고 즐겁게 하는 방식으로 노래와 춤을 발전시켰다는 이야기이다.

그런데 서양에서는 언어의 발달로 인해서 적어도 연극만은 서사적으로 가져갔기 때문에 희곡을 발전시킨 데 반해서, 동양(한국)은 가무 형식을 근세까지 지켜온 점에서 차이가 난다. 특히 이 땅은 동양의 여러 나라들 중에서도 유독 가무를 좋아한 민족으로 예능이 발전되어온 듯도 싶다.

언어만 있고 문자가 없던 시절 고대 중국 사람들이 쓴 우리나라 사람들에 관한 기록인 「위지동이전(魏志東夷傳)」에는 조선족은 몇 사람만 모여도 술마시고 노래하며 춤춘다고 기술되어 있다. 그래서인지는 몰라도 오늘날 우리나라에는 세계에 유례 없이 수만 개의 노래방류의 오락 시설이 넘쳐난다.

1991년쯤 부산에서부터 시작된 노래방이 전국에 3만 개가 넘고 단란주점 역시 비슷한 숫자인 듯싶다.

연극의 경우만 보더라도 오늘날 노래와 춤이 곁들여지지 않은 소위 정극은 큰 힘을 못 쓰고 있으며, 뮤지컬, 창극, 마당놀이, 이벤트성 가무극 등이 큰 무대를 채우고 있는 형편이다. 그 점은 전통극에서 더욱 심했다. 원형연극으로 일컬어지는 굿놀이만 하더라도 가무가 주된 표현 수단이고, 탈춤이라든가 꼭두각시놀음, 판소리 등 모두가 노래와 춤을 주된 표현 수단으로 삼고 있지 않은가. 물론 전통극 중에도 궁중에서 연희되었던 소학지희(笑謔之戲)라는 이야기극이 없는 것은 아니다. 그러나 여러 종류의 연극 형태들 중에서 화극(話劇)은 단 한 종류에 지나지 않았다.

개화기 이래 일본 신파극과 서구의 근대극이 도입, 수용되어서 한동안 이야기극이 주류를 이룬 바도 있었지만, 여전히 창극과 악극이 상당한 세력으로 대중을 사로잡았던 것을 아무도 부인하지 못할 것이다. 그러니까 신파극이 도입되는 1911년부터 1980년대까지 70여 년간 이야기극이 근대극의 주류였지만, 1930년대부터 창극, 악극 등이 때때로 상당한 기세로 정극을 위협하기도 했으며, 1940년대의 악극의 기세나 1950년대 여성국극의 기세는 정극을 압도할 정도였다. 그런 속에서도 정극은 꿋꿋하게 버텨왔지만, 1990년대 이후에는 브로드웨이풍의 뮤지컬과 복고풍의 악극, 마당놀이, 난타 형태의 이벤트성 비언어극이 이야기극을 고사의 위기로 몰아넣고 있을 정도다. 만일 이런 식으로 연극 판도가 전개된다면 정극은 생존을 위협받을지도 모른다. 그만큼 우리 연극 판도가 바람직스럽지 않은 방향으로 나아가고 있는데, 자칫하다가 이야기극은 텔레비전 등 영상 속에서만 존재하고 무대는 뮤지컬이 완전히 점유할지도 모를 지경이다.

이처럼 오늘날 한국 무대를 점유한 뮤지컬이 생겨난 것은 대체로 19세기로 보고 있으며, 오스트리아 빈의 오페레타와 영국의 뮤직홀 레뷔에서 그 영원을 찾고 있다(이근삼, 『서양 연극사』, 401쪽). 물론 오스카 G. 브로케트와 같은 연극사학자는 뮤지컬이 19세기의 여러 하급 연극 형식들, 특히 희가극, 버라이어티, 벌레스크, 그리고 보드빌 등으로부터 물려 내려왔다고도 말한다(『연극개론』, 501~502쪽). 이러한 관점에서 보면 뮤지컬의 싹은 훨씬 오래전부터 틔어져왔고, 19세기 들어서 뮤지컬 형식이 등장했다는 이야기가 된다. 그러나 여하튼 뮤지컬의 싹을 보면 가무와 풍자희극, 버라이어티 쇼 등의 요소들이 만나서 하나의 무대극으로 발전되었음을 알 수 있다. 그리하여 초기 형태의 모습은 뮤지컬 코미디로서 조지 에드워즈가 런던 게이어티극장에서 작업한 일련의 작품들이었다.

이러한 뮤지컬 코미디는 제1차 세계대전을 전후해서 귀족적인 인물들로부터 평범한 인물로 바뀌고, 화려한 무대장치, 노래와 춤, 그리고 아름다운 코러스 등의 삽입으로 화려해져 있다. 이렇게 발전해온 뮤지컬이 정작 빛을 보게 된 곳은 미국에서였고, 1931년 〈너를 노래한다〉가 퓰리처상을 수상하면서부터였다.

미국에서 꽃핀 뮤지컬이 이 땅에 발을 들여놓은 것은 언제부터였을까. 그에 대해서는 두 가지 견해가 있다. 그 하나가 예그린악단의 시작설이라면, 다른 하나는 드라마센터 시작설이다. 연출가 김우옥이 1993년 2월호 『문화예술』지에 쓴 글을 보면, '우리나라 뮤지컬의 효시를 1962년 예그린악단이 공연한 〈삼천만의 향연〉으로 잡았을 때 그것은 지금으로부터 약 30년 전이 된다'고 했다. 물론 그 작품에 대해서 구체적 언급이 없기 때문에 왜 〈삼천만의 향연〉이 미국식 뮤지컬의 효시가 되는지는 밝혀져 있지 않다.

그런데 필자의 생각으로는 당시 예그린악단의 인적 구성으로 보거나 악단 성향으로 보아서 〈삼천만의 향연〉을 미국식 뮤지컬의 효시로 잡기는 어려울 것 같다. 왜냐하면 초창기 예그린악단의 구성원 중에 미국 뮤지컬에 대한 지식이나 관극 경험이 있는 리더급 단원이 없었고, 오히려 재래의 악극에 가까운 단원만이 있었기 때문이다. 미국식 뮤지컬을 하려면 적어도 그 분야에 대한 전문적 식견과 한국 연극의 미래에 대한 예측, 그리고 연출가라든가 훈련된 배우를 확보하고 있어야 가능하다. 그렇게 보았을 때, 예그린악단의 뮤지컬 공연 시작은 개연성이 희박하다고 말할 수가 있다.

예그린악단은 특히 군사정부 출범과 깊은 관련을 갖고 있어 주목된다. 군사정부의 제2인자였던 김종필 중앙정보부장은 예술 취향의 젊은 혁명가답게 만년의 회고에서 예그린악단의 창단과 관련하여 '나라를 재건하는 데 정치 경제도 중요하지만 정신문화의 정수(精髓)인 문화예술이 뒷받침돼 줘야 한다는 생각'(JP, 「혁명도 예술도 다정다감한 기질 없으면 못 해」, 『중앙일보』, 2015.6.15)에서 비롯되었음을 알려주었다. 바로 그 점에서 그는 대중을 설득할 수 있는 계몽성 짙은 가무단의 필요성을 느낀 것이고, 곧바로 창단에 들어감으로써 1961년 말에 예그린악단이 탄생케 된 것이다. 예그린악단은 '옛날(어제)을 그리며 내일을 향하여'(예그린)라는 이름이 함축하는 대로 혁명정부가 내걸었던 전통예술의 현대화와 대중화를 그 첫 번째 목표로 삼았다. 그러나 초대 단장으로 명망 있는 클래식 지휘자 김생려가 지명됨으로써 당초 김종필이 생각했던 대로 가지는 않았다고 볼 수 있다.

사실 당시까지만 하더라도 클래식 전공자들은 대중음악, 더 나아가 대중예술을 폄하했다. 그렇기 때문에 예그린이 1년여 동안 공연한 〈삼천만의 향연〉이라든가 〈여름밤의 꿈〉 〈흥부와 놀부〉 등은 그 성격이 애매할 수밖에 없었다. 그나마 곧바로 해산되지 않았는가. 그렇기 때문에 뮤지컬의 시작을 드라마센터로 보아야 한다는 것이다. 드라마센터를 건립한 동랑 유치진이 뮤지컬을 처음 시작했다고 보는 이유는 세 가지다. 그 첫째는 당시 한국의 대표적 연극인으로서 최초로 세계일주 여행을 하는 동안, 특히 브로드웨이 연극을 보면서 세계 연극의 미래에 대하여 깊은 생각을 하게 되었고, 두 번째로는 현대식 극장을 새로 만들어 한국 연극의 미래를 열겠다는 의욕에 불타고 있었으며, 세 번째로는 그가 미국식 뮤지컬을 시도할 수 있는 능력과 인적 자원을 조금이나마 갖춘 유일한 연극인이었다는 점에서 그렇게 보는 것이다.

항상 선각적인 생각을 많이 했던 유치진은 1957년 세계일주 연극 여행을 하면서 유독 브로드웨이 뮤지컬에 깊은 관심을 갖게 되었다. 그 점은 1962년 8월 8일 최초의 뮤지컬 〈포기와 베스〉(헤이워드 작, 유치진 연출)를 무대에 올리면서 프로그램에 쓴 다음과 같은 글에 잘 나타나 있다. 그는 이 글에서 '나는 브로드웨이 뮤지컬을 보고 그런 극양식이 미래 연극에 큰 비중을 차지할 것이라고 생각했다. 왜냐하면 뮤지컬은 언어 연극의 답답스러움을 극복한 데다가 템포도 빨라서 현대인의 감각에 맞기 때문이다. 따라서 이번 공연은 우리가 시험해보려는 프로젝트의 하나인 내일의 음악극의 시금석이 되지 않을 수 없다. 그런 의미에서는 의의가 깊은 것'이라고 썼었다.

　사실 그는 1937년 극예술연구회 시절과 해방 직후 극예술협회 시절 등 두 번에 걸쳐서 〈포기와 베스〉를 정극으로 연출한 바 있었다. 그러나 1962년 공연만은 프로그램에 쓴 글에서 확인할 수 있는 것처럼 조지 거슈인이 작곡한 몇 곡을 삽입한 유사 뮤지컬을 만들어내기 위한 연출을 시도했다는 점에서 과거와는 확연한 차이가 있는 것이다. 그러니까 그는 대단히 선구적인 생각을 갖고서 한국의 미래 연극 프로젝트의 일환으로 뮤지컬 〈포기와 베스〉를 연출했다는 이야기가 되는 것이다. 그는 제대로 뮤지컬을 만들어내기 위해서 배우들로 하여금 가무를 익히게 했는데, 여주인공 강춘희에게는 노래를, 남주인공 이인범에게는 춤을 배우도록 했다. 물론 정극만을 해온 배우들이 단시일 내에 뮤지컬 배우가 될 수 있는 것은 아니었다. 그러나 그런대로 한국 최초의 미국식 뮤지컬은 관중을 즐겁게 한 것이 사실이었다.

　그 공연을 지켜본 유치진은 소회를 겸하여 '연극은 역시 즐거워야 되고 그런 면에서 뮤지컬이야말로 한국 연극의 낙후를 극복할 수 있는 한 가지 방편이 될 수 있다고 생각한다. 그러나 뮤지컬은 참으로 어려운 작업이다. 그렇다고 맨날 딱딱한 연극만 하고 있을 수는 없지 않은가. 어떻든 뮤지컬 연기자를 따로 양성해서라도 뮤지컬을 우리 연극의 한 갈래로서 키워야겠다'(오사량 증언)고 말한 바 있다. 그만큼 유치진은 뮤지컬에 한국 연극의 미래를 걸었었는데, 그렇다고 정극을 도외시한 것은 아니었다.

이처럼 선견지명의 원로 연극인이 뮤지컬의 씨앗을 뿌렸지만 쉽게 싹이 튼 것은 아니었다. 왜냐하면 당시까지만 해도 유치진을 제외한 어떤 연극인도 뮤지컬의 가치나 가능성에 대해서 인식하지 못했고, 뮤지컬을 할 만한 배우 등 인적 자원이 없었기 때문이다. 그뿐만 아니라 뮤지컬에는 상당한 자금이 투여되어야 하는데, 드라마센터 자체가 경영상 존립을 위협받고 있었기 때문에 다음 단계의 또 다른 시도는 엄두도 낼 수가 없었다.

따라서 그 후 몇 년 동안은 뮤지컬 공연이 없었다. 그러다가 4년 뒤인 1966년 들어서 뮤지컬이 다시 시도되었다. 이는 유치진의 확고한 신념에 따른 것이었지만, 미국 유학을 마치고 귀국한 장녀 유인형과 일본으로부터 귀국한 음악평론가 박용구의 협력도 무시할 수가 없다. 왜냐하면 이 두 사람이 초창기 뮤지컬의 발전에 조그마한 기여를 했기 때문이다. 즉 유인형은 미국에서 수년간 연출 공부를 하면서 뮤지컬의 생리를 어느 정도 익혔고, 박용구도 일본에 머무는 동안 뮤지컬에 대한 식견을 쌓았다. 다행히 그가 제2대 예그린악단장을 맡으면서 뮤지컬을 시도할 수 있게 된 것이다.

이상의 두 사람 모두가 1966년도에 뮤지컬을 시도했다는 점에서 기묘하게 일치하고 있다. 유치진은 유인형이 귀국하자마자 본격 뮤지컬 연출을 지시했다. 1962년에 처음 시도했던 뮤지컬이 배우들이 주제가를 몇 곡 부르고 몇 장면 춤추는 정도였다면 유인형이 1966년 9월에 연출한 〈포기와 베스〉는 김희조 편곡을 갖고 김정길 감독으로 하여금 8인조 생음악 반주까지 곁들일 만큼 진일보한 것이었다.

한편 1961년도에 창단되어 〈삼천만의 향연〉을 공연하고 1963년에 해체되는 등 김종필의 정치적 부침과 운명을 함께 해온 예그린악단은 1966년 재건되면서 박용구가 단장을 맡게 되었다. 음악과 무용 두 분야에 정통했던 그는 예그린악단의 방향을 창작 뮤지컬의 창조 보급으로 잡고, 〈배비장전〉을 제재로 한 〈살짜기 옵서예〉(김영수 극본, 임영웅 연출)를 시민회관 무대에 올렸는데, 그것이 1966년 11월이었다.

한국 연극사상 최초의 창작 뮤지컬이었던 〈살짜기 옵서예〉가 크게 성공을 거둘 수 있었던 데는 몇 가지 요인이 있었다. 극본 자체가 단순하고 풍자성이 강한 희극이어서 뮤지컬에 적합한 데다가 최창권의 음악이 좋았고, 스타가수로 부상하고 있던 패티 김이 주연을 맡음으로써 대중의 주목을 충분히 끌 만했다. 물론 넉넉한 재정과 임영웅의 산뜻한 연출 및 임성남의 안무도 그 작품이 성공을 거두는 데 적잖은 기여를 한 것이 사실이다.

예그린악단이 첫 작품의 성공으로 창작 뮤지컬의 가능성을 확인하면서 다음 작품에 들어갔고, 당시 인기 극작가 임희재의 텔레비전극이었던 〈꽃님이 꽃님이 꽃님이〉를 역시 최창권, 임영웅 콤비에게 의뢰하여 공연 성과를 올렸다. 연이은 세 번째 작품에서는 편곡자를 김희조로 교체하여 〈춘향전〉(임영웅 연출)을 창작 뮤지컬로 무대에 올려서 역시 큰 반응을 불러일으켰다.

이들 작품이 예상 외로 히트하자 전국 순회공연도 가졌으며 관객이 몰리자 남산 야외음악당으로 무대를 옮겨서 대대적인 공연을 갖기도 했다. 남산 야외음악당에서 공연할 때는 60인조 팝오케스트라의 생음악 반주가 큰 위력을 발휘했다. 예그린악단은 매년 1편씩 공연한다는 방침에 따라 네 번째 공연 〈정이 흐르네〉(1969), 다섯 번째 〈바다여 말하라〉(1971), 여섯 번째 〈종이여 울려라〉(1972)를 차례로 공연했다. 극히 계몽성을 띤 작품들이었지만 모두가 현실을 소재로 한 창작 뮤지컬이었기 때문에 대중의 호응이 대체로 괜찮은 편이었다.

그러나 예그린악단이 김종필의 권세로 자주 재정 지원을 받았지만 사단법인이라는 독립단체로 존속하는 것은 적합지 않았다. 때마침 문공부는 정부의 문예 중흥 5개년 계획이라는 큰 틀 아래서 장충동의 신축 극장 개관을 앞두고 민족문화의 획기적 진흥책을 모색하게 되면서 예그린악단을 국립극장에 귀속시켜서 새로운 가무극을 창조하겠다고 했다. 그리하여 예그린악단은 1972년 정월 국립극장 전속 단체로 편입되면서 명칭도 국립가무단으로 변경됨으로써 예그린악단이라는 이름은 역사 속으로 사라지게 되었다.

문공부가 예그린악단을 국립극장에 귀속시킨 데는 몇 가지 원려(遠慮)도 없지 않았다. 당장 대형 신축 국립극장이 문을 열면서 그에 걸맞은 대형 가무극도 필요했고 해외 공연도 생각해야 했으며 북한의 혁명가극에 대적할 만한 민족적 가무극을 만들어 장차 남북의 문화교류도 대비하지 않을 수 없었던 것이다.

예그린악단이 국립가무단으로 개칭되어 국립극장에 소속되었어도 그 구조적 변화나 정체성이 변질된 것은 아니었다. 즉 예그린악단 시절의 조직원들 그대로였고 단장만 바뀌었을 뿐이었다. 대체로 극본은 박만규가 그대로 조달했고, 작(편)곡과 지휘도 김희조가 그대로 맡아 했다. 안무(최현)와 합창(나영수) 등도 마찬가지였다. 다만 연출은 이기하, 허규 등이 임영웅과 함께 맡았던 점에서 진용이 넉넉해졌다고 말할 수가 있다.

국립가무단이 되면서 우선 제작비 걱정이 없어졌고 극장 무대, 그리고 제작진용 면에서 모든 일이 순조로웠다. 그리하여 국립극장 편입 첫 번째 작품으로 시대 분위기를 감안하여 새마을운동을 소재로 한 〈우리 여기 있다〉(박만규 극본)를 공연했는데, 세시봉의 스타가수 김세환과 신진 여가수 하춘화가 주연을 맡은 데다가 팝과 재즈, 디스코 음악에 맞춘 TBC-TV 무용단의 활기찬 현대무용은 관중을 사로잡을 만했다. 국립가무단의 모토는 한국적 뮤지컬의 창조와 정착이었기 때문에 창작물만 무대에 올렸다. 그러다가 처음부터 음악을 전담하다시피 해온 중진 작곡가 김희조가 1974년에 단장을 맡으면서 가무단은 더욱 활기를 찾았으며 작품의 폭도 넓어지기 시작했다.

특히 클래식과 대중음악을 오가고 있던 김희조는 가무단이 서양음악과 전통음악의 조화를 모색했고, 그러한 목표에 적합한 레퍼토리로서 우리의 개표적인 고전 〈대춘향전〉을 공연케 된다. 물론 〈춘향전〉은 과거에도 무대에 올린 바 있지만 가무단이 국립극장으로 편입되고 다시 공연하는 것이기 때문에 음악, 무용 그리고 무대미술 등을 대폭 손질하여 속도감 넘치고 웅장 화려하게 포장한 작품이었다.

그리고 가무단이 그동안 신진 극작가 박만규에 의존하던 고루함을 떨쳐내고 이근삼, 오영진 등 중진 극작가들의 작품과 번역극도 과감하게 취택해 감으로써 변화하는 모습을 보여주었다. 가무단은 1974년 봄서부터 매년 두 편 정도 공연을 가졌는데, 〈대춘향전〉에 이어 한국적 뮤지컬 창조를 내세워 오영진의 대표작이라 할 〈시집 가는 날〉(원작 〈맹진사댁 경사〉)을 공연하여 관중의 호응을 얻은 바 있다. 이어서 이근삼의 〈화려한 아침에〉와 심훈의 소설 각색극 〈상록수〉, 그리고 〈돈키호테〉(세르반테스 원작)와 〈태양처럼〉(박만규 작)을 연달아 무대에 올렸다.

그런데 1977년도에 들어서자 가무단에 변화가 생긴다. 즉 대중의 예그린악단에 대한 추억과 친밀감을 감안하여 명칭부터 국립예그린예술단으로 개칭하였으며 전통의 재창조를 추구하고 있던 극단 민예의 연출가 허규를 상임연출가로 영입한 것이다(유인경, 『국립가무단사』, 『국립극장70년사』, 2020). 그가 가무단 상임연출로 부임하여 첫 번째로 무대에 올린 작품은 이근삼의 〈이런 사람 ─ 허생이야기〉였다.

물론 모든 작품들이 다 성공을 거둔 것은 아니었다. 그러나 초기에는 상당한 반향을 불러일으켰고, 첫 작품의 주제가 〈살짜기 옵서예〉는 애창곡으로 대중의 사랑을 받았으며, 그것을 처음 부른 패티 김은 대형가수로 발돋움하는 계기를 잡기도 했다. 당대 최고의 작곡가로 명성을 떨치던 최창권과 김희조 두 사람이 창작 뮤지컬의 작곡을 주로 했고 임영웅, 이기하, 허규 등의 중진 연출가들이 뮤지컬 연출의 시범을 보여주었으며 최현, 김학자 등의 무용가와 장종선, 최연호의 새로운 무대도 호평을 받은 바 있다. 예그린이 국립가무단이 되어서도 대체로 6일 동안의 7, 8회 공연에 1만여 명의 관객을 모으기도 했으며, 보통 6, 7천 명의 관객 동원은 무난했다. 이는 여느 정극 단체의 관객 동원에 결코 뒤지는 것이 아니었다.

이처럼 국립가무단이 서구적인 음악무용극의 불모지에서 외롭게 창작 뮤지컬을 시도하고 있을 때 중견 극작가 김의경이 주도하는 극단 현대극장이 1976년 9월에 이오네스코의 〈맥베스〉를 갖고 등장했다. '연극의 전문화, 직업화, 과학화'(김의경, 「무엇이 우리를 홀렸나—현대극장 30년을 돌아본다」, 『현대극장 30년사』, 2008)를 모토로 내걸고 등장한 현대극장을 다른 어떤 극단들보다도 주목하는 이유는 그 단체가 한국 뮤지컬 활성화에 중요한 계기를 제공했기 때문이다.

한편 국립가무단이 새로 건축된 세종문화회관의 1978년 초 개관 준비에 맞춰 1977년 11월에 그쪽으로 옮겨감으로써 잠시나마 대중의 시선에서 멀어지는 동안 몇몇 사설 극단들이 서서히 주목을 끌기 시작했다. 그 대표적인 선두 단체가 다름 아닌 현대극장이었다. 물론 현대극장 이전에도 젊은 극단 가교가 이미 1973년에 국립극장에서 브로드웨이풍의 서툰 뮤지컬 〈철부지들〉(톰 존스 원작, 원제 〈판타스틱스〉)을 공연한 바 있었지만, 그것은 그렇게 중요한 것이 못 된다. 왜냐하면 소형 작품인 데다 극단 가교가 특별한 목적의식에서 그러한 뮤지컬을 시도한 것이 아니기 때문이다.

그러나 현대극장은 1977년 5월에 창작 뮤지컬인 〈빠담 빠담 빠담〉(백승규 작, 표재순 연출)을 유관순기념관에서 대대적으로 공연함과 동시에 세종문화회관 전속으로 시립이 된 서울시립가무단과 한동안 쌍벽을 이루게 된다. 당초 브로드웨이식 뮤지컬을 연극사상 최초로 시도한 드라마센터에서는 유치진의 타계(1974)로 그러한 운동은 더 이상 지속되지 않았다. 물론 유치진은 장녀(유인형 연출가)에게 임종 직전까지도 뮤지컬을 해야 된다고 말했다고는 하지만 여러 가지 불리한 여건으로 더 이상 실천하지 못했다.

일찍이 미국 유학을 하는 동안 브로드웨이의 사정을 잘 알고 있던 김의경도 유치진처럼 뮤지컬의 가능성을 내다보고 현대극장을 창단하여 본격적으로 뮤지컬을 시도해보겠다는 야심에 차 있었다고 보아진다. 물론 그가 극작가로서 뮤지컬에 올인하려는 것은 아니고 장차 청소년 연극까지 포괄함으로써 광범위하게 한국 연극의 저변을 넓혀가려는 그가, 일단 재미있는 작품으로 승부를 걸어보려고 〈빠담 빠담 빠담〉을 유관순기념관 무대에 올려 크게 히트시키는 사건을 만들어낸 것이다. 그 공연은 단 5일간 8회 공연에 무려 12,300명이나 동원했으니 당시의 적요한 연극계 상황에서는 놀랄 만한 관객 동원이었다.

그 공연을 당시 대중의 취향을 간파하고 있던 김의경의 기획의 승리라고 보는 이유는 그가 소재를 프랑스의 전설적 샹송 가수 에디트 피아프의 불운한 삶에서 가져온 때문이었다. 그런데 뮤지컬에 대한 지식이 부족했던 당시 비평계에서는 그 작품에 대하여 유행과 시류에 아부하는 극예술의 타락이라고만 혹평했다. 중견 연출가 정진수는 「무엇을 위한 연극인가」라는 글에서 '작자, 연출자, 장치, 의상, 분장 등의 디자이너, 그리고 연극 출신의 연기자 몇 사람, 과연 이들이 다른 사람들로 대체되었을 때 흥행 결과가 크게 달랐을까? 반면에 샹송이 빠졌더라면, 에디트 피아프가 아니었다면, 윤복희를 위시한 가수 코미디언이 아니었더라면, 그 치열한 선전 공세가 없었더라면, 그래도 그만한 흥행 성공을 거두었을까? …(중략)… 그러나 분명한 것은 그가 이 공연에서 연극을 이용했을지는 몰라도 연극 발전에 기여했다는 착각만은 삼가야 할 것이라는 점이다. 왜냐하면 이 공연은 연극이 연극으로부터 멀어질수록 흥행에서 성공할 공산이 크다는 아이러니를 실증했을 뿐이기 때문이다. 곧 연극이 텔레비전이나 쇼 같은 대중 흥행에 가까이 갈수록 흥행에 유리하다는 것이다'(『일간스포츠』 1977.8.6)라고 비판하고 나왔다.

당초 제작자(김의경)의 의도는 연극의 대중화에 있었고, 그것은 대중에게 즐거움을 주는 행위라는 확신을 갖고서 임한 것이었다. 그리고 더 나아가 앞으로의 뮤지컬을 가늠하는 실험적이고도 모험적인 시도에 그 뜻이 있었다. 그러나 김의경이 연극과 거리가 먼 인기인들, 가령 가수(윤복희), 코미디언(곽규석) 등을 대거 동원한 것이 약점으로 작용했던 것만은 부인할 수 없는 사실이다. 그만큼 그의 선견지명에도 불구하고 당시 연극비평계에서는 상업성 짙은 뮤지컬을 쉽게 받아들이기 어려웠던 것 같다.

현대극장 공연의 〈빠담 빠담 빠담〉 논쟁 이후 뮤지컬 공연은 상당 기간 주춤했다. 그런 때에 우리나라 창작 뮤지컬의 첫 번째 작곡가라 할 최창권이 또다시 뮤지컬의 불씨를 되살리는 작업을 하였다. 그가 뮤지컬 작곡을 하는 동안 한계를 느낀 나머지 본고장인 브로드웨이 견학에 나선 것이 1975년이었다. 거기서 미래의 공연예술은 뮤지컬일 수밖에 없다는 확신을 가지게 되고, '뮤지컬의 정착은 결국 인재 양성에 있다'는 생각을 굳혔고, 그 기반을 다지기 위해서 독자적으로 '미리내'라는 뮤지컬센터를 만들었던 것이다. 거기서 그는 공연보다는 2년 이상 뮤지컬 배우 양성에 열정을 쏟았다. 그리고 그는 1978년 가을 '자체 훈련에서 한 발 더 나아가 토착화를 위한 뮤지컬 운동을 전개하기 위해' 그의 첫 작품이며 대표작이기도 했던 〈살짜기 옵서예〉를 새롭게 만들어 세종문화회관 무대에서 창단작품으로 선을 보였다.

여주인공(애랑 역)은 패티 김, 김상희에 이어 세 번째로 배인숙이 맡았고, 신구, 추송웅, 곽규석, 김상국 등 120명이 무대에 올랐으며, 악단 50명을 합쳐서 170여 명의 매머드 무대였기 때문에 제작비만도 자그마치 7천여만 원이나 들었다. 초연 때와는 달리 전 출연자가 움직이며 노래하는 공연이 된 이 작품은 서구적 뮤지컬을 한국적인 것으로 양식화하고 정착시키려는 실험의 성격을 띤 것이었다. 이 공연과 관련해서 당시 『조선일보』가, '아무튼 미리내의 뮤지컬 〈살짜기 옵서예〉가 어느 만큼 관객의 호응을 얻느냐에 따라 앞으로 한국의 뮤지컬 운동의 방향이 결정된다는 점에 주목할 필요가 있다. 상업극의 등장과 함께 뮤지컬 운동이 필연적인 만큼, 누가 먼저 본격 뮤지컬을 무대에 올리느냐도 관심거리가 아닐 수 없다. 인재와 자금, 시간이 뮤지컬의 기본 요소인 만큼 이 문제 해결이 급선무고, 이 땅에 뮤지컬 무대를 꽃피울 수 있는 지름길이기도 하다.'(1978.10.1)라고 씀으로써 최창권 주도의 미리내 활동에 큰 의미를 부여했다. 그러나 의욕 넘쳤던 최창권의 미리내 운동(?)은 경제적 여건 등 여러 가지 한계 상황으로 인하여 공연 활동으로서는 더 이상 지속되지 못했다.

따라서 뮤지컬 운동은 1970년대 후반부터는 서울시립가무단과 현대극장의 관립과 사설의 양 구도로 전개되어갔다. 서울시립가문단은 1978년 4월 14일에 박정희 대통령과 3부 요인이 참석한 가운데 개관 기념으로 뮤지컬 〈위대한 전진〉을 공연했는데, 전속 단원 전원과 국립극장 소속 단원들까지 860여 명이 총 출연하는 대형 무대였다. 뮤지컬 〈위대한 전진〉은 역사적 수난을 극복하고 오늘을 이룩한 겨레의 의지와 밝은 미래상을 묘사한 목적성 짙은 계몽 뮤지컬이긴 했어도 규모의 크기만은 사상 최대였다. 시립가무단은 역시 관립이기 때문에 어쩔 수 없이 그런 톤으로 갈 수밖에 없었다.

반면에 전문 연극을 표방한 현대극장은 한국 연극의 미래를 내다보고 어린이 뮤지컬도 최초로 시도하여 많은 사람들의 관심을 끌었다. 기업의 후원을 받아서 소위 '해태명작극장' 시리즈라는 명칭으로 〈백설공주〉(1978)를 시발로 하여 〈플란다스의 개〉 〈피터 팬〉 등을 공연함으로써 TV를 통하여 인형극이나 보던 어린이들로 하여금 뮤지컬 관람의 즐거움을 만끽케 했다.

이는 사실 현대 연극사에서 매우 중요한 의미를 지니는 것이다. 왜냐하면 그동안 우리 연극계에서 어린이들의 정서 교육을 생각해보거나 그들을 위한 공연문화 창조를 염두에 두지 않다가 처음으로 그런 시도를 한 것이기 때문이다. 현대극장의 이런 작업은 대단히 선구적인 것이었고, 뮤지컬 운동의 확대라는 점에서 의의가 컸다. 따라서 현대극장이 1980년 2월에 처음 시도한 록 뮤지컬 〈지저스 크라이스트 슈퍼스타〉(앤드루 로이드 웨버 작곡, 표재순 연출) 공연도 중요한 의미를 갖는다. 이 작품은 예상 외로 관객의 호응도가 높아서 국립극장 대형무대에서 재공연까지 할 정도였다. 물론 현대극장의 대담한 시도 역시 관중의 호응도에도 불구하고 전문 배우가 없는 데다가 낙후된 조명과 음향 등 기술력에서도 상당한 시간을 요한다는 중평도 없지는 않았다.

현대극장은 우리 연극 실정에서 뮤지컬이 좀 이른 감이 있다는 점을 인식하면서도 〈사운드 오브 뮤직〉〈에비타〉 등을 세종문화회관 무대에 올림으로써 상당한 팬도 확보했다. 따라서 표재순, 김상열 등이 뮤지컬 전문 연출가로서 자리를 굳혀갈 수가 있었다.

현대극장이 뮤지컬로 관객을 불러 모으자 이에 자극받은 유사한 전문 극단 대중(大衆)이 1982년에 모습을 드러냈고, 다음 해 정극을 해온 민중극장, 광장이 연합하여 대형 뮤지컬 〈아가씨와 건달들〉을 무대에 올렸다. 이상의 세 단체를 이끌던 정진수, 문석봉, 조민 등은 연령도 비슷했던 데다가 평소의 친분과 지향점에서도 유사점이 있어 쉽게 공감대가 이루어졌고, 열악한 극단 실정으로 합동 공연을 할 수밖에 없었다. 이 작품은 당시 뮤지컬을 할 수 있는 여건에서는 어느 정도의 수준을 유지했었다. 특히 미국 연극에 밝은 정진수의 협조와 문석봉의 적극성으로 브로드웨이 뮤지컬에 가까운 수준의 작품을 만들어냈으며 관중에게도 뮤지컬의 참맛을 보여준 공연이었다.

그 공연이 일단 성공을 거두었다고 확신한 민중, 광장, 대중 등 세 극단은 극장을 바꾸어가면서 몇 차례의 재공연을 가짐으로써 우리 관중이 뮤지컬에 익숙해지는 데 어느 정도 기여를 했다. 다행히 그동안 서울시립가무단과 현대극장이 뮤지컬 공연을 해왔기 때문에 세 극단의 브로드웨이풍 〈아가씨와 건달들〉이 대중에게 잘 먹혀들었다고 볼 수도 있다. 현대극장이 주 레퍼토리로 삼고 있던 〈지저스 크라이스트 슈퍼스타〉만 하더라도 1980년 2월 초연 이래 다음 해 8월까지 143회 공연에다가 30여만 명의 관객을 동원하고 있던 때였다. 그 후에도 현대극장은 〈에비타〉 등 인기 뮤지컬을 몇 편 더 올린 상태였으므로 그런 유형의 음악무용극을 선호하는 관중이 상당수 늘어났던 것이다. 이처럼 1980년대 초반부터 뮤지컬이 레퍼토리 숫자는 적었어도 관중 동원에 있어서는 정극을 위협할 정도로 대중에게 익숙해져가고 있었다. 그런데 〈아가씨와 건달들〉에 관객이 몰려들자 1987년부터는 세 극단이 그동안의 노하우를 살려서 각자 따로따로 제작해서 공연하는 진풍경도 벌어졌다.

이처럼 뮤지컬이 흥행에 성공하고 무대에 음악과 무용이 어우러지는 경우가 늘어나면서 소위 총체연극(total theatre)이라는 새 양식의 실험도 몇 번 있었다. 가령 1985년 2월 극단 실험극장이 시도한 〈삼사랑〉(노경식 작, 김동훈 연출)이 그러한 예라고 말할 수 있다. 그러나 그런 공연은 관객의 반응이 뜨악해서 시도 자체로서 끝나고 말았다. 〈삼사랑〉의 경우 연극, 음악, 미술, 무용 등 인접 예술이 만나서 하나의 총체극 무대를 창출한 작품이지만 충분히 용해되지 못한 데서 오는 생경함으로 인해서 관중에게 다가가지 못했던 것이다.

결국 그런 유형의 연극으로서는 뮤지컬만이 관중을 사로잡아가고 있었다. 따라서 1985년대 중반부터는 각 극단들이, 연극의 하한기(夏閑期)에는 뮤지컬로 승부를 거는 경향까지 나타났다. 즉 1985년 여름 민중극장, 현대극장, 서울시립가무단 등 세 단체는 '뮤지컬로 여름 관객을 잡자'는 슬로건을 내걸고 각각 〈아가씨와 건달들〉 〈지저스 크라이스트 슈퍼스타〉 〈지붕 위의 바이올린〉 등을 연달아 무대에 올린 바 있다. 그뿐만 아니라 다음 작품으로 극단 민중은 〈카바레〉와 〈코러스 라인〉을, 그리고 서울시립가무단은 창작 뮤지컬 〈바다를 내 품에〉(〈장보고전〉)의 준비에 착수하기도 했다. 그만큼 당시에 뮤지컬이 대중에게 먹혀들고 있었다는 이야기가 된다.

한편 뮤지컬을 처음 시도했다가 유치진의 타계로 인하여 그 작업을 중단했던 드라마센터는 1985년 김우옥 주도로 동랑청소년극단을 만들어서 〈방황하는 별들〉(윤대성 작, 김우옥 연출) 시리즈를 시작했다. 최초의 본격 청소년 뮤지컬이었던 이 작품은 400석의 드라마센터 무대에서만 단번에 1만 명 이상의 청소년 관중을 모을 만큼 폭발적인 반향을 불러일으켰다. 이는 그만큼 우리나라 청소년들이 입시 지옥 속에서 예술 체험을 할 기회가 너무 부족했었다는 증좌라 하겠다. 공연예술에 굶주려 있던 청소년들이 자신들의 답답한 심정을 경쾌한 춤과 노래극으로 표출해낸 동랑청소년극단의 별들 시리즈는 〈꿈꾸는 별들〉 등으로 이어져서 1990년대 초까지 드라마센터 무대를 달군 바 있다.

드라마센터와 예그린악단이 시작한 뮤지컬 운동이 현대극장을 창단케 자극했고, 다시 민중극장, 광장, 대중 등으로 확산되면서 우리 연극의 한가운데로 다가섰으며, 어린이 뮤지컬과 청소년 뮤지컬도 파생시켰다. 그리고 1980년대 중후반에는 상업성 짙은 백화점식 뮤지컬에 관심을 갖기에 이르렀다. 그 단적인 예가 압구정동 현대백화점 내의 현대예술극장과 롯데월드 내의 예술극장이라고 말할 수 있다. 현대그룹 설립자인 정주영 회장이 평소 친분이 두터운 탤런트 최불암에게 극장 운영을 맡긴 것이 현대예술극장인데, 그는 특별히 어린이들을 위한 뮤지컬 〈애니〉를 비롯해서 〈철부지들〉 〈스크루지〉 등을 1985년서부터 2년여 공연한 바 있었다. 그러나 현대예술극장의 어린이 뮤지컬 운동은 극히 단명했다.

단명하기로는 롯데월드의 뮤지컬 전문 예술극장도 예외는 아니었다. 출발 자체는 대기업답게 거창하고 화려했지만 그마저 5년을 버티지 못했다. 1988년에 개관하여 〈신비의 거울 속으로〉를 갖고 화려하게 출발한 롯데월드 예술극장은 〈가스펠〉(1990), 〈아가씨와 건달들〉(1990), 〈웨스트 사이드 스토리〉(1991), 〈돈키호테〉(1992), 〈레미제라블〉(1993) 등을 공연했다. 그러나 브로드웨이로부터 전문 요인들까지 초빙하여 본고장의 선진기술도 배우고 남경주, 최정원, 전수경, 주원성 등 뮤지컬 전문 배우도 양성하는 등 야심찬 활동을 벌이는 듯 했지만 갑자기 사업 중단을 하고 말았다(박명성, 「한국 뮤지컬의 발자취를 찾아서」, 『The Musical』 vol 05). 롯데월드 예술극장은 연출에 김상열 등이 참여하여 청소년층을 중심으로 많은 관객을 확보했음에도 채산성이 맞지 않았던지 그 극장을 영화관으로 바꾸어버리고 말았다.

1980년대 후반의 뮤지컬 판도는 1987년도에 출범한 노태우 정부의 개방 정책에 따라 여러 가지 변수가 적잖게 발생할 수밖에 없었다. 특히 다음 해에 열린 88서울국제올림픽이라는 거대행사에 대비한 두 가지의 이색적인 작업이 각각 다른 쪽에서 진행되고 있었다. 그 하나가 88서울예술단의 출범이라면, 다른 하나는 오페라 연출가 문호근 주도의 한국음악극연구소의 개소라 하겠다. 1987년 세종문화회관에서 총체 음악무용극 〈새 불〉로 창단 공연을 가진 88서울예술단은 서울에서 열리는 국제올림픽을 염두에 두고 전통예술의 창조적 계승과 남북 문화 교류라는 정치이념적 목표를 내걸고 만들어진 단체였다. 그러나 창단 공연이 호응을 얻지 못하자 대중성 강한 창작 뮤지컬 공연으로 방향 전환을 해갔다.

그리하여 정부의 풍부한 지원을 받아 그들이 내건 한국 소재 발굴이라는 목표에 따라 〈징게 맹게 너른 들〉로부터 차례로 〈애랑과 배비장〉〈애니깽〉〈바리〉〈고려의 아침〉〈시집 가는 날〉〈윤동주 달을 쏘다〉〈뿌리 깊은 나무〉 등을 매년 무대에 올려서 나름대로 목적을 달성하려 노력했다

한편 단기로 끝난 문호근 주도의 음악극은 〈구로동 연가〉 등으로 소극장용 창작 뮤지컬로서 주목을 끈 바 있었다. 그러나 김우옥은 '한국음악극연구소의 주장이 몇 편 올려진 그들의 노래극 속에 전혀 나타나지 않은 것은 아니지만 그러한 주장이 많은 대중의 호응을 불러 일으킬 만한 결과는 이루지 못하였다'(「바람직한 한국 현대 음악극의 모형」, 『한국연극학』, 제5집 별책, 1993)고 지적하면서, 바람직한 한국 현대 음악극의 모형은 그들이 주장하는 노래극이 아니라 정통 뮤지컬이라 했다. 그러면서 그는 오늘날 우리가 음악극을 필요로 한다면 그것은 하나의 철저한 오락물로서지 어떤 음악 이론이나 연극 이론을 실험하는 대상으로서는 아니라는 점을 분명히 했다. 그러니까 브로드웨이 뮤지컬을 잘 알고 있던 김우옥은 한국음악연구소의 목적성 짙은 노래극이 운동은 될지 몰라도 진정한 오락물로서의 창작 뮤지컬이 되기에는 그 의도성에 있어서나 경직된 사고 등으로 볼 때 어렵다고 본 것이다.

결국 김우옥은 당시 우리에게 주어진 과제를 '관객에 대한 엄청난 흡입력, 상업극으로 발돋움할 수 있을 정도의 재정적 융통성, 연극예술의 폭을 확대시켜 연극 발전을 가져올 수 있는 잠재력을 갖고 있는 서구의 뮤지컬

을 우리 토양 속에서 어떻게 배양시켜 우리의 체질과 감각에 적응시키는가 하는 것이 문제(「바람직한 한국 현대 음악극의 모형」)라는 현실적 대안을 제시했다. 그러니까 그는 뮤지컬이 무엇이고, 우리는 어느 정도이며, 또 그것을 왜 해야 하는지에 대한 정확하면서도 현실적 진단을 하면서 문호근류의 어설픈 창작 뮤지컬 시도를 부정적으로 본 것이다. 그렇지만 문호근이 내세운 소극장 뮤지컬 운동도 주목할 만한 것으로서 2000년대에는 그의 희망대로 소극장 뮤지컬이 활기를 띠기도 했다. 여하튼 그런 가운데서도 뮤지컬 공연은 시간이 흐를수록 인기를 더해갔고 많은 연극인들이 관심을 가질 수밖에 없었다.

따라서 1980년대 후반 들어서는 뮤지컬이 무대예술의 중추까지 치고 들어오면서 전문 단체와 전용 극장도 몇 개 생겨났고 공연 횟수도 급속히 증가했다. 그와 관련하여 김우옥은 「바람직한 한국 현대음악극의 모형」이란 글에서 '1962년부터 시작되었다는 뮤지컬은 불과 30여 년 만에 80년의 역사를 갖고 있는 일반 연극의 기세를 꺾을 만큼 맹렬한 힘으로 공연되어왔다. 특히 80년대부터 일기 시작한 뮤지컬의 세력은 압도적이리만큼 연극계를 지배하여왔다'(『한국연극학』 제5집, 별책, 1993)라고 평가했다.

그는 또 매우 재미있는 통계도 제시했다. 즉 그의 통계에 의하면 1962년부터 1971년까지 초창기 10년 동안에 뮤지컬 작품이 16편 무대에 올려졌는데, 1972년부터 1981년까지 10년 동안에는 30편이 공연되었으며, 1982년부터 1991년까지 10년 동안에는 무려 141편이나 무대에 올려졌다고 했다(김우옥, 「뮤지컬의 어제와 오늘, 그리고 내일」, 『문화예술』 1993, 2월호). 이 통계에 따르면 초창기 10년의 뮤지컬 공연 편수가 20년이 지난 뒤에는 거의 기하급수적으로, 9배나 증가한 셈이 된다. 그리고 창작과 번역의 비율도 87% 대 13%였고, 제2기라 할 1970년대는 57% 대 43%였으며, 제3기인 1980년대는 37%대 63%로 역전되었다는 것이다. 그만큼 시간이 흐를수록 뮤지컬계가 브로드웨이류의 번역극을 선호했다는 이야기가 된다. 이런 흐름은 1990년대에도 비슷하게 되풀이되었다.

1990년대 들어서면서 신생 극단 미추가 마치 문호근이 1980년대에 우리의 음악언어로서 자생적인 뮤지컬을 만들어보려 했던 것처럼 〈영웅 만들기〉(손진택 연출)라는 음악극을 만들어냈으며, 1992년 1월에 처음으로 브로드웨이의 뮤지컬 극단이 〈사운드 오브 뮤직〉을 갖고 들어와 공연함으로써 본고장 뮤지컬의 진수를 보여주게 된다. 이처럼 1990년대에는 80년대보다 뮤지컬이 한 발짝 더 나아가게 되는 것이다. 즉 1990년 봄만 하더라도 〈영웅 만들기〉를 필두로 해서 마당극에 가까운 창작 뮤지컬 〈들풀의 노래〉〈바람처럼 강물처럼〉 등의 작품이 무대에 올랐고, 뮤지컬이 시작되고 1,100여 회라는 최다 공연과 가장 많은 관객(100만 명)을 동원한 〈아가씨와 건달들〉도 무대를 다시 장식했다. 거기다가 〈피터 팬〉〈두리벙 대소동〉〈댕기동자〉 등 어린이 뮤지컬도 잇달아 무대에 올려짐으로써 1990년대 초는 뮤지컬이 연극 무대를 화려하게 수놓았다. 특히 어린이 뮤지컬이 1980년대에 이어 1990년대에도 계속 공연됨으로써 어린이들의 정서교육에 적잖은 도움을 주었다고 하겠다.

뮤지컬에 어느 정도 자신감을 갖게 된 극단들은 조금씩 브로드웨이의 대형 작품들에 도전하기 시작했다. 극단 대중이 1990년 가을에 문화체육관에서 〈캣츠〉(김효경 연출)를 무대에 올린 것은 그 단적인 예라 보겠다. 당시 극단 대중이 물경 5억 5천만 원이라는 거금을 들였던 것도 전에 없었던 일이었다. 1년 4개월이나 준비한 극단 대중은 철저하게 우리의 역량으로 외국 무대와 똑같이 만들겠다는 야심으로 스태프 전원이 뉴욕의 인터가든 극장을 견학하면서 자료 수집과 함께 무대장치, 조명, 음향 등을 연구했고, 일본으로 건너가 후쿠오카 현지 공연도 관람하는 열성을 보여주기도 했다. 이듬해에도 극단 대중은 또다시 새 작품 〈넌센스〉(단 고긴 작)를 무대에 올리는 열정을 보여준 바 있다.

이러한 뮤지컬의 확산 과정에 드디어 본고장 뮤지컬이 한국 팬들을 만나러 온다. 그동안 한국 뮤지컬의 동향을 지켜본 미국 뮤지컬 에이전트가 젊은 팬들이 많이 생겨나고 있음을 확인하고 본국의 단체가 와도 승산이 있겠다고 확신함에 따라 브로드웨이 뮤지컬 극단 게이트웨이 컴퍼니가 직접 인기작 〈사운드 오브 뮤직〉을 갖고 온 것이다. 30여 명의 연기자와 10여 명의 반주 팀, 그리고 11톤의 장비를 갖고 온 게이트웨이 컴퍼니는 1992년 1월 25일부터 부산문화회관을 필두로 해서 대구, 수원, 창원, 세종문화회관 공연(2월 7일~12일)까지 아래로부터 거슬러 보름 가까이 성공적인 공연을 하고 갔다.

이러한 미국 브로드웨이의 정통 뮤지컬이 우리나라 연극인들과 연극 팬들에게 준 영향은 대단히 컸다. 가령 롯데월드 예술극장이 두 달 뒤에 2억 원이나 들여서 뮤지컬 〈돈키호테〉를 무대에 올렸던 것도 본토 뮤지컬 극단이 다녀갔던 것에 자극받은 결과였다. 그러나 그보다도 뮤지컬계를 더욱 희망적으로 자극한 것은 중견 연출가 윤호진이 본격 뮤지컬 전문 극단을 창단하고 나선 점이었다. 그는 뉴욕에서 공부하는 동안 브로드웨이의 상황을 누구보다도 유심히 살핀 바 있는 연출가로서 우리 연극계의 지지부진한 뮤지컬 운동을 극복해보겠다는 야심으로 2년여간 전문 배우 양성을 거쳐 1993년 가을에 극단 에이콤을 창단하고 나섰다.

이듬해 창단 공연으로 편하게 〈아가씨와 건달들〉로 닻을 올린 에이콤은 제대로 된 창작 뮤지컬 준비에 들어가지만 여타 유·무명 단체들이 대중의 뮤지컬 선호를 돈벌이 수단으로 삼아 브로드웨이 뮤지컬을 마구잡이로 복사하여 무대에 올리는 경향이 팽배해갔다. 이처럼 난삽한 공연계를 지켜보고 있던 『조선일보』가 뮤지컬에 미래가 있다고 보고 그 육성에 발 벗고 나섰던 바, 그 방법으로 1995년도부터 『스포츠조선』을 통하여 '한국뮤지컬대상' 제도를 만들고 전문 극작가 양성에도 앞장서게 된다.

『스포츠조선』은 이미 1990년대 들어서 '뮤지컬 보기 운동'을 벌여온 바도 있었다. 평소 뮤지컬 애호가이던 신동호 사장과 정중헌, 박용제 기자의 열성으로 만들어진 한국뮤지컬대상의 첫 번째 수상은 에이콤의 〈스타가 될 거야!〉였다. 전술한바 있듯이 에이콤은 연출가 윤호진과 정진수가 주식회사 한샘의 후원을 받아서 본격 뮤지컬을 목적으로 1993년에 만든 극단이다. 극단 에이콤은 처음부터 제대로 된 우리 뮤지컬을 창조한다는 목표로 출범했기 때문에 창작극을 주로 제작했다. 물론 창작 뮤지컬 극본을 쓸 만한 극작가가 없었기 때문에 창단 공연은 극단 민중극장이 했던 〈아가씨와 건달들〉(1994)이었지만, 다음에는 오자키 고요의 〈곤지키야사〉를 번안해서 두 번째 〈스타가 될 거야!〉를 무대에 올렸다. 이처럼 2년여 준비 과정을 거친 에이콤은 드디어 인기 소설가 이문열에게 극본을 의뢰하고 김희갑에게 작곡을 시켜 만든 야심찬 창작 뮤지컬 〈명성황후〉로 단번에 세인의 주목과 함께 명성을 한꺼번에 끌어안을 수가 있었다.

그런데 에이콤이 본격적으로 창작 뮤지컬로 세인의 주목을 끌면서 뮤지컬 제작의 문제점도 구체적으로 드러나기 시작했다. 즉 뮤지컬 제작에 막대한 제작비가 드는 데 따른 대체 방안이 처음으로 제시된 것이다. 그 방안이란 대형 뮤지컬의 경우 개막 1주일 정도까지는 입장료를 절반쯤만 받으며 관객의 평가를 반영, 무대에서 극을 최종적으로 수정할 수 있는 프리뷰제를 도입하는 것이었다. 그뿐만 아니라 초기에 활용했던 스타 시스템보다는 장기적 안목을 갖고 신인들을 발굴, 양성해야 한다는 것이었다. 『문화일보』의 김승현 기자는 「막 내린 뮤지컬 〈겨울 나그네〉의 문제점」이란 글을 통해서 "뮤지컬이 발전하려면 고정 레퍼토리의 축적과 다른 분야와의 '협업적 제작 풍토' 조성이 시급하다"는 방안을 제시해서 주목을 받기도 했다(1997.3.19).

뮤지컬이 공연예술계의 중심부로 치고 들어오면서 그 스펙트럼이 확장되기 시작했다. 즉 가장 먼저 앞장서서 뮤지컬 운동을 벌였던 현대극장이 1995년 가을에 대작 뮤지컬 〈장보고의 꿈〉으로 제1차 해외 공연을 나서서 미국(LA)을 시작으로 하여 아르헨티나, 브라질, 캐나다, 호주 그리고 뉴질랜드까지 6개국을 한 달 이상 순회공연했다. 신라 후기에 중국과 일본을 잇는 광대한 해상무역의 길을 텄던 선지자 장보고의 야심을 작품화한 이 뮤지컬은 해외에서도 큰 호응을 얻었다.

수십 명의 단원들을 이끌고 한 달 이상을 그 먼 나라들을 다니며 공연을 하는 데 드는 비용이 엄청날 것이다. 그럼에도 현대극장이 여유롭게(?) 순회공연을 할 수 있었던 것은 그만큼 우리나라가 부강해졌다는 점을 단적으로 보여주는 것이다. 사실 당시 우리나라의 국민소득은 2만 달러를 넘어서고 있었고, 대기업들의 해외 진출 역시 대단해서 극단이 순수창작 뮤지컬을 들고 해외 공연을 다닐 수가 있었던 것이다.

현대극장의 해외 순회공연이 한 번으로 끝난 것도 아니다. 해외 공연은 1999년 제5차까지 해마다 계속해서 이루어졌으며 제2차 때는 베트남, 캐나다, 미국, 러시아, 그리고 우즈베키스탄 등 다섯 나라를 순회공연했다. 그리고 제3차는 독일, 체코슬로바키아, 스위스 그리고 스페인 등 유럽 국가들이었고, 제4차는 네덜란드, 이탈리아, 불가리아 등을 순회했던 것이다. 그리고 제5차는 저 멀리 남아프리카공화국에까지 갔었다.

2000년대에도 현대극장은 최고의 불교 유산이라 할 팔만대장경을 소재로 한 창작 뮤지컬 〈고려 팔만대장경〉으로 4차에 걸쳐서 해외 공연을 다녀왔다. 2000년도에 제1차로 일본과 필리핀을 다녀왔고 제2차로는 하와이와 워싱턴을 순회공연했으며 제3차로 일본(도쿄)과 프랑스(파리)를 다녀왔고 4차로는 모스크바에서 공연을 가졌다. 이러한 현대극장의 해외 공연은 올림픽까지 치러낸 우리의 국력과 문화예술의 수준 향상을 대내외에 과시하는 쇼라고 말할 수가 있지 않을까 싶다.

더 놀라운 사실은 극단 에이콤이 국내에서 주목받은 창작 뮤지컬 〈명성황후〉를 갖고 1997년 여름에 세계 예술의 본고장이라 할 뉴욕 브로드웨이로 쳐들어가 뉴욕시티센터에서 공연을 가진 점이라 하겠다. 미국에는 물론 현대극장이 에이콤에 앞서서 몇 번 로스엔젤레스에서 〈장보고〉를 선보인 적은 있지만 브로드웨이까지는 들어가지는 못했었다.

그러나 에이콤이 미국 관중에게 관심을 불러일으키기는 했어도 경제적으로 손실이 컸던 것도 숨길 수 없는 현실이었다. 그럼에도 불구하고 에이콤은 다시 미국 공연을 두 번 더 갔었고, 영국, 캐나다, 일본까지 순회공연을 가진 바 있다.

이상 두 극단의 활동과 해외 순회공연은 뮤지컬에 관심 있는 이들을 자극하여 〈난타〉의 PMC를 이끌던 송승환은 〈우리집 식구는 아무도 못 말려〉(1995)를 제작하고, 소극장을 중심으로 소품들을 만들어 지속적으로 뮤지컬 공연 활동을 벌여나갔다. 이에 자극되어 설도윤 주도의 서울뮤지컬컴퍼니라는 새로운 전문 단체도 모습을 드러냈는데, 이들은 장차 소극장용 창작 뮤지컬을 창조하면서 대기업과의 합작으로 뮤지컬 제작의 선진화를 도모한다면서 본보기로 〈사랑은 비를 타고〉를 선보인 바 있다(최승연, 「문화산업의 시대와 뮤지컬의 발전」, 『한국현대연극100년』, 연극과인간, 2008).

뮤지컬의 강세에 삼성영상사업단이 호응하여 설도윤 서울뮤지컬컴퍼니 제작감독과 함께 1996년부터 뮤지컬 제작에 나섰고, 강남구 삼성동 사무실에 서울뮤지컬아카데미까지 열고 공개 오디션을 통해서 신인 주역배우를 모집하기도 했다. 물론 삼성영상사업단은 대기업답게 처음으로 5월에 판권을 사가지고 거금을 들여 〈브로드웨이 42번가〉를 번역 공연했지만, 창작 뮤지컬 한 편을 더 제작하고 사업에서 손을 뗐는데, 그것은 수익성이 낮았고 1997년 IMF 사태까지 터짐으로써 명분을 잃은 데서 비롯된 것이 아닌가 싶다.

그러나 전술한 바대로 1962년 이 땅에서 처음 서양식 뮤지컬을 시도한 지 35년 만인 1997년 8월 본고장 브로드웨이에서 창작 뮤지컬 〈명성황후〉(이문열 작, 윤호진 연출)가 미국 관중의 호평을 받기에 이를 만큼 한국 뮤지컬은 급성장했다. 〈명성황후〉는 때마침 광복절인 8월 15일에 2,500석의 스테이트 시어터에서 막을 올려, 관중의 60%인 재미교포들과 나머지 40%인 외교 사절과 미국인 관중들을 감동시켰다. 뮤지컬에 관한 한 우리보다

20여 년 앞선 일본보다 먼저 뮤지컬을 미국에 수출한 셈이 되는 〈명성황후〉 공연은 『뉴욕타임스』 등 현지 주요 매스컴으로부터 찬사를 받았다. 즉 '1급 스펙터클'이라느니 '성공적인 브로드웨이 입성' 등의 찬사를 받으면서 한 달 여 공연했는데, 막상 적자 폭은 대단히 컸다. 그러나 '우리도 하면 된다'는 자부심만큼은 가질 수가 있었고, 우리의 현대예술을 수출했다는 역사적 의 미도 큰 것이었다.

창작 뮤지컬 〈명성황후〉의 성공적인 브로드웨이 데뷔는 국내 공연예술 계에 상당한 파장을 몰고 오면서 두 가지의 중요한 변화가 뒤따랐다. 그 한 가지는 대·소극장에서 주로 뮤지컬을 공연하는 경향이 나타난 점이고, 다 른 한 가지는 문화관광부가 '우수 프로그램 해외 공연 지원' 항목을 신설한 점이라 하겠다. 그리하여 소극장 학전은 1994년에 막을 올렸던 〈지하철 1 호선〉을 장기 공연키로 했고, 인간소극장은 〈사랑은 비를 타고〉를, TNS는 〈쇼 코메디〉 등 10여 개 작품이 가을서부터 겨울까지 여기저기서 공연될 수 가 있었다. 이런 현상에 대하여 윤호진은 이미 예견됐던 것이라면서 '삶의 구조 자체가 차분하게 재미를 찾을 수 없는 상황으로 바뀌었다. 특히 광고 문화에 길들여진 요즘 세대들은 화려하고 다양한 음악과 다이내믹한 스펙 터클에서 재미를 느낀다. 20초에서 30초 사이에 승부를 거는 광고는 바로 음악과 충격적인 볼거리에 초점을 맞춘다. 거기에 길들여진 세대에게 정지 된 차분한 감동에 주안점을 둔 정극은 더 이상 설 자리가 없는 것'(『문화일보』 1997.11.26)이라 했다. 정극 무대가 썰렁한 반면에 뮤지컬 무대가 법석대는 세태를 정확히 지적한 것이라 말할 수 있다.

어려운 여건 속에서도 연극을 꾸준히 도와온 기업들도 뮤지컬만 도우려 는 경향이 짙어갔다. 『조선일보』의 김명환 기자가 「뮤지컬입니까」라는 데스 크 칼럼에서 "상업성 있는 대형 뮤지컬엔 기업들의 투자가 앞다퉈 몰리고, 예술적 열정만으로 버텨내려는 소극장 연극은 갈수록 허덕여, 부익부 빈익 빈의 양극화는 골이 더 깊어지는 양상"(2001.5.4)이라 지적한 것은 매우 정곡을 찌른 글이라고 하겠다. 이러한 때 정부가 우수 프로그램 해외 공연 지원 항목을 만든 것은 예술인들로부터 크게 환영을 받았다.

뮤지컬이 발전하면서 선진국과 자매 결연을 하거나 음악 지원을 받는 사례도 나타났다. 정동극장의 〈나무꾼과 선녀〉가 그 하나의 예인데, 우리의 뮤지컬 작곡가가 부족함에 따라 러시아의 유명한 이고르 아쿠센코의 곡을 받은 경우다. 정동극장의 〈나무꾼과 선녀〉는 우리나라 어린이 뮤지컬의 전기를 이룰 만한 공연일 정도로 음악이 좋았다.

1990년대 뮤지컬 무대를 풍성하게 한 단체로서 서울예술단을 빼놓을 수 없을 것이다. 창단 초기에는 졸속 출범으로 인하여 정확한 좌표를 못 찾고 방황했지만, 1991년 재단법인화되면서 명칭도 88서울예술단에서 88을 떼어냈는데, 그 이유는 올림픽이 끝났기 때문이다. 사무실도 강남역 부근으로부터 예술의전당 안으로 이전했는데, 이는 아무래도 문화관광부가 관장하게 되어 있었기 때문이다. 따라서 공연장도 예술의전당 오페라 극장을 주로 택하게 되었다. 당초 서울예술단은 서울 국제올림픽을 앞두고 우리의 독창적 예술을 세계에 널리 알린다는 것을 목표로 출발한 단체였기 때문에 연극계 원로 차범석을 책임자로 하여 총체극을 선보였었다. 그렇기 때문에 뮤지컬 전문 단체로 나아가게 된 것은 극히 자연스런 현상이었다. 대체로 정부의 주요 행사, 이를테면 1993년 엑스포라든가 월드컵 유치와 관련된 축하 공연, 1999년 동계아시안게임, 2000 밀레니엄 대축제 공연 등을 했고, 해외 공연도 자주 나갔다. 적극적인 이종덕 단장, 김상식 단장, 신선희 단장으로 이어지는 동안 〈징게망게 너른 들〉(노경식 작)〈아틀란티스 2045〉〈김삿갓〉〈바리 ─ 잊혀진 자장가〉〈태풍〉 등 대형 문제작을 많이 올린 바 있다.

또한 1990년대 후반에 두드러지게 활동한 뮤지컬 전문 단체로서 신시뮤지컬컴퍼니를 빼놓을 수 없다. 정통 극작가와 연출가로서 극단 현대극장에서 뮤지컬 연출을 여러 번 했던 김상열이 극단 신시를 처음 창단한 것은 1988년이었다. 처음 몇 년 동안은 정극을 주로 했기 때문에 연극계에서 주목을 끌기도 했으나 김상열이 지난 시대의 악극을 재현하여 붐을 일으키면서 뮤지컬 전문 단체로 변신하기에 이르렀다. 신시뮤지컬컴퍼니는 1995년 초 〈웨스트 사이드 스토리〉로 첫 선을 보이면서 연달아 〈그리스 록큰롤〉 〈7인의 신부〉 등을 제작하는 저력을 보여주었다. 물론 신시뮤지컬컴퍼니가 저력을 발휘하는 이면에는 구룡사(九龍寺)라는 든든한 후원 사찰이 버티고 있었다.

이처럼 1990년대는 대형 뮤지컬 전문 단체에다가 소극장 학전과 같은 전문 공연장까지 활발한 공연 활동을 벌이면서 뮤지컬 시대임을 실감케 했고, 에이콤, 서울예술단, 그리고 연조가 깊은 서울시립가무단, 현대극장 등은 해외 공연까지 다님으로써 우리 문화 해외 선양에도 적잖게 기여했다.

여류 제작자 최문경은 현대극장을 이끌면서 해외 공연을 많이 다녔는데, 1998년 가을만 하더라도 창작 뮤지컬 〈장보고의 꿈〉(김지일 작, 함춘호 작곡, 표재순 연출)을 갖고 이탈리아의 로마 오페라 극장에서 5일간 공연하기도 했다. 오페라의 본고장이라 할 로마에서 우리말로 된 창작 뮤지컬을 공연했다는 것은 일단 성공 여부와 상관없이 상당한 의미를 갖는 것이었다. 그러나 '우리 문화를 알리려면 일단은 많이 보여줘야 한다'는 일념으로 해외 공연을 많이 다니는 현대극장에 대하여 '이벤트성 세계화'라는 비판도 따른 것이 사실이다.

한편 1998년도에는 소극장 학전을 운영하는 작곡가 김민기가 '우리식 뮤지컬 만들기' 세 번째에 접어들어서 주목을 끌기도 했다. 그는 1994년에 독일 작품을 번안한 〈지하철 1호선〉을 무대에 올린 바 있다. 브로드웨이 뮤지컬이 지나치게 상업적인 쇼로 가기 때문에 거부감을 갖고 있다는 김민기는 유럽 작품을 우리 상황에 맞도록 번안하여 연출함으로써 의식 있는 젊은 관객을 사로잡아갔다. 그리하여 자그마치 1천 회라는 장기 공연은 연극사적 의미까지 갖는 것이다. 그 조그만 극장에서 관객을 무려 18만 명을 동원했고 무명의 신인 배우들인 설경구, 방은진, 이정현 등을 뮤지컬 스타로 만들기도 했다. 오늘의 밑바닥 인생을 걸죽한 입담과 〈아침이슬〉의 작곡가가 만들어낸 사념 깊은 노래로 표현하여 관중을 사로잡은 것이다. 이 점은 브로드웨이풍 스펙터클한 대형 뮤지컬과 차이 나는 것이고, 특히 이 작품은 현란한 율동과 귀청을 때리는 고음보다는 사람 냄새가 물씬 풍기는 진솔한 이야기를 듣기 편한 노래에 실어서 전달하기 때문에 좋은 반응을 불러일으키는 것이다.

그보다 더 근본적인 것은 이 작품이 '통일을 향한 서울의 꿈'을 저변에 깔고 있는 데서 관중이 깊은 공감을 느낀다는 사실이다. 실제로 독일 원작자 루트비히는 원작 밑바닥에 '자유를 향한 베를린의 꿈'을 깔았었다. 그것을 김민기는 우리의 절박한 현실과 민족의 갈망을 바꾸어놓는 데 그치지 않고 인류 보편의 화해와 평화로까지 승화시켰던 것이다.

1천 회 공연을 넘으면서도 관객이 몰림으로써 과로로 배우들이 무대에서 쓰러지는 사고도 생겨났다. 한편, 원작자와 독일에서 이 작품을 초연했던 그립스 극단, 그리고 독일 정부 당국자까지 찾아와서 지원을 약속하기도 했다. 독일 정부와 원작자 등의 이러한 관심은 결국 독일 정부의 특별 초청공연으로 이어져, 2001년 3월 16일부터 3일간 베를린의 그립스 극장에서 막을 올리는 영광을 얻었다. 그런데 뜻밖에도 그립스 극장 공연 첫날 입장권이 매진되어 입석까지 450여 명이 객석을 메웠으며 다섯 차례의 커튼콜까지 할 정도로 독일 관중을 매료시키기도 했다(김승현, 「연극 〈지하철 1호선〉 본고장서 호평」, 『문화일보』, 2001.4.4). 독일의 유력 신문인 『베를린너 크리어』 『베를린너 모르겐포스트』 『타게 슈피겔』 등은 학전의 공연을 가리켜 '한국에서 온 전설의 연극' '원작을 뛰어넘는 예술성을 가진 작품' '한국 연극사를 새로 쓴 작품' '원작의 한계를 뛰어넘은 최고의 작품' 등 찬사를 아끼지 않았다. 이런 찬사를 받은 학전은, 실현되지는 않았지만 독일 공연에 이어 중국 베이징, 일본 도쿄, 그리고 평양까지도 간다는 야심찬 계획을 세워놓기도 했다.

조그만 극장에서 만들어낸 번안 뮤지컬의 성공은 기존 뮤지컬 전문 극단들에게도 적잖은 자극을 주어, 그해 한여름에도 〈드라큘라〉〈렌트〉〈도솔가—짜라투스트라〉 등등 대형 번역, 창작 뮤지컬이 무대를 장식했고, 가을에는 〈로마의 휴일〉〈러시〉〈오 해피데이〉 등이 공연되었으며 〈듀엣〉과 같은 소품도 선을 보였다.

그러나 뭐니 뭐니 해도 뮤지컬의 가능성은 학전의 번안 뮤지컬보다도 에이콤의 〈명성황후〉가 극적으로 보여주었다. 왜냐하면 1995년에 제작되어 1997년에 미국 공연에서 어느 정도 인정을 받았지만 수지 면에서 큰 손해를 보았던 〈명성황후〉가 제작 5년 만에 흑자를 내기 시작했기 때문이다. 그동안 끊임없이 수정 보완되고 출연 배우들의 기량 향상으로 이제는 '국민뮤지컬'로 불릴 만큼 유명해진 〈명성황후〉가 주말마다 전국의 주요 도시들을 순회공연을 다닐 만큼 대중의 친숙한 작품이 된 것이다.

1962년에 처음 서양식 뮤지컬을 시도한 이래 2000년대 초까지 40여 년 동안 '본고장 것 베끼기'와 '우리 것 만들기'라는 두 줄기로 흘러온 뮤지컬 운동이 많은 시행착오에도 불구하고 공연계의 주역으로 자리 잡아가고 있다. 학전의 〈지하철1호선〉과 에이콤의 〈명성황후〉가 그런 현실을 대변해주고 있다고 말할 수가 있겠다. 그러나 이때까지만 해도 인적 인프라와 물적 인프라는 대단히 부족한 처지였다.

## 2. 뮤지컬의 안착과 그 확장

그런 와중에 한국 뮤지컬 운동의 새로운 길을 여는 작업이 당대의 프로듀서 박명성(朴明誠)에 의해서 조용히 진행되고 있었다. 남의 나라 작품을 몰래 베껴 먹는 반문명국가의 행태를 과감히 끊고 정식으로 라이선스 공연 시스템을 구축하려는 작업이었다. 신시뮤지컬컴퍼니의 기획자였던 그는 브로드웨이 일본 주재 대행사 마틴 네일러 사장을 만나 인기 공연 중인 〈더라이프〉와의 라이선스 계약을 맺는 일에 나섰다. 그런데 처음부터 그들의 마음속을 헤집어놓고 있던 '도둑고양이 행태'의 우리 연극계에 대한 불신으로 난관에 부닥치게 된다. 박명성은 이를 여러모로 달래서 간신히 계약을 맺고, 6억 5천만 원의 막대한 제작비를 투입하여 1998년 7월 예술의전당 오페라극장에서 역사적인 막을 올렸던 바, 예상과 달리 크게 흑자를 내는 성공적 공연을 마칠 수가 있었다.

한국 연극사상 최초로 브로드웨이의 공연계와 라이선스 계약을 체결한 박명성은 저간의 일과 관련하여 '〈더 라이프〉는 단순히 정당한 라이선스 계약의 의미만 있는 것이 아니라 한국 뮤지컬의 질적 발전의 계기가 되었다'면서, '자신은 브로드웨이와 시차 없이 하는 동시 공연에 관심을 쏟기 시작했다. 〈렌트〉〈시카고〉〈카바레〉〈키스 미 케이트〉 등 브로드웨이에서 한창 인기 절정의 작품들만 선별해 라이선스 계약을 체결해나갔다. 외환 위기 이후라 경쟁자가 거의 없었기에 국내 뮤지컬 시장의 반 이상을 신시뮤지컬컴퍼니가 책임질 정도였다'(『드림프로듀서─박명성 스페셜에디션』, 북하우스, 2019)고 회고한 바 있다. 그의 활동은 브로드웨이로 끝나지 않고 역시 뮤지컬이 번창하고 있던 영국 웨스트엔드와도 시간 격차를 줄이는 견인차 역할을 했다는 데 큰 의미가 있었다. 더욱이 그가 1999년부터 신시컴퍼니 대표를 맡으면서 역할이 더욱 신속하고 과감해지기도 했다.

따라서 1990년대 말의 뮤지컬계는 미국, 영국, 프랑스 등 수입 영역도 다변화되는 한편 라이선스 공연을 주로 하는 신시뮤지컬컴퍼니와 창작 뮤지컬에 역점을 두었던 에이콤이 양대 산맥을 이룬 것처럼 보이기도 했다. 뮤지컬계의 두 리더 중 박명성이 1999년 미국 연수 중 브로드웨이의 선진 시스템을 배워 그것을 신시뮤지컬컴퍼니에 그대로 적용, 자체적으로 선진화되어 오디션 제도를 정착시켰던 바 그 방식이 뮤지컬계 전체로 확산됨으로써 공연예술계 상당수가 시스템상으로 구태를 벗고 선진화되기도 했다.

또 한 가지 긍정적이었던 점은 한국 뮤지컬의 가능성을 인지한 미국과 영국의 전문 연출가와 무대 기술자들이 자주 내한하여 뮤지컬의 세세한 기술을 전수해주었고, 우리의 젊은 연극인들도 브로드웨이나 웨스트엔드의 현장으로 직접 연수를 가 배워옴으로써 뮤지컬이 급속도로 발전해갈 수가 있었다는 사실이다. 게다가 2000년대 들어서는 정치와 경제, 문화 등 여러 가지 긍정적 변수가 생기면서 뮤지컬계가 급속도로 확장되어가기 시작했다. 즉 1998년 김대중 대통령의 국민의정부가 들어서자마자 문화계가 크게 바뀌어가는 조짐을 보여주었는데, 그것은 곧 정부가 문화산업을 국가의 기간산업으로 끌어올리면서 문화예산도 1%로 확대한 데 따른 것이었다. 특히 국민의정부는 대중문화에 대한 지원과 일본의 대중문화 개방도 단행한 데 이어 문화 인프라 확충과 민간 자율화를 꾀함으로써 모처럼 대중문화가 활기를 띠게 된 것이다.

이처럼 정부의 개방적인 문화정책으로 말미암아 뮤지컬과 영화 등 영상예술이 활기를 띠는 호조건이 마련되기도 했다. 바로 그런 때인 2001년 여름에 설도윤 프로듀서가 모험적으로 7개월 동안 120억 원이라는 거금을 들여 제작 공연한 〈오페라의 유령〉이 예상 밖에 크게 성공(매상 192억 원)하면서 무대예술계에 뮤지컬이 중요한 문화산업의 축이 될 수 있다는 희망을 보여주었다. 그럴 수밖에 없었던 것이 평소 연극에 별 관심이 없던 일반 대중들까지 관극에 나서서 뮤지컬을 즐기는 등 시대가 요구하는 대중예술 장르로서 친숙해지기도 했다. 그만큼 〈오페라의 유령〉은 우리나라 공연문화에 새 차원을 연 아주 특별한 작품이었다. 그로부터 설도윤이라는 새로운 스타가 탄생하여 기존의 윤호진, 박명성과 함께 3대 제작자로서 뮤지컬 시장을 좌우하는 인물로 군림했고, 이듬해 설앤컴퍼니를 출범시키기도 했다.

그리고 '뮤지컬의 대중화 선도'라는 기치를 내걸고 등장한 오디뮤지컬컴퍼니는 2000년대 초반에 문제작을 여럿 무대에 올렸으며 디엠뮤지컬컴퍼니 등 건실한 단체들과 한탕 해보려는 뮤지컬 제작사들까지 속속 생겨났다. 그러나 더욱 주목할 만한 현상은 공연예술계에서 나타났는데, 그것이

다름 아닌 우리 나름의 뮤지컬을 만들어내야 한다는 자성의 꿈틀거림이었다. 즉 뮤지컬 전문가들인 정수연, 최종윤, 조용신, 배경희 등이 The Musical(2020.12)에서 좌담회를 열고 "〈오페라의 유령〉이 국내에 초연돼 크게 흥행하면서 대중적으로 생소했던 뮤지컬에 관심이 쏠렸다. 이런 분위기에 따라 우리만의 레퍼토리를 만들어야 한다는 움직임이 나타났고, 제작사들이 창작 뮤지컬 제작에 나서기 시작했다"(최종윤)고 발언했다. 특히 "언론이 국내 뮤지컬 산업의 장밋빛 미래를 점치면서 공연 관계자들은 물론이고 젊은 콘텐츠 창작자들이 뮤지컬에 관심을 보였다"(조용신)고 했다. 이러한 언론의 긍정적 관심은 기업들로 하여금 전문 극장을 짓는 등 기본 인프라 투자에 나서게끔 했다고 말할 수가 있다.

2011년 기업과 관청 등에서 새로 지은 뮤지컬 전문 극장들을 보면, 이를테면 인터파크가 한남동에 지은 1,600석의 블루스퀘어(2011년 11월 개관)를 비롯하여 대성이 신도림동에 세운 1,242석의 디큐브아트센터(2011년 9월 1일 개관), CJ엔터테인먼트가 대학로에 지은 950석의 CJ아트센터, 강동구청이 상일동에 세운 850석의 강동아트센터(2011년 9월 개관), 그리고 한국예총이 목동에 세운 1,000석의 대한민국예술인센터(2011년 7월 개관 예정) 등 서울 여러 곳에 다섯 개나 문을 열었다("하반기 서울에 대극장 5곳 개관」, 『동아일보』, 2011.5.19).

이처럼 2000년대 들어서서 뮤지컬 발전에 긍정적인 일들이 계속 발생했는데, 이를테면 기업의 후원과 정부의 지원, 그리고 활발한 공연에 따른 배우들의 기량도 일취월장해갔을 뿐만 아니라 부산 동서대학교의 뮤지컬학과 개설을 시작으로 하여 여기저기서 학과를 신설함으로써 전문 공연장 확장과 함께 인적 인프라도 급속히 풍성해져갔다. 그러나 그보다도 더 긍정적인 점은 하나의 팬덤 현상까지 나타날 정도로 젊은 여성층을 중심으로 다수의 열성 뮤지컬 팬그룹이 형성된 점이라 하겠다. 솔직히 뮤지컬은 우리 만족의 성향에 맞는 예술 장르라고 말할 수가 있다. 중국 고문헌『위지동이전』

에 보면 조선족은 몇 명만 모이면 술을 마시고 춤추고 노래한다고 기록되어 있을 정도다. 이런 DNA를 가져서인지는 몰라도 전 시대에는 가무가 중심이 되어 있는 무속도 크게 번창한 바 있었다.

여하튼 여성층을 중심으로 한 팬덤의 바람을 타고 창작 뮤지컬도 많이 생산되었던 바 〈바람의 나라〉〈빨래〉〈오! 당신이 잠든 사이〉〈김종욱 찾기〉 등이 중소극장에서 그들을 끌어들였다. 물론 전술한 바처럼 대형 창작 뮤지컬은 일찍부터 예그린악단의 후예들과 현대극장, 서울예술단 그리고 에이콤도 꾸준히 시도해왔다. 그러나 2000년대 들어서 생겨난 젊은 층 주도의 창작 뮤지컬은 온전히 중소형 무대용이 주류를 이루고 있었다.

전자가 대체로 메시지가 강한 역사물이 주조를 이룬다고 한다면 후자는 사회와 인생을 진솔하게 묘사한 것이 특징이라 볼 수가 있다. 그리하여 뮤지컬계는 자연스럽게 대극장의 라이선스 공연과 중소극장의 창작 뮤지컬 공연으로 양분 또는 병존하는 모습을 보여주는 형세를 이루었다. 그리하여 인기작 한 작품으로 백억 원의 흑자를 낼 만큼 뮤지컬이 상업적으로 안착하기도 했다. 조승우가 주연한 〈지킬 앤 하이드〉가 바로 그런 작품이었다. 당시 『조선일보』는 2011년 5월 10일 자 기사에서 '10일부터 8월 말까지 잠실 샤롯데씨어터에서 4개월 연장 공연에 돌입한 〈지킬 앤 하이드〉는 지난 8일 기준으로 매출액 190억 원을 올렸다. 출연료, 대관료, 장치비 등 이날까지 든 제작비는 80억 원, 해외 저작권자에게 주어야 할 로열티와 예매처 수수료 등을 빼도 폐막될 때는 약 100억 원 이상의 수익을 낼 것'이라고 했다. 참으로 빈곤했던 우리 공연계에서는 하나의 놀라운 사건(?)이라고 말할 수가 있을 것 같다. 이는 그만큼 우리의 뮤지컬 시장이 커졌다는 이야기다. 당시 대략 2천억 원을 상회하는 것으로 추정되기도 했다.

인기작들은 지방 순회공연을 다녔고, 지방의 유수 기업이나 지역 방송국이 주로 협찬했는데, 이들은 대체로 홍보 선전을 맡아 하는 것이 특징이었다. 뮤지컬 팬덤 현상은 지방으로도 확산되어 가는 곳마다 서울 못지않을 정도로 열성팬이 많았다. 그만큼 뮤지컬은 이제 중앙과 지방이 별 다름없을 정도로 대중화되었다고 말할 수가 있다.

그런데 한 가지 기이한 현상은 지방에서는 관객이 많음에도 불구하고 정극과는 달리 뮤지컬 전문 극단이나 제작사가 생겨나지 않는다는 사실이다. 그러자 대구에서 평생 연극운동을 해온 연출가 이필동(李必東)이 앞장서서 2007년도에 대구국제뮤지컬페스티벌(DIMF)을 만들었다. 이필동은 부산국제영화제가 부산의 브랜드가 되었듯이 뮤지컬을 통하여 전통 깊은 대구를 공연 중심 도시로 키우는 것이 궁극적 목표라고 했다. 대구시의 전폭적인 지원하에 시작된 페스티벌은 매우 성공적이었다. 그로부터 뮤지컬 바람은 서울과 대구가 큰 축을 이루면서 중앙과 지방이 조금씩 균형을 잡아가는 과정으로 보이기도 했다.

한국 뮤지컬의 발전과 자신감은 엉뚱한 곳에서 터졌다. 다름 아닌 뉴욕의 링컨센터에서였다. 에이콤이 2009년에 야심적으로 제작하여 우리 관객들에게 깊은 인상을 남긴 바 있는 대작 뮤지컬 〈영웅〉을 윤호진이 브로드웨이로 가져간 것이다. 실제로 〈명성황후〉의 후속편으로 만든 〈영웅〉을 링컨센터에서 13년 만에 또다시 선보이는 이유와 관련하여 극단 대표 겸 예술감독 윤호진은 '영웅담을 부각시키기보다 인류가 공존하고 평화롭게 살 수 있는 해답을 던지고 싶어서였다'(『조선일보』 2011.8.3)고 했다. 링컨센터 공연 날짜를 UN의 날로 정한 점에서 윤호진의 메시지가 매우 현실적으로 비쳤으며 9·11테러의 잔영이 아직도 짙게 남아 있는 뉴욕 시민들을 안심시키는 효과도 감안했다는 점에서 그가 글로벌한 생각을 가졌음을 보여준다고 하겠다. 다행히 관객의 반응이 비교적 좋은 편이어서 가장 민족적인 창작물을 들고 본고장에 계속 돌진하는 윤호진의 도전이 무모한 것만은 아니지 싶다.

이러한 윤호진의 도전도 실은 국내의 뮤지컬 활성화가 뒷받침되지 않았다면 불가능했을 것이다. 아니나 다를까, 2012년은 연초부터 뮤지컬 붐을 예상할 정도로 외국 명문 뮤지컬 단체로부터 국내 제작사들까지 여러 개의 작품을 내걸고 나왔다. 가령 프랑스 오리지널 팀이 1월 19일부터 세종문화회관 대극장에서 〈노트르담 드 파리〉를 공연한 것을 시작으로 하여 27일부터는 잠실의 샤롯데씨어터에서 오디뮤지컬컴퍼니가 호주 제작사와 합작으로 〈닥터 지바고〉를 6월 초까지 공연했으며 2월 9일부터는 한남동 블루스퀘어 삼성전자홀에서 오스트리아 뮤지컬 〈엘리자벳〉이 김준수, 옥주현 등을 내세워 국내 초연되었다. 지방 뮤지컬의 본거지라 할 대구의 계명아트센터에서도 프랑스 뮤지컬 〈모차르트 오페라 락〉이 초연되어 서울과 대결을 벌이겠다고 벼르기도 했다. 이처럼 유럽 뮤지컬이 판세를 좌우하자 브로드웨이에서 9년째 흥행 1위를 달리고 있는 〈위키드〉도 호주 제작팀을 구성하여 5월 말서부터 블루스퀘어 삼성전자홀에서 공연을 시작했다.

외국의 저명한 뮤지컬 팀들이 한국에 진출하는 것은 뮤지컬 시장이 확실하게 형성되었음을 의미하는 것이다. 그렇다고 해서 외국 뮤지컬 팀들이 무대를 완전히 장악한 것은 아니고 국내 대소 제작사들도 인기작을 만들어 재미를 톡톡히 보았다. 그만큼 전문 공연장, 인적 인프라 확대 등 우리의 뮤지컬계의 하드웨어가 손색없게 갖추어지면서 소프트웨어 경쟁이 벌어지는 양상의 춘추전국시대가 전개되고 있었다.

뮤지컬이 전성기를 향해 질주하고 있을 때였지만 정극은 죽지 못해 사는 것처럼 어렵게 명맥을 이어가고 있었다. 즉 연극평론가협회와 소극장협회 주최의 토론회에서 한 발표자는 '2만 원 티켓 팔면 수입 6천 원, 대관료는 오르는데 지원은 줄어든다. 이러다간 민간 극단은 고사(枯死)하고 말 것'이라고 한숨지었고, 극단 풍경을 운영하고 있는 중견 연출가 박정희는 '창단 10년 차 쌓인 빚이 1억'이라고 한탄하면서 극단 재정을 휘청거리게 하는 주범은 대관료라고 했다(『조선일보』, 2012.9.6). 따라서 연극인들의 수입 또한 생존을 위협하는 수준이었다. 대학로에서 평균 8년 차 연극인이 연간 4, 5편 제작에 참여하여 작품당 평균 151만 원을 받으므로 결국 연간 수입은 고작 6~700만 원 정도가 되는 셈이다. 그렇다면 매월 5~60만 원 버는 셈이므로 연극은 직업이 될 수가 없는 것이다. 연극인들의 연령별로는 20대와 30대의 비율이 42.2% 대 45.3%였으며 미혼이 82%였다(『동아일보』, 2012.2.9).

국민소득 2만 달러를 넘는 시절의 연극인들이 국민소득 70달러 시절의 연극인들보다 별로 낮지 않은 대우를 받는다면 이는 참으로 이상한 현상이 아닐 수 없다. 반면에 같은 시절 같은 땅에서 뮤지컬 배우들은 주연급의 경우 한 작품 출연으로 수억 대의 거금을 받고 있으니 이 또한 특이한 현상이 아닐 수 없다. 이는 사실 상업극으로 자리 잡은 뮤지컬과 영원히 아마추어 같은 정극의 차이라고만 보아 넘기기에는 아쉬움이 남는다. 그만큼 2000년대 우리 공연예술계는 뮤지컬 시대의 강한 빛 못지않게 정극에는 어두운 그림자가 드리워져 있었다.

더욱이 뮤지컬 제작자들이 인기 있는 연예인들을 거액의 개런티로 섭외하면서 티켓 값이 정극의 5~6배 정도인 15만 원까지 올라 뮤지컬계에 거품이 끼었다며 내홍을 겪기도 했다. 그러자 에이콤의 대표 윤호진이 업계의 저항에도 불구하고 소위 '티켓 혁명'(?)에 나섰던 바, 자신이 제작한 〈영웅〉의 표 값을 귀빈석 5만 원, 일반석 3만 원으로 정하는 가격 파괴에 솔선수범을 보여주었다. 그러니까 그는 '비싼 표 값으로 기획사까지 먹여살리느니, 유명하지 않더라도 실력 있는 배우를 과감히 기용해서 작품을 보고 관객이 찾게 하겠다'(「뮤지컬 티켓혁명」, 『조선일보』, 2012.9.14)는 것이었다. 윤호진의 티켓 혁명 운동은 지나치게 거품이 낀 뮤지컬계를 자성케 하고 정화시키는 계기를 만들려는 점에서 의미가 있었지만 업계의 예상대로 '찻잔 속의 태풍'으로 끝나고 말았다.

여하튼 2012년도의 뮤지컬계는 그 어느 해보다도 흥행 성적이 좋았다. 가령 라이선스 뮤지컬이라 할 〈위키드〉를 비롯하여 〈맨 오브 라만차〉〈잭더 리퍼〉, 그리고 〈시카고〉 등이 분기점을 찍고 승승장구하는 데 비해 창작 뮤지컬들인 〈번지점프를 하다〉 등은 저조한 편이었다. 그런데 그 당시 흥행이 잘 된 원인은 물론 좋은 작품들이 많기도 했지만 4~50대 관객이 초연 때

14.2%에서 그해에는 19.3%로서 단번에 5%나 증가한 것도 한 가지 요인이 된 듯싶다(『동아일보』 2012.9.27).

뮤지컬의 전성기를 맞아 창작 뮤지컬도 한몫했는데, 대부분의 작품들이 현실과 동떨어진 아주 오래전의 역사에서 소재를 건져 올리고 있는 것은 아무래도 바람직한 현상은 아니었다. 그와 관련하여 『동아일보』의 한 기사는 '올해 창작 뮤지컬계에 사극 바람이 거세다. 신라시대 남자 기생을 주인공으로 내세운 〈풍월주〉, 조선 세종대왕과 장영실의 이야기를 다룬 〈천상시계〉, 신라시대 승려 원효와 의상을 다룬 〈쌍화별곡〉 3편이 이미 공연됐다. 서동요를 소재로 한 〈밀당의 탄생〉, 이순신을 코믹하게 그린 〈영웅을 기다리며〉, 개성 강한 다섯 화랑의 성장기인 〈화랑〉, 독특한 스타일의 〈왕세자 실종사건〉 등은 최근 재공연에 들어갔다. 26일 개막하는 〈삼천-망국의 꽃〉은 백제 말기 의자왕과 궁녀이야기를 다룬 작품'(김성규 기자, 「대학로뮤지컬 사풍이 휩쓴다」, 『동아일보』, 2012.10.11)이라고 정리했다.

그 당시 대학로의 풍경만 그런 것은 아니었고, 그동안 우리 연극사에서 창작극의 주류는 역사를 빌려 현실을 고발하고 비판하는 사극이었다. 따라서 창작 뮤지컬도 자연스럽게 사극이 상당 부분을 이루고 있었는데, 이때의 경향은 이들이 역사를 마구잡이로 비틀어서 젊은 세대의 취향에 맞도록 하거나 여성들의 팬심을 자극하려는 데 주안점을 두는 데 문제가 있었다.

그런 상황에서도 뮤지컬계는 긍정적으로 발전하고 있었고, 해외 진출도 잦은 가운데 드디어 일본에 거점을 마련하는 쾌거(?)도 있었다. 알다시피 일본 뮤지컬계는 연간 1조 원 대의 아시아 최대 시장으로서 규모상으로는 미국 브로드웨이, 영국 웨스트엔드 등과 함께 세계 3대 시장이다. 그러나 라이선스 뮤지컬이 절대적 자리를 차지하고 있어서 창작 뮤지컬이 솟아나지 못하는 약점을 지니고 있었다.

따라서 이따금 찾는 한국의 소규모 창작 뮤지컬이 일본 관객들을 자극하고 있었던 바, 드디어 2012년 하순에 도쿄의 청담동이라는 롯본기에 한국 뮤지컬 전용 극장이 생긴다는 이야기가 있었다. 그러니까 이따금 공연을 가는 한국의 창작 뮤지컬이 일본 관객들에게 브로드웨이 뮤지컬에 없는 일상적인 캐릭터, 서정적인 이야기, 섬세한 무대 연출이 아기자기한 재미를 준다는 것이다(「지르고 터트리는 힘… 한국 뮤지컬 일본 중심에 서다」, 『조선일보』, 2012.11.12.). 가령 한국 뮤지컬을 관극한 아사이TV 관계자가 '일본 뮤지컬이 도저히 못 따라갈 경지'라고 말한 것이나 일본 공연 관계자들까지 '한국작품의 힘에 무릎을 꿇었다'고 찬탄한 것이야말로 한국 뮤지컬 전용 극장 개설 논의의 배경이 아닌가 싶다.

이처럼 2012년부터 우리의 뮤지컬은 전성기를 향해 치닫는 듯 유명 작품들이 경쟁적으로 관객을 부르고 있었다. 2013년 겨울의 뮤지컬 시즌만 보더라도 〈맘마미아〉를 비롯하여 〈위키드〉 〈고스트〉 〈카르멘〉, 그리고 〈맨 오브 라만차〉 등 5대 뮤지컬이 인기 있는 주연 배우들을 동원하여 관객을 유혹하고 있었다. 그러나 세월호 참사로 정치사회적 소용돌이가 벌어지고 경제에도 그 영향이 미침과 동시에 뮤지컬계도 그 여파로 공연 취소와 연기가 잇따르는 등 일대 소동이 야기되었다.

그런데 흥미로운 사실은 세월호 사건으로 피해를 본 뮤지컬 제작사는 대체로 영세업자들이었다는 점이다. 왜냐하면 시장이 얼어붙으면서 투자자들은 자연스럽게 안정적인 대작으로 마음이 쏠릴 수밖에 없었고, 따라서 가뜩이나 힘겨운 경쟁을 하고 있던 소형 뮤지컬이나 창작 뮤지컬 단체들이 뜻밖의 된서리를 맞게 된 것이다(「뮤지컬시장 찬바람」, 『서울경제신문』, 2014.6.18).

물론 대형 단체들도 전혀 여파가 없다고는 말할 수가 없다. 왜냐하면 그동안 뮤지컬이 너무 방만해져서 좁은 시장에서는 생존하기 어려울 만큼 경영상 과부하가 쌓였기 때문이다. 특히 한정된 유명 연예인들을 서로 끌어가려고 출연료가 천정부지로 치솟아서 웬만한 제작사는 스스로 문을 닫는 지경에까지 다다랐다. 그런 상황에서 세월호 사태를 맞으면서 뮤지컬계가 모래성처럼 힘없이 무너져 내리기 시작했다. 그 첫 번째 증상은 공연 중 출연료 미지급에 따른 배우의 무단 이탈과 공연 중단 사태였다. 예를 들어 2014년 7월 30일 국립극장 해오름극장에서 공연 중이던 비오엠코리아 제작의 〈두 도시 이야기〉를 공연 몇 분 전에 세 배우의 출연 거부로 막을 못 올린 사건이 있었다. 그와 관련하여 한 제작사 대표는 '관객을 볼모로 있을 수 없는 일이 벌어졌다. 일차적인 책임은 제작사에 있지만 공연을 거부한 배우와 스태프도 책임을 면키 어렵다. 더 걱정스러운 건 이런 일이 또 벌어지지 않으리라는 보장이 없다는 것'(「뮤지컬계 시한폭탄 터졌다」, 『동아일보』, 2014.7.31)이라 했다.

별반 준비 없이 타성적으로 활동해온 뮤지컬 제작사들은 결국 관객을 많이 동원해야 살아남을 수 있다는 절박한 생각으로 여러 가지 묘안을 짜내는 가운데, 개막 전 미리 관객을 끌어들여 충성 고객을 확보하려는 아이디어 싸움이 날로 치열해져갔다. CJ E&M은 뮤지컬 〈킹키부츠〉 개막 하루 전 최종 리허설을 관객에게 공개하는 행사를 했고, 이에 착안한 BC카드사는 몇몇 제작사들과 제휴를 통하여 'BC쇼케이스'라는 명목으로 고객들에게 싼값의 관람 기회를 제공하기도 했다. 또 다른 형태로는 개막 전 작품 이름을 내건 콘서트를 열기도 했다. 그러니까 대형 라이선스 뮤지컬 말고도 홍보 범위가 넓지 않은 소형 창작 뮤지컬 초연 작품도 탄탄한 배우와 음악을 앞세워 개막 전 이들을 순차적으로 우선 공개하는 방식으로 관객의 환심을 사려는 노력을 한 것이다(『서울경제신문』 2014.10.24). 이처럼 비정상적으로 뮤지컬 사전 마케팅 바람이 거세게 불고 있었다. 그런데 더 특이한 일은 주연배우들이 팬들에게 직접 손편지까지 쓴 점이라 하겠다.

뮤지컬 평론가 원종원은 그와 관련하여 '국내에서 뮤지컬 등이 여전히 고급 장르로 인식되고 있어 마치 백화점이 고객 관리하는 듯한 마케팅을 한다'며 '공연산업이 대중화된 영국 웨스트엔드나 미국 브로드웨이에선 찾아볼 수 없는 현상'(『동아일보』, 2015.3.9)이라고 꼬집기도 했다.

이처럼 잘 나가던 뮤지컬계는 갑자기 큰 시련기를 맞았다. 『조선일보』 유석재 기자가 쓴「그들만의 뮤지컬 세상」이란 칼럼에 보면 이 좁은 시장에서 한 해 공연되는 뮤지컬이 재공연을 합쳐 2,500편이고, 1990년대의 1천억에서 3배가 늘어난 3천억 원의 시장이 되었지만 관객의 90%가 2, 30대 여성층으로 구성된 기형적 구조다. 그래서 제작사들도 이들의 취향에 맞는 작품들이라 할 〈엘리자벳〉〈황태자 루돌프〉〈모차르트〉〈두 도시 이야기〉〈삼총사〉〈태양왕〉〈드라큘라〉 등을 선호했는데, 이들은 순정만화의 주무대인 근세 유럽의 화려한 장소를 배경으로 하고 있으며 창작 뮤지컬도 로맨틱 코미디물이 주류다. 그러면서 제작사들은 매출을 올리려고 비싼 해외 작품들만을 들여와서 개런티가 천정부지로 높은 스타를 기용하다 보니 자연스럽게 표 값이 높아질 수밖에 없다고 했다(『조선일보』 2014.8.14). 그는 바로 이러한 구조적 병폐가 뮤지컬의 발전을 가로막는다고 본 것이다.

이러한 증상은 2015년 들어서서는 더욱더 심해졌다. 제작사들이 경영난을 겪기 시작하여 도산한 단체도 여럿 있었으며 대형 제작사들도 휘청거리기는 마찬가지였다. 가령 인기 있는 제작사라 할 오디뮤지컬컴퍼니의 경우를 볼 때, 2014년에 총수입 153억을 올렸지만 출연료를 비롯한 매출 원가 126억 원과 판매 관리비 등을 떼면 영업이익은 15억 원에 불과했다. 여기에 각종 이자와 투자 손실금액이 더해져 31억 8,500만 원의 당기 순손실이 난 것이다. 설앤컴퍼니의 경우도 보면 총 270억 원의 매출을 냈지만 매출 원가로만 281억 원이 빠져나갔고, 기타 비용 25억 원이 추가돼 영업손실을 기록했다. 또 하나의 예로서 EMK뮤지컬컴퍼니가 라이선스 뮤지컬 〈레베카〉를 국내 초연하여 이른바 대박을 터트려서 제작비 49억 원에 매출 70억 원을 올렸지만 배우 개런티와 대관료 등 제작비를 빼고 겨우 1억 원을 손에 쥐었다. 당시 백여 개의 제작사들 중 빚 없는 제작사는 손에 꼽을 정도고 투자금으로 부채 갚는 것도 예사였다. 그러니까 원종원 평론가의 말대로 '다수의 제작사가 매년 손실을 보고 있지만 국내 뮤지컬 제작 편수는 점점 늘어나고 있으며 부채 상환을 위해 작품을 올리고 손해를 보면서도 다시 공연

하는 악순환이 반복되고 있었던 것이다.'(『서울경제신문』 2015.5.22)

　그렇기 때문에 장기 공연이야말로 제작사들의 살 길 중의 한 가지였는데, 그 여건마저 녹록지 않았다는 데 문제가 있었다. 실제로 극장은 많지만 뮤지컬 공연장으로서 가장 적합한 극장은 블루스퀘어 삼성전자홀, LG아트센터, 서울 예술의전당 등 몇 개에 집중되어 있어 어느 한 제작사에만 장기 대여할 수도 없는 처지였다. 따라서 3개월 정도로는 만석을 해도 제작비를 빼고 이윤을 내기가 불가능했다. 또 한 가지는 관객이 제한되어 있다는 점이다. 브로드웨이나 웨스트엔드 등은 관광객들이 많아 장기 공연에 별 지장이 없다. 가령 문화관광연구원의 2010년도 관객 조사에 따르면 한국은 뮤지컬 관객이 530만 명이었던 데 반해 같은 기간 브로드웨이는 관광객만 710만 명이었다고 한다.

　게다가 2001년 〈오페라의 유령〉이 성공하면서 해마다 12%씩 제작사가 증가하면서 과부하에 따른 부작용이 일어날 수밖에 없었다. 그래서 제작사들이 부도를 내거나 공연 연기나 취소 같은 불상사가 심심찮게 발생하곤 했다. 뮤지컬 운동의 선도자 중 한 사람인 에이콤 대표 윤호진은 뮤지컬 산업의 위기에 대하여 단순히 곪은 상처가 터진 것이라기보다는 제자리를 찾아가는 과정이라면서 '과도하게 커진 뮤지컬시장이 구조조정 되는 과정으로서 질 좋은 작품을 내놓고 관객 입장을 한 번이라도 더 생각하는 제작사가 살아남을 것'이라고 했다(「덩치만 커진 3000억 뮤지컬 시장」, 『조선일보』, 2014.8.1).

　비언어극 〈난타〉를 갖고 세계를 누비기도 했던 송승환은 성장 규모에 비해 공급 과잉에다가 세월호 사태의 타격이 더해져 최악의 해를 맞았다며 특히 경쟁이 치열해지면서 고가의 스타배우를 캐스팅하면서 감당키 어려울 만큼의 제작비 상승이 가장 큰 문제라 했다. 사실 회당 천만 원을 지불해야 하는 경우 한 배우에게 한 달이면 3억 원이 필요하고 1년이면 30억 원을 지불해야 하는데, 영세한 제작사들이 감당할 수가 있겠는가. 그렇기 때문에 스타배우들이 스스로 개런티를 낮추고 창작 뮤지컬에도 출연하는 등 시장의 자정 노력에도 협조해야 한다고 했다. 그리고 정부의 지원 방식도 직접 지원은 자생력을 잃게 할 수 있으므로 공연 티켓에 대한 연말정산의 혜택, 라이선스 뮤지컬에 붙는 10% 부가세 감면 방식으로 전환하면 시장 발전에 좋을 것이라고 했다. 그러나 더 근본적으로는 비좁은 시장에서 벗어나 해외로 진출해야만 살아 남을 수 있다고 보았다. 끝으로 그는 국공립극장에서 얼마간 창작품을 올리는 '스테이지 쿼터제'의 시행과 뮤지컬 전문 인력(작가, 작곡가) 양성을 위한 아카데미 활성화 등으로 양질의 콘텐츠를 만들어야 한다고도 했다(『서울경제신문』, 2014.7.24). 이는 매우 옳은 지적이고 방향 제시라고 말할 수가 있다.

이처럼 2014년 여름, 갑자기 세월호 사태가 벌어지면서 사회 전체가 자성하는 분위기가 조성되었고 뮤지컬계 역시 그동안 쌓였던 문제들이 한꺼번에 터져 나오는 진통기를 맞았다. 그렇다고 해서 뮤지컬계가 절망스러운 것만은 아니었다. 가령 최승연은 그의 글에서 소극장 뮤지컬이 정착되었고, 로맨틱 코미디물이 성행하면서 MZ세대 여성 관객들을 뮤지컬 마니아로 정착시켰다면서 〈오! 해피데이〉 〈뮤직 인 마이 하트〉 〈폴 인 러브〉 〈프로포즈〉 〈컨페션〉 〈김종욱 찾기〉, 그리고 〈싱글즈〉 등의 작품들이 바로 그런 경향의 작품들이라 했다. 또 한 가지 긍정적인 면은 소극장 뮤지컬이 전통의 현대화를 비롯하여 추리뮤지컬, 댄스뮤지컬, 콘서트뮤지컬 등 새로운 소재와 다변화된 표현 방법을 실험하는 장이 되고 있다고도 했다(최승연, 「문화산업의 시대와 뮤지컬의 발전」, 『한국현대연극100년』, 연극과인간, 2008). 솔직히 이러한 소극장 뮤지컬의 흐름은 서양 뮤지컬의 홍수 속에서 우리 뮤지컬이 견고하게 기반을 다져가는 과정이어서 매우 희망적인 자세라 하겠다.

뮤지컬계가 어수선한 분위기 속에서 2015년에는 박명성과 윤호진 두 스타 제작자가 또다시 희망적인 메시지를 던지고 나왔다. 라이선스 뮤지컬을 주도해온 박명성의 신시컴퍼니는 어려움 속에서도 우리 민족의 고단한 삶을 묘사한 조정래의 대하소설 『아리랑』을 원작으로 물경 50억 원을 들여 만든 뮤지컬 〈아리랑〉이 7월 16일부터 LG아트센터에서 공연에 들어갔고, 윤호진의 에이콤은 〈영웅〉을 갖고 그 만주 현장으로 달려갔다. 광복 70주년, 안 의사 순국 105년, 그리고 하얼빈시 안중근기념관 개관 1주년을 맞아 시의 초청을 받은 에이콤의 창작 뮤지컬 〈영웅〉이 2월 7, 8일 이틀간 그곳 최대 극장인 환추극장(1,600석)에서 성황리에 막을 올린 것이다. 영하 22도의 눈 내리는 겨울날임에도 불구하고 880위안(한화 15만 원)의 비싼 표를 사기 위해 길게 줄까지 설 정도로 인기가 높았던 〈영웅〉에 대하여 하얼빈시 부비서장(劉興明)은 '예술적 · 문화적 · 역사적으로 훌륭한 작품'이라 상찬했고, 어느 교사는 '배우들의 열정이 대단했다. 이렇게 수준 높은 뮤지컬은 처음 본다'고 감탄했는데, 이틀 동안 4,600명이 몰린 뜨거운 반응에서도 그 점은 증명되었다(『조선일보』 2015.2.9).

여기서 또 한 가지 부연해야 할 것은 〈영웅〉이 중국 진출의 교두보를 마련하는 단초를 마련한 것이지만 실제로 하얼빈시가 에이콤 측에 〈영웅〉의 중국 현지화 공연을 제안한 바도 있었다는 사실이다. 2개의 팀을 만들어 한 팀은 하얼빈 내 상설공연을, 다른 팀은 중국 전역 투어 공연을 한다는 것이 그들의 구상이었다(『동아일보』 2015.2.9). 그 멋진 구상도 체제가 다른 국가 간에는 여러 가지 거쳐야 될 복잡한 사정이 있었기에 실현되지는 않았지만 우리나라 뮤지컬이 아시아에서는 충분히 통할 수 있다는 것을 보여준 경우여서 큰 의미가 있었다.

이상과 같이 2010년대 중반의 뮤지컬계는 내외적인 충격으로 시련과 자정(自淨)의 과정도 거쳤지만 거기서 주저앉지 않고 미래를 향해서 완만하나마 앞으로 나아가고 있었다. 그리하여 2010년대 후반 들어서는 전문 공연장과 시설 등 물적 인프라와 전문 배우만도 1,500명이나 되는 인적 인프라도 견고한 편이다(물론 전문 극작가와 연출가는 부족하지만). 그리하여 뮤지컬계는 100여 개의 제작사가 연간 500여 편의 작품을 3천여 회 무대에 올림으로써 연인원 800만 명 정도의 관객이 동원되고 대략 3,500억 원의 큰 시장을 만들어내는 아시아의 주요 뮤지컬 시장이 되었다. 적어도 외형적으로 보아서는 우리나라가 대단히 풍성한 뮤지컬 시장이다. 그러나 그렇게 많은 공연 작품들 중 성공하는 확률은 고작 5% 안팎이라는 데 문제가 있긴 하다. 그러다가 2019년 2월 뜻밖에 코로나 전염병을 만나면서 많은 제작비를 들여 공연 준비를 하고 있던, 또는 공연 중이던 뮤지컬 제작사들이 갑자기 된서리를 맞고 빚더미에 앉게 된 경우가 적지 않다.

그렇다면 앞으로 뮤지컬계는 어떻게 대처해야 할 것인가? 우선 뮤지컬계가 그동안 자정 노력을 제대로 하지 못했던 만큼 구조조정을 제대로 해야 할 것이다. 그런 다음에 창작 뮤지컬을 집중적으로 육성할 필요가 있다. 우리 뮤지컬 역사 60년사를 맞아 한국형 뮤지컬이 탄생될 때가 된 것이다. 더욱이 창작 뮤지컬 마니아층까지 형성된 만큼 이제는 정부가 나서서 창작 뮤지컬 육성에 집중지원을 해야 한다. 그래야만 브로드웨이나 웨스트엔드의 대형 뮤지컬과 차별화를 꾀하면서 해외 진출을 할 수가 있다.

일찍이 우리 영화를 개척한 춘사 나운규(羅雲奎)는 이미 한 세기 전인 1937년 중병으로 작고 직전 월간지 『삼천리』에 쓴 글에서 '그들을 위하여서라도 조선 영화를 어느 수준까지 끌어올려서 완전한 시장을 얻고 싶다. 상품으로서 이 조선 내 시장으로서는 조선 영화의 장래도 현재도 없다'고 외친 바 있다. 초창기에 〈아리랑〉이라는 탁월한 영화를 만들었음에도 단명했던 나운규도 일찍이 이 좁은 조선 시장 내에서는 영화가 성공할 수 없다는 것을 깨달았다.

실제로 오늘날 한국 영화와 방송 드라마는 외국에서 상당한 인기를 끌고 있으며 BTS와 〈오징어게임〉 등을 중심으로 한 한류는 세계인들을 열광시키고 있지 않은가. 뮤지컬도 그동안 몇몇 사례에서 그 가능성을 예시하고 있다. 가령 2012년도에 소규모 창작 뮤지컬로 일본 관객들을 열광시킴으로써 롯본기에 전용 극장까지 두려 했던 경우라든가 2015년 겨울에 하얼빈시 초청으로 환추극장에서 공연하여 수천 명 중국 관객들의 환호를 받은 에이콤의 창작 뮤지컬 〈영웅〉(윤호진 연출)에 대하여 하얼빈시 상설공연까지 제안받았던 일이야말로 그 가능성을 잘 보여주는 좋은 예라 말할 수가 있다. 바로 그 점에서 뮤지컬 제작사들은 역내 경쟁에 머물지 말고 정부와 기업의 협조를 얻어 해외 진출을 위해서라도 우수한 창작 뮤지컬 작품 창조에 매진해야 할 때라고 생각한다.

# 에필로그

시작이 좋아야 끝이 좋다는 말이 있다. 이런 경우를 우리의 20세기 연극 발전에 대입시켜보면 오늘의 우리 연극이 타 예술 장르에 비해서 낙후된 이유를 어느 정도 알 수 있지 않을까 싶다. 사실 지나간 역사를 되돌아보면 우리 민족은 놀이(연극)를 유난히 좋아했음을 확인할 수 있다. 각종 잡기는 문자가 생겨나기 이전부터 활발했었고, 굿놀이에서부터 가면극, 인형극, 판소리, 소학지희, 그림자극 등은 대중의 공연예술로서 생활을 윤택하게 만들어준 최고의 문화 양식이었다. 그럼에도 불구하고 이런 유형의 연희 형태를 천민의 예능으로 폄하 소외 박대해온 것이 사실이다. 이는 아무래도 유교문화와 관련이 있는 것이고 그런 잔영은 오늘까지도 짙게 남아 있다.

고전문예 분야에서 볼 때 연극은 회화와 음악, 문학 분야 등에 비하여 질과 양의 면에서 현격하게 뒤지는 이유도 바로 그러한 놀이 천시 사상과 무관치 않다. 그 결과 연극 분야에 탁월한 인재들이 뛰어들지 않는 분위기가 조성되었고, 그런 분위기는 20세기가 시작되는 개화기에도 예외일 수가 없었다. 즉 문학만 하더라도 육당 최남선이라든가 이광수 등이 나타나서 시 문학을 주도했지만, 연극의 경우는 전통극을 그대로 전수하거나 아니면 창극처럼 변형된 양식이 탄생되는 정도였고, 일본의 저질 신파극을 비판 없이 수용하는 수준이었다. 소위 신문예를 주도한 육당이라든가 춘원 등을 보면 모두가 일본 유학생인 데다가 지적으로도 뛰어난 인물들이었다. 반면에 명창들은 오직 판소리 외에는 모르는 외골수의 예능인이었고 신파극을 시작한 임성구는 초등교육 정도만 받은 범용한 인물이었다. 지적 능력을 갖춘 연극인은 겨우 3·1운동이 지나고 나서야 등장했다.

연극은 여타 예술장르와는 본질적으로 다른 종합예술 형태란 점에서 환경의 영향을 절대적으로 받아야 되는 숙명을 지닌다. 즉 연극은 회화나 문학 등과 같이 개인 작업으로 끝날 수 없고 작가, 연출가, 배우, 무대미술가, 조명, 음향 전문가 등 성격이 다른 사람들이 극장이라는 창조 공간에 모여서 만들어내는 합동 작품이다. 바로 그 점에서 연극은 어쩌면 풍요하고 자유스런 사회에서나 융성할 수 있는 예술 양식이라 말할 수 있는 것이다. 이러한 전제하에서 20세기 우리 연극을 되돌아볼 때 대단히 어려울 수밖에 없었다. 19세기 말부터 국운이 쇠하자 일본제국주의가 침략해옴으로써 이 땅에는 빈곤과 억압만이 존재했기 때문이다. 이처럼 연극이 융성할 수 있는 기본 환경이 송두리째 없어진 데다가 탁월한 인재마저 외면함으로써 연극은 처음부터 낙후를 면할 수가 없었다.

다행히 문화에 일가견이 있었던 판소리 애호가 고종 황제가 극장(협률사와 광무대)을 개설토록 함으로써 전통 공연예술이 현대에 계승될 수 있었으며, 동시에 근대극이 싹틀 수도 있었다. 그러나 1910년대까지만 해도 뛰어난 연극 인재가 등장하지 않았기 때문에 우리 연극은 시대에 걸맞는 예술 양식을 창출하지 못했다. 다만 박승필(朴承弼)이라는 극장 경영자가 등장하여 쇠퇴 일로에 있던 전통극과 국악을 건강하게 계승시켰던 것이다. 그는 연극사상 최초로 극장의 효율적 경영 방식을 선보였고, 신문화에 밀려서 어려움에 처했던 전통 공연예술을 애국심으로 지켰다는 점에서 주목받을 만하다.

연극의 신기운은 1919년 3·1운동이 일어난 뒤부터였다. 현철이라든가 김우진, 박승희 등과 같은 선각자들이 시대 조류를 타고 등장하여 새로운 형태의 연극과 연극이론을 소개하고 또 실험도 함으로써 연극계도 세계 인식을 조금씩 하기 시작했다. 이때 선구자들은 이 땅에 걸맞은 새로운 형태의 연극이 무엇이며, 또 그것을 어떻게 이식할 것인가에 대해 고뇌하면서 하나하나 실천에 옮긴 바 있다. 가령 현철은 서구 근대극을 이 땅에 소개하면서 인재 양성에 힘을 기울였고, 김우진은 대단히 앞서가는 연극 사조를 창작으로 실험했으며, 박승희는 극단 운동으로 연극계를 변화시키려 했다. 세 사람의 운동가는 모두 현실의 벽에 부닥쳐서 좌절했지만 그들이 뿌린 근대극의 태아는 1930년대에 와서 극예술연구회로 싹이 돋았고, 연극을 운동으로 해야 한다는 강한 메시지도 무언으로 남겨 주었다.

이 시기에 특히 주목해야 될 것은 소위 사실주의극을 추구하는 유치진 등 일군의 본격 극작가들의 등장과 홍해성을 서두로 한 본격 연출가들이 연극계를 이끌기 시작한 점이며, 동양극장이 개관함으로써 황철 등 좋은 직업배우들이 대중 속에서 호흡한 점이라 하겠다. 다른 한편으로는 문단의 카프 조직과 함께 사회주의 이념극을 추구하던 일군의 연극인들이 동양극장을 중심으로 한 대중극 붐 속에 함몰되기도 했다. 여기서 극장의 위력이 얼마나 컸던가도 나타나는데, 만약 동양극장이라는 연극 전용 극장이 없었다면 일제의 탄압만으로 사회주의 이념극이 그렇게 쉽게 소멸될 수가 있었겠는가.

그런데 1930년대의 강한 연극운동도 일제의 세계 전략, 즉 대동아건설이라는 큰 목표 속에서 격심한 굴곡을 겪는다. 가령 일제의 식민지 탄압과 수탈, 그리고 그 속에서의 민족의 울분과 좌절을 표출하려던 저항극은 일본 경찰에 의해 가차없이 짓밟히고 대신 국민극이라는 정치목적극을 하도록 강요받음으로써 우리 연극은 급속히 저급한 상업극으로 치닫게 되었다. 그러니까 우리 근대극은 만신창이가 되어 흐느적거리다가 광복을 맞게 된 것이다.

해방공간의 연극은 그러한 상처투성이의 연극이 청산되기보다는 또다시 정치권력에 밀려서 좌우 이념 대결이라는 비극적인 상황 전개와 함께 저급한 상업극이 번창하는 기묘한 현상을 야기시켰다. 이러한 이데올로기 갈등과 상업극의 범람 속에서는 바람직한 연극이 발전되기 어려웠다. 다행히 1948년 정부 수립과 함께 이념연극의 첨예한 대립은 소멸되었지만 함세덕, 황철 등 유능한 연극인들을 월북으로 잃어버리게 되었다.

다행히 유치진이 건재한 데다가 이해랑, 김동원, 이광래, 이원경, 김영수 등 탄탄한 연극인들이 민족극 재건에 나섬으로써 사분오열되었던 연극계가 곧바로 정비될 수 있었다. 즉 극협, 신청년 등 극단 중심으로 연극계는 정비되어간 것이다.

이러한 격동 속에서도 대학에서는 차세대 연극을 이끌어갈 새싹들이 돋아나고 있었다. 즉 연대, 고대, 중앙대, 서울대 등의 연극반에서 새 시대를 준비하는 신진들이 기성 연극의 갈등을 외면하고 오직 연극 창조에만 열정을 쏟았다. 차범석, 최창봉, 박현숙, 김경옥 등이 차세대를 준비하였다. 그런 때에 연극사상 처음으로 국립극장이 설립됨으로써 민족극은 순항을 시작했다. 그러나 그것도 잠시 동족상잔으로 연극 기반은 하루아침에 붕괴되었다. 이때부터 연극은 대구, 부산, 사울을 오가며 방황했고 서서히 세대교체도 이루어졌다.

몇 갈래의 연극계도 신협과 국립극장으로 재편되었고 이를 극복하려는 신진 제작극회가 등장함으로써 연극계는 리얼리즘극의 정착과 그 극복이라는 두 명제를 안고 나아가게 되었다. 이러한 두 가지 명제는 연극 인재들의 새로운 부상과 무관치 않다. 즉 차범석, 임희재, 박현숙 등 극작가와 장민호, 황정순, 백성희 등 신예 연기자, 그리고 뒤를 이어 이근삼, 김정옥 등 해외 유학파들이 가세함으로써 연극계는 새 바람이 불 수 있는 여건이 성숙되어 간 것이다.

그런 때에 현대적으로 설계된 드라마센터가 개관됨으로써 연극계는 잠시나마 국립극장과 드라마센터라는 두 극장으로 재편되기도 했다. 그러나 드라마센터가 단 1년 만에 경영난을 극복 못 하고 문을 닫자 연극계는 국립극장을 중심으로 한 동인제 시스템으로 전환되었다. 실험극장, 산하, 민중극장, 자유극장 등 성격이 다른 여러 극단이 있었지만, 공연장은 명동 국립극장밖에 없었기 때문에 연극계는 대단히 단순했고, 다만 이해랑 이동극장이 생겨나서 연극이 지방으로도 확산될 수 있었다.

이때까지만 해도 우리 연극은 유치진, 차범석 등으로 이어지는 사실주의 희곡 전통에 이해랑, 이원경, 이진순 등의 연출이 보태지고, 김동원, 장민호, 백성희 등의 정통 연기술이 뒷받침됨으로써 리얼리즘극이라는 거대한 산맥이 주류를 형성했다. 번역극도 이러한 기조 밑에서 주로 오닐이라든가 윌리엄스, 밀러 등 브로드웨이류가 가미되는 정도였다. 그러나 이근삼, 김정옥 등 구미 유학파 작가, 연출가, 배우가 등장하고 독문학, 불문학도가 몇 명 연극계에 직간접적으로 참여함으로써 무겁기만 했던 연극계에 새로운 변화가 시작됐다. 자유분방하면서도 감각적이며 템포 빠른 비희극, 또는 희극이 적잖게 공연되면서 극장가에 신선한 바람이 불어 닥쳤던 것이다.

우리 근대 희곡은 어두운 시대에 시작된 만큼 진지하게 시대의 아픔을 묘사하는 비극류가 주조였는데, 이근삼의 경쾌한 희극은 시대를 통렬하게 비판함으로써 젊은 관객의 공감을 불러일으키기에 충분했다. 게다가 프랑스류의 희극과 시적 감성으로 가득 찬 김정옥의 연출은 자유극장이라는 색다른 연극 기호를 제시하기도 했다. 이런 때 박조열, 노경식, 윤대성, 오태석 등과 같은 새로운 작가들이 등장했고 임영웅이 〈고도를 기다리며〉로 우리 연극계가 전위극도 충분히 소화해낼 수 있을 뿐만 아니라 관객의 지적 바탕도 뒤지지 않음을 증명해주었다.

근대성을 탈피하고 세계 연극계의 어깨를 나란히 하는 새 시대에 진입했음을 보여준 우리 연극에, 1960년대가 저물어가던 때에 유덕형이 '연출작품 발표회'로서 신선감을 더해주었다. 소위 아르토, 그로토프스키에 이어지는 움직임 중심의 잔혹극류의 연출 기법은 안민수, 오태석 등으로 이어지다가 민예극장의 전통예술 재창조 작업 및 정치성 짙은 마당극 운동과도 연결되었다. 이것이 대체로 1970년대를 전후했던 시기로서 정치적으로는 가장 암울한 유신기였다.

이 시기의 또 하나 특징은 각 극단들이 명동 국립극장 무대를 벗어나보려고 몸부림쳤던 점이다. 국립극장이 명동 시대를 마감하기 이전에 이미 이병복이 카페 떼아뜨르를 만들어 김정옥과 함께 본격 소극장운동을 전개하기 시작했고, 이원경이 삼일로창고극장을 이끌었으며, 실험소극장, 민예소극장 등도 나름대로의 개성을 갖고 연극 활동을 전개해갔다. 카페 떼아뜨르는 소위 살롱연극이라 하여 전위적인 소품들을 선보였고, 삼일로창고극장은 원로 이원경이 연극 교육을 곁들여 아레나 스테이지에 맞는 연극을 했으며, 민예소극장은 전통예술을 현대적으로 재창조하는 실험 작업을 했다. 그러나 식민지 시대의 조선흥행물취체규칙이라는 전근대적 악법에 바탕한 공연법이 언제나 소극장운동의 장애가 되었다. 문화계의 저항으로 그때그때 폐관 위기를 넘기기는 했지만, 연극 발전에는 적잖게 방해가 되었다. 그 속에서도 운니동 실험소극장에서 〈에쿠우스〉가 장기 공연의 새장을 열면서 연극계에 큰 변화가 일어났다.

따라서 정부는 창작극 진흥을 통한 연극 활성화를 꾀하기 위하여 대한민국연극제를 개최하게 되었고, 거기서 윤조병, 노경식, 이재현, 윤대성, 오태석, 이강백 등 극작가들이 중요한 작품을 선보였다. 그런데 그것이 순전히 중앙만의 연극잔치일 뿐 불모의 지방 공연과는 아무런 관계가 없었다. 그래서 생겨난 것이 다름 아닌 전국지방연극제였다. 이는 곧 연극제의 이원화로서 중앙과 지방의 문화균형을 꾀한 것이기도 했다.

1979년 10월 정변으로 잠시 민주화의 봄이 왔을 때 연극계에서는 전근대적 악법이라 할 공연법 개정 운동을 벌였고, 그것이 1981년 개정됨으로써 소극장 개설과 유지가 쉬워졌다. 이때부터 전국적으로 소극장과 소형 영화관이 우후죽순 생겨남으로써 연극은 소극장 중심으로 전개되었다. 대극장이 절대 부족한 데다가 연극이 영세한 사설 극단 체제로 전개되었기 때문에 소극장들이 대극장의 축소판으로 본래의 실험실로서의 기능을 잃고 불건전한 상업극의 온상처럼 되어간 것도 부인할 수 없다.

한 가지 다행스런 것은 5, 6공에 걸쳐서 전국적으로 수십 개의 극장(문화회관)을 개설했다는 사실이다. 이는 무대예술의 기본 인프라 구축이라는 점에서 장기적 안목으로 볼 때, 대단히 바람직한 일이었다. 솔직히 공연장 부족이 우리 연극 발전 과정에서 가장 큰 장애 요인 중의 하나였다는 점에서 극장 인프라 구축은 연극제 실시와 함께 대단히 미래지향적인 것이었다.

한편 틀에 박힌 옥내 무대를 무시하는 마당극 운동이 억압적인 시대 상황의 안티테제로서 대학가와 산업공단 등을 중심으로 요원의 불길처럼 번져갔다. 군사독재 치하 저항운동의 한 방식으로 전개된 마당극 운동의 주제는 대단히 이상주의적이었고 자유, 평등, 반핵, 민족자주 등 대단히 보편적이면서도 이념성이 강했다. 연극 양식은 전통문화 즉 무속, 탈춤, 민요, 판소리, 민속무용, 농악 등의 표현틀에다가 피스카토르의 정치극, 서사극 구조를 결합한 열린 연극 형태라는 점에서 이색적이었다. 이러한 마당극은 독특한 시대 양식으로 민중에 어필했고, 상당한 호응을 불러일으킨 것도 사실이었다.

특히 1970년대 초 민예극장을 중심으로 하여 전통의 현대적 계승 및 재창조라는 큰 명제가 문화예술계의 커다란 담론으로 떠올랐던 만큼 마당극은 주목을 끌 만했다. 그런데 전통의 현대적 재창조라는 명제 밑에서 새로운 연극 형식을 추구하는 실험은 여러 갈래였다. 허규가 추구하는 민예극장 방식과 마당극 형식, 그리고 김정옥의 열린 연극 형식과 유덕형 방식, 오태석 목화극단 방식 등 다양했다. 그런데 이들의 공통점은 리얼리즘을 거부하고 가무를 중요 표현방식으로 삼은 것이라 하겠다.

이러한 연극계의 경향은 브로드웨이류의 뮤지컬을 쉽게 수용하는 계기가 되지 않았나 싶다. 그 결과 대극장에서는 가무극이 주요 레퍼토리가 되고 소극장에서는 대사 위주 연극이 주로 올려지는 상황이 되기도 했다. 이처럼 정극이 가무극에 밀리는 경향까지 나타났다.

그런 때에 극단 산울림이 신촌에 소극장을 열어서 국립극단과 함께 정극의 맥을 이었고, 페미니즘 연극으로 중년여성들을 관객층으로 묶기도 했다. 그 속에서 박경자, 손숙, 윤석화 등 스타 여배우 3총사가 태어났다.

현대 연극사에서 1980년대 후반은 중요한 전환점이 되었는데, 그 이유는 서울국제올림픽이 개최된 데다가 그것을 전후해서 동구권이 급격히 붕괴되었기 때문이다. 따라서 우리도 이념을 초월하는 개방사회로 나아가지 않을 수 없었다. 그 결과 동구권 연극이 초청되어 서울에서 자유롭게 공연되었고, 브레히트 작품도 마음대로 무대에 올릴 수 있었다. 수준 높은 동구권 연극은 우리의 연극 관객들에게 상당한 충격을 던져준 바 있다. 경직된 사회주의 목적극만 할 것이라는 막연한 추측으로 일관했던 연극 팬들은 동구권 연극의 높은 예술성에 놀라지 않을 수 없었다.

경직된 것은 오히려 우리 연극이었고, 세계 연극 조류에 둔감했던 것도 한국 연극이었다. 동구권 연극을 중심으로 한 세계 연극을 체험한 우리 연극은 1990년대 들어서 여러 가지 실험도 하고 나름대로의 정체성을 찾는 노력을 했다. 그러나 텔레비전, 영화, 비디오 등 영상매체가 워낙 발전 속도가 빨랐기 때문에 연극은 그 뒤를 쫓기가 어려웠다. 특히 배우들이 영상매체로부터 얻는 소득이 무대 출연에서 받는 소득과는 비교도 되지 않았기 때문에 연극은 왜소화될 수밖에 없었다. 각 대학에 연극학과가 증설되면서 연기자들은 급속히 늘어났지만 대학교육의 부실로 연극의 질적 향상은 이루지 못했다.

유능한 배우들은 대부분 영상매체로 옮겨가고 무대에는 미숙한 젊은이들만 남았다. 수준에 이르지 못한 젊은 연극인들이 상업주의에 오염되기까지 하였으니 몇몇 소극장들에서는 '벗는 연극'으로 호객행위까지 하기에 이르렀다. 연극이 타락으로 치달아간 것이다.

그렇다고 해서 우리 연극이 모두 그런 것은 아니었다. 개방사회를 맞아서 외국 연극만 들어온 것이 아니고, 우리 연극도 해외에 나가서 주목을 끌기도 했다. 극단 산울림은 〈고도를 기다리며〉를 세계적인 아비뇽연극제에 출품하여 주목을 끌었고, 베케트 고향인 아일랜드의 베케트연극제에 초청되기도 했다. 그 외에도 오태석의 목화극단이 일본에서 동력 넘치는 연극으로 주목을 끈 바 있고, 뮤지컬 붐을 타고 등장한 에이콤의 〈명성황후〉가 본고장 브로드웨이에서 장기 공연을 갖기도 했다.

이처럼 아시아의 선두에 선 우리 연극이 세계 연극의 반열에 서려고 몸부림치고 있다. 특히 실험극 운동이 활발해서 포스트모더니즘의 기치 아래 메타연극, 공동 창작, 해체연극 등 다양성을 보여준 바 있다. 그중에서도 우리 나름의 정체성을 모색하는 노력이 가장 두드러진 현상이라 말할 수 있다. 그것은 희곡 창작, 연출, 연기, 무대미술, 의상 등 여러 측면에서 동시다발적으로 일어나고 있다. 그 결과 우리 신극도 이제 서양 연극 모방이 아닌 개성을 갖기 시작했지만, 그것이 지나쳐서 특수성만 두드러지고 보편성은 약화되는 문제점을 낳고 있다. 그 점이 바로 세계 연극 수준에서 밀리고 있는 원인 중의 하나라고 말할 수 있다. 오늘의 연극이 투명한 미래상을 보여주지 못하고 혼돈스런 이유도 거기에서 찾아야 될 것 같다. 한편 여성국극이나 악극과 같은 지난 시대의 연극 양식을 좋아하는 세기말의 성인층 관객성향도 주목할 만하다.

여하튼 한 세기 동안 발전되어온 우리 신극이 경제성장만큼이나 양적으로 팽창한 것은 괄목할 만하다. 연간 공연되는 연극이 수십 편에 불과했던 초창기와 비교하면, 이제 전국적으로 수백 개의 대소극장에서 공연되는 작품이 매년 천여 편을 넘고, 연극 형태도 다양할 뿐만 아니라 연간 하루도 쉬는 날이 없을 정도로 막이 오르내리고 있다.

이는 결국 외형적으로 연극이 크게 확장 활성화되었다는 이야기가 되고 결과적으로 신극 이래 장애 요인으로 반복 지적되어온 공연장 부족, 연극 인재 부족, 창작극 부족, 관객 부족, 억압 상황 등이 해결되었다는 이야기도

에필로그

된다. 연극을 할 수 있는 여건, 즉 환경이 개선되었다는 이야기다. 연극인들이나 극장, 극단들이 정부의 보조를 받으면서 연극을 할 수 있다는 것 자체가 일제강점기에 신극운동을 시작했던 선구자들의 입장에서 본다면 꿈같은 일이다. 연간 3,500억 원의 뮤지컬시장이 형성되어 브로드웨이나 웨스트엔드 등과 동시에 같은 작품을 우리나라에서 언제나 구경할 수 있게 된 것도 놀라운 일이다.

그럼에도 불구하고 왜 왜 오늘의 우리 연극의 사회적 기능이 이처럼 왜소하단 말인가. 가령 3·1운동 직후 청년, 학생들이 전국적 소인극운동은 민족의식을 일깨웠고, 토월회 여배우의 헤어스타일은 유행의 표본이었으며, 1930년대 동양극장은 대중 정서의 용광로였다. 그와 비교할 때 오늘의 우리 연극은 양적 비대와는 상관없이 사회적 영향력은 보잘것없다. 그럴 수밖에 없는 이유는 두 가지 측면에서 설명할 수 있다. 즉 문화 현상의 외적 변화와 연극 자체가 안고 있는 한계성이 그것이다. 사실 사회의 다변화에 따라 지난 시대에 예측 못 했던 상황이 우리 주변을 감싸고 있다.

과거에는 애니메이션이라든가 텔레비전, 컴퓨터, 게임, 비디오, 영화, OTT 등 영상매체가 우리 생활에 좌지우지한다고는 상상하지 못했고, 스포츠를 직업으로 한다는 것도 염두에 두지 못했다. 특히 후기산업사회를 지나 정보사회로 접어들면서 생활 패턴이 바뀌었고, 풍요사회와 함께 여가 오락 문화의 다변화는 사람들을 관광지나 여행지 등 밖으로 내몰고 있다. 그러니까 극장에 가야 여가를 즐기면서 교훈도 얻을 수 있다고 믿었던 시대는 지나갔다는 이야기다. 그렇다고 해서 연극이 다른 오락을 좇는 사람들을 붙잡을 만한 힘은 있는가.

연극인들은 시대감각에 맞춰서 스펙터클한 가무극을 많이 하지만 아직도 감동 상품이 되지 못했고, 정극은 대중을 감동시킬 만한 기량이 따르지 못한다. 이 말은 그동안 연극인을 많이 배출했음에도 대학교육의 부실로 쓸 만한 인재를 별로 키워내지 못했다는 이야기도 된다. 그나마 재능 있는 사람들은 텔레비전이나 영화 등으로 빠져나가고 있기 때문에 연극 무대에서는 미숙한 작품만 양산되고 있다. 특히 연극의 정체성을 모색한답시고 특수성만 강조하다 보니 보편성이 약하기 때문에 세계 연극 수준에서 멀어질 수밖에 없다. 그만큼 우리 연극에 풍부한 상상력에 입각한 독창성이 부족한 것이다. 우리 연극이 표현 형태는 어떻든 보편성을 획득해야 세계 연극의 반열에 낄 수가 있다.

이런 소프트웨어를 담는 그릇이라 할 공연장만 하더라도 과거에 비해서 급팽창한 것은 사실이지만 대부분 관립이어서 경직되어 있고, 비전문가들에 의해서 효율적으로 운영되지 못하고 있다. 또 몇몇 사설 극장들은 대기업의 경영 방침에 따라 상업적으로만 가고 있다.

이제 우리 연극은 생존의 기로에 서 있다. 영상예술이나 프로스포츠 등을 뛰어넘을 수 있는 기량을 갖추든지 영혼을 진동시킬 수 있는 투철한 정신이 있든지, 어느 하나 제대로 갖지 못한다면 연극이 살아남기가 쉽지 않을 것이다.

그리고 무엇보다도 영세한 극단들로 짜여진 우리의 연극 구도가 전용 극장 중심으로 바뀌어야 한다. 극장(문예회관 포함)이 많이 늘어났다고 하지만 연극인들이 마음대로 쓸 수 있는 전용 극장은 없다고 해도 과언이 아니다. 그런 상황에서는 예술성 높은 고가 상품을 만들어낼 수 없다. 연극도 이제는 기업화해야 치열한 경쟁사회에서 살아남을 수 있고, 사회 문화적 기능도 할 수가 있는 것이다. 바로 그 점에서 지원 정책을 수립하는 정부도 장기적 안목에서 더욱 근본적 처방을 모색해야 할 때라고 본다.

## 1. 기초자료

『국민일보』『대한매일신보』『대한일보』『동아일보』『문화일보』『매일신보』『세계일보』『시대일보』『조선일보』『조선중앙일보』『중외일보』『한국일보』『황성신문』『일간스포츠』『개벽』『극예술』『극장예술』『The Musical』『한국연극』

## 2. 국내 도서

강만길, 『한국근대사』, 창작과비평사, 1984.

강재언, 『한국의 개화사상』, 비봉출판사, 1984.

고설봉, 『빙하시대의 연극마당 배우세상』, 이가책, 1996.

『국립극장70년사』, 중앙국립극장, 2020.

김동원, 『예에 살다―나의 호고록』, 1992.

김미도, 『세기말의 한국연극』, 태학사, 1998.

김승옥, 『한국연극, 미로에서 길찾기』, 연극과인간, 2000.

김영모, 『한국지배층연구』, 일조각, 2000.

김우옥, 『실험과 도전으로서의 연극』, 월인, 2000.

김학동, 『한국문학의 비교문학적 연구』, 일조각, 1972.

박　진, 『세세연년』, 경화출판사, 1966.

박　황, 『창극사 연구』, 백록출판사, 1976.

백현미, 『한극창극사』, 태학사, 1999.

서항석, 『경안 서항석 전집』, 한산출판사, 1987.

성경린, 『한국전통무용』, 일지사, 1979.

송건호, 『한국근대사론』, 한국신학연구소 출판부, 1979.

손인수,『한국개화교육연구』, 일지사, 1980.

손정묵,『한국개항기 도시사회경제사연구』, 일지사, 1982.

안종화,『신극사이야기』, 진문사, 1955.

──,『한국영화측면비사』, 춘추각, 1980.

여석기,『한국연극의 현실』, 동화출판공사, 1974.

오사량,『동광 유치진 선생과 드라마센터 이야기』, 서울예대 출판부, 1999.

유민영,『한국근대극장변천사』, 태학사, 1998.

──,『한국근대연극사』, 탐구당, 1980.

이근삼,『서양연극사』, 탐구당, 1980.

이두현,『한국신극사연구』, 서울대학교 출판부, 1968.

이미원,『한국연극의 전환기』, 연극과인간, 2008.

이해랑,『허상과 진실』, 새문사, 1991.

임종국 · 박노준,『한국근대극장변천사』, 태학사, 1998.

임진택,『민족극 정립을 위한 자료집』제2권, 1990.

장사훈,『한국전통무용연구, 일지사, 1977.

조기준 외,『한국근대사론』, 지식산업사, 1977.

차범석,『떠도는 신화』, 형제문화, 1998.

채희완 · 임진택,『한국의 민중극』, 창작과비평사, 1985.

최민우,『뮤지컬사회악─뮤지컬을 보는 새로운 시선』, 이콘출판사, 2021.

극단 현대극장 30주년 기념사업,『현대극장 30년사─1976~2007』, 연극과인간, 2008.

Boal. A.『민중연극론』, 민해숙 역, 창작과비평사, 1975.


## 3. 외국 문헌

秋庭太郎,『日本新劇史』, 樓楓社, 1964.

河竹繁俊,『日本劇曲史』, 理想社, 1955.

Brockett. Oscar G. *History of the Theatre*, 1974.

Berthold. Magot, *Weltgeschichte des Theatre*, 1968.

Grotowski. Jerzy, *Towards and Poor Theatre*, 1968.

Kindermann. Heinz, *Theatergeshichte Europas*, X, 1974.

용어

## ㄱ

## 인명